南开大学历史学院教育基金资助 (范曾先生捐赠)

南开大学中外文明交叉科学中心资助

南开史学家论丛

第四辑

清前期国家治理与民生政策

常建华 著

中华书局

图书在版编目（CIP）数据

清前期国家治理与民生政策/常建华著. —北京：中华书局，
2021.11
（南开史学家论丛.第四辑）
ISBN 978-7-101-15391-0

Ⅰ.清… Ⅱ.常… Ⅲ.①国家–行政管理–研究–中国–清前
期②社会保障–历史–研究–清前期 Ⅳ.①D691.22②D691.9

中国版本图书馆 CIP 数据核字（2021）第 203865 号

书　　名	清前期国家治理与民生政策
著　　者	常建华
丛 书 名	《南开史学家论丛》第四辑
责任编辑	吴冰清
出版发行	中华书局
	（北京市丰台区太平桥西里 38 号　100073）
	http://www.zhbc.com.cn
	E-mail：zhbc@zhbc.com.cn
印　　刷	北京瑞古冠中印刷厂
版　　次	2021 年 11 月北京第 1 版
	2021 年 11 月北京第 1 次印刷
规　　格	开本/920×1250 毫米　1/32
	印张 17¼　插页 2　字数 510 千字
印　　数	1-1500 册
国际书号	ISBN 978-7-101-15391-0
定　　价	88.00 元

出版说明

　　新世纪伊始，南开大学历史学科魏宏运、刘泽华、张国刚等先生与著名国画大师范曾先生商定，设立"范伯子史学基金"，资助出版《南开史学家论丛》第一辑，一为纪念南开史学的奠基一代，二为总结南开史学文脉一系，三为传承郑天挺、雷海宗等先生的教泽。第一辑收录了郑天挺、雷海宗、杨志玖、王玉哲、杨生茂、杨翼骧、来新夏、魏宏运等先生的文集（中国日本史、亚洲史研究的开拓者吴廷璆先生，因文集另外出版故暂未收入），九位先生可谓南开史学在 20 世纪 50 年代崛起的奠基一代，令人高山仰止。第一辑于 2002 年由中华书局出版后，产生了良好的学术和社会反响，形成了南开史学的品牌效应。

　　2003 年，《南开史学家论丛》第二辑出版，收录刘泽华、冯尔康、俞辛焞、张友伦、王敦书、陈振江、范曾先生的文集。七位先生是 20 世纪 80—90 年代南开史学持续提升的学术带头人，可谓一时风流。

　　2007 年，《南开史学家论丛》第三辑出版，收录南炳文、李治安、李喜所、陈志强、杨栋梁、王晓德六位先生的文集。确定入选者朱凤瀚、张国刚、李剑鸣先生此时调离南开，王永祥先生英年早逝，四位先生的文集未及编辑。诸位先生皆是南开史学崛起的股肱帅才。

　　《南开史学家论丛》第一至三辑，共收录了自郑天挺、雷海宗先生以下二十一位南开历史学科著名学者的文集，大致可分为三代学人，他们或治中古史、或修中近史、或览欧美文化、或观东洋史实。三代衣钵相继，奠基、传承、发扬，对相关学术方向皆有重要贡献，享誉史林，才有了南开史学近百年的无上荣光。这是一份能激动人心的史学积淀，一份能催人奋进的学脉遗产。

　　有鉴于此，南开大学历史学科学术委员会决定继续出版此套丛书的第四辑，委托江沛教授主持编务，以持续梳理南开史学的学术史，总结学科名家的高水平成果，向 2023 年南开史学的百年华诞献礼。

《南开史学家论丛》第四辑入选学者是：中国史学科的郑克晟、白新良、赵伯雄、张分田、杜家骥、乔治忠、许檀、王先明、常建华，世界史学科的杨巨平、李卓教授。十一位学者在各自领域皆有公认的学术成就，其学术活跃期多在 20—21 世纪之交前后三十年间，同样是南开史学第四代的代表性学者。

从四辑的入选学者名单可以看出，南开史学历经百年发展，先有梁启超、蒋廷黻、刘崇铉、蔡维藩等先生筚路蓝缕，继有郑天挺、雷海宗先生代表的第二代深耕根基，再经刘泽华、冯尔康先生领衔的第三代发扬光大，继有多为 20 世纪 50 年代出生学者扛鼎的第四代学人守正创新，终于成就蔚然之史学重镇。

如今，南开史学百余名教师，秉承"惟真惟新、求通致用"的院训，以高水准的人才培养、求真创新的学术成果，打造出一支公认的实力雄厚、享誉全球的史学群体，努力为探寻中华传统文化、构建人类命运共同体而全力拼搏。

2019 年，南开大学提出"4211"发展战略，其中一个"1"，即是建立十个交叉科学中心，努力实现跨学科融汇，强调人文与自然科学两大学科间贯通、协同发展，以服务于国家战略及社会发展需求，这是中外文明交叉科学中心的宗旨所在。在文科率先成立的中外文明交叉科学中心，依托历史学科建设。《南开史学家论丛》第四辑，是一个学术品牌的延续，也是中国史、世界史两大学科成果的总结，凝结了对中外历史与文明的比较及思考。故而第四辑的出版，得到了南开大学中外文明交叉科学中心的资助，在此衷心致谢。

在《南开史学家论丛》第四辑出版之际，衷心感谢著名国画大师范曾先生对本丛书连续四辑的慷慨捐赠和大力支持，他致力弘扬中华优秀传统文化、尊师重道的精神令人敬仰。希望早日迎来第五、六辑的持续出版，让南开史学始终站在历史学的潮头，共同迎接中华民族的伟大复兴。

南开大学历史学科学术委员会

2020 年 12 月 12 日

目　录

前　言

　　本书分为六章，主要讨论清前期国家治理与民生政策方面的问题。

　　首先，介绍本书的立意：

　　第一章《政治认同：治统与道统的接续》，强调清朝与中国传统政治体制特别是明朝的历史连续性，阐明清朝合法性的来源以及对其统治特色的深远影响。第二章《化外为内：土司政策的继承与变革》，探讨了清在大一统政治观念背景下对于土司的治理，以建立新的统治秩序。第三章《深入基层：保甲的普及过程》，论述的是清廷控制地方社会秩序的追求。如果说第二、三章揭示的主要是清朝国家治理的新尝试的话，那么，第四、五章则是重点讨论清朝的民生政策。第四章《民生与秩序：开矿政策的演变》，反映出清朝虽然关注民生，并允许贫民为糊口挖矿，但总体上民生问题从属于社会秩序的稳定，寓治理于解决民生之中。第五章《粮食安全：社仓实践及漕盐维护》，主要讨论清朝对于社仓的推行，我们看到了清廷将宋儒社仓主张付诸民生的努力。当然，清廷以社仓关注民生的实践，也蕴含着治理的意味。第六章《康雍交替：雍正帝继位研究》，通过进一步推进对于雍正帝合法继承帝位的探讨，以加深认识雍正改革及其与国家治理、民生政策的关联。

　　其次，逐章分别介绍具体的研究内容：

　　第一章探讨清朝接续明朝治统与中国儒家文化道统，换取汉族政治认同，以解决统治合法性问题。多年来，清史研究中最具挑战性的讨论是"满洲立场"与"捍卫汉化"之争，我认为"国家认同"是化解这一争论的新视角。我写过两篇论文就此问题讨论，《明太祖对清前期政治的影响》是其中的一篇①。该文提出，清朝打着为明朝复仇的旗号，从政治合法性上承接明朝的治统，尊崇明太祖。那么明太祖如何影响到清乾隆以前的政治呢？我从清初历代帝王庙帝王牌位问题，论述明太祖与清朝的正统观，分析了康熙、乾隆二帝南巡中祭祀明太祖陵的政治意涵，强调法明的"清承明制"其实是延续了洪武体制。《清朝宫廷元旦节庆制度初探》论述清代元旦朝贺仪式以及元旦前后的节庆活动，具体考察了元旦朝贺活动、朝贺仪、朝贺中的蒙古问题、朝贺中的表笺问题。认为清在入关前的天聪元年(1627)、天聪六年(1632)、崇德元年(1636)开始有元旦朝贺礼的实践，入关后的顺治初年很快制定了元旦朝贺礼的基本制度，康熙年间这一制度得到完善，由于孝庄太皇太后地位崇高，康熙帝对皇祖母格外孝敬，制定了庆贺太皇太后的元旦庆贺制度，随之完善皇太后与皇后的相关制度。雍正、乾隆时期对于元旦朝贺制度只是个别补充、调整，乾隆时期元旦庆贺制度完成，清代后期变化不大。元旦朝贺制度强化了清帝的权威，不断表达其统治的正当性。清代外藩蒙古的元旦朝贺活动及其制度，形成鲜明的特色。《清代的科举考试与移风易俗——以〈乾隆中晚期科举考试史料〉为中心》考察清代科举考试中的士习文风问题，指出清朝巡抚、学政等官员有整饬士习、振兴文风的职责，皇帝要求他们以奏折报告有关生童岁试、录取举人乡试的情形。乾隆帝登基伊始就强调端正士习移风易俗，命选颁《四书文》，特别是整饬考场存在的冒籍顶名、怀挟种种弊端。清廷也强调振兴文风，将作文上升到政治的高度，要求按照四书阐明圣贤的思想，提倡朴实的文风。清朝乡会试后对试卷进行复核称作磨勘，重要内容是考察文风，标准是"清真雅正"。乾隆后期整顿文风的重要事情是查禁删节经书。清廷根据对于各地文风盛衰高下的判断，增减考试名额。文风强盛地区的考生冒籍到文风衰弱地区考试，云、贵、川、广这一现象比较突出。清朝把科举考试中整饬士习、振兴文风作为移风易俗看待，旨在将科举考试以及士子的行为纳入国家政治文化的范畴。

第二章通过考察康雍两朝土司政策的继承与变革，探讨清朝将统治秩序深入少数民族聚集地的问题。《清顺治康熙时期对南方土

①另一篇是《国家认同：清史研究的新视角》，《清史研究》2010年第4期。

司的处置》涉及清初统一战争时期对土司的处置、平定三藩之乱后对土司的处置、康熙朝奏折所见土司以及君臣对策等问题,指出清朝对于土司的处置,是其确立全国统治的一部分,顺治、康熙时期土司问题与清朝统一全国稳定社会秩序联系在一起。清朝正式招抚土司的政策,体现在顺治五年(1648)的诏书,表达出秉承天命统一中国的政治合法性。土司与中央王朝的关系,必须取得朝廷颁给的印信、号纸,并向朝廷出示土司家族世系资料,三年入觐,土司虽然世袭,但是其承袭必须经过朝廷同意。土司还要向政府交纳贡赋,各因其土俗以定制。如土司贡赋欠缺,并不严格处分土司所在地区的官府,与内地流官统治区有所区别。改土司为流官后,废除土官世袭,土司属民要向国家纳粮当差,成为国家的编户齐民。《清雍正朝改土归流起因新说》认为,雍正帝即位之初,承袭了康熙帝在土司地区安静为主避免生事的政策。后来雍正帝为了追求良好的社会治安与社会秩序,对于土司看法发生转变,在推行保甲制度的过程中大规模实行改土归流。同时,清朝以汛塘划地设点,扼制道路,形成治安网络。在推行保甲、汛塘以控制地方社会的过程中,雍正君臣将未能直接控制的湖广、云贵等南方地区土司作为严重问题提出,土司所在地区的争杀抢掠显现出来,成为清政府缉盗的对象,雍正君臣还将改土归流作为处置土司的有力措施。雍正三年(1725),云贵总督高其倬在贵州省贵阳府广顺州仲家族村寨建立营房,长寨的建房增置防汛引起土司抵抗,长寨事件是引起后来改土归流的导火索。改土归流后行保甲、设汛塘可证其初衷在此,清朝通过设置保甲、汛塘,有效地控制了地方社会。

第三章研究了清朝如何通过普及保甲将统治深入基层社会的过程。《清顺康时期保甲制的推行》指出,清入关后高度重视推行保甲制度维护社会治安,稳定社会秩序。顺治时期推行的保甲制针对垦荒、逃人、海防、民族等问题,带有权宜之计的性质。一直处于动荡不安状态下的顺治时期,保甲制度很难在全国有效实行。现存的康熙朝朱批奏折资料,记载了康熙四十年代后期以降地方总督、巡抚、提督推行保甲的情形,进一步证明保甲制是在这一时期开始大规模实行的。不过当时推行保甲制有力地区,主要集中在广东、福建、浙江以及江苏沿海地区,以对付由于贸易、人口流动等带来的社会问题。直隶的畿辅地位重要,仍然是注重推行保甲的地区。其他地区如山西、山东、河南、湖北、江西也有一定程度实行保甲制。雍正时所修通志记载说明,顺康时期保甲并不普及。《雍正朝保甲制度的推行》以奏折为基本资料,考察雍正朝推行保甲制度的过程;指出雍正朝推行保甲制度起因于推行新政,进行改革,在雍正四年(1726)正式出台保甲条例前,有一个长达三年的试行期。雍正帝即位,要求科道诸臣凡有所见应竭诚入告,不少给事中、监察御史奏请推行保甲制度,以维护地方社会秩序。雍正帝决心试行保甲,大约在雍正元年(1723)八月初五日至八月十四日之间,密谕督抚整饬营伍情弊、举行社仓备荒、设立保甲弭盗,提出用三年的时间推行保甲与社仓;反映了新皇帝教养治国的理念,即用社仓养民,用保甲(包含乡约)弭盗及管理人民。雍正朝推行保甲分为三个阶段。雍正元年八月至四年七月三年间是第一阶段,从元年九月开始,各地督抚不断上折向皇帝汇报推行保甲与社仓的情况。雍正四年八月至五年(1727)八月一年间,是推行保甲的第二阶段。四年七月,清廷正式公布了保甲条例。从四年八月起的一年,要求各省通行保甲制度。五年九月之后进入推行保甲的第三阶段。雍正帝鉴于保甲的完善需要时日,而徐徐责成官员,强调进一步落实保甲职责,于是保甲制推行全国,普及社会。雍正朝的保甲制度主要形成于四年、五年,各地推行保甲因地制宜,具有自己的地方特色。雍正朝保甲制度的普及,不仅对于清代历史具有重要意义,在中国历史上也是首次将国家权力有效深入县级以下基层社会,具有划时代意义。《清乾嘉时期湖北保甲职役新探》考察乾隆、嘉庆朝刑科题本呈现的湖北地方社会职役,认为基本上属于保甲系统,尤以保正报案为多,说明湖北的地方社会职役具有保甲化与统一化的特色。乾嘉时期刑科题本中一直有数量不多的"乡保",可知湖北仍存在着乡约系统并与保甲系统相融合。尽管雍正时期湖北推行过顺庄法,但是并没有发现刑科题本中湖北带有征收赋税职役的名称以及与保甲名称的混合,如"地保",这与其他省明显不同。湖北地方社会职役没有"地保化",或是由于保甲制的普及以及作用较为突出所致。

第四章从康雍乾开矿政策的演变讨论国计民生问题。《康熙朝开矿问题新探》指出,康熙皇帝有着比较开明的矿产观念。他认为矿产本天地自然之利,可与民共有。开矿可以增加税收,安排民生,维护稳定。因而康熙朝的开矿政策,经历了从顺治以来的禁矿,到康熙二十三年(1684)的任民开采,再到四十三年(1704)起的向禁矿倒退,至五十二年(1713)又容许本地贫民开矿的缓禁政策,处在不断调控的状态。康熙中后期民间开矿虽然受到限制,但是开采活动始终不断。由于康熙帝宽仁的性格,比较能容忍地方上的开矿谋利行为。康熙帝的开矿政策,以维护社会秩序为出发点,但又能顾及地方政府与百姓,禁而不死,网开一面,较好地处理了问题,使得开矿诸方面各得其所。《雍正朝开矿问题新探》认为,雍正君臣讨论开矿问题,涉及的地区主要有云贵、湖广、两广,尤其集中在两广,反映出当地问题较为复杂与严重。广东及其相邻省区边界山区,矿藏丰富,众多流民聚于当地,开挖矿场为生。在是否允许商民开矿问题上,雍正初年重申禁止招商开矿,中期不断治理开矿,末年否定了广东开矿提议。雍正帝继承了康熙后期的矿业政策,更趋严厉,以维护社会秩序稳定为出发点,请求解禁商民开矿的地方官则为解决民生而提出。同时,针对开矿带来的聚众等社会问题,皇帝采取以禁求静的策略,地方官则认为开放矿禁才能释放问题,带来社会稳定。雍正帝在矿业方面的政策是保守的。《乾隆初年开放矿禁问题新探》强调,乾隆初年的开放矿禁是以广东开矿的争论与实践为基础的。乾隆二年(1737)三月,两江总督庆复奏请开粤省矿厂之禁,支持广东督抚鄂弥达、杨永斌于雍正十二年(1734)所上开矿主张,乾隆帝指示总理事务王大臣密议具奏,五月户部下达咨文,询问开矿是否有利无弊,开启了乾隆朝开放矿禁的讨论。乾隆三年(1738)二月,两广总督鄂弥达上题本重申开矿主张。从四年(1739)起,广东铜矿已经弛禁。五年(1740)发生了一场督抚就是否普开煤矿的讨论。八年(1743),开放矿禁被正式肯定下来。九年(1744)仍在讨论开放矿禁问题。十年(1745)正月,命直省筹鼓铸。反对开矿的理由主要是矿徒易聚难散与导致粮价上涨。事实上开矿不会导致粮价上涨,流动人口开矿就业反而有利于社会秩序的稳定。乾隆帝的开放矿禁促进了矿业的繁荣。

　　第五章通过清朝的社仓实践及漕运维护讨论粮食安全问题,并将顺治时期长芦盐政的恢复问题在此论述。《清顺治朝的长芦盐政》指出,长芦运司盐政成为清初朝廷首要的控制目标。顺治元年(1644)八月,王国佐条奏长芦盐法十四事,意在长芦盐政的恢复中限制官吏、保护盐商、严厉打击私盐,保证朝廷的盐税收入。清朝令运司招商纳银,依额解部,形成了"引从部发、盐不边中"的特色。顺治初年私盐泛滥,满洲人嗜利、贩私者投充仗势贩盐是重要原因。兵饷之需使得清廷格外重视盐税征收,清廷很快将恤商让位于裕课,不仅停止了"见盐征课",而且按照万历时期的旧额征收,带征免去的盐税项目,加强官员征税的考核,强力征收盐课。顺治元年清朝得到的税收盐课银都是长芦盐政提供的。

《清顺康时期对运河及漕运的治理》论述顺治、康熙时期君臣治理运河及漕运问题,顺治年间为了保证漕运的正常进行,清廷不断派遣官员巡视漕运,要求吏部稽查好漕运官员,以保证漕粮的完纳,然而未见治理运河有较大起色。康熙十五年(1676)大水后,康熙帝升任安徽巡抚靳辅为河道总督,决心整治河道。康熙时期制定了保证治河的条例。康熙中叶,直隶、山东境内运河出现一些问题,康熙帝尤为关注。康熙帝南巡对于治理黄运多有探讨与指示。三十九年(1700)康熙帝调任张鹏翮为河道总督,河工也发生新的变化,张鹏翮提出治理运河的新措施。先后担任直隶巡抚与总督的赵弘燮、漕运总督郎廷极与施世纶以及江宁织造曹寅等人的奏折,多有关于运河、漕运的内容。康熙帝的运河治理不分满汉,统筹安排。运河在康熙时期得到了有效治理,发挥了应有的功效。

《清康雍时期试行社仓新考》综合性使用档案等清代官书资料,梳理出康熙朝试行社仓特别是在直隶进行实验的基本情况,也梳理出雍正朝试行社仓的过程、基本制度、各省实践情况。认为康熙、雍正二帝社仓的试行,来源于重视民生的思想,采取的是依据儒家传统政治文化的行政方式,试行社仓是民生政策的重要组成部分。康雍时期试行社仓初见实效,与徐徐推行、因地制宜、试点实验再行推广等改革方式有密切关系,是成功的社会建设实践,对于乾隆朝社仓的进一步推行有着重要影响,奠定了有清一代设置社仓的基础。《乾隆朝整饬社仓研究》认为,乾隆朝的社仓有一个阶段性的演进过程:以乾隆初为主至十几年的推广、探讨时期;二十年代的整顿社仓;三四十年代社仓的有效运转;五十年代社仓趋向衰败。乾隆皇帝即位后继续在全国推行雍正朝制定的社仓救荒政策,右通政李世倬奏请将社仓设有社长并于春借、秋还之时注册具报定例颁行推广全国,乾隆帝命各督抚讨论,这是乾隆朝第一次较大规模整饬社仓问题。集中于乾隆五年有关朱熹《社仓事目》十一条的讨论,可以视为第二次。第三次是在乾隆六年(1741),《大清会典则例》收录该年三条有关奖励方法的则例。乾隆初中期,诸多省份致力于社仓建设,证明社仓的运行。第四次是在乾隆二十三四年(1758—1759),围绕保证社仓的社谷充实,各省采取了一些措施。乾隆后期的各省社仓资料集中在三四十年代,主要有四川、河南、云南、江西、安徽、江苏、湖北、福建、山西、湖南、山东、陕西各省。这时的社仓达到了乾隆朝也是有清一代的鼎盛时期。清代社仓实践始于康熙朝,推行于雍正朝,社仓基本制度建立后,更重要的是保证制度的实行与完善,这恰是乾隆朝的整饬社仓实践。

　　第六章讨论雍正帝继位问题。学界长期以来对于雍正继位是正常的还是篡位有争议,我赞成正常继位说。《雍正帝打击太监魏珠原因新探》考察了魏珠其人其事,得知魏珠大约生活于康熙中期到乾隆中叶,有关他的记载是在康熙五十四五年(1715—1716)以后大量出现的,可能这时魏珠担任了总管太监。魏珠因皇帝信任以及担任宫中要职,行为有失约束。雍正帝不喜欢魏珠,寻找借口打击他,魏珠被派往康熙帝景陵,受到看管。雍正帝从轻发落魏珠,乾隆帝再次宽宥,魏珠曾在寿皇殿、寿安宫当差,乾隆二十六年(1761)尚在世。雍正帝打击魏珠,表面看是因魏珠在皇家陵寝重地建房破坏风水而获罪,实际上是对魏珠在康熙晚年与储位争夺对手允禩、允禟关系较好而仇视他。雍正帝打击魏珠未必是因为魏珠目击康熙帝临终情景、得知雍正帝得位不正或者说是篡位的秘密。《从西方文献看雍正帝继位的合法性》利用罗马耶稣会档案馆中涉及康熙帝传位的手稿,主要是耶稣会高尚德的报告、德国传教士戴进贤的两封信、《马国贤日记》,强调这些资料均认为康熙帝传位给皇四子雍亲王胤禛,虽然不是在宫中目睹事实的最为原始的记载,但属于最接近宫中的差不多是第一时间获得的消息,有一定的可靠性。结合当时康熙帝驾崩与雍正帝即位局面平稳的情形来看,似乎较为合乎情理,不能轻易否定传教士记载雍正帝继位问题资料的真实性。不排除康熙帝属意于皇十四子允禵,但是传教士文献透露出的信息,是康熙帝临终之际选择了皇四子继位。《康熙帝不可能死于喝人参汤新证》利用台北故宫博物院所藏的《康熙朝起居注》，考察其中记载的有关康熙帝关于人参治病的看法，结合康熙朝朱批奏折等资料综合分析，认为康熙帝不大可能死于喝人参汤，说胤禛进人参汤致死康熙帝恐怕是误传或谣言。

十几年来，清史研究空前繁荣，大量清史文献资料集中出版，一些基本文献可以利用电脑检索，不仅有利于开展新的研究课题，以往的许多清史课题也都可以重新深入探讨。在这种形势下，我发表了一些清史论文，其中还有商榷性的，均得益于清史研究开展多方面讨论的刺激与发表的便利。现在结集出版，算是我参与清史研究活动的一点见证，希望得到学术界的批评指正。

第一章　政治认同:治统与道统的接续

明太祖对清前期政治的影响

明朝晚期,严重威胁明朝统治中国的政治、军事力量是李自成等人领导的西北地区农民军与崛起于东北地区的满洲政权。明朝是与满洲、农民军两种力量斗争的失败者,国家政权被大顺农民军夺得,短短的四十二天后,又易手于满洲人,清朝遂建立起对中国的统治。清朝统治的确立,不可回避地需要处理同明朝的关系,而如何对待明朝开国君主太祖朱元璋,也就成了清朝政治的一环。清朝打着为明朝复仇的旗号,从政治合法性上承接明朝的治统,尊崇明太祖。同时,明太祖也就自然而然地进入了清朝政治,或者说明太祖对清初政治产生了影响,本文探讨的就是明太祖如何影响到清前期政治的问题。文中的"清前期",是指乾隆以前的历史。

一 迁主:明太祖与清朝的正统观

清太祖努尔哈赤扯起反明的旗帜,建立了后金政权,就表示了与明朝争天下的决心。后金的年号是"天命",表示天命所归,努尔哈赤是替天行道。努尔哈赤多次谈到对天命看法,也涉及明太祖,他对诸贝勒说:

> 上天覆育万物,公而无私。非者非,不以国大而庇之;是者是,不以国小而弃之。尝观历代帝王,其初每苦心志,劳筋骨,备

历艰难,而后得成大业。虞舜躬耕历山,克尽孝行,遂闻于天而登帝位;汉高祖一泗上亭长耳,奋力行间,躬定祸乱,遂有天下;金太祖服事辽主,几被诛,卒能奋志修身,收服属国,灭辽称帝;明太祖早丧父母,栖身佛寺,历尽艰危,卒成帝业。此皆天眷有德,不以微贱而弃之也。[1]

努尔哈赤从中国历史得出自己的看法,天眷有德,即使微贱之人也会因得到天命而拥有天下,明太祖等就是这样的事例。从而激励满洲贵族不以国小、微贱自弃,要有备历艰难的准备和得成大业的信念,为后金与明朝争天下的事业而奋斗。明太祖作为以微贱出身得天命而改朝换代的事例,成为努尔哈赤的一个仿效的楷模。努尔哈赤对于明太祖这样的看法,对于满洲贵族与子孙会产生一定的影响。

清太宗也以朱元璋建立明朝是天命所佑的观点,论证满洲同样可以得天下的道理。为了说服朝鲜叛明归顺满洲,清太宗授意满洲贵族遣使致朝鲜国王书说:

古人有言:天下者,非一人之天下,乃天下人之天下,惟有德者居之。是以明洪武初,收并群方,定号于金陵,然后北逐大元,以成一统。我皇上宽仁厚德,博施济众,国中就治,藩服倾心。恩膏普被,浃髓沦肌,中心诚服,无异父子兄弟之相亲也。以故东渐于海,西抵汤古忒,北至北海,各国归附。内外诸藩承指向风,无有背恩义违法令者。大军所指,北讨西征,无不如志,是皆合天意、顺人心之所致也。[2]

此后,清太宗在给朝鲜国王李倧的信中,进一步说明有德者得天下的道理:

且尔国以明为天子,岂明国朱姓之始即有为帝王者乎?古云:皇天无亲,惟德是辅。又云:民罔常怀,怀于有仁。由此观之,匹夫有大德可为天子,天子若无德,可为独夫。是故大辽乃

①《清太祖实录》卷10,天命十一年(1626)正月己酉,中华书局1986年影印本,第132页下—133页上。
②《清太宗实录》卷27,天聪十年(1636)二月丁丑,中华书局1986年影印本,第348页上。

东北夷而为天子，大金以东夷灭辽举宋而有中原，大元以北夷混一金、宋而有天下，明之洪武乃皇觉寺僧而有元之天下。凡此诸国，皆尔朝鲜世修职贡者，以此推之，则享有天下惟有德之故，非世为君长之故也。①

清太宗指出，朱元璋出身贫贱，最终成为皇帝，满洲虽然只是东北的一个小部族，也可以得到天下。明太祖成为证明满洲崛起一个有说服力的事例。

清军是打着为明复君父仇的旗号取得入主中原政治合法性的，以争取明朝人的支持。清朝重要谋臣范文程为入关清军起草的檄文说："义师为尔复君父仇，非杀尔百姓，今所诛者惟闯贼。吏来归，复其位；民来归，复其业。师行以律，必不汝害。"②这样清朝以复仇为借口，转化了长期以来与明朝的敌对关系，先把自己变成明朝的友方，接着继承明朝的治统而成为一方。顺治元年（1644）五月初二，清军击败李自成军后进入北京，标志着清朝取得中国政权。同年六月辛未（十五日）清廷诏告天下："予闻不共戴天者，君父之仇；救灾恤患者，邻邦之义。惟尔大明太祖高皇帝，斥逐胡元，剪我仇国，永世有民，代为哲王。"将清军打扮成明朝复"君父之仇""救灾恤患"的"邻邦"，并且从汉族的民族大义肯定明太祖恢复中华的历史功绩。诏文还历数清廷击败李自成军后为明所做的事情："予用息马燕京，抚兹黎庶，为尔大行皇帝缟素三日，丧葬尽哀，钦谥曰怀宗端皇帝，陵曰思陵，梓宫聿新，寝园增固。凡诸后妃，各以礼葬。诸陵松柏勿樵。惟尔率土臣民所欲致情于大行皇帝者，我大清无不曲体斯诚，有崇靡阙。宗藩之失职流离者，为尔存恤。士绅之忠节死难者，为尔表扬。轻刑薄赋，用贤使能，苟济生民，为力是视。"接着清廷重申为明复"君父之仇"之意："深痛尔明朝嫡胤无遗，势孤难立，用移我大清宅此北土，厉兵秣马，必歼丑类，以清万邦，非有天下之心，实为救中国之计。"将夺取中原说成是"救中国"。然后表明以优厚的待遇向江南臣民招降纳叛，并威胁说否则："俟予克定三秦，即移师难讨。"

值得注意的是《国榷》作者谈迁在该诏后注明"中书舍人华亭李

①《清太宗实录》卷28，天聪十年四月己丑，第371页下。
②赵尔巽等撰：《清史稿》卷230，《范文程传》，中华书局1977年版，第9352页。

雯所草"①。李雯,字舒章,明末诸生,入清荐为内阁中书舍人,"一时诏诰书檄多出其手,致史可法书其最著者"②。顺治元年七月壬子(二十七日)致史可法书中也表明了清廷标榜的为明复"君父之仇"的说法:"方拟秋高气爽,遣将西征,传檄江南,联兵河朔,陈师鞠旅,戮力同心,报乃君国之仇,彰我朝廷之德……国家之抚定燕都,乃得之于闯贼,非取之于明朝也。"③李雯为清起草书、诏自然是秉承清廷旨意,然而或许一定程度上也说明清廷为明复"君父之仇"的口号收到一定的效果,汉族对于清廷有所认同。

明朝统治的象征物如何处理,显然是清朝首先遇到的重大政治问题。国家倾覆,宗庙不存,明朝的太庙必须废除,这是中国历史上改朝换代通行的做法。清朝对待明朝太庙的做法比较巧妙,明朝太庙存在的重要标志是明太祖的牌位,清朝处理明太祖的牌位的做法是移置历代帝王庙。

历代帝王庙建于明太祖洪武年间。《明史》记载:

> (洪武)六年,帝以五帝、三王及汉、唐、宋创业之君,俱宜于京师立庙致祭,遂建历代帝王庙于钦天山之阳。仿太庙同堂异室之制,为正殿五室:中一室三皇,东一室五帝,西一室夏禹、商汤、周文王,又东一室周武王、汉光武、唐太宗,又西一室汉高祖、唐高祖、宋太祖、元世祖。每岁春秋仲月上旬甲日致祭。已而以周文王终守臣服,唐高祖由太宗得天下,遂寝其祀,增祀隋高祖。七年,令帝王庙皆塑衮冕坐像,惟伏羲、神农未有衣裳之制,不必加冕服。八月,帝躬祀于新庙。已而罢隋高祖之祀……嘉靖九年,罢历代帝王南郊从祀。令建历代帝王庙于都城西,岁以仲春秋致祭。④

明朝于洪武六年(1373)建历代帝王庙于南京钦天山,又在嘉靖

①谈迁:《国榷》卷102,崇祯十七年(1644)六月辛未,上海古籍出版社1958年版,第6119页。
②邓之诚:《清诗纪事初编》上册卷4,《李雯》,上海古籍出版社1965年版,第475页。
③《清世祖实录》卷6,顺治元年七月壬子,中华书局1986年影印本,第71页下。
④张廷玉等纂:《明史》卷50,《礼四·历代帝王陵庙》,中华书局1974年版,第1292—1293页。

九年(1530)建历代帝王庙于北京城西,历代帝王庙仿太庙同堂异室之制,供奉三皇、五帝、夏禹、商汤、周文王、周武王、汉光武、唐太宗、汉高祖、唐高祖、宋太祖、元世祖等帝王。

顺治元年六月癸未(二十七日),摄政王多尔衮以祭祀故明太祖及诸帝的名义而废掉明朝太庙,《清世祖实录》记载此事:

> 摄政和硕睿亲王遣大学士冯铨祭故明太祖及诸帝。文曰:"兹者流寇李自成颠覆明室,国祚已终,予驱除逆寇,定鼎燕都。惟明乘一代之运以有天下,历数转移,如四时递禅,非独有明为然,乃天地之定数也。至于宗庙之主,迁置别所,自古以来厥有成例。第念曾为一代天下主,罔宜轻亵,兹以移置之故,遣官祀告,迁于别所。"……甲申,以故明太祖神牌入历代帝王庙。①

将明朝宗庙之主,迁置历代帝王庙,表明明朝国祚已终,天命转移,无疑对于效忠明朝的人是一个沉重打击。但是,清朝将明太祖牌位迁于别所,对明朝遗民来说又算是一个安慰。明太祖被多尔衮评价为"乘一代之运以有天下"的"一代天下主",这一评价是很高的。

历代帝王庙创建于明朝,清朝增加北方少数民族政权君王入祀,通过新的正统观念,以确立清朝统治的政治合法性。这是在顺治二年(1645)进行的,当时清朝遇到第一次正式祭祀包括明太祖在内的历代帝王问题。《清世祖实录》对此事的记载是:

> 礼部奏言:三月初三日,例应祭历代帝王。按故明洪武初年立庙,将元世祖入庙享祀,而辽、金各帝皆不与焉。但稽大辽则宋曾纳贡,大金则宋曾称侄。当日宋之天下,辽、金分统南北之天下也。今帝王庙祀似不得独遗,应将辽太祖并功臣耶律曷鲁,金太祖、金世宗并功臣完颜粘没罕、完颜斡离不,俱入庙享祀。元世祖之有天下,功因太祖,未有世祖入庙而可遗太祖者,则元世祖之上,乃应追崇元太祖一位,其功臣木华黎、伯颜,应从祀焉。至明太祖并功臣徐达、刘基各宜增入,照次享祀,以昭帝王功业之隆,用彰皇上追崇往哲至意。从之。②

---

① 《清世祖实录》卷5,顺治元年六月癸未、甲申,第64页下—65页上。
② 《清世祖实录》卷15,顺治二年三月甲申,第130页下。

于是清朝遣户部尚书英俄尔岱祭历代帝王：太昊伏羲氏、炎帝神农氏、少昊金天氏、帝颛顼氏、帝高阳氏、帝高辛氏、帝陶唐氏、帝有虞氏、夏禹王、商汤王、周武王、汉高祖、汉光武、唐太宗、宋太祖、元世祖，以及增入辽太祖、金太祖、金世宗、元太祖、明太祖，共二十一帝。祀以太牢，祭筵各一，祭品俱二十四。同时还遣礼部尚书觉罗郎球、工部尚书星讷、梅勒章京吴拜、兵部侍郎朱玛喇分祭配享功臣。计有徐达、刘基等四十一位，祀以少牢，二位祭筵共一，祭品俱十①。新增入历代帝王庙的明太祖并功臣徐达、刘基，同辽太祖、金太祖、金世宗、元太祖并功臣俱入庙享祀，淡化了增加金太祖、金世宗、辽太祖、元太祖少数民族君主的色彩，看上去这些少数民族君主与汉族君主明太祖入祀的权利是平等的。

不过是否将辽太祖、金太祖、金世宗、元太祖增入历代帝王庙，有过反复。顺治十七年(1660)山东道监察御史顾如华上疏建议，在历代帝王庙增入守成贤君商中宗、高宗，周成王、康王，汉文帝，宋仁宗，明孝宗，并以宋臣潘美、张浚未可与韩世忠、岳飞同日并论请罢从祀，而以辽太祖、金太祖、元太祖原未混一天下，且其行事亦不及诸帝王，不宜与祭。于是礼部议覆从其请，皆罢祀②。顾如华与礼部诸臣出于是否统一中国的帝王标准，从礼制出发请求停止祭祀辽太祖、金太祖、元太祖，竟然获得通过。这或许是对于摄政王多尔衮时期行政的某种纠正，但是顾如华与礼部诸臣对多尔衮做法的政治深意恐怕是理解不够。于是政治上精明、具有雄才大略的康熙皇帝嗣服立即加以纠正：

> 大学士会同礼部遵旨。议覆历代帝王祀典，如辽太祖、金太祖、元太祖俱系开创之主，仍宜入庙崇祀，至商中宗、高宗，周成王、康王，汉文帝，宋仁宗，明孝宗守成七帝，应照《会典》，在各陵庙致祭。宋臣潘美、张浚已经罢祀，无庸议。从之。③

康熙皇帝以开创之功肯定辽太祖、金太祖、元太祖，实际上意在

①《清世祖实录》卷15，顺治二年三月丙戌，第131页上。
②《清世祖实录》卷136，顺治十七年六月己丑，第1050页下—1051页上。
③《清圣祖实录》第1册卷1，顺治十八年(1861)二月乙巳，中华书局1986年影印本，第50页下—51页上。

表明这样的态度：清朝作为承天命的少数民族政权改朝换代，其前身的后金朝同样具有继承治统的合法性，是应当尊重和值得纪念的。

深得康熙帝之心的乾隆皇帝，完善了历代帝王庙中少数民族政权的正统地位。在乾隆皇帝看来："我朝为明复仇讨贼，定鼎中原，合一海宇，为自古得天下最正。"①为了巩固这种说法，乾隆四十九年（1784）命廷臣更议历代帝王庙祀典。乾隆皇帝认为杨维桢所著《正统辨》谓正统在宋不在辽、金之说为是，今帝王庙崇祀辽、金，而不入东西晋、前后五代，"是皆议礼诸臣有怀偏见，明使后世臆说之徒，谓本朝于历代帝王未免区分南北，意存轩轾"②。于是增祀两晋、元魏、前后五代各帝王。乾隆皇帝不区分南北少数民族政权帝王入祀历代帝王庙，今天看来是深思熟虑且利于多民族国家政治的。不过其深意则在于肯定作为少数民族建立政权一员的清朝，具有同样的正统地位。

明清易代，明太祖的宗庙之主迁到历代帝王庙，并引发了历代帝王庙增加少数民族君主入祀的变化，明太祖作为易代之君、开创之主受到清朝尊崇，影响了清朝的正统观念。

二　祭陵：明太祖与清朝皇帝的南巡

明清之际的江南是中国经济与文化最发达的地区，清朝初年因反对剃发易衣冠，江南爆发了声势浩大的反清斗争，士大夫普遍存在着故国之思，对清朝统治心存不满。康熙皇帝为了治理黄河与了解江南的吏治民情，维护清朝的统治，分别于康熙二十三年（1684）、二十八年（1689）、三十八年（1699）、四十二年（1703）、四十四年（1705）、四十六年（1707）六次南巡。值得注意，南巡中重要的活动之一是到南京的明孝陵祭祀明太祖。对明太祖的尊崇，在于承认明朝统治的合法性，以争取汉族士大夫人心，认同清朝的统治。

早在顺治二年，清军消灭南京福王政权，摄政王多尔衮致书清军

①《清高宗实录》第15册卷1142，乾隆四十六年十月甲申，中华书局1986年影印本，第309页上。
②《清高宗实录》第16册卷120，乾隆四十九年七月乙卯，第219页下。

统帅多铎,要求保护明太祖陵:"洪武陵设守陵太监四名,人丁四十名,仍给地二百晌,以供祭祀。"①以安抚江南人民。

康熙二十二年(1683)收复台湾,标志着中国的进一步统一。翌年康熙皇帝即举行南巡,可见他对于江南的重视。此举在政治上的象征意义,在于表明清朝完全有效地统治着中国,通过南巡彻底征服江南士大夫的人心。康熙皇帝安排首次南巡返回途中祭祀明太祖陵,这也是南巡中的一场重头戏。康熙二十三年十月己未(二十七日)康熙皇帝在苏州对大学士等说:

> 明太祖一代开创令主,功德并隆。朕巡省方域,将及江宁,钟山之麓陵寝斯在。朕优礼前代,况于其君实贤,可遣祀如礼。②

十一月壬戌(初六)康熙皇帝至江宁(今江苏南京),第二天遣内阁学士席尔达祭明太祖陵。御制祝文曰:

> 自古历代帝王,继天立极,功德并隆。治统道统,昭垂弈世。朕君临海宇,运会升平。轸念民生,省方问俗。途经白下,凭眺钟山。缅忆前徽,兴言往烈。园陵入望,瞻封树之依然;史册可征,企芳规之俨在。仪章式举,殷礼聿称。敬遣专官,代陈牲帛。爰申禋祀之诚,用着景行之志。冀神爽其不昧,降云车以格歆。③

虽然已遣官致祭明太祖陵,但是康熙皇帝认为既抵江宁,距陵非远,应亲为拜奠。于是同日又谒明太祖陵。首次南巡留下了致祭明太祖陵的典礼事例,即遣官致祭后皇上亲诣奠酒。

康熙皇帝过明故宫,慨然久之,写下《御制过金陵论》。其中评价明太祖说:

> 夫明太祖以布衣起淮泗之间,经营大业,应天顺人,奄有区夏。顷过其城市,闾阎巷陌未改旧观,而宫阙无一存者。睹此兴怀,能不有吴宫花草、晋代衣冠之叹耶。

---

① 《清世祖实录》卷19,顺治二年七月壬子,第167页上。
② 《清圣祖实录》第2册卷117,康熙二十三年十月己未,第224页下。
③ 《清圣祖实录》第2册卷117,康熙二十三年十月癸亥,第225页下。

文章结尾议论道:

> 孟子曰:天时不如地利,地利不如人和。有国家者,知天心之可畏、地利之不足恃,兢兢业业,取前代废兴之迹,日加儆惕焉,则庶几矣。①

从明太祖因天时而得天下,到宫阙化为废墟,康熙皇帝悟出天时与南京虎踞龙盘的地利并不足恃,要维持国家的长治久安,帝王当勤政不怠。

甲子日(初八)康熙皇帝要求地方政府维护明孝陵。他对江南江西总督、江苏巡抚说:

> 明太祖天资英武,敷政仁明,芟刈群雄,混一区宇,肇造基业,功德并隆。其陵寝在钟山之麓,系江宁所属地方。向已有旨,令有司各官春秋致祭,严禁樵采,并设有守陵人户,朝夕巡视。但为日已久,不无废弛。今朕省方江宁,亲诣拜奠,见墙垣倾圮,林木凋残。皆系无知民人不遵约束,恣肆作践,往来行走,殊干法纪。嗣后尔等督令地方各官不时巡察,务俾守陵人役用心防护,勿致附近旗丁居民仍前践踏。所有春秋二祭,亦必虔洁举行,以副朕崇重古帝王陵寝至意。②

康熙皇帝充分肯定明太祖统一中国的历史功绩,要求地方官保护陵区,认真祭祀,表达对于明太祖这位"古帝王"的尊崇。通过上述活动,可以博得江南的士大夫对于康熙皇帝代表的清政权的好感。

康熙皇帝在以后的五次南巡继续致祭明太祖陵。康熙二十八年第二次南巡时,于二月二十六日诣明太祖陵,至大门前,下辇步行。进前殿,行三跪九叩头礼。至陵前跪,奠酒三爵,行三叩头礼毕,赐守陵人一百两而还③。时隔十年,康熙三十八年第三次南巡,康熙皇帝对大学士等人说:"明代洪武乃创业之君,朕两次南巡俱举祀典,亲往奠酹,今朕临幸当再亲祭。"大学士等奏:"皇上两次南巡业蒙亲往奠酹,今应遣大臣致奠。"康熙帝说:"洪武乃英武伟烈之主,非寻常帝王

---

① 《清圣祖实录》第 2 册卷 117,康熙二十三年十月癸亥,第 226 页下。
② 《清圣祖实录》第 2 册卷 117,康熙二十三年十月甲子,第 227 页。
③ 中国第一历史档案馆整理:《康熙起居注》第 3 册,中华书局 1984 年版,第 1841 页。

可比。"于是派着兵部尚书席尔达致祭行礼,他亲自往奠。①四月壬子日(十三日)康熙帝至明太祖陵奠爵,阅视陵寝。他看到明太祖陵损坏严重,要求寻找明宗室后裔看管陵墓,专司职守。康熙帝对大学士等说:

> 朕今日往明太祖陵寝致奠,见其圮毁已甚,皆由专司无人。朕意欲访察明代后裔,授以职衔,俾其世守祀事。古者夏殷之后,周封之于杞宋,即令本朝四十八旗蒙古,亦皆元之子孙,朕仍沛恩施,依然抚育。明之后世,应酌授一官,俾司陵寝。俟回都日尔等与九卿会议具奏。②

甲寅日(十五日)康熙帝命修明太祖陵,并悬挂御书"治隆唐宋"匾额③。

康熙四十二年(1703)第四次南巡,二月壬寅日(二十七日)康熙帝遣大学士马齐祭明太祖陵。康熙四十四年第五次南巡,四月丙戌日(二十三日)遣户部尚书徐潮祭明太祖陵,并对领侍卫内大臣等人说,回銮时诣明太祖陵行礼。大学士马齐认为已经遣官致祭明太祖陵,祈停亲诣行礼。康熙皇帝回答:"洪武素称贤主,前者巡幸未获躬赴陵前,今当亲诣行礼。"④庚寅日(二十七日)康熙帝自江宁府启行至明太祖陵,导引官引向中门。康熙帝命自东角门入,并说:"此非尔等导引有失,特朕之敬心耳。"既入,率诸皇子及大臣侍卫等行礼⑤。

康熙四十六年最后一次南巡,三月庚申日(初七)遣大学士马齐祭明太祖陵。辛酉日(初八日)对大学士等说,明日亲谒明太祖陵。大学士等以此前巡幸江南,"明太祖陵或遣官致祭或遣皇子致祭,亦有皇上亲行灌奠之时。又重新庙貌,专人看守,自古加厚前朝未见如

---

① 《清圣祖实录》第 2 册卷 193,康熙三十八年四月庚戌,第 1042 页下。
② 《清圣祖实录》第 2 册卷 193,康熙三十八年四月壬子,第 1042 页下。
③ 《清圣祖实录》第 2 册卷 193,康熙三十八年四月甲寅,第 1042 页上。关于康熙皇帝如此表示赞赏与尊敬明太祖,美国学者史景迁认为:"很可能康熙只是打算向明朝的阴影和它残存的少量支持者做出一个他自认为是安抚的姿态,而不是对一个与自己如此不同的人有特殊认同。"见[美]史景迁著、陈引驰等译:《曹寅与康熙:一个皇室宠臣的生涯揭秘》,上海远东出版社 2005 年版,第 179 页。
④ 《清圣祖实录》第 3 册卷 220,康熙四十四年四月己丑,第 220 页下。
⑤ 《清圣祖实录》第 3 册卷 220,康熙四十四年四月庚寅,第 221 页上。

此者。今皇上又欲往谒,臣等以为太过。况此行已遣大臣致祭,天气
骤热,不必亲劳圣躬往谒"。康熙皇帝回答:"天气骤热,何足计耶,朕
必亲往。"①态度坚定。次日康熙帝"诣明太祖陵,乘步辇由东石桥至
大门下辇,由东门升殿,行礼毕回行宫"②。康熙帝不从正门而由东
门升殿,表示对明太祖的尊重。

康熙皇帝格外尊重明太祖,是与清朝继承明朝正统的观念连在
一起的。康熙五十六年(1717)康熙帝心神忧瘁,头晕频发,感到身体
情况糟糕,于是在乾清宫东暖阁召诸皇子及满汉大学士、学士、九卿、
詹事、科道等入,宣布长篇谕旨,讲述"从来帝王之治天下未尝不以敬
天法祖为首务"的道理,要求臣下遵守,实为提前写就的遗诏。其中
有这样的话:

> 自古得天下之正,莫如我朝。太祖、太宗初无取天下之心,
> 尝兵及京城,诸大臣咸奏云当取,太宗皇帝曰:明与我国素非和
> 好,今取之甚易,但念中国之主不忍取也。后流贼李自成攻破京
> 城,崇祯自缢,臣民相率来迎,乃剪灭闯寇,入承大统。昔项羽起
> 兵攻秦,后天下卒归于汉,其初汉高祖一泗上亭长耳。元末陈友
> 谅等并起,后天下卒归于明,其初明太祖一皇觉寺僧耳。我朝承
> 席先烈,应天顺人,抚有区宇,以此见乱臣贼子,无非为真主驱
> 除耳。③

康熙帝所说太祖、太宗的言行属于政治宣传,不足为凭。但认为
清朝与汉高祖、明太祖一样,应天顺人,为天下真主,成为中国的正
统,则显示出肯定明太祖以证明清朝"得天下之正"的想法。康熙帝
的这篇谕旨后来果然成为遗诏④。因此,康熙皇帝尊崇明太祖的措
施,也就成为后世子孙遵守的家法存在下去。

前面提到康熙二十八年第二次南巡时康熙帝看到明太祖陵损坏
严重,对大学士等说,要寻找明宗室后裔看管陵墓,专司职守。晚年
康熙皇帝又寻找明太祖的直系子孙,世袭官职,以示尊崇,这一遗旨

---

①《清圣祖实录》第 3 册卷 229,康熙四十六年三月辛酉,第 292 页上。
②《清圣祖实录》第 3 册卷 229,康熙四十六年三月壬戌,第 292 页上。
③《清圣祖实录》第 3 册卷 275,康熙五十六年十一月辛未,第 695 页。
④《清圣祖实录》第 3 册卷 300,康熙六十一年十一月甲午,第 902 页上—903 页下。

由雍正皇帝完成。《清世宗实录》记载：

> 谕大学士等：朕近于圣祖仁皇帝所遗书筒中，检得未经颁发谕旨一道。以明太祖崛起布衣，统一方夏，经文纬武，为汉唐宋诸君之所未及。其后嗣亦未有如前代荒淫暴虐亡国之迹，欲大廓成例，访其支派一人，量授官职，以奉春秋陈荐，仍令世袭。朕伏读之下，仰见我圣祖仁皇帝海涵天覆，大度深仁，远迈百王，超轶万古。朕思史载东楼，诗歌白马，商周以来无不推恩前代。后世类多疑忌，以致历代之君宗祀殄绝。朕仰体圣祖如天之心，远法隆古盛德之事，谨将圣祖所赉谕旨颁发。访求明太祖支派子姓一人，量授职衔，俾之承袭，以奉春秋祭享。但恐有明迄今年代久远，或有奸徒假冒，致生事端。尔内阁大学士即会同廷臣详明妥议，以副圣祖仁皇帝宽仁矜恤之至意。①

此事在雍正二年（1724）得以解决，《清世宗实录》记载：

> 礼部等衙门奏言：圣祖仁皇帝以明太祖宗祀沦绝，访求支派一人，授之官爵，恪奉烝尝。我皇上继志存恤，特申前谕。臣等谨按：明太祖之子封藩者十二人，迄今三百余年，子姓虽繁，无从考证。查得厢白旗朱文元系明太祖第十三子代简王之后，明崇祯时简王后裔代王，为洪承畴监军于松山。我太宗文皇帝时，代王与伊侄文元同被俘获，遂归我朝。曾蒙圣祖仁皇帝召见，亲询宗系，今原任内阁侍读学士朱汝錕之子众关保等，俱文元之孙也。文元于顺治年间，曾奏明往大同取其宗族来京，今见任直隶正定府知府朱之琏一支是也。请于此一支内查取谱牒，吏部拣选引见，择用一人。随饬礼部差官，同伊告祭明太祖陵及昌平十三陵，以承祀事，仍令回京居住。嗣后每年春秋二季，令其呈明前往。从之。②

依照该谕旨可知，所谓明太祖第十三子代简王之后的代王与其侄文元，不过是八旗中的汉军而已，也属于广义的满族。清朝在顺康年间严厉查拿明宗室之后，搞此表面文章，真是一场政治游戏，此举

①《清世宗实录》第1册卷11，雍正元年九月乙未，中华书局1986年影印本，第208页。
②《清世宗实录》第1册卷16，雍正二年二月丙辰，第273页下—274页上。

只具有尊崇明太祖的象征意义。

雍正皇帝没有南巡，不过他也表示像其父一样，尊崇明太祖。雍正七年(1729)给内阁的谕旨说：

> 自古帝王皆有功德于民，虽世代久远，而敬礼崇奉之心不当弛懈，其陵寝所在，尤当加意防卫，勿使亵慢。至于往圣先贤、名臣忠烈，其祠宇茔墓亦当恭敬守护，以伸仰止之忱。着各省督抚转饬各属：将境内所有古昔陵寝祠墓勤加巡视，防护稽查，务令严肃洁净，以展诚恪。若有应行修葺之处，着动用本省存公银两，委员料理。朕见历代帝王皆有保护古昔陵寝之敕谕，而究无奉行之实。朕于雍正元年恩诏内即以修葺历代帝王陵寝通行申饬，亦恐有司相沿积习，视为泛常。嗣后着每年于岁底，令该地方官将防护无误之处结报督抚，该督抚造册转报工部，汇齐奏闻。傥所报不实，一经发觉，定将该督抚及地方官分别议处。明太祖陵在江宁，昔我圣祖仁皇帝屡次南巡，皆亲临祭奠，礼数加隆。着江南总督转饬有司，加意防护。其明代十二陵之在昌平州者，自本朝定鼎以来即设立太监陵户，给以地亩，令其虔修禋祀，禁止樵采。圣祖仁皇帝屡颁谕旨，严行申饬。着该督转饬昌平州知州、昌平营参将，差委人员时加巡视，务令地境之内清净整齐。傥陵户或有不敷，即着该督酌量增添。其南北二处陵寝防护无误之处，亦着该督抚等于每年岁底册报工部汇奏。①

可见雍正皇帝继承了康熙帝尊崇明太祖的做法。

由于发生曾静策动岳飞后裔岳钟琪造反一案，清朝发现曾静的反清思想，是受到浙江人吕留良解释《春秋》大义在于"华夷之辨大于君臣之伦"的影响，于是雍正帝论述清朝得天下的政治合法性，涉及明太祖。雍正皇帝说：

> 从来为君上之道，当视民如赤子；为臣下之道，当奉君如父母。我朝之为君，实尽父母斯民之道，殚诚求保赤之心，而逆贼尚忍肆为讪谤，生疾怨而行其忤逆乎。从前康熙年间，各处奸徒窃发，动辄以朱三太子为名，如一念和尚、朱一贵者，指不胜屈。

①《清世宗实录》第 2 册卷 79，雍正七年三月甲寅，第 35 页下—36 页下。

近日尚有山东人张玉假称朱姓，托于明之后裔，遇星士推算，有帝王之命，以此希冀鼓惑愚民，见被步军统领衙门拿获究问。从来异姓先后继统，前朝之宗姓臣服于后代者甚多，否则隐匿姓名，伏处草野。从未有如本朝奸民，假称朱姓，摇惑人心，若此之众者。似此蔓延不息，则中国人君之子孙，遇继统之君，必至于无噍类而后已，岂非奸民迫之使然乎。

况明继元而有天下，明太祖即元之子民也，以纲常伦纪言之，岂能逃篡窃之罪。至于我朝之于明，则邻国耳。且明之天下，丧于流贼之手，是时边患肆起，倭寇骚动，流贼之有名目者不可胜数。而村邑无赖之徒，乘机劫杀。其不法之将弁兵丁等，又借征剿之名，肆行扰害，杀戮良民请功，以充获贼之数。中国人民死亡过半，即如四川之人，竟致靡有孑遗之叹，其偶有存者，则肢体不全，耳鼻残缺，此天下人所共知。康熙四五十年间，犹有目睹当时情形之父老垂涕泣而道之者，且莫不庆幸我朝统一万方，削平群寇，出薄海内外之人于汤火之中，而登之衽席之上，是我朝之有造于中国者大矣至矣。至于厚待明代之典礼，史不胜书，其藩王之后，实系明之子孙，则格外加恩，封以侯爵，此亦前代未有之旷典。而胸怀叛逆之奸民，动则假称朱姓，以为构逆之媒。而吕留良辈又借明代为言，肆其分别华夷之邪说，冀遂其叛逆之志，此不但为本朝之贼寇，实明代之仇雠也。[1]

由此可见，直到雍正年间，一些人对于明朝还有故国之思，民间动辄以朱三太子为名造反，并不认为清朝统治中国是得天下之正的理所当然。所以清朝统治者厚待明太祖，实在是为了换取汉族的好感，使其认同清朝统治。当时雍正皇帝将其谕旨"通行颁布天下各府、州、县远乡僻壤，俾读书士子及乡曲小民共知之"[2]，向天下之人辩解。

乾隆皇帝效法祖父，也南巡江浙六次，同样拜谒明太祖陵。乾隆十六年(1751)首次南巡，事先礼部请旨：跸路所经禹陵、明太祖陵应

---

①《清世宗实录》第2册卷86，雍正七年九月癸未，第149页。
②《清世宗实录》第2册卷86，雍正七年九月癸未，第152页上。

否亲诣或遣官行礼,乾隆皇帝明确表示:"朕亲诣行礼。"①礼部又请旨:"亲祭禹陵、明太祖陵,请照十三年东巡亲祭少昊金天氏陵,行二跪六叩礼。"乾隆皇帝提出:"行三跪九叩礼。"②乾隆十六年三月壬戌日(二十五日)乾隆帝果然祭明太祖陵,行三跪九叩礼,并御书扁曰"开基定制";颁布谕旨:

> 朕省方问俗,巡幸江宁,象山之麓,明太祖陵在焉。皇祖圣祖仁皇帝南巡时,念其为一代创业之君,銮舆屡诣,旷典光昭。朕于驻跸诘朝,即命驾前往躬申奠谒。念本朝受命以来百有余年,胜国故陵,寝殿依然,松楸无恙,皆我祖宗盛德保全之所致也。可令该督抚饬地方官加意保护,其附近陵地毋许樵牧往来,致滋践踏,并晓谕各陵户知之。③

在对待明太祖陵的问题上,乾隆帝比起康熙帝可谓有过之而无不及。从《清高宗实录》还可以获知以后历次南巡致祭明太祖陵的情形。如乾隆二十二年(1757)第二次南巡,三月戊申日(十七日)遣官祭明太祖陵,庚戌日(十九日)乾隆帝诣明太祖陵奠酒。乾隆二十七年(1762)第三次南巡,三月庚戌(十七日)遣官祭明太祖陵。乾隆三十年(1765)第四次南巡,闰二月辛未日(二十六日)遣官祭明太祖陵,壬午(二十七日)乾隆帝诣明太祖陵奠酒。乾隆四十五年(1780)第五次南巡,三月甲辰日(二十五日)遣官祭明太祖,丙午(二十七日)乾隆帝至明太祖陵奠酒。乾隆四十九年第六次南巡,闰三月壬戌日(初七日)遣官祭明太祖陵,并颁布谕旨与礼部讨论诣明太祖陵仪注,进一步尊崇明太祖:"谕曰:礼部奏诣明太祖陵仪注,三奠酒,每奠行一叩礼等语。前代陵寝于经过时亲诣拈香,自应较本朝陵寝仪节有别。然朕加隆前代,礼数从优。"④甲子日(初九日)乾隆帝诣明太祖陵行礼。乾隆五十年(1785)高宗解释自己致祭明太祖陵时说:"明太祖为一代开创之主,是以朕南巡时躬诣孝陵致祭,用彰隆礼胜朝之意。"⑤

---

①《清高宗实录》第 5 册卷 374,乾隆十五年十月辛巳,第 1133 页上。
②《清高宗实录》第 5 册卷 377,乾隆十五年十一月己巳,第 1185 页下—1186 页上。
③《清高宗实录》第 6 册卷 385,乾隆十六年三月壬戌,第 58 页下。
④《清高宗实录》第 16 册卷 1202,乾隆四十九年闰三月壬戌,第 77 页上。
⑤《清高宗实录》第 16 册卷 1225,乾隆五十年二月壬寅,第 425 页下。

三 法明:洪武体制在延续

明太祖确实为一代开创之主,清初诸帝对他的尊崇也不仅仅停留在祭祀神牌、陵墓的象征性仪式上,还有总结明太祖政治经验教训的内容。

清朝仿照《洪武宝训》,编纂了《圣训》。洪武六年八月朱元璋任命儒臣詹同、宋濂编纂《大明日历》,至翌年九月书成,稍后完成了仿照唐代吴兢《贞观政要》之体的《皇明宝训》。洪武以后各朝有《宝训》与《实录》同时编纂的修史制度。万历三十年(1602)陈治本、吕本、朱锦等将明太祖至明穆宗十个皇帝的《宝训》汇成《皇明宝训》40卷。《明太祖宝训》原本15卷,万历合编本被合并为6卷①。《明太祖宝训》,亦称《洪武宝训》,对清朝影响深刻。清朝也有《十朝圣训》,包括太祖、太宗、世祖、圣祖、世宗、高宗、仁宗、宣宗、文宗、穆宗各朝,光绪间由内务府刊印。《圣训》是新皇帝为老皇帝编辑的语录汇集,分类辑录老皇帝品行与事功,以教化臣民。《太祖圣训》《太宗圣训》始编于顺治十二年(1655),康熙二十二年又下令编《世祖圣训》,以上三种《圣训》均在康熙二十五六年辑成。《圣祖圣训》修成于雍正九年(1731),《世宗圣训》修成于乾隆六年(1741)。清朝的《十朝圣训》实际上是模仿《洪武宝训》以及《皇明宝训》。

《洪武宝训》反映了朱元璋治国的方针大政,也是明代皇权政治的象征。清一入关,即格外重视《洪武宝训》。《洪武宝训》是清入关后翻译成满文的第一部汉籍,《清世祖实录》记载:

> 翻译明《洪武宝训》书成。上以《宝训》一书彝宪格言,深裨治理,御制序文,载于编首,仍刊刻满汉字,颁行中外。②

《洪武宝训》成书的顺治三年(1646),皇帝年仅九岁,所谓"御制序文",当是摄政王多尔衮任命汉官代笔的。从"以翻译明《洪武宝训》成,赐大学士范文程、刚林、祁充格、冯铨、宁完我等"③来看,清廷

①参见牛建强:《明初〈大明日历〉与〈皇明宝训〉的纂修》,《史学史研究》2000年第1期。

②《清世祖实录》卷25,顺治三年三月辛亥,第209页下。

③《清世祖实录》卷25,顺治三年四月辛卯,第215页下。

重视《洪武宝训》，可能是受这些汉官的影响。清朝还"颁赐诸王以下、甲喇章京理事官以上满文《金》《辽》《元》三史并明《洪武宝训》"①，借鉴以往少数民族政权以及前朝统治中国的经验。

顺治皇帝非常推崇明太祖。顺治十年（1653）他问大学士范文程、额色黑、宁完我、陈名夏等人："上古帝王，圣如尧舜固难与比伦，其自汉高以下、明代以前何帝为优？"大家回答："汉高、文帝、光武、唐太宗、宋太祖、明洪武俱属贤君。"他又问："此数君者又孰优？"陈名夏回答说："唐太宗似过之。"顺治皇帝则认为："岂独唐太宗，朕以为历代贤君莫如洪武，何也？数君德政有善者，有未尽善者。至洪武所定条例章程，规画周详，朕所以谓历代之君不及洪武也。"②对于明太祖评价如此之高，主要是看重明太祖制定的"条例章程"即一代制度。大学士宁完我还进明洪武《大诰》三册，顺治帝"命内院诸臣翻译进览"③。

顺治时期仿照《洪武宝训》，编纂了清太祖、清太宗的《圣训》。《清世祖实录》记载：

> 内翰林国史院侍读黄机奏言："自古仁圣之君必祖述前谟，以昭一代文明之治。年来纂修《太祖》《太宗实录》告成，伏乞皇上特命诸臣详加校订，所载嘉言善政，仿《贞观政要》《洪武宝训》诸书，缉成治典，恭候皇上钦定鸿名，颁行天下；尤望于万几之暇，朝夕省览，身体力行，绍美前休。"下所司议。④

这一提议不久得到皇帝的首肯。顺治皇帝指示内三院：

> 朕惟帝王之道，法祖为先……《实录》业已告成，朕欲仿《贞观政要》《洪武宝训》等书，分别义类，详加采辑，汇成一编，朕得朝夕仪型，子孙臣民咸恪遵无斁，称为《太祖圣训》《太宗圣训》，即于五月开馆。特命辅臣冯铨、车克、成克巩、刘正宗、傅以渐为总裁官，麻勒吉、锵特、祁彻白、胡兆龙、张悬锡、李霨、梁清宽为副总裁官，王无咎、杨思圣、方拱乾、卓彝、周启隽、黄机、吴伟业、

①《清世祖实录》卷29，顺治三年十二月壬辰，第243页。
②《清世祖实录》卷71，顺治十年正月丙申，第567页。
③《清世祖实录》卷86，顺治十一年十月辛未，第680页下。
④《清世祖实录》卷89，顺治十二年二月丁卯，第702页下—703页上。

左敬祖、曹本荣、熊伯龙、马叶曾、宋之绳又满官四员为纂修官，
满汉官各四员为誊录官，满汉典籍四员为收掌官。卿等膺兹委
任，须勤励恪恭，精心搜讨，务祈早竣大典，以称朕觐光扬烈
至意。①

可见《太祖圣训》《太宗圣训》是在太祖、太宗朝的《实录》修成后
仿照《贞观政要》《洪武宝训》修成的。修书者主要是投靠清朝的故明
士大夫，自然《太祖圣训》《太宗圣训》的编纂会按照传统政治文化特
别是明太祖的治国理念编排清帝的行事。

事实上，我怀疑《太祖圣训》《太宗圣训》当初的书名未必是"圣
训"，今名有可能是后来改的。理由是康熙二十五年(1686)二月二十
日所作《〈太祖高皇帝圣训〉序》，有"总为《宝训》四卷"②之语，说明最
初编辑《太祖高皇帝圣训》是仿照明朝的《宝训》，书名拟为"宝训"，而
不是后来统一的书名"圣训"。

《洪武宝训》的政治影响还有其他证明。《清圣祖实录》记载，康
熙二十四年(1685)都察院左副都御史张可前疏言：

都察院左副都御史张可前疏言：昔明太祖将当日政事辑成
一书，名曰《宝训》。我皇上创守同揆，文武兼济，超越明太祖万
万。臣请敕内阁翰林诸臣备辑睿谟圣政，汇成一书，刊布寰宇，
以昭法守。得旨：朕御极以来孜孜图治，勤政爱民，日理万幾，常
怀兢业。虽海宇底定，渐致升平，但风俗人心未臻上理，这所请
历年政事汇集成书，是否可行，着内阁翰林院会议具奏。③

九卿、詹事、科道等议覆，应如所请。康熙帝批准进行④。可见
这次将康熙政事编书是仿照明太祖编《洪武宝训》。不过《圣祖仁皇
帝圣训》则是雍正皇帝下令命大臣辑成的。即使如此，我们也可以判
断清朝的《圣训》继承了明太祖修《宝训》的传统。

雍正帝的一段话也可以证明清初数帝的《圣训》体裁模仿了明太
祖的《洪武宝训》。雍正帝指出：

①《清世祖实录》卷91，顺治十二年四月癸未，第716页下—717页上。
②收入《太祖高皇帝圣训》，光绪间内务府本。
③《清圣祖实录》第2册卷119，康熙二十四年正月戊子，第250页下。
④《清圣祖实录》第2册卷120，康熙二十四年三月癸亥，第257页下。

　　朕览明太祖所著《洪武宝训》一书,词义周详,诰诫谆切,所以教其子孙臣庶者,亦费苦心。但明太祖起自布衣,奄有天下,虽姿性过人,而其识见尚局于卑隘,其规模未臻于广大。盖缘文过其实,言行多不能相符,而议论自相矛盾者有之。朕观尧舜授受心法,惟有一中。治世之道,必事事合乎时中,始为至善。我太祖、太宗、世祖、圣祖相承之神谟圣烈,合于大中至正之道者,已经敬辑《圣训》,垂为世法。①

　　此段话除了清朝《圣训》与《洪武宝训》的关系外,也可以看到雍正皇帝对于明太祖执政特点的总结。雍正帝认为明太祖"识见尚局于卑隘,其规模未臻于广大",原因是"文过其实,言行多不能相符,而议论自相矛盾者有之"。而雍正帝自身则奉行持中之道,表达了他以及清朝诸帝超越明太祖的看法。

　　雍正帝始终重视明太祖的政治,雍正六年(1728)仲春,命儒臣采录经、史、子、集所载自古帝王训诫、名臣奏章、先儒语类深切治道者,次第进呈,亲为删定,成《钦定执中成宪》一书,卷4收录《洪武宝训》,便是进一步的证明。事实上,雍正七年在汉族大臣的劝说下,仿照唐太宗《贞观政要》、明太祖《洪武圣政》《洪武宝训》《御制大诰》编辑反映雍正朝政的书。此书乾隆六年告成。原本未题书名,因雍正谕旨由内阁宣示者居多,于是题名《上谕内阁》②。另外,雍正九年编辑的《上谕八旗》,也具有类似的性质。可以说,在一定程度上《上谕内阁》是雍正帝借鉴朱元璋政治的产物。本文所引有关雍正皇帝论述涉及明太祖的谕旨,多数收入《上谕内阁》,也说明编辑该书具有宣传的意图。

　　清朝汲取明太祖政治经验,形成"敬天法祖,勤政爱民"的政纲。明太祖编辑《洪武宝训》是为了让子孙遵守祖宗家法,保证明朝江山传之久远。清朝编辑《圣训》,性质相同。在中国传统政治文化中,属于家天下的"法祖",正如前引顺治帝所说的"帝王之道,法祖为先"一样。

　　从明、清两朝的《宝训》《圣训》来看,清朝的"法祖"与明朝一脉相

①《清世宗实录》第1册卷63,雍正五年十一月壬戌,第964页下—965页上。
②《上谕内阁》卷首。

承。《明太祖宝训》①类目共计五十一项,内容如下:

卷1:论治道、敬天、孝思、谨好尚、谦德、经国、封建、兴学;

卷2:尊儒术、圣学、褒功臣、教太子诸王、正家道、厚风俗、议礼、兴礼乐、崇教化;

卷3:任官、守法、求言、纳谏、去谗佞、却贡献、勤民、理财、节俭;

卷4:戒奢侈、励忠节、报功、警戒、弭灾异、屏异端、评古、仁政;

卷5:求贤、恤刑、赏罚、宽赋、恩泽、赈贷、保全功臣、礼前代、礼臣下、谕将士;

卷6:谕群臣、武备、驭夷狄、怀远人、辩邪正、育人材、务实。

《清太祖圣训》的类目如下:

卷1:敬天、圣孝、神武、智略、宽仁;

卷2:论治道、训诸王、训群臣;

卷3:经国、任大臣、用人、求直言、兴文治、崇教化、勤修省、节俭、慎刑、恤下;

卷4:辑人心、通下情、明法令、鉴古、赏功、昭信、诫逸乐、谨嗜好。

以上共计26项,其中的类目如敬天、论治道、经国、崇教化、节俭、慎刑6项与《明太祖宝训》相同。其他名称稍异而内容一致的则有以下12项。我们列表加以比较:

表1—1　《清太祖圣训》与《明太祖宝训》内容一致类目比较表

《清太祖圣训》类目	《明太祖宝训》类目
圣孝	孝思
神武	武备
宽仁	仁政
训诸王	教太子诸王
训群臣	谕群臣

---

①　参见《明实录》附录之五《皇明宝训·明太祖宝训》,台北"中研院"历史语言研究所1962年校印本,第1—507页。

(续)

《清太祖圣训》类目	《明太祖宝训》类目
任大臣	任官
求直言	求言
兴文治	兴礼乐
恤下	礼臣下
鉴古	评古
赏功	报功
谨嗜好	谨好尚

　　《清太祖圣训》另外 8 项类目：智略、用人、勤修省、辑人心、通下情、明法令、昭信、诫逸乐，也多可以包括在《明太祖宝训》相关内容中。因此，我们对《清太祖圣训》模仿《明太祖宝训》类目有了具体而准确的认识。

　　雍正帝阅读《明史·太祖本纪》，对于"敬天"的政治思想有了新的感悟。他对大学士、九卿等人说：

　　　　朕恭阅《太祖高皇帝实录》，内圣训昭垂，惟时以敬天为要务，谆谆诰诫，念兹在兹。迩来又览《明太祖本纪》，所载当时训谕之词，亦皆原本敬天之意。是知天道昭明，鉴观有赫，与人事感孚，捷于影响。自古迄今，神灵首出之君，必皆以钦崇时宪，为盛德大业所由成，承烈显谟所由极。此明太祖之开创规模，与我太祖高皇帝后先同揆，良有以也。[1]

　　随后，雍正帝大谈他对"敬天"的理解，清帝重视"敬天"加上上面谈的强调"法祖"，构成清朝格外重视的"敬天法祖"政治。另外如上引大臣请求将康熙皇帝政事编书"以昭法守"，而康熙皇帝自称即位以来"勤政爱民"，所以法守（也是"法祖"）的内容是"勤政爱民"。这样我们从清帝学习明太祖《洪武宝训》《明太祖本纪》中，看到清朝政

---

[1]《清世宗实录》第 1 册卷 75，雍正六年十一月癸丑，第 1112 页下；中国第一历史档案馆编：《雍正朝起居注册》第 3 册，雍正六年十一月初七日，中华书局 1993 年版，第 2381 页。

纲"敬天法祖，勤政爱民"与明太祖政治的关系①。一个好的例子便是，乾隆帝命大臣编的《御览经史讲义》卷13记载，在讲说《书经》"夜罔或不勤，不矜细行，终累大德"的经文时，侍读鄂容安列举了历代君主勤政的事例说明其与治理好国家的关系，其中便有说："近代如明太祖，亦能勤于政治"，并举出具体事例。

清帝吸取明太祖的治国经验，还有不少例证。明太祖治国以严刑峻法著称，顺治帝并不以为然。他对臣下说："朕自亲政以来以宽为治，恒谓洪武诛戮大臣为太过。由今以观，太宽亦不可也。"②大臣魏裔介告诉皇帝自古宽严相济的道理。顺治、康熙之际制定礼仪，也以洪武礼制为本。关于祭祀天地日月之礼，《清世祖实录》记载：

> 又谕礼部：帝王父天母地，禋祀大典务求至当。朕稽考旧章，洪武初原系孟春合祭南郊，至嘉靖年间始定分祭，冬至祀圜丘，夏至祭方泽；春分朝日，秋分夕月，而合祭之礼遂止。朕思合祭之礼，原以毕萃神祇，普荐馨香，不宜竟废。今欲祗申昭事之诚，修举合祀典礼，除四郊仍旧外，每年孟春合祭天地日月及诸神于大享殿。但礼关重大，尔部即会同九卿、科道详议具奏。③

关于上帝坛及奉先殿祭典，《清圣祖实录》记载：

> 上谕礼部及议政王、贝勒、大臣等：禁中设立上帝坛及奉先殿祭典，着查历代有无旧例，定议具奏。寻议：历代旧制只有冬至祀天于南郊，宫中上帝坛应请罢祭。至奉先殿，应照洪武三年例，朝夕焚香，朔望瞻拜，时节献新、生忌致祭，用常馔，行家人礼。从之。④

关于冬至庆贺典礼，《清圣祖实录》记载：

> 谕礼部：冬至庆贺典礼，明洪武十四年方定例举行，其后随令在外各衙门官赍进表文。今思官员往返有误职掌，且驿递繁苦，以后在外各衙门官员除元旦、圣寿节照旧赍进外，冬至赍进

①参见常建华：《清代的国家与社会研究》，人民出版社2006年版，第1—70页。
②《清世祖实录》卷98，顺治十三年二月丙子，第764页下。
③《清世祖实录》卷132，顺治十七年二月甲午，第1019页。
④《清圣祖实录》第1册卷1，顺治十八年正月癸亥，第43页下。

庆贺表文着停止,惟于各本衙门行礼。其在京庆贺表文典礼,仍照旧行。①

清朝用洪武礼制纠正明中后期出现的礼制变动,清朝继承了明太祖时的一些礼制。康熙皇帝高度评价明太祖,认为:"洪武系开基之主,功德隆盛。"②承认清初借鉴明太祖制定的礼制,康熙帝对大学士说:

> 观《明史》洪武、永乐所行之事远迈前王。我朝见行事例,因之而行者甚多。且明代无女后预政,以臣陵君等事,但其末季坏于宦官耳。且元人讥宋,明复讥元,朕并不似前人辄讥亡国也,惟从公论耳。今编纂《明史》,着将此谕增入修《明史》敕书内。③

康熙帝愿意让人知道清朝借鉴了洪武政治,除了政治宣传上的考虑外,说的也算是实情。上述引文提到清修《明史》,在此略加申述:清朝纂修《明史》始于顺治二年五月,至乾隆四年(1739)七月告成,实际上史稿粗成于康熙时期,清朝皇帝特别是康熙帝利用修史也总结了明朝历史的经验教训,为清朝政治服务。

清朝满洲贵族确实想从明太祖那里学习治国经验。前面提到顺治年间曾发给满族官员《洪武宝训》,还有一个故事证明满洲贵族对明太祖的重视。康熙初年,有四大臣辅政。鳌拜专权,打击其他辅政大臣。苏克萨哈被诬陷二十四条罪状,其中一条是:"苏克萨哈将内院收贮故明《洪武实录》擅专取回私家观看,伊欲效洪武所行何事。"④我们且不去具体考察苏克萨哈的政治意图,但是可以肯定的是他想从《明太祖实录》中汲取政治经验。

清帝总结明太祖的政治,也有批评,并标榜改正。如苏、松重赋问题,雍正帝指出:

> 查各省之中,赋税最多者莫如江南之苏、松二府、浙江之嘉、湖二府,每府多至数十万,地方百姓未免艰于输将。其赋税加重

---

①《清圣祖实录》第1册卷8,康熙二年二月壬寅,第135页上。
②《清圣祖实录》第2册卷154,康熙三十一年正月丁丑,第700页上。
③《清圣祖实录》第2册卷179,康熙三十六年正月甲戌,第922页上。
④《清圣祖实录》第1册卷23,康熙六年七月己未,第320页下。

之由始于明初洪武时,四府之人为张士诚固守,故平定之后籍诸富民之田,以为官田,按私租为税额。夫负固之罪在士诚一人,而乃归咎于百姓,加其税赋,此洪武之苛政也。有明二百余年,减复不一。我朝定鼎以来,亦照明例征收,盖因陆续办理军需,经费所在,未便遽行裁减。我皇考圣祖仁皇帝常论及此,雍正三年,朕仰体皇考多年宽赋之圣心,将苏、松二府额征浮粮豁免,彼时颁发谕旨甚明。①

清入关之初以废掉明朝后期"三饷"争取民心,不仅声称不加赋,而且还蠲免钱粮,进行减赋。康、雍二帝将苏、松二府额征浮粮豁免的做法,进一步突出了清朝政治的高明之处。乾隆帝的论述,更加证明此点实为明、清两朝政治特色的重大区分之点。他说:

即以前明政事而论,并无可以动民系恋者。如洪武开基,严刑峻罚;永乐篡逆,瓜蔓抄诛,士民无不含怨。又如洪武因苏、松、嘉、湖各府为张士诚固守,迁怒及民,浮粮加重。寖至末季,征敛日增,累及天下,民多愁苦嗟怨。此皆见于史册者,有何可以系感之处而追念不忘乎?至我本朝,列圣相承,爱养百姓,赈灾蠲缓,厚泽频施。而江、浙浮粮之额,节经裁减,以除民害。朕践阼至今四十三年,普免天下钱粮三次,普免漕粮二次,其它灾赈之需,动辄数百万,穷檐疾苦,迭沛恩膏,小民具有天良,岂不知感戴。②

洪武时期的严刑峻罚与苏、松重赋,成了清朝攻击的重点,于是清朝在政治宣传上反其道而行之。

乾隆帝也借鉴洪武礼制。乾隆十三年(1748)三月孝贤皇后富察氏病逝,同年七月将娴贵妃那拉氏晋为皇贵妃,摄六宫事。乾隆册封皇贵妃的谕旨讲道,本应册立为皇后,但因孝贤皇后逝世不久,实在不忍心这样做,于是册封娴贵妃为皇贵妃,摄六宫事。其中援引了明太祖的事例。该谕旨说:

但思皇后大事,上轸圣母怀思,久而弥笃。岁时令节以及定

①《清世宗实录》第1册卷62,雍正五年十月己酉,第957页下。
②《清高宗实录》第14册卷1071,乾隆四十三年十一月癸丑,第373页上。

省温清，朕虽率诸妃嫔及诸孙问安左右，而中宫虚位，必有顾之而怆然者，固宜亟承慈命，以慰圣心。且嫔嫱内侍，掖庭之奉职待理者甚众，不可散而无统。至王妃命妇等，皆有应行典礼，允旷不举，亦于礼制未协。册立既不忍举行，可姑从权制。考之明太祖淑妃李氏、宁妃郭氏相继摄六宫事，国朝顺治十三年册立皇贵妃，皇曾祖世祖章皇帝升殿命使，翼日颁诏天下，典至崇重。今应仿效前规，册命娴贵妃那拉氏为皇贵妃，摄六宫事，于以整肃壶仪，上奉圣母，襄助朕躬，端模范而迓休祥，顺成内治，有厚望焉。①

乾隆帝在立储问题上，也总结明太祖的经验教训，坚持清代的秘密立储制度。他说：

朕历览诸史，今古异宜，知立储之不可行，与封建、井田等，实非万全无弊之道也。盖一立太子，众见神器有属，幻起百端，弟兄既多所猜嫌，宵小且从而揣测。其懦者，献媚逢迎，以陷于非；其强者，设机媒孽，以诬其过，往往酿成祸变，遂致父子之间慈孝两亏，家国大计转滋罅隙。平心而论，其事果有益乎？无益乎？……至于立嫡立长之说，尤非确论。汉之文帝最贤并非嫡子，使汉高令其嗣位，何至有吕氏之祸。又如唐太宗为群雄所附，明永乐亦勇略著闻，使唐高祖不立建成而立太宗，明太祖不立建文而立永乐，则元武门之变、金川门之难，皆无自而起，何至骨肉伤残，忠良惨戮。此立嫡立长之贻害，不大彰明较著乎！我朝家法，实为美善。②

乾隆帝为此还有论述：

洪武泥于法古，遂立建文为皇太孙，其后酿成永乐靖难之变，祸乱相寻，臣民荼毒，皆刘三吾一言丧邦之所致也。朕惟深鉴于历代建储之失，是以再三宣谕，并令纂辑《储贰金鉴》一书，为万世法戒。若如洪武之泥古立储封建，以祖宗神器之重，轻为

付托,岂我大清宗社万年之福乎?①

虽然乾隆皇帝总结历史上立储问题的经验教训并不限于明太祖,无疑他是认真考虑过明太祖立储教训的。

更重要的是,清朝从明太祖借鉴了乾纲独断的专制集权思想与政治体制。乾隆四十五年,高宗命纂《历代职官表》。乾隆帝就清代官制与以往历代官制比较论述,其中首先谈到最重要的丞相制度。他指出:

> 国初设官分职,不殊《周官》法制。及定鼎中原,参稽前代,不繁不简,最为详备。其间因革损益,名异实同。稽古唐虞,建官惟百。内有四岳百揆,外有州牧侯伯。奋庸熙载,亮采惠畴。周则监于二代,立三公三孤。秦、汉以后为丞相,为中书门下平章知政事。明洪武因胡惟庸之故,改丞相为大学士。其实官名虽异,职守无殊。惟在人主太阿不移,简用得人,则虽名丞相,不过承命奉行。即改称大学士,而所任非人,窃弄威福,严嵩之流,非仍名大学士者乎?盖有是君,方有是臣。惟兵〔后〕克艰厥后,庶臣克艰厥臣。昔人言天下之安危系乎宰相,其言实似是而非也。②

乾隆帝反对将大学士变为丞相,认为不符合清朝实际,他说:

> 夫宰相之名,自明洪武时已废而不设,其后置大学士,我朝亦相沿不改。然其职仅票拟承旨,非如古所谓秉钧执政之宰相也。况我朝列圣相承,乾纲独揽,百数十年以来,大学士中岂无一二行私者,然总未至擅权斁法,能移主柄也。大学士之于宰相,虽殊其名,而其职自在。如明季严嵩,岂非大学士,而其时朝政不纲,窃弄威福,至今称为奸相。可见政柄之属与不属,不系乎宰相大学士之名,在为人君者之能理政与否耳。为人君者果能太阿在握,威柄不移,则备位纶扉,不过委蛇奉职,领袖班联。如我皇祖圣祖仁皇帝、皇考世宗宪皇帝暨朕躬临御四十六年以

来,无时不以敬天爱民勤政为念,复于何事借为大学士者之参赞乎?①

洪武政治体制的核心是废丞相,加强了皇帝的专制集权。清朝压制继废丞相后出现的内阁大学士,并创立军机处,保证皇帝专制集权,与洪武政治体制一脉相承。清朝皇帝确实善于驾驭大学士,皇帝多有能力控制国家,结果如乾隆帝所说:"无名臣亦无奸臣",而"人主太阿不移"。借鉴了明太祖的政治,康、雍、乾三帝形成"以敬天爱民勤政为念"的"法祖"政治。

清朝还继承了明太祖的政治教化体制。朱元璋为维持乡村社会秩序,赋予乡里老人教化乡里的职责。《明太祖实录》记载:

> 上命户部下令天下人民,每乡里各置木铎一,内选年老或瞽者,每月六次持铎徇于道路,曰:"孝顺父母,尊敬长上,和睦乡里,教训子孙,各安生理,毋作非为。"②

文中所要宣传的六句话,就是后来流行天下的所谓《圣谕六言》或者说《圣谕六条》。日本学者木村英一指出,《六言》起源于南宋朱子的实践,即朱熹知漳州时为了民众教化所示的劝谕榜,正好和《六言》的内容相同③。我们知道朱熹的乡约思想受《吕氏乡约》影响很大,也就是说《圣谕六言》脱胎于《吕氏乡约》四言,反映的是乡约的观念。朱元璋又将基层社会教化的各种措施归纳为《教民榜文》或曰《教民要款》四十一条④,于洪武三十一年(1398)颁行全国,宣讲《圣谕六言》被列入第十二条。《圣谕六言》的宣讲制度给予明代社会深刻的影响⑤。清朝统治者为了恢复和强化传统的社会秩序,建立自己的稳固统治,大兴教化政治。清朝统治者借鉴明朝治国经验,于顺

---

①《清高宗实录》第 15 册卷 1129,乾隆四十六年四月辛酉,第 85 页下—86 页上。

②《明太祖实录》第 5 册卷 255,洪武三十年(1397)九月辛亥,台北"中研院"历史语言研究所 1962 年校印本,第 3677 页。

③[日]木村英一:《ジッテと朱子の学》,《東方學報》第 22 册,京都大学人文科学研究所 1953 年版,转引自[日]酒井忠夫:《中国善书の研究》,国书刊行会 1972 年版,第 39 页。

④熊鸣岐:《昭代王章》下册卷 4,《教民要款》,台北正中书局 1981 年重印《玄览堂丛书初辑》本,第 313—343 页。

⑤参见常建华:《明代宗族研究》,上海人民出版社 2005 年版。

治九年(1652)将明太祖的《圣谕六言》颁行八旗及各省①。康熙帝继续加强教化,康熙九年(1670)向全国颁布《上谕十六条》:

1. 敦孝弟以重人伦　　2. 笃宗族以昭雍睦
3. 和乡党以息争讼　　4. 重农桑以足衣食
5. 尚节俭以惜财用　　6. 隆学校以端士习
7. 黜异端以崇正学　　8. 讲法律以儆愚顽
9. 明礼让以厚民俗　　10. 务本业以定民志
11. 训子弟以禁非为　　12. 息诬告以全善良
13. 诫匿逃以免株连　　14. 完钱粮以省催科
15. 联保甲以弭盗贼　　16. 解仇忿以重身命②

《上谕十六条》模仿《圣谕六言》的做法,发展了《圣谕六言》的思想,内容详细而全面,标志着清朝统治者将教化作为治国重点。雍正帝更为重视《上谕十六条》,对其逐条解释,成洋洋万言的《圣谕广训》③,于雍正二年颁行天下,并在全国大力推行宣讲活动,形成了很有特色的教化政治④。

四　结语

明太祖的政治影响了清朝前期皇帝治理国家。清朝皇帝作为满族统治者,重视通过文化认同消解满汉之间的民族矛盾,他们通过在历代帝王庙、明孝陵的祭祀活动表达对明太祖的敬意,以换取汉族人民对于清朝统治的认同。清帝认为历代贤君莫如明太祖,因而向明太祖吸取统治经验,学习《洪武宝训》《明太祖本纪》等书,总结他的开国谋略,并编修清朝皇帝的《圣训》,既是向人民宣传承袭中国传统政治文化的德政,也是为子孙总结治国经验,要其遵守。清朝的"敬天法祖,勤政爱民"的政治纲领,受到明太祖政治的很大影响。人们每谓"清承明制",是指清朝各项制度基本承袭明朝。我们的考察结果,

---

①光绪《钦定大清会典事例》第5册卷397,《礼部·风教·讲约一》,中华书局1990年影印本,第422页上(该书简称光绪《大清会典事例》)。
②《清圣祖实录》第1册卷34,康熙九年十月癸巳、十一月己卯,第461页、466页下。
③光绪《大清会典事例》第5册卷398,《礼部·风教·讲约一》,第423页下—439页上。
④参见常建华:《清代的国家与社会研究》,第70—119页。

强调这种政治继承性主要表现在借鉴了乾纲独断的专制集权思想与政治体制,集中体现在君权与相权关系以及宣讲教化方面。可以说,在一定程度上清前期延续了明太祖的政治。

(原载朱鸿林编:《明太祖的治国理念及其实践》,香港中文大学出版社 2010 年版)

清朝宫廷元旦节庆制度初探

　　中国古代皇帝的临朝,分为举行重大典礼及节庆的大朝与日常行政的常朝。正月初一的元旦是年、月、日之始,谓之三朝,自古以来受到官民重视,是大朝活动之一。以往学术界已有研究中国古代元旦朝贺的专门论文,梳理了汉唐之间的元会仪[1],也有研究朝贺制度中涉及元旦朝贺问题[2],清代元旦朝贺制度尚无深入研究与专门论

---

　　①如[日]渡边信一郎:《元会的建构——中国古代帝国的朝政与礼仪》,刘永华主编:《中国社会文化史读本》,北京大学出版社 2011 年版,第 173—210 页。

　　②王健文:《奉天承运——古代中国的"国家"概念及其正当性基础》,台北东大图书股份有限公司 1995 年版;甘怀真:《皇权、礼仪与经典诠释:中国古代政治史研究》,华东师范大学出版社 2008 年版;周佳:《北宋朝会六殿》,《东方博物》2011 年第 2 期;姜锡东、史泠歌:《北宋大朝会考论——兼论"宋承前代"》,《河北学刊》2011 年第 5 期;王福利:《元代朝仪的制定及其特点》,《内蒙古社会科学(汉文版)》2006 年第 1 期;王福利:《元朝的朝会燕飨制度及其燕飨乐舞》,《中国俗文化研究》第 3 辑,巴蜀书社 2005 年版;胡丹:《明代"朝班"考述》,《故宫博物院院刊》2009 年第 1 期;赵中男等:《明代宫廷典制史》上册,紫禁城出版社 2010 年版,第 253—255 页;郭松义等:《清朝典章制度》,吉林文史出版社 2001 年版,第 71—73 页;李贤淑:《清入关后宫廷元旦筵宴述略》,《满族研究》2005 年第 1 期;邱源媛:《清前期宫廷礼乐研究》,社会科学文献出版社 2012 年版。

文,只有些文章介绍皇家的元旦生活,多是普及性的①。

笔者不揣浅陋,想就清代元旦朝贺仪式以及元旦前后的节庆活动,即宫廷元旦节庆制度做一初步探讨,尚乞专家不吝赐教。

一 元旦朝贺活动的主要内容

元旦作为重要节日,清廷有一系列重要活动,《清实录》对此有记载。如《清圣祖实录·修纂凡例》规定:"太皇太后、皇太后圣寿节、万寿节及元旦、冬至,凡大庆贺礼仪、筵宴皆书,御殿视朝书。"其实不只是元旦节期的活动有记载,有关元旦节礼制的讨论与变化也在《清实录》有记载。《清实录》记载了清廷年节周期性的活动以及相关制度设置经过。

《清起居注》记载有关清廷元旦活动的形式与《清实录》大致相同,不过有时可以补充一些细节,更多强调的是皇帝而非朝廷。《清起居注》与《清实录》可以互相印证、补充,呈现清朝宫廷元旦活动的变化。

清代的元旦朝仪,主要记载于《大清会典》及《则例》《事例》的《礼部》部分,记载方式有变化,显示出不断完善的过程。康熙《大清会典》卷40《礼部》有朝贺部分,包括元旦朝贺仪、冬至朝贺仪、万寿节朝贺仪、外官庆贺仪、太皇太后宫三大节朝贺仪、皇太后宫三大节朝贺仪、皇后宫三大节朝贺仪,共计7项内容。平列了朝贺的礼仪项目。

雍正《大清会典》卷57《礼部》分有朝贺、朝贺仪2项,其中朝贺讲述元旦、冬至的制度,下分元旦节、冬至节两部分介绍;朝贺仪讲元旦、冬至、万寿节三大节朝贺仪,叙述完朝贺皇帝的礼仪之后,列有太皇太后宫三大节朝贺、皇太后宫三大节朝贺、皇后宫三大节朝贺、三

①韦弓:《清宫朝会仪式》,《紫禁城》1980年第3期;方裕谨:《清帝在正月初一这一天》,《紫禁城》1981年第1期;姜舜源:《清代皇家的年》,《民俗研究》1986年第2期;苑洪琪:《论乾隆时期清宫节庆活动》,清代宫史研究会编:《清代宫史探微》,紫禁城出版社1991年版;毛宪民:《清朝御赐福寿字》,《收藏家》1995年第6期;毛宪民:《清帝元旦书吉语》,《收藏家》1997年第1期;刘若芳:《清朝的三大节日》,中国第一历史档案馆编:《明清档案与历史研究论文选(1994.10—2004.10)》上册,新华出版社2005年版;任万平:《辞旧迎新话清宫》,《紫禁城》2004年第1期;胡忠良:《大年初一老皇帝为何早早爬起——乾隆"元旦开笔"揭秘》,《中华遗产》2007年第2期;哈恩忠编选:《乾隆皇帝的元旦开笔》,《历史档案》2012年第1期。

大节外官庆贺 4 个小目,分别列出有关礼仪制度的设置过程。可见雍正《大清会典》是按照节日记载的,强调的是朝贺的"贺"即节日庆贺。

乾隆《大清会典则例》卷 56《礼部》分三部分介绍朝会制度,《朝会一》分门别类介绍各项制度,包括御殿受朝、临朝章服、陈设、乐悬、班位、侍班、执事、纠仪、赐座 9 项内容,朝会包括大朝、常朝,元日庆贺是大朝最重要的部分,多有涉及之处;《朝会二》分为元日、长至、万寿圣节、常朝、御门听政、朝门禁例 6 项,其叙事逻辑是首列大朝的三大节,次列常朝,再列御门听政、朝门禁例,皇帝的元日庆贺得到了体现;《朝会三》分为元日皇太后宫朝贺、长至节皇太后宫庆贺、皇太后圣寿庆贺、元日皇后宫庆贺、千秋节庆贺诸项,专门介绍三大节皇太后宫、皇太后、皇后宫、皇后的有关礼仪。乾隆《大清会典则例》涉及的元日礼仪是作为朝会即朝廷典章制度的一部分存在的,"会"是记载的重点。

嘉庆《大清会典事例》卷 237、239 分两部分介绍朝会制度。卷 237 内容是元日、长至、万寿圣节,卷 239 内容是元日皇太后宫朝贺、长至节皇太后宫庆贺、皇太后圣寿庆贺、元日皇后宫庆贺、长至节皇后宫庆贺、千秋节庆贺诸项。嘉庆《大清会典事例》介绍朝会制度因袭乾隆《大清会典则例》并无新内容。

光绪《大清会典事例·礼部·朝会》也有专门介绍元日部分,分类与嘉庆《大清会典事例》相同。光绪《大清会典事例》卷 297 内容是元日等三大节,卷 300 有元日皇太后宫朝贺等,这两卷后续了嘉庆以后元日举办朝会的一些变动情况。此外,光绪《大清会典事例》卷 296《礼部·朝会》涉及一些元旦礼仪,卷 318《礼部·表笺》也有相关内容。

从康熙、雍正《大清会典》到乾隆《大清会典则例》对于元旦朝仪的记载来看,发生了从朝贺到朝会的记载方式变化,原因是朝仪各项制度得到了完善。

自然,保存至今的清宫档案如礼部、太常寺、内务府等衙署的档案,会有关于清廷元旦的相关内容,希望今后有机会加以利用。

关于清代的元旦朝贺活动,康熙《大清会典》说:

> 元旦、冬至、万寿节俱设大朝,行庆贺礼。天聪六年定元旦

礼,崇德元年定元旦、万寿礼,顺治八年定三大节礼,参酌尽制。
我皇上崇修典礼,凡遇大节,万方毕贺,仪文尤为隆备。

接着是《元旦朝贺仪》:

> 天聪六年元旦,上(太宗文皇帝,笔者)率诸贝勒等拜天礼神
> 毕,御驾恭殿升坐,诸贝勒等行三跪九叩头礼毕,赐议政贝勒入
> 殿内左右坐,次外藩蒙古诸贝勒行礼,次满洲蒙古汉官率各旗官
> 行礼,朝鲜国使臣行礼,毕,上还宫,众官皆退。次日,行筵
> 宴礼。①

下面分别介绍了崇德间、顺治八年(1651)、康熙八年(1669)等年
代定出的有关制度。请注意这三个年代的重要性,崇德元年(1636)
后金皇太极改国号为大清,建号改元后需要制礼作乐。顺治八年的
前一年摄政王多尔衮病逝,顺治皇帝执政,需要整顿礼仪。康熙八年
是皇帝玄烨亲政不久拘禁满洲权臣鳌拜的年代,也需要整顿礼仪。
因此,礼仪建设事关重大政治变动,帝王需要重塑权威、更定礼仪,调
整政策也要调整礼仪。

康熙《大清会典·元旦朝贺仪》的叙述不及雍正《大清会典》的精
练,我们还是以雍正《大清会典》的介绍为主:

> 天聪六年元旦,太宗文皇帝率诸贝勒等拜天礼神毕,御驾恭
> 殿升坐,行礼庆贺。次日筵宴。崇德元年定:元旦节遣部臣一员
> 恭谒太庙,上香行礼。又定:元旦节诸王以下,副都统、侍郎以
> 上,随驾诣堂子行礼②,次诣神位前行礼毕,陈设卤簿,奏乐,升
> 殿,进表庆贺。又定:元旦前三日起至第九日止;上元节,十四日
> 起至十六日止,俱作乐,各官皆朝服。顺治二年定:元旦节前后
> 七日,王以下文武各官俱朝服。八年题准:元旦节王大臣等随驾
> 诣堂子行礼毕,还宫,诣神前行礼。大臣、侍卫等随驾诣皇太后

---

①康熙《大清会典》卷 40,《礼部·朝贺·元旦朝贺仪》,沈云龙主编:《近代中国史料丛
刊三编》第 72 辑第 715 册,台北文海出版社 1992 年版,第 1915、1916—1917 页。

②参见傅同钦:《清代的祭堂子》,明清史国际学术讨论会秘书处论文组编:《明清史国
际学术讨论会论文集》,天津人民出版社 1982 年版;郑天挺:《满洲入关前后几种礼俗之变
迁》,《清史探微》,北京大学出版社 1999 年版。

行礼毕,升殿,受朝贺……康熙八年题准:元旦节,诸王以下都统、尚书、精奇尼哈番及内大臣、侍卫等,具朝服,随驾诣堂子行礼毕,还宫。诣神前行礼,宗室、王、贝勒、贝子俱随行礼。诸王以下,侍卫以上,先赴隆宗门外,祗候圣驾,驾至,随诣太皇太后、皇太后宫行礼时随行礼……(雍正)二年议奏:元旦礼仪旧例,各官七日俱服朝服,今详加考订,崇德元年,定前三日起至第九日止,各官俱朝服,九为阳德,数应乾行,允宜遵奉祖制,于雍正三年元旦前后共九日,王以下文武各官以上,俱服朝服。①

由此可知,清朝元旦朝贺活动始于清太宗天聪六年(1632)②,形成于崇德元年,顺治二年与八年,康熙八年、雍正二年(1724)不断补充完善。清朝元旦朝贺活动的内容,主要包括谒太庙上香行礼、诣堂子行礼、诣神、陈设卤簿、奏乐、升殿、进表、行庆贺礼、筵宴,各官皆朝服。元旦节期有过变化,崇德元年定,元旦前三日起至第九日止,即从腊月二十八起到正月初六止,共计 9 天;顺治二年,定元旦节前后 7 天,则压缩为 7 天;雍正二年又恢复崇德元年祖制,元旦节前后 9 天。元旦节期朝廷暂停办公,涉及清廷的用印制度,《康熙起居注》开始记载这一制度的事例:"康熙十七年十二月二十六日壬辰。是日巳时,封印……康熙十八年正月初六日壬寅。未时,开印。"③元旦期间停止用印 10 天,不过元旦封印、开印时间并未固定下来,如康熙十八年(1679)十二月二十四日卯时封印,十九年(1680)正月初三日辰时开印,停止用印 8 天。清人富察敦崇《燕京岁时记》记载了封印、开印制度:

> 封印:每至十二月,于十九、二十、二十一、二十二四日之内,

①雍正《大清会典》卷 57,《礼部·朝贺·元旦节》,沈云龙主编:《近代中国史料丛刊三编》第 77 辑第 769 册,台北文海出版社 1994 年版,第 3507—3511 页。

②邱源媛指出:"《满文老档》天聪六年正月的元旦朝拜中关于旗分朝贺的记载更为详尽。"见邱源媛:《清前期宫廷礼乐研究》,第 195 页。

③中国第一历史档案馆整理:《康熙起居注》第 1 册,第 393、395 页。又雍、乾之际吏部尚书汪由敦说封印前一天有洗宝制度。见汪由敦《封印前一日洗宝恭纪》诗:"赭帘高揭傍南荣,尚玺双擎次第行。压纽螭蟠云欲动,出奁虹起月争明。金盆水漾丹砂暖,绛几香浮宝篆清。归踏霜华龙尾道,禁钟才听第三声。"汪由敦:《松泉集》卷 8,《起乙卯至丁巳》,文渊阁《四库全书》本第 1328 册,第 469 页。

由钦天监选择吉期,照例封印,颁示天下,一体遵行。封印之日,各部院掌印司员必应邀请同僚欢聚畅饮,以酬一岁之劳。故每当封印已毕,万骑齐发,前门一带,拥挤非常,园馆居楼,均无隙地矣。印封之后,乞丐无赖攫货于市肆之间,毫无顾忌,盖谓官不办事也。亦恶俗也。

开印:开印之期,大约于十九、二十、二十一三日之内,由钦天监选择吉日吉时,先行知照,朝服行礼。开印之后,则照常办事矣。①

由于封印、开印的时间是钦天监择吉而定,所以日期不固定。不过晚清传教士观察福州的封印是在腊月二十,接着是一个月的休假,衙门里基本不办事。封印的顺序是,从最高一级的官员开始,到最低一级的官员结束,逐级封印。所有僚属都必须出席并见证长官的封印仪式。"举行封印仪式的大堂上,所有的灯笼、火把、蜡烛都点起来。印章放在案上,点起香烛跪拜。封印完毕,燃放爆竹,鸣礼炮。"②

此外,据乾隆《大清会典则例》还可以补充两点,一是"顺治八年定:元日、长至、万寿圣节为三大节。又定:岁遇三大节在外直省文武官,均设香案朝服望阙行礼,与京朝官同"。③ 二是"雍正七年奉旨:元日朝贺,凡三品以上之大臣年逾七十者不必随班行礼,俟百官朝贺礼毕,朕还宫后至乾清门行礼"④。地方官设香案朝服望阙行礼,也是元旦朝贺的基本内容。

其实以上只是元旦节本朝君臣的活动,还应包括外藩、外国的朝贺。如清入关后首个元旦节,据记载:

①富察敦崇:《燕京岁时记》,北京古籍出版社 1983 年版,第 93—94 页"封印"、第 49 页"开印"。

②[美]卢公明著、陈泽平译:《中国人的社会生活》,福建人民出版社 2009 年版,第272 页。

③乾隆《大清会典则例》卷 56,《礼部·仪制清吏司·嘉礼·朝会一·御殿受朝》,文渊阁《四库全书》本第 622 册,第 1 页。又"望阙行礼"是"望阙行三跪九叩头礼"。康熙《大清会典》卷 40,《外官三大节庆贺礼》,第 1942 页。

④乾隆《大清会典则例》卷 56,《礼部·仪制清吏司·嘉礼·朝会二·元日》,文渊阁《四库全书》本第 622 册,第 9 页。

顺治二年乙酉春正月乙酉朔，上诣堂子行礼，还，入宫拜神，毕，出御皇极殿旧址，张御幄，诸王、贝勒、文武群臣及外藩蒙古王使臣等上表朝贺。朝鲜国王李倧遣陪臣郑太启等表贺元旦并贡方物宴赉如例。①

外藩蒙古王使臣等上表朝贺、朝鲜国遣使表贺元旦并贡方物宴赉也是元旦之"例"，此种例早在入关前即出现。

如前所述，元旦节可以理解为元旦前后七天或九天或封印期间的活动。以顺治十一年（1654）元旦节为例，《清世祖实录》记载顺治十年十二月二十八日：

庚寅。岁暮，享太庙，上亲诣行礼。遣官祭四祖陵、福陵、昭陵。遣官祭太岁月将之神。②

又记载顺治十一年正月初一日：

上诣堂子行礼，还，入宫拜神，毕，朝皇太后于慈宁宫。御太和殿，诸王、文武群臣及外藩蒙古上表、行庆贺礼。是日赐宴。

朝鲜国王李淏遣陪臣沈之源等表贺冬至、元旦、万寿圣节，附贡方物及岁贡，宴赉如例。③

初五日：

丁酉。孟春，享太庙，上亲诣行礼。④

初七日：

己亥。赐蒙古诸王、贝勒、贝子公等宴于太和殿。⑤

顺治十年十二月没有三十日，由十年十二月二十八日到十一年正月初五日前后7天有元旦节的各种活动，其实初七日的活动也应算是元旦活动。

康熙时期的元旦节较顺治更加完备，《清起居注》的记载更加详

---

①《清世祖实录》卷13，顺治二年正月乙酉，第119页。
②《清世祖实录》卷79，顺治十年十二月庚寅，第627页。
③《清世祖实录》卷80，顺治十一年正月壬辰，第628页。
④《清世祖实录》卷80，顺治十一年正月丁酉，第628页。
⑤《清世祖实录》卷80，顺治十一年正月己亥，第629页。

细。我们以康熙十一年（1672）元旦节为例，首先请看康熙十年（1671）十二月的有关记载：

> 二十九日丙午。早，以岁除，上亲诣太庙恭祭。①
>
> 三十日丁未。巳时，上诣太皇太后、皇太后宫问安。未时，以岁除，上御保和殿，赐朝元旦外藩王、贝勒、贝子、公等及内大臣、满汉大学士、三旗都统、尚书、副都统、侍郎、学士、侍卫等官宴，乐舞作，进酒。上召外藩王、贝勒、贝子、公等至御座前，亲赐酒。又召内大臣、大学士、都统、尚书等至御前，赐饮。召外太吉等阶下，赐饮。宴罢，众谢恩，上回宫。②

其次，请看康熙十一年正月初一日的记载：

> 初一日戊申朔。早，上率诸王、贝勒、贝子、公等，内大臣、大学士、都统、尚书、侍卫等，往堂子行礼毕，回宫。
>
> 辰时，率诸王、贝勒、贝子、公等，内大臣、大学士、都统、尚书、精奇哈尼番、侍卫等官，诣太皇太后宫行礼，又诣皇太后宫行礼毕，回宫。
>
> 少顷，御中和殿，内大臣、侍卫、执事各官庆贺元旦行礼毕。御太和殿，诸王、贝勒、贝子、公等文武官员及来朝元旦外藩贝勒、贝子、公、台吉等，朝鲜等国使臣，上庆贺元旦表。行礼毕，回宫。
>
> 巳时，又御保和殿，赐外藩王、贝勒、贝子、公等，内大臣、大学士、都统、尚书、侍卫及太吉等饭。
>
> 午时，又御太和殿，大宴诸王、贝勒、贝子、公等，内大臣、侍卫、文武各官及来朝元旦外藩王、贝勒、贝子、公、太吉等，朝鲜等国使臣，乐舞作，进酒。上召和硕康亲王杰淑、安亲王岳乐、裕亲王福全、庄亲王博果铎、简亲王喇布、察哈尔部和硕亲王布尔尼、多罗温君王猛峨、惠郡王博翁果诺、平郡王罗可铎、信郡王鄂札、顺承郡王勒尔锦、多罗贝勒察尼、固山贝子尚善等至御座前，亲赐饮。又召贝勒、贝子、宗室公等及义王孙徵纯、伊思旦进郡王、

---

①中国第一历史档案馆整理：《康熙起居注》第1册，第13页。

②中国第一历史档案馆整理：《康熙起居注》第1册，第14页。

外藩王、贝勒、贝子、公等俱至御座前,赐饮。又召满汉大学士巴泰、李蔚等,八旗满洲、蒙古、汉军都统拉哈达、朱满、范达礼等,满汉尚书对哈纳、黄机等及满汉侍郎等官至殿内,赐饮。宴罢,众谢恩,上回宫。

申时,上诣太皇太后宫问安。①

由上可知,年前的腊月二十九、三十皇帝亲诣太庙,诣太皇太后、皇太后宫问安,赐朝元旦外藩宴饮,都属于元旦节的重要活动,而元旦当天则要往堂子行礼,诣太皇太后宫、皇太后宫行礼,御中和殿,内大臣、侍卫、执事各官庆贺元旦行礼,御太和殿,诸王等文武官员及来朝元旦外藩贝勒等、朝鲜等国使臣上庆贺元旦表,御保和殿,赐外藩王、贝勒、贝子、公等,内大臣、大学士、都统、尚书、侍卫及太吉等饭,御太和殿大宴②,诣太皇太后宫问安。

乾隆十五年(1750),又新增元旦诣寿皇殿。寿皇殿恭奉皇祖圣祖仁皇帝、皇考世宗宪皇帝圣容,十五年五月奉列圣列后圣容于寿皇

---

① 中国第一历史档案馆整理:《康熙起居注》第 1 册,第 15—16 页。

② 康熙帝不太喜欢举行元旦朝贺筵宴,表现在多方面:《清圣祖实录》康熙二十二年十二月乙卯日记载:"上因礼臣奏筵宴事宜,谕议政王大臣等:元旦赐宴,布设满洲筵席,甚为繁琐。每以一时宴会多杀牲畜,朕心不忍。自后元旦赐宴,应改满洲为汉席。寻命礼部详议,酌定肴核酒醴之品,悉有常制。"(第 5 册卷 113,第 171 页)可知康熙二十二年前元旦赐宴布设满洲筵席,此后改满洲为汉席。翌年,康熙帝又整顿元旦赐宴以及朝会秩序。《清圣祖实录》康熙二十三年正月壬辰日记载:"礼部题:嗣后筵宴,请拨兵部司官及每旗护军参领、护军校监察。得旨:筵宴关系大体,百僚齐集,宜各加敬谨,始无失仪之愆。朕见元旦朝会,旗下官员杂坐无纪,大礼所在,岂容慢忽。礼部可会同兵部及八旗都统,严加申饬。"(第 5 册卷 114,第 176—177 页)特别是康熙三十一年元旦与日食重叠,康熙帝以上天示警,干脆停止了当年的元旦朝会筵宴。《清圣祖实录》康熙三十年(1691)十一月甲戌日记载:"谕礼部:自昔帝王敬天勤政,凡遇垂象示警,必实修人事,以答天戒。顷钦天监奏推算日食,当在康熙三十一年正月朔日食。夫日食为天象之变,且又见于岁首,朕兢惕靡宁,力图修省,惟大小诸臣务精白乃心,各尽职业,以称朕钦承昭格至意。其元旦行礼筵宴俱着停止。"(第 5 册卷 153,第 694 页)而且从此康熙年间元旦一直停止筵宴,长达 31 年之久。不仅如此,雍正一朝的元旦也始终停止筵宴。乾隆帝即位,三年丧期照例不举行元旦筵宴,乾隆四年起至二十四年(1759),每年元旦或停止筵宴,或未见记载。乾隆二十五年元旦"御太和殿赐王公臣工等宴,御重华宫赐宗室王公等宴"。或许原因是"来岁恭逢圣母皇太后七旬万寿,今年为朕五十诞辰"(《清高宗实录》第 8 册卷 604,乾隆二十五年正月丁未朔、戊申,第 779 页),需要营造喜庆与盛世气氛。当年举行恩科乡试即是旁证。

殿,内阁大学士会同内务府王大臣等议定:

> 今寿皇殿圣容恭悬恭收之日,请如奉先殿后殿节令例致
> 祭。大祭日,如奉先殿前殿朔望例致祭,笾豆用陶。每岁除
> 夕,内监诣寿皇殿,恭请圣容恭悬,每案供干鲜果品十二、羊豕
> 肉二、清酱一、爵三,上香行礼。元旦大祭,献笾豆,上香行礼
> 作乐,献帛爵,不乐舞,不读祝。初二日,如除夕供,上香行
> 礼毕,恭收圣容,即殿尊藏。元旦,诣堂子、奉先殿行礼毕,
> 诣寿皇殿。王公随行礼,内务府前期奏请。除夕、初二日,皇
> 子轮班行礼,掌仪司前期请乐章用奉先殿前殿朔望乐章,掌
> 仪司太监豫习。①

又可知,乾隆十五年之前已经有了在诣堂子之后诣奉先殿的
礼仪。

其实,据《清高宗实录》记载,元旦诣奉先殿出现在乾隆元年,这
年新增的活动还有诣大高殿行礼。请看乾隆元年元旦日皇帝的
活动:

> 乾隆元年丙辰春正月丙申朔。上诣奉先殿行礼。诣堂子行
> 礼。奉皇太后御慈宁宫,率王以下文武大臣行礼。御太和殿受
> 朝,乐设而不作,不宣表。诣大高殿、寿皇殿行礼。遣官祭太庙
> 后殿,至观德殿,更素服,诣雍和宫行礼。②

奉先殿是明清皇室祭祀祖先的家庙,前殿主要供陈设宝座用,举
行祭祀活动时将供奉于后殿的已故帝后牌位移至前殿。元旦祭祖制
度发生过较大变化。乾隆《大清会典则例》记载了这一过程:

> 顺治十四年定:元旦、冬至、岁除皇太后圣寿、万寿圣节、册
> 封吉日及每月朔望奉请神位于前殿,设笾豆,读祝,奏乐,祭飨。
> 是年谕:奉先殿恭祭太祖、太宗,未经合祭四祖,朕之孝思犹为未
> 尽。嗣后遇元旦、皇太后圣寿及朕诞辰,恭请太庙后殿四祖四后
> 神位于奉先殿,与列圣列后合祭。钦此。

①《清高宗实录》第5册卷364,乾隆十五年五月辛亥,第1013—1014页。
②《清高宗实录》第1册卷10,乾隆元年正月丙申朔,第337页。

元旦奉先殿请安奉太庙后殿的四祖四后神位合祭。不过到了康熙三十八年,停止了合祭太庙后殿四祖四后神位:

> 三十八年奉旨:元旦百官齐集人多,奉请神牌往返,朕心未安。着大学士、内务府、礼部、太常寺会议具奏。钦此。遵旨。议准:四祖神牌安奉太庙后殿,每岁时飨后殿,遣官行礼,岁除大祫于太庙,元旦又奉请神牌合祭于奉先殿,似属重复。请嗣后元旦、皇太后圣寿、万寿圣节停止恭请后殿四祖神位合祭于奉先殿,即于太庙后殿,遣官一如奉先殿仪,列笾豆,读祝,奠帛,献爵,行礼。

雍正十三年(1735)八月二十三日皇帝驾崩,乾隆帝继位,将元旦奉先殿遣祭改为皇帝亲祭:

> 是年十月,奉旨:嗣后朕亲诣奉先殿行礼,令太常寺官赞礼执事。①

于是从乾隆元年开始,元旦皇帝亲祭奉先殿未经太庙合祭的神位。

大高殿则属于皇家道教宫观,始建于明嘉靖二十一年(1542),是明世宗祈求长生之所,也进行过各种道教礼仪的演习。大高殿位于皇宫之外,初建时名为大高玄殿,清康熙帝即位后,为避讳"玄烨"的"玄"字,将大高玄殿改名为大高殿。清朝雍正帝在大高殿求雨祈晴,如五年(1727)七月庚午诣大高殿祈晴,八年(1730)四月乙卯祷雨于大高殿②。乾隆时期,大高殿成为清廷元旦拈香行礼的地方,届时大高殿做道场,据档案记载,乾隆九年(1744)"正月初一日办迎新禧道场,共九日"③。

---

① 以上所引均见乾隆《大清会典则例》卷 161,《内务府掌仪司一·祭飨奉先殿》,文渊阁《四库全书》本第 625 册,第 219 页。

② 《清世宗实录》第 1 册卷 59,雍正五年七月庚午,第 905 页;第 2 册卷 93,雍正八年四月乙卯,第 250 页。

③ 转引自高换婷:《清代大高殿维修与使用的文献记载》,《故宫博物院院刊》2003 年第 4 期。参见秦国经、高换婷:《明清时期大玄高殿的始建与使用》,中国紫禁城学会编:《中国紫禁城学会论文集》第 4 辑,紫禁城出版社 2005 年版;王建涛:《大高玄殿的沧桑岁月(上、下)》,《紫禁城》2012 年第 5、8 期。

另外,元旦朝贺也要贡献礼物,形成制度。乾隆六十年(1795)皇帝归政为太上皇,朝贺制度有所调整,请看九月的谕旨:

> 旧例在京王大臣及督抚等每逢年节备物呈进,酌量赏收,原以联上下之情。来岁丙辰,届朕归政为太上皇,若于年例之外添备一分呈进皇帝,则伊等所得廉俸,或不敷办公。且恐外省督抚致有借端私行派累之事,若只备进一分,伊等于心又有未安。国家百年升平,大内备贮陈设物件甚多,原可无需再行呈进,徒滋糜费。着自丙辰年为始,内外大臣所有年节三贡,竟无庸备物呈进,惟元旦及朕与嗣皇帝寿辰庆节,在朝王大臣亦只须备进如意,以迓吉祥而伸忱悃,逾日仍不过分赐众人也。至各省土贡及盐政、织造、关差年例办进物件,如果品茶叶之类,系备颁赏之用,应仍照向例次数,备进一分,不得复有增添别物。内外大臣职任部院封圻,惟当恪共尽职,勉思报称,原不在备物抒诚,嗣后务须仰体训谕,遵照办理。如有仍前备物渎进者,必当交部议处。将此通谕知之。①

可见在京王大臣及督抚等每逢年节备物呈进,皇帝酌量赏收,从嘉庆元年(1796)元旦朝贺开始的新规定,在朝王大臣亦须备进如意,各省土贡及盐政、织造、关差年例办进物件,如果品茶叶之类,系备颁赏之用,继续进贡。

不过嘉庆元年的元旦,大臣进献礼物出现一些情况,乾隆太上皇帝于是颁布敕谕:

> 前降谕旨,以丙辰年为始,内外大臣年节三贡毋庸备物呈进。但王公大臣等年节呈进如意,乃自雍正年间举行至今,以联上下新年喜庆之意,是以仍准其呈进分赐,用迓吉祥。乃昨日贝勒、贝子、公等及部院侍郎、散秩大臣、副都统纷纷呈进如意两分,殊觉繁琐,不可不定以限制。嗣后凡遇元旦及朕与皇帝寿辰庆节,宗室亲王、郡王、满汉大学士、尚书始准呈进如意,其余概不准呈进,至外省督抚止准按例呈进土贡。其盐政、织造、关差俱有得项,所有年例办进备赏之物,均仍照向例,按次备进一分,

以备赏用,不得复有增添。倘伊等私自备物呈进,一经查出,必当重治其罪,以节糜费而示体恤。①

据此可知,自雍正年间开始,王公大臣等年节呈进如意,是以仍准其呈进分赐,嘉庆元年重申元旦宗室亲王、郡王、满汉大学士、尚书始准呈进如意,"外省督抚止准按例呈进土贡",其盐政、织造、关差年例办进备赏之物,仍照例按次备进一份。其中涉及的盐政、织造、关差年例办进物件,除了前面提到的果品茶叶之类,"向来两淮盐政例进土物,风猪肉一百块,皮糖八匣"②。由此可见一斑。

元旦还有一些活动。如赏赐福字,自康熙朝始,正月初一日,皇帝在内廷要御书"福"字,所写第一个"福"字悬挂于乾清宫正殿,其余张贴宫廷内苑各处,还颁赐后妃近侍、王公宠臣、内廷翰林等。此后,清宫御赐"福"字仪奉为典制,为后世皇帝效仿,成为家法③。再如举行茶宴联句,康熙二十一年(1682)、雍正四年(1726)、乾隆四年正月皇帝在乾清宫召集诸臣,仿汉武帝故事作诗联句。自乾隆八年(1743)开始,皇帝与大臣新正联句始在重华宫进行,此后乾隆帝主持了44次。嘉庆奉为家法,正月初二至初十间亦在重华宫茶宴联句,道光仍时有举行④。

二 元旦朝贺仪述略

雍正《大清会典》关于朝贺仪部分,首先概括了朝贺仪的形成过程与主要内容:

> 凡元旦、冬至、万寿圣节,皇帝升殿、进表、庆贺仪节。天聪六年,始定元旦行礼仪。崇德元年,增定元旦节进表笺及圣节庆贺仪。顺治八年,世祖章皇帝亲政,因天聪以来旧制,详定为三大节。康熙八年,订正朝会乐章,礼明乐备,至今遵行。兹将每

---

① 《清高宗实录》第 19 册卷 1494,嘉庆元年正月己酉,第 993 页。

② 《清高宗实录》第 19 册卷 1494,嘉庆元年正月丁卯,第 1000 页。

③ 鄂尔泰、张廷玉等编纂:《国朝宫史》卷 5,《典礼一·赏赐福字仪》,北京古籍出版社 1987 年版;参见毛宪民:《清朝御赐福寿字》,《收藏家》1995 年第 6 期。

④ 参见陆燕贞:《清代重华宫联句》,清代宫史研究会编:《清代宫史求实》,紫禁城出版社 1992 年版。

岁题行仪注具列于后,其行于国初,后经更定者,分注于下,以备稽考。①

据此,可见元旦朝贺仪也始于天聪六年,经崇德元年增定,清入关后顺治八年详定礼仪、康熙八年订正朝会乐章。

乾隆《大清会典则例》记载朝会"乐悬"特别是康熙八年订正朝会乐章更为细致:

> 崇德元年定:元日庆贺奏乐,长至、万寿圣节亦如之。顺治八年定:大朝、常朝教坊司设中和韶乐于太和殿东西檐下,设丹陛大乐于太和门内,均北向。康熙八年定:皇帝御座大朝奏《元平》之章,常朝奏《隆平》之章,还宫大朝奏《和平》之章,常朝奏《显平》之章,均用中和韶乐;王公百官行礼奏《庆平》之章,外藩使臣行礼奏《治平》之章,均用丹陛大乐,大朝、常朝同。②

不过康熙八年订正朝会乐章之后,还有后续不断完善的工作。《康熙起居注》康熙二十一年六月二十九日记载:

> 学士陈廷敬撰朝会、万寿、元旦、冬至郊庙导迎、宴飨、诸王百官谢恩、见朝外藩朝见乐章,计十四章。学士牛钮奏言:"乐章关系大典,臣等应恭译进呈。"上是之。廷敬因奏:"历稽汉、唐以来,宋乐章略仿雅颂。今臣所撰拟,斟酌古今,兼采宋例。"上命译毕进呈,留览数日。至是,传牛钮、陈廷敬至瀛台,侍卫敦住传旨:"所撰乐章甚佳,翻译符合汉文,着送部具题。"③

可见康熙二十一年学士陈廷敬斟酌古今、兼采宋例撰写元旦等朝仪的乐章,还由牛钮等译成满文,受到康熙帝的好评。

雍正《大清会典·朝贺仪》详细记载了朝贺仪的步骤与内容,由于具体礼仪的繁多与琐碎,我想将其分别列出,或许可使眉目清楚,便于了解。元旦朝贺仪的第一步是陈设,具体是銮仪卫陈设卤簿、步辇、大驾、训象、仗马,教坊司陈设中和韶乐、丹陛乐,礼部设黄案,具

---

①雍正《大清会典》卷57,《礼部·朝贺仪》,第3534—3535页。

②乾隆《大清会典则例》卷56,《礼部·仪制清吏司·嘉礼·朝会一》,文渊阁《四库全书》本第622册,第3页。

③中国第一历史档案馆整理:《康熙起居注》第2册,第862页。

体内容如下：

> 三大节日，銮仪卫官陈卤簿于太和殿前，陈步辇于太和殿外，陈大驾于午门外，陈训象于大驾之南，陈仗马于丹墀中道左右，俱东西相向。教坊司设中和韶乐于太和殿檐下之东西，设丹陛乐于太和门内北向。礼部官设黄案于太和殿东。（初表案设于东檐下。崇德元年，陈设内外王及朝鲜等国表文并年贡物。）

第二步是进表，具体内容是：

> 黎明，诸王、贝勒、贝子、公等俱朝服，齐集太和门。未入八分公以下、文武各官，及直省文官知州以上、武官守备以上，并朝鲜国所进表，各置表亭内。銮仪卫校尉举亭，教坊司鼓乐前导，自礼部起，进至东长安门，由天安门之东门，至午门外两旁，陈设毕，礼部官从亭内捧内王以下各官表文，由午门东旁门入，至太和殿内，安设黄案上。

第三步是入场，具体内容是：

> 鸿胪寺堂官引王、贝勒、贝子、公等由太和门入，至丹陛上序立。鸣赞官引满汉文武各官，由东西两掖门入，至太和殿前丹墀内，分翼排立。（顺治八年定：直省进表官随在京文武官，由左右掖门入，至丹墀内排立。）引朝鲜、蒙古诸使臣，由西掖门入，于西班末立。纠仪御史二员于殿西檐下东向立，又四员于丹陛上立，又四员于丹墀内立，俱东西相向；又八员于东西班末立。鸿胪寺鸣赞四员，于殿檐下立，俱东西相向。銮仪卫司鸣鞭官，于丹陛南三层阶之西，每层各二员。

第四步是御中和殿，具体内容是：

> 钦天监官于乾清门报时，礼部、鸿胪寺堂官奏请皇帝升殿。皇帝具礼服，御中和殿。内大臣、侍卫、内阁、翰林院、詹事府、起居注、礼部、都察院、理藩院、鸿胪寺执事各官，于殿前排班，行三跪九叩头礼，不赞，毕，各趋赴外朝执事。圣驾兴，出中和殿。内大臣十员，两翼前导，内大臣二员、执兵器侍卫等后护。

第五步是御太和殿,具体内容可以细分为升坐、鸣鞭宣表、大臣跪叩、使臣跪叩、赐茶、退还 6 项:

1. 升坐:

午门鸣钟鼓,中和韶乐作。(元旦奏《元平》之章,冬至奏《遂平》之章,万圣寿节奏《乾平》之章。)皇帝御太和殿,升坐,乐止。内大臣十员于御座前东西相向序立。执兵器侍卫于御座后佥立。记注官四员于御座西旁金柱后立。(初,起居注官满汉各一员,雍正元年定满汉各二员。)大学士、学士、读讲学士、詹事、少詹事于殿檐下之东,西向立。都御史、副佥都御史于殿檐下之西,东向立。①

2. 鸣鞭宣表:

銮仪卫官赞鸣鞭,丹犀内三鸣鞭。鸣赞官赞排班,内外王以下公以上,于丹陛上,未入八分公以下文武百官在丹墀内,各就拜位立,赞进,赞跪,王以下各官俱跪,赞宣表。宣表官进东楅扇,至表案前,跪捧表出,至太和殿下正中,北向跪,大学士二员左右跪,展表,宣表官宣毕,捧表进置案上。

3. 大臣跪叩:

丹陛乐作,奏《庆平》之章。赞跪,叩兴,王以下各官俱行三跪九叩头礼。兴,乐止,赞退。王以下各官俱退,复原班立。(天聪六年,贝勒行礼毕,命赐议政贝勒入殿内左右坐,次外藩蒙古诸贝勒行礼,次满洲、蒙古、汉官行礼,次朝鲜行礼。崇德间,王、贝勒、贝子、公等宣表、行礼毕,次八旗都统率本旗文武各官,按旗分翼,以次就拜位行礼。次朝鲜国世子率陪臣进表笺,次外藩王、贝勒率所部进表笺,内院官以次捧各表授宣读官,跪宣毕,各

①大学士等所在位置,乾隆时期调整为进入殿内。《清高宗实录》乾隆三十四年十二月丙子记载:"定元旦筵宴大臣班次。谕:献岁为朕六十庆辰,元会筵宴群臣,用昭恺惠。定例惟宗室王公及大臣中之指定班次者,得入殿与朝正外藩按序就宴。其一二品大臣,均在丹陛列席。令式相沿已久,第思大学士、尚书阶秩较优,顾与丹陛群工联茵齿坐,尚于体制未协。所有元旦太和殿筵宴,大学士、尚书俱着各依班次,列坐殿内,以示洽礼辨仪至意。着为令。"(第 11 册卷 849,第 379 页)

行三跪九叩头礼,其笺文随表进,不宣读。康熙初,表案设东檐下,宣表官就取,诣正中北向跪宣,不入楅扇内。)

4. 使臣跪叩:

赞排班,赞进。鸿胪寺引朝鲜等国使臣,理藩院引蒙古使臣,以次就拜位立。赞跪,叩兴,俱行三跪九叩头礼。兴,丹陛乐作,奏《治平》之章。礼毕,乐止,赞退,各复原班立。

5. 赐茶:

赐王以下各官坐,王、贝勒、贝子、公及内大臣、侍卫、起居注官在殿内,未入八分公以下文武各官、朝鲜等国使臣各于原立处行一跪一叩头礼,序坐。

6. 退还:

赐茶毕[1],赞鸣鞭,丹墀内三鸣鞭。驾兴,中和韶乐作,(元旦奏《和平》之章,冬至奏《允平》之章,万圣寿节奏《太平》之章。)驾还宫,乐止,王以下各官以次出。(万圣寿节、元旦俱午时设筵宴,仪注详精膳司。)

雍正《大清会典·朝贺仪》也记载了"元旦乐章",其具体内容是:

皇帝升座,中和韶乐作,奏《元平》之章:

于穆元后,敬授人时。四时和令,三阳肇基。鸾路苍龙,戴青其旗。迎气布德,百工允釐。行庆施惠,及我烝黎。

皇帝还宫,中和韶乐作,奏《和平》之章:

有奕元会,天子穆穆。跄跄群公,至自九服。王朔所加,海外臣仆。率土怀惠,万民子有。千龄亿祀,永绥茀禄。

诸王百官行礼,丹陛大乐作,奏《庆平》之章:

---

①序坐、赐茶礼仪也有关变化,《清高宗实录》,乾隆八年十二月丙寅记载:"礼部议覆:给事中程盛修疏称,元旦、冬至、万寿圣节,皇上常朝御殿,凡丹墀内文武官员旧制按班列坐,近定赐茶之典,经礼部乐部议,令文官三品以上、武官二品以上方得坐班,余皆起立。臣思大典攸关,观瞻所在,与其坐立之错综,不若班行之整肃。除赐茶之典遵旨改定外,其殿外檐下及丹墀内文武官员,应仍照旧制序坐。应如所请。从之。"(第3册卷207,第665页)又据《清史稿》记载:"嘉庆二年罢赐茶"。赵尔巽等撰《清史稿》卷88,《礼志·大朝仪》,第2622页。

皇覆万万,品物咸亨。九宾在列,百译输诚。济济卿士,式造在亭。帝仁如天,帝明如日。亲贤任能,爱民育物。礼备乐成,声教四讫。

外藩行礼,丹陛大乐作,奏《治平》之章:

天尽所覆,以畀我清。我德配命,涵濡群生。万国蹈舞,来享来庭。俣俣蹲蹲,视彼干戚。天威式临,其仪不忒。

上述中和韶乐①、丹陛大乐的四章乐曲,分别歌颂了上天授时、天下一统、帝德仁明、万国来朝,总之是清朝天命所归,具有正统性、合法性。

雍正《大清会典》还记载了太皇太后三大节朝贺、皇太后三大节朝贺,具体讲述元旦节、朝贺仪、乐章,系比照皇帝礼仪所设,此处存而不论。

光绪《大清会典事例》系统性地记载了朝会的班位规定,可知顺治十八年(1661)定王公在丹陛序立,康熙元年(1662)题准典礼上朝不入八分公到侍卫分六班,十六年(1677)题准大朝会集满官、汉官各分九班序次,二十二年题准直省行庆贺礼班位,至此朝会的班位基本确立。

就外官元旦庆贺而言,雍正《大清会典》记载了三大节外官庆贺,其具体内容是:

顺治间定:凡元旦、冬至、万寿节,在外直省文武大小各官,俱设香案,朝服,望阙行三跪九叩头礼。

康熙二十二年题准:直省行庆贺礼,将军、总督、加将军衔提督为一班;副都统、巡抚、提督、加左右都督衔(乾隆十八年裁加

①《清高宗实录》乾隆六年十一月丙寅记载:"谕和硕庄亲王允禄、刑部左侍郎张照:朕因元旦、冬至诸大节临朝乐章,句读与乐音不相比合,考其本末,乐章则系康熙二十二年所定,而搏拊考击之数,则又仍明代之旧,是以命大学士该部会议,重定乐章,期合于正。恭查康熙五十二年纂修《律吕正义》,重造中和韶乐。"(第2册卷154,第1197页)此书完成于雍正时期,由于乾隆帝不满意,于是下令续纂《律吕正义后编》,中和韶乐也得以完善。又据《清高宗实录》乾隆十年十二月辛酉记载:"钦定朝会燕飨乐名,元旦中和乐,升座《元平》,还宫《和平》……诸王百官行礼丹陛乐《庆平》,外藩行礼丹陛乐《治平》。皇太后三大节中和乐,升座《豫平》,还宫《履平》,丹陛乐《益平》。皇后三大节中和乐,升座《淑平》,还宫《顺平》,丹陛乐《正平》。"(第4册卷255,第306页)完善了"元旦乐章"。

衔)总兵官为二班;加都督同知以下总兵官、协领、参领、巡盐御史、织造郎中、督关郎中、布政使、按察使为三班;佐领、督关员外郎、各道员、副将、参将、掌印都司为四班;防御、督关主事、知府、司库、同知、通判、游击都司为五班;骁骑校、知州、知县、守备为六班;有品级笔帖式、有品级乌林人、经历、州同、州判、县丞、千总等官为七班。满洲、蒙古、汉军官分两翼,汉官分文东武西。

不过到了乾隆时代,这个地方官元旦朝贺的班位有一点变化,如第二班中巡抚位于副都统之前;加左右都督衔总兵官,在乾隆十八年(1753)裁加衔;第三班的按察使后增加了原在第四班的各道;第四班的督关员外郎后增加了原在第五班的知府;第七班的"有品级乌林人"改为"有品级库使"①。

其实,清廷中央的元旦朝贺班位也在变化、调整当中。乾隆时期直接控制西北新疆后,朝贺增加了西北民族如哈萨克等民族的规定。乾隆五十四年(1789),皇帝谕:

> 福崧等奏元旦庆贺折内,并未列阿奇木伯克之名,虽属照例办理,但庆贺行礼为朝廷大典,原非具文。着令伊等一并列衔,俾益晓敬君之道。喀什噶尔、叶尔羌、阿克苏三处较大,嗣后元旦朝贺并万寿朝贺等事,其阿奇木伯克著列名于大臣之次。②

喀什噶尔、叶尔羌、阿克苏管理地方的阿奇木伯克,朝贺被列入大臣之次,属于清朝的地方官,此举彰显了朝贺的政治意义,使阿奇木伯克"益晓敬君之道"。

三 元旦朝贺中的蒙古问题

清承明制,清朝元旦朝贺也大致沿袭了明朝的制度。当然,具体的朝贺仪还是有诸多细节的变化,需要仔细考订才能发现,如前述地方官元旦朝贺的班位的细微变化就是如此。此类其他问题甚多,有待今后继续研究。不过,从大的方面来看,清朝元旦朝贺活动明显区

---

① 乾隆《大清会典则例》卷56,《礼部·仪制清吏司·嘉礼·朝会一·三大节外官庆贺》,文渊阁《四库全书》本第622册,第5页。
② 《清高宗实录》第17册卷1345,乾隆五十四年十二月丙子,第1238页。

别于明朝的一条,即增加了外藩蒙古朝贺。此事涉及清朝政体,我们在此专门来谈。

清朝设有理藩院专门处理蒙古以及俄罗斯等一些外国事务。蒙古朝贺属于理藩院管辖的事务,乾隆《大清会典事例》理藩院部分记载:

> 一、朝觐。顺治五年定:蒙古王、贝勒、贝子、公、台吉、都统等,准于年节来朝。六年题准:蒙古朝觐之期,每年定于十二月十五日以后二十五日以前到齐,一朝仪。国初定:蒙古王、贝勒等凡遇年节皆会集于各扎萨克处,咸朝服,望阙行三跪九叩礼。康熙二十六年题准:朝觐来京之王等,凡遇祭祀一例斋戒,遇朝会按班齐集,违者罚俸六月。三十二年议准:蒙古王、贝勒及俄罗斯等处来使,如遇年节、冬至及凡遇庆贺,皆行三跪九叩礼。来使凡遇召见、赐茶及赐燕,均行三跪九叩礼。食毕,行一跪三叩礼。三十九年覆准:王、贝勒、台吉等来朝,凡遇祭祀,坛庙斋戒行礼处,停其陪祀,令于午门外按翼排班,候圣驾出入时,与不陪祀之在内王公一例迎送。①

清朝要求蒙古贵族每年元旦前统一朝仪,元旦既有在各扎萨克如同汉族地方官的朝贺仪式,又有来京朝觐,朝觐来京之王等凡遇祭祀一例斋戒、遇朝会按班齐集,凡遇召见赐茶及赐燕,均行三跪九叩礼,食毕行一跪三叩礼。工部则承担着蒙古朝觐所需物件的制作,即"蒙古王台吉等需用案椅、镫辔、马槽诸物,照理藩院咨文由部办给"②。

清廷规定了外藩蒙古朝贺的班次:

> 一、班次。顺治八年题准:各蒙古分为两班,循环来朝。十五年题准:承袭王、贝勒、贝子、公爵未及十八岁者免其年节来朝,至十八岁始令入班朝觐。康熙元年题准:每年元旦令归化城、土默特二都统轮班来朝,留一人办事,副都统亦如之。五十

---

①乾隆《大清会典则例》卷141,《理藩院·王会清吏司·朝觐》,文渊阁《四库全书》本第624册,第449—450页。

②乾隆《大清会典则例》卷136,《工部·都水清吏司·器用》,文渊阁《四库全书》本第624册,第285页。

九年题准:年例朝觐蒙古二十四部落定例分为两班,将班次晓谕应来之王、贝勒、贝子、公、台吉等,令其按期朝集。如有事故,令协理旗务之台吉一人前来。若协理旗务之台吉亦有公事及患病等情,即遣本旗内大台吉代觐,仍将情由用印文送院察核。如并无事故托辞不朝者,将该管扎萨克等一并题参治罪。雍正四年谕:向来四十九旗王台吉等分为两班来京,其家中即有要务或身抱病疴亦必前来,交春始回本地,明岁冬季又复,直班为期既近冬月,往返劳苦,深可矜念。嗣后有愿来请安者,当于青草时仍令前来,其循年例来京者分为三班,二年一朝,俾得休息。钦此。遵旨。议准:蒙古朝觐内扎萨克分为三班,一年一班,轮流来朝,不直班之扎萨克令该旗协理旗务台吉一人前来,公主之子孙姻戚台吉等一家一人,亦分为三班轮流来京。一班:哲里穆盟会内科尔沁亲王一人、郡王一人、贝勒一人、镇国公一人、辅国公一人,郭尔罗斯一等台吉一人;召乌达盟会内敖汉郡王一人、巴林郡王一人,翁牛特贝勒一人,巴林贝子一人,敖汉辅国公一人;卓索图盟会内土默特贝子一人,喀喇沁贝子一人、辅国公二人、扎萨克一等塔布囊一人;锡林郭尔盟会内苏尼特郡王一人、阿霸垓郡王一人、蒿齐忒郡王一人,阿霸哈纳尔贝勒一人、乌朱穆秦贝勒一人、苏尼特贝勒一人,阿霸垓贝子一人,乌朱穆秦镇国公一人、辅国公一人;乌兰察布盟会内吴喇忒辅国公一人;伊克召盟会内鄂尔多斯贝勒一人、辅国公一人;归化城土默特辅国公一人。二班:哲里穆盟会内科尔沁亲王一人、郡王一人,扎赖特贝勒一人,郭尔罗斯镇国公一人,科尔沁辅国公三人、郭尔罗斯辅国公一人;召乌达盟会内翁牛特郡王一人,扎鲁特贝勒一人、喀尔喀左翼贝勒一人,敖汉贝子一人、巴林贝子一人,翁牛特镇国公一人、扎鲁特镇国公一人,巴林辅国公一人。[①]

清廷规定了外藩蒙古朝贺的礼仪坐次:

一、礼仪坐次。康熙二十九年覆准:喀尔喀等来使,皆行

①乾隆《大清会典则例》卷141,《理藩院·王会清吏司·班次》,文渊阁《四库全书》本第624册,第450—451页。

三跪九叩礼。土谢图汗之子坐次在贝勒下,车臣汗之弟在公下,余台吉在内大臣下。三十二年覆准:凡遇年节、冬至与各庆贺礼,俄罗斯来使俟百官行礼后,别为一班行礼。赐燕坐次,正使在丹陛上仪驾后,有顶带人皆在镶蓝旗之末。如蒙便殿赐茶,召见赐燕,正使坐于内大臣之后一等侍卫之前,其余有顶带人皆坐一等侍卫之后。行礼时令通使一人立于赞礼官旁传示。又奏准:岁除筵燕之喀尔喀汗亲王、郡王、贝勒、公、扎萨克一等台吉等,各按其品秩均坐于右翼内扎萨克亲王、郡王、贝勒、公、扎萨克一等台吉之次。三十九年覆准:年例来朝之喀尔喀汗王、贝勒、贝子、公等行礼及恩赐均照内扎萨克之例。雍正元年奏准:准噶尔来使元旦朝贺,着于朝鲜国后第三班行礼。乾隆二十年定:都尔伯特等部落汗王、贝勒、贝子、公、扎萨克台吉各按其品秩序于喀尔喀之次,其行礼恩赐,均照内扎萨克之例。①

道光七年(1827)皇帝特别强调了蒙古以及回子伯克、土司、廓尔喀年班朝贺的班次问题:

> 向来元旦受贺,蒙古台吉等本有一定班次,因理藩院不派熟谙典礼之员带领,以致多有参差。嗣后元旦朝贺,蒙古汗王、贝勒、贝子、公,仍照旧入于内地王公之次行礼。其扎萨克、台吉以下着按照品级,列于东边行礼内地大臣官员各排之次。其各部落回子伯克、土司等,若照理藩院所议列于内地大臣之次,殊失体制,着另为一班,列于西边行礼内地大臣之末。如遇廓尔喀年班来京,按照向来班次,列于回子伯克、土司之末。②

清廷强调将蒙古与西北其他民族区别开来,同时也表示出对蒙古的尊敬。外藩蒙古朝贺,清廷有赏赉规定:

> (康熙)三十三年定:喀尔喀汗王、贝勒、贝子、公、台吉来京

---

① 乾隆《大清会典则例》卷143,《理藩院·柔远清吏司·礼仪坐次》,文渊阁《四库全书》本第624册,第524—525页。

② 光绪《大清会典事例》第4册卷296,《礼部·朝会·班位》,第471—472页。

请安,适逢元旦者,照内扎萨克之例给赏。三十九年覆准:年例来朝之喀尔喀汗王、贝勒、贝子、公、台吉等赐燕、赏赉及五旗王府筵燕,一如内扎萨克之例。五十四年覆准:西藏拉藏汗、青海厄鲁特等外藩请安进贡,照伊来使品级赏给诸物,交与内务府武备院制造,俟起程时颁给。又覆准:赏年例来朝之喀尔喀亲王视内扎萨克郡王例,郡王、贝勒视贝子例,贝子、公、台吉等各视其品级为差。所赏缎布、鞍辔、银茶、桶银、茶盆、茶叶诸物,照价直由户部折银赏给。五十五年议准:赏喀尔喀亲王以下台吉以上器物,酌量折给银数,与赏内扎萨克同。①

外藩蒙古元旦朝贺来京,除了朝廷朝贺仪中正式大宴外,还有其他众多的宴请。请看乾隆《大清会典则例》中的记载:

一、筵燕外藩。崇德元年定:喀尔喀来朝,五日赐燕一次,设筵四十席。又定:索伦部落进贡每三日赐恩燕一次。三年定:喀尔喀厄鲁特台吉来朝,赐恩燕一次。又定:外藩蒙古王、贝勒、贝子、公、台吉等朝贺元旦,除元旦大燕外,赐恩燕一次。七年定:喀尔喀厄鲁特来进年贡,赐恩燕一次……顺治十一年奏准:蒙古王、贝勒、贝子、公、台吉、都统等以事来京,候常朝御殿日随班行礼,在内筵燕一次。康熙二十一年定:外藩王以下,台吉、都统以上朝贺来京,除夕于保和殿赐燕一次。三十九年,喀尔喀土谢图汗及和硕亲王来进贡,照例赐恩燕一次,再燕二次。雍正十二年奏准:今年轮班朝觐之蒙古王、贝勒、贝子公等奉旨停其来京,应将除夕燕停止。其在京之蒙古王、台吉等仍颁赐筵席。乾隆元年定:外藩蒙古王等庆贺元旦来京,除夕在保和殿筵燕一次,若奉旨停其来京,随将除夕筵燕停止。其在京之蒙古王等应入燕者,照例如数赐给筵席。十九年,赐杜尔伯特亲王车凌等燕于热河行宫,与燕外藩蒙古同。二十年,赐绰罗斯汗燕于热河行宫与十九年同。二十一年,赐杜尔伯特亲王伯什阿哈什、土鲁番公拜和卓等燕于热河行宫,与二十年同。

①乾隆《大清会典则例》卷143,《理藩院·柔远清吏司·赏赉》,文渊阁《四库全书》本第624册,第529—530页。

......

一、王府筵燕。崇德元年定：喀尔喀来朝诸王府皆设燕。又定：索伦部落进贡，按旗燕七次。三年定：喀尔喀厄鲁特台吉等庆贺来朝，按旗燕七次。又定：外藩蒙古王、贝勒、贝子、公台吉等朝贺元旦，除元旦大燕外，于每旗王府各燕一次，本旗王、贝勒、贝子、入八分公咸与。七年，喀尔喀厄鲁特来进年贡，按旗燕七次。顺治十年，达赖喇嘛来京，五旗王府各燕一次。康熙二十一年定：外藩王以下，台吉、都统以上朝贺来京，元旦后五旗王筵燕五次。雍正五年奉旨：外藩扎萨克王、贝勒、贝子、公、台吉等朝贺元旦来京，明岁着左翼王等燕一次，右翼王等燕一次。乾隆二年奏准：按康熙二十一年定外藩王、台吉等朝贺来京，除夕保和殿赐燕一次，元旦后五旗王等燕五次，十四日十五日赐燕一次，是八旗八次。雍正五年将五旗筵燕改为左右翼各一次。今年元旦后王府筵燕仍按旗各燕一次。又向年筵燕，本旗诸王均赴主席之王府陪燕，设有乐舞、蒙古鼓吹，嗣后务循旧制，令本旗诸王、贝勒、贝子、公等齐集，依次列坐，燕宾。其乐舞除《庆隆》舞不许用外，礼部见有之杂剧等，许其承应。至本王府亦宜备鼓吹杂剧，以侑宾筵。十九年，燕杜尔伯特亲王车凌等于热河，宗室王公暨四十九旗蒙古王公各设燕一次。①

清廷、王府以及八旗轮番宴请朝贺的外藩蒙古，势必会加强满蒙鼓足间的友谊，巩固满蒙的亲密关系。为了接待朝觐的蒙古贵族，清廷设置"蒙古鼓吹"，使得蒙古人有宾至如归的感觉。

关于元旦宴席的标准，清廷规定为四等。太常寺的则例规定：

> 万寿圣节、元旦朝贺、公主郡主成婚各燕，皆用四等席燕。②

四等宴席的标准，不是很高，看来清廷对于宴席注意节俭。据《钦定总管内务府现行则例》记载："除夕保和殿筵宴，每馂馂桌一张，

①乾隆《大清会典则例》卷96，《工部·精膳清吏司·燕礼》，文渊阁《四库全书》本第622册，第960—961、965—966页。
②乾隆《大清会典则例》卷154，《光禄寺》，文渊阁《四库全书》本第625册，第61页。

用酒八两。"①也是例证。不过满洲王、八旗宴请朝贺的蒙古贵族,可能会超过朝廷的宴席丰盛程度。

　　了解了外藩蒙古元旦朝贺仪式之后,我们再考察一些具体的事例。本文第一部分引用过《康熙起居注》康熙十一年元旦的朝贺仪式,其实元旦的朝贺庆祝活动往往持续时间很长,初六日之后有活动,直至上元灯节,甚至节后还有外藩蒙古的陛辞。如康熙十一年元旦期间:

> 　　初十日丁巳。早,上御乾清门,听部院各衙门官员面奏政事。未时,来朝元旦察哈尔国和硕亲王布尔尼,奈曼部多罗郡王札马散,四子部达尔汉卓礼克图郡王沙格都尔,鄂尔多斯部多罗郡王固鲁,阿霸垓多罗郡王沙格沙僧格,喀尔喀部多罗郡王达尔札,苏尼忒部落多罗杜稜郡王公格,乌朱穆秦多罗额尔德尼贝勒毛里海,苏尼忒部多罗贝勒贲布,喀尔喀部多罗贝勒索诺木,阿霸垓部固山达尔汉贝子绰博惠,巴林部贝子温春,鄂尔多斯固山贝子达尔札,顾禄世希,乌拉特部护国公察麻查,郭尔罗斯部辅国公昂阿等,令该部照常赏赐外,又出内库貂皮蟒袍、帽、带、靴等物,赏赐有差。上御保和殿,诸王、贝勒等谢恩毕,召入殿内,赐宴。上从容谓曰:"王等皆善射乎?朕将亲试之。"宴毕,回宫。少顷,上复御观德殿,命诸王、贝勒等射。②

　　康熙帝令礼部照常赏赐外藩蒙古亲王、郡王、贝勒、贝子、公之外,又赏赐内库貂皮蟒袍、帽、带、靴等物,举行了宴会,还观看了外藩蒙古的射箭。十四日行祈谷礼、十五日灯节举行活动,都有外藩蒙古活动。请看:

> 　　十四日辛酉。早,上诣大享殿,行祈谷礼。午时,宴王、贝勒、贝子、公等,内大臣、满汉大学士、三旗都统、尚书、副都统、侍郎、学士、侍卫等,乐舞作,进酒。上召外藩王、贝勒、贝子、公等,至御座前,亲赐饮。又召内大臣、大学士、都统、尚书等至御座前,亲赐饮。宴罢,众谢恩毕,回宫。

①章乃炜等编:《清宫述闻》上册,紫禁城出版社2009年版,第178页。
②中国第一历史档案馆整理:《康熙起居注》第1册,第16页。

　　十五日壬戌。早,上御太和殿视朝。文武转升官员谢恩毕,回宫。复御乾清门,听部院各衙门面奏政事。巳时,又御保和殿,赐外藩王、贝勒、贝子、公等,内大臣、大学士、都统、尚书、侍卫及太吉等饭。午时,又御太和殿……乐舞作,进酒。上召外藩王、贝勒、贝子、公等,至御座前,亲赐饮;太吉等入殿内,赐饮。宴罢,众谢恩毕,回宫。①

　　这两日的宴饮活动,康熙帝都请外藩王、贝勒、贝子、公等出席并召其至御座前,亲自赐酒。到了二十日早,康熙皇帝御乾清门听政后:

　　来朝元旦外藩王等陛辞礼毕,上召王、贝勒等于丹墀下,各赐茶。②

　　至此,从康熙十年十二月下旬来京朝贺的外藩蒙古在京逗留一个来月才离京返回,可谓节庆活动热烈而持久。

　　在雍正时期,由于新皇帝要守丧三年,停止元旦朝贺,雍正四年才恢复元旦朝贺。前来朝贺的外藩蒙古受到清廷的热情接待,雍正帝御保和殿,以岁暮宴朝正外藩:

　　诸乐并作,上进酒毕,令左翼科尔沁和硕土谢图亲王阿喇布坦,右翼喀尔喀厄尔得尼毕什勒尔图扎萨克图和硕亲王、多罗额驸策妄扎卜至座前,上亲授饮。其余贝勒、贝子、公、额驸、台吉、他布囊等俱令侍卫分觞授饮于坐次。宴毕,众谢恩,上回宫。③

正月初一日:

　　辰时,御中和殿升座,内大臣、侍卫及内阁、翰林院、礼部、都察院、詹事府等衙门官员庆贺元旦礼毕。御太和殿升座,诸王、贝勒、贝子、公、文武官员,来朝外藩蒙古王、贝勒、贝子、公、台吉等,朝鲜等国使臣进表行贺礼。礼毕,回宫。诣寿皇殿行礼毕回宫。

　　午时,复御太和殿升座,诸王贝勒、贝子、公、内大臣、侍卫、

---

　　①中国第一历史档案馆整理:《康熙起居注》第1册,第16—17页。

　　②中国第一历史档案馆整理:《康熙起居注》第1册,第17页。

　　③中国第一历史档案馆编:《雍正朝起居注册》第1册,雍正三年十二月三十日,中华书局1993年版,第644页。

文武官员、朝正外藩王等宴。①

元旦来朝外藩蒙古王、贝勒、贝子、公、台吉等行贺礼,雍正帝再次宴朝正外藩。

十四日,以上元令节,午时雍正帝御正大光明殿,赐朝正外藩及内大臣、侍卫、大学士等宴。十五日,午时,以上元雍正帝复赐朝正外藩左右两翼诸王、贝子、公、额驸、台吉、塔布囊及内大臣、侍卫、大学士等宴。

雍正五年元旦期间赏赐前来朝贺外藩蒙古有特色,正月十六日:

> 午时,上幸丰泽园,升黄幄御座,赐朝正外藩诸王、贝勒、贝子、公、额驸、台吉等宴,奏蒙古乐。上进酒毕,令诸王、贝勒、贝子、公、额驸、台吉等以次至御座前,上亲授饮,并赐玻璃杯、鼻烟壶、合包等物有差。宴毕,众谢恩,上回宫。②

宴请朝正外藩奏蒙古乐,并赐玻璃杯、鼻烟壶等高档的新颖礼物。

元旦期间清廷与来朝蒙古也有其他好的互动。十八日:

> 又元旦来朝之扎萨克、喀尔喀、厄鲁特汗王、贝勒、贝子、公、台吉等折奏,黄河澄清恭请颂经祈福。奉谕旨:蒙古王等奏请颂经甚是,着照伊等所请颂经,朕亦愿众蒙古地方雨雪应时,伊等及属下身无灾殃,共享逸乐,牲畜蕃滋。朕亦即是释主,况伊等皆离家远来,朕自应资助。令伊等止出佛前香烛之费,其喇嘛食物等项俱由内里颁给。颂完时,着伊等约略给与喇嘛布施。③

朝正外藩为清廷颂经祈福,清帝则自称释主亦为众蒙古祈福,清廷承担接待祈福喇嘛的费用。

乾隆帝即位后,也颇重视接待元旦来朝外藩蒙古。乾隆二年

①中国第一历史档案馆编:《雍正朝起居注册》第1册,雍正四年正月初一日,第648页。

②中国第一历史档案馆编:《雍正朝起居注册》第2册,雍正五年正月十六日,第930页。

③中国第一历史档案馆编:《雍正朝起居注册》第2册,雍正五年正月十八日,第939—940页。

(1737)十二月辛亥,谕理藩院:

> 皇考御极,三年释服之后,于初次庆贺元旦来京之蒙古王、贝勒、贝子、公、台吉等及使臣等,俱加恩赏给缎匹。今年年节轮班来京之蒙古王、台吉等,遇朕初次庆贺元旦,着于常例赏银外,仍照雍正四年皇考特恩赏给之例,加恩赏给蒙古王、贝勒、贝子、公、台吉等及使臣等缎匹。①

乾隆帝继承了皇父厚赐朝正外藩蒙古的政策。乾隆四年十二月甲午,谕理藩院:

> 本月二十四日,着在中正殿西厂子内,照去年之例,赏赐蒙古等饭食。嗣后每年赏给蒙古等饭食之处临时提奏。召车臣汗达玛林等王、贝勒、贝子、公、扎萨克、台吉、和硕额驸等赐茶。谕曰:尔等朝贺元旦,来请朕安,故召入尔等赐茶。二十四日,仍照上年之例,赐尔等饭食。现今准噶尔台吉噶尔丹策零遣使臣哈柳前来,一切俱遵朕所降谕旨入奏,从此边陲宁谧。每年尔等来京,我君臣常可如此庆会,永享升平之福矣。②

乾隆帝表达了隆重接待朝正外藩蒙古的目的,通过巩固满蒙关系,加强满洲皇帝与蒙古贵族君臣从属关系,使边陲宁谧,即"我君臣常可如此庆会,永享升平之福矣"。

四　元旦朝贺中的表笺问题

元旦朝贺制度重要环节之一,是臣下、藩属向帝后敬上表笺,我们对清朝的这一制度作一考察。

乾隆《大清会典则例》卷63记载进表笺制度详尽,但多是从大朝的角度介绍三大节的,我们据此结合其他资料,探讨清朝完善元旦朝贺进表制度的过程。

清朝元旦朝贺进表制度奠基于顺治年间。清一定鼎中原,立即遇到朝贺问题,顺治元年订立朝贺制度。朝贺制度的内容包括贺表

---

① 《清高宗实录》第2册卷59,乾隆三年十二月辛亥,第958页。
② 《清高宗实录》第2册卷107,乾隆四年十二月甲午,第607—608页。

的制作：

> 顺治元年定：万寿、元旦、冬至三大节，在京王公暨文武百官各进贺皇帝表文一通。表文由内阁撰拟，表袱、表匣，由工部备造。如遇特典，应进庆贺表笺，则内阁临期撰拟。在外直省文武各官进贺表笺，均敕内阁撰拟定式，颁发各布政使司、按察使司、都司、直隶各府州，各差官赍进。①

元旦进贺表文由内阁撰拟，检乾隆《大清会典则例》内阁部分也记载有"庆贺表笺"内容，可以补充礼部所记上述的内容：

> 皇帝恭庆皇太后圣寿表，每十年行礼时宣读。元旦、冬至贺表及王公百官庆贺皇太后三大节表，由翰林院撰拟，大学士奏请钦定，每年遵行，行礼时不宣读。王公百官庆贺皇帝三大节表、皇后笺，皆翰林院撰拟文式，大学士奏定，颁中外遵行。皇太后宫三大节庆贺，学士由内阁奉表，大学士随行至永康左门，大学士接奉由中门入至慈宁门，安设东旁黄案上，如奉懿旨停止行礼，奏明将表贮内阁，竢下次行礼同进。皇帝三大节庆贺，大学士二人于殿中门阈外左右跪展表，宣表官宣读。②

皇帝三大节庆贺，宣表官宣读；皇太后、皇后三大节庆贺，俱不宣读表笺。

朝贺制度的内容还包括贺表的表式。顺治元年题准了三大节庆贺皇帝表式、庆贺皇后笺式，具体内容是：

> 是年题准：庆贺皇帝万寿、元旦、冬至表式：在京称某亲王臣某等诸王、贝勒、文武官等，在外称某官臣某等，诚欢诚忭，稽首顿首，上言：伏以德统乾元，首正六龙之位；建用皇极，宏开五福之先。恭惟皇帝陛下，率育苍生，诞膺景命。寰区和协，声教覃敷。四海一而万国来，王川岳灵而俊乂斯出。太平有象，历服无疆。臣等恭遇熙朝，欣逢圣诞（元旦、长至。在外官于此下，增

---

①乾隆《大清会典则例》卷 63，《礼部·仪制清吏司·进表·进表笺》，文渊阁《四库全书》本第 622 册，第107 页。

②乾隆《大清会典则例》卷 2，《内阁·庆贺表笺》，文渊阁《四库全书》本第 620 册，第 58 页。

"身羁职业,心恋阙廷"二句),伏愿玉烛长调,庆雍熙于九牧;金瓯永固,登仁寿于万年。臣等无任,瞻天仰圣,欢忭之至,谨奉表称贺以闻。

又题准:庆贺皇后千秋、元旦、长至笺式:(具官至上言同前)伏以祥凝璇室,仰内治之宏昭;瑞霭椒宫,庆母仪之光大。敬惟皇后殿下,安贞表范,恭俭垂型。博厚协载物之仁,恩隆逮下;肃雍赞齐家之化,德茂承天。臣等(以下式同前)欣逢令节(元旦、长至),伏愿徽音益著,弥增彤管之辉;景福骈臻,永纪瑶编之盛(以下式同前)。

又定:凡表并用小字楷书。表文前上面黏黄帖一方,如印大,帖下用印。黄帖所书,如万寿,书进贺万寿表文;元旦,书进贺元旦表文;冬至,书进贺冬至表文。末后年月日上亦用印。束封上用黄帖,上所书如前。黄帖下用印,印下书某官臣某上进谨封,于上进谨封字上用印。副本用手本,小字楷书,后年月日上用印。黄绫裱褙袱匣。笺文缮书,印封皆与表同。①

顺治年间,清廷制订了三大节直省文武五品以上官各进贺表文、贺本体式的内容。规定:

八年定:元旦、冬至直省文武五品以上官各进贺皇太后表文、皇帝表文、皇后笺文。布政使及参政、参议、道等官每节共进表二笺一,按察使及副使佥事、道等官每节共进表二笺一,盐运使、各府、直隶州、衍圣公每节各进表二笺一,总兵官、副总兵、参将、游击等官每节各进表二笺一,都司、行都司各卫每节各进表二笺一。万寿节只进皇帝表一。总督、巡抚不进表笺,凡遇庆贺大典具本庆贺。

九年谕:贺表、贺本体式不同,近来贺本均用表体,着撰拟本式颁发通行。钦此。②

清朝文官道以上、武官总兵以上,都要在元旦进庆贺表笺。

①乾隆《大清会典则例》卷63,《礼部·仪制清吏司·进表·进表笺》,文渊阁《四库全书》本第622册,第107—109页。
②乾隆《大清会典则例》卷63,《礼部·仪制清吏司·进表·进表笺》,文渊阁《四库全书》本第622册,第109页。

康熙年间增加、完善了元旦朝贺进表制度。这时增加的元旦朝贺进表内容,首先是围绕庆贺太皇太后、皇太后进行的。康熙元年圣祖仁皇帝上太皇太后、两宫皇太后尊号礼成,相应的朝贺制度也出现了:

> 又定:嗣后遇太皇太后、皇太后圣寿及元旦、冬至各节均照例赍表入贺,其贺表文式内院撰拟,交与礼部颁发,依式赍进。是年题准:庆贺皇帝万寿、元旦、冬至表式与顺治元年同。
>
> ……
>
> 又题准:庆贺太皇太后元旦表式:(具官至上,言式同前)伏以乾元启瑞,坤厚凝禧。欣瞻四序回春,永赖重闱有庆。恭惟昭圣慈寿恭简安懿章庆敦惠太皇太后陛下,敬孚壸范,德著徽音。慈恩笃祐升平,圣善宏开景运。化日舒长于万国,太和光被于昌辰。臣等(以下式同前)恭逢元旦,转璇枢而献颂,望切瞻云;祝嵩寿以陈辞,诚抒拱极(以下式同前)。
>
> ……
>
> 又题准:庆贺皇太后元旦表式:(具官至上言式同前)伏以乾元肇瑞,坤厚凝禧。天工合阴教以咸亨,岁序应阳和而成泰。恭惟仁宪皇太后陛下,仁宏育物,德懋嗣音。泽流时夏,知化日之方长;世济如春,适昌辰之初启。臣等(以下式同前)望椒殿而称觥,愿赓纯嘏;喜瑶阶之增荚,茂对清时(以下式同前)。
>
> ……
>
> 又题准:庆贺皇后千秋、元旦、长至笺式与顺治元年同。①

此后,又增订了地方官朝贺表笺汇进制度、皇太子朝贺笺式、庆贺表笺讹书遗漏并颠倒违式议处、改表笺专官赍送为督抚汇送、庆贺表笺通省统用火牌专遣承差赍送、衍圣公庆贺表笺仍令专差赍送、朝鲜国王庆贺表笺令照式缮进等规定。具体内容如下:

> 八年定:文官表笺布政使司汇进,卫所表笺都司汇进,武官表笺提督汇进,无提督之省总兵官汇进。

---

① 乾隆《大清会典则例》卷 63,《礼部·仪制清吏司·进表·进表笺》,文渊阁《四库全书》本第 622 册,第 110—113 页。

康熙十四年题准:皇太子千秋节、元旦、长至笺式:(具官至上言式同前)伏以天心眷佑,绵万世之洪图;国本茂隆,介千秋之景福。敬惟皇太子殿下,元良德裕,英敏性成。膺有道之昌期,臣民欢戴;奉无疆之宝箓,宗社奠安。等臣(以下式同前)欣逢令旦(正旦、长至),伏愿永承泰运,合宇宙以诚和;大集祥符,跻升恒于悠久。臣等无任欢忭,踊跃之至,谨奉笺称贺以闻。以上书写封印皆与表同,但易笺文并红绫袱匣。

……

二十九年议准:庆贺表笺讹书遗漏并颠倒违式,交部议处,其表笺发还,令照式再缮补进。

三十一年定:直隶各省文武官凡遇庆贺表笺,停其专官赍送,按节统于总督衙门汇齐,与总督庆贺表章同由驿递送进,无总督之省由巡抚汇送。

三十二年题准:各省文武官庆贺表笺通省统用火牌,专遣承差赍送。又覆准:衍圣公庆贺表笺,按节仍令专差赍送。

四十四年议准:朝鲜国王庆贺表笺每岁更换辞句,不尽合式,应颁发定式,令照式缮进,以省繁文。

五十五年议准:表笺事关大典,自五十六年万寿圣节为始,文官按察使以上、武官副将以上准其进表,仍照例该督抚汇齐由驿递投,礼部转送内阁,如有借进表名色派敛需索,该督抚科道核明治罪。[1]

雍正帝即位后,修订了庆贺表文的文字:

六十一年十二月题准:庆贺皇帝万寿、元旦、长至式:(具官至上言式同前)伏以德统乾元,首正六龙之位;建用皇极,宏开五福之先。恭惟皇帝陛下,率育苍生,诞膺景命。抚时出政,八风顺而嘉谷蕃昌;受箓敷猷,万国宁而俊民乐育。太平有象,历服无疆。臣等恭遇熙朝,欣逢圣诞(元旦、长至),伏愿玉烛长调,庆雍熙于九牧;金瓯永固,登仁寿于万年(以下式同前)……

---

①乾隆《大清会典则例》卷63,《礼部·仪制清吏司·进表·进表笺》,文渊阁《四库全书》本第622册,第113—114页。

又题准:庆贺皇太后元旦表式:(具官至上言式同前)……

又奉旨:元旦、冬至贺表皆俟雍正二年举行万寿,表文俟过二十七月颁……

又题准:庆贺皇后元旦笺式(具官至上言式同前)……①

以上规定中,庆贺皇帝表文的修订值得注意,更改的部分是将顺治元年的"寰区和协,声教覃敷。四海一而万国来,王川岳灵而俊乂斯出",改为"抚时出政,八风顺而嘉谷蕃昌;受箓敷猷,万国宁而俊民乐育"。原来的内容说的是国家的一统和万国来朝,现在则强调天人合一与天下太平,显得清朝统治符合天命民心。

乾隆帝即位后,庆贺表文的文字有修订,主要改动之处仍是雍正表文中的相同位置,即改为:"顺时熙际,百昌遂而万国和绥;御宇绥猷,四序调而兆民乐利。"②所改词语沿袭了雍正表文的含义。此外,表文开头部分的"宏开五福之先"改为"肇开五福之先",后面的"历服无疆"改为"福祚无疆",改掉的"宏""历"二字发音以及"历"字字形同皇帝的名字"弘历"相同,应是为了避讳。乾隆六十年为明年高宗登太上皇帝位,题准庆贺太上皇帝元旦表,表文形制与皇帝表文同,而文字改变。

嘉庆元年,题准庆贺皇帝表文又进行了改动,主要改动之处仍是乾隆表文中的同一位置,即改为:"萝图席瑞,共球集而万国来同;黼宸凝禧,陬澨恬而八方和会。"道光元年(1821),题准庆贺皇帝表文也在相应位置改动:"黄图锡羡,车书集而万姓诚和;紫宙延洪,府事修而百昌乐育。"咸丰元年(1851)也不例外,题准表文中改为:"义图席瑞,百昌遂而万国来同;轩境抚辰,四序调而兆民乐利。"③这些改动主旨不变,用来称颂万国来朝、天下一统、社会和谐。

同治、光绪两朝则使用文字不同的庆贺皇帝三大节表式,如同治元年(1862)题准:

①乾隆《大清会典则例》卷63,《礼部·仪制清吏司·进表·进表笺》,文渊阁《四库全书》本第622册,第114—116页。

②光绪《大清会典事例》第4册卷318,《礼部·表笺·进表笺事宜》,第744页。

③嘉庆、道光、咸丰三朝元年表文改动之处,见光绪《大清会典事例》第4册卷318,《礼部·表笺·进表笺事宜》,第749—751页。

伏以丙驭时乘,应龙飞而翊运;辰居端拱,协凤纪以调元。钦惟皇帝陛下,鼎祚丕昌,乾符在握。化光玉境,四表被而云日就瞻;治阐珠囊,七政齐而风雨调顺。休征备至,蕃祉无疆。臣等恭遇熙朝,欣逢圣寿(元旦、长至),伏愿黄图锡羡,绥丰胪九有之欢;紫宙延洪,保泰笃万年之祜。①

再如光绪元年(1875)题准:

伏以圣谟集条理之成,鸿基绍统;至德布中和之化,凤律调元。钦惟皇帝陛下,泰运凝釐,乾符合撰。一人有庆,祥辉开日月之华;万福来同,膏泽慰云霄之望。率土咸安于夏屋,普天齐乐夫春台。臣等幸际熙朝,欣逢圣寿(元旦、长至),伏愿酞恩广被,统京垓亿兆以胪欢;蕃祉延洪,合位禄寿名而献颂。②

同、光两朝的庆贺皇帝三大节表与以前的表比较,内容发生了较大的变化,万国来朝、天下一统的表达改为歌颂内政,聚焦皇帝,特别是在"臣等"之前取消了一直有的"太平有象,历服无疆"八个字。此时清廷处在多事之秋,确实不配此八字,符合内外交困中举办庆典的用词。

乾隆朝地方官进贺表文有变动。先是乾隆六年三月壬午,增加了地方武官进表:

礼部议准:福州将军策楞奏,凡恭遇皇太后圣寿、皇上万寿、皇后千秋及元旦、长至令节,各省将军、都统、副都统向不表贺,大典未备,请照督抚例恭进贺笺,标下中军副将照各营副将例,移部恭进。从之。③

后至乾隆十八年又取消了藩、臬、副将附进表笺:

又谕:元旦、长至、万寿、三大节,外省文员臬司以上,武员副将以上,例得随进表笺称贺。朕思督、抚、提、镇封疆大员事皆专达,表贺为宜。藩、臬、副将既不得专达章疏,其由督、抚附进表笺亦可不必。且不过由部送阁存贮,并不呈览,此亦向来虚文陋

---

① 光绪《大清会典事例》第 4 册卷 318,《礼部·表笺·进表笺事宜》,第 751—752 页。
② 光绪《大清会典事例》第 4 册卷 318,《礼部·表笺·进表笺事宜》,第 753 页。
③ 《清高宗实录》第 2 册卷 139,乾隆六年三月壬午,第 997 页。

习,甚无取焉,其概行停止。①

元旦朝贺除了进表之外,奏折制度普及与制度化后,元旦上折庆贺请安形成了惯例,此点乾隆朝表现得比较明显。乾隆十二年(1747)正月,谕军机大臣等:"刘统勋叩贺元旦奏折,于初二日始到,已过元旦矣。在赍折之人固属无知迟缓,而刘统勋身为大臣,岂不知庆贺典礼,乃不豫嘱来人,先期恭进,殊属不合。着传旨申饬之。"②可见,清朝大员元旦前上奏庆贺皇帝已经是"典礼",刘统勋的庆贺奏折晚到,被皇帝斥责。乾隆三十一年(1766)十二月,乾隆帝指出:"外任副都统、总兵等如恭遇皇太后万寿圣节并元旦令节,自应具折请安。"③也证明元旦上折庆贺请安制度的存在。

五 结语

清前期元旦节庆制度的形成有一个过程。清在入关前的天聪元年(1627)、天聪六年、崇德元年开始有元旦朝贺礼的实践,入关后的顺治初年很快制定了元旦朝贺礼的基本制度,康熙年间这一制度得到完善。由于孝庄太皇太后地位崇高,康熙帝对皇祖母格外孝敬,制定了庆贺太皇太后的元旦庆贺制度,随之完善皇太后与皇后的相关制度。雍正、乾隆时期对于元旦朝贺制度只是个别补充、调整。乾隆时期元旦庆贺制度完成。清代后期元旦节庆制度变化不大。

清代元旦朝贺制度不断形成的过程,显示出皇帝通过这一制度强化了皇帝的权威。乾隆皇帝即位不久就说:"如元旦朝贺请朕吉服升殿,朝正固国家之吉典,然群臣实为朕一人称庆。"④"元旦众臣朝朕之仪。"⑤当然,乾隆帝也不否认:"元旦乃天下臣民公共之大节。"⑥

---

①《清高宗实录》第 6 册卷 450,乾隆十八年十一月壬子。又此条收录于乾隆《大清会典则例》卷 63,《礼部·仪制清吏司·进表·进表笺》,文渊阁《四库全书》本第 622 册,第118 页。

②《清高宗实录》第 4 册卷 282,乾隆十二年正月壬辰,第 678—679 页。

③《清高宗实录》第 10 册卷 775,乾隆三十一年十二月乙卯,第 505 页。

④乾隆《大清会典则例》卷 86《礼部·祠祭清吏司·丧礼一下》,文渊阁《四库全书》本第 622 册,第 714 页。

⑤《清高宗实录》第 12 册卷 924,乾隆三十八年正月辛卯朔,第 411 页。

⑥乾隆《大清会典则例》卷 86,《礼部·祠祭清吏司·丧礼一下》,文渊阁《四库全书》本第 622 册,第 722 页。

清朝通过庆贺表笺、奏折请安不断确认君臣制度,通过节日互赠的礼物密切君臣关系,从而强化了君臣关系。清代每当新帝继位后,元旦庆贺表文内容有所调整,以寄托政治理想,清朝通过朝贺进表不断表达其统治的正当性。

清代外藩蒙古的元旦朝贺活动及其制度,构成了鲜明的特色。乾隆帝自称隆重接待朝正外藩蒙古,可以巩固满蒙关系,加强满洲皇帝与蒙古贵族君臣关系,使边陲宁谧,即"我君臣常可如此庆会,永享升平之福矣"。将少数民族纳入清朝官僚体系之内,还表现在喀什噶尔、叶尔羌、阿克苏管理地方的阿奇木伯克朝贺,被列入大臣之次,属于清朝的地方官,使阿奇木伯克"益晓敬君之道"。此举彰显了朝贺的政治意义,也是清朝多民族国家整体的特色。

(原载故宫博物院编:《明清宫廷史学术研讨会论文集》第 2 辑上册,故宫出版社 2017 年版)

清代的科举考试与移风易俗

——以《乾隆中晚期科举考试史料》为中心

　　科举考试是清代选拔读书人出仕的重要制度。清朝既重视读书人的品行,也强调文章的醇正,道德文章兼备,用清朝的语言来说,这属于士习文风的范畴。用风习来表示科举制度对士子的要求,反映出传统的移风易俗政治文化,笔者感到这是一个饶有趣味的问题。乾隆帝尤其重视整饬士习文风,清实录多有记载,而新公布的《乾隆中晚期科举考试史料》又提供了督、抚、学政处置此类事情的奏折,将制度与实践、皇帝与大臣、中央与地方的关系联系起来考察科举考试,使我们对清朝科举考试中的社会控制有更多的认识,因此笔者试从移风易俗的视角剖析清代科举考试中的士习文风问题①。

一　关于《乾隆中晚期科举考试史料》

　　中国第一历史档案馆编辑的《历史档案》连续三期刊发的《乾隆中晚期科举考试史料》,是从馆藏宫中档朱批奏折中选出的。其中2002年第3期刊发了40件,2002年第4期刊发了16件,2003年第1期刊发了26件,总计为82件(其中掺入1件上谕,奏折实为81

---

①清代科举制度研究中尚未发现专门研究士习文风问题的成果。王德昭《清代科举制度研究》中《科举制度下的民风与士习》有所涉及。王德昭:《清代科举制度研究》,中华书局1984年版,第85—150页。

件）。这批奏折中最早的一件是乾隆四十四年（1779）的奏折，最晚的则是乾隆六十年的。

这些奏折的具折人分别为学政、巡抚、总督。其中总督的奏折 2件，巡抚的奏折 6 件，学政的奏折 73 件。乾隆后期加大督抚管理学政的责任，乾隆五十三年（1788）四月规定："嗣后各督抚惟当益励廉隅，正己率属，设遇学政有贪污实迹，即应指名纠参，若仍事徇隐，缄默不言，或别经发觉，除将该学政按例治罪外，必将该督抚一例从重问拟，决不姑宽，并令督抚于年终将学政等有无劣迹陈奏一次。"①五十四年十一月又规定："嗣后务须将学政考试实在有无弊窦及士子舆论是否翕服之处，据实详细奏闻，毋得稍有瞻徇。"②《历史档案》2002年第 4 期中的《两广总督福康安为报两广学政考试无弊事奏折》就是乾隆五十五年（1790）十二月年终有关学政的汇报。从该奏折看出，总督是通过学政汇报考试情形，自己"密加咨访"，"复密询两省考过之各道府"得出自己的看法。另一份奏折是《历史档案》2003 年第 1期发表的《直隶总督梁肯堂为遵旨审拟冀州童生李人恒科试雇倩事奏折》，奏折中说梁肯堂遵照皇帝"严审定拟，以整饬士习而杜弊端"的谕旨审理此案。

巡抚有整饬士习的职责。如乾隆二十年（1755）五月江西巡抚胡宝瑔奏请端士习以厚民风，其所采取的具体措施有："一、刊刻免停科举恩旨及屡次钦奉训士上谕，凡士子人给一帙，俾感激奋兴以臻驯善；一、道员有分巡之责，所至之处，悉令召集士民于明伦堂，谆复开导，使咸知大义；一、教职与士子最亲，每逢月课实行面试，并随时诰诫，以率不谨；一、江西士民多聚族而居，责成族正就近稽察，倘有品行卑下、文字诡僻者，呈明州县，分别劝惩；一、文根于性最忌怪险，臣与学臣商定，加意持衡，即素号能文而喜诡异者，概不取录，以端始进；一、标名干进之习急宜杜绝，倘有不遵正学，妄行著述，思以贪获科名交结当事者，立即查拿；一、江省风气，非借文墨以逞狂，即假星卜以愚众，一二多事生监从中簸弄，勾引诪张，最易流为刁健，必应痛

---

① 王澈编选：《乾隆中晚期科举考试史料（中）》，《历史档案》2002 年第 4 期。
② 王澈编选：《乾隆中晚期科举考试史料（中）》，《历史档案》2002 年第 4 期。

惩。"①乾隆帝指示当行之以实,要之以久,不可出于一时整顿观瞻而已。我们从中看到江西整饬士习的内容。乾隆四十九年五月谕旨,强调巡抚"于各府士风,尤宜随时整饬"②。

清朝制度巡抚有监临乡试并奏报的责任。《历史档案》发表了6件巡抚的奏折,其中5件是关于这一方面的,下面考察其内容。清制三年举行一次省级考试,考取举人,分三场。第一场四书题文三篇,五言八韵排律诗一首;第二场经题文五篇;第三场策五道。子、卯、午、西是乡试之年。乾隆四十五年八月为庚子年乡试,《江西巡抚郝硕为报庚子乡试首场生监违例事奏折》,反映了巡抚监临、奏报乡试的基本制度。该折题名为《为奏明科场搜检暨一切情形折》,开宗明义:"窃照科场有无怀挟,例于出闱之日具折奏报。今届庚子乡试,臣先将历奉谕旨暨科场条例胪列出示,谆切告诫。临场之日,督率文武员弁严加搜检。"接着讲述考试情况,还谈了号舍防火问题,最后说:"兹三场事竣,臣于二十一日出闱,照例留提调、监试二道在闱料理,并委臣标中军参将、带领弁兵驻扎贡院外弹压防范。"③《福建巡抚富纲为报庚子乡试考试情形事奏折》讲巡抚办理科场事宜更为具体。该折开头说:"窃照本年庚子科乡试,所有场前应办事宜及臣出闱日期,业经恭折奏闻,嗣将入场内外帘官,并执事人员、随带行李家人、吏役,以及誊录、对读号军人等,逐一严搜,并无违禁夹带。"最后讲:"所有臣办理科场事宜及出闱日期,理合恭折奏闻,并将三场题目缮具清单,恭呈御览,伏乞皇上睿鉴。"④

值得注意的是福建巡抚富纲办理乡试受到皇帝的重视。乾隆四十五年九月,搜检王大臣奏,顺天乡试拿获怀挟传递及顶名代考,不一而足。乾隆帝针对"巡抚等职任监临,摘弊防奸是其专责。历年披阅各巡抚奏折,惟今年富纲奏称先于场前访查积习,出示禁谕,并增筑夹墙,另开更道。于抬运人夫逐加搜检,印用号戳,并不假手吏胥等语,办理较属认真。此外则均以三场无弊一奏塞责,并未见有查

①《清高宗实录》第8册卷489,乾隆二十年五月下,第146—147页。
②《清高宗实录》第16册卷1207,乾隆四十九年五月下辛巳,第170页。
③王澈编选:《乾隆中晚期科举考试史料(上)》,《历史档案》2002年第3期。
④王澈编选:《乾隆中晚期科举考试史料(上)》,《历史档案》2002年第3期。

出怀挟传递顶冒之事",于是规定:"嗣后各省巡抚凡遇大比之期,必须实力稽察,慎密防闲,如有前项弊端,即当立时查获,严加究治,从重核办。务令闱中积弊肃清,士子怀刑自爱,庶足以甄别人材,振兴士习。将此通谕知之,并令于每科引此旨覆奏,着为例。"①这一规定强调各省巡抚每次乡试必须实力稽察考试情形,并引用此谕专折奏报,更加制度化。

两件乾隆五十一年(1786)丙午科乡试巡抚的奏折,证明了援引乾隆四十五年九月十二日的谕旨。其一是署理山西巡抚福崧的奏折,他谈道:"入闱后,先将誊录、对读号军人等逐细搜检,分别封闭各所,不许一人潜出。臣亲督提调、监视将试卷号戳逐一搅匀,督令外廉各官亲身分手印盖,不令书役经手,以杜联号之弊。"②采取了富纲"印用号戳,并不假手吏胥"的措施。其二是江西巡抚何裕城的奏折,也谈道:"其举子座号戳记及弥封红号,均经臣亲诣至公堂,督率外廉各官亲手印用,不许胥史经手,并不许其窥视。"③同样是符合谕旨要求的做法。

另外两件奏折是专门办理科考舞弊的奏折。一件是《署江西巡抚姚棻为遵旨查明兴国童生雇倩抢手情形事奏折》,乾隆五十七年(1792)上奏;另一件是《云南巡抚江兰为报搜获知县家人误代刻本文章入闱事奏折》,乾隆五十九年(1794)上奏④。

学政掌一省学校、教习及教育行政、考试诸事,为钦差之官,三年任满更代,所以有关科举的奏折学政最多,主要是学政每年考试生童岁试后的奏折⑤。我们阅读学政的这些奏折,就会感觉到学政的职责主要是督察士习文风。如《湖北学政洪朴为报襄阳等地生童科试情形事奏折》说:"臣维文风、士习相为表里,文风之卑下,由于士习之

①《清高宗实录》第14册卷1114,乾隆四十五年九月上丁亥,第894—895页。
②王澈编选:《乾隆中晚期科举考试史料(上)》,《历史档案》2002年第3期。
③王澈编选:《乾隆中晚期科举考试史料(上)》,《历史档案》2002年第3期。
④《署江西巡抚姚棻为遵旨查明兴国童生雇倩抢手情形事奏折》《云南巡抚江兰为报搜获知县家人误代刻本文章入闱事奏折》,均见王澈编选:《乾隆中晚期科举考试史料(下)》,《历史档案》2003年第1期。
⑤关于清代童生、生员的考试以及与学政的关系,见商衍鎏:《清代科举考试述录》,生活·读书·新知三联书店1958年版,第1—21页。

苟安。"①指出文风与士习的关系。再如《陕甘学政温常绶为报凤翔等地生童岁试情形事奏折》奏报:"所有各属文风,西安、同州、凤翔、乾州四属士子资性聪颖,读书认真,其中文理足资造就颇不乏人,惟邠州稍逊。臣惟学臣责任以振兴文风为先,而整饬士习尤为要务。陕省民风虽素称淳朴,尤当悉心整顿,加意劝惩。臣到任之初,即谆切告诫各童,务须安分读书,潜心学业,并通饬各属教官按月督课,严加约束,不得稍涉因循。至考试场规,尤宜严肃,一切枪冒诸弊,或先时留心察访,或临时设法究治,中有怀挟文字、不守场规者,即随时查出,枷号示儆,并先后拿获招摇撞骗顶冒代倩之贾元福等,立交提调官分别按律严行究办,余俱循谨畏法,恪守条规。臣每按试一棚,必敬宣圣训,勖以立行敦品,并示以作文规范,务须清真雅正,诸生童颇知领会。"②明确指出学政以振兴文风为先,整饬士习尤为要务。又如《湖北学政李长森为报应城等地生童科试情形事奏折》道:"现在岁科两周,通省文风,黄州、汉阳、武昌、荆州、安陆、德安为上,襄阳、宜昌稍次,郧阳、施南又次之。诸生文艺,切实通畅,能运用经书者居多,尚少空疏之卷。臣谨随时敬宣皇上清真雅正之训,令其共知恪守,日进深醇。至考试经解诗赋生童,每棚先期严试,其有经义通晓、风调谐畅者,俱就地拔取,以示鼓励,俾备奋力经学,仰副皇上加惠士林、五经并试之至意。至楚北士习不淳,恃衿滋讼,所在皆有。臣俱随时随事认真整饬,臣自到任以来,据府、州、县教官禀报及经历访闻者,俱当交地方官秉公讯结,计黜革文武生员六十余名,以劣行注册、严饬教官查察能否改过自新者文武生员四十余名,趁惟有凛遵圣训,一切勉为,不敢终懈,以冀稍答高深。"③先谈文风,后讲士习。

其实学政考察士习文风,正是清朝的制度。乾隆时期当学政差满三年更换,实录记载皇帝的谕旨有固定格式,都要说:"学政之职,惟在公慎自矢,整饬士习,兴起文风,此外更无可训谕。"④整饬士习,

①王澈编选:《乾隆中晚期科举考试史料(上)》,《历史档案》2002年第3期。
②王澈编选:《乾隆中晚期科举考试史料(上)》,《历史档案》2002年第3期。
③王澈编选:《乾隆中晚期科举考试史料(下)》,《历史档案》2003年第1期。
④《清高宗实录》第11册卷892,乾隆三十六年九月上己亥,第958页;第12册卷966,乾隆三十九年九月上辛亥,第1106页;第13册卷1039,乾隆四十二年八月下壬子,第920页。

兴起文风,是学政的职责,概括起来就是负责士习文风。反之,则是失职,如"胡高望身为学政,乃于士习文风毫无整顿,每考一处,竟视为照例办理之事,全不留心觉察,胡高望着明白回奏"①。再如"学政职司训课,一切士习文风皆须整饬,自有任内应办事件。该学政到任以来,于陈奏考试各折,并未见有实力整顿之处。乃仅于谢恩折内填砌肤词,徒为虚颂,希冀借此见长……费振勋着传旨申饬"②。学政失职,受到皇帝的问责。既然学政的职责为整饬士习、振兴文风,他们的奏折自然是有关此项工作的汇报。

清朝要求学政以身作则,因为他们的行为联系着士习。雍正帝登基后即向督学颁发专门谕旨③:"督学一官,尤人伦风化所系,遴选各省学臣,倍加郑重。尔等须廉洁持身,精勤集事,实行、文风两者所当并重。若徒事文华而不敦崇实行,犹未为尽职也……必士品端而后文风正,他日为国家柱石。"④乾隆三年(1738)覆准:"教官为多士之楷模,宜洁清自爱,不得因循旧习,令吏胥门斗索取生员赟见节仪。至举报优劣乃甄别大典,如有冤滥,于士习关系匪轻。嗣后各省教官有仍前勒索赟见规礼,以致举报优劣不公者,令督、抚、学政核实严参,照借师生名色私相馈送例革职,傥别经发觉,将督、抚、学政照例议处。"⑤清廷禁止学政接受生员赟见规礼以致举报优劣不公,防止士风受染。

那么学政又是如何整饬士习,振兴文风呢?下面分别进行考察。

二　整饬士习

清朝十分重视推行教化,移风易俗。康熙九年三月策试,圣祖命题谓:"今既崇经学以正人心,重制科以端始进,乃士风尚未近古,以

---

① 《清高宗实录》第 16 册卷 1207,乾隆四十九年五月下辛巳,第 170 页。

② 《清高宗实录》第 18 册卷 1370,乾隆五十六年正月上乙酉,第 385 页。

③ 按:督学,清初沿明制,各省设督学道,凡由翰林科道出身任用者为学院,由部属等官任用者为学道。雍正四年各省督学改为学院,称提督某省学政。见《中国历史大辞典·清史上》,上海辞书出版社 1992 年版,"学政"条第 323 页。

④ 《清世宗实录》第 1 册卷 3,雍正元年正月辛巳,第 70—71 页。

⑤ 光绪《大清会典事例》第 5 册卷 369,《礼部八〇·学校四·教职考核》,第 45—46 页。

致吏治不清、民生未遂,果陶淑之未善欤? 抑风俗人心习于浮伪,徒徇名而失实欤? 必如何而能返椷朴作人之盛,以几时雍之化也。"①向士人征求对有关士风与吏治不清、风俗与徇名失实关系的见解。同年十月颁布《上谕十六条》,标志着清朝治国从武力镇压转向"尚德缓刑,化民成俗"。其中的第六条为"隆学校以端士习"②,提出了整饬士习问题。雍正帝的《圣谕广训》对此解释道:"士为四民之首,人之所以待士者重,则士之所以自待者益不可轻,士习端而后乡党视为仪型,风俗由之表率,务令以孝弟为本,才能为末,器识为先,文艺为后。"指出了士习与风俗的关系。雍正帝还明确指出:"学政一官,所以化导士习,养育人材,职任甚重。"③

乾隆帝登基伊始,就强调端正士习,移风易俗。他在元年首科策试题目中说:自己受世宗宪皇帝付托之重,践阼之初,孜孜求治。因风俗非旦夕可淳,询问应试士人对"士习何以端,民生何以厚"④的看法。又说:"朕临御方始,特开恩科,深期士风醇茂,人才日兴,亦望尔臣工恪恭厥职,各知自爱,以襄盛典。自今以后,凡与校文之任者,务各痛洗旧习,杜绝请托之私,矢慎矢公,无负朕之简用。倘有丝毫未改,不能谢绝亲友情面、勾通关节者,国法俱在,朕不能为若辈宽也。至于士子读书稽古,将以应嘉宾之选,尤宜立品端醇,居心恬淡,岂可奔竞钻营,妄生愤懑,与不肖无赖之徒相等耶? 倘有场前钻刺,豫报元魁及榜后生事,捏造歌谣,为人心风俗之害者,着步军统领衙门及五城御史密访严拿,按法治罪,以昭尚贤简不肖之典。"⑤同时采取具体措施,命选颁《四书文》。由工于时文的学士方苞司选文之事;弛坊间刻文之禁,"不拘乡会墨卷房行试牍,准其照前选刻"⑥。乾隆帝认

①《清圣祖实录》第1册卷32,康熙九年三月戊午,第435—436页。又士风也是一种风度气质,如雍正帝说:"大约豫省士风,器量谨厚有余,而才具明通不足。"士风与士习含义基本相同,见《清世宗实录》第2册卷79,雍正七年三月丙午,第31页。

②《清圣祖实录》第1册卷34,康熙九年十月癸巳,第461页。

③《清世宗实录》第1册卷58,雍正五年六月丁亥,第879页。

④《清高宗实录》第1册卷16,乾隆元年四月上丙寅,第428页。

⑤《清高宗实录》第1册卷22,乾隆元年七月上庚子,第526页。

⑥《清高宗实录》第1册卷21,乾隆元年六月下己卯,第502页。又乾隆帝说方苞所选四书文"皆取典重正大,为时文程序"。见《清高宗实录》第6册卷460,乾隆十九年四月上庚寅,第976页。

为:"民俗之厚薄,视乎士风之淳漓,士习之不端,由于士志之不立。"①要求士人立志向学,端正士习,表率民俗。而"学政职司课士,整饬士习是其专责"②。

乾隆帝要求地方上整饬士习。乾隆四年六月因子月之内,各省有三起生童生事不法之案,命各省督抚学政训饬士习,"以端士习而厚民风"③。乾隆五年(1740)十月又训饬士习流弊,申明为己之学④。乾隆七年(1742)八月针对广东:"每遇生童齐集考试之时,或赴摊铺短价强买什物,或与市人扭结禀官。稍不遂意,即恃嚣喧,挟制罢考。"要求"该督抚学政等董率有司教官,严切训谕,务令士子等洗心涤虑,痛改前非。倘冥顽不灵,仍不率教,即按律惩治,不稍宽贷。如官员等有徇隐姑纵者,一经查出,定行分别处分"⑤。

整饬士习有一些具体的措施。乾隆九年八月高宗指出:"近来士习不端,不惟文风未见振起,抑且怀挟作弊,行类穿窬,诡计百出,竟有意想所不到者。朕早已闻知,屡行训饬。今年顺天乡试,特遣亲近大臣严密稽查,头场搜出夹带二十一人。其四书三题系朕亲出,不过取其略冷,不在外间拟议之中。而场内多人遂尔阁笔,交白卷者六十八人,不完卷者三百二十九人,真草违式及文不对题者二百七十六人。头场如此,伊等尚不知做,二场仍有搜出夹带者二十一人。及见稽查严密,临点名时散去者竟至二千八百余人之多。士子品行如此,学问如此,是全仗怀挟作弊,以为应试取功名之具。"⑥于是将直省解额酌减十分之一,以示惩罚。同年"礼部议覆:署贵州按察使宋厚奏黔州民情好讼,士习未端,请饬学臣令各属教官严加月课,不得视为具文。应如所请,每月集文武生员于明伦堂,恭诵圣祖仁皇帝《训饬士子文》及《卧碑》所载各条,并按月月课,书文之外兼试策论。教官训迪有方,著有成效,督抚学臣核实保举,否则分别议处。生员内如托

①《清高宗实录》第6册卷461,乾隆十九年四月下乙巳,第990页。
②《清高宗实录》第6册卷459,乾隆十五年三月下庚午,第962页。
③《清高宗实录》第2册卷95,乾隆四年六月下戊戌,第451页。
④《清高宗实录》第2册卷129,乾隆五年十月下丙寅,第887页。
⑤《清高宗实录》第3册卷172,乾隆七年八月上丁亥,第186—187页。
⑥《清高宗实录》第3册卷223,乾隆九年八月下庚申,第870—871页。

故三次不到,及无故终年不到,该教官详明学臣,分别惩戒斥革。从之"①。

整饬士习,特别针对考场存在的种种弊端。如冒籍顶名②,据崔纪奏称:江苏童生应试,率皆彼此通融互考,甚且有一人冒考数处,或多做重卷数名,以为院试时售卖之地,通省皆然,而松江府为尤甚。乾隆帝认为此种弊端所关士习非浅,于州县考试之时,童生报名,应查对烟户册籍,烟户无讹方许廪保填结,府考、县考俱令原保廪生识认,则冒籍顶名之弊可除,于士习不无裨益。要求"督抚转饬所属实力奉行,不得视为故事,该学政亦不时稽查。如有仍蹈前辙者,查明按例究治"③。再如考生怀挟,乾隆帝说:"向来怀挟之弊,京闱尚少,而外省最甚。虽经屡颁谕旨,令严加厘剔,而士子狃于积习,监临等官未免尚存姑息之见,未能翕然丕变。即如江西一省,三场多至十六人,可见各省此风尚未悛改。其未经搜出者,非奉行不力则有心邀誉耳。夫始进不正,则士习不端;宿弊不清,则真才不出。嗣后各省监临务必实力严搜,使弊绝风清,以裨文治。"④

直到乾隆中叶,怀挟、顶名仍是考场的痼疾。乾隆三十年谕旨:

> 考试为抡才大典,必须弊窦肃清,方可以拔真才而杜侥幸。近年以来加意整顿,从前怀挟诸弊虽渐次厘剔,但闻应试士子,竟有因搜捡严密,复遁而雇觅枪手代构者,或私联坐号,或顶名入场,或临时换卷,种种难以枚举……此等弊端所关于士习科场者匪浅,不可不设法防范,以绝根株。本年顺天乡试届期,场中印用坐号,着提调、监试等按例亲身详慎办理,勿仅虚应故事,仍假手吏胥,致滋奸弊。临期该部请旨,于点名时,朕当特派大臣,会同顺天府尹,于龙门内严加查察,以防接谈、换卷、乱号之弊。至榜后填写亲供,校对试卷笔迹是否相同,以稽顶替代倩,立法至为周密。乃相沿日久,视同具文,犯法者无所忌惮。嗣后乡试

①《清高宗实录》第 3 册卷 224,乾隆九年九月上丁丑,第 891 页。
②关于清代的冒籍跨考问题,见李世愉:《清代科举制度考辩》,中央广播电视大学出版社 1999 年版,第 11—27 页。
③《清高宗实录》第 4 册卷 246,乾隆十年八月上乙巳,第 117 页。
④《清高宗实录》第 4 册卷 300,乾隆十二年十月上戊辰,第 928 页。

中式举人,务令当堂填写亲供,并默写闱中首艺七八行。该学政等亲加封固,汇齐奏闻。候朕另派大臣,逐卷校勘。如有笔迹不符之处,即举出请旨,交部严讯,以示炯戒。倘核对时草率疏漏,别经发觉,惟派出之大臣是问。将此通谕各该衙门知之。①

该谕旨重在治理科举考试的顶名问题。奏折中有不少顶冒的事例,如山东"东昌府堂邑县生员乔汝襄代荣舒元顶名赴考,缘乔汝襄以家贫游食,于本月初九日至汶上县,与曾经考过武童之王浩然相识,王浩然代为说合,童生荣舒元年貌相似,雇倩顶名代考,若得取进,许给银六十两。乔汝襄应允,希图蒙混入场。比及点名接卷,即被廪保认出发审,荣舒元、王浩然闻拿逃匿,现在选役上紧缉拿"②。

按照清朝的标准衡量,生员的劣行多种多样。江苏学政胡高望说:"其生员中有不遵约束及恃符滋事者,臣严饬各学及地方官,随时随事即行详革。如吴江县学生员黄翀借词捏控;无锡县学生员顾凤楼唆孀卖产;金坛县学武生许维城唆讼有据;阳湖县学生员吴一谔好讼滋事;常州府学生员何溶代作词状;昭文县学生员郑梦兰、周之德不安本分,干预他事,俱经先后斥革,交地方官按律办理在案。"③据此江苏士子有好讼之风。

学政奏折中类似整饬士习记载还有不少。如《福建学政吉梦熊为报永春等地生童岁试情形事奏折》说:"至闽中地处海滨,士子为四民倡率,必倍加整顿,务令读书砥行,循规蹈矩,悉归驯谨,方足以端士习而改浇风。"④《湖北学政李长森为报黄州等地生童科试情形事奏折》记载:"臣于考期封门后,常在堂上察看,复亲身挨查号舍,以清弊端。每于诸生发落时,敬宣我皇实崇实黜浮、整饬士习之至意,令其共知恪守。其有州县并教官禀报文武生员劣迹及臣自行访实者,分别轻重,斥革究惩。"⑤《湖北学政查莹为报德安等地生童考试情形奏折》讲:"伏查楚北士习浇漓,讼风最炽。约束士子,尤视较艺为要。

①《清高宗实录》第 10 册卷 740,乾隆三十年七月上己卯,第 150—151 页。
②王澈编选:《乾隆中晚期科举考试史料(上)》,《历史档案》2002 年第 3 期。
③王澈编选:《乾隆中晚期科举考试史料(下)》,《历史档案》2003 年第 1 期。
④王澈编选:《乾隆中晚期科举考试史料(中)》,《历史档案》2002 年第 4 期。
⑤王澈编选:《乾隆中晚期科举考试史料(下)》,《历史档案》2003 年第 1 期。

臣于举行优劣,严饬各属教官核实办理,每遇下乡讲书,生童齐集时,谆谆以恪守卧碑、畏法保身为训。其余干讼滋事、不守学规者……臣一经访闻得实,立予斥革,交地方官严行究办,以示惩儆,不敢稍事姑息。至校阅试艺,一遵圣训,以清真雅正为准,并晓谕各生童诵习全经。其坊刻相沿删节诸本,遍行出示严禁,迩来剽窃、拟题陋习咸知改革。"①

三　振兴文风

雍正帝强调:"朕临御以来,时时以教育人材为念,但期实有益于学校,不肯虚务课士之美名。盖欲使士习端方,文风振起,必赖大臣督率所司,躬行实践,倡导于先,劝学兴文,孜孜不倦,俾士子观感奋励,立品勤学,争自濯磨,此乃为政之本。"②从雍正的话来看,士习是文风的基础,文风的含义主要是两项:一是重视文化教育,科举兴盛,所谓"劝学兴文"即是这个意思;二是学风纯,写作规范,不"徒事文华"正所谓也。关于后者,雍正帝有长篇议论:

> 谕礼部:制科以四书文取士,所以觇士子实学,且和其声以鸣国家之盛也。语云:言为心声。文章之道与政治通,所关巨矣。韩愈论文云:惟陈言之务去。柳宗元云:文者所以明道,不徒务采色、夸声音而以为能也。况四书文号为经义,原以阐明圣贤之义蕴,而体裁格律先正具在,典型可稽。虽风尚日新,华实并茂,而理法辞气,指归则一。近科以来,文风亦觉丕变,但士子逞其才气辞华,不免有冗长浮靡之习。是以特颁谕旨,晓谕考官,所拔之文,务令雅正清真,理法兼备,虽尺幅不拘一律,而支蔓浮夸之言,所当屏去。秋闱期近,可行文传谕知之。③

雍正帝将作文上升到政治的高度,要求按照四书阐明圣贤的思想,用规定的"体裁格律"表达出来,反对辞华冗长的文风,去"支蔓浮夸之言",将"雅正清真,理法兼备"文章作为标准。

乾隆皇帝重视训正文体,对于科举文章也提出类似雍正帝的主

---

①王澈编选:《乾隆中晚期科举考试史料(下)》,《历史档案》2003 年第 1 期。
②《清世宗实录》第 1 册卷 43,雍正四年四月乙亥,第 631 页。
③《清世宗实录》第 2 册卷 121,雍正十年七月壬子,第 602 页。

张,他指出:

> 近今士子以科名难于幸获,或故为艰深语,或矜为俳俪词,争长角胜。风檐锁院中,偶有得售,彼此仿效,为夺帜争标良技。不知文风日下,文品日卑,有关国家抡才大典,非细故也。夫古人论文,以浑金璞玉、不雕不琢为比,未有穿凿支离可以传世行远者。至于诗赋,挼藻敷华,虽不免组织渲染,然亦必有真气贯乎其中,乃为佳作。今于四书文采掇词华以示淹博,不啻于孔孟立言本意相去万里矣。先正具在,罔识遵从。习俗难化,职此之故。嗣自今其令各省督学诸臣时时训饬,乡会考官加意区择,凡有乖于先辈大家理法者,摈弃不录,则诡遇之习可息,士风还淳,朕有厚望焉。该部通行晓谕中外知之。①

乾隆帝强调的是科举文章乃阐释孔孟立言本意,提倡朴实的文风,反对故为艰深语,或矜为俳俪词,使士风还淳。

我们从学政的奏折中可以把握到文风的内涵。如说"湖北各郡文风,其中尚有留心文体、谨守绳墨之士,惟于经史实学多未能考求淹通"②。文风包括对于经史文的全面掌握,湖北学政洪朴认为湖北文风只是"留心文体"而已。而江苏"苏州、松江、常州各属,素为文风最盛之区,文体雅驯,兼有书卷。惟太仓州属崇明稍次,而气机顺畅,理法亦合"③。文风讲究文体雅驯,兼有书卷气,其次也要行文顺畅,合乎文理。山西"文风,平定州、代州两属诸生见闻稍广,文艺较优,间又娴习诗赋之士。其省北各属,人文俱系中平"④。文艺较优、娴习诗赋也是说明文风的内容。

学政的责任就是要选拔文气、文理好的考生。广东学政平恕上奏:"伏查粤东文风,以广、潮、肇庆、嘉应等府州为最,惠、高、雷、廉、罗定次之,琼州虽隔海洋,涵濡文治日久,实与广、潮诸府相埒,其琼

---

① 《清高宗实录》第 4 册卷 238,乾隆十年四月上丙午,第 61—62 页。
② 王澈编选:《乾隆中晚期科举考试史料(上)》,《历史档案》2002 年第 3 期。
③ 王澈编选:《乾隆中晚期科举考试史料(上)》,《历史档案》2002 年第 3 期。
④ 王澈编选:《乾隆中晚期科举考试史料(上)》,《历史档案》2002 年第 3 期。又此后山西学政茹棻奏称:"臣查文风,省南较省北为优,习俗相沿,诸生多经营外出,科试赴考者较少。"王澈编选:《乾隆中晚期科举考试史料(下)》,《历史档案》2003 年第 1 期,第 48 页。

山、文昌、会同等县,颇知留意经籍,文理较优。惟陵水、昌化、感恩三县僻远尤甚,尚属夐陋。臣就其文气可造者,详慎遴选,仍于点名时亲督搜检,核对年貌,封门后逐号清查,取进后严加复试,务取文理与正场原卷相符,不使一名冒滥。"①文气可造、文理较优是平恕衡量文气的重要标准。

厘正文体是振兴文风的重要方面。前面已经提到,乾隆元年命选颁《四书文》。乾隆四十六年(1781)御史董之铭条奏,请饬下儒臣仿照钦定本朝《四书文》初编体例,详慎选择刊定续编,并简派大臣于每科中式乡会试卷内,覆加甄校进呈,钦定后由部刊颁,发坊通行。高宗认为:乾隆初年《钦定四书文》刊刻颁行,典型具在,一切可奉为法程。"无如近日士风专为弋取科名起见,剽窃浮词,不复研究经史,为切实根柢之学,以致文体日就卑靡,虽屡经降旨训饬而积习难回,仍不免江河日下之势。惟在司文柄者随时甄别,力挽狂澜,以期文风渐归醇正。若多为选刻颁行,而习举业者仍束庋高阁,不能潜心研究,虽多亦奚以为。"命大学士、九卿等公同详议具奏,续编之议被否,但"将坊间造作文字,妄称新科墨卷例,申明禁止"②。乾隆帝为训正文体,定制义七百字之限。这是针对大臣反映"近年风气善为长篇,又多沿用墨卷,肤词烂调,遂尔冗蔓浮华,即能文者亦不免为趋向所累"而制定的。乾隆帝指出:"作文尤须体会儒先传说,以阐发圣贤精蕴,独出心裁,屏除习见语,其文自然合度,何必动辄千言,因陈不察耶。"③

清朝乡会试后对试卷进行复核称作磨勘,磨勘的重要内容是考察文风。前面提到雍正帝要求作文"雅正清真",乾隆帝对此也很重视,不过他将这四个字的顺序调整为"清真雅正"。乾隆二十四年(1759)十一月,秦蕙田等进呈磨勘顺天等五省乡试卷,所有签出应行处分各卷颇见详慎,乾隆帝很赞赏,并指出:"惟试卷内有词意纰缪之甚者,于文风士习殊有关系,且今日召入诸大臣及磨勘大臣谁无司衡之任不得不为明切宣示,俾众共知之。制义一道,代圣贤立言,务在

①王澈编选:《乾隆中晚期科举考试史料(上)》,《历史档案》2002年第3期。
②《清高宗实录》第15册卷1124,乾隆四十六年二月上丙辰,第31页。
③《清高宗实录》第14册卷1054,乾隆四十三年四月上辛丑,第88页。

折衷传注、理明辞达为尚。前因士子多喜为剽窃踳驳之词,不惜再三训谕,俾以清真雅正为宗,并将选定《四书文》颁贮内帘,令考官知所程序。"要求"衡文作文者。咸以正风尚、厚人心为务"①。同时对学政提出要求:"第念别裁伪体,以端风尚,固在考官临时甄拔公明,而平时之造就渐摩,使士子皆知崇实黜浮,不堕揣摩挦扯恶习,则学政责任尤重……为学政者果能以清真雅正为宗,一切好尚奇诡之徒无从幸售,文章自归醇正。否则,素日趋向纷歧,一当大比,为试官者锁闱校拔,不过就文论文,又何从激劝而惩创之。且学政按临,谒庙讲书,原与士子相见,非考官易书糊名,暗中摸索者比。文字一道,人品心术即于此见端,自应随时训励整顿,务去佻巧僻涩之浇风。将能为清真雅正之文,而其人亦可望为醇茂端谨之士。由此贤书释褐,足备国家任使,斯士子无负科名,而学臣亦不负文衡之任。但不得因有是旨,徒以字句疵颣,易为磨勘指摘,遂专取貌似先正之文,于传注无所发明,至相率而归于空疏浅陋。此又所谓矫枉过正,救弊适以滋弊。不独舆论难诬,一经朕鉴察,亦惟于该学政是问。"②并将此旨录于学政公署与各府、州、县学明伦堂,以触目警心。我们可以看到大臣在奏折中谈到考核情形时,往往以"清真雅正"报告文风,反映出这四个字的重要性。乾隆二十五年(1760),高宗再次指出:"乡会磨勘试卷,盖以防弊窦,正文风,所关綦重……嗣后乡会典试诸臣务择清真雅正、文义兼优之作,为多士准绳,不得因磨勘周详,反以庸才塞责,更不得因有此旨,遂借口瑕瑜不掩,以致怠忽从事。"③乾隆三十年,对于如何把握文体问题,高宗命大学士会同礼部详悉定议,遂决定:"科场条例内应加删正各条:一、旧例举子文体不正者褫革,疵蒙谬戾者罚停会试一科。查文体不正者或显违格式,引用怪僻,书理全违,自属易见,若疵蒙谬戾,多有影响近似者,在考官固当精择,磨勘官尤宜慎重别裁,至文内引用诸史子集者,务以平正切当为宗,但语似有本,即应体玩文气,广为咨询,不得轻加訾议。一、例载三抬、双抬各字,应敬谨遵写,误者以违式论,至恩膏德意等字,偶误单抬,尚非玩亵,

①《清高宗实录》第8册卷601,乾隆二十四年十一月下癸酉,第745页。
②《清高宗实录》第8册卷602,乾隆二十四年十二月上辛巳,第754—755页。
③《清高宗实录》第8册卷621,乾隆二十五年九月下庚午,第984页。

应予免议。一、试卷后填写添注涂改,原防誊录改易之弊。查例载举子试卷,涂改过百余字者贴出,数十字中,原不能化劣艺为佳构,防弊已极严密,不须自为注明,徒使耄年之人动多挂误,应即停止。"①

磨勘特别要对名列前茅的考卷的文风把关。乾隆帝认为:"制艺以清真雅正为主,其在前列者尤为士林模楷,必贵理醇法密、辞语精当之作,方足以式多士而正文体。"当磨勘大臣覆勘会试中式第三名邓朝缙,首艺语意粗杂。乾隆帝说:"所奏甚是。此等题文在士子择语不精,率意填写,或所不免。此卷现据指出,而其余似此未经磨勘者当复不少,但即使舍短取长,亦止可在二三十名外,今竟高列第三名,位置殊为失当。近年因文体踳驳,屡经降旨训饬,凡有衡文之责者尤应悉心甄拔,以期有醇无疵,使文风日臻淳雅,何至漫无区别若此,着总裁德保等明白回奏。"②又据磨勘试卷大臣奏,江南省第一名顾问卷,头场四书文三篇纯用排偶,于文体有关,且首艺未经点题,请将该考官及本生交部查议。乾隆帝再次指出:"制艺代圣贤立言,原以清真雅正为宗。朕屡经训谕,不啻至再至三,何得又将骈体录取,且拔冠榜首,所谓厘正文风者安在?况三艺俱用排偶,场中易于辨识,并不必再用字眼关通更易,滋别项情弊,殊属不合。除将该举子交部照例查议外,所有江南正考官钱载、副考官戴均元均着交部议处。并将此通谕知之。"③乾隆四十四年,高宗指出:"近时文风日坏,习制义者只图速化而不循正轨,无论经籍,束之高阁,即先儒传注,亦不暇究心,惟取浮词俗调揑扯求售。师以是教,弟以是学,举子以是为揣摩,试官即以是为去取。且今日之举子即他日之试官,积习相沿伊于胡底。昔韩愈起衰八代,尚思回狂澜于既倒,况有移风易俗之责者,岂可听其流而不返乎!前曾降旨厘正文体,务以清真雅正为宗,着再明白晓谕,嗣后作文者各宜体认儒先传说,阐发题义,务去陈言,辞达理举,以求合乎古人立言之道。试官阅卷亦当严为甄别,讲究正解,一切肤词烂调概摈不录。庶趋向益真,而文化可期蒸蒸日上。若再不能仰体朕意,仍复掉以轻心,必令此等庸陋词句悉行磨勘,以示

---

①《清高宗实录》第 10 册卷 748,乾隆三十年十一月上甲申,第 239 页。

②《清高宗实录》第 14 册卷 1105,乾隆四十五年四月下戊辰,第 787 页。

③《清高宗实录》第 14 册卷 1119,乾隆四十五年十一月下戊戌,第 946 页。

惩儆,毋谓朕不戒视成也。将此通行传谕知之。"①

文风与考题也相关联。程景伊条奏禁止乡试考官出题割裂小巧,建议有似此命题者,将考官议处。礼部议覆时于四川省出题牵连无理之考官置之不议。乾隆帝批评礼部所办非是,认为:"考试固当避熟习拟题,以防剿袭,然亦不可割裂牵搭,致碍文义。盖试题为制艺所由出,若务为新巧,恐士子揣摩弋获,趋入纤佻,文风纯驳之分,即士习端委所系,而民俗之醇薄实因之,其机不可不慎。今礼部不将四川考官,即附本参处,殊属不合。所有礼部堂官,着交部察议。"②

乾隆后期整顿文风的重要事情是查禁删节经书。乾隆五十七年六月十三日《山东学政翁方纲为报青州等地生童科试情形事奏折》谈道:"臣查,此六府内,惟登州、青州二府文风较优,余四府(曹州、沂州、莱州、武定)文风相去不远,亦尚无艰深诡僻之习。惟是现奉功令,俾士子全读五经,而坊间所卖经书删本,《春秋》《礼记》二经尤甚。虽臣每到一棚严切出示晓谕,各书贾不许其贩卖删本,而访闻实尚未能彻底禁绝。臣又不便遽令地方官按铺户逐一搜查,致启滋扰,只得于考试经解默经时,多于删处出题,其未读者不能录取,庶几渐使删本之经不禁自消。其余各学月课皆奉行,不敢违玩。惟武生怠玩者多,每借人营食粮为济贫避考之计,虽奉有部文,入伍怠惰者,将武生咨革之例,但日久未见如此办理,其具呈情愿入伍者,皆幸得宽;目前考课而申详之教官,又不免存宽恕之见,诚恐将来该管营员因系学政咨送,稍有顾惜周旋之意,则于士习既荒,而于营务亦大有关系。臣现饬各学,凡有情愿入伍之武生,皆令就近到臣考试衙门面试弓箭技艺,如果年力精壮、技艺可观,方准咨送入伍,以免冒滥。"③翁方纲奏折所说的考试士子经解默经时,多于坊间所删经题内出题,其有未读全经者概不录取等语,引起乾隆帝的注意。乾隆帝认为,五经为圣贤垂教之书,士子有志进取,竟有未经全读者,可见士习之荒疏卑靡。兹公然竟有删去者岂不可鄙,是亦学术式微之一大证。经籍俱经孔子删定,岂容后人更复妄有删节。各省坊间射利之徒,往往于经书内

①《清高宗实录》第 14 册卷 1091,乾隆四十四年九月下丁酉,第 648 页。
②《清高宗实录》第 13 册卷 976,乾隆四十年二月上己卯,第 27 页。
③王澈编选:《乾隆中晚期科举考试史料(下)》,《历史档案》2003 年第 1 期。

避去不祥讳用语句,擅行删节,标写拟题,以为习场屋者揣摩之具。而躁进之士子,遂以为快捷方式秘传,最为恶习。山东一省如此,各省当亦不免。此事于士风大有关系,不可不明为查禁。于是"通谕各督抚及学政等务须实心查察,严行禁止,俾士各通经,文风振作。其应如何立法查禁以端士习之处,着军机大臣会同礼部妥议具奏"①。翌年乾隆帝又指出:"前因各省士子有肄习坊间删本经书一事,降旨令各督抚严行查禁,将此项删本起出,解京销毁。节据该督抚等陆续查缴,但恐日久懈弛,不可不再申厉禁,以端士习而崇实学……想自用制义取士以来,或即有此项删本经书,亦非起于今日。然不清其源,安能禁其流之不滋甚耶。该督抚若以此次查缴之后即视为具文,弛其禁令,则牟利书坊又复渐行出售,辗转流传,终难尽绝。嗣后仍着落各省督抚严饬所属认真查禁,并将缴过删本经书数目及有无传习之处,三年汇奏一次,俾士各通经,文风振作,以副朕敦崇经学、整饬士风至意。"②

学政立即执行上述规定。山西学政戈源奏报岁试情形称:"考过各府文风,平阳、潞安两府为下,缘坊间刻有不知姓名文字,称为《引蒙易知》《学文正法》《童子升阶》《一说晓》《三十艺》《二十艺》等名目,通套鄙陋,随题可钞。山僻小县,师传弟受,以致性灵汩没。现在严行饬禁,不准书贾售卖,并不许生童存留等语。"乾隆帝于是指示:"前因各省士子有肄习坊间删本经书一事,屡经降旨,令督抚等认真查禁,陆续收缴,三年汇奏一次,并将查出删本解京销毁,以端士习而崇实学。各省坊贾自不敢复蹈故辙,再为刊布流传。今戈源查出《引蒙易知》等鄙陋书本,自可归入查禁书内一体办理,俾不致转相传播,又何必为此纷扰琐屑耶。况各省山僻小县,庸陋士子不能通晓文义,以此等浅近文字转相传习,于衡文取士之道亦无关碍。若似此繁琐饬禁,转使士子无所适从,而胥役等以查禁为名,不免借端滋扰,是欲去一弊而转滋十弊,于士习文风有何裨益。此事惟在各省督、抚、学政随时留心,督率查察,毋使删节陋本刊刻流传,俾士各通经,文风振

---

①《清高宗实录》第 18 册卷 1407,乾隆五十七年六月下癸巳,第 916 页。
②《清高宗实录》第 19 册卷 1433,乾隆五十八年七月下辛亥,第 157—158 页。

作,仍不得过为繁琐,以致扰及坊肆间阎,方为妥善。将此通谕知之。"①贵州学政洪亮吉按试奏折称:"复面饬将删节经书尽行缴出,臣又购买诸经全本存贮各处书院内,以为诸生式样,一切皆照前办理,不敢以多设条教,烦苦边庠,亦不敢以率略省事,姑容积习。"②江苏学政胡高望也认真贯彻,他说:"至查销删节经书,臣于按试各属时就近面饬教职,谆切传谕生童,以除陋习。当据各学将生童存留旧本随棚呈缴,臣俱札发各提调赍解藩司,照例申详督抚汇销。"③

下面讨论作为重视文化教育、科举兴盛的文风问题。

乾隆时期,清朝根据对于文风盛衰高下的判断,增减所设负责科考官员数量与考试名额,以倡导文风,有助于国家控制地方社会。乾隆九年礼部议准:

> 御史徐以升奏称,嗣后各学政录科时酌量变通,其文风盛者,将一二等名数从多;文风未盛者,将一二等名数从少。三等前列者,仍照例酌送。其丁忧、事故、游学、告病未与科考,及科考未取、志切观光者,原有录遗入场之例。各省学臣,应视该处文风之高下,向来中数之多寡,通盘计算,慎选录送。从之。④

清朝采取了文风之高下,向来中数之多寡,录送不同等级的名额。

根据文风控制地方科举名额的事例很多。如直隶每举人 1 名录科 80 名,应取科举 7920 名。贡院号舍仅万间,万难容坐。因"直隶文风较江、浙两省究属有间",于是照山东省每中 1 名录取 60 名⑤。陕西因边境文风日盛,将"陕西木字号榆林等十学乡试士子隔科分合,以一科与通省士子合试,凭文取中,不必编列木字号;一科仍列木字,取中一名"⑥。山东"莱州府之灵山文风果盛,准该学政题复旧

---

①《清高宗实录》第 19 册卷 1433,乾隆五十八年七月下戊午,第 163—164 页。

②王澈编选:《乾隆中晚期科举考试史料(下)》,《历史档案》2003 年第 1 期。

③王澈编选:《乾隆中晚期科举考试史料(下)》,《历史档案》2003 年第 1 期。

④《清高宗实录》第 3 册卷 225,乾隆九年九月下癸巳,第 905 页。

⑤《清高宗实录》第 4 册卷 286,乾隆十二年三月上戊戌,第 731—732 页。

⑥《清高宗实录》第 5 册卷 308,乾隆十三年二月上癸亥,第 33 页。

额"①。广西"庆远府东兰州学未设廪增,今文风渐兴,请设廪增各二名"②。江西"赣州府属赣县学,进额二十名,余俱十二名。惟信丰、龙南二县十五名,文风未优,进数独多。应将该二县各量减三名,归入瑞金、石城、二县。府学额数既宽,岁科试时将信丰、龙南二县多拨三四名,以补原额。其武童照文童之例"③。江苏阜宁县从山阳、盐城分出,学额无多,"如此后阜邑文风渐盛,仍许学臣题复旧额"④。江西"宁都州文风最盛,向为赣郡属邑,学额二十名,仍酌拨府学二三名。自升州以后无府学可拨,额数转少。查所属瑞金、石城二县于乾隆二十年各增额三名,今请各减一名,拨给宁都州。武童亦照文童例"⑤。乾隆三十七年(1772)河南学政徐光文奏称:"内黄县学额进文童十八名,今应试童生仅三百八十余人,文风中平;汤阴县学额进文童十二名,今应试童生六百余人,文风较胜。应裁内黄县学额三名,拨补汤阴。"⑥礼部从之。乾隆四十五年四川总督文绶等奏称:嘉定府属之犍为县学、潼川府属之中江县学原额取进各 8 名,绵州所属之德阳县学原额 7 名,现在文风日盛,人浮于额。其嘉定府属之乐山县学原额 20 名,潼川府属之盐亭县学原额 12 名,绵州属之梓潼县学原额 10 名,现在应试人少,文风亦属中平,应将乐山县学原额内酌减 4 名,盐亭、梓潼二县学原额内各酌减 2 名,共减额 8 名,即以 4 名拨入犍为县学,2 名拨入中江县学,2 名拨入德阳县学,以后均照此定额⑦。得到批准。同年文绶又奏:"马边厅距屏山五百余里,生童赴试跋涉维艰。且设厅以来应考生童均有三百余名,文风日盛,请将屏山县学额十五名内裁五名,拨归马边。每遇岁科试,由厅送府,学臣照额取进,廪增原缺亦酌拨四名,并将越嶲厅学训导改为马边厅学,铸给学记。"⑧亦被礼部批准。乾隆五十年,山西学政以"代州所属五

①《清高宗实录》第 6 册卷 383,乾隆十六年二月下乙酉,第 33 页。
②《清高宗实录》第 7 册卷 495,乾隆二十年八月下辛酉,第 215 页。
③《清高宗实录》第 7 册卷 497,乾隆二十年九月下戊戌,第 254 页。
④《清高宗实录》第 7 册卷 533,乾隆二十二年二月下戊子,第 725—726 页。
⑤《清高宗实录》第 8 册卷 573,乾隆二十三年十月下己酉,第 282 页。
⑥《清高宗实录》第 12 册卷 923,乾隆三十七年十二月下己卯,第 390 页。
⑦《清高宗实录》第 14 册卷 1108,乾隆四十五年六月上壬戌,第 824—825 页。
⑧《清高宗实录》第 14 册卷 1121,乾隆四十五年十二月下癸亥,第 965 页。

台县文风素优,额进十二名,不能溢取。右玉县学额取进十五名,应试士子无多,且文理平常,不能足额。于是裁去五名,拨入五台县学"①。同年因湖南省为民苗杂处之地,衡阳、清泉文风较为出色,准于选拔之期每县各拨一名,以示鼓励②。乾隆五十四年,湖南学政钱沣奏称:"茶陵州学原定进额二十名,近来应试者少,文风亦属平常,应将该州学额改为十五名,其所减五名归入长沙府学,合原定学额为二十五名。将来该州文风渐振,即可于府学各额内量为拨取,以示鼓励。"③得到批准。同年,因山西大同府学额进 20 名,该府所属州县文风平常,遵照原额取进外,再拨府学 20 名未免太优。霍州所属之灵石县人文较盛,旧额 12 名,未免稍少。将大同府学改为 17 名,裁额 3 名拨归灵石县学,武童亦请照文童例裁拨④。乾隆五十七年,湖北安陆府额进人数,远安因文风少逊,毋庸议拨⑤。乾隆五十九年,因四川酉阳州属秀山县应试童生向附州学进取,而该县生齿日繁,文风蔚起,设立专学。将额多人少的松潘、茂州、汶州、保县各裁 2 名拨秀山,并移松潘厅训导于秀山学⑥。

　　除了学额,学官也视文风增减,裁补学官。如乾隆二十九年(1764),山西巡抚和其衷等奏称:"宁武府兼辖四县,俱山邑僻壤,文风相等。内宁武、神池、五寨三县,各设教职一员,惟偏关县有教谕、训导各一员,实属闲冗,请将教谕裁汰。"⑦吏部议准。乾隆三十八年(1773)江西巡抚海成奏称:"吉安府属永新县学文风颇盛,向设教谕一员,办理殊为竭,请裁事简之永宁县学训导改设永新县学训导。"⑧得到礼部批准。

　　此外,考试的频度、单独考试或合试也根据文风调整,乾隆二十七年顺天学政张泰开奏称:"宣化一府自康熙五十五年定为岁科两试

　　①《清高宗实录》第 16 册卷 1233,乾隆五十年六月下丙午,第 573 页。

　　②《清高宗实录》第 16 册卷 1240,乾隆五十年十月上丁亥,第 688 页。

　　③《清高宗实录》第 17 册卷 1322,乾隆五十四年二月上己亥,第 891—892 页。

　　④《清高宗实录》第 17 册卷 1336,乾隆五十四年八月甲寅,第 1107 页。

　　⑤《清高宗实录》第 18 册卷 1418,乾隆五十七年十二月上丁卯,第 1072 页。

　　⑥《清高宗实录》第 19 册卷 1466,乾隆五十九年十二月上癸亥,第 586—587 页。

　　⑦《清高宗实录》第 9 册卷 724,乾隆二十九年十二月上庚寅,第 1074 页。

　　⑧《清高宗实录》第 12 册卷 943,乾隆三十八年九月下壬午,第 767 页。

连考,该处士习因考试迢隔三年,试后遂营别业,致文艺生疏,取进童生每难足额。请嗣后岁科两次分考,使岁试未进者知所激励,以应科试,文风当益振兴。"①得到批准。三十八年陕甘学政杨嗣曾奏称:"甘肃宁夏府乡试,向编丁字号,每科额中二名。今该府人文日盛,颇胜他属。请嗣后宁夏一府生监乡试,准其一科与通省合试,凭文录取,无庸另编字号。一科仍列丁字号,照旧额取中,俟将来文风大盛,再行题请统归大号。"②得到礼部批准。热河自康熙年间建立避暑山庄后发展很快,乾隆四十四年"照宣化府之例,另编承字号,每科乡试取中举人一名,俾士子知上进有阶,愈加鼓舞。俟将来文风渐盛,人数多至百余名,该督臣再行奏闻增额,以示嘉惠塞上士林多方乐育至意"③。

江浙所谓三吴两浙地区,文风素盛,清帝南巡,频增试额④。如乾隆十六年、二十二年、二十七年(1762)南巡,江苏、安徽、浙江 3 省当年应试文童,府学及州、县大学增取 5 名,中学增取 4 名,小学增取3 名。乾隆三十年南巡,先是准于本年选拔时,江南各县每学各取 1人,以广教泽。后又"将江苏、安徽、浙江三省本年应试文童、府学及州县大学增取五名,中学增取四名,小学增取三名"⑤。再如乾隆四十五年南巡,高宗指示:三吴两浙文风宜循旧典,以示渥恩⑥。四十九年南巡同样增广江、浙两省试额⑦。

清代科举考试竞争激烈,由于采取分区录取的方法,文风强盛地区的考生冒籍到文风衰弱地区考试,云、贵、川、广这一现象比较突出。乾隆二十五年,广西学政鞠恺奏:粤西应试生童多有他省人冒籍,现在严行查办。乾隆帝指出:"该省地处偏隅,向学者少,他省人士未免乘机混名冒考。但自乾隆三年部议停止该省因本地无人应试,准令外省及本省异府人入籍之例,司学政者自应严为禁饬,何以

---

①《清高宗实录》第 9 册卷 674,乾隆二十七年十一月上壬戌,第 535 页。
②《清高宗实录》第 12 册卷 941,乾隆三十八年八月下己酉,第 725 页。
③《清高宗实录》第 14 册卷 1083,乾隆四十四年五月下丁未,第 555 页。
④《清高宗实录》第 9 册卷 655,乾隆二十七年二月下癸巳,第 335 页。
⑤《清高宗实录》第 10 册卷 730,乾隆三十年闰二月上庚戌,第 35 页。
⑥《清高宗实录》第 14 册卷 1100,乾隆四十五年二月上壬戌,第 735 页。
⑦《清高宗实录》第 16 册卷 1199,乾隆四十九年二月下戊寅,第 35 页。

尚多混行冒试者,此皆历任学臣不能查察所致。着该部查明乾隆三年以后,所有广西学臣照例议处。至该学政奏请将已经冒籍入学之各生,准照顺天冒籍生员例办理之处,并着该部定议具奏。再此等冒考弊窦,在江、浙等处尚少,他如云、贵、川、广偏僻州县文风稍陋,他省人或因父兄作幕,或因亲友贸易,遂尔乘便混考,皆所不免,并着各该学政留心查察,毋使滋弊。"①根据吏部转述广西学政鞠恺奏称,广西童生应试,多因亲友冒籍混考,竟有一学多至数十名的,如不急为严禁,则土著考生进取为难,边地文风日坏。清廷采纳礼部建议:"应令该学政彻底清厘,除现在查确者即勒令归籍,其未经发觉者,于部文到日,勒限一年令本生自首,由该学教官会同州县,结送学政,咨回原籍,逾限不首,发觉斥革。仍将不行详查之教官州县,照例议处。再本年现届乡试,其已经查确各生,应照例罚停乡试一科,仍行文云南、贵州、四川、广东等省,画一办理。"②以贵州为例,据贵州学政陈筌说:每有湖广、四川附近之人,希图贵州人少额多,科考较易,遂私通廪保,窜名冒考,以致土著生童艰于进取,文风日就颓废。因此,依据乾隆二十五年清查冒籍谕旨,饬各府及所属教官逐一细查,分别办理。"其在乾隆二十五年未经清厘以前者,该生不行具首,应科其隐匿之罪,将衣顶褫革,照违制律,问拟杖责,失察教官照例议处;其在二十五年以后者,系已经清厘之后,仍敢勾通冒籍,情罪较重,除将该生治罪外,滥保之廪生,一并查究示惩。"③对于文风衰弱地区,孙嘉乐希望考核云南诸生、严定等第,乾隆帝认为这只可用之江、浙,不宜用之滇省,因"滇、黔、粤西地处边陲,其人文原不及内地,学政按试各学,只须严切训谕,俾各生恪守《卧碑》,只遵功令,遇有唆讼滋事者随时究治。至考试生童,惟当秉公甄拔,并严查枪冒撞骗之人,勿使滋弊,自足以昭劝惩而饬士习。其文风高下只宜因地取材,量为培养。若必求全责备,去取从严,且欲经解诗赋,事事淹通,此于江、浙等大省则然,边方士子见闻浅陋,未必尽能领会。绳之太过,大率欲从末由,转不能使其心皆诚服。孙嘉乐锐意求精未免过当,所谓知其一、

---

①《清高宗实录》第8册卷614,乾隆二十五年六月上戊寅,第906—907页。
②《清高宗实录》第8册卷616,乾隆二十五年七月上甲辰,第927—928页。
③《清高宗实录》第10册卷789,乾隆三十二年七月下,第697页。

不知其二也。将此传谕该学政,并令广西、贵州、学政知之"①。

四 余论:科举考试与移风易俗

清朝重视科举考试和士人的培养,地方官负有这方面的责任。以巡抚来说,有整饬士习的职责,朝廷要求巡抚监临乡试并奏报皇帝,这一制度在乾隆中后期得到了加强。

学政专司一省教育、科举,督察士习文风,有关科举的奏折学政最多,主要是学政每年考试生童岁试后的奏折。当学政差满三年更换,实录记载皇帝的谕旨有固定格式,既然学政的职责为整饬士习、振兴文风,他们的奏折自然是有关此项工作的汇报。清朝要求学政以身作则,因为他们的行为联系着士习。

清朝重视整饬士习。乾隆帝登基伊始就强调端正士习移风易俗,命选颁《四书文》,特别是整饬考场存在的冒籍顶名、怀挟种种弊端,然而这些弊端始终是考场的痼疾。生员的各种劣行也是被整饬的对象。

清朝也强调振兴文风。文风的含义主要是两项:一是重视文化教育,科举兴盛;二是学风纯,写作规范。雍正帝将作文上升到政治的高度,要求按照四书阐明圣贤的思想,用规定的"体裁格律"表达出来,反对辞华冗长的文风,将"雅正清真"文章作为标准。乾隆皇帝重视训正文体,也提出科举文章乃阐释孔孟立言本意,提倡朴实的文风,反对故为艰深语,或矜为俳俪词,使士风还淳。

我们从学政的奏折中可以把握到文风的内涵。文风包括对于经史文的全面掌握,讲究文体雅驯,兼有书卷气,行文顺畅,合乎文理。文艺较优、娴习诗赋也是说明文风的内容。学政的责任就是要选拔文气、文理好的考生。

厘正文体是振兴文风的重要方面。清朝乡会试后对试卷进行复核称作磨勘,磨勘的重要内容是考察文风。乾隆帝将"雅正清真"这四个字的顺序调整为"清真雅正"。我们可以看到大臣在奏折中谈到考核情形时,往往以"清真雅正"为尺度,衡量文风。磨勘特别要对名列前茅的考卷的文风把关。文风与考题也相关联。乾隆后期整顿文

---

①《清高宗实录》第13册卷1009,乾隆四十一年五月下丁酉,第553页。

风的重要事情是查禁删节经书。

文风涉及诸多问题。乾隆时期,根据对于文风盛衰高下的判断,增减所设负责科考官员数量与考试名额。考试的频度、单独考试或合试也根据文风调整。江、浙所谓三吴两浙地区,文风素盛,清帝南巡,频增试额。清代科举考试采取分区录取的方法,文风强盛地区的考生冒籍到文风衰弱地区考试,云、贵、川、广这一现象比较突出。

清代科举考试与整饬士习、振兴文风密切关联,朝廷把科举考试作为风习看待,实际上旨在将科举考试以及士子的行为纳入国家政治文化的范畴,官员对于科举考试的振兴、整饬活动,是在移风易俗,从而达到上述目的。

学政负责的考试事务中,要宣传皇帝对士子的要求进行教化。如山西学政百龄奏报:"臣每至一棚,宣讲圣谕,俾各生童恪守《卧碑》,毋致生事。"①贵州学政潘曾起也奏道:"臣每当校毕一棚,则传集童生恭述圣训,总以读书明理、雅正清真谆谆告诫,该生等环立静听,咸知凛遵。"②所谓圣谕、《卧碑》是指清朝皇帝训示规条系列,即顺治九年题准,刊立《卧碑》置于明伦堂之左,晓示生员。康熙三十九年(1700),议准将钦颁《上谕十六条》发直省学官,每月朔望令儒学教官传集该学生员宣读训饬,务令遵守。如有不遵者,责令教官并地方官详革,从重治罪。康熙四十一年(1702),御制《训饬士子文》,颁行直省各学。雍正三年(1725),议准士子诵习,必早闻正论,俾德性坚定。将《圣谕广训》《御制朋党论》颁发各省学政刊刻刷印,赍送各学,令司铎之员朔望宣诵。雍正七年,议准令直省各督抚转饬地方官,将钦定《卧碑》、御制《训饬士子文》敬谨刊刻,装潢成帙,奉藏各学尊经阁内,遇督抚等到任及学臣到任案临,于祗谒先师之日,该教官率生员贡监等诣明伦堂,行三跪九叩礼毕,教官恭捧宣读,令其拱听。乾隆五年,钦颁太学《训饬士子文》。十年(1745),议准钦颁《训饬士子文》已勒石太学,通行天下学宫,同圣祖仁皇帝《圣谕广训》、世宗宪皇帝《御制朋党论》,令教官于朔望日一体宣讲,永远遵行③。总之,清

①王澈编选:《乾隆中晚期科举考试史料(上)》,《历史档案》2002年第3期。
②王澈编选:《乾隆中晚期科举考试史料(上)》,《历史档案》2002年第3期。
③以上均出自光绪《大清会典事例》第5册卷389,《礼部·学校·训士规条》。

朝皇权加强了对于士人的要求与控制。

清代社会结构依然以士农工商四民为基础,传统观念士为四民之首,士人承载着正统的儒家文化,对于风俗有导向作用。移风易俗的关键,是使士人起到楷模的作用。士习文风属于整体风俗的一部分,欲使风俗淳美,士习文风也不能例外,而科举考试是掌控士习文风的重要手段,于是清朝特别是乾隆皇帝重视整饬士习、振兴文风。

官员负有保障科举考试公正规范进行的责任,将这种职责用考察士习文风表示,反映出清代的政治文化,即培养人才不是停留在技术层面,而是对于人才有很高的道德要求。科举人才构成的士人应当是德才兼备,肩负表率天下的重任,他们未来也以移风易俗为使命。

(原载《史林》2008 年第 2 期)

第二章　化外为内：土司政策的继承与变革

清顺治康熙时期对南方土司的处置

清朝确立统治的过程,同时也是建立稳定社会秩序的过程。在这一过程中,清廷十分注意对于土司的处置。中国南方特别是西南地区为少数民族聚集区,元、明时期采取土司制度进行管辖。清顺治、康熙时期统一南方地区将土司纳入新朝的统治体系内,以往对清前期西南土司的研究,集中在雍正以后的改土归流问题,事实上要准确把握清朝的土司政策,还需要了解顺治、康熙时期对土司的处置,包括清朝的土司政策与治理土司的活动①。作者试图就顺治、康熙时期对南方土司的处置加以探讨,了解清朝中央政府与西南地方的关系,从而把握清朝是如何确立统治与形成秩序的。

在史料方面,本文综合使用《清实录》《大清会典》及《事例》《起居注》等资料,特别利用了珍贵的《康熙朝汉文朱批奏折汇编》。

一 清初统一战争时期对土司的处置

清兵入关,随即展开统一中国的战争。顺治二年清军统一长江以北后,接着挥师南下,试图统一南中国。对于中国南方地区少数民族聚集区的土司,清廷主要采取招抚政策。顺治二年招抚云贵右侍郎丁

---

① 关于这一时期清朝的土司政策尚未发现专门的研究,见李世愉:《清代土司制度论考》,中国社会科学出版社1998年版,第37—40页。

之龙条陈滇黔事宜,建议:"一、酌用督抚监司,一给土司敕印;一、沐国公宜封王爵;一、豁免增添钱粮;一、仍留旧设兵马;一、宽宥罪犯;一、速设驿站;一、暂免剃头;一、开科取士;一、酌用投闲官员;一、换给印信;一、请设满洲官;一、自请加衔;一、请给家口养赡。"①清廷将此建议转发有关部门。丁之龙的条陈,反映了清朝招抚云贵的动向。

清朝正式招抚土司的政策,体现在顺治五年(1648)的诏书②。该年十一月冬至南郊祀天,以奉太祖武皇帝配天及追尊四祖考姒帝后尊号礼成,叔父摄政王多尔衮以顺治皇帝名义颁布大赦天下诏书,诏书开宗明义,说:"大一统之业,礼莫重于配天;通孝思之诚情,莫切于尊祖。"③表达出秉承天命、统一中国的政治合法性。诏书大赦条目中涉及土司政策的有两条:

> 一、各处土司,原应世守地方,不得轻听叛逆招诱,自外王化。凡未经归顺今来投诚者,开具原管地方部落,准与照旧袭封。有擒执叛逆来献者,仍厚加升赏。
>
> 一、已归顺土司官,曾立功绩及未经受职者,该督抚按官通察具奏,论功升授。④

前一条主旨是与反清势力即所谓"叛逆"争夺土司,说未归顺的土司只要认同清朝统治即服从"王化",可以继续世袭土司,延续明朝对地方的统治,并奖励"擒执叛逆来献者"。后一条是奖励已归顺的土司。

清朝的招抚政策起到了一定的作用。如顺治八年三月,"偏沅巡抚金廷献奏报:湖南保靖、永顺、桑植、茅冈、大旺、喇惹等土司,各献舆图版册及元、明两朝印式来归,乞授以原官颁发新印。下所司察议"⑤。顺治九年七月,"天全六番、乌思藏、董卜、黎州、长河西、鱼

---

① 《清世祖实录》卷 18,顺治二年闰六月己酉,第 165 页。

② 王纲也有类似的看法。见王纲:《清代四川史》,成都科技大学出版社 1991 年版,第405 页。

③ 《清世祖实录》卷 41,顺治五年十一月辛未,第 328 页。

④ 《清世祖实录》卷 41,顺治五年十一月辛未,第 330 页。

⑤ 《清世祖实录》卷 55,顺治八年三月乙酉,第 437 页。另据《清世祖实录》卷 35,顺治四年十二月丙戌(第 288 页)记载:当时湖南"苗夷大半俱降,其未顺者已遣人招抚"。卷36,顺治五年正月丙午(第 291 页)记载:"湖南六府底定,苗民就抚"。可见顺治时期清朝招抚湖南苗民有一个过程。

通、宁远、泥溪、蛮彝、沈村、宁戎等土司,各缴前朝敕印以降"①。元、明土司表示归顺清朝的标志就是交出前朝的敕书印信以及舆图版册,同时向清朝申请新印。不过从这两则资料未提及是否颁给新印来看,当时正值戎马倥偬,清朝未必就已经准备好了授给土司的官印,可能只是承认归顺土司在当地的统治权力而已。《清世祖实录·修纂凡例》规定:"满汉文武官制、衙门及土官设立更改者书","凡铸给印记皆书"。上述记载只书土官归顺而未书铸给印记,可能没有颁给印记。

在湖南、两广地区基本平定,云贵地区尚未归附的情况下,清朝采取继续招抚土司的政策。顺治十年五月,清廷任命洪承畴总理西南事务。《清世祖实录》记载:

> 庚寅。谕内三院:湖南、两广地方虽渐底定,滇、黔阻远,尚未归诚。朕将以文德绥怀,不欲勤兵赎武。而远人未喻朕心,时复蠢动,若全恃兵威,恐玉石俱焚,非朕承天爱民本念,必得威望重臣、晓畅民情、练达治理者,假以便宜,相机抚剿,方可救宁。朕遍察廷臣无如大学士洪承畴,着特升太保兼太子太师、内翰林国史院大学士、兵部尚书兼都察院右副都御史,经略湖广、广东、广西、云南、贵州等处地方,总督军务,兼理粮饷。听择扼要处所驻札,应巡历者随便巡历。抚、镇以下听其节制,兵马粮饷听其调发。一应抚剿事宜不从中制,事后报闻。满兵或留或撤,酌妥即行具奏。文武各官在京在外应取用者,择取、任用、升转、补调随宜奏请,吏、兵二部不得掣肘。应用钱粮即与解给,户部不得稽迟。归顺官员酌量收录,投降兵民随宜安插。事会可乘,即督兵进取;时当防守,则慎固封疆。各处土司,已顺者加意绥辑;未附者布信招怀,务使近悦远来,称朕诞敷文德至意。功成之日优加爵赏,俟地方既定,善后有人,即命还朝,慰朕眷怀。应给敕谕印信,作速撰铸给与。即传谕该部遵行。②

---

①《清世祖实录》卷66,顺治九年七月辛卯,第519页。
②《清世祖实录》卷75,顺治十年五月庚寅,第595—596页。

　　清廷委以洪承畴平定西南重任,其中重要的事务是招抚土司,其主旨与前述顺治五年诏令一致。其中谈道"应给敕谕印信,作速撰铸给与",说明很可能此前零星来归的土司未能及时给与敕印,因现在要大规模招抚西南土司,所以要求及时铸印颁给。当时云南属于孙可望控制之下,原籍云南永昌府的户部右侍郎王弘祚,鉴于云贵地区特简辅臣洪承畴相机剿抚"从此立见廓清"的情形,向清廷提出若干建议,涉及土司问题的有以下内容:土司黑苗宜抚谕,旧黔国公沐天波宜密通,滇黔土司宜暂从其俗,俟平定后绳以新制①。值得注意的是王弘祚提出滇、黔土司俟平定后绳以新制的主张,所谓新制,有可能是指改土归流。顺治十一年《清世祖实录》出现了换给土司印信的记载:"换给湖广水浕司土官唐镇邦世袭印信。"②有可能此时清朝换给土司印信更加制度化。

　　此后不断有土司被招抚的事例。顺治十三年(1656)四月两广总督李率泰疏报:粤西投诚伪永安王朱华墭及伪总兵官、知府、土司共一百五十余员,缴伪印关防44颗③。六月宁南靖寇大将军阿尔津等奏报:湖广容美宣慰使司土司田吉麟以所部兵2万缴印投诚④。十月宁南靖寇大将军阿尔津等疏报:土司永顺总兵彭弘澍率其部下官吏并籍所属3州6司380洞户口以降⑤。清廷授投诚土司总兵官彭弘澍太子太保,赐貂裘、弓矢、鞍马、缎币等物,并赏所属宣慰使彭诏焕,长官司向光胄、向任朝、黄甲、田国宾、汪世忠、张应斗等袍服等物⑥。清朝随即在招抚的土司地区设学,推行教化。如复设广东雷连各瑶峒社学1所,教读1名⑦。湖南辰州五寨司界接苗瑶,照旧例设学,考取童生7名、廪生6名、增广生8名,科举3名,出贡年份俱照各县事例,两年一贡⑧。贵州苗民中,有文理稍通者准送学道考试。择其优者取入附近府、州、县、卫学肄业,仍酌量

　　①《清世祖实录》卷76,顺治十年六月乙卯,第599页。
　　②《清世祖实录》卷87,顺治十一年十二月己巳,第687页。
　　③《清世祖实录》卷100,顺治十三年四月辛亥,第773页。
　　④《清世祖实录》卷102,顺治十三年六月辛丑,第791页。
　　⑤《清世祖实录》卷104,顺治十三年十月壬寅,第810页。
　　⑥《清世祖实录》卷104,顺治十三年十一月戊午,第813页。
　　⑦《清世祖实录》卷110,顺治十四年七月癸卯,第863页。
　　⑧《清世祖实录》卷126,顺治十六年六月辛丑,第980页。

补廪出贡①。

顺治十四年（1657）三月清廷以太祖、太宗配享礼成颁诏天下，重申顺治五年奉太祖武皇帝配天及追尊四祖考妣帝后尊号所下诏书中的两条招抚土司政策②。顺治十五年（1658）正月又以皇太后圣体康豫，颁诏大赦天下再次重申顺治五年诏书中的两条招抚土司政策③。

顺治十五年清军西南军事顺利，清廷不断告诫军前，处理好与土司的关系，强调招抚。该年三月谕平西大将军平西王吴三桂等："今念贵州等处民苗杂处，当先加意抚绥，安辑民心，尔等帅领大军经过府、州、县及土司蛮峒等处地方，当严行约束官兵。凡良民苗蛮财物及一草一木勿得擅取，惟务宣布仁恩，使彼乐于归附。傥官民人等不遵纪律仍行抢掠者，即加处治，以示惩戒。尔等所领汉兵一并严行禁饬，其未辟地方须多发告示，遍行晓谕。尔等受兹敕旨，当恪遵奉行，勿致扰守地方，以副朕除暴巡民至意。④"五月征南将军固山额真赵布泰奏报：大兵已抵贵州，所过南丹州、那地州、抚宁司各土司兵民及独山州官民俱来就抚⑤。年底清廷敕谕安远靖寇大将军信郡王多尼、平西大将军平西王吴三桂、征南将军固山额真赵布泰等："朕以南服未定，特命王等率大军进讨湖南、四川、贵州、云南等处地方。所有土司等官及所统军民人等，皆朕远徼臣庶，自寇乱以来久罹汤火，殊可悯念。今大兵所至，有归顺者俱加意安抚，令其得所，秋毫无有所犯。仍严饬兵丁勿令掠夺，其中有能效力建功者，不靳高爵厚禄，以示鼓劝。王等即刊刻榜文行传谕，使土司等众知朕轸恤遐陬臣民至意。⑥"进一步向土司宣传清朝的招抚政策。此后不断有土司投诚，顺治十六年（1659）四月多尼等又奏报："臣等至云南省城，有土司官王耀祖等二十余员，各率所属猓猡村兵丁人口，赍伪敕印诰命札付投

---

①《清世祖实录》卷135，顺治十七年五月壬申，第1044页。
②《清世祖实录》卷108，顺治十四年十月癸丑，第848页。
③《清世祖实录》卷114，顺治十五年正月庚子，第891页。
④《清世祖实录》卷115，顺治十五年三月甲辰，第900页。
⑤《清世祖实录》卷117，顺治十五年五月甲子，第916页。
⑥《清世祖实录》卷122，顺治十五年十二月己丑，第948页。

诚。"清廷下所司议叙①。

清朝开始制定管理土司的有关制度。顺治十六年贵州巡抚赵廷臣疏言：

> 贵州古称鬼方，自大路城市外，四顾皆苗。其贵阳以东苗为夥，而铜苗九股为悍，其次曰犬革猹、曰犬羊犷、曰八番子、曰土人、曰峒人、曰蛮人、曰冉家蛮，皆黔东苗属也。自贵阳而西猓猡为夥，而黑猓猡为悍，其次曰仲家、曰宋家、曰蔡家、曰龙家、曰白猓猡，皆黔西苗属也。虽种类不同，要皆专事劫杀。父子兄弟群处，强凌弱，众暴寡，绝无先王礼义之教，其由来旧矣。故驭苗者往往急则用威，威激而叛；缓则用恩，恩滥而骄。虞舜用干羽，汉武封夜郎，武侯纵孟获，非故宽之也，皆有深意存焉。盖以教化无不可施之地，而风俗无不可移之乡也。即如苗性至诈，而可以信孚；苗性至贪，而可以廉感。其作梗衢路，宜仿保甲之规；其仇杀抄劫，宜立雕剿之法。又赏罚之条必信，馈送之陋必革。凡此皆臣所当悉心力行，不敢赘陈。惟是我皇上创辟大一统之业，乘此遐荒初辟，首明教化以端本。始其大者莫如作养世禄。今后土官应袭，年十三以上者令入学习礼，由儒学起送承袭。其于属子弟愿入学者，听补廪科贡，与汉民一体仕进，使明知礼义之为利，则儒教日兴而悍俗渐变矣。其次又莫如预制土官。夫土舍私相传接，支系不明，争夺由起，遂致酿成变乱。今后每遇岁终，土官各上其世系履历及有无嗣子，开报布政司。三年当入觐，则预上其籍于部，其起送袭替时有争论奏扰者，按籍立辨。斯方策既明而衅端预杜矣。此黔省驭苗根本之图，惟睿鉴敕部覆行。②

于是下有关部门讨论。结果："命贵州土官每遇岁终，各将世系履历及有无嗣子开报布政司注册，三年入觐时报部，以凭稽核。"③文中谈道"宜立雕剿之法",即如老雕出其不意袭击目标的方法①,对付苗人的"仇杀抄劫"。文中涉及的"土舍",当是土司的子弟之意②。而对于"土舍私相传接"导致争夺变乱,采取"预制土官"③的办法,即土司向布政司开报世系履历及有无嗣子,预上其籍于部,袭替发生争执时,按籍立辨。清朝在此之前的顺治初年已经制定了包括这些内容的土司承袭制度,请看《大清会典》的记载:

> 顺治初年,定土知府、同知、通判、知州、州同、州判、吏目、知县、县丞、主簿、典史、经历、知事、巡检、驿丞等文职承袭,由部给牒,书其职衔世系及承袭年月于上,名曰号纸。其应袭职者,由督抚察实,先令视事,令司府、州、县,邻封土司信服者亦许承袭。子或年幼,由督抚题明注册,选本族土舍护理,俟其年至十五岁时请袭。又定土官年老有疾,请以子代者听。又定土官亲生之子未满十五岁者,该督抚题明注册,将事务委族人护理,俟其子长成具题承袭。如土官受贿隐匿凶犯逃人者革职提问,不准亲子承袭,择本支伯、叔、兄弟、兄弟之子继之。若有大罪被戮,即立夷具结。及本族宗图、原领号纸咨部具题请袭。又定凡承袭之土官,嫡庶不得越序,无子许弟承袭,族无可袭者,或妻或婿为

---

①根据康熙四十七年闰三月十二日《湖广提督俞益谟奏陈所属苗民情况及剿抚之法折》记载:"所谓雕剿者,彼地镇将稔知某寨苗子不法,时出不意而扑杀之,如鹰之攫物者,是昔顺治拾肆年副将吴长春以此制苗。"(中国第一历史档案馆编:《康熙朝汉文朱批奏折汇编》第 1 册第 325 号,档案出版社 1984 年版,第 917 页)即如老雕袭击一样,发现目标出其不意快速打击。可知贵州巡抚赵廷臣是在重提此法。事实上清朝对付南方少数民族的"雕剿"之法,沿袭于明朝。张廷玉等纂:《明史》卷 178,《朱英传》,第 4741 页记载:"自韩雍大征以来,将帅喜邀功利,俘掠名为雕剿。"同卷记载韩雍大征广西大藤峡事在成化元年(1465),成化十一年(1475)朱英任两广总督,所以"雕剿"一词至少成化年间已经出现。又嘉靖年间明朝征伐两广少数民族多采用"雕剿"之法,较早的记载如明嘉靖十一年(1532)九月壬子,兵部覆镇守两广总兵官咸宁侯仇鸾条陈地方事宜说道:"一、两广截杀雕剿之功与大征等,赏格不宜独轻。请悉仿南方蛮贼事例,一体升赏。"(《明世宗实录》卷 142)

②李世愉:《清代土司制度论考》,第 187—205 页。

③"预制土官"在一定程度上沿袭了明朝制度,正德《明会典》卷 8《吏部七·验封清吏司》规定:"其湖广、四川、云南、广西土官承袭,务要本司委官体勘,别无争袭之人,明白取具宗支图本并官吏人等结状,呈部具奏,照例承袭。移付选部附选,司勋贴黄,考功附写行止,类行到任。见到者,关给札付,颁降诰敕。"另见万历《明会典》卷 6,《吏部五·土官承袭》;卷 121,《兵部四·土夷袭替》。

夷土司素所推服者,以继其职。①

清代土司承袭需要吏部颁给"号纸",承袭年龄为 15 岁,还规定了继承的监护、顺序问题。从后来清朝的实践来看,"号纸"与"印信"是土司得到中央政府承认的两项凭证②。

顺治十七年正月皇帝省躬引咎,颁诏大赦天下,再次重申顺治五年奉太祖武皇帝配天及追尊四祖考妣帝后尊号所下诏书中的两条招抚土司政策③。同年八月有云南车里宣慰司土司刀木祷投诚④,赏车里土司刀木祷貂裘、缎匹、鞍马等物⑤。

顺治朝部分地区还实行了改土归流。计有以下事例:顺治六年(1649),云南元江军民府(原注:后裁军民二字)改流,裁土知府一人,设流官。十六年,云南广南府改流,裁土知府一人,设流官。十七年,四川遵义军民府(原注:后裁军民二字)改流,裁土知府一人,设流官⑥。

《清世祖实录》与《清圣祖实录》记载土司体例有所不同。前面说到《清世祖实录·修纂凡例》涉及土司的体例是"满汉文武官制、衙门及土官设立更改者书"。而《清圣祖实录·修纂凡例》则规定:"一、边远地方土司、酋长归化投诚书,宣抚、宣慰招讨等使授职袭职书,改土为流亦书。"说明土司投诚、袭职事例增多,清朝史官做出专门规定,而且"改土为流"首次被《清实录》纂修凡例提出,说明雍正朝史官将"改土为流"视为康熙朝的重要政事。

康熙初年继续奉行顺治时期招抚土司的相关政策。康熙元年九月平西王吴三桂疏言:"云南土司倾心向化,大则抒忠献土,小则效职急公,勤劳既着,劝励宜先。查滇志可据,忠悃有凭者文职五十六员、武职十六员,请敕部给与号纸。下部议。"⑦这是对云南全省土司大

①光绪《大清会典事例》第 2 册卷 145,《吏部·土官·土官承袭》,第 852 页下。
②关于"印信"与"号纸",见李世愉:《清代土司制度论考》,第 118—120 页。
③《清世祖实录》卷 131,顺治十七年正月辛巳,第 1015 页。
④《清世祖实录》卷 139,顺治十七年八月丙申,第 1075 页。
⑤《清世祖实录》卷 143,顺治十七年十二月甲午,第 1101 页。
⑥光绪《大清会典事例》第 1 册卷 32,《吏部一六·官制十六·各省土官世职》,第 411 页下—412 页上。
⑦《清圣祖实录》第 1 册卷 7,康熙元年九月丙戌,第 121 页。

规模的任命,任命要给与"号纸",也就是说云南全省土司纳入清朝的统治体系。土司归顺也在继续。康熙二年(1663)五月湖广总督张长庚疏报:忠建、高罗、木册 3 处土司缴印投诚①。同月广西巡抚屈尽美疏报:庆远府土知县莫宗诏,土司邓世广、韦盛春缴印投诚②。康熙八年、九年云、贵地区招抚苗人成效显著,云南贵州总督甘文焜疏报:赧牛等 49 寨野苗慕义来归③,定番州所属岗渡等 145 寨苗蛮倾心归化,请纳赋起科④。贵州巡抚佟凤彩疏言:贵州有红黑二苗,那磨等共 36 寨苗人倾心向化,呈送户口粮册⑤。清朝接受了地方官的请求。

　　清廷开始对于部分地区土司实施有效管理。其主要措施一是对土司子弟进行儒家教化,使其知礼仪。康熙帝继位不久清廷采纳礼部建议,同意云南巡抚袁懋功疏言:"滇省土酋既准袭封,土官子弟应令各学立课教诲,俾知礼义。地方官择文理稍通者,开送入泮应试。"⑥康熙五年(1666)十月广东广西总督卢兴祖疏言:"粤西土司俗无礼义,尚格斗,争替争袭连年不解。夫更化善俗莫先于学校,请令各土司子弟愿习经书者,许在附近府、县考试。文义通达,每县额取二名,俾感于忠孝礼义,则争斗之风自息。下部议行。"⑦除了云南、广西之外,康熙后期湖广也准许土司子弟参加科举考试⑧。二是制定土司贡赋的管理条例。康熙五年九月户部议定云、贵、川、广四省土司拖欠钱粮土官考成则例。得旨:"土司皆系边方世职,与在内有司官不同,不必照流官考成,按分数处分。"⑨是为清代"土司贡赋"最早的规定,收入《大清会典》,此后两年清廷又制定规章:"六年覆准:

①《清圣祖实录》第 1 册卷 9,康熙二年五月辛未,第 145 页。
②《清圣祖实录》第 1 册卷 9,康熙二年五月丙子,第 146 页。
③《清圣祖实录》第 1 册卷 31,康熙八年十二月庚申,第 426 页。
④《清圣祖实录》第 1 册卷 32,康熙九年二月己巳,第 431 页。
⑤《清圣祖实录》第 1 册卷 33,康熙九年八月庚戌,第 455 页
⑥《清圣祖实录》第 1 册卷 2,顺治十八年三月甲戌,第 57 页。
⑦《清圣祖实录》第 1 册卷 20,康熙五年十月丙辰,第 281—282 页。
⑧《清圣祖实录》记载,原任湖广总督喻成龙疏言:"湖广南北各土司子弟中有读书能文者,注入民籍,一同考试。"被清廷采纳。见《清圣祖实录》第 3 册卷 222,康熙四十四年九月壬午,第 236 页。
⑨《清圣祖实录》第 1 册卷 20,康熙五年九月壬寅,第 280—281 页。

四川石砫土司有山坡草地应纳之粮,均折银,按三年一征。七年覆准:各土官经征钱粮,一年内全完者,督抚题明奖赏银牌花红,永为定例。"[1]土司贡赋作为制度,乾隆《大清会典》做了如下概括:"凡土司贡赋,川、广、云、贵布政使司所属宣慰、宣抚、安抚长官等司,及土府、州、县社寨夷猺,向化既久,或比年一贡,或三年一贡,各因其土俗以定制焉。"[2]此外,康熙初年还有一些土司管理的事例。如康熙二年九月"以土官冉奇镳为酉阳等处军民宣慰使司,给予印敕"[3]。康熙三年(1664)六月广西巡抚金光祖疏言:"左江守巡二道所辖者浔、南、太三府,并思明土府与南宁、太平所属二十八土司,自巡道裁撤归并守道,非一官所能兼摄。查桂林巡道事务甚简,应改为左江巡道仍驻扎南宁,左江守道仍驻浔州。将桂林巡道事并桂平守道兼管。"清廷从之[4]。康熙四年(1665)二月清廷命湖广投诚土司田养民承袭忠建宣抚司,田经承袭高罗安抚司[5]。

清初的统一战争也开启了清代的改土归流。《清圣祖实录》出现了改土归流事例,改土归流在《清圣祖实录》分别记载为"改土为流"或"改土归流"。具体事例如下:

贵州水西、马乃、乌撒三土司在顺治、康熙之际进行了较大规模的改土为流。顺治十七年八月平西王吴三桂奏言:"贵州水西土司安坤久蓄异谋,近闻刑牲祭鬼将为不轨。又马乃土目龙吉兆兄弟私受李定国伪敕缮器称兵,逆形已彰,臣念水西、马乃为用兵要路,未可容其窥伺梗阻。臣欲为先发制人之策,乘其未动,早为剿平,以清肘腋之患。又乌撒土司安重圣亦反侧叵测,所当并图收拾,以伸国威者也。"[6]议政王贝勒大臣密议速奏:"水西土司安坤、马乃土司龙吉兆、

---

①光绪《大清会典事例》第 2 册卷 165,《户部一四·田赋七·土司贡赋》,第 1099 页上。又此后记载了康熙后期的事例:"五十一年覆准:四川化林协属各土司,三年一次贡马,照例折价交收。"

②乾隆《大清会典》第 619 册卷 10,《户部·田赋》,台北商务印书馆 1986 年影印本,第 122 页下。

③《清圣祖实录》第 1 册卷 10,康熙二年九月庚辰,第 158 页。

④《清圣祖实录》第 1 册卷 12,康熙三年六月壬子,第 186—187 页。

⑤《清圣祖实录》第 1 册卷 14,康熙四年二月癸亥,第 211 页。

⑥《清世祖实录》卷 139,顺治十七年八月辛亥,第 1078 页。

乌撒土司安重圣等阳顺阴逆,中怀叵测,应如所请,悉心筹划,相机歼剿。"①得到皇帝的首肯。顺治十八年三月平西王吴三桂疏报克平马乃土司,擒获龙吉兆②。随后根据云南贵州总督赵廷臣疏言:"马乃土司应改为普安县,设知县一员。又分设土司巡检,准令世袭,听其土俗自治,仍节制于县官,并将姓名报部,以便后裔承袭。"③不久云南贵州总督赵廷臣又疏言:"马乃土司应改设流官,俟三年后风俗渐移,人心渐正,立之学官,以广文教。"④清廷从之,马乃土司改土为流。康熙四年,云南景东、蒙化二府俱改流,各裁土知府一人,设流官⑤。康熙五年二月贵州水西土司改土为流,以土司安坤故地比喇为平远府、大方为大定府、水西为黔西府,改比喇镇为平远镇,调云南曲寻武沾总兵官刘文进为平远总兵官⑥。康熙五年九月改乌撒土司为威宁府,归贵州省统辖⑦。在平定西南战争中,贵州曹滴司也改土为流。明朝洪武初年在贵州设曹滴洞蛮夷长官司,清康熙元年云南总督赵廷臣疏言曹滴司改土为流,请令黎平府经历管理。清廷从之⑧。康熙五年,在广西设西隆州西林县,由"土司改设,隶思恩府"⑨。

清初清朝中央对于西南土司的控制很短暂,康熙十二年(1673)清廷决定撤掉镇守西南的平南王、靖南王、平西王三藩,平西王吴三桂于年底叛清起事,西南地区实际属于吴三桂的控制之下,当然也包

---

①《清世祖实录》卷141,顺治十七年十月戊子,第1085页。

②《清圣祖实录》第1册卷2,顺治十八年三月戊午,第54页。

③《清圣祖实录》第1册卷3,顺治十八年七月乙卯,第76页。

④《清圣祖实录》第1册卷4,顺治十八年闰七月已卯,第80页。

⑤光绪《大清会典事例》第1册卷32,《吏部一六·官制一六·各省土官世职》,第412页上。

⑥《清圣祖实录》第1册卷18,康熙五年二月壬子,第260页。光绪《大清会典事例》记载:(康熙)"五年,设大定、威宁、平远、三府,均土司改设。"见光绪《大清会典事例》第2册卷153,《户部二·疆理二·贵州省》,第949页上。

⑦《清圣祖实录》第1册卷20,康熙五年九月辛卯,第280页。光绪《大清会典事例》记载:"五年,改四川乌撒军民府为威宁府,裁土知府一人,设流官,归贵州管辖,其原设土同知以下等官,并隶贵州省。"光绪《大清会典事例》第1册卷32,《吏部一六·官制一六·各省土官世职》,第412页上。

⑧《清圣祖实录》第1册卷6,康熙元年六月甲子,第115页。

⑨光绪《大清会典事例》第2册卷153,《户部二·疆理二·广西省》,第946页上。

括其中的土司。清廷用了八年的时间,于康熙二十年(1681)平息了三藩之乱。

在平定三藩之乱的战争中,清廷继续实行招抚土司的政策并制订了管理土司的制度。康熙十四年(1675)议准:"土官地方失事,止限年缉拿,限满不获降一级留任。如斩绞重犯脱逃亦限年缉拿,限满不获,应降一级二级三级调用者止降一级留任,应降四级五级调用者止降二级留任,革革职者止降四级留任。如遇贪酷不法等罪,所犯重大,仍行革职。如讳盗因公诖误例应革职等罪者,皆免革职,亦降四级留任。"①康熙十五年(1676)六月云南土司总兵陆道清等各率所属官兵相继来降②,命优升投诚云南土司总兵陆道清为左都督兼太子少保,并其与其他投诚者往湖南招抚③。七月广西巡抚傅弘烈疏言:收复广西、云、贵须招集土司,土司官员专取凭于印信,若以广西、云南各土司印信颁发,招抚一处即给一新印,以杜反复,则逆贼可不烦大兵而灭。康熙皇帝谕旨:"土司印信礼部铸给。"④康熙十六年(1677)八月定远平寇大将军和硕安亲王岳乐等疏言:"猓猓总兵官陆道清请还云南,相机鼓励土司。"康熙帝命遣陆道清回云南宣布宽大德意,晓谕土司倘未便举事,亦听其还乡,使彼父母妻子得以完聚⑤。康熙二十年正月定远平寇大将军固山贝子章泰等疏言:云南土司龙天佑迎降,请身率土兵防守要隘。康熙帝命以龙天佑为都督佥事、管领土司总兵官⑥。又以土司总兵龙天佑自首伪将军线緎所授伪牌,为都督同知⑦。同年八月勇略将军、云贵总督赵良栋疏言:建昌土司安泰宁招聚贼众,逆迹显然,请行剿灭。康熙帝指示:"建昌地关重要,川陕总督哈占、将军王进宝、四川巡抚杭爱等多方招抚土司安泰宁,勿致生事。若抗拒不服,该将军酌拨官兵,速行剿除。"⑧仍以招抚为主。有的地方官认为用土司可以保证钱粮的征收,如康熙十二

①光绪《大清会典事例》第2册卷119,《吏部一〇三·处分例·边禁》,第544页上。
②《清圣祖实录》第1册卷61,康熙十五年六月戊寅,第796页。
③《清圣祖实录》第1册卷61,康熙十五年六月己卯,第797页。
④《清圣祖实录》第1册卷68,康熙十六年七月丁酉,第870—871页。
⑤《清圣祖实录》第1册卷68,康熙十六年八月丁未,第873页。
⑥《清圣祖实录》第1册卷94,康熙二十年正月辛酉,第1185页。
⑦《清圣祖实录》第1册卷94,康熙二十年二月甲午,第1190页。
⑧《清圣祖实录》第1册卷97,康熙二十年八月己丑,第1222页。

年十二月,户部议覆贵州巡抚杨雍建疏言:"贵阳等七府汉土司钱粮,若归并附近知县管理,恐呼应不灵。请仍令该土司管理,责令知府督催。"应如所请。得到康熙帝首肯。①

二 平定三藩之乱后对土司的处置

康熙二十年平定三藩之乱收复西南地区后,清朝才真正面临土司的管理问题。康熙皇帝注意保护土司不被地方官骚扰。康熙二十一年八月九卿议准湖广容美土司田舜年请开矿采铜,康熙帝认为:"开矿采铜,恐该管地方官员借此苦累土司,扰害百姓,应严行禁饬,以杜弊端。"②同年十二月兵部同意云贵总督蔡毓荣疏言:"请禁民人及土司携藏兵器,并不许汉人将铅、硝、硫黄货与彝人。"康熙帝指示:"众土司人等全赖弩弓长枪捕猎以为生计,今概行禁止,则土司俱失其生业。治民惟在所司官抚绥安戢,若不爱惜兵民,肆其残虐,民操白梃亦可为非。九卿详议以闻。"③九卿会议云贵总督蔡毓荣条奏土司事宜时,康熙帝对大学士等说:"此内土司承袭事宜似属有理。昔吴三桂未叛时,构怨征讨水西,曾灭土司安坤。其妻率其所属奔于乌蒙地方,后生子安世宗,今此子尚幼。朕观平越、黔西、威宁、大定四府土司,原属苗蛮,与民不同,以土司专辖,方为至便。又谕曰:大兵进取云南,此土司曾前来接济,著有勤劳。尔等可传出征大将军贝子章泰、都统赖塔等询问情形来奏。"④转年,贵州土司继承问题继续讨论,有人提出改土归流问题,贵州提督赵赖疏言:土司安胜祖宜授以文职,若授武职,恐致妄为。康熙帝说:"土司事宜,或云宜补流官,或云宜补土官,或云可令管兵,或云不可令管兵,种种陈奏不一。云南、贵州离京甚远,往来移文多需时日,遣该部贤能司官一员,前往会同

---

①《清圣祖实录》第1册卷99,康熙二十年十二月壬辰,第1246页。

②《清圣祖实录》第2册卷104,康熙二十一年八月庚子,第53页;中国第一历史档案馆整理:《康熙起居注》第2册,第887页。

③《清圣祖实录》第2册卷106,康熙二十一年十二月壬午,第80页;中国第一历史档案馆整理:《康熙起居注》第2册,第931页。

④《清圣祖实录》第2册卷106,康熙二十一年十二月癸未,第80页;中国第一历史档案馆整理:《康熙起居注》第2册,第931—932页。《实录》中土司"安坤",《起居注》作"安鲲"。

云贵督抚提督酌量彼处情形,详加定议具奏,则一举可毕矣。"①康熙帝还对差往贵州酌议土司事宜兵部侍郎库勒纳等说:"曩时逆贼吴三桂见土司富厚,因起兵收服之。今既归顺,议者往往不同,或云土司系外彝,即令土官管理,易于行事,不可遂取其地。或云土司予以大职,令其管理事务,恐有权柄,不为我节制。或云我所取之地,何复令彼管理,仍取之为便。或云设流官管理,可多得钱粮。朕思土司地方止有大定、黔西、威宁、平远四府,钱粮亦不甚多,今遣尔等前往,务善为区处,使可永远遵行,尔等即定议来覆,毋得游移两可。"②康熙帝列举了当时官员针对云贵土司的四种意见:第一种意见承认坚持土司的统治,后三种意见尽管提出的角度不同,都认为土司应改为流官归清中央节制管理。康熙帝并不急于作出决定,而是采取调查研究的方式,派官员到当地考察,然后定夺。云贵总督蔡毓荣疏言建议:"土司世相承袭不由选举,罔识礼义。嗣后土官族属子弟内,有通晓经义、志图上进者,请就郡邑一体应试。"差往区画土司事宜侍郎库勒纳疏请如蔡毓荣言。于是礼部议:"云、贵二省,应各录取土生二十五名,其土司隶贵州者附贵阳等府学,隶云南者附云南等府学。不准科举,亦不准补廪出贡。"康熙帝从之③。更重要的是,清廷听从了差往贵州料理土司事宜兵部侍郎库勒纳会同云贵总督蔡毓荣疏言:"平远、大定、黔西三处原系水西宣慰司安坤所属,威宁一处原系土知府安重圣所属,自康熙四年改为四府,设立流官,相安已久,粮差诸务并未违误,不便复设土官。"④平远、大定、黔西、威宁四府的改土归流问题才最终确立下来。

康熙朝为了稳定秩序,开始强调将汉族与其他民族区分开来的措施,称之为"边禁",如三藩叛乱平定后,清廷注意"逃民"与"逃兵"问题:"二十一年议准:土司地方将逃人失察一名,或被别土司拿解,或逃出之人供在某土司处,将该土司降一级。若在伊该地方明知故

①《清圣祖实录》第2册卷108,康熙二十二年三月戊午,第100页;又见中国第一历史档案馆整理:《康熙起居注》第2册,第970页。
②《清圣祖实录》第2册卷108,康熙二十二年三月己巳,第103页;中国第一历史档案馆整理:《康熙起居注》第2册,第977页。
③《清圣祖实录》第2册卷113,康熙二十二年十一月癸酉,第162—163页。
④《清圣祖实录》第2册卷113,康熙二十二年十二月戊申,第169页。

行,隐讳不行出首者,照隐匿逃人例革职。二十二年议准,滇、黔土司无论逃人、逃兵,有拿解六十名者准加一级,如多获者亦照此数递加,不及加级者令该督抚酌量奖赏。"①

康熙帝对土司也不是一味宽容,更重要的是驾驭土司。康熙二十二年兵部议覆:舒玉昆等诬告土司阿五叛逆,总兵官张永祥用非刑考讯,应论死。康熙帝认为:"总兵乃边疆大帅,因用非刑考讯阿五遽拟大辟,恐土司自此意气骄纵,渐至不遵法纪,此议太过,可令该部另议以闻。"寻议:"舒玉昆拟斩监候,张永祥革职。"②

康熙二十五年二月清廷就土司问题又有一次讨论。康熙帝的一道上谕是重要的史料:

> 近云贵督抚及四川、广西巡抚俱疏请征剿土司,朕思从来控制苗蛮惟在绥以恩德,不宜生事骚扰。今览蔡毓荣奏疏,已稔悉其情由。盖因土司地方所产金帛异物颇多,不肖之人苛求剥削,苟不遂所欲,辄以为抗拒反叛,请兵征剿。在地方官则杀少报多,希冒军功;在土官则动生疑惧,携志寒心,此适足启衅耳。朕惟以逆贼剿除,四方底定,期于无事。如蔡毓荣、王继文、哈占等身为督抚,不思安静抚绥,惟诛求无已,是何理也。前出征云南,赵良栋将彼等过端几至发露,穆占之家人举首,朕寝其议。若此等尚多,朕无不洞悉。但事系已结,朕不复究,置之宽宥。至云贵督抚居官殊无善状,或地处辽远,朕不悉知,亦未可定。尔等将此谕旨传示九卿、詹事、科道,令其详议具奏。寻九卿等会议:土司劫掠,应敕该督抚剿抚并用,请颁上谕通行晓谕。从之。③

可见地方督抚为了攫取土司地区所产金帛异物,寻找"抗拒反叛"理由请兵征剿,希图邀功请赏,适足启衅。"土司劫掠"可能也是常见现象,所以九卿会议应敕该督抚剿抚并用,并得到皇帝的认可。康熙帝继续寻求更有效的土司政策:

---

① 乾隆《大清会典则例》卷 24,《吏部·考功清吏司·边禁》,文渊阁《四库全书》本第620 册,第 450 页下—451 页上。

② 《清圣祖实录》第 2 册卷 113,康熙二十二年十二月丁未,第 168 页;中国第一历史档案馆整理:《康熙起居注》第 2 册,第 1113 页。

③ 《清圣祖实录》第 2 册卷 124,康熙二十五年二月庚子,第 319 页。

谕吏部、兵部：我国家扫除逆孽，平定遐荒，即负山阻箐之苗民，咸输诚供赋。封疆大吏自宜宣布德意，动其畏怀，俾习俗渐驯，无相侵害，庶治化孚于远迩。近见云南、贵州、广西、四川、湖广等处督、抚、提、镇各官，不惟不善加抚绥，更尔恣行苛虐，利其土产珍奇，赀藏饶裕，辄图入己。悉索未遂，因之起衅，职为厉阶。蠢尔有苗，激成抗拒，即擅杀一二，谎称累百盈千。始黩货以生端，既邀功而逞志，藐玩因循，殊负委任。朕思土司苗蛮授官输赋，悉归王化，有何机阱，互相格斗，无有宁居。嗣后作何立法，务令该地方督、抚、提、镇等官洗心易虑，痛改前辙，推示诚信，化导安辑，各循土俗，乐业遂生。亦令苗民恪遵约束，不致侵扰内地居民，以副朕抚驭遐方至意。着九卿、詹事、科道会同逐一详议具奏。①

当时恰好广西地方官入觐，提出了一些相关看法：

吏部议覆：入觐广西按察使黄性震疏言：粤西南宁、太平、庆远、思恩四府土司杂处，瘴疠熏蒸，官斯土者病亡接踵。请敕该督抚就近选择熟悉风土廉能官员，如三年内果称厥职，照台湾例即加优升，以示鼓励。应如所请。嗣后此四府所属各官吏部停止铨选，令该督抚于品级相当见任官员内，拣选通判、知县以上具疏保题调补，杂职等官止令报部注册，照台湾例论俸升转。从之。②

礼部议覆：入觐广西布政使教化新疏言：粤西土司僻处边峒，不识诗书，不明礼义，狠悍成性。请敕该抚谕令各土司官，有愿送子弟就近府、州、县读书者，命该教官收纳训诲。应如所请。从之。③

两条新政策中，前者反映出当时官员视改土归流地方任官为畏途，害怕瘴疠危及生命，于是就近选择官员三年即升迁的鼓励政策；后者是为了教育土司子弟，以明礼仪。

---

①《清圣祖实录》第2册卷124，康熙二十五年二月丁未，第320—321页。
②《清圣祖实录》第2册卷124，康熙二十五年二月癸丑，第322页。
③《清圣祖实录》第2册卷125，康熙二十五年三月丙辰，第324页。

康熙二十五年闰四月浙江提督陈世凯建议武职也同文职一样讲读《上谕十六条》，特别说道："至各省土司亦属武职，尤宜亟为讲读，更征远迩同风教化大行之治。"①九卿议行武官勤加劝谕。在陈世凯看来，提高土司文化水平有利于教化。

康熙帝对于土司基本采取因俗而治的政策。康熙三十一年（1692）三月，贵州巡抚卫既齐密题，请求进剿黎平府属古州司高洞苗人，遭到康熙帝的否决。这一讨论有助于理解康熙朝的土司政策。我们首先介绍康熙帝对于卫既齐密题的看法。卫既齐密题的内容是：

> 黎平府属古州司高洞凶苗金倒等劫杀吴千金情由，委土官杨霞鼎前往查验，又委八舟司吏目刘淳率役同往，不期苗蛮伏兵杀死吏目刘淳及司役兵丁二十余人，臣差官持示训诲，令将元凶自行擒献，以免多戮，逆苗不肯自献首恶，竟将原示退还，诚国法所难容，臣与督、提谘议，速拨官兵，刻期进剿。②

贵州巡抚卫既齐征得总督与提督同意，请求朝廷派兵进剿杀死土官的高洞苗人。康熙帝举例说，山东于七原系良善之人，被人告讦，衙役往捕，地方官率众围捕，清廷发兵往剿，酿成大案。告诫臣下不可轻发官兵：

> 凡土司苗人遇有小事，地方官理应善为抚慰，勿致生事。这案即遣官兵进剿，殊属轻率，兵部确议具奏。③

在康熙帝看来，土司苗人之事，地方官应进行抚慰，以免生事，遣官兵进剿属轻率行为。七月，卫既齐疏言：土官卢君宠扰害苗民，肆行凶恶，应请革职。其长子卢大干素行不法，不便仍准承袭，应以次子卢大晋承袭。康熙帝谕大学士等说："土司习俗各异，必顺其性而抚治之，方为得宜。卫既齐每拘泥书本办事，欲强土司屈从其性。在山东居官时，朕以其有守擢为巡抚，今观其于土司之事屡生衅端，此

---

①《清圣祖实录》第 2 册卷 126，康熙二十五年闰四月甲子，第 337 页。
②库勒纳等奉敕撰：《清代起居注册·康熙朝》第 3 册，台北联经出版事业有限公司 2009 年版，第 1319—1320 页。
③库勒纳等奉敕撰：《清代起居注册·康熙朝》第 3 册，第 1322—1323 页。

等人不可专任。着俟库勒纳等查审完结,一并察明议奏。"①卫既齐
不能因俗而治受到皇帝批评。康熙三十五年(1696)七月贵州巡抚阎
兴邦题土司等官有因罪革职者,停其子孙承袭,其土司生员令其科
举。部议不准。康熙帝指出:"此事行之已久,若遽更改,人心何能允
洽。"②认为更改旧例恐人心不服。该年八月,兵部题阎兴邦请增武
举额数。康熙帝再次指出:"遵行年久之事,频加更改,于事无益。况
云南、贵州、广西、四川俱系边地,土司甚多,只宜顺其土俗,照定例
行,不可兴起事端。"③认为更改年久之事无益,因俗而治,遵守定例,
可免事端。

清廷也注意加强对贵州的控制。康熙三十七年(1698)十月因贵
州水西宣慰使安胜祖病故,承袭无人,将宣慰使停袭。水西土司所属
地方改归大定、平远、黔西三州流官管辖④。当时威宁、大定府设总
兵官二员,黔西、平达二处俱设副将。因地方上有人擅自开矿,康熙
帝派官员到水西地方"将土司苗蛮及百姓生业地方形势,详加审
视"⑤。康熙四十年(1701)十月二十五日,威宁总兵孟大志赴任陛
辞,康熙帝嘱咐他:"威宁系吴三桂变后新复之地,苗民杂处,设立总
兵最为紧要,须要兵民相安。"⑥

平定三藩后直到清中期,清朝进一步完善了土司承袭制度。光
绪《大清会典事例》概括了土司承袭的基本规定:

> 康熙二十一年议准:土官受贿隐匿凶犯逃人者革职提问,不
> 准亲子承袭,择本支伯叔兄弟、兄弟之子继其职。二十五年议
> 准:督、抚、提、镇等官,如有需索土司以致起衅者,许该督抚互相
> 纠参,将启衅之人革职从重治罪,如督抚互相容隐,一并从重治
> 罪。至土司苗民等不遵约束,肆行抢夺,无故侵扰内地居民者,
> 该督抚等一面题明情由,一面发兵剿灭。三十五年覆准:土官公
> 罪应降三级以内调用者降一级留任,应降五级以内调用者降二

---

① 《清圣祖实录》第 2 册卷 155,康熙三十一年七月壬戌,第 716 页。
② 库勒纳等奉敕撰:《清代起居注册·康熙朝》第 7 册,第 4411—4412 页。
③ 库勒纳等奉敕撰:《清代起居注册·康熙朝》第 7 册,第 4431—4432 页。
④ 《清圣祖实录》第 2 册卷 190,康熙三十七年十月甲寅,第 1018 页。
⑤ 库勒纳等奉敕撰:《清代起居注册·康熙朝》第 12 册,第 6769 页。
⑥ 库勒纳等奉敕撰:《清代起居注册·康熙朝》第 16 册,第 8966 页。

级留任，应革职者降四级留任，如有贪酷不法等罪仍革职。又覆准：凡土官有钦部案件奏销钱粮及迟误表笺等项，均照流官例一体处分，土官不食俸禄，如有罚俸降职等事，俱按其品级计俸罚米，每俸银一两，罚米一石。①

从中可以看出，与顺治朝相关规定相比较，土司承袭的要求更加严格，对于不法土司则予以处罚②。其中康熙二十五年规定督、抚、提、镇等官不得需索土司以致起衅③，说明类似情况存在。同时对于土司苗民等不遵约束，肆行抢夺，无故侵扰内地居民者，允许督抚等发兵剿灭，对于土司招抚的政策趋向抚剿结合。如后面所涉及的，这是康熙二十四年征剿湘西生苗后出台的规定。

对于土官的管理也更加严格。康熙三十年(1691)题准："土官凡有钦部案件奏销钱粮及迟误进御表笺等项，皆应照处分流官定例一例处分。但土官不食俸禄，如有罚俸降俸等事，皆照其品级计俸罚米，每俸银一两罚米一石，移储就近常平仓，以备赈荒。"④对土官处罚比照流官进行。

地处湖北西部的容美土司(今之鹤峰及五峰、长阳等县)是土家族聚居区，由土司田氏控制。康熙四十二年四月兵部议覆："土司田舜年疏请以伊职令其嫡子田昞如承袭，其次子田旻如愿入京备使令。所给敕命免缴部，俱无庸议。得旨：逆贼吴三桂作乱之时，田舜年一心效力，颇有劳绩，着依所请，令伊长子田昞如袭职，原领敕命亦着免缴部，其次子田旻如着来京效力。"⑤十月清廷派礼部尚书席尔达、副都统图思海、徐九如赴湖广招抚苗人，康熙帝指示说："如苗人归降，止诛倡乱肆虐之人，否则歼其抗拒不服者，毋得玉石不分，戮及无辜。

①光绪《大清会典事例》第2册卷145，《吏部·土官·土官承袭》，第853页。
②关于土司承袭制度，见李世愉：《清代土司制度论考》，第120—127页。
③《康熙起居注》中康熙二十三年七月二十二日记载："又议徐国相题无籍棍徒罗玉明改名彭兆渭，欲夺土司官职，俟严审具题到日再议。上曰：'此等土司承袭官职等事，督抚地方官员受贿赂者甚多。这事应差司官一员详审，可发与大学士拟票签送来。'"中国第一历史档案馆整理：《康熙起居注》第2册，第1205页。"需索"与"贿赂"是土司承袭中比较严重的不法现象，当时存在此种情形。
④光绪《大清会典事例》第2册卷119，《吏部一○三·处分例·边禁》，第544页。
⑤《清圣祖实录》第3册卷212，康熙四十二年四月戊戌，第150页。

我满兵凡遇对敌,恃勇以力胜者多。尔等此行,须用计招抚,委婉从事,勿徒恃勇力……土司田舜年前于云南用兵时,输诚协济,殊有裨益,此去可奖励用之。苗人归附之后,探其巢穴,仍加谨慎堤防,不可以彼归顺遂忽视之。"①康熙帝念田舜年帮助清朝平定三藩的旧情,希望使用田氏子弟。

湖南西部的湘西以及湘黔边地区是苗族聚居区,元、明时期由于并未纳入中央朝廷的有效控制,被称为"苗疆",其中居住的是处于比较原始状态的"生苗",主要是服饰尚红的"红苗"。明朝为了防止生苗"出掠",筑堡屯兵并修置边墙,隔离生苗,加以控制②。顺治年间清朝控制了"苗疆"的沿边和各土司直接管辖的一些苗寨,并对腹地征剿。康熙二十四年以红苗"出劫",清偏远巡抚丁思孔遣副将郭忠孝进剿湘西,生苗聚居的腊尔山地区置于清朝的军事控制之下③。据康熙三十八年湖广总督郭琇说:"数年来苗类生齿日蕃,贪性愈狡,陷人勒索,视为不可破之积习,又非可与二十四年同日而语也。"可见生苗很短时间内又积聚起来,仍是当地社会秩序的隐患。郭琇接着说:"自上年十二月内生苗出扰,土人来围塘汛,伤死兵丁,截去把总,以致上渎宸聪,动发师旅,见今调集汉土官兵数千员名,遵旨作速剿抚,已陆续慑抚,过一百余寨,俱已甘服向化矣。尚有十余寨乃敢拒敌抗命,盘踞于最险之天星寨。据报此寨在万山之中,悬崖壁立,自下至顶高数百丈,止有一路在上,中有悬岩五处,乃诸苗平素积粮所恃之险要,屡遣顺苗招谕,抗不就抚。"④康熙四十二年九月二十四日,"奉上谕:湖南红苗自明朝以来,负固不服,今仍劫掠我民人牲畜,生事多端。其附近我处奸民亦抢夺人畜,及事发后,诿罪于红苗者有之。红苗人等不可令在三省接壤之地,以为民害。着照招抚广东八排猺人之例,遣在京大臣前往,带荆州驻防满洲兵一千,并酌带广西、贵州、湖南三省兵,趁此冬月,直逼苗穴,勒令归诚,设立州县,庶几民

---

①《清圣祖实录》第 3 册卷 213,康熙四十二年十月戊寅,第 164 页。

②伍新福:《明代湘黔边"苗疆""堡哨""边墙"考》,《中南民族大学学报》2003 年第 2 期。

③伍新福:《清代湘黔边"苗防"考略》,《贵州民族研究》2001 年第 4 期。

④郭琇:《请调沅州镇移驻镇筭疏》,雍正《湖广通志》第 534 册卷 93,《艺文志·疏》,文渊阁《四库全书》本,第 405 页上。又该条删节部分见《清圣祖实录》第 2 册卷 196,康熙三十八年十二月己卯,第 1069—1070 页。

生不致如此之扰害矣。"①于是当年十二月攻陷天星等三百余寨,在辰州府增设乾州、凤凰二厅,生苗纳入清朝有效的统治范围。事后康熙帝说:"如湖广红苗,从前边民无不被害,土司及地方文武官隐匿不报。昨岁致讨,彼奔逃无路,歼厥巨魁,宥其胁从,军威震慑。土司逻逻等无不股栗,翕然奉法。"②表明康熙帝强调对于四川红苗剿抚并用的政策。此外,康熙五十一年(1712)湖广总督鄂海先后招抚湖南红苗头目吴老化所率毛都塘等处 52 寨三千余人、盘塘窝等 83 寨生苗男妇大小二千一百八十余名,苗目龙天保等前赴武昌投诚③。

康熙四十二年将湘西生苗纳入统治系统后,清朝采取了一系列措施,保证对于湘西的控制。这些措施的主要是:

> 四十二年题准:湖广镇筸红苗,既设同知通判分界管理苗务,其五寨司土官土民,应听该厅管辖,遇有逃盗等事。照例将土官一并处分。四十三年题准:红苗归诚纳粮,特设土官管辖。除苗人有犯轻罪者仍听土官自行发落外,若有犯杀死人命、强盗掳掠人口、抢夺财物及捉拿人口索银勒索等情,责令土官将犯罪之苗拿解道厅治罪。如土官将犯罪之人藏匿、不即行解送者,革职。又题准:红苗捉人勒银取赎者,令土官将犯罪之苗解送道、厅衙门审理治罪外,其该管土官虽不知情,但平日不严行约束,有一起者将土知府、知州罚俸三月,有二起者罚俸半年,有三起者罚俸一年。若该管官知情不行禁止者皆革职,责四十板,不准折赎。若系教令或通同取利者革职,枷示三月,不准折赎。又题准:黔、楚相接之苗,每因小忿动辄操戈杀掳,彼此拿人,其该管土官虽不知情,但平日不严行约束,以致彼此互相构衅。分众不及

---

①《湖广提督俞益谟奏陈所属苗民情况及剿抚之法折》,中国第一历史档案馆编:《康熙朝汉文朱批奏折汇编》第 1 册第 325 号,第 913—914 页。又文中所谓"招抚广东八排猺人之例",是指康熙四十一年因广东廉州府连山瑶人"扰害百姓",命在京都统嵩祝为将军,率八旗前锋四十名、子母炮六位前去,并令湖广提督、广东提督、广西提督各派本省总兵官一员,带绿旗兵四五千,广州亦派旗下兵一千会讨。同年清军招抚瑶人一万九千余人。具体经过可以参见《清圣祖实录》第 3 册卷 206—210 有关记载。

②《清圣祖实录》第 3 册卷 215,康熙四十三年正月辛酉,第 179 页。

③《清圣祖实录》第 3 册卷 250,康熙五十一年六月丁巳,第 478 页;第 3 册卷 251,康熙五十一年九月庚子,第 485 页。

五十人者将土知府知州罚俸三月,至五十人者罚俸半年,至百人者罚俸一年,百人以上者革职。若系知情不行禁止者革职,不准折赎,枷示一月,责四十板。若系教令或通同商谋,希图均分财物者,皆照首犯一例治罪。四十七年覆准:民人擅入苗地、民苗结亲往来该管各官失于觉察者,降一级调用,该管上司罚俸一年。又议准:各省地方,遇有民苗争讼事件,该督抚严饬该管各官,作速查审完结。如地界两省,或有关提之人,或有会勘之处,两省大吏务须和衷办理,不得互相推诿。如不肖有司托故稽迟、巧为推卸者,该督抚指名题参,照例分别议处。若该督抚任其迟延推卸,不行题参,亦照例议处。①

清朝在当地设厅后,五寨司土官土民归厅管辖,红苗纳粮,土官将犯罪之苗拿解道厅治罪,不能擅自处置,土官有约束红苗捉人勒银取赎、黔楚相接之苗互相杀掳、彼此拿人的职责,为了防止苗民因民人进入发生冲突,禁止民人擅入苗地、民苗结亲往来。邻省之间遇有民苗争讼事件,地方官不得互相推诿。事实上,清朝还有改土归流的实践:"凤凰营,康熙四十六年改五寨土司,增置编苗一百十五寨。"②即将明初设立的五寨长官司,改为吏目③。

康熙四十三年(1704)十一月四川巡抚能泰疏言:"土司争告词状,俱系汉字而原告全不知汉语,皆内地不法之徒潜住土司地方,代写词状之故,请严禁外省游棍,不许擅入土司。土司自有土字,此后一切往来公文词状俱用土司之字,更请于土司属内年力精壮之人,选三四十名,于臣标及提镇标下,匀拨顶补额兵之缺。倘遇土司事务,责令跟随差遣之同往,可以得彼处实情。"被清廷采纳④。

康熙四十五年(1706)四月湖广总督石文晟疏参容美司土司田舜年,是康熙朝对于湖广土司政策的重要事件。先是石文晟折参容美土司田舜年私造宫殿、暴虐奸淫不法,康熙帝对大学士等说:"昔吴三

①光绪《大清会典事例》第2册卷119,《吏部一〇三·处分例·边禁》,第544页下—545页上。
②雍正《湖广通志》第531册卷4,《沿革志·辰州府》,第159页。
③乾隆《湖南通志》卷19,《关隘·辰州府·凤凰厅》,转引自李世愉:《清代土司制度论考》,第282页。
④《清圣祖实录》第3册卷218,康熙四十三年十一月庚戌,第202—203页。

桂之乱,田舜年略无举动,即此一端,甚为可嘉。今石文晟有此劾奏,或因田舜年与地方官不协所致,其中恐有虚诬,此折且暂停批发。"①接着石文晟又疏言:"容美司土司田昞如乃贪庸恶劣被参革职拿问之人,今据桑植宣慰司土司向长庚详称:田昞如主仆二人逃在伊处,及臣屡次檄行解审,而土司向长庚竟不将田昞如起解,反捏称田昞如卧病不能前往。至原任土司田舜年,既将伊子田昞如题参革职,理应将伊子正妻所生长孙申详袭职。今该土司报称:康熙四十年已将长孙田宜男名字报部,其时田宜男年方十二岁,不久病故,因田宜男名字乃祖父所命,不忍改易,故将次孙仍名田宜男,今实七岁,如开送确实年岁,恐部驳查。据此,田舜年明有欺隐诳报之罪。"康熙帝对大学士等曰:"石文晟前劾土司田舜年何不同此折一并具奏,乃作两次参劾。又折内不言两巡抚,专请交提督审问,此必有故。从前吴三桂自水西乌蒙土司地方进兵取云南,因知其地产银,遂于康熙初年奏请进剿水西,后得其地,分为四府。我军于是役亦大有损伤。今此事虽小,断不可生事。尔等将前后奏折及土司呈词,抄发湖南巡抚赵申乔、湖广提督俞益谟,令其不必会同商议,各出己见,作速具奏。"②

随后原任容美土司田舜年疏言:"臣暮年始生子田昞如,爱惜太过,不知其恶,是以题请承袭土司。而田昞如袭职之后,恶迹尽露。臣乃摘田昞如土司之印,拘禁之。一而申详督抚,一而题参革职。后奉圣旨准田宜男承袭,有臣仇家桑植宣慰司宣慰使向长庚,诱田昞如逃往伊处,又扬言送往容美为土司,恐吓臣属下人。其子又年幼,不能镇定,人心猜疑。属下土司军民俱恐田昞如报仇,纷纷告请,将臣第三子田曦如为土司。臣赴省见总督申说情由,总督即以臣为与向长庚互讦,违误钦案,交司道官将臣看守。祈皇上俯怜准以土司之职,使臣第三子田曦如承袭,审究向长庚藏匿要犯之情,以肃法纪。"③康熙帝指示:迅速作速征求赵申乔、俞益谟的意见。于是偏沅巡抚赵申乔、湖广提督俞益谟遵旨覆奏容美土司田舜年不法各款,请命大臣往审。康熙帝派都察院左都御史梅镪、内阁学士二禹前往

①《清圣祖实录》第 3 册卷 225,康熙四十五年四月辛亥,第 260 页。
②《清圣祖实录》第 3 册卷 225,康熙四十五年四月丙辰,第 261 页。
③《清圣祖实录》第 3 册卷 225,康熙四十五年五月壬申,第 262—263 页。

察审①。

湖广总督石文晟又疏言:"原任容美司土司田舜年来省,臣令藩、臬二司暂行拘留,随因中暑病故。又查田舜年降逆贼吴三桂时以其印缴吴三桂,及投诚后于康熙二十年铸印颁给,今验其印乃康熙元年所铸。"认为存在弊端,康熙帝指示此两事仍请梅钅录等一并察审②。

对于此事,官员提出不同处置意见。《康熙起居注》详细记载了宫廷三次讨论的情形,可见康熙皇帝的重视程度。九月二十八日记载:"都御史梅钅录奏称,原任容美土司田昞如酷虐事迹,俱有证据,应革职。桑植宣尉司向长庚,久匿田昞如,应降四级留任。已故容美土司田舜年出征苗子,捏病规避各款,俱有证据,应追革田舜年职。至田舜年私造宫殿,淫乱各款,俱无证据,应无庸议。田昞如土司员缺,应将田昞如子侄中择一人承袭,候旨定夺。湖广总督石文晟等奏称,容美土司田昞如贪酷庸劣,桑植宣尉司向长寅抗拒不将田昞如发出,请俱交部议罪。已故容美土司田舜年恶款,见证有据,请追革田舜年职。田舜年所属之人诉称,田舜年父子俱不善,我等情愿纳粮当差等语。应否将其土地人民入我版图,伏候睿裁。"不过学士二㟵奏称,案内有名容美土司二十余人,俱未赴审,故未经质审之处甚多。田舜年治病杨医生及殓尸知县洪国柱俱未到,田舜年身死尚未明,倘草率结案,则土司之心不服。分三议具奏。于是康熙帝决定,此事交九卿、詹事、科道会议具奏③。

十月初六日的记载:康熙帝问大学士等以何人所奏为是。马齐认为督抚乃地方大臣,所奏必与地方事务确有所见。席哈纳奏以为当审明田舜年致死情由。张玉书奏称:"督抚等则言改土司为流官,此欲革土司之意。梅钅录又言,土官请以田舜年之孙承袭,此欲仍存土司之意。改土为流,似为快举。"陈廷敬奏曰:"田舜年身死原由理当研究。"李光地奏曰:"改土为流,虽系快举,还宜斟酌。又闻田舜年极其凶恶,伊等意中殆以为田舜年既死,欲速结其事耳。"马齐又奏曰:"二格言,俟容美土司到齐之日详审虽是,但往提容美土司,来则固

---

① 《清圣祖实录》第 3 册卷 225,康熙四十五年六月癸巳,第 264 页。
② 《清圣祖实录》第 3 册卷 225,康熙四十五年六月戊申,第 265 页。
③ 中国第一历史档案馆整理:《康熙起居注》第 3 册,第 2017—2018 页。

好,如其不来,何以处之?"康熙帝说:"田舜年若在,此事易明,今既身故,似难质证。然朕早知田舜年必死,曾有谕旨。今若不审明,何以服土司之心? 不得谓土司如红苗之易征也。川、陕、云、贵、湖广、粤东、粤西、福建俱有各种土司。土司甚多,如交地方官征讨,伊等未必有成。"李光地奏曰:"伐无罪之人,圣心亦有所不忍。"康熙帝说:"不但不忍,即征之亦不易。"①

十三日又议覆都察院左都御史梅锅等三议土司田舜年事。康熙帝说:"此事九卿但议使两造平息。总督石文晟原参田舜年建造宫殿,行凶作恶,是以羁留于武昌府。今田舜年既死,石文晟又奏,欲息其事。且土司等果不法抗拒,则当发兵征剿;土司等若无罪,则当反坐原参之人。朕意以二格所奏为是,大惬人意。此事不便令地方督抚提督会审,当于京中特差大臣往审,着以此谕九卿。本发还,另议具奏。"②

随即康熙帝命大学士席哈纳、吏部右侍郎张廷枢、兵部右侍郎萧永藻前往湖广,察审容美土司田舜年一案③。康熙帝指示大学士席哈纳等人说:"田舜年一事关系土司并于地方总督、提督亦有关系,若不究其本末,辨其是非,则心不服。尔等到彼,可与前次遣往都御史梅锅、学士二峝详加研审。如总督理亏则罪坐总督,如土司理亏则罪坐土司,惟公平则人心自服。尔等须出示晓谕众土司,若彼果有冤枉许其陈诉。尔等收呈详审穷诘根柢,如无冤枉而钦差大臣至彼地提人不解,反固守关隘,不纳公差,此特欲反耳,竟发荆州大兵立剿之,不可持两端,苟且结案也。总督参田舜年事极其狠毒,今又欲草草完结,何以服人心。九卿并不据大体立议,首鼠两端,愈非理矣。尔等前去若不能辨明此事,则于尔等声名亦大有关系也。"④又因审湖广土司田舜年一案回奏不实,革去都察院左都御史梅锅职务⑤。

兵部等衙门议奏:大学士席哈纳等察审土司田舜年一案,疏称原

①中国第一历史档案馆整理:《康熙起居注》第 3 册,第 2021—2022 页。
②中国第一历史档案馆整理:《康熙起居注》第 3 册,第 2025 页。
③《清圣祖实录》第 3 册卷 227,康熙四十五年十月壬寅,第 273 页。
④《清圣祖实录》第 3 册卷 227,康熙四十五年十月丁未,第 275 页。按:文中的"二峝"即前引《康熙起居注》中的"二格"。
⑤《清圣祖实录》第 3 册卷 228,康熙四十六年正月乙亥,第 283 页。

参田舜年僭越淫纵等款俱虚,应毋庸议。其假捏幼孙年岁造册报部希图承袭,又私将伊子田晛如冒原任石梁土司田焜之名袭为土司及铸钱擅杀等款俱实,应治罪。但已经身故,亦毋庸议。至向久忠等捏词控告应枷责金妻安插内地。革职宣慰司土司田昞如暴戾虐民,抗不赴审,应枷责金妻安插内地。桑植宣慰司土司向长庚隐匿田昞如不解听审,应降四级留任。总督石文晟不行详察草率具题,应降三级调用。巡抚刘殿衡、赵申乔,提督俞益谟将奉旨审理事件不行详察具题,应各降一级罚俸一年。俱应如所题。其承袭容美土司之职,应将田舜年之子田旼如、田曜如、田旸如、田晙如等开列,请皇帝裁定。康熙帝指示:石文晟着降三级从宽留任,容美土司着田旼如承袭,余依议①。后因湖广总督石文晟以病乞休,康熙帝认为:"石文晟人极粗鄙,若为土司而罢其职似未得体,彼既自行引病请休可令解任。"②

容美土司在康熙五十年(1711)还因买卖民田问题引起讨论。田旻如请将其所买民田准其勿得赎回。升任巡抚赵申乔称,民田卖与土司,必致互相争竞,请勒限令民赎回。户部认为可以不考虑田旻如的请求。康熙帝再次征求赵申乔意见,赵申乔所奏称,"民与土司名既各殊,理当各分疆界,若令土司得买民田,日久地方必致生事"③。康熙帝认为赵申乔之言甚是。这种不愿生事的想法,还反映在此后的另一件事情上。康熙五十二年(1713),御史徐树庸请稽查土司处所容留他省之民,应行文该督抚查明定议具奏。康熙帝指出:"各省土司不同,陕西之番土司、云南之番土司及猓苗洞民彝民风俗,各有不同,不能令其如一。""且土司与民居处甚近,亦有彼此结亲者,若行文督抚行查,必谓此系科道条奏部内行查者,交与司道转行州县严查,如此则致扰乱矣……总无紧要,何必生事,部内此议不合不准行。"④否定了稽查土司检查流动人口。

康熙后期土司管理方面。康熙四十九年(1710)十二月湖广永顺

①《清圣祖实录》第3册卷228,康熙四十六年二月辛亥,第290—291页。
②《清圣祖实录》第3册卷229,康熙四十六年五月丙子,第297页。
③库勒纳等奉敕撰:《清代起居注册·康熙朝》第19册,第10519、10623页。
④库勒纳等奉敕撰:《清代起居注册·康熙朝》第21册,第11888页。

宣慰司土司彭弘海以年老辞职,命其子彭肇槐袭替①。康熙五十年二月四川陕西总督殷泰疏言:打箭炉土司及暖歹土千户马喇长官司等各愿纳马输粮,请于康熙五十年起征。原任偏沅巡抚赵申乔疏言:镇溪所苗民麻隆德等愿归版图纳粮,请将此等苗民令乾州同知管辖,辰沅靖道统辖。都得到清廷的赞同②。康熙五十一年十月兵部议覆:"湖广总督鄂海疏言,镇算归顺新苗一百三十五寨,交原招抚之土百户等分管约束,准与土百户职衔。应如所请。至所称每名给步粮一分以为养瞻,查土司无食粮之例,应无庸议。"康熙帝指示:依议。土百户需用钱粮无多,着该督抚酌量给发③。康熙五十三年(1714)因"苗人向化"、民知向学,于乾州设立学校,自康熙五十四年(1715)为始,岁科取文武生员各8名,以泸溪县训导就近兼摄④。康熙五十三年十月兵部议覆:"四川巡抚年羹尧疏言,乌蒙土知府禄鼎乾掳掠贵州阿底土司头目禄世华人畜,遣官晓谕,将罪犯隐匿抗不送审,请将禄鼎乾革去职衔,拿解掳掠首恶之人,详审完结。如或仍前违抗,请会同云南、贵州督、抚、提、镇扫荡巢穴,改土为流等语。查禄鼎乾系四川所属,禄世华系贵州所属,两省土司掳掠情由,应令该抚会同贵州巡抚查明具题再议。"得旨:"此案驳回则为日久土司等知其无碍,益放恣矣。着镶黄旗满洲都统阿尔纳会同云南贵州总督,四川、贵州巡抚、提督详审。土司闻遣京师大臣惧而送出罪人则已,设或抗拒,即行征剿,事一举而毕也。"不久阿尔纳等奏:乌蒙土知府禄鼎乾掳禄世华人口牲畜,已经退还和息,并请纳粮折价,自康熙五十四年为始,令交藩库。下部议行⑤。康熙五十八年(1719)五月兵部议覆:"四川总督年羹尧疏言,越巂地方尽属崇山峻岭,今建昌属卬部宣抚司土司岭安盘革职,若一旦改土归流,恐别生衅端。岭安盘所辖地方宜暂令其弟岭安柱护理,俟岭安盘子岭天长年岁合例之日另请承袭。应如所请。"清廷从之⑥。康熙五十九年(1720)二月广西巡抚宜思恭

①《清圣祖实录》第3册卷244,康熙四十九年十二月戊寅,第426页。

②《清圣祖实录》第3册卷245,康熙五十年二月丁卯,第430页。

③《清圣祖实录》第3册卷251,康熙五十一年十月丙寅,第491页。

④《清圣祖实录》第3册卷258,康熙五十三年四月己亥,第554页。

⑤《清圣祖实录》第3册卷260,康熙五十三年十月丁亥,第567页。

⑥《清圣祖实录》第3册卷284,康熙五十八年五月丁丑,第773页。

疏言："土司承袭世职从无考核,请嗣后大计之期与流官一体考核优劣,其升赏降革之处仍照土司定例遵行。如该管官员有举核不实者,一并议处。"吏部议覆："应如所请。"得到皇帝的肯定①。具体内容是:"广西巡抚所属土司,遇三年大计之期,其中果有清廉爱民,并无掳杀及贪残不职恣意侵害之员,行令该管官据实确查,具题举劾。其升赏降革之处,分别轻重,仍照土司定例遵行。"②

康熙后期改土归流的事例增多。光绪《大清会典事例》记载了康熙三十年代的两个事例:康熙三十五年,改云南阿迷州土官为流官,裁土知州1人。康熙三十七年,四川东川军民府(原注:后裁军民二字),改隶云南省,改流,裁土知府、土经历各1人,设流官。不过也有新设土官的,如康熙三十五年又改云南曲靖府属亦佐县为平彝县,设土县丞1人③。

上述事例之后,《清圣祖实录》又记载了两个事例:一是贵州清平县凯里土司改土归流。康熙四十五年十二月贵州巡抚王燕参劾清平县凯里土司杨国兴贪婪,云贵总督贝和诺审明具题。兵部议覆："兹土苗人民俱愿改土归流,应如所请,将该土司粮赋归清平县管理。"清廷从之④。二是广西太平府思明土知州改土归流。康熙六十年(1721)五月:"吏部议覆:广东广西总督杨琳疏言,广西太平府思明土知州黄而芸贪残不法,已参革论绞,请改土归流,其所辖地方归并太平府知府管理。该土州原设吏目一员,仍存留以司捕务。应如所请。从之。"⑤该地思明土知州改为流官,保留了原设吏目一员。乾隆《大清会典则例》记载了另外两个事例:"康熙四十五年覆准:贵州平州六硐长官司杨武功贪残参革,复恋职不报其弟武勋袭替,应改隶流官。五十四年覆准:宁谷长官司顾维杰贪虐民命,访拿参革,改隶流

①《清圣祖实录》第3册卷287,康熙五十九年二月乙丑,第799页。
②光绪《大清会典事例》第2册145,《吏部一二九·土官·土官大计》,第856页下。
③光绪《大清会典事例》第1册卷32,《吏部一六·官制·各省土官世职》,第412页上。
④《清圣祖实录》第3册卷227,康熙四十五年十二月甲辰,第281页。
⑤《清圣祖实录》第3册卷292,康熙六十年五月乙亥,第842页。

官。"①这两个例子是作为改土归流事例出现的,说明乾隆《大清会典则例》的编纂者看重康熙后期改土归流的实践,将其作为清朝改土归流的起始看待。值得注意的是,上述 4 个事例都是因为原任土司"贪婪""贪残不法""贪残""贪虐民命"被废改为流官管理的。这说明随着康熙后期社会安定、统治秩序的恢复,按照清朝的政治标准,一些土司的作为,变得不符合朝廷的要求,清朝改土归流的愿望凸现出来。

三 康熙朝奏折所见土司以及君臣对策

《康熙朝汉文朱批奏折汇编》,保存了珍贵的有关土司的资料,可惜并未引起学者的重视。我们已经在本文的前面使用该书资料对于《清实录》等资料的记载有所佐证,事实上地方官奏折反映了土司状况,地方官以及皇帝对土司的看法,对待少数民族的观念、治理土司的措施等,本节介绍这些资料并加以论述,以期推进对这一时期土司问题的认识。

(一)四川提督岳升龙、巡抚年羹尧奏折反映的川西土司问题

自五代十国起,川西一带实行土司制度。《明史·土司传》记载,天全(今四川天全)为古氐羌地,五代孟蜀时置碉门、黎、雅、长河西、鱼通、宁远六军安抚司,宋因之,隶雅州。元置六安抚司,属土番等处宣慰司,后改六番招讨,又分置天全招讨司。明初并为天全六番招讨司,隶四川都司。长期以来,天全六番招讨使由高姓家族世袭,副使由杨姓家族世袭。

《清实录》记载了天全六番招讨司归顺清朝的过程。顺治九年七月,天全六番与川藏地区乌思藏、董卜、黎州、长河西、鱼通、宁远、泥溪、蛮彝、沈村、宁戎等土司,各缴前朝敕印以降②。顺治十六年九月,清朝因"投诚拒贼"有功,加四川天全六番招讨使高跻泰为都督金事③。到了康熙十二年六月,因四川天全六番正招讨使高跻泰年老,

①乾隆《大清会典则例》卷 110,《兵部·武选清吏司·恩恤》,文渊阁《四库全书》本第623 册,第 279 页上。
②《清世祖实录》卷 66,顺治九年七月辛卯,第 519 页。
③《清世祖实录》卷 128,顺治十六年九月丙子,第 995 页。

以其子高一柱袭替①。

康熙三十五年岳升龙为四川提督②，任上留意土司特别是天全六番事务。《康熙朝汉文朱批奏折汇编》保留了岳升龙的4件奏折，都是关于土司问题的。其中有3件为康熙三十六年（1697）九月二十六日同一天的，很珍贵。《四川提督岳升龙奏陈川省各族土司仇杀纷争情形折》反映了当时川省土司的情形，内容如下：

> 臣蒙简任，提督蜀疆，入境以来，查得地方形势，东连荆郧，南接滇黔，西控番彝，北防羌氐。其中蛮獠、乌蛮、邛筰、冉駹，种类不一，互相杂居，有印札土司三拾贰家，无印札土司贰拾余处。臣因钦奉敕谕通颁誉黄，宣布朝廷恩威，令其恪遵法纪，不许以强凌弱，滋扰生端，各取遵依在案。但四川土司或因小事仇杀，或因争袭结怨，彼此掳掠残害，动经数年不已。如东川土府禄应宠先被老安氏发兵擒杀，其弟禄应凤复被小安氏遣人刺死，至今十有余载，焚劫无休，现俟抚臣于养志查明有无承袭之人，具题完结。又如金川演化禅师土官吉儿卜细于康熙二十七年身故，至今文武衙门未据报文。土舍出卜土目木藏温布与杂谷土官良尔吉等争印逞兵，亦经数载。臣与抚臣屡饬杂谷良尔吉等，勿得妄启衅端，静听查袭。臣随差官前往小金川木藏温布处，宣扬国法，追取印章，已据该土目遵遣番把喇嘛赍缴印信前来，臣即移交抚臣，听其查明，另疏题报。似此顽蛮狡黠，积恶成风，臣虽示信推诚，未必尽至倾服。伏乞皇上另颁诚饬土司敕壹道，容臣轻骑简从赍领奉行，凡有彝穴蛮居，俱即亲身阅历，务使内外边臣咸尊德化，于是远迩番众知有王章矣！即如董卜壹案，钦差臣等查审，若非土蛮畏惧天威，尊奉圣旨，其实臣等何能，三月之间而竣陆年之事乎！特复不揣冒昧渎奏，统祈睿鉴施行。③

该奏折中说四川"有印札土司三拾贰家，无印札土司贰拾余处"，岳升龙向土司颁发了任命他为提督的敕谕誉黄，在他看来："四川土司或因小事仇杀，或因争袭结怨，彼此掳掠残害，动经数年不已。"特

---

①《清圣祖实录》第1册卷42，康熙十二年六月壬寅，第562页。
②《清圣祖实录》第2册卷174，康熙三十五年七月戊辰，第886页。
③中国第一历史档案馆编：《康熙朝汉文朱批奏折汇编》第1册第18号，第27—28页。

别举出了东川土府安氏的内部之争、金川土官承袭之争的事例说明。因此,他建议皇帝另颁诫饬土司敕一道,让他轻骑简从赍领奉行,亲自到"彝穴蛮居"宣传,"务使内外边臣咸尊德化"。

《四川提督岳升龙奏请特赐孔雀帽翎折》还谈了岳升龙到彝族地区宣传的一个具体请求:"四川地方三面环彝,非仗皇上天威,恐臣不能弹压。付乞特赐孔雀帽翎壹根,容臣终身顶戴,则凡蛮众以为近臣出镇,焕然耳目一新,而臣仰借声灵,肃昭法纪。"[1]岳升龙认为为了弹压彝人,需要仰仗皇帝"天威",请求特赐孔雀帽翎一根,终身顶戴,使"蛮众以为近臣出镇"而服从。此折的朱批是:"已有旨了。"不过我们并不知道这个谕旨的内容。

前面的奏折说到解决了长达六年的董卜一案,《明史·西域三》记载董卜韩胡宣慰司,在四川威州之西,其南与天全六番接。董卜,即董卜韩胡宣慰司,《四川提督岳升龙奏请宽处董卜叩冤案内有土司事折》专门谈论此事:

> 臣奉命会审董卜叩冤一案,已经部覆,均如臣等所题,并荷天慈,将杨汝兰等改斩正法讫。其天全六番正招讨司高一柱、加渴瓦寺安抚司坦朋吉卜钦遵革职。现令抚臣于养志查取应袭之人,另俟查明具题外,但高一柱、坦朋吉卜俱系内地藩篱,素称谨慎,各著勤劳,只因董卜无官,误听奸徒播弄,安保别人,希图侥幸。臣等执法审理,不敢徇私。今高一柱有子高若璠,年方捌岁。坦朋吉卜无子有侄,亦只拾岁。定例土司袭替不合年岁者,必须择人护理,而该土司地方紧要,部落蕃多。若将印章旁给护理,未必不别生嫌隙,或至衅争。臣仰体我皇上柔服远人之恩,请将贰土司姑准革职,带罪护理,俟其子侄年长,即令交代退闲。在伊犯法罹罪,足昭国宪之至公,倘蒙法外施仁,即系圣明之旷典矣!应否俞允,尚俟抚臣于养志覆疏到日,伏祈乾断施行。[2]

可知所谓"董卜一案",当是指董卜韩胡宣慰司的承袭问题,天全

---

①中国第一历史档案馆编:《康熙朝汉文朱批奏折汇编》第1册第19号,第29页。
②中国第一历史档案馆编:《康熙朝汉文朱批奏折汇编》第1册第17号,第26—27页。

六番正招讨司高一柱、加渴瓦寺安抚司坦朋吉卜"因董卜无官,误听奸徒播弄,妄保别人",被革职。当时高一柱有子高若璠年方八岁,坦朋吉卜无子有侄亦只十岁。"定例土司袭替不合年岁者,必须择人护理"。岳升龙鉴于"该土司地方紧要,部落蕃多。若将印章旁给护理,未必不别生嫌隙,或至衅争"。因此建议"请将二土司姑准革职带罪护理,俟其子侄年长,即令交代退闲"。后来岳升龙、巡抚于养志二人不和,互相参劾。于养志说岳升龙受过革臣高一柱"贿嘱"①,被证明属实②。不过到了康熙四十五年,天全六番正招讨司高一柱、加渴瓦寺安抚司坦朋吉卜还是在岳升龙的建议下恢复了职务,并解决了董卜韩胡宣慰使、天全副招讨使的继承问题。《清圣祖实录》记载:"兵部议:先经四川提督岳升龙疏言,土司坦朋吉卜等领兵同克打箭炉贼,应照定例优加升赏。查渴瓦寺安抚使坦朋吉卜、天全招讨使高一柱俱系革职护理之员,征打箭炉有功,应准复还原职。其董卜韩胡宣慰使雍中七立,系从三品,应授署都督佥事管宣慰使事;其天全副招讨使杨自唐,系正六品,应授宣慰使,俱给与敕印。从之。"③于养志、岳升龙因互参先后被革职,但是岳升龙很快复职,因康熙帝认为岳升龙有能力治理四川涉及土司问题的军务,故信任他。

岳升龙在任上调整了川西的军事布防。康熙三十七年根据岳升龙请求,清朝改四川梁万营参将为化林营参将,移驻化林。化林营原设守备改为中军守备,拨梁万营千总2员、把总3员、马步兵375名归并化林营。梁万营存守备1员、把总1员、马步兵200名④,加强了化林防务。康熙四十五年十一月初六日的《四川提督岳升龙奏为请设化林协副将等事折》记载了化林营移驻参将后加强了实力,有力控

①《清圣祖实录》第2册卷193,康熙三十八年五月丁亥,第1046页记载:"四川巡抚于养志疏参四川提督岳升龙欺罔各款:一、受革职天全土司高一柱贿,嘱令带罪护理。今高一柱借称谋逆重情,专杀土民高于岳等八人,以致官民互讦臣行司提审,提臣岳升龙密拘犯证自行审理以图掩盖前愆。"

②《清圣祖实录》第3册卷198,康熙三十九年三月庚子,第11页记载:"又会题,工部右侍郎罗察等奏审原任四川巡抚于养志疏参提督岳升龙一案,查岳升龙系边疆大臣,应勤任事务,报答皇上超拔之恩,乃向革职土司高一柱面言,我用折子启奏,令尔戴罪护理,希图酬谢。"

③《清圣祖实录》第3册卷225,康熙四十五年四月乙未,第259页。

④《清圣祖实录》第2册卷188,康熙三十七年六月丁巳,第1003页。

制着附近地区,进而建议将化林参将改为副将,因为"自招抚木鸦内外,新设宣慰安抚百户等项土官五十二员,又有明正董卜天全六番沿边土司俱应化林营就近约束,参将之职威望稍轻,若得副将大员,庶可资其管理"①。该建议被采纳,于是康熙四十六年裁化林营参将,改设化林协副将②。康熙帝说:"元朝设长河西宣慰等司,明因之,凡藏番入贡及市茶者,皆取道焉。自明末蜀被寇乱,番人窃踞西炉,迄本朝犹阻声教。顷者黠番肆虐,戕害我明正土官,侵逼河东地,罪不容逭。康熙三十九年各遣发师旅三路祖征,四十年春师入克之,土壤千里悉隶版图,锅庄木鸦万二千余户接踵归附,西炉之道遂通。"③文中的"西炉",即打箭炉,可知岳升龙等率领清兵于康熙四十年攻克打箭炉,控制了通往西藏的道路。岳升龙上面的奏折说的就是这件事情的后续事宜。

康熙四十九年时任四川巡抚年羹尧,会同提督岳升龙"因番蛮杀死冕山营游击周玉麟一案"前往招抚,将亲见地方情形向皇帝上奏,其中揭示了当地土司与多民族聚居特别是康熙四十年清朝控制打箭炉后的情形,也谈了尚未有效控制的建昌地区土司情况,以下是该折的主要内容:

> 查四川自雅州以西至打箭炉,南至建昌,皆深山大箐,汉蛮杂处之地,番蛮族类不止数十种。本朝定鼎六十余年,番蛮率皆畏威怀德,无敢横肆,但土司民人旧有宣抚司、宣慰司、千户、百户管辖,部落亦有自立酋宿头人聚处山谷者。自康熙四十年平定打箭炉后,而雅州以西各土司悉就招抚,查明所管四至界址、人户清册。蒙皇上圣恩给以号纸,颁以印信,或贡马或输粮,虽征纳有限,亦足存远人贡赋之意。至有一切偷牛盗马之事,皆有所责承。

> 建昌一带土司彼时未及料理,番蛮固自以为无所统辖之人。而建昌所属周圆数千里,止有巡道一员,其余皆系营弁,镇斯土

---

①中国第一历史档案馆编:《康熙朝汉文朱批奏折汇编》第 1 册第 200 号,第 459 页。
②光绪《大清会典事例》第 7 卷卷 553,《兵部一二·官制·四川绿营》,第 172 页下。
③雍正《四川通志》第 561 册卷 39,《艺文·御制圣祖仁皇帝御制泸定桥碑记》,文渊阁《四库全书》本,第 252 页上。

者果能训练兵马,严明威信,何至番蛮有事,而数年来总兵、游击以下等官既以土司为可鱼肉,或牛羊或杂粮,任意搜抢,索取无厌。此等土司既无印信又无号纸,其情不得直达于巡抚提督。间有偷盗抢掠之事,而各营将官不能执法穷究,及日积月累,百姓呈诉纷纷,其辞未免过甚,又不据呈转详,遂擅兴兵马,不察地利平险,深入蛮穴,以致有冕山周游击被杀之案。虽衅起有因,实非番蛮敢于横肆,亦情极而反噬者也。

臣初到任,提督岳升龙首以此事与臣商酌,云建昌土司未曾查明,请给印信、号纸,使有责承,终是未妥之事。今年二月遂有此案事情,各种番蛮实有疑惧之心,奉旨着臣与提督前往,一路所过先行晓谕,宣布皇仁,而高山深箐,各种番蛮咸来道左迎接,踊跃欢欣,情愿开明界址、户口,认纳杂粮共数千石,亦深见其向化之诚。臣已令建昌道卢询随同提督造具清册,俟核对明晰,另疏会题时伏乞皇上赏以号纸、印信,使凡事有所责承,准其纳粮,渐以礼仪化导,与内地百姓同为朝廷赤子,又何汉蛮之分。[①]

从该折看当地"番蛮""偷盗抢掠"是比较突出的社会问题,困扰地方官员。改善社会秩序的办法是政府有效控制土司,即"给以号纸,颁以印信,或贡马或输粮",纳入政府的掌控之中。康熙三四十年代,清朝有效控制了雅州(今四川雅安)以西至打箭炉(今四川康定)一带以藏族为主的地区,而建昌尚属未纳入清朝的土司控制。

建昌(今四川西昌)在明洪武时为府并置卫,后废府,升卫为军民指挥使司。康熙五十五年(1716)四川巡抚年羹尧的三份奏折反映出他重视治理建昌土司。其中在请求调整当地驻军首领张友凤的奏折中,谈到建昌府越嶲卫有"阿羊、腊珀两种蛮人,不时偷窃居民牛马",发生了阿羊蛮加巴、贯子两人纠集党类,抢夺过客、偷盗居民的事件,年羹尧提出速调附近土兵"以蛮攻蛮"的策略[②]。年羹尧继续奏道:阿羊蛮加巴、贯子等户口不过千人,但是"建昌五卫,四面番蛮,若任其狂逞,不加惩创,诚恐各种效尤,渐不可长,或致另生他衅,亦未可

① 《奏陈川康交界各族土司生事真实缘由折》,中国第一历史档案馆编:《康熙朝汉文朱批奏折汇编》第 3 册第 744 号,第 90—91 页。

② 中国第一历史档案馆编:《康熙朝汉文朱批奏折汇编》第 3 册第 2206 号,第 369 页。

定"。鉴于越嶲地方悉皆崇山峻岭,蛮所恃深林密箐,清朝马兵无所施展,即步兵亦须习便,"惟有以蛮攻蛮计为最得"。具体措施是:"于土司中择其素效忠顺之加渴瓦寺、董卜韩胡二土司蛮兵"进行剿抚①。关于战事进行的情况,不久年羹尧又报告:

> 臣中途察访,乃知建昌番蛮原有猓猡、西番两种,其头目悉系猓猡,素行强暴。西番之畏猓猡,虽数十西番不敢与一二猓猡抵斗也。现今狂逆之阿羊一支,住居红岩地方,始则肆行偷抢,近且勾连红岩南北二十余寨,绵亘三百余里,党聚二千余人,藐视镇兵,故敢如此……于二十四日,有原报投入贼党之土千户那交,携印自缚到营……臣将土千户印信收贮,念其自缚投首,许免其死,押发邛部土司收管……臣思此间剿抚之局,十完八九,除临阵被杀外,前后投首者已二千余人,阿羊一支溃避深山不过数十人,设法穷追,则加巴、贯子不难就获。但山深雪厚,未免守候需时,而提臣预备兵马之事较此更为重大。一切兵粮紧要,非臣回省料理难保无误。臣乃于二十八日撤营,二十九日回兵越嶲,多制木刻,遍行建昌大小各土司,令其擒献加巴、贯子两人,捐给重赏。少迟时日,自当弋获。②

年羹尧终于平息了越嶲阿羊人,折中谈到建昌居住着保㑩、西番,西番惧怕保㑩,保㑩实力较强,仅越嶲阿羊就有二千余人,清军收缴了依附于阿羊土千户印信。

由上可知,康熙三四十年代,是清朝有效控制川西地区的时期。不仅在控制当地土司上取得成功,而且控制了通往西藏的打箭炉地区,为后来清朝出兵西藏打下了基础。

(二)贵州巡抚陈诜、提督张文焕奏折反映的贵州土司情形

康熙四十四年十一月都察院左副都御史陈诜被任命为贵州巡抚,十二月陛辞③。第二年到任后,陈诜上疏:因前抚臣王燕参劾清

---

① 中国第一历史档案馆编:《康熙朝汉文朱批奏折汇编》第 3 册第 2250 号,第 474 页。

② 中国第一历史档案馆编:《康熙朝汉文朱批奏折汇编》第 3 册第 2282 号,第 552—554 页。

③《清圣祖实录》第 3 册卷 223,康熙四十四年十一月庚辰,第 243 页;第 3 册卷 223,康熙四十四年十二月庚戌,第 245 页。

平县凯里土司杨国兴贪婪，业经督臣贝和诺审明具题，土苗人民俱愿改土归流。兵部议覆应如所请，将该土司粮赋归清平县管理。得到康熙帝的首肯[1]。陈诜对于土司、民族事务极为上心，康熙四十六年初上了一份很长的奏折，全面介绍了所调查的贵州土司情形，十分珍贵，现照录如下：

> 巡抚贵州兼理湖北、川东等处地方提督军务都察院右副都御史加三级臣陈诜谨奏：为宜陈土司情形事。窃臣蒙皇上高天厚地之恩，俾任贵州巡抚。臣抵任之日，即查访本省土司住居界址及与云南、四川、广西、湖南接壤地方之土司。如省城东北为铜仁、石阡、思州、思南四府，此四府所属，本地无苗，而外与四川之遵义府红苗相近。康熙肆拾年征剿之时，贵州提督今授镇远将军臣李芳述从此进兵，一切运粮抬炮，皆此四府百姓为之搬运。西北则为咸宁府，即向来水西之地，皇上天威，改为一府三州两县，虽有苗人，而无土官，苗人甚为畏惧，纤毫不敢为非。而永宁县之外，则有四川之乌蒙土知府禄天德颇称倔强。虽其地形疆址越在隔省，无由周知，然既称土府，则与昔日咸宁之水西应亦相去不远。省城西南即是云南，现在总督节制两省，无庸更叙。东南则为广西之泗城府，土知府岑齐岱与安顺府属之普安州、贵阳府属之定番州相连，两州中届之东南特设安笼一镇，与南笼通判驻镇，以弹压之。自安笼出外行四五日路程，俱是猓人，无有管束，时时散入普安定番之间，烧房抢掳，即泗城土府亦不知钳束，而贵州不法土司与苗寨头人间有勾引招来攻劫邻寨者，然有安笼一镇，故两州土司尚不敢显然为非。至正东则为平越、都匀两府，都匀府属之独山州环城四面二三里外皆是苗人，有土官管者为烂土司、平舟司、舟行司、丰宁上下司、天坝司、平浪司。麻哈州则有乐平司、平定司。此数土司之东，即是九股生苗，北自平越府之凯里司，南至贵阳府之定番州，直长有二十余日，横阔有五六日之程。闻其地颇肥饶，然阻绝声教，熟苗不法，往往走入其中，即无从进擒。而九股之东即为黎平府，黎平与平越东西相隔不过四五日路，有重安江贯入其中，若从湖广水路可

以直抵黄平，而为此苗隔绝，必从镇远之北绕出境外，直从湖南靖州地方越二十余日方始得达黎平。此贵州以外东西南北四境土苗之情形也。

至本省土官共一百一十五员，其中有虚衔而无土地人民者，计十五员，则贵阳府属修文县之底寨正负土官及土同知、土推官、土通判、土县丞、土主簿、土巡检是也。有所辖尽是汉民而无一苗人者，计二十一员，则思南、石阡、思州、铜仁四府之土官是也。有所管汉苗各半者，计一十四员，则在贵阳属者共七员，在安顺府属者二员，平越府属者二员，而思州府属亦有三员也。有全系苗猓者，计六十五员，则在贵阳府属者共二十五员，都匀府属共十三员，黎平府属共十四员，镇远府属五员，安顺府属共六员，平越府属共二员。此通省土司管辖苗土有无情形也。

黎平府属土司虽有土官十四员，而皆有吏目以兼制之，近来亦安静，不闻有事。安顺土司其土官土人不能守法，然有提督驻扎，安顺又在全省腹中，是以如八十石之罗君敷、慕役司之杜天相稍肆猖狂，立即擒治。至镇远革彝，康熙肆拾壹年曾经用兵惩创，无敢为非。惟都匀府属之土官则有王彰德、罗拱宸、夭世臣、杨武功、吴懋勋、蒙璋等诸人自来多事，往往自相攻杀，不服呼唤，藏匿罪人，而王彰德犹为狡黠，蒙璋是其女婿，杨武功认为义父。康熙肆拾贰年杨武功杀死扬圣教，皆王彰德为之主谋打点。今李缵宗一案蒙璋藏匿，蒙圣泽不使质证，抗不赴审，现经督臣题参。又烂土司土舍张鸿模与伊兄张大纪争夺地方，屡次攻杀，前任抚臣于准差贵东道刘若鼐与之分析田土，各保地界。又授以外委千总札付，而鸿模乘前抚升任之日假亲送为名，行至镇远，竟自逃归，闻仍与其兄争斗。臣至任之后，檄都匀营参将高天凤、都匀府清平县知县韩文灯亲至其地勘明疆界，而鸿模竟不出见，闻其踞住高山，与九股相邻，故敢于抗违。又丹平司土舍莫自新于上年九月间勾引广西獞人五六百人，潜匿打容箐内，欲攻打平舟司地方。臣闻知，遣臣标千总黄绍祖，外委把总陈福寿单身直至其地，召莫自新面行诘责，晓以皇上威德远播，朝廷法度森严，方始畏惧，獞人逃回广西泗城土府之地，现有都匀府定番州两处文武官弁报明在案。此管辖全系苗猓六十五员内善恶之情形也。

至于苗人种类，在贵阳以东者为九股，为犭革猪，为八番子，为土人、洞人、蛮人、冉家蛮等项。自贵阳以西者为猓猓，为白猓，为黑猓，为狆家、蔡家、龙家苗等项，而猓猓颇为畏惧。诸苗之中，惟狆家最黠，诸家无不畏之，故历来成法，惟狆家不许充衙役，亦不许与考试。其性阴毒险诈，一言骂詈，累世不忘，专以偷窃贼杀为事。而诸苗之性，亦惟怨仇相寻，稍有嫌隙，辄举兵相攻，虽刀锯亦所不畏。及两相讲解，即父子兄弟夫妇被杀，赔以牛马银布，亦不复怨，名曰翻歹。各种相聚，不一其方，隔一重山即换一种苗，故各就其类，设土官以统率之。土官以土法治苗人则畏，汉官以汉法治之则不畏，故以汉法驭土官，以土官驭苗人，以熟苗驭生苗，此各苗种类性情各别之情形也。

臣蒙皇上异数隆恩，特授巡抚重任，日夜殚心思，所以图报万一，凡颇有益于民生者，虽竭力举行，然臣职分当然，不敢冒干宸听，谨将通省土司苗蛮地方居址疆界情形、营汛官兵与裁并卫所分晰绘图贴说缮折恭呈御览。臣识见短浅，无能有所裨益。倘蒙皇上圣略神谟，别有指示，自当竭蹶驽骀，勉效驱策，以报皇上高厚隆恩于无尽，臣不胜战栗谨惧之至。谨奏。

康熙肆拾陆年贰月初壹日[1]

该折详细介绍了贵州土司诸多族群居址疆界、营汛官兵与裁并卫所情形，使我们得以对贵州土司有一个全面的了解。

该折后面附朱谕一纸，记载了康熙帝对于土司的看法，也十分珍贵：

土司种类最繁，风俗各异，自古王法不能绳，若以内地民情治之，断不能行，历来如此，不过将就大概治之。若以法制之太严，其烦不可胜言；制之太宽，必然犯法者尤多，只以不生事为主。若多事必致尾大难收，所以前任督抚未尝不知，亦惧生事，所以不宜上闻耳。

---

①《贵州巡抚陈诜奏为直陈境内各土司情形并进图说折》，中国第一历史档案馆编：《康熙朝汉文朱批奏折汇编》第1册第220号，第592—600页。

康熙帝认为土司风俗各异,不能以内地民情治之,只能"将就大概治之","只以不生事为主",反映了他为政从宽、不愿多事的特点,也可以说对土司较为宽容。

此外,康熙五十二年贵州提督张文焕的奏折报告贵州黎平府土司与民族情形,涉及贵州与邻省湖南、广西三省事务。张文焕指出:

> 臣冒昧渎奏者,惟黎平一府较之通省,形势甚为紧要,孤悬湖南之中,与广西连界,且一城之中府黔卫楚,府辖拾贰土司,卫管拾柒屯所,永从一县又有陆洞,以及内伍千、外伍千户之苗,约计苗人不下贰拾余万。又附近古州捌万苗地,其各寨之中,又有汉奸指使生事。况通省苗彝所有器具,不过弩、弓、标枪之类,鸟枪间或有之,惟黎平苗彝寨寨俱有枪炮。细访所由,皆因逆贼马宝败遁路由此地,所遗器械最多;又有逆贼黄明潜住苗寨十数余年,及何星瑞、吴旦先、韦有能等屡曾负固作祟,虽经奸灭而凶悍之习未能尽改。臣现今会同督抚二臣,严禁硝磺,查拿汉奸外……请或将黔之黎平改归楚省,或将楚之天柱县营,铜鼓、五开二卫地方统改归黔,使其画一,然后疆界联络,则地不隔越,事不混淆……谨绘图具折奏闻。
>
> 朱批:此折虽属详细,但设兵日久,忽而更改亦可留心,当同督抚细心酌议方是。全省图亦不甚准。
>
> 康熙伍拾贰年拾月贰拾捌日
提督贵州总兵官、都督佥事加壹级臣张文焕①

张文焕谈到黎平的苗人有二十万之众②,苗彝寨寨俱有枪炮,面临"严禁硝磺,查拿汉奸"的重任。对于清朝来说,贵州、湖南、广西交界地区难以治理。

(三)湖广提督俞益谟奏折治理生苗的措施

我们在本文第二部分中论述了康熙四十二年清朝对于湘西生苗

---

①中国第一历史档案馆编:《康熙朝汉文朱批奏折汇编》第5册第1460号,第243—251页。

②不久张又上折,说"所辖苗蛮部落有十二土司,又有内五千户外五千户之苗,逼近古州八万之境,约计不下数拾余万人"。见《贵州提督张文焕奏陈会商重划苗疆折》,中国第一历史档案馆编:《康熙朝汉文朱批奏折汇编》第6册第1769号,第152页。

的大规模征剿,康熙四十七年(1708)清朝又以"苗叛"加以征剿,湖广提督俞益谟奏陈所属苗民情况及剿抚之法,提出"以剿为抚"的办法,虽然未被采纳,但揭示了这五年间湘西苗族地区的情形以及清朝平苗的一些细节。在长篇奏折之后,附有康熙四十二年俞益谟率兵征苗时的书信、条约、告示,这些资料弥足珍贵,对了解当时生苗的状况以及清朝采取的措施也很有用处。

《湖广提督俞益谟奏陈所属苗民情况及剿抚之法折》总结以往对付生苗的经验教训:

> 苗子狡猾异常,一闻皇恩准予招抚,各各争先剃发,缴械归诚,所经洞寨,悉有抚示顺旗,虽藏箐抗颜者颇有剿杀,不过小示惩创,并未大畅天威。盖苗子惯技,有招即来,有抚即顺,落得赚骗花红、银牌、酒食等项。彼用其智,我受其愚,征剿挽运者希冀苗抚而竣征局,不知奸苗惯以投诚而撤官兵,历来招抚俱是一辙。是以师旋之后,虽经督抚及臣会酌善后九款,移设道厅等文员抚绥化理,无奈实心任事者少,以致逆苗阳听登版输粮,阴复装塘坐草,未及一年,仍萌故智,抢夺捉杀,扰害边民。

俞益谟认为一味地招抚、防备均不可取。他以康熙四十二年大兵压境招抚生苗为例,说明生苗凭借深箐,大军撤离后故态复萌。于是他提出对于生苗非剿不可,然而如何剿则有不同。过去有所谓"雕剿"之法,使用成功者鲜,而屡遭失败者甚多:

> 顺治拾肆年副将吴长春以此治苗,终其任苗不敢犯,盖得其人也。倘不得其人,守备徐进朝于康熙贰拾肆年一用雕剿,被擒矣;都司刘士瑮于康熙三拾柒年再用雕剿,覆辙矣;游击沈长禄于康熙肆拾年三用雕剿,官兵俱陷矣。岂真兵非苗敌哉?奸民预通声息也。兵未出营,苗已设伏。即入伏中,何能不败?此等奸民不除,雕剿决不可用,兵无擅举,定例森严。查康熙捌年副将王雄以雕剿劾论正法之后,莫不凛然相诫。

俞益谟认为雕剿之法杀人太多,杀生苗且不可,何况擅杀已经"纳粮之苗",更无道理。还是按照康熙帝提出的:"不可令三省接壤之地安置"为妥,将苗人异地安置,使其脱离深山密箐。并请求假以岁月,许以便宜,以免劳师动众。具体办法是:密敕川、贵提臣各领本省重兵,各由本境近苗隘口,同他于明岁七八月内一齐进兵。步步为营,堵墙而近,令围渐合,顺者生,抗者死,彻底清理苗地。因苗地山深箐大,搜寻苗人篦发,所以需要时间和给与指挥官以自主性,加上预备官兵行粮,需要准备时间。一旦招抚、俘获苗人可以安插到外地。康熙帝批示:"红苗事小,征剿事大,不可不同督抚细心商量妥当,百发百中才好,尔即将此折情形密同督抚确议,再写密折来奏。"①该折康熙四十七年闰三月十二日上奏,检《清圣祖实录》可知,康熙四十七年四月康熙帝让大学士详阅并议奏"俞益谟密折奏请来秋发兵剿除红苗"事,当是上面所录奏折。不过大学士等人为:"红苗目前无大罪昭彰,遽兴兵进剿似乎无名……今苗民有过恶,亦当晓喻,至不得已,然后剿之,则兵出有名,彼敢不心服乎?"②康熙皇帝说他的意思也是如此,否定了俞益谟的请求。

俞益谟奏折后面附有三个康熙四十二年与平苗有关的资料。《抚剿红苗书示稿》致书"总统总督":

> 大师压境者半月,入苗穴者又数日矣。虽据各寨苗子纷纷赴师乞降,有剃发去环者,有缴送器械者,从前拿去百姓户口绝未见献出一名一口,狡苗就抚犹是从前欺饰故智,未有我辈,而亦堕其术中者。我皇上此番震怒,直是为拯救边氓起见。我等进兵之日,凡被陷之百姓户口有伊父母妻子之在内地者,孰不欣欣然引领盼望,冀得骨肉团圆,合家完聚。似此被陷之人杳然无迹,我等即抚剿告成,又何以慰内地人民之望,此谟之心惭面赤而不遑于寝食者。愚意今日之事当以勒献陷民为第一,着擒送首恶为第二,着剃发去环为第三,着缴送器械为第四,着清查寨落造登户口为第五,着相视地方添设营伍为第六,着一有不遵,不准就抚。③

这一信件提出招抚苗人的六款,以保证苗人交出所抓到的汉人并防止其复叛。

---

①中国第一历史档案馆编:《康熙朝汉文朱批奏折汇编》第1册第325号,第927页。
②《清圣祖实录》第3册卷232,康熙四十七年四月辛酉,第324—325页。
③中国第一历史档案馆编:《康熙朝汉文朱批奏折汇编》第1册第325号,第928—930页。

《戒苗条约》①是针对被招抚的苗人心存观望而提出的善后措施,共计八条。反映出苗人抢掠牲畜、人口希图取赎,是清朝地方官最担心的事情。清朝将苗人编入政府户口册籍,要求其纳粮当差者。为了稳定当地社会秩序,维持苗人生活,教给他们贩卖土产、木材维生的方法:"尔苗轻生嗜杀,只是贪利劫掠,以致官兵屡屡搜剿。今我看尔苗地所产有现成无限之利不知受用,而贪杀身败家之利何也。尔山上栗树砍倒可生木耳,每斤在外可卖银三四分不等,山有漆树,可以砍漆,每斤在外可卖银四五分不等,黄杨木、楠木铣成板片,砍印斧记,放在山沟,遇水泛涨,可以流至乾州,各认斧记,每块可卖银子数钱。再如山箐之中,多有药材,在外可卖重价,你苗若不劫杀等,我汉人进来教你学做,便是安享无穷之利也。"并提出与汉族交易,解决缺少的盐布困难:"盐、布二项是你苗急需,皆因你们性好劫杀,以致无人进来交易。即有转卖进来的,其价又贵,是以你苗历来常受寒冷淡食之苦,殊觉可怜。你若不劫杀,则汉人进来交易者多得尔土产,以换盐布,岂不两得其利。再若尔果守法,可以自到乾州五寨司买去,其价更贱。"应当说这些办法对于发展湘西苗族经济是有益的,俞益谟想采取积极的措施改变苗人劫掠风习。

《撤兵晓谕苗人示》②是俞益谟防止撤兵之后苗人依然劫掠杀人的告示,是根据以往苗人归顺复叛的经验预先警告威胁,可见苗疆问题的反复性的确令清廷头疼。

现存湘西苗疆史料主要是雍正以后的,俞益谟的上述数据,大大丰富了我们对于康熙时期治理苗疆的认识。

(四)广西巡抚陈元龙、高其倬奏折中的土司史料

康熙时期,陈元龙、高其倬先后担任广西巡抚,他们的奏折涉及土司问题。

康熙五十四年,广西巡抚陈元龙的奏折反映了广西苗、瑶的情形,谈到清朝治理当地的办法。该折指出③,广西各土司"每遇农隙

①中国第一历史档案馆编:《康熙朝汉文朱批奏折汇编》第1册第325号,第930—936页。
②中国第一历史档案馆编:《康熙朝汉文朱批奏折汇编》第1册第325号,第936—940页。
③《广西巡抚陈元龙奏报戕毙参将原委折》,中国第一历史档案馆编:《康熙朝汉文朱批奏折汇编》第6册第1717号,第1—4页。

之时,辄以报仇劫杀为事",地方官采取"劝戒"的方式解决,定例"檄行地方官协同防弁,确查虚实,谕令解散"。从该折内容看,清朝之所以如此,可能是因为苗、瑶处于深林密箐之中,不易就范,如果"并未侵犯内地",不可"轻率穷追"激化矛盾。应该说,清朝地方官的这种"定例"比较符合实际,切实可行。所以当新太营参将王起云因瑶人劫掠即行扑剿受伤殒命。广西巡抚陈元龙批评王起云"不谙土苗情事",事属违例,表明他对于土司的政策比较理性。不过,两广总督赵弘灿则以"既已伤害官兵,法无可贷",遣兵追剿,于正月二十九日将都司首恶农几咸拿获①。

康熙六十年五月初二日广西巡抚高其倬的奏折也反映了广西土司相关问题②。奏折开头说到广西土司地方任职官员"例应调补",本文第二部分已经论述了康熙二十五年根据广西按察使黄性震所请,广西南宁、太平、庆远、思恩四府所属各官吏部停止铨选,令该督抚于品级相当见任官员内,拣选通判知县以上具疏保题调补,杂职等官止令报部注册,照台湾例论俸升转③。这一规定应当就是高其倬所查之例。萧永藻康熙三十九年十二月至四十五年四月做广西巡抚时④,因地方上离省会遥远且多土司瑶壮的烟瘴之地,官吏不愿意赴任,所以采取掣签方式选取,而且年满三年即升。但后来改为杂职掣签,而道、府、州、县俱不掣签,容易导致上司利用调补索取贿赂之弊,于是建议一体均平处置,受到皇帝首肯。同时高其倬还奏报土司的杂派问题⑤,他说:广西土司"一切衣食用度,无有一项不取之民间",若依照对汉族官员要求来说,"件件皆是贪款",当时地方官参劾土司之事颇多,康熙皇帝则认为:"土司猱獞当就其风俗,安静治之。"反对

---

　　①《两广总督赵弘灿奏报拿获杀掳万承土司案首要折》,中国第一历史档案馆编:《康熙朝汉文朱批奏折汇编》第6册第1736号,第59—62页。

　　②《广西巡抚高其倬奏陈制签调补烟瘴要缺折》,中国第一历史档案馆编:《康熙朝汉文朱批奏折汇编》第8册第2921号,第774—776页。

　　③《清圣祖实录》第2册卷124,康熙二十五年二月癸丑,第322页。

　　④《清圣祖实录》第3册卷202,康熙三十九年十二月癸酉,第65页记载:"调广东巡抚萧永藻为广西巡抚";第3册卷225,康熙四十五年四月乙卯,第261页记载:"升广西巡抚萧永藻为兵部右侍郎。"

　　⑤《广西巡抚高其倬奏陈限制通省耗羡分数折》,中国第一历史档案馆编:《康熙朝汉文朱批奏折汇编》第8册第2923号,第787—790页。

以内地汉族官员的标准要求土司,不要惹是生非,崇尚安静。所以高其倬理解皇帝的旨意,以"有司不致借端生事"为准对待"土司杂派事件",保证土司安静。

此外,康熙朝满文奏折中也有南方苗族资料。如康熙五十年七月初七日,《湖广总督鄂海奏报镇筸地方苗民情形折》记载了解到的苗民情形:"苗子乃畜类,贼性难改,恃此深山丰草,捉人生事者是实,然不止苗子,我民人内有奸恶者,不畏王法,私与苗子联姻,或者去熟苗地方种田。倘伊中有私仇,则潜越边界,说通苗子,或去种田或去贸易者,执之以去者有之。地方官闻此,遣人索之,不肯释放,该员畏罪,被迫给价赎回。因此将所得银共同分取。苗子以此为例,仍匿于丛草密林,若遇我人,即执之以去,相抵则即诛之。我官员闻之,率兵往查拿,伊力强则拒战,力弱则释放其人,不则即逃避于深山中。所以不能查获者,皆由此缘故所致。按现定律虽禁止民人出境、不令苗子入界,但无边墙,地方宽广,可以随处潜行出入。官兵虽严行巡查,但难能周到。然而苗子等并无成群强入边境生事者,皆因我奸民暗地交通,前往伊地,才时常出事。"①于是建议修复倾圮已久的隔墙,不过康熙帝认为此议未必能挡住红苗之乱,要其与提督、巡抚会勘。实地会勘的结果是:"出界占山耕田者甚众,不能照界地旧基筑墙,遂与总兵官张国〔谷〕祯商议,若将巡查官兵移住民种田外要地看守,则于地方有裨益。"②此后鄂海又招抚了前未归附的红苗③。这些奏折,反映出当时苗汉交界处的情形与康熙帝态度,也是重要资料。

四　结语

清朝对于土司的处置,是其确立全国统治的一部分,顺治、康熙时期土司问题与清朝统一全国稳定社会秩序联系在一起。

清朝正式招抚土司的政策,体现在顺治五年的诏书,表达出秉承

①中国第一历史档案馆编:《康熙朝满文朱批奏折全译》第 1770 号,中国社会科学出版社 1996 年版,第 737 页。

②《湖广总督鄂海奏报镇筸地方苗民情形折》,中国第一历史档案馆编:《康熙朝满文朱批奏折全译》第 1815 号,第 753 页。

③《湖广总督鄂海奏报镇筸地方苗民归诚折》,中国第一历史档案馆编:《康熙朝满文朱批奏折全译》第 1833 号,第 760 页。

天命统一中国的政治合法性。诏书大赦条目中有关土司政策的有两条:前一条主旨是与反清势力即所谓"叛逆"争夺土司,说未归顺的土司只要认同清朝统治即服从"王化",可以继续世袭土司,延续明朝对地方的统治,并奖励"擒执叛逆来献者"。后一条是奖励已归顺的土司。这个诏令在顺治十四、十五、十七年多次重申。

清朝的招抚政策起到了一定的作用,在湖南、两广地区基本平定云、贵地区尚未归附的情况下,清朝采取继续招抚土司的政策。顺治十年五月,清廷任命洪承畴总理西南事务的重任,重要的事务是招抚土司。其中谈道"应给敕谕印信,作速撰铸给与",说明很可能此前零星来归的土司未能及时给与敕印,因要大规模招抚西南土司,所以要求及时铸印颁给。顺治十一年出现了换给土司印信的记载,说明清朝换给土司印信更加制度化。

顺治时期制订了土司承袭的基本制度。主要内容是土司承袭需要吏部颁给"号纸",承袭年龄为15岁,还规定了继承的监护、顺序问题。为了有效防止土司因承袭导致争夺变乱,采取"预制土官"的办法,即土司向布政司开报世系履历及有无嗣子,预上其籍于部,袭替发生争执时,按籍立辨,加以处置。清朝的土司制度基本上承袭了明朝土司制度,但是也有所创新。

从清朝管理土司的实践来看,"号纸"与"印信"是土司得到中央政府承认的两项凭证。

虽然清廷不断告诫军前处理好与土司的关系,强调招抚,但是并不排斥征剿。为了对付苗人的"劫杀抄掠",顺治年间沿用了明朝的"雕剿之法",即如老雕出其不意袭击目标。此法在康熙时期被一些清朝官员所采用。

康熙初年继续奉行顺治时期的土司政策。清廷开始对于部分地区土司实施有效管理。其主要措施一是对土司子弟进行儒家教化,使其知礼仪。二是制定土司贡赋的管理条例。清初清朝中央对于西南土司的控制很短暂,康熙十二年发生三藩之乱,包括土司在内的西南地区实际属于吴三桂的控制之下。在平定三藩之乱的战争中,清廷继续实行招抚土司的政策并制订了管理土司的制度。

康熙二十年平定三藩之乱收复西南地区后,清朝才真正面临土司的管理问题。康熙朝为了稳定秩序,开始强调将汉族与其他民族区分开来的措施,称之为"边禁",如三藩叛乱平定后,清廷注意"逃民"与"逃兵"问题。清朝进一步完善了土司承袭制度。康熙二十五年决定根据广西南宁、太平、庆远、思恩四府所属各官吏部停止铨选,令该督抚于品级相当现任官员内拣选,通判知县以上具疏保题调补,杂职等官止令报部注册。康熙三四十年代,因地方上离省会遥远且多土司瑶壮的烟瘴之地,官吏不愿意赴任,所以采取掣签方式选取,而且年满三年即升。后虽短暂改为杂职掣签,道、府、州、县俱不掣签,不久恢复旧制。

湖南西部的湘西以及湘黔边地区是苗族聚居区,元、明时期由于并未纳入中央朝廷的有效控制,被称为"苗疆"。康熙四十二年将湘西生苗纳入统治系统后,清朝采取了一系列措施,保证对于湘西的控制。这些措施主要是:清朝在当地设厅后,五寨司土官土民归厅管辖,红苗纳粮,土官将犯罪之苗拿解道厅治罪,不能擅自处置,土官有约束红苗捉人勒银取赎、黔楚相接之苗互相杀掳、彼此拿人的职责,为了防止苗民因民人进入发生冲突,禁止民人擅入苗地、禁止民苗结亲往来。邻省之间遇有民苗争讼事件,地方官不得互相推诿。

地处湖北西部的容美土司是土家族聚居区,由土司田氏控制。康熙四十五年四月湖广总督石文晟疏参容美土司田舜年,是康熙朝对于湖广土司政策转变的重要事件。

《康熙朝汉文朱批奏折汇编》,保存了珍贵的有关土司的资料。从中反映出康熙三十五年岳升龙为四川提督,任上留意土司特别是川西天全六番事务。康熙四十九年时任四川巡抚年羹尧与岳升龙控制了通往西藏的要道打箭炉附近地区,年羹尧还积极控制打箭炉以南的建昌土司。贵州巡抚陈诜、提督张文焕奏折反映了贵州土司的概貌,涉及相邻省区。康熙四十七年湖广提督俞益谟奏陈所属苗民情况及剿抚之法,提出"以剿为抚",奏折所附康熙四十二年他率兵征苗时的书信、条约、告示弥足珍贵,对了解生苗的状况以及清朝采取的措施很有价值。广西巡抚陈元龙、高其倬奏折反映了广西苗、瑶的情形,涉及清朝治理当地的办法。上述史料涉及广西、湖广、贵州、四川等省区多个民族聚居区土司问题的细节以及康熙皇帝对土司问题的态度,十分重要。

清朝比较重视通过教化改变土司的文化政策。康熙帝继位不久清廷采纳礼部建议,同意云南土官子弟应令"各学立课教诲俾知礼义",地方官择文理稍通者开送入泮应试。康熙五年因广西土司"俗无礼义,尚格争替争袭连年不解",为了更化善俗,令各土司子弟愿习经书者在附近府县考试,文义通达每县额取二名,使感于忠孝礼义,以息争斗之风。康熙二十五年礼部清廷以西土司"僻处边峒,不识诗书,不明礼义,狠悍成性",令各土司官有愿送子弟就近府、州、县读书者,命该教官收纳训诲。除了云南、广西之外,康熙四十四年湖广也准许土司子弟参加科举考试。康熙二十五年要求各省土司武职也同文职一样讲读《上谕十六条》,"更征远迩同风教化大行之治"。这样通过吸收土司子弟进入学校、参加科举,接受官方正统的儒家文化教育,加上宣讲圣谕等教化手段,使土司认同中国传统文化,进而实现对清朝的国家认同。

顺治康熙时期,已经有部分地区土司进行了改土归流。顺治朝改土归流计有顺治六年云南元江军民府改流,十六年云南广南府改流,十七年四川遵义军民府改流,均为各裁土知府1人,设流官。清初的统一战争也开启了清代的改土归流。《清圣祖实录》出现了改土归流事例,记载为"改土为流"或"改土归流"。具体事例如贵州水西、马乃、乌撒三土司在顺治、康熙之际进行了较大规模的改土为流,康熙五年设大定、威宁、平远三府。康熙元年曹滴司改土为流令贵州黎平府经历管理。康熙五年广西由土司改设西隆州西林县,隶思恩府。康熙朝对于改土归流问题有过两次较大讨论,一次是康熙二十二年贵州平远、大定、黔西、威宁四府是否仍旧改土归流引起讨论,最终坚持下来。另一次是康熙四十五年对于是否将容美司改土归流也讨论过,未加改流。这些讨论结果表明,康熙帝以因地制宜个案处理的方法对待土司。康熙后期改土归流的事例增多。康熙三十五年改云南阿迷州土州为流,三十七年四川东川军民府改隶云南省,改流。四十五年贵州清平县凯里土司改土归流,四十五年贵州平州六硐长官司改隶流官。五十四年宁谷长官司改隶流官。六十年广西太平府思明土知州改土归流。上述事例都是因为原任土司"贪婪""贪残不法""贪残""贪虐民命"被废改为流官管理的。这说明随着康熙后期社会安定、统治秩序的恢复,按照清朝的政治标准,一些土司的作为,变得不符合朝廷的要求,清朝改土归流的愿望凸现出来。

　　顺治、康熙时期的改土归流，反映了清朝的政治观念与民族政策。土司与中央王朝的关系，如前所说，必须取得朝廷颁给的印信、号纸，并向朝廷出示土司家族世系资料，三年入觐，土司虽然世袭，但是其承袭必须经过朝廷同意。土司还要向政府交纳贡赋，或比年一贡，或三年一贡，各因其土俗以定制。如土司贡赋欠缺，并不严格处分土司所在地区的官府，与内地流官统治区有所区别。改土司为流官后，废除土官世袭，土司属民要向国家纳粮当差，成为国家的编户齐民。康熙四十九年四川巡抚年羹尧上奏请求皇帝赏给建昌土司号纸、印信，"使凡事有所责承，准其纳粮，渐以礼仪化导，与内地百姓同为朝廷赤子，又何汉蛮之分"。把土司领取号纸、印信，纳粮，加上接受礼仪化导，作为"朝廷赤子"的条件，如此则不分"汉蛮"。《康熙起居注》记载，康熙四十五年湖广总督石文晟等奏参容美土司田旼如贪酷庸劣，讲到田舜年所属之人诉称"情愿纳粮当差"说明百姓是把"纳粮当差"作为服从皇权的标志，因此石文晟等请示："应否将其土地人民入我版图。"如此说来，原来土司的土地人民并未进入清朝的"版图"，属于土司私有。因此，改土归流对于清朝的意义是将土司的土地人民纳入清朝的"版图"。当然也不能将土司理解为外国或国中之国，因为早在清初土司归顺清朝时，清实录就记载土司"各献舆图版册及元明两朝印式来归"，承认清朝的统治。所谓"舆图版册"，即有关土地人民的册书，实际就是"版图"。所以对于"版图"应当有两种理解，一种纳粮当差从属的版图，另一种是归顺王朝政治的版图。可见土司实际上是一种独立性较强的自治区域，改土归流是更直接归入国家管理。

　　康熙朝对土司的处置结果，是由康熙皇帝的政治态度决定的。康熙帝为政尚宽、不愿多事的态度以及对于土司基本采取因俗而治的政策，影响了他对土司的处置。康熙二十五年二月云贵督抚及四川、广西巡抚俱疏请征剿土司，康熙帝对大学士等说"控制苗蛮惟在绥以恩德，不宜生事骚扰"。并指出因土司地方所产金帛异物颇多，不肖之人辄以为抗拒反叛请兵征剿，在地方官则杀少报多，希冒军功；在土官则动生疑惧，适足启衅，他期望天下无事，要求安静抚绥。虽然康熙帝认可九卿会议提出的令督抚剿抚并用的建议，几天后他又谕吏部、兵部：土司地区督、抚、提、镇各官不善抚绥土司，既然"土司苗蛮授官输赋,悉归王化",地方官应推示诚信,化导安辑,各循土俗。同时要求苗民恪遵约束,不致侵扰内地居民。康熙三十一年他告诫贵州地方官遇事对土司抚慰,不得轻易用兵。还对大学士等说:"土司习俗各异,必顺其性而抚治之,方为得宜。"三十五年又反对贵州地方官变更旧例,要求因俗而治,避免事端。康熙四十六年初新任贵州巡抚陈诜热心民族事务,上奏贵州土司情形,康熙帝告诫他:土司风俗各异,不能以内地民情治之,只能"将就大概治之","只以不生事为主",前任督抚未尝不知当地土司情况,害怕生事,所以并不报告,担心陈诜惹是生非。康熙四十七年湖广提督俞益谟奏请对所属苗民"以剿为抚",来秋发兵剿除红苗。康熙帝与大学士认为兴兵进剿师出无名,苗民有过恶,应当晓谕,不得已才剿之,使其心服,否定了俞益谟的请求。康熙六十年广西巡抚高其倬的奏折反映出当时地方官参劾土司用度派取民间之事颇多,康熙皇帝则认为:"土司猺獞当就其风俗,安静治之。"反对以内地汉族官员的标准要求土司,主张安静处置。于是高其倬以"有司不致借端生事"对待"土司杂派事件",不惹是生非。这些事例反映出康熙帝因俗而治、为政从宽的特点。

康熙朝对待土司比较宽容,因此尽管多次进行改土归流的实践,主要作为处置违法土司事例处理,尽管讨论改土归流问题,但是康熙帝并不将改土归流作为治理土司的最好办法强制推行。然而雍正帝上台后政风为之一变,大规模推行改土归流,历史掀开了新的一页。

(原载中国社会科学院历史研究所清史研究室编:《清史论丛》2012 年号,中国广播电视出版社 2011 年版)

清雍正朝改土归流起因新说

　　清代雍正朝改土归流无论作为政治制度史,还是边疆民族史都是一个重要问题,一直为学界所重视。就改土归流起因来说,学界的观点并未统一。关于雍正朝推行改土归流的原因,已有若干综述作了归纳①。由此可知学者的分析是从土司与朝廷两方面以及历史背景进行的。就历史背景而言,学者指出平定三藩之乱后清朝统治在加强、关注西南地区的控制。就土司来说,众口一词地认为他们社会经济落后,割据一方,抢夺掳掠,为非不法;而朝廷一方则针对土司的不法与落后,采取措施以维护社会秩序、改变土司地区的落后,控制土司地区,加强中央集权,增加财政收入。

　　这些论述应当说不同程度地反映了当时的实际情况,但是我们也看到由于受到社会形态进化理论的影响,首先将土司置于落后的方面;受肯定中央集权维护大一统传统的正统论的影响,又将土司置于地方与分权的方面;在史料方面则多相信基于清朝立场而形成的文献,未能充分进行史料批判,不自觉地相信官方立场史料大量对土司的负面记载。如果从今天社会历史理论、民族政治理论讨论提出

---

①刘桂林《近十年来雍正及其时代研究述评》(《中国史研究动态》1991年第4期)介绍了改土归流问题;贾霄锋《二十多年来土司制度研究综述》(《中国边疆史地研究》2004年第4期)的第四部分"有关改土归流的研究";秦中应《建国以来关于"改土归流"问题研究综述》(《边疆经济与文化》2005年第6期)也有涉及。

的问题出发,我们会看到,以往有关改土归流的研究存在着上述问题,需要重新思考,从更客观、公正的立场进行研究。

其实这还是在方法论和叙事逻辑方面的讨论,如果我们深入分析雍正朝的历史,充分占有资料分析改土归流的细节,则会发现,以往的研究受到理论思维的束缚与史料占有的制约,与历史的"真实"还存在一定的距离。笔者试图对改土归流的原因重新探讨,以就教于方家。

一 从雍正朝推行保甲、汛塘看改土归流背景

学者论述雍正朝改土归流所指出的土司种种落后、不法的负面问题,其实在此之前长期存在,这些问题在雍正初年并未由于特殊的历史原因而更加严重,同样的问题在康熙朝虽然也有军事征讨、改土归流,但康熙帝并不认为改土归流是最好的办法,而是采取了息事宁人的总体策略①。雍正帝则与皇父不同,虽然开始继承康熙帝慎重改土归流的政策,但是很快改变初衷,强力大规模推行改土归流,因此分析改土归流起因不应该从土司身上找原因,而应当着手分析雍正帝及其政治。

雍正帝即位之初,承袭了康熙帝在土司地区安静为主避免生事的政策。雍正元年(1723)元旦,雍正帝正式登基,遍谕各级官员,讲明对其职责的要求,其中第二项谕巡抚:"云、贵、川、广猺獞杂处,其奉公输赋之土司,皆当与内地人民一体休养,俾得遂生乐业,乃不虚朕怀保柔远之心。嗣后毋得生事扰累,致令峒氓失所。"②经过一年多,雍正帝对于土司的看法有了变化。雍正二年五月,他谕四川、陕西、湖广、广东、广西、云南、贵州等多民族居住省份的督、抚、提、镇等:"朕闻各处土司鲜知法纪,每于所属土民多端科派,较之有司征收正供,不啻倍蓰,甚至取其马牛,夺其子女,生杀任情,土民受其鱼肉,

---

①常建华:《确立统治与形成秩序:清顺治康熙时期对南方土司的处置》,中国社会科学院历史研究所清史研究室编:《清史论丛》2012年号,中国广播电视出版社2011年版。

②《清世宗实录》第1册卷3,雍正元年正月辛巳朔,第70页。按:清人记载少数民族族称使用"犬"字偏旁多有侮辱性,如"猺""獞""狆""猓"等,本文引文依旧,以存当时真实情况。但是转述清朝官员所言少数民族族称时,改用瑶、僮(壮)、仲、倮等字。

敢怒而不敢言。"①雍正帝分析说,土司敢于恣肆,大率皆由汉奸指使。汉奸或缘事犯法避罪藏身,或积恶生奸依势横行,他们粗知文义,为不法土司主文办事,助虐逞强,无所不至,诚可痛恨。他于是要求:"嗣后督、抚、提、镇宜严饬所属土官,爱恤土民,毋得肆为残暴,毋得滥行科派。"②雍正帝不能容忍土司地区的人民受到土司不公正的统治。

雍正帝对于土司看法的转变,与他追求社会治安、维护社会秩序有关。即位之初,他要求科道诸臣凡有所见应竭诚入告,不少给事中、监察御史奏请推行保甲制度,以维护地方社会秩序。雍正帝决心试行保甲,大约在雍正元年八月初五日至八月十四日之间,密谕督抚整饬营伍情弊、举行社仓备荒、设立保甲弭盗,提出用三年的时间推行保甲与社仓,反映了新皇帝教养治国的理念,即用社仓养民,用保甲(包含乡约)弭盗及管理人民。如湖广总督杨宗仁奏折说,他是在九月初三日钦奉密谕督抚设立社仓、保甲以及稽查省府、州、县、卫所设立官兵,其中有关保甲的内容是:

> 地方设立保甲,乃安民缉盗之第一良策,好府、州、县官亦有行之者。尔大吏不加奖励,不行者亦不见教诲,所以,怠惰偷安者,将此善政皆忽之不问。今尔督抚当劝勉府、州、县渐渐学行,不可急迫生事,三年成功不为缓也。③

雍正朝推行保甲分为三个阶段。雍正元年八月至雍正四年七月三年间是第一阶段,从雍正元年九月开始,各地督抚不断上折向皇帝汇报推行保甲与社仓的情况。雍正四年八月至雍正五年八月一年间,是推行保甲的第二阶段。雍正四年七月,清廷正式公布了保甲条例。从雍正四年八月起的一年间,清廷要求各省通行保甲制度。雍正五年九月之后进入推行保甲的第三阶段。雍正帝鉴于保甲的完善需要时日,而徐徐责成官员,强调进一步落实保甲职责,于是保甲制度推行全国,普及社会。雍正朝的保甲制度主要形成于雍正四年、五

---

① 《清世宗实录》第1册卷20,雍正二年五月辛酉,第326页。
② 《清世宗实录》第1册卷20,雍正二年五月辛酉,第326页。
③ 《湖广总督杨宗仁奏覆历奉密谕遵办情形折》,中国第一历史档案馆编:《雍正朝汉文朱批奏折汇编》第4册第121号,江苏古籍出版社1991年版,第161页。

年,各地推行保甲因地制宜,具有自己的地方特色。雍正朝保甲制度的普及,不仅对于清代历史具有重要意义,在中国历史上也是首次将国家权力有效深入县级以下基层社会,具有划时代意义①。

正是在推行保甲的过程中,大规模实行改土归流。同时,不仅以保甲维护治安,清朝还依靠军队维护社会治安,即以驻防八旗、绿营控制地方,八旗驻扎于重要城市、军事要地以及交通线上,广大地区则依靠绿营维护。督抚是各省绿营兵的最高长官,提督各省是绿营兵的最高武官,有节制各镇之责。各省绿营的最高编制是镇,其长官为总兵。各镇总兵兼辖协、营,协以副将为长官,营则以参将、游击、都司、守备为长官。各协、营绿营兵除了留守协、营驻地,为城防守外,其余被派到该协、营辖区内,划分汛地,分别防守,由千总、把总、外委千总、外委把总等率领分防驻守。各汛之内,除部分兵丁驻汛地防守外,大部分兵丁又被分派到汛防区域内各交通要道、山险要冲之处,设塘驻守②。绿营兵是清朝控制全国各地的重要工具,绿营对于基层社会的控制,主要是以汛塘划地设点,扼制道路,形成治安网络。汛塘与保甲是清代为保障社会治安主要采取的两种手段。

雍正初年推行保甲制缉盗,多民族聚居地区的地方官向雍正帝密奏,在临近土司地区盗匪猖獗,土司控制民众,地方社会秩序难以控制,对于土司统治不满。地方官反映的情况一是实情,二是因推行保甲使得问题彰显,这样在康熙朝本已存在的土司问题显露出来。

湖广土司较多,又是力行保甲的地区,有关土司与朝廷社会控制的矛盾突出。雍正二年六月总督杨宗仁奏报:本年四月内荆州府属与土司连界之远安县有匪类郭姓改名朱桃红,诡称法术能治疾病,捏造妖言名号。据他核查,郭姓并未招聚多人,况远安逼近土苗,更须俾知国法。他与巡抚饬各属力行保甲,彼此稽查③。八月,杨宗仁又专门上了奏请立法约束楚南苗瑶折。他提出,楚南有苗瑶各州县,民

---

①常建华:《雍正朝保甲制度的推行——以奏折为中心的考察》,《故宫学刊》总第 10辑,故宫出版社 2013 年版,第 74—122 页。

②秦树才:《清代云南绿营兵研究——以汛塘为中心》,云南教育出版社 2004 年版,第2 页。

③《湖广总督杨宗仁奏陈力行保甲稽查匪类并缴朱旨折》,中国第一历史档案馆编:《雍正朝汉文朱批奏折汇编》第 3 册第 162 号,第 242 页。

瑶杂处之地甚多。苗瑶有生熟之分,其稍纳瑶粮者为熟瑶,其不纳瑶粮者为生瑶。苗瑶的破坏性很大,如湖南之永、宝、郴、靖等处皆有瑶人,峒数甚多不一,其类情性不伦,全不畏法,惟以抢夺为事。至永州之道州、永明等处,界连广西之富川等处,每当粤地瑶越境为非,或有边地光棍勾引生事,捉人勒赎,暗中分肥。又或土人雇瑶佣工,倘在主家物故,苗瑶借端起衅,不与主家理论,潜入地方,不问谁家坟墓,掘冢取骸而去,便将情由书写一纸,置于竹筒,标插墓侧,名曰仇帖。被害之家执帖控官,地方官无法查拿凶瑶,止著落雇苗之主家出银赎骸,相纵日久,野苗竟以此为利薮,近瑶百姓每被捉人抢夺,枕不安席,地方官弥缝粉饰,匿不报闻,恬不知怪,皆由平时防范无术,查察不严之故。因此,杨宗仁建议:"宜敕下督抚,令有猺苗之各州县,将所属峒寨查明处所,亦照民例编设保甲,每峒寨设练总一名,寨长二名,择知法诚实者以充其役,以总其事。如有干犯,地方官著落练总、寨长拘拿,不致违抗。"至于生苗、生瑶,则严防其出入,杜绝土棍勾通,"敕谕督抚令各州县查明伊等出入必由之路,设立塘汛,加紧查察守御,如两邑交界之处,彼此设汛,互相稽察"①。十月,杨宗仁向雍正帝报告说:"边苗地方,督令各州县一体清编保甲,互相守望稽查,汛守严密,武弁不时游巡,间有苗性难驯,或挟隙伏草报仇行窃,一旦发觉即令文武协缉追擒。"②

湖南巡抚王朝恩上任不久,十一月奏陈苗瑶州县推行保甲。他指出:"查苗瑶原有生熟之分,熟者耕凿饮食与齐民不甚相远,但生性犷野,时有抢夺,贻害地方,究其根源,亦由近峒奸民勾引,或联结婚姻,或暗为主谋教唆构衅,不特同类相残,抑且捉人掘骸,流毒百姓。"他建议:"饬令有司严禁附近居民,不许与彼结亲并出入峒寨,致起祸端,违禁查解,尽法惩治,则苗瑶无勾引之人自不敢于生事。查历来原设有土千百户,在总督衙门给发委牌管辖,亦各有寨长分理,似无庸再添练总名色,与齐民一体编查,徒滋纷扰。"至于生苗、生瑶散处深岩密箐之中,言语、衣食不与民同,又以熟苗、熟瑶为耳目,时出边

①《湖广总督杨宗仁奏请立法约束楚南苗瑶折》,中国第一历史档案馆编:《雍正朝汉文朱批奏折汇编》第 3 册第 296 号,第 401 页。

②《湖广总督杨宗仁奏覆安仁知县田仁亏空库银一案等事折》,中国第一历史档案馆编:《雍正朝汉文朱批奏折汇编》第 3 册第 652 号,第 855 页。

界作祟,不法之徒亦有串通熟苗、熟瑶,引线潜入彼地构衅为患者。王朝恩提出,生苗、生瑶出入之处现有附近镇、协、营、汛分防弹压,因此"严饬苗猺杂处州县实力奉行内地之保甲"①。通过这两套系统,"加谨隘口之稽防,则民自为民,生熟苗瑶各以类聚,不致彼此勾引,内外酿祸"②。雍正帝朱批称:"此奏甚得中而妥,与朕意甚合,严饬属员实力行之。"③雍正二年君臣就湖广推行保甲的讨论,使得雍正帝对于湖广地区土司与苗瑶族的情况有了了解,最终采取生熟苗瑶分别处置的办法,生苗、生瑶出入之处用镇、协、营、汛分防弹压,苗瑶杂处州县推行内地的保甲制。

此时雍正帝对于改土归流仍不赞成。雍正二年十二月二十六日,他在广西巡抚李绂的奏折上批示:"土官相袭已久,若一旦无故夺其职守,改土为流,谁不惊疑?"④他希望封疆大吏审择中道而行。

云、贵更是多民族聚居、土司众多的地区,雍正初年也在推行保甲。云南巡抚杨名时在雍正元年十二月接到设立保甲的谕旨,他奏报说:"于府、州、县各官进见时,宣播皇上弭盗安民德意,令其编立门牌,十家为甲,十甲为保,互相稽察,切戒其扰累小民,随宜措置。云南多彝猓,村寨零星散居,难以十家百家为限,只可就近联络互查,总以简易便民为主。"⑤云贵总督高其倬也报告了编保甲的情形⑥。云南布政使李卫报告了省界接壤地区多民族杂居,疆界彼此不清,难于管理。他说:湖南之于贵州、广西,广西之于云南,云南之于四川,广东之于福建,地处边远,汉苗杂居,其间往往有地数百里、千余里并未

①《湖南巡抚王朝恩奏陈苗猺州县推行保甲折》,中国第一历史档案馆编:《雍正朝汉文朱批奏折汇编》第3册第717号,第928页。

②《湖南巡抚王朝恩奏陈苗猺州县推行保甲折》,中国第一历史档案馆编:《雍正朝汉文朱批奏折汇编》第3册第717号,第928页。

③《湖南巡抚王朝恩奏陈苗猺州县推行保甲折》,中国第一历史档案馆编:《雍正朝汉文朱批奏折汇编》第3册第717号,第928页。

④鄂尔泰等编:《朱批谕旨》卷22上,朱批李绂奏折,《钦定四库全书荟要》第2册,吉林出版集团有限责任公司2005年影印本,第386页。

⑤《云南巡抚杨名时奏覆两年内奉到密谕逐一办理情形折》,中国第一历史档案馆编:《雍正朝汉文朱批奏折汇编》第4册第8号,第14页。

⑥《云贵总督高其倬奏陈雍正元二两年历奉密谕暨折奏事件办理情形折》,中国第一历史档案馆编:《雍正朝汉文朱批奏折汇编》第4册第289号,第364页。

明隶某省管辖,即当年绘舆图之钦差亦不曾深入其地,遗漏不可胜数,平居无事,两省皆置之度外,一旦匪类窃发,有争杀抢掠之事,则两省互相推诿,倘其中可以取利,则两省文武官代为之争,甚非体统,更可患者,其地既为可黔可楚之地,则其民即为非黔非楚之民,保甲不得而编,汛兵不得而防,钱粮不得而征,奸恶以是为盘踞之窟,盗贼以是为逋外之薮,"以致幅员之内竟有教化不及之地,刑政莫加之民"①。即言之,贵州与湖南交接地区并未纳入朝廷的保甲、汛兵控制之内。

上述资料表明,雍正初年在推行保甲、汛塘以控制地方社会的过程中,雍正君臣将未能直接控制湖广、云贵等南方地区土司作为严重的问题提出,土司所在地区的争杀抢掠成为缉盗的对象。由于土司的存在,缉盗事权不一也是面临的突出问题。如何处置土司,成为雍正君臣非常关心的问题。

二 从贵州长寨事件看改土归流起因

面对贵州的土司问题,雍正帝指示云、贵地方官剿抚并用,治理当地严重的秩序失控问题。雍正三年二月初十日云贵总督高其倬、贵州巡抚毛文铨、提督赵坤等接到皇帝谕旨:黔地诸苗,仲苗最为不法,仲苗及红黑诸苗与其有事而剿抚,不如未事而筹划。要求一二年间,内地之兵民与向化之苗倮皆畏威怀德,感激思奋。谕旨的核心是要求地方官未雨绸缪,对于为恶土司先以招抚,继以剿捕②。

值得注意的是,雍正三年四月云南将威远土州改土归流。雍正三年正月二十六日,云贵总督高其倬奏陈元、二两年历奉密谕暨折奏事件办理情形,讲道保甲说:

> 云南民杂猓夷,地多山箐,臣择蒙化、和曲、安宁、陆凉、赵州、昆明、太和、永平、浪穹、通海十府、州、县先令试行,行之有益,再令各州县照依其法,次第举行。今所行各属俱已举行,已

①《云南布政使李卫奏陈筹划海防省界暨密折防弊等事折》,中国第一历史档案馆编:《雍正朝汉文朱批奏折汇编》第4册第357号,第444页。
②《贵州提督赵坤奏钦遵上谕整饬苗务情形折》,中国第一历史档案馆编:《雍正朝汉文朱批奏折汇编》第4册第397号,第496页。

比前少有约束，民亦无不便之处，俟至今年秋冬，臣再令未行各州县酌量举行。又元江、新平二处讨保之野贼虽已剿除，然彼地猓民染于故习，恐暗纠人众出外妄为，臣令元江、新平将各村寨仿保甲之意，编开人户口数，令地方官于九、十、十一、十二等月不时巡查。如出外之人多，即是讨保，务行根究，以杜奸宄。至贵州沿大路村寨及各州县，俱已行令地方官编立，现俱举行保甲。至于苗寨不便举行，只在文员尽心拊循，武员加意振勉，自可消弭抢劫。臣惟一意于整顿属员，以期安辑地方耳。[①]

该折所讲云南推行保甲消弭苗猓"讨保"，即成群外出抢劫之习。

此后，高其倬建议采取设立防汛、改土归流，治理云、贵苗猓。他说：云南苗猓、平时踞元江、新平之间，官兵剿捕，则遁入威远、普洱、茶山等处，广袤二三千里，难以控制。请将威远土州改土归流，设抚夷清饷同知1员、经历1员、盐井大使2员，于猛班设巡检1员，分理民事。再添设普威1营，置参将1员，驻扎普洱，守备2员，一驻威远，一驻茶山，千总4员，把总8员；兵丁1200名，分汛防守。此外，针对"猓夷有讨保之习，勒索银两，骚扰地方。请于九龙江口夷人出入之处，设立防汛，照山海关例给以印票，并将所属村寨编立里甲户口，以凭稽察。其夷人子弟有志读书者，准其于元江附考，元江府入学额数应加取二名。田亩照地肥瘠酌定额赋，土地可辟者见今开垦，照定例水田六年、旱田十年升科。至于土官方、普二姓纠众骚扰，所有二姓土巡检承袭之处，应永远停止"[②]。兵部建议听从所请，得到了雍正帝的赞同。这是雍正朝第一次改土归流，所采取的措施，成为以后改土为流的先例。

同年发生了长寨事件。云贵总督高其倬奏准，在贵州贵阳府广顺州仲家族村寨建立营房，增置防汛。当即在宗角盖造完毕，及至计划在长寨施工，该寨土舍[③]用大石头堵塞路口，不许清军建房进驻。署理贵州巡抚石礼哈、提督马会伯先后提出用兵要求，雍正帝认为二

①《云贵总督高其倬奏陈雍正元二两年历奉密谕暨折奏事件办理情形折》，中国第一历史档案馆编：《雍正朝汉文朱批奏折汇编》第4册第289号，第364—365页。

②《清世宗实录》第1册卷31，雍正三年四月乙未，第482页。

③管理少数民族村寨的头目，见李世愉：《清代土司制度论考》，第189页。

人所奏有理,然而担心他们难当此任,告诫他们不可轻举妄动;又怕石礼哈过于勇往直前,派何世璂为贵州巡抚。何世璂主张招抚,不见效验。三年冬,任命鄂尔泰为云南巡抚管云贵总督事,召高其倬回京,进一步了解云贵土司情况,并征询他的意见。高其倬主张征剿,雍正帝遂下旨询问鄂尔泰。雍正四年春,广顺土舍焚烧清军营房,鄂尔泰看到事态严重,四月请求用兵,雍正帝大加赞赏。鄂尔泰在长寨用兵中,深感土司难以控制,应筹措一劳永逸之法,九月他正式提出改土归流的建议,方法是计擒为上策,兵剿为下策;令自投献为上策,勒令投献为下策。对于投献者,收其田赋,稽其户口,仍量予养赡,授以职衔冠带终身,以示鼓励。他的改流策略,既要用兵,又不专恃武力,争取波及面小,尽量减少阻力,以便尽快奏效。雍正帝批准了鄂尔泰的建议,决定改土归流①。

因此,高其倬在长寨建房增置防汛引起土司抵抗,长寨事件是引起后来改土归流的导火索。鄂尔泰很快平定长寨,设立长寨厅(今贵州长顺)。长寨的用兵是雍正朝大规模改土归流的开端②。

雍正四年十月,雍正帝授鄂尔泰云贵总督,加兵部尚书衔,又将广西从两广总督辖下划归云贵总督管理。五年十二月,雍正帝正式提出云南、贵州、四川、两广以及湖南、湖北的土司改土归流问题:

> 谕兵部:向来云、贵、川、广以及楚省各土司,僻在边隅,肆为不法,扰害地方,剽掠行旅。且彼此互相仇杀,争夺不休,而于所辖苗蛮尤复任意残害,草菅民命,罪恶多端,不可悉数。是以朕命各省督抚等悉心筹划,可否令其改土归流,各遵王化。此朕念边地穷民皆吾赤子,欲令永除困苦,咸乐安全。并非以烟瘴荒陋之区,尚有土地人民之可利,因之开拓疆宇,增益版图,而为此举也。③

从雍正帝提出改土归流的理由来看,土司的问题在于破坏地方社会秩序,表现在剽掠行旅,彼此互相仇杀,草菅民命,认为改土归流

---

①冯尔康:《雍正传》,人民出版社 1985 年版,第 333—336 页;王锺翰:《雍正改土归流始末》,《清史新考》,辽宁大学出版社 1997 年版,第 205—206 页。

②冯尔康:《雍正传》,第 336 页。

③《清世宗实录》第 1 册卷 64,雍正五年十二月己亥,第 986—987 页。

可以使土司地区人民永除困苦,各遵王化。声明绝不是贪图土地人民,"因之开拓疆宇,增益版图"①。这些理由以往常被作为雍正改土归流的原因,其实掩盖了雍正推行改土归流的直接原因。同时,也掩盖了土司问题很多情况下是地方官贪索造成的事实。王锺翰先生指出:"至若事件之起因,诬少数民族以劫杀、以抗命,不过借为口实。"②雍正六年十二月,雍正帝特授鄂尔泰为云南、贵州、广西三省总督。鄂尔泰受到雍正帝的充分信赖,大力推行改土归流。

由上可知,从贵州长寨事件看改土归流起因于高其倬在长寨建房增置防汛引起土司抵抗。其他资料也可证明清朝针对土司设置汛塘的想法,如川陕总督岳钟琪奏称:

> 查普雄即梁山(凉山,笔者注),居云、贵、四川三省之中,横亘千余里。自汉、唐以来,三省沿边一切土司敢于负固者,皆倚此为退藏之地,一经追捕,则携族遁入,莫可如何!臣愚以为梁山既属各土司视为藏奸之地,则欲整理乌蒙等处地方,非得梁山不能一劳永逸……将四川梁山收入内地,相其扼要,安设营汛,收其贡赋,以资兵饷。再招善于开垦之楚民,广推屯种,则不数年,居民稠密,势同内地,不特国势加增,即沿边各土司转皆腹里受制,将来改土归流,俱为顺易。③

岳钟琪将安设营汛作为控制土司的主要手段,为改土归流打下基础。在交通要路设置汛塘,符合雍正帝的想法。不过事实证明,在土司地区设置汛塘,会引起土司的不满与反对。

三　改土归流后行保甲、设汛塘可证其初衷

云南巡抚管云贵总督事鄂尔泰对西南土司用兵以及进行改土归流,同时推行保甲制度。雍正四年八月初六日,鄂尔泰上奏,言及保甲问题:

> 窃照流、土之分,原以地属边徼,入版图未久,蛮烟瘴雾,穷

---

① 《清世宗实录》第 1 册卷 64,雍正五年十二月己亥,第 987 页。
② 王锺翰:《雍正改土归流始末》,《清史新考》,第 197 页。
③ 岳钟琪《奏报添设营汛折》,台北"故宫"博物院印行:《宫中档雍正朝奏折》,转引自杨明洪:《论清代凉山彝区的土司制度与改土归流》,《民族研究》1997 年第 2 期。

岭绝壑之区,人迹罕到……然所以清盗之源者,莫善于保甲之法。臣屡与督臣杨名时、抚臣何世璂熟商酌议,拟立规条,行之两省。及阅邸抄,知荷蒙圣恩,着九卿详议具奏。臣等伏候奉旨,部行到日,当即颁行,一体遵奉外,按保甲之法,旧以十户为率,云、贵土苗杂处,户多畸零,保甲之不行,多主此议。不知除生苗外,无论民彝,凡自三户起皆可编为一甲,其不及三户者,令迁附近地方,毋许独住,则逐村清理,逐户稽查,责在乡保甲长。一遇有事,罚先及之。一家被盗,一村干连。乡保甲长不能觉察,左邻右舍不能救护,各皆酌拟,无所逃罪。此法一行,则盗贼来时,合村百姓鸣锣呐喊,互相守望,互相救护。即有凶狠之盗,不可敌当,而看其来踪,尾其去路,尽在跟寻访缉,应亦无所逃。①

雍正帝批示兵部、刑部、都察院各议具奏。鄂尔泰依据云、贵土苗杂处,户多畸零的情形,为推行保甲而建言献策:"自三户起皆可编为一甲,其不及三户者,令迁附近地方,毋许独住,则逐村清理,逐户稽查。"②同年底,内阁等衙门议覆鄂尔泰疏言诸事,其中有:"清盗之源,莫善于保甲,云、贵苗民杂处,户多畸零,将零户编甲,独户迁移附近以便稽查之处,行令该督悉心筹划,饬令该地方官善为奉行,安置得法。"③请求行令云南、贵州、四川、广西、湖南五省一并遵行,雍正帝从之。清廷要求在南方少数民族聚居区一体编查保甲,且鉴于少数民族居住分散的情况,采缩小编甲规模的灵活措施。

在处置长寨苗人问题上,鄂尔泰的《长寨示稿》保留了有关保甲问题的记载。其内容是:"现委员遍谕苗民,各照祖宗姓氏,贯以本名,造报户口清册,编立保甲。"④雍正四年九月十九日,鄂尔泰提出具体的措施:"既先之以重兵弹压,即继之以清册稽查,按其户口,

①《管云贵总督事鄂尔泰奏陈宜重流官职守宜严土司考成以靖边地管见》,中国第一历史档案馆编:《雍正朝汉文朱批奏折汇编》第 603 号第 7 册,第 851 页上、第 852 页。

②鄂尔泰等编:《朱批谕旨》卷 125 之 2,朱批鄂尔泰奏折,《钦定四库全书荟要》第 6 册,第 43 页。

③《清世宗实录》第 1 册卷 51,雍正四年十二月戊寅,第 772 页。

④《云贵总督鄂尔泰奏报审讯抗阻官兵建营狆苗暨川贩汉奸情由折》附件,中国第一历史档案馆编:《雍正朝汉文朱批奏折汇编》第 8 册第 507 号,第 701 页。

照汉民以行保甲;清其田亩,借赋役以为羁縻。不独户与户环相连保,并寨与寨互相甘结,则容一凶苗,而群苗为之获罪;隐一凶寨,而各寨为之靡宁,势不能不互相举首,交为盘查。"①鄂尔泰对西南土司用兵以及进行改土归流时,推行了保甲制度。雍正五年正月二十五日,鄂尔泰奏治理"顽苗"问题时提及:"况保甲之法已行,则乡保头人自应稽查,地方邻佑自应首告,使皆各有责成,违者并坐。"②三月,兵部议覆鄂尔泰疏奏经理长寨等仲苗事宜,其中有:"狆苗姓氏相同者多难于分别,应令各照祖姓造报户口清册,编立保甲,其不知本姓者代为立姓,以便稽察。"③帝从之。六月二十七日鄂尔泰说:"查生苗来归,应示羁縻以计长久,科粮务须从轻,户口定应清造,夷民半无姓氏,名多雷同,日后难以稽查,现在恐有重复,复经札致提臣,并饬知刘成谟、官禄等,再加查明,更定姓名,编立保甲,汇造清册,以凭具题报部。"④这些记载表明了当时实行保甲制度管理苗民的情形。

云、贵改土归流地区继续推行保甲制度。雍正五年九月十六日,鄂尔泰奏称:"向经归顺各苗悉与汉民一体严立保甲,并取具不敢容奸容贼甘结。"⑤说明苗汉都实行保甲制。此后不断在新附苗民中间实行保甲,十二月十三日,鄂尔泰奏称安顺、镇宁、定番、广顺等府州边界地方生苗皆愿内附,"已檄令文武各员附载版图,编入保甲,各加奖赏安插讫⑥。六年十月二十日鄂尔泰又奏:"据镇远府知府方显呈报,分遣各土官、土舍以及效用人等分道前往招抚,随抚得清水江一带生苗共一十六寨,计一千五百九十户,男妇五千七百六十七名

---

①《云南巡抚鄂尔泰奏遵旨剿办不法苗人折》,中国第一历史档案馆编:《雍正朝汉文朱批奏折汇编》第8册第84号,第112页。

②鄂尔泰等编:《朱批谕旨》卷125之3,朱批鄂尔泰奏折,《钦定四库全书荟要》第6册,第77页。

③《清世宗实录》第1册卷54,雍正五年三月甲寅,第828页。

④鄂尔泰等编:《朱批谕旨》卷125之4,朱批鄂尔泰奏折,《钦定四库全书荟要》第6册,第130页。

⑤鄂尔泰等编:《朱批谕旨》卷125之5,朱批鄂尔泰奏折,《钦定四库全书荟要》第6册,第149页。

⑥鄂尔泰等编:《朱批谕旨》卷125之5,朱批鄂尔泰奏折,《钦定四库全书荟要》第6册,第173页。

口,业经编立保甲,理合造册呈报。"①雍正七年三月初三日,云贵乌
蒙总兵刘起元奏陈地方改土归流事:"请照边地充发流徙之例,遇有
缘事充发之犯,仰请发乌安插,取其地方官收管,编入保甲,与民一例
输差。"②雍正帝批示廷臣详议。七月,云贵总督鄂尔泰奏,贵州高
耀等寨生苗秭仲等俱向化输诚,陆续投见提臣杨天纵。"今将认纳
粮赋数目造具清册,各寨户口编入保甲,永为良民。"③鄂尔泰又疏
报:"都匀各寨苗民输诚纳赋,编入保甲。"④雍正帝命下部知之,并
说:"都匀各寨苗民向化投诚,认纳粮赋,编入保甲永为良民,甚属可
嘉。"⑤闰七月,鄂尔泰奏报:"黔省边境生苗剿抚兼施,俱已向化投
诚,认纳钱粮,听编保甲,愿为圣世良民"⑥。贵州少数民族编入保甲
完毕。九月十九日,鄂尔泰针对御史龚健扬所奏设立乡官的建议,
认为多此一举,举例说:"如遍行保甲,则原有户口门牌,细开名数,
并记簿稽察之例。"⑦指出保甲制度实行以来已较为完善。雍正八年
(1730)五月二十六日,鄂尔泰奏请添设云南分巡迤东道管理地方事
宜,说:"至于劝农课田,勘河查路,稽查保甲,严拿匪类,宣讲《圣谕广
训》,晓谕《大义觉迷录》,俱令不时督察。"⑧其口吻视稽查保甲为已
有之事。

　　清廷在改土归流地区普遍设立保甲。有的地方是十户立一头
人,十头人立一寨长。又在黔东南正式设立古州、台拱、清江、都江、

　　①鄂尔泰等编:《朱批谕旨》卷125之8,朱批鄂尔泰奏折,《钦定四库全书荟要》第6
册,第286页。

　　②《云贵乌蒙总兵刘起元奏陈地方政务管见九条折》,中国第一历史档案馆编:《雍正
朝汉文朱批奏折汇编》第14册第592号,第780页。

　　③中国第一历史档案馆编:《雍正朝起居注册》第4册,雍正七年七月初三日,第
2933页。

　　④《清世宗实录》第2册卷83,雍正七年七月戊午,第110页。

　　⑤中国第一历史档案馆编:《雍正朝起居注册》第4册,雍正七年七月十五日,第
2956页。

　　⑥中国第一历史档案馆编:《雍正朝起居注册》第4册,雍正七年闰七月初七日,第
3001页。

　　⑦鄂尔泰等编:《朱批谕旨》卷125之12,朱批鄂尔泰奏折,《钦定四库全书荟要》第6
册,第411页。

　　⑧《云南总督鄂尔泰奏请添设云南分巡迤东道管理地方事宜并以元江知府迟维玺补
授折》,中国第一历史档案馆编:《雍正朝汉文朱批奏折汇编》第18册第573号,第774页。

丹江、八寨等六厅,分属黎平、镇远、都匀三府①。雍正帝在土司地区推行保甲的设想得以实现。

　　清朝统治力量进入土司地方以后,安营设汛,建立军事据点。雍正年间,在黔东南新附苗区共设置9个营,29个汛,78个塘,驻兵六千多名,随后又增加到15000名。另一方面,派驻流官,建立地方政权。这些新设流官有:雍正四年,设长寨同知;雍正六年设八寨同知、丹江通判;七年设古州同知、都匀府理苗同知、都匀通判、镇远府理苗同知、黎平府理苗同知,八年设清江同知;九年设都江通判;十年设归化通判;十一年设清江通判、台拱同知,等等。雍正帝在土司地区设置塘汛的设想也得以实现。

　　学者对清代绿营汛塘的设置过程有过研究,证明汛塘作为一种制度在云南大多数地区应继清顺治十六年废关哨之后建立起来,汛塘分布情况较大改变发生在雍正年间。随着改土归流的进行,清政府对改土归流地区派驻了绿营兵。"雍正时期云南以分汛防守的绿营兵有了较大增长,达到20780名,占当时云南绿营兵总数47980名的43%,较康熙二十年三藩之乱平定后云南分置于汛塘的绿营兵13795名增加了6985名。"②同时,云南腹里发达地区绿营兵额的下降和边疆地区的绿营官兵分布数的上扬,成为这一时期云南绿营兵分布的最大变化。"标志着封建王朝对云南的统治已由传统的以腹里中心区向全省各地扩展,中央王朝对边疆地区的控制大大增强。"③

　　清军添设营汛,扩大了驻防。新设的镇协有,云南的乌蒙镇、昭通雄威镇及普洱元威镇,贵州的古州镇、台拱镇,广西的右江镇,湖广则增添了龙顺协、永绥协。

　　①张捷夫:《关于雍正西南改土归流的问题》,中国社会科学院历史研究所清史研究室编:《清史论丛》第5辑,中华书局1984年版,第277页。关于改土归流后设置保甲,王锺翰先生指出:"惟封建统治之策,莫善于保甲,而旧以十户为率。"鄂尔泰以云贵土苗杂处,户多畸零,倡议三户可编一甲。王锺翰:《雍正改土归流始末》,《清史新考》,第216页。李世愉先生也指出清廷"在所有改流地区推行保甲制度"。李世愉:《清雍正朝改土归流善后措施初探》,《民族研究》1984年第3期。
　　②秦树才:《清代云南绿营兵研究——以汛塘为中心》,第128页。
　　③秦树才:《清代云南绿营兵研究——以汛塘为中心》,第129页。

清朝通过设置保甲、汛塘,有效地控制了基层社会。具体情况如湖广地区,湖广总督迈柱密陈永顺、保靖、桑植三处改土归流善后措施:"其建设营制,缘地方广阔,必声息联络相通,分布管辖,乃资弹压。"①具体如"六里地方幅员千有余里,层峦叠嶂,大箐深林,其中苗巢约计不下二百寨,自十户以至百十户不等,合计则顽苗不下五六万之众。开辟之初,必须安设官兵,少则不足以资弹压,多则钱粮又复浩繁。"②镇营之下则分防设汛。再如云贵乌蒙地区,"兹蒙改土设镇安兵,所有营制官兵统辖几宜以及汛守设防处所,久蒙督臣鄂尔泰裁画题定,足称星罗棋布矣"③。同时乌蒙地区还推行了保甲制:"嗣后应请于乌治之东南西北设为四乡,将现在各土目名色削去,尽数编入乡甲之内。另择其彝人中忠厚诚实者充当乡约、保长,以资约束,务使斯民尽属流管,赋役不由彼出,使华风日炽,而彝俗亦可渐消。"④由此可见,清廷安营设汛,建立军事据点。

西南改土归流后,少数民族苗人等亦被要求剃发,四川永宁协副将张瑛条奏改土归流事宜中有"已归流之土民宜从国制"一条⑤,建议归流百姓"宜令剃头改装,分设里长甲首,令百姓轮流充当"⑥。云贵总督鄂尔泰说当时投诚各寨及土民都有数千人自愿剃头,并认为"抚夷之法,须以汉化夷,以夷治夷"⑦。这反映了改土归流实现国家认同的目的。

---

①《湖广总督迈柱密陈永顺、保靖、桑植三处改土归流善后事折》,中国第一历史档案馆编:《雍正朝汉文朱批奏折汇编》第14册第79号,第107页。

②《湖广总督迈柱等奏覆不宜急于开辟六里红苗地方情由折》,中国第一历史档案馆编:《雍正朝汉文朱批奏折汇编》第14册第80号,第108页。

③《云贵乌蒙总兵刘起元奏陈地方政务管见九条折》,中国第一历史档案馆编:《雍正朝汉文朱批奏折汇编》第14册第592号,第776页。

④《云贵乌蒙总兵刘起元奏陈地方政务管见九条折》,中国第一历史档案馆编:《雍正朝汉文朱批奏折汇编》第14册第592号,第778页。

⑤鄂尔泰等编:《朱批谕旨》卷125之3,朱批鄂尔泰奏折,《钦定四库全书荟要》第6册,第91页。

⑥鄂尔泰等编:《朱批谕旨》卷125之3,朱批鄂尔泰奏折,《钦定四库全书荟要》第6册,第91页。

⑦鄂尔泰等编:《朱批谕旨》卷125之3,朱批鄂尔泰奏折,《钦定四库全书荟要》第6册,第91页。

四 结语

综上所述,当我们利用大量的雍正朝朱批奏折史料考察改土归流问题时,发现了改土归流与推行保甲、缉盗、设置汛塘的直接关系,看到改土归流是在雍正初年新政改革的背景下出现的。如果要深入认识雍正朝的改土归流,应该深入了解雍正朝以及清史。以往众多的研究首先从理论出发,套用社会进化、集权有利的模式看待改土归流,将历史问题简单化,得出一些似是而非的观点。即使从长期的观点来看,改土归流有一定程度的历史必然性,然而雍正朝改土归流的起因确实在于该朝历史的偶然性,我们看到的是国家权力、皇帝意志对于地方社会的干预,而不是地方社会的自变。固定理论模式很难说明历史的复杂性,这就是历史学对于社会科学理论的制约,历史学的特性即在于此。

(原载《中国史研究》2015 年第 2 期)

第三章 深入基层：保甲的普及过程

清顺康时期保甲制的推行

　　清代国家政权到达县一级,国家权力向县以下的延伸,是通过推行保甲组织等形式实现的。也就是说保甲制在县以下推行的程度如何,标志着国家政权对于基层社会的控制程度。因此,考察清代保甲制度在基层社会的推行情况,是了解清朝的社会控制、清代国家与社会关系的重要问题,具有重要的学术价值。

　　以往对于清代保甲制度的研究已经积累了一批学术成果,但是多属于有清一代或较长时段如清中叶、晚清的综合论述①,比较缺乏

---

　　①早期研究保甲问题的开创性著作,是闻钧天《中国保甲制度》(商务印书馆 1936 年版)一书。1940 年代,日本学者小早川欣吾、松本善海也发表了比较有深度的论文,侧重于考察保甲制度([日]小早川欣吾:《关于清代地方自治团体牌的形式——尤其是以保甲制度为中心》,《东亚人文学报》1941 年第 1 卷第 2 期;《关于清代保甲册的形式及其编制》,《东亚人文学报》1943 年第 3 卷第 1 期。[日]松本善海:《清代总甲制度的创立》,东京《东方学报》1942 年第 12 卷第 1 期)。旅美学者萧公权《乡村中国》(Kung-chuan Hsiao, *Rural China : Imperial Control in the Nineteenth Century*, University of Washington Press, 1960)则是研究十九世纪保甲的重要著作。专门研究清代保甲制度的论文,主要出现在 1980 年代以后。主要有华立《清代保甲制度简论》(中国人民大学清史研究所编:《清史研究集》第6 辑,光明日报出版社 1988 年版),吴吉远《清代保甲制度探论》(《社会科学辑刊》2000 年第 3 期),孙海泉《论清代从里甲到保甲的演变》(《中国史研究》1994 年第 2 期),王开玺《嘉道年间的京城保甲制度与社会治安》(《历史档案》2002 年第 2 期),王先明、常书红《晚清保甲制的历史演变与乡村权力结构——国家与社会在乡村社会控制中的关系变化》(《史学月刊》2000 年第 5 期)等。

对清朝更小时段推行保甲制的过程进行深入研究，人们对于清朝推行保甲制的认识还是粗线条的。笔者认为，应当加强对于清代不同时间段，大致上以一两朝划分进行探讨，如划分为顺康、雍正、乾隆、嘉道、咸同、光宣几个时段，从而较为准确地判断不同时期保甲制的普及状况以及有效程度，有助于认识清朝对于基层社会的控制力。就本文探讨的顺康时期保甲制而言，以往的论述非常简略，尚无专门的深入研究。

资料方面，笔者使用尚未用来研究保甲的康熙朝朱批奏折，充分利用清世祖、圣祖两朝《实录》以及《清朝文献通考》、《康熙朝起居注》、雍正所修各省通志等资料，就清朝顺治、康熙时期推行保甲的情形加以探讨。

研究方法上，采取时间与空间、制度与实践、宏观与微观相结合，试图全面系统而深入地探讨这一时期的保甲问题。

一 顺治朝的保甲

顺治时期清廷急需恢复社会秩序。顺治元年七月初一日，兵部右侍郎金之俊建言："凡土寇率众归顺者应赦罪勿论，缚渠来献者应分别叙功，就抚之众州县官编置牌甲令安故业，无恒产者设法安插。请颁谕各镇道府，以便遵行。"[1]得到摄政王多尔衮首肯。同年八月初八日，摄政王多尔衮下令："府、州、县、卫所属乡村，十家置一甲长，百家置一总甲，凡遇盗贼、逃人、奸宄窃发事故，邻佑即报知甲长，甲长报知总甲，总甲报知府、州、县、卫核实，申解兵部。若一家隐匿，其邻佑九家、甲长、总甲不行首告，俱治以重罪不贷。"[2]事实上，总甲制是北京自明代就存在的制度，明万历年间顺天府宛平县知县沈榜在《宛署杂记》中称："见行城内各坊，随居民多少，分为若干铺，每铺立铺头火夫三五人，而统之以总甲；城外各村，随地方远近，分为若干保甲，每保设牌甲若干人，就中选精壮者为乡兵，兵器毕具，而统之以捕盗官一人，保正副各一人。棋布星罗，条分缕析，比之外府、州、县，特加

---

① 《清世祖实录》卷6，顺治元年七月丙戌，第66页上。

② 《清世祖实录》卷7，顺治元年八月癸亥，第76—77页；又张廷玉等撰：《清朝文献通考》第1册卷21，《职役考一》，浙江古籍出版社1988年影印本，考第5043页。

繁重。"①清代北京顺康年间总甲制一直存在。现存北京房契表明，清朝初年，京城外城房契对房说明坐落项，一般开列某城某坊某牌某铺，总甲某某地方。顺治朝京城房契几乎全部标明总甲姓名，这在有清一代是绝无仅有的。康熙朝外城房契开列总甲某某地方或由总甲签字画押者 57 件，所占比率约为 89％。京城推行总甲法还是比较成功的②。美国学者魏斐德重视清初的保甲制，认为清政府入关后采取的第二项措施就是将人户变成保甲，从 1646 年开始，由于总甲长得直接向兵部报告，保甲制与对军用物资的控制联系了起来，这包括马匹与火器③。京师之外其他地方总甲制执行的情况，在戎马倥偬的情况下，恐怕很难普遍推行。

《清朝文献通考》对于顺治元年的保甲令有所考证，说："顺治元年令州县编置户口牌甲。是时王师初入关，百户危列宿上言：天津到海避乱之民万有一千余户，宜谕有司抚绥安插。兵部侍郎金之俊亦请谕各镇道臣招徕土寇，有率众归顺者令州县编置牌甲，俱见采用。"接着说："凡保甲之法，州县城乡十户立一牌头，十牌立一甲头，十甲立一保长，户给印牌，书其姓名丁口。出则注其所往，入则稽其所来。寺观亦给印牌，以稽僧道之出入。其客店令各立一簿，书寓客姓名、行李、牲口及往来何处，以备稽察。"④虽然介绍了保甲法，但是所谓"顺治元年令州县编置户口牌甲"，其实是北方个别地方实行。

地方督抚大员采取的控制基层社会秩序的办法，往往是保甲制。清入关不久，在北方实行圈地，建立屯庄，顺治二年二月直隶巡抚王文奎疏言："畿南各卫所地亩钱粮宜令州县就便征收，屯丁兼听管摄。

①沈榜：《宛署杂记》卷 5，北京古籍出版社 1982 年版，第 42 页。
②张小林：《从房契看清代北京城区保甲制变迁》，《北京文博》2000 年第 4 期。
③［美］魏斐德著，陈苏镇、薄小莹等译：《洪业——清朝开国史》，江苏人民出版社 1995 年版，第 660—664 页。
④张廷玉等撰：《皇朝文献通考》卷 19，《户口考一》。按：金之俊建言我已在前面引出，《清朝文献通考》所谓"百户危列宿上言"，检《清世祖实录》卷 5，顺治元年六月乙酉条记载："锦衣卫百户危列宿疏言：臣招抚至天津地方，谘访流寓及在籍官员党崇雅、张端、高尔俨、戴明说等四十三员，招回逃海难民一万七千余名。摄政和硕睿亲王谕：此天津等处流寓及在籍各官，着吏部详察履历，确核才品其堪用者，作速催来，即与起用。仍行文各抚按，凡境内隐贤良逐一启荐，以凭征擢，但不许以贪官酷吏及赀郎杂流朦胧充数。其招回难民着地方官安插抚辑，毋致失所。"

凡属军宅屯庄,不拘乡村城市,概入保甲。一人为盗,九家连坐。至于边戍既裁,军装杂派,应请禁革。"①该建议下户、兵二部酌议,不过我们并不知道户、兵二部讨论的结果。

清初由于战争,民多流亡,出现大量荒地,国家召集人民垦荒,恢复生产。清廷的招民垦荒,是以保甲为组织保障的。顺治六年四月壬子谕内三院:"自兵兴以来,地多荒芜,民多逃亡,流离无告,深可悯恻。着户部都察院传谕各抚按,转行道、府、州、县有司,凡各处逃亡民人不论原籍别籍,必广加招徕,编入保甲,俾之安居乐业。察本地方无主荒田,州县官给以印信执照,开垦耕种,永准为业。俟耕至六年之后,有司官亲察成熟亩数,抚按勘实,奏请奉旨,方议征收钱粮。其六年以前,不许开征。不许分毫金派差徭,如纵容衙官衙役,乡约甲长借端科害,州县印官无所辞罪,务使逃民复业,田地垦辟渐多。各州县以招民劝耕之多寡为优劣,道府以责成催督之勤惰为殿最。每岁终抚按分别具奏,加载考成。该部院速颁示遵行。"②

清初为了安置东来的满洲人,在直隶为主的北方地区大规模圈占土地。清朝统治者在圈占的土地上建立皇庄、王庄以及官员庄田。庄田有的仍由原来耕种的农民向旗人地主交租承种,旗人地主在庄屯内役使农奴与奴婢。由于旗人地主的压迫,庄田的大批奴仆逃亡,成为严重的社会问题。清廷于是采取严禁奴仆逃亡,制定"逃人法",特点是严惩"窝主"。禁止窝逃,便要利用保甲制度。顺治三年五月,皇帝鉴于"只此数月之间,逃人已几数万",要求兵部如何更定新律严为饬行提出意见,于是兵部议定:

> 隐匿满洲逃人,不行举首,或被旁人讦告,或察获,或地方官察出,即将隐匿之人,及邻佑九家、甲长、乡约人等提送刑部,勘问的确,将逃人鞭一百,归还原主。隐匿犯人从重治罪,其家赀无多者断给失主,家赀丰厚者或全给、半给,请旨定夺处分。首告之人,将本犯家赀三分之一赏给,不出百两之外。其邻佑九家、甲长乡约各鞭一百、流徙边远。如不系该地方官察首者,其本犯居住某府某州县,即坐府、州、县官以怠忽稽察之罪,降级调

①《清世祖实录》卷14,顺治二年二月乙卯,第125页上。
②《清世祖实录》卷43,顺治六年四月壬子,第348页。

用。若本犯所居州县,其知府以上各官不将逃人察解,照逃人数多寡治罪。如隐匿之人自行出首,罪止逃人,余俱无罪。如邻佑、甲长、乡约、举首,亦将隐匿家赀赏给三分之一。抚、按及各该地方官于考察之时,以其察解多寡分其殿最。臣部刊示颁行。务使人人通晓,无致犯法。①

皇帝指示从之,以抑制逃人风潮。不过清廷很快更定了这一规定,顺治帝谕兵部:"先定逃人自归寻主者,将窝逃之人正法,其九家及甲长、乡约俱各鞭一百、流徙,该管官俱行治罪。今定逃人自归者,窝逃之人及两邻流徙,甲长并七家之人各鞭五十,该管官及乡约俱免罪,其余俱照以前定例。"②减轻了对于隐匿逃人的部分惩罚规定。上述顺治三年要求甲长不得隐匿逃人的规定,前提是地方上建立了保甲组织。顺治九年五月,清廷定隐匿查解逃人功罪例。有关甲长的规定是:"凡逃人一次拿获者,本人鞭一百,仍归原主,隐匿之人并家产给与逃人之主,左右邻及甲长各责四十板。旁人出首者,即以隐匿之人家产给赏三分之一。逃人二次拿获者,本人正法,隐匿之人并家产解户部,左右邻及甲长仍各责四十板。"③对于甲长、邻佑、乡约不举报逃人的惩处又有所降低。

值得注意的是,上述甲长虽然肩负着督察邻佑的保甲职责,但是其来源也有可能是建立在原有的里甲之上的,是里甲的甲长发挥保甲甲长的作用,其实在当时基层社会甲长担负的责任往往是多重的。关于顺治时期的里甲,顺治五年题准,三年一次编审天下户口,责成州县印官,照旧例攒造黄册。以百有十户为里,推丁多者十人为长,余百户为十甲。城中曰坊,近城曰厢,在乡曰里,各设以长。十三年覆准,五年编审一次④。清朝建立起编审人丁保障赋税征收的里甲体制。顺治八年闰二月谕兵部:国家设立驿递,原以传朝廷之命令,通天下之脉络。然而奉差官员"恣意苦索,驿夫不足,派及民夫,骚动

①《清世祖实录》卷26,顺治三年五月庚戌,第218—219页。
②《清世祖实录》卷27,顺治三年七月壬子,第227—228页。
③《清世祖实录》卷65,顺治九年五月丙申,第508页下。
④光绪《大清会典事例》第2册卷157,《户部六·户口四·编审》,第981页下。

里甲"①。顺治十一年三月敕谕赈济直隶大臣巴哈纳等,要求防止"里甲人等指称拖欠钱粮,夺取赈济银两",以及"毋致科派里甲,重累饥民"②。顺治十二年正月谕内外官员,要求各布政使严饬该道府,责令州县官查照旧册,着落里甲,逐一清厘赋役③。这些都说明顺治时期基层社会存在着里甲,里甲是承袭明制的产物,上述资料反映出里甲的工作是赋役方面的。《清圣祖实录》的记载更有概括性,康熙四年广西道御史戈英疏言,"州县每年设有轮值甲长,凡催征钱粮及衙门需用各项之费,皆令甲长承办。"④因此,清初存在着里甲,甲长是指里甲制的甲长。如此,清廷要求举报逃人规定中,只有甲长,不见保长与总甲,也就可以理解了。里甲有时担负治安任务,可以从《清圣祖实录》的一条记载证明,康熙四十六年的谕旨提及,福建提督吴英说"城郭有里甲易查,寇盗无所栖止"⑤。可见里甲检查寇盗的作用。从一定意义上说,清前期的里甲制在向保甲制转变。

如果我们的上述推测不错的话,也就可以更好地理解此后禁止窝逃强调实行保甲的理由了。顺治十年,"兵部议覆:兵科给事中王廷谏疏言,盗贼恃窝主为巢窟。为窝主者,非地方豪恶即投充庄头也。其力足以展辩,使举报者罹反坐之条;其势足以庇护,使考问者获违禁之罪。即欲严行搜捕,而势有不能也。自今以后,凡拿获贼盗,即追问窝家,既得窝家,即依律究治。如系庄头及投充人等,该地方官即行擒拿解部。仍行保甲,严加搜捕,务靖根株,则盗贼自息矣。从之。"⑥顺治十一年,吏科右给事中王桢奏言:"窝逃既议发盛京屯种,若复将田产入官,是仍行籍没,请照充军例,止发本身夫妇,其余家口田产俱免追论。至窝主既遣,又议令邻佑、保甲、县官出银四十两,给与逃人之主,恐此例一开,启贪得者之心,因而生事害人深属未便。"⑦下所司议。王桢奏言中惩罚窝逃邻佑、保甲的想法,是以保甲

①《清世祖实录》卷54,顺治八年闰二月丙寅,第429页下。
②《清世祖实录》卷82,顺治十一年三月丙申,第644页上。
③《清世祖实录》卷88,顺治十二年正月壬子,第697页下。
④《清圣祖实录》第1册卷16,康熙四年七月庚戌,第237页下。
⑤《清圣祖实录》第3册卷229,康熙四十六年四月庚戌,第3296页上。
⑥《清世祖实录》卷71,顺治十年正月丁丑,第562页下。
⑦《清世祖实录》卷81,顺治十一年二月庚寅,第639页下。

制的存在为前提条件的。顺治十六年,议定逃人事例,其中一条的内容是关于保甲方面的:"责令各道员严行保甲。每年两次取州县官甘结,如所属州县官失察逃人,道员降一级留任。降后,所属地方查解逃人至四十五名,即复还原级。"①从这一条文看,清廷在继续强化北方的保甲制。

清廷在南方也不断推行保甲,清初南方地区也存在着保甲制,这可以从清廷的一些谕令中反映出来。如为了断绝海上郑成功得到大陆的补给,顺治十三年的禁海令,要求浙江、福建、广东、江南、山东、天津各督抚镇,申饬沿海一带文武各官,严禁商民船只私自出海。规定:"地方保甲通同容隐,不行举首,皆论死。"②顺治十六年,贵州巡抚赵廷臣疏言,治理当地少数民族,"衢路宜仿保甲之规"③,即在交通发达地方实行保甲制。顺治十八年,云南巡抚袁懋功疏言:"投降人众,皆无藉亡命之徒。虽令归农,实有难归之势。应令所到地方准其入籍,酌量安置,随编保甲,严查出入。或有无主田亩,听其开垦,照例起科。"④下部议。在沿海地区,顺治十八年四月,江宁巡抚朱国治要求苏州、松江地区海防同知"严行保甲之法,稽查出洋船只"⑤。

关于顺治时期保甲制的特点问题,《清朝文献通考·户口考》中的编者按语说:

> 保甲为弭盗安民之良规,国家定鼎之初,即举而行之,其后屡经申饬,为法甚详且备,此盖其权舆也。考十七年令民间设立里社,则有里长、社长之名,惟八旗庄屯以设领催,不更设里长。南省地方以图名者有图长,以保名者有保长,其甲长又曰牌头,以其为十家牌之首也。十牌即为甲头,十甲即为保长,又曰保正,是皆民之各治其乡之事而以职役于官,沿诸古法变而通之,与民宜之,各直省名称不同,其役一也。又有耆老一项,例有顶

---

① 《清世祖实录》卷129,顺治十六年十月乙卯,第1003页上。
② 《清世祖实录》卷102,顺治十三年六月壬辰,第789页下。
③ 《清世祖实录》卷126,顺治十六年五月壬午,第978页下。
④ 《清圣祖实录》第1册卷2,顺治十八年三月辛酉,第54页上。
⑤ 《清圣祖实录》第1册卷2,顺治十八年四月癸卯,第62页上。

带,亦预闻乡里之事。考顺治三年金都御史李日芃言,耆老不过宣谕王化,无地方之责,非州县乡约比,若以连坐之法加之,似于情法未协,乃定议耆民在九家内者连坐,在外者免其株连。①

《清朝文献通考》编纂者对于顺治时期保甲的考察准确而有概括性。虽然我们没有依据大量地方志等资料考察各地保甲制的情形,就我们上述依据《清世祖实录》等资料的考察而言,顺治时期推行的保甲制针对垦荒、逃人、海防、民族等问题,带有权宜之计的性质,尽管清入关即有关于保甲的制度性规定,但是保甲远没有普及。就资料反映的情况看,似乎在北方保甲制实行较多,南方也有些地方在推行保甲。

二 康熙朝的保甲

顺治朝针对垦荒、逃人、海防等问题推行保甲的做法延续到康熙时期。顺治十三年因禁海而要求保甲担负责任,康熙四年广东拟定迁界后应留出海口,以便官兵运粮行走,地方官给与验票。规定:"设立口子处,拨官兵防守,稽察验票放行。如借端在海贸易通贼妄行,地方保甲隐匿不首者,照例处绞。守口官兵知情者,以同谋论处斩;不知情者从重治罪。"②

康熙二十二年,陆陇其授直隶灵寿县知县,上任后"行乡约,察保甲,多为文告,反覆晓譬,务去斗狠轻生之习。"③

康熙二十四年因安置三藩之乱的投诚人员开荒屯田,广西道御史钱珏疏言,"秦、蜀、浙、闽、滇、黔、楚、粤投诚之人安插各省者,请通行督抚确查,务使得所。愿在他乡入籍者,开明作何生理;愿屯田者编入保甲,官给牛种,派以田亩开垦;愿为兵者、补入营伍"④。清廷从之。

值得注意的是康熙二十五年,直隶巡抚汉军于成龙(字振甲)疏言:"顺、永、保、河四府旗民杂处,盗警时闻,非力行保甲不能宁谧。

①张廷玉等撰:《清朝文献通考》第1册卷21,《职役考一》,考第5043页。
②《清圣祖实录》第1册卷15,康熙四年四月戊寅,第3226页。
③赵尔巽等撰:《清史稿》卷265,《陆陇其传》,第9935页。
④《清圣祖实录》第2册卷119,康熙二十四年二月丁酉,第251—252页。

向例地方各官无管辖屯拨什库之例,各旗都统等官又远在京城,窃恐屯拨什库不能严束旗丁,及本身窝盗为盗不法等项难以稽察。应将各庄屯旗丁同民户共编保甲,令屯拨什库与保甲乡长互相稽查。如旗丁居民犯法,许地方各官一体申报该抚、该都统究治。"①清廷从之。这次推行保甲应当较有成效。

近京地方开窑,也利用保甲稽查。康熙三十六年覆准:"八旗内务府佐领下人,有在近京地方开窑者,亦令地方官编立保甲,令甲长不时稽察,如在地方生事,即解送刑部治罪。"②

康熙时黄六鸿撰《福惠全书》一书值得注意。该书 32 卷,讲述地方官如何施政,其中卷 21 至卷 23 共计 3 卷介绍保甲制,非常详尽。黄六鸿,字思湖,江西新昌人(今江西宜丰)。康熙九年以举人为山东郯城县令,改河北东光县令。后入朝为谏官,寻致仕。《福惠全书》撰于康熙三十三年(1694),刻于康熙三十八年。《福惠全书》的出现,说明当时官场需要这样的书,指导包括推行保甲在内的地方行政。

康熙朝推行保甲的力度大大增强,首先与宣传《上谕十六条》有关。康熙九年十月癸巳谕礼部,列举十六条内容以化民成俗,其中第十五条为"联保甲以弭盗贼"③。清廷决定"通行晓谕八旗并直隶各省府、州、县、乡村人等切实遵行"④。康熙二十四年采纳都察院左都御史陈廷敬的建议,规定:嗣后督抚保举、荐举府、州、县官员,将"实填'实心奉行《上谕十六条》,每月吉聚乡村乡约讲解'字样"添注册内⑤。把府、州、县官员的升迁系之于乡约宣讲《上谕十六条》的实行情况,官员考核的制度会有力推动乡约宣讲的实行,因而属于《上谕十六条》的保甲也会受到官员的重视而推行的。

这样的事例,如满洲人噶礼。康熙三十八年授山西巡抚,到任后即令谨行刊印《上谕十六款》,令老少之民务于每月初一、十五日宣

①《清圣祖实录》第 2 册卷 125,康熙二十五年四月辛亥,第 333 页下。

②光绪《大清会典事例》第 7 册卷 626,《兵部八五·绿营处分例一三·保甲》兵部第 1 册,第 1115—1116 页。(总册数?)

③《清圣祖实录》第 1 册卷 34,康熙九年十月癸巳,第 461 页。

④《清圣祖实录》第 1 册卷 34,康熙九年十一月己卯,第 466 页。

⑤《清圣祖实录》第 2 册卷 122,康熙二十四年十月庚寅,第 294 页。

讲①。认为"化民成俗,总不出钦奉《上谕十六条》"②。依靠乡约宣讲《上谕十六条》。同时,重申保甲:"嗣后州县印官,务将从前编定保甲及境内寺观严加申饬,以杜窝盗窝逃。如有面生可疑、来历不明、无亲友保认,单身之人,一概不得容留潜住。道路旅店亦只许暂停一宿,即立促起行。空窑冷庙无人居住之所,俱令汛兵保甲不时巡察,遇有劫盗窃发,不论村庄道路,通保俱要会同汛兵齐出救补,若坐视不出,事发即究诘。保甲但不得借申饬为名,重新造册,派及烟户一丝一粟,致干察究未便。"③当地保甲"从前编定",不得"重新造册",是以保甲存在为前提的。康熙三十九年十月再次条示民众,谈道:"各属塘汛、保甲之设原以为民,而辨奸宄。""除保甲现在立法清理外"④。据此,当时山西整顿了保甲。

又如康熙五十三年,差往甘肃察勘饥民工部右侍郎常泰等条奏安插失业穷民六款,康熙帝命九卿详议具奏,九卿遵旨议覆,其第一条为:"无依穷民宜加意安插,无致失所,并令该地方官讲读《上谕十六条》,教以礼义。严申保甲,约束百姓,则各有生路,各知自爱。"第二条是"荒弃地亩招民开垦"⑤。严申保甲既是《上谕十六条》的要求,也是安置人民垦荒的相关规定。

其次,康熙四十七年在全国推行保甲制。《清朝文献通考》记载:

> 四十七年申行保甲之法。先是顺治元年即议力行保甲,至是以有司奉行不力,言者请加申饬。部臣议奏:弭盗良法无如保甲,宜仿古法而用以变通,一州一县城关各若干户,四乡村落各若干户,户给印信纸牌一张,书写姓名、丁男、口数于上。出则注明所往,入则稽其所来,面生可疑之人非盘诘之确不许容留。十户立一牌头,十牌立一甲头,十甲立一保长,若村庄人少,户不及数,即就其少数编之,无事递相稽查,有事互相救应。保长、牌头不得借端鱼肉众户。客店立簿稽查,寺庙亦给纸牌,月底令保长

①《山西巡抚噶礼奏请圣安并宣喻小民撙节积贮折》,中国第一历史档案馆编:《康熙朝满文朱批奏折全译》第395号,第199页。
②康熙《平阳府志》卷20,《宦绩》,山西古籍出版社1998年版,第448页A面。
③康熙《平阳府志》卷20,《宦绩》,第448页B面—449页A面。
④康熙《平阳府志》,卷20《宦绩》,第451页B面。
⑤《清圣祖实录》第3册卷260,康熙五十三年十月壬申,第565—566页。

出具无事甘结,报官备查,违者罪之。①

这一记载说明顺治元年保甲令的象征意义大于实际意义,它表达是清朝国家对于所辖编户齐民的统治。虽然从顺治元年到康熙四十七年长达 65 年,但是保甲制并未有效地扎根基层社会。因此康熙四十七年再一次在全国推行保甲制,并确定了统一的保甲形制②。

康熙时期全国各地推行保甲制的情形究竟如何,现存康熙朝汉文朱批奏折留下了珍贵资料,我们依据奏折中提出保甲问题的先后,分省区加以考察。

(一)广东

广东地处东南沿海,自康熙二十三年开海之后,中外贸易活跃,洋盗问题也日益突出,康熙四十年代后期至五十年代前期,地方督抚大员力行保甲,加以治理。

康熙四十六年,升任两广总督的赵弘灿上奏,谈起对于治理两广的想法,其中指出:

> 再查广东一省山海交错,从前每有奸歹出没,仰赖天威遐播,或剿或抚,渐次埽除。迤来海宇已奏清平,惟广、惠、潮三府地方辽阔,内多崇山邃谷,每为奸徒托足之区。臣前任提督时,虽将逋诛积贼严行搜捕擒拿,按法究处,然盗窃之风尚未尽息。因思缉盗之责应属武弁,而弭盗之源端在有司。经臣通饬,各府、州、县严设保甲,时勤稽查,实力消弭,期于盗息民安,稍答高厚于万一。至所属大小各官,臣宣布皇上子惠元元德意,时加劝勉,务使实心实政,竭力抚绥,各尽职守。③

据此广东各府、州、县严设保甲,以此弭盗之源。康熙四十八年(1709)八月,赵弘灿奏报海防事宜,说:"臣复严行地方官严保甲,查

---

①张廷玉等撰:《清朝文献通考》第 1 册卷 22,《职役考二》,考第 5051 页。

②萧一山指出:"康熙四十七年所申行之保甲法,允为清朝保甲制度之正轨。"见萧一山:《清代通史》第 1 册,华东师范大学出版社 2006 年版,第 510 页。

③《两广总督赵弘灿奏谢陞授总督并陈两广地方情形折》,中国第一历史档案馆编:《康熙朝汉文朱批奏折汇编》第 1 册第 243 号,第 671—672 页。

渔船。"①仍在推行保甲。

康熙五十二年四月,广东提督王文雄奏陈清理营务整饬水师,说他"于本年三月二十五日抵惠州府,驻扎衙门检查文卷,并日接往来文移,多属新旧盗案。揆厥所由,总因平日保甲不严,汛防疏忽之所致也。苟文官能认真稽查保甲渔船,武官能认真严谨汛防海口,则山海盗贼原可敛迹潜踪。奴才身任地方,边海一日未宁,寸心一日未靖,现今会同督抚凡保甲、渔船、汛防、要隘,作何布置,作何盘查,务期严密以为绥辑地方之计。"②

康熙五十四年五月,广东巡抚杨琳奏陈广东地方情形,说他:"于二月十七日进至广东黄冈地方,由潮州、惠州至广州,于三月初三日到任。向闻洋盗多出惠潮地方,皆由州县官不尽力编查保甲,海口文武不严查船只出入所致。陆路盗贼,多系挖矿之徒聚集生事。又值前岁偶尔薄收,穷民不能安分,是以盗案甚多。奴才到任后,即邀提督王文雄同往肇庆面商,总督赵弘灿严饬水陆文武官员,陆路清查保甲,滨海编设澳甲,驱逐矿徒,添设塘汛,务使盗风渐息,上慰圣怀。"③杨琳上任之初,就说前任未能有效实行保甲,于是"陆路清查保甲,滨海编设澳甲",强化保甲建设。不过所谓"澳甲",早在康熙四十二年已经出现于清朝的制度当中,该年议准:"欲造船者,先报明地方官,取澳甲、里族各长并邻佑保结,方准成造。"④由此判断,当时澳甲已有所实行。康熙五十五年正月二十五日杨琳奏报编查保驾的情况,说他与总督赵弘灿"委员分编通省家甲,虽尚未编完,而匪类亦皆潜踪,海洋亦属安靖。复于十一月内,乘南风未发之先,会同提督王文雄委出武职,协同文员,将惠、潮两府沿海十余州县编查澳甲,陆路编查家甲,于正月内编完"⑤。文中的"家甲"即陆路的保甲。五月杨

①《两广总督赵弘灿奏报海洋安宁并请圣安折》,中国第一历史档案馆编:《康熙朝汉文朱批奏折汇编》第 2 册第 560 号,第 600 页。

②《广东提督王文雄奏陈清理营务整饬水师折》,中国第一历史档案馆编:《康熙朝汉文朱批奏折汇编》第 4 册第 1306 号,第 769 页。

③《广东巡抚杨琳奏陈广东地方情形折》,中国第一历史档案馆编:《康熙朝汉文朱批奏折汇编》第 6 册 1773 号,第 164 页。

④光绪《大清会典事例》第 7 册卷 629,《兵部八·绿营处分例·海禁一》,第 1149 页。

⑤《广东巡抚杨琳奏为编查家甲地方安靖并报米价折》,中国第一历史档案馆编:《康熙朝汉文朱批奏折汇编》第 6 册第 1991 号,第 772 页。

琳继续奏报："沿海一带自编查保甲、澳甲之后，今年春夏颇称宁静。"①据此，杨琳上任后的一年多，在广东陆路编立保甲（家甲），沿海一带编设澳甲，据说是有所成效。

由上可知，从康熙四十年代至五十五年十多年间，两广总督的赵弘灿、广东提督王文雄、广东巡抚杨琳相互配合，致力于推行保甲，赵弘灿、杨琳等人上任伊始就非常重视保甲，又经过不断推行，应当说会有一定的成效。康熙五十八年三月新任广东巡抚杨宗仁奏报低任办理钱粮营务，他说："查海丰、永安、惠来等县交界处，所有从前各案未获逸盗，潜匿山中盗窃，奴才同提镇行令文武官弁协力搜捕，现获逸盗四十一名，分案归结。恐近山海村庄容隐匪类，又令地方官亲身查照保甲。"②杨宗仁查缉盗匪依靠的就是已有的保甲体系，要求有效发挥已有的保甲作用。

（二）福建

同广东一样，福建开海后也面临着严重的洋盗问题，海防任务繁重，而且当地族群争斗严重。

康熙四十七年三月，福建巡抚张伯行奏报戢盗安民的情况，说：他与闽浙总督梁鼐"现在倍加严饬文武各官，于所属地方严查保甲，谨愫巡访，务期地方宁谧，百姓乐业。"③十一月，张伯行再次上奏谈到保甲："至闽属地方，虽环山滨海，而臣与督臣梁鼎商酌，业于紧要处所添设汛防，时时檄饬地方文武各官，严查保甲，加谨巡防。"④看来张伯行在福建严查了保甲制。

康熙五十年前后浙闽总督范时崇就推行保甲问题，与康熙帝有过讨论，针对的地区是广东、福建、浙江沿海地区，具体情况在以下的浙江部分介绍。

康熙五十一年，闽浙总督范时崇上奏谈到福建漳州、泉州治理

---

① 中国第一历史档案馆编：《康熙朝汉文朱批奏折汇编》第 7 册第 2115 号，第 127 页。

② 《广东巡抚杨宗仁奏报低任办理钱粮营务并雨水粮价折》，中国第一历史档案馆编：《康熙朝汉文朱批奏折汇编》第 8 册第 2745 号，第 434—435 页。

③ 《福建巡抚张伯行奏报查获抢米人犯并家人入标充兵事折》，中国第一历史档案馆编：《康熙朝汉文朱批奏折汇编》第 1 册第 304 号，第 859 页。

④ 《福建巡抚张伯行奏报年岁收成并地方情形折》，中国第一历史档案馆编：《康熙朝汉文朱批奏折汇编》第 2 册第 424 号，第 252 页。

时,建议力行保甲:"臣更有奏者,漳、泉地僻山多,民情乐于走险,或挟仇报复,或争夺坟山,两造百十成群,饬械相斗,不仅劫财为然也。至于行劫如同蚁聚,但一经兵壮擒拿,便鸟惊兽散,相习成风,由来已久。惟严保甲,练乡勇,稽察于未然,堵御于临时,自可潜消默化,然亦非旦夕便可奏效。"①仍在强调力行保甲的重要性。巡抚满保则说与总督范时崇、提督杨林商议,檄令十户联保,依靠族长、户主搜查②。这项工作始于当年三月,实行十户联保,由族长家长查察,并张示遍谕,不时督促。至七月已编完大半。又严饬管理沿海船只之鳌甲,所有小船,渔船编明程序,出入从严③。

康熙五十四年四月,福建巡抚满保奏报设保甲严查海防事宜,说道:"沿海十六州县官吏,皆为奉恩简用之人,各皆勤勉效力,地方积弊早已消弭,凡遇贼出,即执鞫审,案皆稍清。惟每十户为一保甲仍为松散,故总督范时崇与奴才商议,再定奖惩条例,责成州县官员逐村编设保甲,凡海口及撑船人一并严查。"④福建将沿海已有的较为松散的保甲。通过奖惩条例,责成州县官员逐村编设保甲。

上述资料表明,从康熙四十七年到五十四年的八年间,福建的督抚不断推行保甲制。

(三)江西

郎廷极于康熙四十四年到五十一年担任江西巡抚,任上推行保甲制。康熙四十七年六月,江西巡抚郎廷极奏报地方情形,说道:"凡所属境内及邻省接壤各处,奴才严饬有司力行保甲,并饬文武官弁,稽察匪类,不敢稍懈。"⑤康熙四十八年五月,郎廷极再次奏报地方年岁事,说道:"至所属地方,奴才时饬问我官弁,立行保甲,稽察匪类,

①《闽浙总督范时崇奏覆漳州林党行劫案内情形折》,中国第一历史档案馆编:《康熙朝汉文朱批奏折汇编》第4册第1263号,第622页。

②《福建巡抚满保奏报擒聚众行劫要犯折》,中国第一历史档案馆编:《康熙朝满文朱批奏折全译》第1884号,第777页。

③《福建巡抚满保奏陈沿海人出海抢劫并请补授水师提督等员缺折》,中国第一历史档案馆编:《康熙朝满文朱批奏折全译》第2048号,第822页。

④《福建巡抚满保奏报雨水粮价并设保甲严查海防折》,中国第一历史档案馆编:《康熙朝满文朱批奏折全译》第2573号,第1000页。

⑤《江西巡抚郎廷极捐银挑修鄱阳虹桥港堤塘并田禾米价折》,中国第一历史档案馆编:《康熙朝汉文朱批奏折汇编》第2册第365号,第73页。

并令于邻省接壤处所，严加防范。"①江西在力行保甲，稽察匪类。

(四)江南

这里的江南指江苏、安徽两省。康熙后期的江南提督，管辖江苏、安徽军务。两江总督则综治江苏、安徽、江西。两江总督、江南提督都推行过保甲。

康熙四十九年二月，江南提督师懿德奏陈整饬营务，谈道："已咨督臣抚臣，行文各府、州、县，加意责成，与督臣噶礼申严保甲之法相为表里，亦清本澄原之策，或于地方不无少补也。"②江南地区在申严保甲之法。康熙五十年十二月，两江总督噶礼奏折也说："奴才一到任，即设牌长，欲严拿贼盗，施行于上江、江西获益。"③看来当时推行了保甲。

康熙五十八年三月，江南提督赵珀奏请严缉私处分之例并安盐枭办法，他为了"三江口盐贼"一事，"饬令沿途营汛及调防巡盐同知许钰加意寻访缉拿，又出示上下两江，移会两总兵，务期绝枭贩，安商民。并查前提督杜呈泗虽经奏明咨会盐臣等，令文武官严保甲，清窝隐，不时查拿"。他还说："再地方官果遵督抚会题原议，严行保甲，清查窝隐，此辈岂能日增月集。"④对于当地原有的保甲不满意，认为未能充分发挥作用。

(五)浙江

浙江毗邻福建，也是沿海地区，面临的海防问题有共同性，清设闽浙总督管理这两省。

康熙五十年正月，浙江巡抚王度昭奏陈浙省地方情形，着重报告治理江湖盗劫问题，说沿海奸民阳借捕鱼砍柴之名，阴行劫夺接济之计。他已经："严饬各县将濒海居住军民，照依联络保甲之法，实心力

①《江西巡抚郎廷极奏报地方年岁并请圣安折》，中国第一历史档案馆编：《康熙朝汉文朱批奏折汇编》第2册第509号，第468页。

②《江南提督师懿德奏陈整饬营务预为筹画折》，中国第一历史档案馆编：《康熙朝汉文朱批奏折汇编》第2册第629号，第765页。

③《两江总督噶礼奏报拿获〈南山集序〉作者及其刻版等事折》，中国第一历史档案馆编：《康熙朝满文朱批奏折全译》第1831号，第759页。

④《江南提督赵珀奏为请严缉私处分之例并安盐枭办法折》，中国第一历史档案馆编：《康熙朝汉文朱批奏折汇编》第8册第2746号，第439页。

行,仍会同督臣移行镇营,整顿塘汛,密加侦缉,庶海盗屏迹。"①这仍是在加强沿海地区的保甲。九月他又报告说:"臣前于巡海时细察盗贼出没之由,多系内地奸民接济,是以于沿海郡邑编立牌甲,凡有入海采捕者,责成甲长、邻佑并移行文武严加稽查,数月以来行之稍有成绪。"②报告了实行保甲的情形。

康熙四十九年,浙江温州镇标左营水师年满未咨千总郭王森条陈海防十事折本。其中一条是实行保甲法方面的,内容是:

> 一、请行严查居民出入之法,以塞盗源也。凡海洋盗贼并非洋中,别有巢穴,原即杂处沿海州县之内,家居即为民,下海即为贼。今之海贼不熄,盗党日炽者,皆因游手好闲之人,任其出入,有司不立一稽查之法故也。凡商贾之置货出洋者,有司固已令其报名挂号矣。其广东、福建、浙江三省沿海州县居民凡有水陆他往者,皆令总甲到州县报名,称某甲某人委置某货往某处发卖,或系往某处生理,或某甲渔民系往某号渔船采捕。报明年貌、籍贯,州县官一一验明,给与印票一张,上写本人年貌、籍贯及往何处等因。及到彼处地头,又令到彼处州县协同牙户行家至衙门挂号,回家之日缴票销号,则沿途守汛弁员易于稽查。而州县官仍令每月行十家牌之法,以察其出外在家。则凡民不得飘然下海,而奸宄无所容其身矣。若云此法未免扰民,请每年自正月始六月止,只行半年,盖海贼自有南风方能出洋猖獗,故春夏横行,秋冬敛迹。此法只行半年便可弭盗,此不待剿贼而贼自灭,虽似扰民而民实安,乃端本澄源之要务也。③

康熙帝命将该折发与浙闽总督范时崇逐一详议,缮折具奏。康熙五十年三月范时崇就保甲问题指出:

> 查千总郭王森条陈第一条,请严查居民出入之法以塞盗源

①《浙江巡抚王度昭奏陈浙江地方情形折》,中国第一历史档案馆编:《康熙朝汉文朱批奏折汇编》第3册第797号,第256页。

②《浙江巡抚王度昭奏报在海上拿获刘阿顺等人情形折》,中国第一历史档案馆编:《康熙朝汉文朱批奏折汇编》第3册第952号,第782页。

③《闽浙总督范时崇奏为遵旨议覆郭王森条陈海防十事折》,中国第一历史档案馆编:《康熙朝汉文朱批奏折汇编》第3册第818号,第316—319页。

也。此条据称广东、福建、浙江沿海居民凡有水陆他往者,皆令总甲到县报名,委系置某货往某处发卖或往某处生理等语。臣查此议即稽查保甲之法也。上谕久经颁行弥盗,岂能出此,奸民果不出海,商船自无失事,端本澄源之论未有过于此者。但查前督臣金世荣题请严造船给照等事案内,议处承验舵水之州县、盘查汛口之弁员,轻则降调,重则革职。原任江南提臣张云翼又疏称,奸船出入海口,无论有船无船之陆营从重议处,部覆议定处分在案。是稽查之法不为不严矣,而海洋之匪类犹有潜踪者,诚以有治人而后有治法也。沿海州县最为紧要,或平常供职而无理剧之才,或因循性成而无精明之用,吏书作弊营私,莫能稽察,即报名之总甲日仆仆于途间,终无补于厘剔。惟在简择贤能,俾实心以行实政,始克有济。至于郡守表率丞倅分猷,尤不可不择人而用。是保甲者弥盗之本源,而遴才者又行法之要务也。其酌量调补与作何鼓励之法,容臣另折请旨。①

范时崇认为郭王森条陈保甲之法新意不多,不出已有保甲制范围,关键是推行保甲要选择好人选。

同年六月范时崇上奏,提出自己的海防计划,有关保甲的内容是下一条:

一、遏盗流先当塞盗源,有治人始有治法也。夫在洋之盗皆内地之民,其欲出海行劫,结党运械非一人一日事也。邻佑岂有不知,而保甲岂有不闻乎。欲清盗源无过于严查保甲,然保甲之不行,无处分之严例以惕之也。嗣后沿海州县海岸有出口为盗者,失察一次罚俸一年,二次罚俸二年,三四次者降二级留任,五次以上降二级调用。如此则稽查自力,不致徒托虚名。至于汛口武弁无稽查保甲之责,其出口入口仍照江南提臣张云翼题定之例处分。至于匪类入口多系无人之地,且不尽本邑之人,州县官亦照张云翼所题之例议处,每案只罚俸一年。但失察出口,今虽定有严例,而仍以庸才处此要地,则虽朝更一吏,暮易一官,终

①《闽浙总督范时崇奏为遵旨议覆郭王森条陈海防十事折》,中国第一历史档案馆编:《康熙朝汉文朱批奏折汇编》第3册第818号,第342—345页。

于地方无济,必得贤能之员,利不足以泯其智,劳不能以挫其才,然后甲长无欺,保正无隐,可收保甲之实效。凡有商渔船只之地,皆为保甲必严之所,不独正印必须拣选,即巡检典史亦须因才调用;不独臣首条所开沿海各州县须令督抚会同拣择贤能调补,即广东、江南、山东凡有渔船出口之县,皆须一例而行。至偶有一二兼理海防厅员,亦得一例拣调。如此则保甲可行,而盗源得塞矣。①

该条建议,具体陈述了保甲用人的考核制度,以使保甲发挥作用。不过康熙帝的朱批对此评价并不高,说:"览尔数款亦不过平常纸上议论。"

康熙五十一年二月,闽浙总督范时崇奏闻劫匪案件,说道:"臣查此等奸民图劫则聚,被逐即散,又未可全恃于兵威,除行各县着落保甲房族长密行举报,匿则连坐,首则赏给,不难搜捕净尽。"②可见依靠的是地方上的保甲,说明保甲在当地已经实行。

(六)直隶

直隶是清入关后最早控制的省区,位于天子脚下,对于治安问题格外重视。清初治理存在着总甲与里甲制度,保甲也有所实行,康熙中后期进一步强化了推行保甲。

康熙五十年二月,直隶巡抚赵弘燮奏报说:"蒙皇上隆恩,天高地厚,命臣抚直六载,于兹兢兢业业,谆训属员力行保甲,凡遇地方有奸宄之徒,即搜捕详报。"③如赵弘燮所说,他上任巡抚的康熙四十年代后期六年间,直隶一直在推行保甲。

另外,《康熙起居注》记载,康熙五十五年十月初一日,康熙帝就张伯行建立社仓一事说:"昔日李光地任直隶巡抚时,曾条奏立社仓、兴水利、禁小钱、设保甲四事。彼时朕即知其不可行,姑令试之,究鲜

---

①《闽浙总督范时崇奏陈海洋弥盗管见折》,中国第一历史档案馆编:《康熙朝汉文朱批奏折汇编》第3册第879号,第555—559页。

②《闽浙总督范时崇奏报延平府属有伙盗行劫情形折》,中国第一历史档案馆编:《康熙朝汉文朱批奏折汇编》第4册第1037号,第9页。

③《直隶巡抚赵弘燮奏请圣裁口外案件缘由折》,中国第一历史档案馆编:《康熙朝汉文朱批奏折汇编》第2册第806号,第275页。

成效。"①李光地任直隶巡抚时为康熙三十七年十二月至四十一年三月(此后调任吏部尚书,兼直隶巡抚),当时也推行过保甲。

(七)河南

河南与陕西、湖北三省交界地区,是治安问题的重点地区。

康熙五十一年五月,南阳总兵杨铸奏请于淅川县等处分别移驻守备把总,说到上一年他在乾清门被皇帝接见时,康熙帝告诫他:南阳之西皆崇山峻岭,与陕西商州之南山,湖广之武当山接壤,直通毛陇大山,严查匪类。五十一年三月间,巡抚鹿佑与他商酌,未雨绸缪,令南阳知府罗景随他往勘。查得南阳府西南二百九十里即淅川县,县西北一百一十里地名荆紫关,乃秦、豫、楚三省交界地也。果系崇山峻岭,道路纷歧,最为险要。淅川一县,东自将军岭,西至白浪口止一百五十里,田土村落俱在万山之中,三省交界,未免往来叵测,漫无稽查,关系甚重。近年以来巡抚移咨前任镇臣不时差兵游巡,"有司申严保甲,是以安然无虞"②。据此,则河南南阳淅川县一带保甲比较有成效。

(八)湖南

康熙后期候补知县朱尔介的长篇上奏,建议完善保甲制。他针对湖南南部零陵县的情形,建议:

> 保甲之设,以之靖地方,即以之一民心、齐民力,奉行日久而成效未著者,是岂保甲之难行?端由各省之饬议立名目不一,更易不时,而州县之阳奉阴违,百姓之虚应故事,弊窦丛生,求其实力办公者,百无一二。国家休养数十年,当此承平日久,生齿日繁之会,民间之良懦者固多,而愚顽者宁日尽无?则保甲之需,较前为倍。然非仰叩皇恩,严著定例,共守章程,必不能杜因循之固弊,著保甲之实效。臣愚以为欲严保甲,其要有四:
>
> 一、地名之宜画一也。自州县以都、图、里、社、乡、区等名

---

① 中国第一历史档案馆整理:《康熙起居注》第3册,第2316页。
② 《南阳总兵杨铸奏请于淅川县等处分别移驻守备把总等情折》,中国第一历史档案馆编:《康熙朝汉文朱批奏折汇编》第4册第1089号,第150页。

分方,又复各立名目,东西南北交相错综,军民杂处,稽查维难。臣愚以为十家为牌,十牌为甲,十甲为保。一县之中,城居者按门分牌,关居者按关设甲。城关方隅,各立乡长、保长一名,以宣教化,以稽各保。关以外,即就北方而言,由一家以至十家,即为北一牌;由一牌以至十牌,即为北一甲;由一甲以至十甲,即为北一保;由北一保以至邻封某县之某保某甲某牌止,其余四方四隅一例照设。庶地有定名,户有定居,巡查易而保固无难。

一、设立之宜画一也。十家为牌,立牌头一名,十家轮充,以便稽查。一牌之中,民则注为民户,军则注为军户,其他处贸易者,注为客户,别里寄居者,注为寄户,鳏寡孤独即附牌尾,注为余户。其连屋共居相去不甚远者,即多少一二户,均入本牌,以随民便。其迁移者,庐舍具在,后来者补之。其新开者,并入本牌之内。十牌为甲,立甲长一名,专司十牌之事;地方一名,以佐巡查。而其连村共庄多少不及一甲者,亦照一牌之例,编入本甲之内。十甲为保,各立乡约一名,以司训导;保正一名,以资保固;里长一名,以司钱粮。即遴民间之素行无亏、家道殷实者,许其承充,庶董率得人,而甲牌效用。其单村独户,以及山居舟处,有相去寥远者,概附附近甲牌之中。而深山穷谷,茂林密箐,人迹罕到,易于藏奸者,亦着附近乡保、甲牌不时察查首报。倘或有犯,均严失察、连坐之罚。

一、稽察之宜实严也。保甲既设,首重漏牌。无论官绅、衿监、大户、小户,漏牌一人者罪及本犯,漏牌一家者罪及甲地牌头,漏牌五家者罪及乡保。其仍前阳奉阴违、虚应故事,则罪在州县,督抚查参。其甲牌中有措本贸易赤身营生,以及缘事他出者,父兄子侄会同邻佑,由甲牌而报明乡保,汇册报官备案。死亡者,开除;三年不归者,即移明所居地方,是否在彼谋生,以防流落。其游手好闲、不务本业、酗酒嗜赌者,各该甲牌即会同邻佑,时为预防,有犯则报官法究。敢有勾引他乡异言异服、面生可疑,以及教打学法僧道、无籍与为聚处者,立即报明,从重究治。各乡保地里,有犯失察徇隐、借端多事者,小则州县法究,重则详请律拟。其各大户,除本身同居父兄子侄逐一开入本牌外,仆丁雇工、父兄子侄同居服役者,均按户逐列。死亡者,开除;逃逸者,报官备案,用免个犯之累。抗徇遗漏,州县详究。举斯民而纳之规矩法度之中,而民风以淳。

一、惩劝之宜均也。乡保地里,既偏重乎乡保,其奉法惟谨,巡查有方,里民无犯,教化兴行者,除甲长地里听该管官谅予奖赏外,其乡长、保长、乡约、保正作何旌励;地方官果能实力奉行,尽革固弊,化一邑为一家、宵小屏迹者,作何优叙,恩出圣慈。至每保共占钱粮若干,户籍若干,人丁若干,即于每年钱粮奏销结总后,注明原户籍若干,开除若干,新开若干,实在本年户籍若干;原人丁若干,减丁若干,增丁若干,实在本年人丁若干,则户籍人丁于焉可稽。再如一保中,地方之去城窎远,山居林处之民,目不睹理法之行,耳不闻书礼之训,性多愚顽,率属难化,即于附城乡保内,择其品端才长者,相易训导,务使尽入教化之中。凡此倘蒙皇恩垂鉴,由一邑而一府而一省,而各省行见民心以一,民力以齐,地方以靖,奸宄以息。举凡钱粮、户籍、人丁,触目了然,久安长治,万世享敉宁之福,而属在版图,均戴皇恩于亿万斯年矣。谨奏。①

不过皇帝的朱批却说:"此事现在已行,似应不必。"如此说来,康熙帝对于保甲推行效果的评估较高,认为已经实行。但是从朱尔介对于零陵县的了解来看,保甲远未有效发挥作用。

(九)山东

白莲教在山东流行,清朝推行保甲的重要任务就是控制白莲教。

康熙五十六年十一月,山东巡抚李树德奏报拿获白莲教案犯,他说:"再奴才伏思白莲等邪教,愚夫愚妇易被煽惑,若必严行深究,恐致株连多人。奴才仰体主子安静之圣训,嗣后倘访有踪迹颇著,为地方之害者,自当一面严拿法究。其余无知愚民,奴才檄行各属严查保甲,仍令不时开诚晓谕,使其改邪归正,各安生业。"②说明山东已经

---

①中国第一历史档案馆编:《康熙朝汉文朱批奏折汇编》第5册第1499号,第341—350页。

②《山东巡抚李树德奏报拿获李雪臣供出之袁进等人折》,中国第一历史档案馆编:《康熙朝汉文朱批奏折汇编》第8册第2569号,第31页。

实行了保甲制。康熙五十七年(1718)八月,山东巡抚李树德奏报继续将实行保甲稽查白莲教事:"自去年拿解河南案内朱复业即袁进以后,奴才诚恐东省尚有奸徒、匪类、邪教惑众等事,屡檄司府转饬所属州、县、卫所力行保甲,严密稽查。"①据此由于稽查白莲教,山东强化了保甲制。

(十)京师

笔者还没有找到奏折中关于京师保甲的资料,不过《康熙起居注》《清圣祖实录》有所记载。从《清圣祖实录》记载来看,顺治元年制定的总甲制在京师得以实行。如康熙十八年(1679)七月,京师发生地震,康熙帝谕大学士等:"地震示警,灾及军民。朕高居御物,勤恤民隐,遇兹变异,恻怛弥殷。其摧塌房屋,压伤人口,惟恐五城御史不能逐户细察,止凭司坊官员、总甲人等开报,未尽详确,不得均沾实惠,应分遣不在五城满汉御史详加稽察。着都察院遵行。"②同年八月又规定:"至奴仆服饰各有定例,若违法越分,将其主罚俸一年。闲人鞭责八十,民责三十板。越分穿用之人,系旗下奴仆枷号,民责四十板,其物入官。如该管官不行查出,被旁人拿送,将越分穿用之物给与所拿之人,将佐领、骁骑校罚俸三个月,小拨什库鞭五十,民之该管官亦罚俸三个月,总甲责二十板。"③康熙五十二年八月,山东道监察御史李景迪疏言:"京师五城地方设立司坊官,共十五员,所居房屋各极宏敞,每年租价约合计之,几至千有余两。司坊官私派总甲,总甲私派居民,甚至供输不给,有追呼纷扰之弊,请敕行裁革。嗣后司坊官等所居房屋,皆令捐俸自租,不得私派,累及小民。"清廷从之④。从上述记载来看,京师在康熙年间的确存在着总甲制。

《康熙起居注》记载,监察御史周祚显条奏:"通京城内糊口游民有数十万,白昼充满街衢,夜间不知栖止何处。此皆抛离乡井游手为生之人,不可不亟行禁止。伏乞旨下五城御史,伊等所属地方,除向

---

①《山东巡抚李树德奏报查获朱明后裔僧人成脉并审拟情形折》,中国第一历史档案馆编:《康熙朝汉文朱批奏折汇编》第8册第2681号,第288页。

②《清圣祖实录》第1册卷82,康熙十八年七月庚寅,第1059页。

③《清圣祖实录》第1册卷83,康熙十八年八月癸酉,第1058页下。

④《清圣祖实录》第3册卷256,康熙五十二年八月辛卯,第530页下。

系贸易及原有生业者外,着查无籍游民来历不明者,押回原籍。其现在此处居住之人察出,令行编立保甲之法。自此以后,凡来京人等内,有取得地方官路引者,方许开铺人及房主留住。如此则京师无游民,而盗案可清。"康熙五十三年十二月二十日,户部议覆:"应无庸议。"康熙帝认为:"各省人来京者,专以贸易庸工营生,从未禁止。然前此各省游民来京者少,且有已回原籍者。今观各处之人,来京者渐众,以故贸易无资,不能聊生者,悉不得回故土,栖泊京师,入于匪类者甚多。周祚显条陈是,本发还,着会同九卿再议具奏。"①《康熙起居注》未载九卿讨论的结果,依据康熙帝已经驳回户部前议,表态赞成周祚显条陈,户部与九卿的再次商议,自然会顺应康熙帝的意见。

以上 10 个省区中,除了最后的京师外,均依据的是康熙朝朱批奏折资料。需要注意的问题有以下几点:一是依据的奏折计 23 件,其中汉文朱批奏折 21 件,余为满文朱批奏折,推行保甲的朱批奏折资料主要集中在汉文部分。二是奏折上奏的时间分布在康熙四十六年到五十八年的 12 年间,这固然与现存康熙朝朱批奏折多为康熙中后期的有关,但是《康熙朝汉文朱批奏折汇编》收录康熙三十二年(1693)至康熙四十五年的 218 件奏折未发现推行保甲的记载,或许说明推行保甲主要是康熙后期的事情。在推行保甲的 21 件朱批奏折中,康熙四十六年的有 1 件,其余 20 件为康熙四十七年以后的,这也说明自康熙四十七年清廷在全国推行保甲后,清代的保甲才更有效地推行。三是这些奏折的具折人基本上是督抚大员,他们上折的共同点是,多为到任不久向皇帝的奏报,说明当时把用保甲维护地方治安放到相当重要的地位。也有的是针对地方上的海防、缉盗等问题采取保甲制的,说明对于保甲制寄予厚望。四是有关保甲奏折反映出在全国,特别是直隶与东南沿海地区,保甲制已有一定程度的实行。

关于沿海地区推行保甲的情况,稍后雍正时期的奏折中有所记载。雍正元年六月初八日,两广总督杨琳奉到御批筹海事宜条陈一折,令其与闽浙总督满保密字商酌而行。于是杨琳将二人商议后的想法报告皇帝,上奏的首条内容是保甲方面的,内容为:

---

① 中国第一历史档案馆整理:《康熙起居注》第 3 册,第 2133 页。

查奸之宜严密一条。查康熙四十六年原任福建督臣梁鼐条奏,商渔船只如出外洋者十船编为一甲,取具连环保结,一船为匪,余船并坐等因。又康熙五十年原任福建督臣范时崇条奏,欲清盗源无过于严查保甲,嗣后将失察出口为盗沿海州县等官,具挨次处分等因。又康熙五十一年原任镇海将军马三奇题,令各省督、抚、提、镇严敕地方文武官弁,于沿海口岸及内地所属地方遍行查缉,按季出结送部等因。各奉旨通行在案。查洋盗向惟广东、福建为多,江南、浙江次之。广东洋盗又多在潮州、惠州二府。臣自任巡抚总督,于潮、惠二府口岸盘查尤严,各澳大小船只俱行编甲。五十六年臣复题准,每年派出总兵副将带领游守千把,分为东、西、中三路统巡,两班轮流更替。又将商船设立联□护送之法,奸民知货船难劫,无所觊觎。福建查察甚严,近年闽、粤两省失事较从前已少。至于无海关税单货物者,不许出入。其附近岛屿险僻处所,不时遣发官兵游巡。今惟有严敕沿海文武遵照查点保甲内外迅缉成例,实力奉行。①

据此可知,福建、广东、浙江沿海地区已有系统的保甲制度,商渔船只如出外洋者,十船编为一甲,取具连环保结;地方官又严查保甲之责;当时广东等沿海省区已经编设保甲,推行时间是在康熙四十年代后期与五十年代。这条资料进一步印证了我们以上对于东南沿海保甲制实行的判断。

三 雍正修各省通志所见顺康时期保甲

顺康时期各地保甲究竟实行如何,地方志应当是重要的考察资料。雍正七年命重修各省通志,多数在雍正朝修成,也有个别通志如贵州、盛京是乾隆时期修纂的。这一批通志共计 15 部,重点记载顺康时期事情,可以作为了解当时保甲实行情况的重要资料。笔者以保甲一词检索出有 11 部通志记载了顺康时期的保甲。下面逐一介绍。

①《两广总督杨琳奏覆筹海事宜条陈折》,中国第一历史档案馆编:《雍正朝汉文朱批奏折汇编》第 1 册第 589 号,第 714 页。

(一)《盛京通志》

《盛京通志》主要记载以沈阳为中心的辽东地区,中心是奉天府。《盛京通志》记载"国朝人物"部分,在不少人的传记中谈到传主推行保甲的经历。具体情况如下:

> 范文程,镶黄旗汉军……迫入燕京,凡建立规模,多所裁定。订册籍,举佚遗,除明季重赋,事无巨细,应机立办。中原既定,请申行乡会试以致人材,请兴屯田以佐国用,发保甲以杜乱萌,事多施行(卷77)。

> 线缙,广宁人,正黄旗汉军。顺治二年守山东曹州,时定鼎之初,余寇流毒未泯,缙治尚简易,劝开荒地,岁不下数百顷,无力之家助以牛耕,民始得耕。严饬保甲,谕令守望相助,后土贼窃发,邻境□杌而曹独获安(卷77)。

> 金培生,奉天人,正白旗汉军。顺治初任陕之潼关道,时关中寇乱初定,民未安集,草窃乘时间发,培生筑城浚隍,兴教化,励风俗,严保甲,劝开垦,著有治绩。及卒,入祀名宦(卷78)。

> 罗文现,正白旗汉军,世居广宁。康熙三十五年擢汝南道,励士习,劝耕农,招垦荒地,饬严保甲,盗息民安,听讼详慎,锄强除暴,每冬月捐俸施粥,全活无算,崇祀名宦(卷78)。

> 王毓奇,奉天人,正红旗汉军。康熙三十二年知四川之泸州,除耗羡,严保甲,劝耕织,盗贼敛避,民安其业,比户有丰宁之庆。其殁也,州人祠之(卷78)。

> 蒋毓英,奉天人,镶白旗汉军。初任浙江温州府同知,时海氛未靖,大军驻衢征剿,毓英悉心筹划,输运粮饷,仍加意抚绥,严行保甲,阖郡帖然(卷79)。

> 吴允升,奉天人。顺治九年知江南庐州府,兴水利,劝耕桑,严奸宄,清保甲,境土大治(卷81)。

> 李灿,奉天人。康熙中知江南池州府,饬六邑减耗羡,严保甲。倡修府学,建城东回澜书院,以励士习(卷81)。

> 陈启泰,盖平人,镶红旗汉军。任福建巡海道,驻漳南,时山寇遍授伪札,启泰严保甲,以靖反侧。康熙十三年,逆藩耿精忠叛,启泰密与海澄公黄梧拒守(卷86《忠节五》)。

上述 9 人分为两种情形。顺序第六、第七的吴允升、李灿为汉人,其余 7 人是汉军。他们都是"从龙入关"的官员,因此其事迹并不在关外,而是关内各地区。这些人推行保甲的范围,范文程是针对中原,其余则是山东曹州、陕西潼关、河南汝南、四川泸州、浙江温州、江南(安徽)庐州、江南(安徽)池州、福建漳州,遍布 7 省。从推行保甲的时间来看,范文程、线缙、金培生、吴允升四人是在顺治年间,其余 5 人则是在康熙年间。其中蒋毓英所谓"初任浙江温州府同知",当是泉州之误,康熙二十三年蒋毓英由泉州知府转调台湾府,因此他在泉州推行保甲发生在康熙时期。

(二)《江南通志》

顺康时期的江南省管辖江苏、安徽。《江南通志》记载地方官推行保甲主要集中在《职官志·名宦》,具体情况如下:

> 于成龙(字北溟),康熙二十一年总督两江,"减火耗,严保甲,清营伍,除蠹胥,厘关政,平盐价,凡有关国计民瘼者次第举行。"(卷 112)

> 陈洪谏,德州人。康熙七年知兴化县,时河水为灾,力请具题蠲赋。流民迫于饥寒,走险剽掠,洪谏练乡勇,严保甲,守御有方(卷 115)。

> 李灿,字君章,奉天人。康熙二十五年授池州府知府,饬六邑减耗羡,严保甲。倡修府学,大其规模,令六邑皆如制(卷 117)。

> 石参,字星川,奉天人。康熙二十八年知和州,宅心仁恕,下车有不破一家,不伤一士之誓,赈恤灾黎,革除科派,省差扰以息民,严保甲以清盗。卒于官。士民立祠祀焉(卷 118)。

以上四人都是康熙时期任职江南的,于成龙为两江总督,管辖范围除了江南,还有江西。其他 3 人推行保甲地区是江苏的兴化与安徽的池州、和州。上述 4 人推行保甲的记载均为"严保甲",暗示说当地已经有了保甲,这些官员只是从严而已。

《江南通志》记载本省人在外地推行保甲见于《人物志·宦绩》:

> 柯仲实,字在中,贵池人。顺治中以贡授浙江新城令,为政廉静,革羡耗以劝输将,无催科之役,修文庙,创义学。擢开封同

知,严设保甲,以弭盗贼(卷148)。

> 颜光昕,亳州人。康熙庚辰武进士……升福宁镇总兵,陈奏保甲指掌册、营中设立储仓二事,下督抚行之。卒于官(卷150)。

这二位安徽人在浙江、福建任官,推行了保甲。

(三)《山西通志》

《山西通志·名宦》记载了地方官推行了保甲:

> 赵吉士,字天羽,休宁人。杭州府学生。顺治八年举乡试,康熙七年铨知交城县事。交城居万山中,岩磴参错,畜马绝有力,又饶灌木。时民间畜马有禁,上官废南堡村木厂,许沿河市卖,由是利为文水商民所夺。交人重困,往往去为盗。吉士首阅武郭南,令下,士卒有序。会年饥,录饿者七十人,完廨舍垣墙,使家人与处,询群盗出没所在,多得其实。乃申明乘墉保甲团练之法,躬诣河北,都行荒政(卷88)。

> 汪宗鲁,江南怀宁人。康熙六年以进士知沁州,有清操,薪水悉自给。民有讼以木为皂,率令自拘到案,立剖之,役人皆拱手无所事事。由是修城隍,饰庙学,严保甲,劝农桑,惩游惰(卷97)。

> 崔鸣鷟,内邱人。康熙八年以进士知河津县,首革现役杂派诸弊,均水利,正经界,严保甲,抑豪强,修学建桥,以次毕举,措置有方,事集而民不扰,民爱之(卷100)。

以上3人都是康熙初期任官山西的,在交城县、沁州、河津县推行保甲,两例资料中说其"严保甲"。

《山西通志·人物》载了到外地当官者推行了保甲。

大名鼎鼎的永宁州人于成龙顺治时在广西罗成县"编保甲"以及康熙十九年担任直隶巡抚"立保甲缉剧盗"被记载(卷114)。

此外还记载张瑃在河南原武县严行保甲:"张瑃,字伯珩,阳城人。幼聪敏,十五岁为弟子员,十九登壬午乡试,联捷癸未进士,授原武知县。邑初隶版图,数值兵燹,招抚流亡,垦荒缓征,严保甲,兴学校,戢盗安民,加意绥辑。"(卷122)

(四)《山东通志》

《山东通志》卷27《宦绩志》记载:"李顺昌,江西人。康熙元年任济宁知州,州为运道咽喉,夫役日不暇给,额设之外向派里甲,每因一夫而扰及一里,顺昌为均输之法,先定保甲,按日而递役之,公不误而民不扰,书役无所容其奸。"可知康熙元年李顺昌任济宁知州,编立保甲。

《山东通志》卷28之4《人物》则记载:"刘果,字毅卿,诸城人。户部员外郎必显子,顺治戊戌进士。为太原推官,常存矜慎,每判一囚必求其生于万一,未尝以谳语假人奉裁。改河间知县,裁汰陋规,力行保甲,吏民畏威怀德。"说山东人刘果顺治年间在直隶河间力行保甲。

(五)《河南通志》

《河南通志》卷56《名宦下》记载:"张朝瑞,辽东广宁人。顺治五年知登封县,年少英毅,洞悉民隐,招徕流亡,给牛种劝垦荒,常单骑督课。农桑既复,修学宫,严保甲,立义学,民俗丕变。"张朝瑞顺治五年任登封知县严行保甲。

《河南通志》卷61《理学》提到河南睢州人著名清官汤斌(字孔伯,号潜庵)顺治年间任陕西按察司副使备兵潼关时,称"关中多盗,斌严行保甲,令民各设钲鼓炮石,远近以次传警"。

(六)《陕西通志》

顺康时期的陕西,包括陕西与甘肃。《陕西通志》卷57下《人物三》记载,到山东当官的2人推行了保甲。其一,"任玑,字公义,泾阳人。少力学工文。顺治辛丑进士,筮仕滕令,滕邑自明季流亡,保甲尽废,玑画境为八卦,保置长,乡设约"。任玑顺治时在山东滕县恢复保甲、乡约。其二,"陈朝君,韩城人。康熙壬戌进士。事母至孝,与兄弟叔侄三世同居,友爱甚笃。初令蒙阴,重学校,严保甲,革行户蚕税,设催科纸皂吏,民安之"。陈朝君康熙时在山东蒙阴县严行保甲。

(七)《浙江通志》

《浙江通志》卷83《盐法上》记载:"康熙五十五年闰三月,户部为请严保甲等事议覆:两浙巡盐御史诺米疏称,两浙州县现行保甲之法,更申以严察私盐之条,责任地方官力行查缉,使总保里民互相稽察等因。应如该御史所题,严饬所属行盐地方该管官员,将奸宄聚众兴贩私盐者,令总保里民互相稽察,有能拿获者照律给赏,傥有容隐徇纵等情,发觉之日,照律治罪可也。奉旨依议。"据此,则浙江在康熙五十五年因为严查私盐而推行保甲。

(八)《湖广通志》

湖广辖湖北、湖南。《湖广通志》卷 42《名宦志》记载地方官推行保甲的事例较多。具体是:

> 吕阳,字全五,无锡人。怀宗庚辰进士。顺治初以荐举授下江防兵备道,驻蕲州,居官冰蘗自茹,神明独断,吏胥屏息,力行保甲,以绝盗源。
>
> 李会生,夏邑人。任湖北上荆南道,居官清勤,每朔望率属宣讲圣谕,劝士民各务本业,严饬保甲。
>
> 宋荦,字牧仲,商邱人。由荫生授黄州府通判,事母纯孝,筑将母楼于署中,以承欢。时当西山征役之后,民力凋瘵,荦多方抚恤,严行保甲,盗贼皆远遁。
>
> 姜橚,字仲端,保德人。康熙乙丑进士,令麻城,定征收法,设库书六人,赋毕输而民不扰;定保甲法,三年无盗警,招徕商旅,邑以大治。

上述的吕阳顺治在湖北蕲州一带力行保甲,宋荦是康熙三年授黄州通判,在湖北黄州严行保甲,姜橚康熙时在湖北麻城定保甲法。

《湖广通志》还记载了在外省任官推行保甲的事例,有:

> 马之鹏,字文渊,蒲圻人。康熙乙丑进士,令博白。有失子者控县,访之不得,鹏清保甲,至近地见一人有异,讯之获其所杀尸于河中,遂寘诸法,一县称神(卷 51《人物志》)。
>
> 汪基远,字星伯,黄冈人。顺治己丑进士,授东乡令,黜奸贪,抚良善,清田粮,严保甲,修城兴学,次第举行(卷 60《忠臣志》)。

以上 2 人,汪基远顺治时在江西东乡县严行保甲,马之鹏康熙时在广西博白县清理保甲。

(九)《广东通志》

《广东通志》卷42《名宦志》记载了广东推行保甲的事例：

> 王国光，奉天人……顺治十三年节制两粤……念粤之致盗者三：雄藩初建，少年游食，子弟多依城社，父兄亦徇隐之，则为严连坐之法。又其渠魁借团练为名，挟制堡寨，民幸以盗止盗，则为严保甲之法。有司畏盗案滋蔓，听断疏纵，规避处分，而盗益炽，则为严承审之法。崔苻衰息，民俗丕变矣。

> 杨宗仁，奉天正白旗人。明警廉俊，康熙五十八年巡抚粤东，洗剔陋例，裓属吏之贪墨，除重充之革役，惩终讼之刁风，官师肃轨，奸猾潜踪。又知人善任，凡所调拔之员无负厥职，前此抚粤者亲属相随颇多，宗仁仅携十数人耳。粤东山海交错，向行保甲法，日久废弛，宗仁法在必行，否则劾其，令盗遂屏息。

> 徐勋，浙江鄞县人。由进士初任陕之三原令，政通人和，寻以母老告终养归，服阕。康熙二十九年改授顺德令，英丰奕奕，断决如流，目所经悉识姓名弗忘。受事之初即禁杂派，免浮粮，绝苞苴，清保甲，莅顺四年，始终勿渝。

> 高遐昌，号菉园，河南淇县人。丙辰进士，康熙三十七年令东莞，廉明勤肃。年饥市米平粜，岁不为灾。除蠹役，清保甲，兴文学，听断如流，民无冤狱。

> 张至隆，镶红旗人。康熙三十二年为肇庆府，以廉洁率下，僚属敬畏。肃学校，劝农桑，饬保甲，省刑狱，士民颂之。

> 孙裔昌，山东济宁贡生，顺治十八年知廉州府，兴教劝学，除蠹戢兵，严行保甲，约束奸顽。

上述5人，孙裔昌任廉州知府严行保甲是在顺治年间，其余4人都是在康熙时期推行保甲，其中杨宗仁在全省实行，徐勋在顺德清保甲，张至隆在肇庆府饬保甲，孙裔昌在廉州府严行保甲。

《广东通志》卷48《人物志五》记载："陆禧，号迎侯，饶平人。少颖异，崇祯壬午举于乡。顺治初谒选涞水令，立保甲，革耗羡，修学校。"广东饶平人陆禧顺治时在直隶涞水立保甲。

(十)《广西通志》

《广西通志》卷69《名宦》记载：

张若霈,桐城举人。康熙六十年由严州府同历治中迁知梧州府。梧郡商贾辐辏,东省不逞之徒每潜入为盗,捕之急则逋还东省,隔属关提,每致闻风远遁。若霈至,专意团练乡勇,申明赏罚,以鼓励之,严饬保甲,守望相助。

张若霈康熙末年在广西梧州府严饬保甲。

(十一)《云南通志》

蔡毓荣,汉军正白旗人。康熙初,任刑部侍郎。先后出任湖广四川总督、湖广总督加兵部尚书、云贵总督。康熙十四年率绿旗兵征讨三藩之乱,后领衔绥远将军,总统绿营。先后败吴三桂部于岳州、长沙、衡州、辰州、贵阳、云南。次年,累上疏论云南善后事宜十数事。《云南通志》卷29之4《奏疏》记载筹滇奏疏,其中《筹滇第三疏靖逋逃》说:

> 受事以来,通檄各镇、协、营,严饬诸路塘汛,无分冲僻,一体盘查,并责各村寨头人互相讥察,更行各有司编立保甲,按户挨查,虽在穷谷深山,亦无不入牌甲之烟户,烟户既清,奸究无容身之地矣。

《筹滇第九疏敦实政文》指出:

> 一在严保甲。滇当反正之初,逃兵逃人暨逆藩旧人之窜伏者,正复不少。

由此看来,蔡毓荣在云南推行过保甲。

综上所述,雍正以及乾隆所修通志记载保甲主要体现在传记的名宦与人物部分,名宦记载地方官在当地推行保甲的情况,人物则反映出在外当官者政绩中的推行保甲。由于这两类传记篇幅短小,记载保甲多一句话概括,所用语句以"严保甲"最多,表明在当地已有保甲的基础上进一步加强,含有掩饰与夸奖的成分,其真实情况难以得知。上述保甲资料还表明,顺治时的事例较少,多是康熙时期推行保甲的事例,说明康熙比顺治推行保甲更为得力。通志资料中,言及全省性推行保甲的事例不多,仅有云贵总督蔡毓荣康熙十五年左右在云南、于成龙康熙二十一年在两江、广东巡抚杨宗仁康熙五十八年在广东、浙江在康熙五十五年推行保甲等事例,一般的记载多是在府、州、县推行保甲。就一部通志而言,各省推行保甲的事例所占该省府、州、县数量是极小的,寥寥几位名宦而已。将不同通志比较,《盛京通志》《广东通志》所记事例最多,《盛京通志》记载保甲事例较多,同清入关之际建立统治秩序有关,《广东通志》可能的确反映出当地较为重视保甲;《江南通志》《湖广通志》记载保甲也较多,可能与湖广、江南所辖区域范围广阔有关。总起来看,康熙以及顺治时期保甲推行的普及程度与效果还有限。

记载地方上保甲具体情况较为详细的应当是州县志,除了名宦、人物记载之外,会有地方基层社会组织的记述,这是与通志记载的不同之处,由于州县志数量庞大,目前系统利用地方志研究保甲的深入成果不多,这里我们从两个地区的地方志略作考察。先看山西洪洞县,该县今存明万历《洪洞县志》,清顺治十三年修《洪洞县续志》,未见清朝实行保甲记载,康熙十二年再次续修,该版本笔者未看,雍正八年刻《洪洞县志》卷7《武备志·保甲》小序说:"皇上即位以来,明谕温旨,不惮再三。洵欲实力奉行,声息相通……"之下的叙述先引《礼记·大司徒》的有关内容,接着将万历元年(1573)知县熊镃立团练法下的立保正、乡约的制度。同时指出:"及明末法渐废弛,徒循故事。"以下概述"国朝"保甲制度内容,接着论述雍正八年推行乡约宣讲《圣谕广训》。雍正《洪洞县志》系重修,未见论述顺治、康熙时期保甲的记载,至少没有记载康熙十二年以后保甲的情况,因此我们推测,顺康时期洪洞县并不重视推行保甲。再看安徽徽州,今存清代府志和各县志版本甚多,笔者未能全部阅览,不过就所读的部分而言,注意到康熙三十二年《休宁县志》卷2《建置·约保》记载了清代保甲:"国朝尤严保甲之令,康熙九年颁《圣谕十六条》,令天下各府、州、县于朔望日,官绅同诣明伦堂,以生员二名宣布条款。近奉圣朝屡颁箴言,民风渐古。将溪廖令复实心举行,劝善化暴,奸宄潜踪。由此以观董戒之法,岂不视乎其人哉。"虽然记载了清朝"尤严保甲之令",事例则只有廖令而已,恐怕很难说休宁推行保甲的有效性,连该志都说"董戒之法"在于得人,可见保甲未能普及。而徽州其他县保甲鲜见记载,大概也是不普及的原因。此外,我们利用以下其他区域史学者的研究成果观察顺康时期的保甲。杨国安依据了大量地方志资料探讨湖北、湖南两省的保甲,他指出:"就两湖地区而言,至迟到康熙年间平定三藩之乱后,保甲制的推行才有起色。至乾隆年间,各地的保甲制才逐渐普及。"①不少学者指出清代里甲制向保甲制的演变②,杨国安也论述了这一演变。从杨国安的研究来看两湖地区顺康年间保甲制是很不普及的,其功能恐怕多作为临时性治安措施出现。

四 于成龙推行保甲的实践

如上所述,顺康时期无论是地方督抚还是府、州、县官员,都有推行保甲的实践者,但是因为资料记载的事例比较分散,比较缺乏对于一地或一位官员推行保甲的整体性深入了解。就目前所知,顺康时期推行保甲不遗余力者是以清廉著名的官员于成龙。今存两江总督于成龙所撰《于清端公政书》,记载了于成龙在广西罗城知县、湖北黄州知府、直隶巡抚、两江总督各级行政单位推行保甲资料,分析于成龙推行保甲的实践,有助于新的角度加深对于顺康时期保甲问题的认识。

(一)罗城与黄州:基层地方官治盗的实践

于成龙,字北溟,山西永宁人。明崇祯年间副榜贡生。顺治十八年授广西罗城知县,这时他已经 44 岁。

广西柳州罗城偏处山隅东北,界连湖南道通一带,西北界连贵州清平一带,土司环绕,土民有瑶僮等,带刀携枪,民风犷悍。顺治十六年冬罗城初入为清控制,于成龙于顺治十八年任职罗城。经历多年战争后,罗城遍地榛莽,城中居民仅六家,无城郭廨舍。于成龙针对地方上首要面临的是治盗以保障安全问题,《于清端公政书》卷 1《对金抚台问地方事宜》引述了于成龙的看法:"夫地方何盗,盗即民也。民虽无知,决不乐于为盗,必为饥寒刑罚迫之而为盗也。责在有司,清净寡欲,先之德教,以端风俗,继之保甲,以防不虞,勿戕民命,勿剥民肤,俾各安室家,各恋妻子,此弭草窃之末议也。"于成龙把端风俗、设保甲作为治盗的方法。同卷《治罗自纪并贻友人荆雪涛》还记载于成龙康熙初年在罗城的维护治安的做法:"申明保甲,不许带刀携枪,

---

① 杨国安:《明清两湖地区基层组织与乡村社会研究》,武汉大学出版社 2004 年版,第58 页。

② 如孙海泉:《论清代从里甲向保甲的演变》,《中国史研究》1994 年第 2 期。

咸遵无违。间有截路伤命,无踪盗情,务期跟寻缉获;隐昧事情,尽心推敲,必得真实,立刻诛戮,悬首郊野。渐次心服,地方宁静。"于成龙在罗城七年,治理有方,与他推行保甲有关。《清史稿》于成龙本传特别记载他"申明保甲"①,治盗卓有成效。罗田推行保甲,成为于成龙为官成功的最初实践

康熙六年(1667)于成龙升四川合州知州,接着迁湖北黄冈同知,康熙十三年(1674)为武昌知府。

明清之季,湖北蕲黄(清代前蕲州、黄州地)地方武装自保,利用山区地形,建有大小山寨三百余座。其中最有名者 48 个,号为"蕲黄四十八寨"。当时吴三桂叛清,占据湖南,鼓动湖北人民反清,麻城、大冶、黄冈、黄安各山寨响应,五月在麻城东山曹家河起事,号称"东山"。湖广巡抚张朝珍急调武昌知府于成龙带兵前往镇压,于成龙很快平息东山武装,值得注意的是,于成龙对东山武装的平息以及善后措施,推行保甲发挥了重要作用。

《于清端公政书》卷 1 到卷 3 收录了在东山以及黄州推行保甲的大量资料。

于成龙上任知府便清查保甲。《到黄州任申饬谕》说:"照得本府新奉督抚两宪会疏,补授黄郡……兹于七月二十五日在麻属望花山铺开印视事矣,合行饬知。为此示府属官民人等知悉:嗣后各体本府爱民至意,大家齐心固守,清查保甲,如有面生歹人,声音互异,立刻驱逐境外,务使兵民协和。城守事宜照依往例,多拨人役,严加守御,盘诘奸宄,以靖地方。该巡捕员役毋得疏玩,取咎未便。"(卷2)

平息东山后,于成龙发布一系列文件推行保甲。《东山就抚后饬行保甲谕》是动员实行保甲的告示,指出:"本府亲履田畈,编立保甲,稽查匪类,劝勉为善。惟恐游手好闲之徒,凶逆亡命之流,不遵本府劝谕……为此牌仰知悉:如有匪类,速劝投见,倘执迷不悟,胁良作乱,凡我士民严行保甲,协力擒解,或歼灭报功。本府申详院、道,厚加奖赏,以励忠义,以靖地方。"(卷 1)可见推行保甲是为了"稽查匪类"。

《清理保甲谕》专门告诫藏匿山中的地方武装陈恢恢,劝其投降:

---

①赵尔巽等撰:《清史稿》卷 277,《于成龙传》,第 10083 页。

"照得东山已靖,应宜安插,为抚良善后之计。兹本府沿堡清理,设立户长,教训子弟,编择甲长,稽查烟民,各安生理,毋纵为非。惟恐有流移游手之类,无家可归,无业可务,聚集山中,衣食不足,甚之凶逆亡命之徒,有罪案未消,匿处林薮,苟延旦夕,均应处置得宜,以抚良善,合行晓谕。为此示仰陈恢恢知悉:亟清理山区,除将本区居民安插务农,照例设立户长,编择甲长外,如有流移游手之类作何安插。至于凶逆亡命之徒,罪案未消,速趁此时投首,可以免罪。若观望不前,则此会一失,投首无门,山中终非逋逃匿奸之地,后悔何及。思之,思之。"(卷1)于成龙的保甲制,主要是"设立户长,编择甲长"。

《保甲事竣再行申饬谕》说麻城已经编立保甲,但是惟恐于成龙离麻之后,人心涣散,于是"特委各方总堡督领垣主、户首,分任勤劳,逐户清查"(卷1)。《申饬区堡谕》要求:"照得设堡长、户首,原为清理保甲,稽查匪类。若不彻底清查,顾惜情面,大非借重之意。嗣后凡属领牌堡甲所辖区分户首、烟民,务要遵依宪行保甲之法,听信堡长教戒。"(卷1)《劝谕士民》也是于成龙离开麻城时的告示,要求"嗣后须严行保甲,责成户长稽查诈伪,勤约子弟,勿留祸害之种,勿蹈危亡之辙,慎终如始,以靖地方"(卷1)。上述3个文件中,户首即是户长,其上是保甲。可注意这还有总堡、堡长、堡甲等词汇,从推测堡等于或大于甲,总堡或是管理数堡即若干甲的建制。而"垣主"可能是小的堡长。

《上张抚台善后事宜禀》是于成龙向巡抚张朝珍报告善后事宜文件,其中指出:"成龙奉严命,酌行善后之法,焦心劳思,采访山中地势、路径、隘口,已有成局。大约良民居多,而顽民有数,编以保甲,谕以利害,各有互保身家之心。成龙择殷实良善,举为区长,联络守御,家自为守,人自为战,料宵小不能出其范围……今麻城附近,东山内外,编甲已就,绅衿和好,成龙克期仍赴杲镇布置。"(卷1)谈到保甲之上还设立了区长。

于成龙推行保甲与宣讲圣谕实行乡约互为表里。《慎选乡约谕》说:"兹奉上台严檄,力行保甲。本府仰体德意,痛革前弊,合行晓谕。为此示谕地方人等知悉:自示之后,有司随查明乡分,于适中之地立乡约所、亭、屋,选年高有德者,择吉迎送,给以衣、顶,行二跪一揖礼,在乡约所任事,朔望谕乡民听讲《十六条》。此外一不许票仰协拘人犯,二不许差役到家饭食,三不许原被告指为证佐,四不许朔望点卯,五不许请立印簿,六不许差督编查烟甲,七不许买办军需,八不许人命盗案牵连姓名,九不许投递报呈,十不许绅衿把持。凡人命盗案,勾摄人犯,惟保甲、保长地方是问。惟尔乡约,无事则劝化愚民,有事则密禀自封,用图记牢钉,星夜飞递。一年更换,地方平靖、讼狱不兴者,年终给以称职字匾;地方多盗、讼狱繁兴者,年终书不称职,用木刻条钉于门首;或敛钱扰害、不公不法者,访实实时惩革,于县前悬大木牌,书贪恶乡约姓名于上,以示劝惩。于以端风化,靖地方,庶几近之矣。凡我属邑,勉力行之,以宣扬上宪德意,未必于地方风俗无裨益也。"(卷2)可见推行保甲中也推广乡约,乡约所任事为朔望谕乡民听讲《十六条》,而"凡人命盗案,勾摄人犯,惟保甲保长地方是问"。分工明确,更突出了保甲的职责。

于成龙主张将保甲武装起来。《申饬保甲谕》介绍了当时于成龙推行的保甲法,并动员保甲军事化:

> 照得编查保甲、团练乡勇之法,无事则稽察盗贼,以遏乱萌;有事则相机救援,防御堵剿。不动支粮饷而兵足,不调拨官兵而贼除,兵农合为一家,战守不分两局。自古及今,消弭奸逆,安靖封疆,未有善于此者也。若不揣事势者,以修立垣堡,遂为聚众,见制造器械,辄云谋叛。不知为逆之人,聚匿深山大泽,何常有一定之垣堡?私造利戟长矛,几曾畏有司之禁约?惟善士良民,守分奉法,堡无完墙,家无寸铁。倏忽之间,死贼突至,赤手空拳,东投西窜。贼能纵恣残民,民无所恃拒贼。妻子为掳,牛种为掠,骨肉分离,室如悬磬,归怨于上,相率为贼。田地日荒,粮税日减,其何以培国脉,固根本耶?

> 本府前奉督、抚、司、道,编查麻城三乡区保甲册籍,委用堡长、垣主,分派户首、烟甲,严取邻居互结,责以守堡禁夜,总期地方盗息民安,向化乐业,正寓兵于农,以人治人之微意也。乃好事好究,惧此法一行,彼无所匿,从中造捏讹言,妄称抽丁,恐吓愚昧。见保长编册,疑惑横生,或不遵稽察,或隐漏户口,殊可骇叹。当此禁旅如云,所向克捷,各省客兵尚多闲置,何须尔等村农荷锄充伍?即使果欲抽丁,莫非王土,莫非王民,功令孰敢不遵,奚必先假编查,然后按册索取乎?且尔等疑保甲为抽丁,隐

匿不肯入册,小而言之,漏户有抗法之罪,大而言之,观望有阖门
之诛。试看东山逆地,尸横遍野,血流成渠,是保甲抽丁而死者
欤?抑从贼作逆而死者欤?编保甲出乡勇者未损一人,不编保
甲妄想富贵者死已千百。保甲无害于人,从逆无利于已,固自彰
明较著,奈何劝尔为善,便自千难万难,未尝驱尔为逆,竟若神牵
鬼使,何愚于为恶而不智于为善乎。本府怜尔等痴顽,再申儆
戒,宜乘此闲暇,修筑垣堡,各备器械,以资防御。尔堡长、垣主、
户首、乡保、烟甲人等,宜自爱重,慎勿惊疑⋯⋯(卷2)

可见当时对于是否将保甲武装起来存在不同意见,在于成龙看
来,武装保甲,即修立垣堡、制造利戟长矛等器械正是强化保甲防御
"盗贼"的有效措施。

康熙十七年(1678)六月,于成龙迁福建按察使,直到康熙十九年
(1680)二月擢直隶巡抚。康熙十九年正月福州府闽县发生八旗官弁
兵甲填塞县堂要求拨派铡草人夫之事,于成龙"随即传唤保甲人等查
询"①,说明当地存在着保甲组织,或许与于成龙推行有关。

(二)直隶与江南:督抚大员推广保甲经验

在直隶巡抚任上近两年间,于成龙强力推行保甲。卷5收录的
两个文件,反映了直隶推行保甲的情形。《请禁讦告以正名义疏》说
到于成龙六月抵任,检结旧案,有个案子中的献县鲁道村"历来未设
保甲,稽查亦无失事,相沿已久"。这一记载说明该村一直没有设立
保甲,也证明当时直隶的保甲未能普及,因此于成龙在直隶推行
保甲。

《弭盗条约》是于成龙到任直隶巡抚不久颁布的,系于成龙在黄
州知府任上所行,借此可进一步了解于成龙在黄州所行保甲内容。
《弭盗条约》被收入清中叶贺长龄编辑《皇朝经世文编》,可见对其十
分重视。该条约详细,我们引录如下。

该约开头部分说:"直属逃人盗贼,大为民害,无论军民绅士,或
犯窝逃,或被盗劫,家业不保,甚至身命随之,而地邻人等,亦咸被其

---

① 于成龙:《公上康亲王求罢铡夫启》,《于清端公政书》卷4,台北商务印书馆影印文渊
阁《四库全书》本第1318册,《集部七·别集类六·国朝》。

牵累。今欲为尔等谋保护安全之计,莫如力行保甲。"说明于成龙在直隶推行保甲,是针对逃人与盗贼问题。

该约前半部条款(条款原以"一"字平列,顺序号为笔者所改)如下:

一、十家立为一甲,务选殷实老成、端正勤慎者,公举为甲长报官。九家咸听约束,违者禀官重究。

二、十家各开男妇姓名年貌,自祖父母及本身妻妾,至子孙妇女与同居叔侄亲戚,并婢仆等人口,作何生理,尽数开立门单,交与甲长,不许遗漏,以便认识稽查,违者重究。

三、九家民人互相保结,其结内开:某人作何生理,平日并无窝逃蓄盗、交结匪类、出入旗下、勾连生事、游手赌饮、撒泼凶恶、结党习讼、起灭是非等项。如有此等事犯,某八家甘受连坐。所结是实。九家各具互结一张,交付甲长,以便编入甲内。如朦混具结,地方官查出,九家各责三十板,枷号两个月。敢有抗违不遵入甲者重究。

四、九家之中平日有窝逃蓄盗、交结匪类、出入旗下勾连生事者,八家不敢互结,许本人赴官自首,改过迁善,咸与自新。地方官另订一册,开列姓名。或他处旧案扳犯,许将本犯悔过首词叙入,以开生路。或怙恶不悛,地方官执法究治。如力不能制者,立刻申报,以凭核参拿问。其余游手赌饮、撒泼凶恶、结党习讼、起灭是非者,八家不肯互结,亦另订一册,开列姓名,不时稽查,违者重究。

五、甲长钉一甲簿,凡十家之内,有出外行走者,即报明甲长,今往某处公干,甲长注入簿内,回日仍报明甲长,某日事毕回转,即于簿内去时项下注明,以便稽查。或恃恶不报,或诡秘不报,八家查明某不在家,即报甲长注簿,次早报官拿究。或八家通同隐讳不报,甲长查出,注簿报官,本家与来人审明口供,如来人清白,任其回去,本家仍以失报责二十板,八家各责十五板;如来人不端,即差役押解原籍地方官查收注簿,取收管于本处,簿内批注收讫,本家责四十板,枷号三个月,八家各责三十板,枷号两个月,违者重究。

六、十家之中立有甲长,或不谙书写,即请邻佑识字者登记。

或甲长有事他往,即报明九家公同注簿,将簿转付甲内人收管登记。甲长回日仍同九家将回转情由注簿,将簿收回。如甲长家有亲客来往,亦照九家例注簿,违者重究。

七、市镇居民,开店接客,须钉一簿。每晚客寓,同行几人,务查问客众姓名,系何处人氏,来往何处;或何公干生理,有无弓箭什物;或自备骡马,或催长脚,将骡马毛色认明;或孤客步履,有无行李,尽数登记簿内。次早或去或住,报送甲长查阅。如有来历谎张,语言恍惚,踪迹可疑,即密传甲长、保长,窥伺去向,夜晚小心堤防,次日勿令早行,以备不虞。如玩忽不记,他处失事,行查店家簿内未开者,从重治罪。

八、十家之中有乡绅、两榜、贡监、生员,不便与庶民同例编查。但直属逃盗肆害,夜不安枕,白昼劫杀,几无虚日,绅衿咸受荼毒,历历有案。该地方官酌议,或乡绅立一册,文武两榜各立一册,贡监、生员各立一册,将家仆尽数开列册内。迩来风俗颓靡,有以武举而窝盗者,有以武生而为盗者。种种不法,已经事犯,似应武举、贡监、生员互相保结,武举、贡监责之县官,文武生员责之教官。如生员抗不互结者,教官移县转详。如武举、贡监抗不互结者,县官申详一并查究。或武举、贡监、生员居处隔远,未悉素行,不便互保者,另列一册。如系乡居,愿编入村庄保甲者,听其自便。此分别贵贱之法,以寓弭盗安民之意。法在必行,违者重究。

九、乡村各有墙垣栅栏,日久倒坏。目今农隙,正宜修理。各甲长公钉一簿,轮流派拨,某日某人几名看守栅栏,某人几名值日查夜,登记簿内。或遇盗警,本村放炮鸣钟击锣,大家救护。如堵御不能入栅行劫者,巡夜同守栅栏人等报明地方官,各赏红布五尺。如已入栅栏,力能救护,不致失事者,巡夜守栅人等报官,各赏红布一丈。如当场打死、擒获盗贼者,巡夜守栅人等各赏红布一匹。倘先事不能知觉,临时不肯救援,以致盗贼入栅,劫去财物,拷伤失主者,邻佑并巡夜守栅人等一并究治。敢隐讳不报者,十家以通贼论。

十、村庄居民一甲以至数十甲,若无统属,则呼应不灵,应设一保长,以统率各甲。或村庄止有一甲,将附近村庄甲长联成一处,公举一贤能保长料理。地方各甲长将花名交付保长,保长将各甲合总报官,以凭稽察。凡遇邻村有事,保长闻钟炮锣声立刻传炮,各村一齐放炮。保长即率所管村庄甲长一面分众各据要路堵截,一面率众直赴当场救援。或当场杀获贼徒,或要路擒拿贼徒者,每名各赏银五钱,甲长赏银一两,保长赏银二两。如保长闻邻村放炮不传炮者,罪坐保长;甲长闻保长放炮不传炮者,罪坐甲长。如甲长传炮,甲内人丁不赴援者,罪坐各家。如当场退缩,观望不前,致贼逸脱者,罪坐保长。如分拨堵守要路,放脱贼走者,即未受贼贿,甲长亦应治罪。法在必行,违者重究。

十一、地方设立保、甲长,协力守御,不可无器械使用。查一村之中须置炮一具,锣数面,各家成丁者,各备门棍一条。凡遇盗警,先放炮以便保长会众救援,兼以钟锣齐击,则各家奋勇争先。更查甲内或有鸟枪、弓箭、腰刀、铁尺、长枪、铁锉之家,开明报官,量留鸟枪、弓箭数件,地方官书押镌刻于上,仍给本主,甲长同本主具领存案,不许携带别处行走。如有遗失,从重治罪。其余尽收入官,照物给价。如有匿藏,甲长与八家首报,本家以通贼论。如甲长八家未经查出,被旁人首报甲长,与八家连坐。至于刀、尺、枪、锉,概镌本家姓名,当官验明登记簿内,以便稽察,违者重究。

十二、地方人民,有在圈占庄内居住旗房者,查明几家,照例编入附近村民甲内。如有抗违不服者,查拘亲属,务获正身,面取亲属保结,交付甲长,注入簿内,本身仍以抗违国法,枷责不饶。

十三、十家之内有穷苦民人不能度日者,甲长报知地方官,另造一册,设法养济。如此等民人既不敢出外行走,又无地土生意,甲长不报,罪坐甲长。甲长已报,地方官任其困饿颠连,以致丧命沟壑,或典雇旗下,苟延岁月,本院访闻,县官以不职纠参。如能设法生理养济,四季详报存案,以便纪功举荐。

以上共计十三条,包括四部分内容:一是保甲形式的规定,由前四条构成,即十家立为一甲,公举甲长;十家各将家庭人口基本情况开立门单,交与甲长;九家各具互结一张,交付甲长,以便编入甲内;九家之中有违法行为八家不敢互结者,许本人赴官自首,地方官另订一册。二是控制人口流动方面的内容，即第五至七条。规定甲长钉一甲簿，凡十家之内有出外行走者，即报明甲长，外出、返回都要登记簿内，以便稽查；市镇居民开店接客，须钉一簿，每晚客寓，详细登记簿内。次早或去或住，报送甲长查阅。三是特殊人群方面的内容，即第八、十二、十三各条。第八条是乡绅、两榜、贡监生员的编甲问题，主要由地方官负责监督；第十二条是有在圈占庄内居住旗房者，照例编入附近村民甲内；第十三条是十家之内有穷苦不能度日者，甲长报知地方官，另造一册，设法养济。四是村庄保护方面的规定，由第九至十一诸条构成。规定修整乡村墙垣栅栏，各甲长公钉一簿，轮流看守栅栏，值日查夜；设保长以统率各甲，或村庄止有一甲，将附近村庄甲长联成一处，公举保长；一村之中须置炮一具，锣数面，各家成丁者各备门棍一条。凡遇盗警，先放炮以便保长会众救援，兼以钟锣齐击，则各家奋勇争先。将甲内鸟枪、弓箭、腰刀、铁尺、长枪、铁锉之家，开明报官，量留鸟枪、弓箭数件，地方官书押镌刻于上，仍给本主甲长，同本主具领存案。

于成龙《续增条约》说："十家互结之法，本部院在楚行之已久。"可知上述条约主要内容在湖北黄州已经实行，不过我们观察到如其中第十二条是"照例"即按照国家规定实行的，符合直隶的情形，未必是黄州经验。于成龙还说："然在直隶有行不去者，只因南北风气不同，习俗亦异，今加意谘访，有前此条约中所未备者，酌增数则，附列于后。"新增内容有五条：

一、直属有等大盗，彰明较著，称为"马上好汉子"。地方人等畏之如虎，敬之如神，稍有拂意，即白昼劫杀，或暮夜杀死全家。凡属良民，口称："犯了王法，止一人死；恼了大盗，则全家死。"因之，宁死王法，决不敢恼了大盗也。从此思之，求一不敢互保之八家不可得矣。隐忍献媚，求保身家，谁敢不保大盗？如此，保甲竟为养盗圈套。嗣后地方官先访大盗姓名，密禀本院，务忧深虑远，设法擒拿，立毙杖下。王法既行，则良民有所倚靠，气直胆壮，互保之法方能着实行去。切勿如从前深州之受贼贿，束鹿之畏贼锋，致大盗蜂起酿祸，迄今不可救止也。

一、禁马之法，本院业已饬行。迩来密访，此法止可行之于良民百姓，决不能行之于巨窝大盗。凡属窝家，俱是大有身家之人,院宇深邃,仆从众多,马匹、弓箭、器械无不备具。且乡愚村民望风慑伏,稍有身家,托为姻契。不肖有司受其馈献,结成相知,且自己赃迹累累,畏其讦告。一入牢笼,明知故隐;一经事犯,多方遮饰。地方百姓知其手眼通神,怕到官不得死,无奈连名公保,预为结识之地。其中党羽,引类呼朋,极口称冤,每每释放,竟无顾忌。若夫巨盗重价购买健马,追风逐电,防汛官兵望风缩头,谁敢向前堵敌? 此等马匹,俱养之各处窝家,踏就生意,取之如携。一经事犯,即藏窝家。如追缉急逼,或潜匿京邸,或投充旗下,地方官莫可谁何。且此辈举动更为骇人,有买驴骡日行二三百里者,有步行一日一夜走三四百里者,今日打劫,明日离失事处数百里矣。因此事犯多被辩脱。此种大盗一日不除,则河南、山东、直隶终无宁晷。嗣后地方官务要廉静自守,端正寡交,更留心密访,切勿如沧州之被其愚弄,则大窝必然敛手。一切巨盗嫖赌性成,挥金如土,手头一空,便思行劫。东来西去,到处狐群狗党,交相容匿,不肯改悔,不死不休。且贼通九州某处,有一生意,便来勾引,既已入伙,明知事犯到官不饶,总属死命,欲不去而不可得。兴言及此,亦觉可怜,一步错了,满盘是错。地方官须要恩威并用,将此伙巨盗心上时刻记算,不要一刻放下。某贼某日在某处,即行密拿,一经擒获,便思了当。如某贼已有悔萌,即传投见,善为解救,处置得宜。如事发缉拿逼急,无处躲闪,投见求免者,万万不得宽纵,立刻绑送失事地方,切不可被他哄了。总之天下无难事,只怕不用心。若将问百姓要银子这副心肠用在拿强盗上,何事不成? 各地方官都一心做起来,贼无容身之地,何愁地方不太平? 着实细心参阅。

一、州县地方,或有一村都是盗,一家祖孙父子世世做贼,这互保之法如何行得去? 甲长是盗,九家是盗,明是强盗保强盗。此处没奈何,只得亦编成保甲,姑入罗网。大约良民多,贼盗少,务择有身家、有才干的做一保长。立禁止夜行木牌,时刻叮咛各处甲长,大家提防看明,这一村的出路去路,于要紧路口埋伏乡夫。如遇此村人黑夜行走,即行绑锁,次日禀官严审。如无谋劫实迹,治以夜行之罪。如此防闲日久,彼不得动手,或稍敛盗心亦未可定。此蓬生麻中不扶自直之谓也。着实奉行。

一、保甲之法一行,盗贼不得动手,必与地方官为仇雠,须要时刻防备这伙强盗谋害。白日谨守城门,稽察出入,着巡捕官每日落时逐户查问,并庵、观、寺院不许容留闲人。更于衙内建一敌楼,顶上盖房二间,每晚家人巡更,地方官带印宿于中一层,严守楼门。再于衙舍外边拨更夫巡逻,以防报复。此先保其身,方可实行保甲,切勿疏虞。

一、赌博乃为盗之根,屡奉严禁法令,不容宽假。迩来访得直属每遇集市,一伙大盗公然放头开赌,地保不敢过问,地方官竟置膜视,全不禁止。这伙将打劫之物一掷输去,又商议行劫,随劫随输,随输随劫,终无了日。又将没饭吃的穷人勾引在内。地方官平日不肯禁赌,养成盗党,及至事犯,把入伙的穷民拿来一例枭斩,于心忍乎?此种罪过都在地方官身上,只是贪财迷窍,全不思想杀了这些穷人,到阴司底下那个不嚷闹?终久一命要还一命,远在儿孙近在身。何如打起精神,严禁赌博,稽查贫乏,不知救了多少人的性命,禄位如何不峥嵘?子孙如何不昌大?功德无边,比要银子十分受用,十分放心。地方官要留心参阅。

这五条内容主要是针对直隶强盗猖獗设立的,集中在前四条的规定,即严惩大盗,避免从前深州之受贼贿,束鹿之畏贼锋,致大盗蜂起酿祸的局面;强盗多利用马匹作案,难以缉拿,强盗常投靠其人窝藏其马,并受保护,地方官对于强盗要恩威并用;对于一村都是盗,一家世做贼,务择好保长、甲长,认真应对;地方官要防止强盗谋害,保其身方可实行保甲。另外治理赌博也是严峻的任务,赌博乃为盗之根,要求地方官严厉禁赌。

康熙二十一年,于成龙迁两江总督,在江苏、安徽、江西继续推行保甲。卷7《弭盗安民条约》长达一万二千五百多字。该条约开头指出:"江南一省,幅员辽阔,盗贼窃发,所在有之。或剽掠闾阎之间,或肆劫江湖之上,为害于民,殆无虚日。"认为之所以造成这种局面,在于原来地方官治理无方:"抑思此盗贼者,莫非朝廷之赤子,良由该地方官始则抚绥鲜术,既不能禁民之不为盗,继而弭戢无方,又不能化盗而归于民。因循忽视,俾流毒未有底止,将何以肃郊境而臻宁谧乎?"接着表明态度:"为安全黎庶之计,禁暴戢奸,所宜亟讲。因于体访筹划之外,博采舆论,分别诸条。如陆路之首重保甲,水路之严饬汛防,是为弭盗之大纲。"强调:"保甲之法久经奉旨,而向来地方官视为故事,行之不力,以致奸民匪类改革无期。"要求地方官:"自发条约之后,各宜督率居民,实心举行。如果劝谕周遍,约束精严,使盗薮肃清,居民安堵,本部院定行特奖。倘仍前玩惕,或阳奉阴违,以及借端需索,本部院一有访闻,官吏及保甲长人等分别惩处,断不宽贷。"

《弭盗安民条约》内容丰富,条目多达三十七项,具体是为:设甲长,取互结,立甲簿,稽甲长,设保长,分乡绅,恤穷民,修整墙栅,建敌楼,置器械,防积贼夜行,禁闯将打降,稽察旅店,访擒大盗,惩窝盗,察旗盗,禁养马,严饬江防,严缉湖盗,编烙船号,设水栅操舟,饬船埠,严讳纵,禁推诿,禁诬良,饬捕兵,革白捕,禁指扳盗赃,禁凌虐失主,逐娼妓,禁赌博,禁邪教,禁僧道,宽宥自首强盗,诫惰民,讲乡约,禁需索。其实其中的前十七条多是于成龙在直隶实行过的,针对江南特点的内容主要是后面的内容,有两方面,一是这对江南江湖众多而采取对付水上盗贼的措施,即第十八至二十二条,严饬江防,严缉湖盗,编烙船号,设水栅操舟,饬船埠有关内容;二是防止官吏不负责任的规定,即第23—29条,严讳纵,禁推诿,禁诬良,饬捕兵,革白捕,禁指扳盗赃,禁凌虐失主有关内容;三是第三十至三十四条,逐娼妓,禁赌博,禁邪教,禁僧道有关内容,该保甲增加了治理社会问题的内容,这些也是江南比较突出的社会现象;四是最后四条,可以归入其他,其实有关内容如宽宥自首强盗在直隶已行,讲乡约更在黄州已经涉及。

该约最后说:"查以上各规条,如遴委保甲长及建楼、修栅、烙船等事,与夫造册取结,谆谆诚谕,莫非本部院一片苦心,欲为百姓筹划安全至意,全赖循良有司打点精神,推心行法,着实举行。如敢阳奉阴违,借端需索,倚法作弊,本部院耳目最近,一经访实,官则摘印,羁候飞章题参,役拿立时处死。其保甲长如敢欺压乡愚,及一切诈索事发,俱照衙役犯赃严例重究,决不姑饶。"推测于成龙强力推行了保甲。

于成龙在康熙二十三年四月卒于官,他在江南任总督两年。

综上所述,于成龙从顺治末年至康熙十七年上半年先后在广西罗城、湖北黄州实行保甲,康熙十九年六月到二十三年四月又在直隶与江苏、安徽、江西先后推行保甲，所行保甲条例日益完善，针对的问题主要是盗贼，不过随着时间的推移，保甲条约的内容逐步扩大，从比较单一的缉盗向针对更多社会问题过渡。总之，于成龙推行保甲是为了缉盗而维护社会治安，以确保清朝的统治秩序。于成龙推行保甲的实践，主要反映了康熙收复台湾进一步统一全国之前的清朝面临的社会问题以及保甲制的特点，学术界一般将康熙二十三年作为"康乾盛世"的起点，因此于成龙推行的保甲反映了清初保甲的特点，即主要是缉盗的治安措施。

五 结语

清入关后高度重视推行保甲制度维护社会治安，稳定社会秩序。清朝首先在京师重新起用明代以来存在的总甲制，接着为了编审人丁恢复了里甲制度。直隶等北方省区由于满洲的圈地，出现严重的逃人问题，为了防止隐匿逃人，清朝在直隶等北方地区的里甲与保甲制度，采取连坐，防止事态扩大。顺治时期推行的保甲制针对垦荒、逃人、海防、民族等问题，带有权宜之计的性质。一直处于动荡不安状态下的顺治时期，保甲制度很难在全国有效实行。

康熙帝亲政后，治国更加倾向于采用传统中国的政治文化，康熙九年颁布《上谕十六条》倡导推行保甲。不过由于康熙十二年发生三藩之乱，南中国陷入混乱，直到康熙二十年历时 8 年的动乱才告结束，康熙二十二年清收复台湾，统治趋向稳定，康熙二十三年闽、粤开海，清朝治国转向内部社会秩序的稳定方面。所以此前推行保甲，具有着眼于处置满汉民族矛盾、防止汉人反抗的性质[①]。此后实践保甲的地方官在增加，特别是康熙四十七年清廷在全国统一实行保甲制，保甲制在全国逐步实行。现存的康熙朝朱批奏折资料，记载了康熙四十年代后期以降地方总督、巡抚、提督推行保甲的情形，进一步证明保甲制是在这一时期开始大规模实行的。不过当时推行保甲制有力地区，主要集中在广东、福建、浙江以及江苏沿海地区，以对付由

---

①关于顺康时期保甲的性质与特色，萧一山认为："大约顺治以前，重在编查户口，催办钱粮，以寡御众，以尊使卑，防汉人犯令作乱，削减其反抗清朝之能力而已。严格论之，此非真正之保甲制也。康熙时代，始确定保甲重在弭盗，以保安息之政。"见萧一山：《清代通史》第 1 册，第 511 页。

于贸易、人口流动等带来的社会问题。直隶的畿辅地位,仍然是注重推行保甲的地区。其他地区如山西、山东、河南、湖北、江西也有一定程度实行保甲制。

雍正修通志记载保甲主要体现在传记的名宦与人物部分,所用语句以"严保甲"最多,表明在当地已有保甲的基础上进一步加强。顺治时的事例较少,多是康熙时期推行保甲的事例,说明康熙比顺治推行保甲更为得力。总的来说事例不太多,说明顺康时期保甲并不普及。

于成龙于康熙早期力行保甲,为了缉盗而维护社会治安,以确保清朝的统治秩序,反映了康熙收复台湾进一步统一全国之前的清朝面临的社会问题以及保甲制的特点,即是作为缉盗的治安措施。

总之,清朝顺康时期推行保甲制度,主要是针对面临的治安现实问题,在京畿与东南沿海较为重视,也有一定的成效。

(原载《明清论丛》第 12 辑,故宫出版社 2012 年版)

雍正朝保甲制度的推行

——以谕旨和奏折为中心的考察

　　中国帝制时代国家统治如何深入基层社会,基层社会政治结构如何,是政治史、社会史研究中的重要问题,离不开对保甲制度的探讨。

　　清代保甲制是否或者说何时推行于基层社会,以往的研究并无一致看法。著名社会史家瞿同祖先生就这一问题有所评论,对于闻钧天的先驱性研究《中国保甲制度》,瞿先生指出:"闻钧天认为保甲制在清代是十分成功的。不过他的结论主要是基于法律规定,主要是对制度(设计)而不是该制度的实际应用的讨论。"美国学者玛丽·莱特认为,到19世纪,保甲制度"已经退化为一种地方控制的无效手段,而恢复保甲也成了中兴的主要目标之一"。旅美华人著名学者萧公权的经典性著作《中国乡村:十九世纪的帝国控制》也认为:"由于人员问题难以解决,由于与登记和上报相关的障碍无法消除,保甲制度就不可能象创建此制的皇帝所期望的那样有效地运转……使保甲制度对于帝国统治者显得不可或缺的社会环境,同样也限制了该制度在他们治下的实际使用。"瞿先生更进一步说:"我倾向于认为该制度从清朝初年开始就是一个没有效力的制度。""保甲制度总的来讲是没有效率的。"并举出事例:"根据黄六鸿、田文镜、汪辉祖和其他官员的言论,保甲制在他们所处的时期——康熙、雍正和乾隆时期——

并未真正贯彻。"①瞿先生对于清代保甲制度的评价是相当低调的。另一著名历史学家何炳棣大量使用地方志资料研究人口,对于清代保甲制度有所评论,他说:"尽管从清朝建立以来已经颁布了一大套法令以在全国建立保甲机构,但清初是否能如明朝初年那样真正建立起全国性的里甲系统是很值得怀疑的。"②不过何先生在为这一看法所作注释中,又引用资料证明康熙时保甲制建于骚乱不时发生的浙、闽边境山区,介绍了袁枚盛赞田文镜在河南、山东,李卫在浙江推行保甲卓有成效,认为至乾隆五年,似乎只有在一些特别强干的督抚的督察下,保甲的地方警察的效能才得到发挥。何先生还指出:"乾隆四十年(1775)冬,清朝历史上第一次将户口登记列为保甲系统的一项重要职能……乾隆四十一年到道光三十年(1776—1850)期间保甲户口登记制度看来已得到忠实的施行。"③总之,何先生认为乾隆四十年以后至道光朝结束,保甲制度较有成效,之前效率较差,主要原因在于保甲制度未能普及,但是康雍乾时期在一些地区保甲制度还是有力的,其功能发生了从治安到与户口登记并重的变化。那么,清前期或者说康雍乾时期保甲制是否真正贯彻,是否有效率,值得进一步深入研究。

关于雍正时期推行保甲制度问题,清史专家冯尔康先生在《雍正传》考察了雍正四年议定保甲条例的过程,认为这是应对实行摊丁入亩后编审变得多余而采取的对策,指出:"编审停止后的保甲法,与从前的不同,它包含调查户口与维持治安两项内容,突出了它的治安管治的性质。"④并就田文镜在河南推行保甲、南方将棚民编入保甲问题有所论述。在2003年出版的《清朝通史·雍正朝分卷》中,冯先生对雍正朝推行保甲制度的论述进一步完善,并加以高度评价:"雍正朝保甲法的推行,在中国历史上是划时代之举,在此之前,保甲法只

----

①瞿同祖著、范忠信等译:《清代地方政府》,法律出版社2003年版,第253—255页,特别是注释26,27。

②[美]何炳棣著、葛剑雄译:《明初以降人口及其相关问题(1368—1953)》,生活·读书·新知三联书店2000年版,第43—44页。

③[美]何炳棣著、葛剑雄译:《明初以降人口及其相关问题(1368—1953)》,第57—59页。

④冯尔康:《雍正传》,第360页。

是辅助性的编制民众的手段,此后它代替户口编审,成为政府控制民人的主要措施,不仅影响清代中后期,乃至民国时代。"①此言足见雍正朝推行保甲制度的重要性。

我们继续探讨雍正朝推行保甲的活动,在阅读以往研究清代保甲尚未利用的《雍正朝汉文朱批奏折汇编》以及很少利用的《朱批谕旨》时,没想到雍正初年推行保甲的朱批奏折非常之多,惊喜地发现雍正朝推行保甲制度起因于推行新政,进行改革,在雍正四年正式出台保甲条例前,有一个长达三年的试行期,我们所见推行保甲的朱批奏折,就是君臣讨论保甲问题的产物。研究这些资料后,我得出了清代保甲制度是在雍正朝普及基层社会的观点,以下结合《清世宗实录》《雍正朝起居注册》《大清会典则例》等资料,进行具体的论证。

一 雍正元年试行保甲的提出过程

雍正朝继续强化保甲制度的推行。雍正改元,皇帝勤求治理国家,二月十四日,雍正帝"传进科道诸臣,面谕:以凡有所见,自应竭诚入告,皆当绝去避嫌顾忌之私,乃为尽忠"②。于是不少给事中、监察御史上奏陈言,其中一些人建议推行保甲制度,以维护地方社会秩序。

京师是首善之区,最为重要。最早的保甲建议,就来自京师。雍正元年三月二十三日巡视北城浙江道试监察御史罗其昌折奏京师设立保甲,雍正帝令他斟酌万全之策,当时罗其昌"缘管押夫役,未便草率渎陈,曾经具折恳恩展限"。后公务已竣,四月初八日将设立保甲具体七条意见上奏,内容如下:

> 一、保甲之设所以弭盗查逃而诘奸宄也。京师为天下聚会之地,土著人民居其半,仕宦工商居其半。烟户个别,人心不同,往往门户相对而不知其姓名,左右比邻而未识其来历。逃盗奸宄,隐伏暗藏,无由稽察。若设立保甲,则保长稽查甲长,甲长稽

---

① 朱诚如、冯尔康主编:《清朝通史·雍正朝分卷》,紫禁城出版社 2003 年版,第 377 页。

② 《山西道监察御史何世璂奏陈筹划安置江西寄籍棚民事宜折》,中国第一历史档案馆编:《雍正朝汉文朱批奏折汇编》第 1 册第 559 号,第 679 页。

查十家。则匪类无所容身矣。

一、保甲之设所以连民心厚风俗也。京师之民,患在人心个别,彼此不相顾恤。臣自幼至京,会试以至作宦,阅历京邸,匪朝夕矣。往往闻一家有警,左右邻人若不预闻。即或闻之,而不出一声以相救援。此贼盗所以任其飞檐走壁,失主之家莫可奈何。若保甲一立,无论官民,各有身家,着保长、甲长照百家户口,每夜轮流派壮丁五名敲柝巡查。一家有警,壮丁报知,保长、甲长率百家救应,纵有贼情,自应闻风飙去。此即古出入相友、守望相助之遗意。即此而连民心,即此而厚风俗也。

一、京师五方杂处,去来无常。所谓去来无常者,候选、候补官员,买卖行商以及游客技艺,外省官往来差使,并力作佣工之徒。此各项人等,名色不一,然皆有职有业。其居止,不过在庵、观、寺院有僧道住持,在行户饭店有主人,即或赁房居住有房主。此等去来之人不必编入保甲。其编入保甲者,庵、观、寺院之主持,行户饭店之主人,出赁房屋之房主。令其为主者各立一循环簿,注明来人生理行止,每逢月终送五城该管司坊官查阅。如此即有匪类,自当闻风飙去。果系好人,亦不碍其行止无常。

一、保甲之法讲约急宜设立也。京师为首善之地,教化从出之源。臣稽圣祖仁皇帝《圣谕十六条》可为万世法,伏祈皇上敕行该部,每条详加注解,使百姓易知易晓。即如孝弟,当如何孝弟;如不孝不弟者,律例如何议处,俾五城遍立有齿德而通文义之约长,每逢朔望讲约,使百姓有慕而为善,又有所畏而不敢为非。如此则化行俗美,四方则效,咸游化日之中,共享太平之乐矣。

一、保甲之法,十家立一甲长,百家立一保长。一家有一门牌,十家有一十家牌。各书姓名、籍贯、生理、男妇、丁口于牌上,彼此互相稽查。如十家有一家匪类,九家自应举出。立法之始,姑宽其罪,令其自新。若再犯者,加倍治罪。九家不举首以致犯出者同罪,如此则人皆改过迁善矣。

一、设立保甲,有治法贵有治人。在任其事,首奉法力行之善。何如耳?若行之不善,只见纷扰;行之而善,人自说服。此其事责在五城御史,率司坊官清查,各该管地方烟户若干,先造烟户册籍,次造一家门牌,造十家牌。约期按名分给牌票,择其殷实之家有才干者立甲长、保长。一切牌票、册籍、纸张,伏祈皇上敕行该部发给,不许司坊官、衙役借端科索。如有衙役借端科索户口银钱,保长、甲长借名讹诈十家者,五城御史不时稽察严拿,将司坊官题参衙役治罪。五城御史或因循徇庇,立法不严,或被别衙门查出,将五城御史从重议处。如此则事不扰而法自行矣。

一、京师之人民,历享盛世升平,熙嗥化日,各安生理,何事保甲? 臣愚以为设立保甲者,谓弭盗诘奸,防于未然,讲约训诫,又从振德,亦已治而益期其治,已安而益期其安之微意也。管见如此,伏乞睿鉴施行。①

以上有关京师推行保甲的设想很详尽。第一条针对京师人口流动性强的特点,建议设立保甲"弭盗查逃而诘奸宄",使"匪类无所容身"。第二条强调加强居民邻居之间的联络与照顾,通过"连民心"而"厚风俗"。第三条为了管理外来人口,将庵、观、寺院之主持,行户饭店之主人,出赁房屋之房主编入保甲,"为主者各立一循环簿,注明来人生理行止,每逢月终送五城该管司坊官查阅"。第四条建议里,讲约是作为保甲的一环出现的,还提出朝廷对《圣谕十六条》要详加注解,便于百姓学习,很可能后来雍正帝的《圣谕广训》受到了此建议的影响。第五条是保甲门牌制度的具体规定。第六条确立五城御史、司坊官负责保甲的制度。第七条表达了将保甲与乡约合一的意愿。既然雍正帝要求罗其昌上奏设立保甲的具体事宜,表明他对保甲问题甚感兴趣,会认真考虑罗其昌奏折的内容。

紧接着有人建议在沿海推行保甲防止洋盗。同年五月初二日,兵科掌印给事中陈世倕上奏,针对"近年来海中匪类往往窃发",提出"筹海事宜"三条。第一条为"察奸之宜严密也"。当时发生浙江省平湖县东北境泖湖地方聚有匪类"竖旗狂横"的事件,请皇帝敕下沿海各省督抚,"凡近海郡邑力行保甲十家牌之法。如有面生可疑、游手游食之人,聚散靡定、踪迹叵测者,皆责成总甲、里长不时查报地方

---

① 《巡视北城监察御史罗其昌奏陈京畿宜设保甲折》,中国第一历史档案馆编:《雍正朝汉文朱批奏折汇编》第 1 册第 190 号,第 234—236 页。

官,不时访究以绝其源。至附近岛屿及内地大山大川之险僻处,皆令添拨汛兵,加意巡缉,以防其聚。凡出海船只,除商人、水手仍令遵照定例开具姓名、年貌,连环保结,赴地方官挂号,验放进口时,查对相符者方准停泊。此外不许夹带一人,违者从重治罪。其有借口进香、托名探亲、查无保结、未经挂号者,不论人数多寡,各海口一概严禁,不许放行。地方官失察者,事发与本人一体从重治罪。如此则彼此之勾引可绝而内外之盗源自清矣。"①六月初三日署理广东巡抚事务年希尧奏报,上任三个月来,针对盗贼严重的情况,"行令地方官金设练勇,严查保甲,使匪类不能潜藏,贼来各有守御"②。可见当时沿海一带盗贼问题是比较严重的。雍正元年六月初八日,两广总督杨琳奉到御批陈世偱《筹海事宜》条陈一折,令其与闽浙总督满保密字商酌而行。于是杨琳将二人商议后的想法报告皇帝,在列举了康熙朝制定的有关闽广浙保甲令后,认为:"今惟有严敕沿海文武遵照查点保甲内外,迅缉成例,实力奉行。"③

还有人建议将江西的闽广寄籍棚民一体编入保甲。七月十八日,协理山西道事山西道监察御史何世璂奏称,他当时在江西典试,每于校对之暇,密询江西地方事宜,适逢万载县发生盗案,为筹划安置,弥盗安民,上奏建议。他说:

> 至其安置之法,旧说有二:或云闽、广寄籍之民与江西土著之民应令一体编列保甲,使之互相稽查,庶几奸宄不生。然土著之民,聚族而居,多在平陆,寄籍之民,结茆深山穷谷之中,彼此相互遥隔,互相猜忌。将令土著之民日日探幽绝险,稽查匪类,其势甚难。此一说之不可行者也。或云将寄籍之民一概驱而逐之,使之各归乡土为便。然闽、广之民为江西土著之民垦荒种麻已数十年矣。约计一府山谷之中,老幼男女不下数千人,则十三府属之中恐有数万人不止。其中奸者虽有,守分力田者亦复不

---

①《兵科掌印给事中陈世偱奏陈筹海事宜折》,中国第一历史档案馆编:《雍正朝汉文朱批奏折汇编》第1册第246号,第339—340页。

②《署广东巡抚年希尧奏报地方应行事宜折》,中国第一历史档案馆编:《雍正朝汉文朱批奏折汇编》第1册第378号,第482页。

③《两广总督杨琳奏覆筹海事宜条陈折》,中国第一历史档案馆编:《雍正朝汉文朱批奏折汇编》第1册第589号,第714页。

少,一旦尽欲驱而逐之,彼自度无所归宿,势必激成祸端。且臣闻今春擒贼杀贼之人,即万载知县招募麻棚有室有家之人也。借非此辈协力御侮,彼土之斤斤自守者,其谁能登山涉岭,批吭捣虚哉?故驱而逐之之说亦非也。

臣窃惟为今之计,莫如安其久来种地之人,绝其倏往倏来之辈。每一县麻棚之中另编保甲,择其身家殷实者立为保长、甲长,日日查念花户。设有情踪诡秘、倏往倏来之徒,立刻报官,严拿递解。月终各令递有无匪类甘结一纸,存案考校。苟至三年无事,保长、甲长自当悬格旌赏。如有容隐通同者,保长、甲长一体究治。彼自爱其身家,庶或奸宄可杜。督抚亦当委贤能官员,不时巡查,务使州县宽严并济,赏罚分明,不得姑息隐忍,亦不得生事扰民。①

据此可知,棚民管理问题,编设保甲问题,有人主张与江西土著之民一体编列保甲,但是由于土著之民聚族而居多在平陆,寄籍之民结茆深山穷谷之中,难于一并编设保甲;有人建议将寄籍之民一概驱逐归乡,然而这些棚民垦荒种麻已数十年,人数众多,约计一府山谷之中,老幼男女不下数千人,江西十三府属之中恐有数万人不止,一旦尽欲驱逐,势必激成祸端。何世璂提出将棚民在土著之外另立保甲。

无论是江西棚民、东南沿海盗匪,还是京师流动人口,都是清朝维护社会治安面临的重要问题,科道官员不约而同地建议推行保甲,对于追求秩序的雍正皇帝来说,会产生作用的。

雍正帝决心力行保甲。雍正元年八月二十七日河南巡抚石文焯奏折说,他是在八月十四日接到密谕三道,内容是整饬营伍情弊、举行社仓备荒、设立保甲弭盗②。由于设立社仓的建议出自雍正元年

---

①《山西道监察御史何世璂奏陈筹划安置江西寄籍棚民事宜折》,中国第一历史档案馆编:《雍正朝汉文朱批奏折汇编》第1册第559号,第681页。
②鄂尔泰等编:《朱批谕旨》卷30上,朱批石文焯奏折,《钦定四库全书荟要》第3册,第98页下。

八月初五日詹事府詹事鄂尔奇①,雍正帝的密谕不可能早于这一时间,因此笔者推测密谕的时间在雍正元年八月初五日至八月十四日之间,写成并发交各地督抚的。

我们从其他地方官的奏折中,可以看到密谕中有关保甲的内容:

> 地方设立保甲,乃安民缉盗之第一良策,好府县官亦有行之者。尔大吏不加奖励,不行者亦不见教诲,所以怠惰偷安者,将此善政皆忽之不问。今尔督抚当劝勉州、府、县渐渐举行,不可急迫生事,三年成功不为缓也。②

雍正帝提出用三年的时间推行保甲与社仓。这实际上反映了登基不久新皇帝教养治国的理念,即用社仓养民,用保甲(包含乡约)管理教育人民。推行保甲是雍正初年的重要政务。此后,我们看到很多地方官为推行社仓、保甲所上的奏折。

值得一提的是,在雍正帝密谕督抚推行保甲后,曾经建言推行保甲的罗其昌再次上奏要求贯彻保甲。内容是:

> 光禄寺少卿臣罗其昌谨奏:为保甲为安民要务,州县宜实心奉行事。窃思保甲之设,所以联民心、厚风俗、弭盗讦而查逃人,良法美意,可考而知,诚善政也。臣前职任御史时,查看各省督抚揭帖,盗案甚多。总由保甲之设,法久废弛,在在州县,疏忽致不能防之于未然,而徒访拿于事后。即或盗贼全获,其赃物已属乌有,失主已多损伤,而况盗贼不获,无才能之州县徒受参罚,恋名位之州县曲为弥缝者乎?臣愚以为欲使比户之可封,法在未雨而绸缪。保甲者,乃为斯民未雨绸缪之上计也。若州县之官果能实心奉行,将见匪类自此潜消,士民自此安堵,而犹谓有案牍之繁者,此必无之事也。且保甲之法行,则民心彼此联属,出入相友,守望相助,忿争互相劝解,命案无自而生,亲疏互相稽查,逃人无所连累。盖源洁则流清,本固则邦宁,事所必至,理有

---

①中国第一历史档案馆编:《雍正朝汉文朱批奏折汇编》第1册,第760页。又见《詹事府詹事鄂尔奇为仿古制设立社仓事奏折》,哈恩忠编选:《雍正朝设立社仓史料(上)》,《历史档案》2004年第2期。

②《湖广总督杨宗仁奏覆历奉密谕遵办情形折》,中国第一历史档案馆编:《雍正朝汉文朱批奏折汇编》第4册第121号,第159页。

固然。此臣任县令时行之而既效,自信言之尚可行也。今日着力行保甲之法,责在州县,至使首先实心奉行,不敢视为具文者,责在督抚。仰恳皇上敕该部转行直隶各省督抚,严饬州县实心奉行,不得视为具文。如州县官不实心奉行者,作何议处。至保甲之法,臣前巡视北城时亦欲京师设立保甲,曾经条陈御览,今不敢再为琐责,伏乞睿鉴施行。谨奏。雍正元年十二月初十日。①

罗其昌认为推行保甲十分重要,请求皇帝力行。

雍正帝对于保甲的重视还表现在雍正二年颁布的《圣谕广训》。《圣谕广训》是对康熙帝《上谕十六条》的解释。《上谕十六条》第十五条为"联保甲以弭盗贼",雍正帝阐发该条的意义,说从来安民在于弭盗、摘发、守御之法,最善者莫如保甲。十家为甲,十甲为保,甲有长,保有正,设立簿册,交察互儆,此即井田守望之遗制。并提出嗣后城市乡村行保甲置一楼,楼设一鼓,一家有失,击鼓为号,群起而守其要害。每处各自分保,每保各统一甲,城以坊分,乡以图别,排邻比户,互相防闲。劝说百姓实行保甲是保身保家之良策。由于朔望宣讲《圣谕广训》,推行保甲的思想也深入基层社会。

二 雍正元年八月至四年八月三年间各地推行保甲制度

从雍正元九月开始,各地督抚不断上折向皇帝汇报推行保甲与社仓的情况。元年有督抚专折报告执行情况,二年以后情况有些变化,二年正月"奉上谕:通行六部、九卿、八旗,各省督、抚、提、镇,凡从前所下谕旨及条奏议行事件,皆令其于来年十二月,各条各款其实在如何施行及行之如何已有成效,条分缕析,明白奏闻。至有密奏密下谕旨者,仍密行详悉奏闻。钦此"②。因为雍正帝要求官员每年将所奉谕旨以及执行情况一起汇报,所以督抚等地方官在总的汇报中会谈到试行保甲的情况。如此,保留下来的试行保甲的奏折资料是相

---

① 《光禄寺少卿罗其昌奏请严饬地方实心贯彻保甲折》,中国第一历史档案馆编:《雍正朝汉文朱批奏折汇编》第 2 册第 302 号,第 372 页。

② 《云南巡抚臣杨名时奏覆两年内奉到密谕逐一办理情形折》,中国第一历史档案馆编:《雍正朝汉文朱批奏折汇编》第 4 册第 8 号,第 11 页。

当全面的。

下面分别考察各省推行保甲的具体情形。

(一)福建。雍正元年九月十一日福建巡抚黄国材为上缴谕旨上奏,说九月初七日接到雍正帝设立保甲的密谕。黄国材指出:"至设立保甲一事,实于地方民生大有裨益。皇上谕旨周详,至切至当。臣必钦遵圣谕,不时详查。如有实力奉行者,加以奖励,偷安怠惰者,加以教诲。分别奉行之勤惰,以示劝惩。"①同时接到设立保甲密谕的还有闽浙总督满保,十一日满保上奏说:"至保甲之制,现两省虽已奉行,但未收实效。兹将遵旨,实心奉行。"②可见福建已经有所实行保甲,但是尚未完备,地方官准备力行保甲。

雍正二年闰四月十三日,福建浙江总督觉罗满保奏报他对于民间造船的规定:"现于两省造船者,必令各报实在姓名,地方官查果殷实良民,取具澳甲亲邻保结,方准成造。"③澳甲,即在沿海编设的保甲,可见当时是存在于闽浙沿海地区的。

五月二十一日,福宁总兵颜光昹奏编查保甲,他是在阅读编查保甲及民间社仓谕旨后上奏的,就福建的地方情形,提出如下建议:

> 编查保甲,宜造指掌册,以便巡缉也。夫严保甲于城市,防范易严;查保甲于乡村,巡逻难遍。城市之内,人皆聚处,按甲出夫,分堞守铺,梆锣警寐,传筹递更,门军查其出入歇宿,究其来历,耳目既近,盘诘无难。至于乡村,去城近者数拾里,远者百余里。其中山河险阻,丛林孤庙,匪类最易潜踪。虽有乡练、地保,不过失事之后方行报明,从未闻未事之先即能觉察驱除也。且有豪民势宦之家,大屯广寨令庄头、总管居住料理,俨然一方雄长。其中奉公守法者固多,而好事之徒招揽游手好闲,甚于窝赌窝娼,呼朋引类,夜聚晓散者亦复不少。邻佑、保甲莫敢劝阻,以

---

① "实力奉行"四字旁分别有朱笔圈划,并于旁边有批语:"全在此□□□□。"《福建巡抚黄国材奏缴谕旨折》,中国第一历史档案馆编:《雍正朝汉文朱批奏折汇编》第1册第760号,第927页。

②《闽浙总督满保奏缴谕旨折》,中国第一历史档案馆译编:《雍正朝满文朱批奏折全译》上册第614号,黄山书社1998年版,第329页。

③《闽浙总督满保遵旨逐条查覆金铎所陈海疆事宜折》,中国第一历史档案馆编:《雍正朝汉文朱批奏折汇编》第2册第749号,第935页。

致奸宄之辈，即藏于娼赌之中，一旦有事，反为之多方掩饰。地方员弁耳目不及，往往受其欺蔽。臣愚欲各州县立一指掌册，将四乡村落，远近里数，山河险阻，丛林孤庙，俱注明册内，一见了然，如亲至其地，而目睹其处。即在编设保甲中择立一人为村长，一人为总甲。如系绅衿庄地，其在庄管事人即为村长总甲。若系众姓伙住村庄，择家道殷实者为村长，谨慎正直者为总甲。若村庄户不及拾，即就其现在之数，编为壹甲。设内有素行不端之人，亦不可驱之甲外，只宜严其出入，令其改过自新，设法安插。庵、观、寺院，绅士、僧、道亦一体编入。其盘诘巡逻之法，一如城内。如有违犯，邻佑保甲连坐，其总甲、村长亦按轻重拟以失察之罪。如果所管地方壹年安静无事者，酌量赏给花红酒食。如此遵行日久，匪窃亦可化为良民。可否仰恳天恩饬部行令府、州、县，照依编设保甲，将诸色为首姓名，注明指掌册内，移知各汛武职，以便差委巡访。而武职各汛目兵姓名册，亦令移知有司，以便两相接应，互为稽查。倘有地保、胥役以及兵丁人等借端需索，骚扰生事者，除该管官彼此严行究治外，仍各以失察之愆详报上司，听其处分。如此则文武均责，不致两相推诿，将见匪类无托足之所。不惟拐逃、私贩、窝隐等弊，俱可根除净尽，而且防贼知险隘，捕盗得捷径，是亦有资于舆图形势之万一也。伏乞睿裁。计进呈指掌册式壹本。①

该折区分城市与乡村编设保甲之不同，针对乡村散居的特点，提出在保甲中择立村长、总甲各一人，还将乡村区分为绅衿庄地、众姓伙住村庄、村庄户不及十几种类型，选设村长、总甲，并建议设立"指掌册"，登记"诸色为首姓名"，由各汛武职与地方官掌握。雍正三年三月十九日，颜光昇又奏："再臣前面奏编查保甲，开造指掌册，臣现在措置举行，已经督抚臣逐一条议，请宽两年之限，将编查举行，有无裨益，合词题报。"②

---

①《福宁总兵颜光昇奏编查保甲宜造指掌册折》，中国第一历史档案馆编：《雍正朝汉文朱批奏折汇编》第3册第54号，第91—92页。

②鄂尔泰等编：《朱批谕旨》卷118，朱批颜光昇奏折，文渊阁《四库全书》本第420册，第143页。按：《四库全书荟要》本未收该折。

五月二十一日,福建浙江总督觉罗满保收到皇帝对其奏折的两个朱笔上谕。其一指出:

> 保甲弭盗之法,已经诰谕谆谆。然行于乡村,尚未行于江湖,则弭盗之法犹有未尽。比闻南方水程之上有一种贼船,驾渡诱人,招致商旅,遇湾泊之处,人众周集,佯为小心,至扬帆中流,四顾无人,暗置蒙汗药于茶饭中,入咽晕倒,旋勒毙其人而掷尸于渊。缘无知见,故发觉最少。此种药方,当严加缉捕,如有所获,当问以大辟,实力密查。今严行保甲之法,凡各地方之驾船为业者,令保甲邻佑公结良善,本官给以印票,详书本人姓名、籍贯于上。执票投行,验票登簿,方许揽载。仍将某日揽载缘由,记册存查,一遇有事,按册追缉,庶盗贼不致漏网矣。《月令》云:"易关市,来商旅。"《孟子》云:"行旅皆欲出于途。"此事亦发政施仁之最紧要者。钦此。①

其二是要求治理盗贼用闷香害人之事。
满保回奏说:

> 臣查盗贼最为害民。若漂泊江海,不用器械,不露形迹,迷药闷香,戕害商旅,其为凶恶,倍于他盗。从前保甲弭盗止行于城市乡村而不及于江河水路,即臣前奏所行船旁刊刻县分字号、船主姓名,及风篷书写姓名之事,亦止行之出海船只,而内河、江、湖之船未曾议及,给照稽查,实为见识不到。今应遵圣谕指示,不论江、海、内河船只,令保邻公结,给发印票,书姓名、籍贯,执票投行,验明登簿,将揽载日期记册存查,则一应船只根源清而奸徒无所藏身,实为古今良法。现在钦遵通饬实力奉行。②

由上可知,福建此前的保甲推行于城市乡村,满保曾在出海船只采取登记制度,接到雍正帝推行保甲的谕旨后,在内河船只上"令保邻公结"。这些措施是以保甲制度为基础的。

---

①《闽浙总督满保奏遵旨严稽洋盗并缴上谕折》,中国第一历史档案馆编:《雍正朝汉文朱批奏折汇编》第 3 册第 84 号,第 126—127 页。
②《闽浙总督满保奏遵旨严稽洋盗并缴上谕折》,中国第一历史档案馆编:《雍正朝汉文朱批奏折汇编》第 3 册第 84 号,第 127 页。

六月初七日,福建巡抚黄国材也接到满保抄送来的皇帝治理福建用迷药、闷香害人的谕旨。黄国材回奏说:

> 伏念我皇上御极以来,念切地方民生,爱恤商民行旅,于保甲弭盗之法屡颁谕旨,谆诫谆谆,总期九州万国之内盗息民安,时和物阜,无一人不得其所。今又念保甲弭盗行于乡村,尚未行于江湖,犹有未尽,又颁训旨,将南方水程之上贼船行劫商民不用器械,不露形迹,或用迷药,或用闷香,种种情形,指示明晰,炳若日星,令臣等加意防范,严加缉捕。并查驾船为业之人,令保甲邻佑具结给票,详书姓名、籍贯并揽载缘由,记册存查,遇有失事,按册追缉,不难弋获。仰见皇上至圣至明,无微不照,宸衷睿虑,无远弗周。臣查福建地方,山海交错,贼盗实多。兹蒙谕旨,臣必当凛遵训示,严率各属,实力奉行查拿,一经拿获,即遵旨严加惩治,务使贼盗畏惧,不致为害商民,以仰副我皇上缉盗安民之至意。①

黄国材表示用保甲查拿贼盗。

对于福建保甲推行的全面思考,是雍正二年八月初四日福建浙江总督觉罗满保与福建巡抚黄国材的奏折,该折为治理山贼,从宗族聚散不同提出保甲问题,雍正帝的朱批与之讨论。请看该折有关内容:

> 臣等细思,此种山贼初起,亦不过数人及十数人,其从前所以不至于发觉擒治者,皆由附近乡村房族人等,虽明知伊等为匪,因畏其凶恶,不敢报官,虑及挟仇报复,遂各互相容隐(朱批:所以保甲之宜严也。)……
> 臣等再于百姓之聚族而居者则责成房族长之稽查,杂姓分居者则严编保甲邻佑之连坐。(朱批:惟此一政,实心奉行而已。)附近地方一有山贼踪迹,或族人入伙,许其密报营、县,查实给赏,事后免坐。互相容隐,连坐必行。②

---

① 《福建巡抚黄国材奏遵谕奉行保甲弭盗之法折》,中国第一历史档案馆编:《雍正朝汉文朱批奏折汇编》第 3 册第 105 号,第 155—156 页。
② 《闽浙总督满保奏遵旨严查山贼并缴御批折》,中国第一历史档案馆编:《雍正朝汉文朱批奏折汇编》第 3 册第 299 号,第 405—407 页。

满保等人的奏折反映出福建山区乡村聚族而居地区游民增多的现实,这些游民或加入"山贼",或种菁种麻,盖蓁住歇,属于棚民。满保等认为:山贼初起,附近乡村房族人等不敢报官,互相容隐,所以官府难以发现而将其控制。雍正帝朱批:"所以保甲之宜严也。"满保等建议:"于百姓之聚族而居者则责成房族长之稽查①,杂姓分居者则严编保甲邻佑之连坐②。"雍正帝又朱批:"惟此一政,实心奉行而已。"上述两条朱批表明,雍正帝强调严格推行保甲维护乡村治安。

雍正三年八月十二日,闽浙总督满保在逐条回奏他人的条陈中就闽浙海疆事宜上奏,讲道在台湾府实行保甲的问题:

> 条奏内开:台湾保甲之法虽行,实难清查彻底。若以台湾之武进士、武举人为练长,率领庄丁,就总兵、知府给以委牌,令其看守村庄,偶有匪类窃发,官兵战而乡兵守,三年无事,武举就台补用千总,进士咨送到京先用守备,则踊跃急公……现在严行保甲,令各知县亲身查点,凡旧时在台佃种者,着落各庄主将佃丁尽行查报造册,送县取具,庄主保结,有犯着落拘拿,并治其纵容之罪。所以行保甲之勤惰,定地方知县之贤否,俱经实力遵行在案。应否仍循旧例,伏候圣裁。③

可见当时台湾已经实行保甲,设立练长,为了发挥作用。满保建议强化保甲,甚至主张以推行保甲是否得力考核知县。

福建推行保甲效果如何呢?雍正四年六月二十二日,福建巡抚

---

① 据康熙五十一年二月二十六日闽浙总督范时崇奏,他与福建巡抚满保处理了福建延平府永安县被从宁洋县之马尾隘突来匪类数百行劫的事件,采取的措施为:"行各县着落保甲房族长密行举报,匿则连坐,首则赏给。"可知,早在康熙后期满保等地方官就尝试用保甲与房族长维护地方社会秩序。《闽浙总督范时崇奏报延平府属有伙盗行劫情形折》,中国第一历史档案馆:《康熙朝汉文朱批奏折汇编》第4册第1037条,第9页。

② 据康熙五十四年四月初三日福建巡抚满保奏报设立保甲严查海防折可知,满保与总督范时崇在沿海十六州县推行保甲:"唯每十户为一保甲仍为松散,故总督范时崇与奴才商议,再定奖惩条例,责成州县官员逐村编设保甲,凡海口及撑船人一并严查。"(《福建巡抚满保奏报雨水粮价并设保甲严查海防折》,中国第一历史档案馆:《康熙朝满文朱批奏折全译》第2573号,第1000页)结合上一个注释看来,满保等福建地方官在康熙后期推行了保甲制,福建地方上已经存在着保甲。

③《闽浙总督满保奏遵旨议覆钦颁条陈闽浙海疆事宜折》,中国第一历史档案馆:《雍正朝汉文朱批奏折汇编》第5册第550号,第785—787页。

毛文铨奏报前任督抚设立社仓、保甲情形时说:

> 臣查社仓积谷并设立保甲二事,黄国材原经捐贮并通饬遵行,惟社仓略有头绪,而保甲尚不能大有裨益。臣到任后亦分别严加查劝,务令实力举行。上年封印,臣通饬各属减从,亲至各乡料理查点,虽民间一草一木亦毋许擅动。虽不能尽有成效,然阳奉阴违者少矣。①

如此说来,尽管福建推行保甲较早,但是直到雍正三年底,"保甲尚不能大有裨益",不过巡抚毛文铨"严加查劝,务令实力举行",进一步推行保甲。给我们的印象是福建的保甲系统在雍正初年逐步确立。

(二)湖广。湖广总督杨宗仁奏折说,他是在雍正元年九月初三日钦奉密谕,设立社仓、保甲以及稽查省、府、州、县、卫所设立官兵②。九月十五日湖广总督杨宗仁奏陈:"至于清靖盗源,稽查局赌、窝逃,法莫善于力行保甲。业蒙皇上烛照靡遗,臣自到任后,即将编查之法备叙六条,通饬严革相沿陋弊。令绅衿、兵役与齐民一体鱼鳞,挨编自卫,卫人不许脱漏一户。十户共为一牌,一户稽查一日,即有九日安闲。周而复始,联络守望,百姓称便。现据陆续申报编成。如江夏县省会冲繁,五方杂处之所,业经照臣所示程序挨编,著有成效。今蒙皇上谕及奖励教诲,以示鼓舞,实乃微臣愚昧所思虑不到者。诚恐各州县奉行不得其法,若远调赴省教诲,或致贻误地方。臣今专委本管道员稽查,如有未尽合法之州县,即令指示照编,共著成效,择其善者遵旨另予优奖。"③雍正帝在折尾朱批"甚好",肯定湖广对保甲的推行。十一月十七日,杨宗仁又奏陈:"现在各官俱编查保甲,劝举社仓,料理塘汛,催征漕粮,均关地方系要事务。"④可见杨宗仁已经在

---

① 《福建巡抚毛文铨奏前任督抚奉行社仓积谷并设立保甲二事情形折》,中国第一历史档案馆编:《雍正朝汉文朱批奏折汇编》第7册第382号,第519页。

② 《湖广总督杨宗仁奏覆历奉密谕遵办情形折》,中国第一历史档案馆编:《雍正朝汉文朱批奏折汇编》第4册第121号,第159页。

③ 《湖广总督杨宗仁奏陈力行保甲恭缴密谕折》,中国第一历史档案馆编:《雍正朝汉文朱批奏折汇编》第1册第780号,第946页。

④ 《湖广总督杨宗仁奏陈传谕旨等事并请陛见折》,中国第一历史档案馆编:《雍正朝汉文朱批奏折汇编》第2册第227号,第284页。

湖广推行保甲。

湖北民间宗教与帮会问题比较突出,官府利用保甲加以遏制。雍正二年六月二十五日,杨宗仁奏称,楚地每多师巫邪教,欺众惑民。是年四月内荆州府属与土司连界之远安县,有郭姓改名朱桃红,"诡称法术能治疾病,捏造妖言名号。因两胁各具火灾疤痕,妄以异相惑众……汉口地方亦有游手棍徒,私敛众户钱财,举迎天符会名色,争胜逞强,嚣风沿习"。提出:"惟饬各属力行保甲,彼此稽查,若有奸回匪流,即令立时首报,庶可消弭患害于初萌而冀徐图实效于事后。"①

雍正三年九月二十一日,湖北巡抚法敏奏称,为了贯彻皇帝弭盗安民之意,他正"严饬水陆各处文武力行保甲,上紧巡查,遇有盗案,即据实通报,严缉务获,不得仍前瞻顾疏纵,任意改讳"。雍正帝朱批说:"保甲之法最善,各省奉行率皆有名无实。此一法若能实力行之,即可以弭盗也。"②督促实力推行保甲,防止应付差事。

湖南南部汉族与少数民族交界地方社会秩序较差,设立保甲被提上议事日程。雍正二年八月初四日,有人上奏:

> 为请立苗猺之约束,以安边徼,以靖凶顽事。楚南自红苗归诚以来,边土颇享太平,但有苗猺各州县,民猺杂处之地甚多。如湖南之永、宝、郴、靖等处皆有猺人,其稍纳猺粮者为熟猺,其不纳猺粮者为生猺,峒数甚多不一,其类情性不伦,全不畏法,惟以抢夺为事。至永州之道州、永明等处,界连广西之富川等处,每粤地苗猺越境为非,或有边地光棍勾引生事,捉人勒赎,暗中分肥。又或土人雇猺佣工,倘在主家物故,苗猺借端起衅,不与主家理论,潜入地方,不问谁家坟墓,掘冢取骸而去,便将情由书写一纸,置于竹筒,标插墓侧,名曰仇帖。被害之家执帖控官,地方官无法查拿凶猺,止着落雇苗之主家出银赎骸。相纵日久,野苗竟以此为利薮,近猺百姓每被捉人抢夺,枕不安席,地方官弥

---

①《湖广总督杨宗仁奏陈力行保甲稽查匪类并缴朱旨折》,中国第一历史档案馆编:《雍正朝汉文朱批奏折汇编》第 3 册第 162 号,第 242 页。
②鄂尔泰等编:《朱批谕旨》卷 51,朱批法敏奏折,《钦定四库全书荟要》第 4 册,第 103 页上。

缝粉饰,匿不报闻,恬不知怪,皆由平时防范无术,查察不严之故。臣愚以为宜敕下督抚,令有猺苗之各州县,将所属峒寨查明处所,亦照民例编设保甲,每峒寨设练总一名,寨长二名,择知法诚实者以充其役,以总其事。如有干犯,地方官着落练总、寨长拘拿,不致违抗。①

杨宗仁建议在有瑶苗之各州县,即熟瑶、熟苗地方,照民例编设保甲,每峒寨设练总、寨长。

雍正二年十月二十日,杨宗仁奏称:"至于边苗地方,督令各州县,一体清编保甲,互相守望稽查,汛守严密,武弁不时游巡,间有苗性难驯,或挟隙伏草,报仇行窃,发觉即令文武协缉追擒,是命是盗审确,遂案报参。臣总不敢讳纵贻患。"②杨宗仁奏折还说,新抚臣王朝恩于十月初一日已经到任,诸事遵旨会议商酌而行。十一月初四日,湖南巡抚王朝恩奏陈苗瑶州县推行保甲,折中称:"今再移行文武,严饬苗猺杂处州县,实力奉行内地之保甲,加谨隘口之稽防,则民自为民,生熟、苗猺各以类聚,不致彼此勾引,内外酿祸,边徼自然宁靖,不必专治苗猺而治法即在其中矣。"朱批:"是当之极。"③雍正帝在折后还另写一段朱批,其中说:"你此奏甚得中而妥,与朕意甚合,严饬属员,实力行之。"雍正帝对王朝恩等条奏给予了正面回应。

雍正二年十二月十九日,湖广巡抚纳齐喀奏覆历奉密谕遵办情形折,提到试行保甲的情况说:

臣再敬查设立保甲,清查地方,诚属缉盗安民之良策。经臣通饬所属,清编保甲,无论士庶,统以拾家为壹牌,牌开各户姓名、人口,书目于上,每日将牌挨次递交,每十日一户轮当甲长一次,周而复始,互相稽查,奸顽自难容隐匿类,良善不致旷业办

---

①《湖广总督杨宗仁奏请立法约束楚南苗猺折》,中国第一历史档案馆编:《雍正朝汉文朱批奏折汇编》第 3 册第 296 号,第 400—401 页。按:匿名审稿人指出:"这条,不是杨宗仁所奏。《汇编》的编者搞错了。这是一条被裁去了上奏人的条陈。这一点可以从第 855 页开头,特别是从第 927 页折中的引述该条可以清晰看出,这决不是杨宗仁所奏。"

②《湖广总督杨宗仁奏覆安仁知县田仁亏空库银一案等事折》,中国第一历史档案馆编:《雍正朝汉文朱批奏折汇编》第 3 册第 652 号,第 855 页。

③《湖南巡抚王朝恩奏陈苗猺州县推行保甲折》,中国第一历史档案馆编:《雍正朝汉文朱批奏折汇编》第 3 册第 717 号,第 927 页。

公。现今所在兴行，士民称便。臣复时加奖励鼓舞，俾地方官毋至勤始怠终，以仰副我皇上绥辑地方，保安黎庶之睿怀也。①

据此，湖广比较广泛地推行了保甲制度。

（三）两广。早在雍正元年七月二十六日，两广总督杨琳奏陈筹海事宜事，建议皇帝："敕下沿海各省督抚，凡近海郡邑，皆力行保甲十家牌之法，如有面生可疑、踪迹叵测之人，皆责成总甲、里长不时查报，地方官不时访查究问，以绝其源。"②不久全国推行保甲，九月十五日两广总督杨琳奏："本年九月十四日奉到朱谕一道，为保甲、社仓二事。除保甲向系举行，现遵旨分别奖励教诲，严拿光棍、刁民串同兵役贻害平民，务收实效。"③可见广东一直比较重视实行保甲。九月二十八日，总督孔毓珣奏称：

> 至于保甲一事，乃弭盗安民之良策。仰蒙圣谕精详，周悉民隐，臣现在敬谨遵行。先于城池内外以及市镇汉民聚集之处，举行查编。至于各州县乡村，因粤西地广人稀，山多田少，零星散处或有十余家为一村，五六家为一村者，且相隔甚远，难于联属。又有猺獞杂处之地，未能一体编立。盖猺獞从不识字，又畏见官，若一经造册查点，彼不知为善政，恐生疑虑。臣因细加查访，各属乡村居民，向有团练、堡目、款头之设，虽名色不同，而藉以御盗则一。其下又有乡勇，村大者十余名，村小者五六名，皆为团练人等统率。遇有偷牛、割稻等贼，鸣锣为号，协力追擒。别村闻声，亦共堵截，实为守望相助之意。因日久颇有废弛，今臣请随其俗例，令府、州、县官，将原有团练、堡目、款头、乡勇人等，留心查访，有诚实强干者留。如不堪胜任者汰之，另为保举，以备捍卫。设有盗贼窃发，若能奋勇擒获者，报官奖赏以示鼓励，倘有怠惰，必加议罚。如此则赏罚既明，人自踊跃，猺獞易于

---

①《湖广巡抚纳齐喀奏覆历奉密谕遵办情形折》，中国第一历史档案馆编：《雍正朝汉文朱批奏折汇编》第4册第166号，第217—218页。

②鄂尔泰等编：《朱批谕旨》卷14，朱批杨琳奏折，《钦定四库全书荟要》第2册，第127页上下。

③《两广总督杨琳奏缴上谕折》，中国第一历史档案馆编：《雍正朝汉文朱批奏折汇编》第1册第782号，第947页。

遵守。其于弭盗安民,亦同保甲一辙也。①

广西推行保甲,区分城池、市镇、乡村,瑶僮杂处之地三种情况,孔毓珣先在城池、市镇查编保甲,乡村与瑶僮杂处之地因地广人稀,难以编立保甲,提出利用原有的团练、堡目、款头、乡勇人等治理乡村社会。

广东较早推行过保甲法。雍正元年五月十五日杨宗仁奏称:"巡抚粤东时目击广州左卫守备范宗尧年富力强,委令编查保甲与盘缉奸宄,甚为得法。"②后来也在原有的乡勇之外推行保甲。雍正二年二月,广东提督董象纬覆奏,"欲除接济藏奸等弊,惟宜船主取邻佑保甲甘结,水手取同船互结,一船为匪,事发甲邻连坐,一人为匪,事发互结连坐"③。建议通过保甲与船主结保,杜绝船主犯法。

雍正二年闰四月十六日,两广总督孔毓珣接到正白旗汉军副督统金铎陈奏风俗必需变易一折,皇帝要求"细察议奏"。雍正二年六月二十四日两广总督孔毓珣回奏说:

> 查康熙五十二年,广东年荒米贵,盗贼蜂起,近省之南海、番禺、顺德、新会等县尤甚,地方兵役,不能到处防护,各村因各设乡勇,自相防守,遂有匪类混入其中,设帐树帜,陈列器械,名为防盗,其实料敛工食,或保护本村而行劫别村者有之。此金铎任左翼总兵时果有其事也。迨五十四年,乡勇之犯事日多,前任督抚臣提其首恶,杖杀数人,其余概行革逐,南番等县已无乡勇名色矣。近年各村又自雇本地之人,给以工食,遇夜轮流守更,名曰更夫。而外县多盗,地方乡勇犹设,虽不敢如从前之作恶,亦非尽属外方之人,但愚懦善良、自保身家者,断不敢充当。此役

---

① 《广西总督孔毓珣奏陈社仓保甲管见折》,中国第一历史档案馆编:《雍正朝汉文朱批奏折汇编》第2册第40号,第42页。按:"其于弭盗安民,亦同保甲一辙也"旁分别有朱笔划圈。

② 《朱批奏折》卷4,朱批杨宗仁折,文渊阁《四库全书》本第1册,第179页下。

③ 《朱批奏折》卷91,朱批董象纬折,文渊阁《四库全书》本第5册,第251页下。按:《雍正朝汉文朱批奏折汇编》第33册第84号《广东提督董象纬奏覆拖风船及违式渔船始末情弊并酌筹取结连坐及严饬地方官实力奉行折》,系无具文时间奏折,与《朱批奏折》所引雍正二年二月广东提督董象纬所奏是同一奏折。

多系游手好闲之少年，不农不耕，借□众给工食以养身家，亦有御盗而舍身斗毙者，又不便尽谓此辈之无用也。臣现在遵奉上谕，力行保甲，使各自相觉察，申严连坐之条，俾其不敢容隐，复严仇扳之罪，使其不必容隐，渐渐行去，或得稍变多盗风俗。至于乡勇一项，广东山海险阻，地方辽阔，未便尽革。惟令各村中绅衿及殷实之家举出某某充当人数，工食俱令各村自定，使之出力守卫，一有不法即公同送官责治。如果勤慎技勇，胆气出众，臣即提入标下食粮，与兵丁一体考验，拔补把总。倘村中失事，乡勇不能救御，亦必治罪。各村各自选择，各自为守，以佐兵役巡防之不逮，是亦弭盗一法。①

可知当时广东正力行保甲，乡村仍然有乡勇存在。

雍正二年十二月二十日，广东巡抚年希尧根据上谕：令各省督、抚、提、镇凡从前所奉谕旨及条奏议行事件，于雍正二年十二月将实在如何施行及行之如何已有成效，条分缕析明白奏闻。于是汇报了试行保甲的情形：

一、力行保甲。臣查此法非徒设立于一时，惟在逐日逐月俱有稽查，始终靡息，方于地方有裨。广东幅员辽阔，若奉行之吏役、地保人等一有不善，即扰累于民。臣遵旨渐渐举行，务期仰副我皇上安民缉盗德意，三年之内可见成功。②

可见广东正在推行保甲，为慎重起见，地方官请求稳步推进，以收实效。

（四）山东。雍正元年十二月初一日，山东巡抚臣黄炳谨奏称："至于社仓、保甲二事，洵属羡政。臣现在遵奉圣谕，劝勉各府、州、县实力举行，务于地方民生实有裨益，但恐人心不古，将来难有成效。总之，臣在此任一日，即竭此一日之力以报天恩，不敢少萌苟安之念

---

①《两广总督孔毓珣奏遵旨察议乡勇弭盗事宜折》，中国第一历史档案馆编：《雍正朝汉文朱批奏折汇编》第 3 册第 145 号，第 219—220 页。

②《广东巡抚年希尧奉奏传谕饬禁盗风折》，中国第一历史档案馆编：《雍正朝汉文朱批奏折汇编》第 4 册第 168 号，第 222 页。

也。"①可见山东开始试行保甲。

山东曹州西南有桃园集地方,虽名属曹州,而界连三省,壤接七县,实系山东、河南、直隶交会之区,因治安混乱,河南布政使杨文乾曾在曹州任官,雍正三年三月二十三日进折建议在此"编查保甲,互相稽察,庶奸徒不能托足,地方永受敉宁之福"②。被皇帝肯定。

雍正三年六月初三日,长芦巡盐御史莽鹄立因山东登、莱、青三府屯卫原系卫守备管辖,今奉旨裁卫,改并州县,鉴于海防地区"所有营汛弁兵分防各处,为数无几,一时缓急,呼应难齐",于是奏请:

> 臣愚谓此等近海屯卫,宜亟举行团练之法,于土著居民中编为保甲,勤其训练,兼之修理城堡、烽燧,轮流守望,可使匪类潜消。即或偶有不虞之警,而乡兵一呼即集,不烦调遣。况人人各保护室家,自必同心捍御,无待粮饷之需,已寓金汤之固矣。③

雍正帝请该部议奏,可能后来在山东登、莱、青三府屯卫所在地区推行了保甲。

雍正三年八月十八日,山东登州总兵黄元骧奏请严缉响马盗贼奏折中,提出加强保甲的建议:

> 臣十六日奉皇上旨意:"山东响马盗贼甚多,都是文武官员不肯实力,文官推武官,武官推文官,又怕参罚,文武同为隐讳。"臣跪听之下,实深惶悚。窃思地方有盗贼,必先有藏匿窝顿之家。若地方官能实力奉行保甲,则内地匪类不能容身,外来奸宄无所托足。此时保甲未尝不行,鲜有成效者,未尝实力耳。每拾家为壹甲,择其殷实者为一甲之甲长;每十甲为一保,亦择其殷实者为十甲之保长。每一甲之内十家各置牌一面,人丁几口,作何生理,或士农工商,或营兵衙役,一一注明牌上。或有出外者,有归家者,有留住亲友者,各家俱向甲长说知,甲长必不时稽查,

---

① 《山东巡抚黄炳奏覆接奉朱谕四条折》,中国第一历史档案馆编:《雍正朝汉文朱批奏折汇编》第2册第261号,第326页。

② 鄂尔泰等:《朱批谕旨》卷9上,朱批杨文乾奏折,《钦定四库全书荟要》第1册,第464页上。

③ 《长芦巡盐御史莽鹄立奏陈滨海地方宜修武备折》,中国第一历史档案馆编:《雍正朝汉文朱批奏折汇编》第5册2号,第260页。

登记簿内。盖甲长专查十家,近而易知。凡地方有匪类、赌博、棍徒,甲长查实,报知保长,公同报官,按法究治。但平常之家易查,势宦土豪,深房大厦,人丁众多,往往藏聚,难于稽查。又必地方官风力严令,一体登牌,亲丁、家人共几口,养育马几匹,一一注明牌上,不许遗漏。或何日有人骑马几匹,往何处去,何日回来,俱向甲长说知,甲长必不时稽查登记,保长亦不时稽查。州县每季取各地方甲长、保长并无藏匿匪类甘结。倘有容隐,许甲内之人首报,甲长、保长一并从重治罪。奉行力而立法严,则响马盗贼无藏匿之家,无托足之处矣。①

黄元骧提出了一整套的推行保甲方案,对付山东响马。九月十三日山东巡抚陈世倌奏折称,黄元骧与兖州镇臣赵国瑛抵省,他们再四会商,提出数条措施,其一为保甲方面的,内容是:"弭盗莫如严查保甲,大族责成甲长严饬,各属照式编造,文武各官协力严查,不时巡阅,倘有疏懈,照阘茸例题参议处。"②进一步落实试行保甲事宜。

雍正四年二月十九日,山东巡抚陈世倌奏报密奉谕旨所行卓有成效的八件事情中,首先就是推行社仓、保甲方面的,奏报社仓实行情况后,他说:

> 至保甲之法,臣通饬各属于农隙时逐户编造,自备纸张饭食,每十家给牌一面,每一家管查十日。臣遇公出,经过村庄间行提验,以儆懈忽。现在地方安静,官兵已皆守法,不敢违犯赌博生事。③

文中说山东已经"通饬各属于农隙时逐户编造"保甲,我们不知道具体实行的结果如何,似乎保甲在山东已经陆续设立。

(五)江西。雍正元年十月十七日江西巡抚裴𢷋度接到了谕旨二道,饬行社仓、保甲,严禁供应馈送。裴𢷋度认为:"要在因地制宜,顺

---

①《山东登州总兵黄元骧奏酌议委员严缉响马盗贼管见折》,中国第一历史档案馆编:《雍正朝汉文朱批奏折汇编》第 5 册第 602 号,第 876 页。

②鄂尔泰等编:《朱批谕旨》卷 24 中,朱批陈世倌奏折,《钦定四库全书荟要》第 2 册,第 540 页上。

③《山东巡抚陈世倌奏报密奉谕旨八件施行确有成效折》,中国第一历史档案馆编:《雍正朝汉文朱批奏折汇编》第 6 册第 628 号,第 815 页

情不扰,先择府、州、县贤而谙练者数员,酌量繁简,从容设施,行之有验,则处处可以数法通行矣。"朱批:"甚是。徐徐行之不可急迫。"肯定了裴氏先试验待取得经验后再推广的做法。①

三个月后,户部尚书张廷玉于二年正月就安辑棚民以销匪类事上奏,他说:

> 查浙江之衢州等府、江西之广信等府,皆与福建连界,江西之赣州等府又与广东连界。闽、广无籍之徒,流移失业者,荷锸而来,垦山种麻,搭棚居住,深山之中,或数家为一处,或数十家为一处,呼朋引类,滋养生息,日久愈多。既不可驱令回籍,又不听编入县册,去来任意,出入无常。偶遇年谷不登,辄结党盗窃,为地方之害,江西之袁、瑞等府尤甚。臣愚以为亲民之官莫如守令,请敕下江浙督抚,查明有麻棚之州县,秉公拣选才守兼优之员,保题补授,庶平时抚驭有方,流民奉其约束,临事捕缉有法,匪党不至蔓延。至于安插棚民之道,自应编入本县册籍,并取具五家连环互结,又严行保甲之法,不时稽查。其中若有膂力技勇之人,与读书向学之子,许其报明本县,申详上司,分别考验,加恩取用。如此则虽欲为非而不敢,虽能为非而不愿矣。以上数条皆臣管见,未知当否,并请敕令督抚悉心筹划,因地制宜,详议具奏。臣前经面陈梗概,未曾详尽,今缮折谨奏。②

据此,福建、广东到江西、浙江垦山种麻的棚民较多,主要分布在浙江的衢州府,江西的广信府、赣州府以及袁州、瑞州等府,由于棚民属于久住在山区的外地人,"既不可驱令回籍,又不听编入县册",管理困难。张廷玉建议,有麻棚之州县,保题补授才守兼优之员,而安插棚民之道,建议编入本县册籍,取具五家连环互结,严行保甲之法,不时稽查。雍正帝批示江西、浙江督抚讨论该折。

现存清廷内臣所拟奏折一件,内容是雍正帝要求督抚勤民任事,特别是处理好棚民问题,该折全文如下:

①《江西巡抚裴𢓜度奏谢恩赏克食并报遵谕兴利除弊折》,中国第一历史档案馆编:《雍正朝汉文朱批奏折汇编》第 2 册第 308 号,第 379 页。
②《户部尚书张廷玉奏请安辑棚民折》,中国第一历史档案馆编:《雍正朝汉文朱批奏折汇编》第 2 册第 419 号,第 523 页。

　　遵旨恭拟:朕临御万方,宵衣旰食,孜孜图治,凡地方远近、大小事宜,时历于怀。督抚身任封疆,更当仰体朕心,防微杜渐,加意抚绥。即如棚民,浙江、江西近山一带多有,皆闽、广失业之人,迁徙无定。地方文武大小等官,果能平时实心任事,严立保甲,稽查奸宄,自能肃清弹压,不至生事。即有无籍之徒,聚集山泽,一经发觉,本地防汛弁兵及附近协防合力剿捕,立时擒获。若文移往返,还延时日,流匪潜逃,诛连无益,皆由州县文武官员全不留心地方。嗣后近山州县,棚民杂处之地,督抚于本省文武职官内,秉公拣选操守清廉、才力壮健之员,酌量人地,相宜保题调补,必使该员安拣有方,缉捕有法,以收实用。至山僻险峻,塘汛要地,当多设兵弁,盘诘出入。如兵力单弱,即于本管内酌量添补,庶于地方有益。特谕。①

在雍正帝看来,江西、浙江的福建、广东流寓棚民已经成为重要的社会问题,而推行保甲是重要的应对措施。

江西巡抚裴𬀩度在接到张廷玉条奏后,于雍正二年三月二十八日上折向雍正帝报告已见,他说:

　　查诸臣条议,大概同此编甲一法,但编甲之中,不无变通。臣身任地方,细访情形,各有不同,有入籍年久现在纳粮当差者;有入籍未久去留踪迹无定者;有近在市镇与土著杂处者;有远在山菁星散各居者;有土民雇其佣工,地主招其垦佃者;更有山主利其工力,曲为隐蔽者,或种靛麻,或种茶烟,或佃耕做纸,统名之曰棚民。要在因地制宜,顺情立法,地方官得人,方能有益。臣于有棚州县谒见时,莫不留心体访,谆切诚谕,实力奉行。至一切应行事宜,俟两司查议详到,容臣会同督臣悉心公议具题外,合将现在查编地方宁靖缘由,先行奏明。谨奏。

　　朱批:诸臣条奏发来之意,原为尔等地方大臣洞知利弊之详,所以令尔等悉心公议也。务须着实访察,洞晓事情之终始巨细,再加以敬谨筹画,方于事有益,不可因一二属员之语为凭忽

①《遵旨恭拟谕督抚加意抚绥地方上谕一件》,中国第一历史档案馆编:《雍正朝汉文朱批奏折汇编》第2册第478号,第581页。

于整理，而遗害于后也。^①

裴徦度揭示出棚民的复杂情况。

署理江西南昌等处地方总兵官印务陈王章赴任陛辞之日，皇帝令其与督抚商量棚民事宜，九月二十一日上奏报告了江西推行保甲的情形。他说："与抚臣裴徦度商量，已有酌调干员编户挨查之议，而督臣查弼纳亦于玖月初捌日来至江西，臣复与督臣再四确议其棚民户数，自应编立保甲，责令保甲长出具册结，汇送该州县，按册稽查。防范既审，即有续到流移，自不敢轻为容留，以干罪戾。"^②看来当时江西督抚总兵等地方官员合力调查棚民户数，编立保甲。

大约同时，两江总督查弼纳也奏报上任十天推行保甲事宜："为安置江西地方种植线麻人员事。臣与抚臣裴徦度商定，编审保甲，进行严查，又移驻文武官并以管束之。"皇帝的朱批有点意思："明年虽不往查，全可先行晓谕，为仍往检查，为临近时再令知晓。如此，伊等必将纷纷惧而勤勉。"告诉总督以严查为名，恫吓地方上严行保甲^③。

到了年底，查弼纳奏报推行保甲的情况说："至编保甲以巡查之事，已严饬各该地遵照施行。因已实施编保甲进行巡查，彼恶徒已无处栖身，而兵丁、衙役、恶棍、奸民亦不敢聚赌，不行盗窃，不滋生事端，以致民心甚安。臣尚不时查访，若有州县官员怠玩不遵行，兵民违抗而行不法，即行严加治罪。自遵照谕旨缓为劝行社仓，实行编保甲制之后，已有见效。"^④据此，江西推行保甲已初见成效。

清廷做出了棚民编查保甲的决定。三年七月户部等衙门议覆，两江总督查弼纳、浙闽总督觉罗满保疏奏江西、福建、浙江三省安辑棚民事宜。第一条便是："见在各县棚户，请照保甲之例，每年按户编册，责成山主、地主、保长、甲长出结送该州县。该州县据册稽查，有

①《江西巡抚裴徦度奏报查编地方宁靖折》，中国第一历史档案馆编：《雍正朝汉文朱批奏折汇编》第 2 册第 613 号，第 727 页。

②《署南昌总兵陈王章奏遵旨酌议棚民调整营汛折》，中国第一历史档案馆编：《雍正朝汉文朱批奏折汇编》第 3 册第 505 号，第 669 页。

③《两江总督查弼纳奏报赴江西查司库兵营驿站等事折》，中国第一历史档案馆译编：《雍正朝满文朱批奏折全译》上册第 1708 号，第 937 页。

④《两江总督查弼纳奏报奉旨实施条陈各款折》，中国第一历史档案馆译编：《雍正朝满文朱批奏折全译》上册第 1810 号，第 991—992 页。

情愿编入土著者,准其编入,有邑中多至数百户及千户以上者,添拨弁兵防守。棚民有窝匪奸盗等情,地方官及保甲长失察徇庇者,分别惩治。"①

(六)云南。雍正元年十二月十一日云南巡抚杨名时接到谕旨三件,其一为推行社仓与保甲的,上折表示:"凛遵谕旨,敢不日夜在心,循循料理,以期上副圣怀。"朱批说:"朕虽如此谕,全在尔等封疆大吏度量土俗民情,相机徐徐而为之。有尔可行善益处,即当据实明陈,不可迎合强作,亦不可阳奉阴违,令天下后世谈笑。凡事只务实为要。勉之。"②二年二月杨名时进折言正在料理社仓、保甲等事③。云贵总督高其倬也上奏,认为:"保甲、社仓实是良法,但奉行果善,则于民有益;奉行不善,亦能为累。(朱批:甚是。)盖立法本善,得人为难。(朱批:有治人无治法。)云南民杂猓彝,地多山菁,臣选择州县中做官好、人明白者数人,先令举行保甲之法,臣同抚臣、司、道再加调度稽查,如行之果便,即令各州县照依其法次第举行,倘有未便,再加斟酌调剂而行。(朱批:如此甚是。)"④云南采取先试验的办法,得到雍正帝首肯,君臣都表现出谨慎从事的态度。

雍正二年十一月十五日,巡抚杨名时奏覆两年内奉到密谕逐一办理情形,指出雍正元年十二月奉到设立保甲、稽察营兵胥役、查拿刀棍谕旨一件,并将执行情况上报:

> 设立保甲一事,臣于府、州、县各官进见时,宣播皇上弭盗安民德意,令其编立门牌,十家为甲,十甲为保,互相稽察,切戒其扰累小民,随宜措置。云南多彝猓,村寨零星散居,难以十家百家为限,只就近联络互查,总以简易便民为主。今编行有成局者,已报有十余州县:昆明县、安宁州、晋宁州、通海县、和曲州、罗平州、太和县、赵州、浪穹县、永平县、弥勒州。永北府、蒙化府此外俱在试行。嗣后盗贼可戢,游惰亦可稽,庶畏法知儆。省城

①《清世宗实录》第1册卷34,雍正三年七月辛丑,第514页下。
②《江西巡抚裴㯹度奏谢恩赏克食并报遵谕兴利除弊折》,中国第一历史档案馆编:《雍正朝汉文朱批奏折汇编》第2册第308号,第568页。
③《清世宗实录》第1册卷16,雍正二年二月戊申,第270页上下。
④《云贵总督高其倬奏报遵旨查补营伍空粮等事折》,中国第一历史档案馆编:《雍正朝汉文朱批奏折汇编》第2册第500号,第612页。

营伍亦编保甲,以便查察匪类,营官将弁专司其责。有兵民杂居之处,一例编入互查。有赌博凶顽之辈,无处可容,不禁自绝矣。①

可知云南于雍正二年在十余州县编行保甲,省城营伍亦编保甲,有兵民杂居之处,一例编入互查。

雍正二年二月十八日,云贵总督高其倬奏报试行保甲、社仓事,他说:"云南民杂猓夷,地多山菁,臣选择州县中做官好、人明白者数人,先令举行保甲之法,如行之果便,即令各州县照依其法,次第举行,倘有未便,再加调剂。"②受到皇帝的鼓励。雍正三年正月二十六日,高其倬奏陈元、二两年历奉密谕暨折奏事件办理情形,讲道保甲说:

> 云南民杂猓夷,地多山菁,臣择蒙化、和曲、安宁、陆凉、赵州、昆明、太和、永平、浪穹、通海十府、州、县先令试行,行之有益,再令各州县照依其法,次第举行。今所行俱已举行,已比前少有约束,民亦无不便之处,俟至今年秋冬,臣再令未行各州县酌量举行。又元江、新平二处讨保之野贼虽已剿除,然彼地猓民染于故习,恐暗纠人众出外妄为。臣令元江、新平将各村寨仿保甲之意,编开人户口数,令地方官于九、十、十一、十二等月不时巡查。如出外之人多,即是讨保,务行根究,以杜奸宄。至贵州沿大路村寨及各州县,俱已行令地方官编立,现俱举行保甲。至于苗寨不便举行,只在文员尽心拊循,武员加意振勉,自可消弭抢劫。臣惟一意于整顿属员,以期安辑地方耳。③

该折所讲云南推行保甲的情况与前述杨名时的说法不尽一致,可以肯定的是云南正在推行保甲的过程中,已经初见成效。

此外,雍正四年七月二十六日,云南布政使常德寿就治理云贵不

---

① 《云南巡抚杨名时奏覆两年内奉到密谕逐一办理情形折》,中国第一历史档案馆编:《雍正朝汉文朱批奏折汇编》第 4 册第 8 号,第 14 页。

② 鄂尔泰等编:《朱批谕旨》卷 176 之 1,朱批高其倬奏折,《钦定四库全书荟要》第 9 册,第 646 页上下。

③ 《云贵总督高其倬奏陈雍正元二两年历奉密谕暨折奏事件办理情形折》,中国第一历史档案馆编:《雍正朝汉文朱批奏折汇编》第 4 册第 289 号,第 364—365 页。

法土司上奏,在提出一些办法后说道:"各地方各官果能抚驭有方,劝垦有法,酌定从优议叙之例,以示鼓励。乡长、保甲人等亦量给花红奖赏,违则分别议处责革。"①这里将"乡长、保甲"作为已经存在的事物叙述,一定程度上说明保甲制度建立。

(七)河南。河南布政使田文镜雍正二年五月十二日奏折称:"臣自到任后,因前有亢挺一案,亦时刻留心,已经通饬严查保甲。"②雍正二年五月十八日,河南巡抚石文焯奏称:"再蒙圣谕,严行保甲,诚弭盗之良法。上年钦奉密谕,臣已严饬地方官实心编查,今复荷指示详明,惟督令各属尽心稽察,实力奉行,以仰副皇上靖盗安民之至意耳。"③据此可知,河南在雍正元年密谕后即"实心编查"保甲,雍正二年再次接到皇帝严行保甲指示后"实力奉行"。可见河南已经推行了保甲。雍正二年十二月二十七日,河南巡抚田文镜奏覆所奉上谕施行情形,说道保甲事宜:

> 臣查保甲亦于布政使任内,即设立条款,渐渐举行,毋许贻累百姓。今据开封等八府,郑州等七州所属州县,俱各报称业经实力奉行,如有虚应故事者,臣即严行教导,不敢泛视。④

如果该折反映的情况属实,河南有八府七州县推行了保甲,可以肯定的是,田文镜对于推行保甲很上心。不过,被皇帝派去巡察河南户科掌印给事中张元怀,雍正四年三月初十日奏报彰德、卫辉二府地方情形:"臣察河南地方于雍正三年十一月内始奉抚臣牌示编行保甲之法,甲树一旗,户悬一牌,自州县以及村庄,累累相望。臣窃以为实力奉行,不在涂饰耳目,随檄行各州县,令其不时稽察,务期实力遵行。即沿途旅店,臣亦行文各府,照依保甲之法,令其互相联保。一

---

①《云南布政使常德寿奏陈酌治不法土司管见折》,中国第一历史档案馆编:《雍正朝汉文朱批奏折汇编》第7册第541号,第777页。

②《河南布政使田文镜奏覆火耗赢余解司归库折》,中国第一历史档案馆编:《雍正朝汉文朱批奏折汇编》第3册第25号,第46页。又鄂尔泰等编:《朱批谕旨》卷126之1,朱批田文镜奏折,具折时间作"五月十七日",《钦定四库全书荟要》第7册。

③《河南巡抚石文焯奏谢恩赐各式仙丹并报遵谕旨编查保甲等事折》,中国第一历史档案馆编:《雍正朝汉文朱批奏折汇编》第3册第41号,第71页。

④《河南巡抚田文镜奏覆所奉上谕施行情形折》,中国第一历史档案馆编:《雍正朝汉文朱批奏折汇编》第4册189号,第252页。

店盗窃,互保之店不行举首,俱行连坐重处。又访得黄河各渡口间有不肖船户暗通盗贼,往来接应。臣亦行文,令将沿河过渡船只,俱连环具保,稽查匪类。"①雍正四年六月二十六日,河南南阳总兵官杨鹏奏称:"臣已谆切咨会河南抚臣,转饬各府、州、县,勤保甲之稽查,严捕役之窝纵。文武同心,地方自享宁谧之福。如果有实力奉行之员,著有成效,臣当会同抚臣另疏题荐。倘或因循懈怠,臣即会同抚臣特疏题参。"②这种有奖惩的措施应当有一定的作用。可见雍正三四年之际,河南仍在强力推行保甲。

(八)江浙。浙江巡抚黄叔琳进奏解决民间贩卖私盐问题,称:"于现行保甲督查窝顿,如有违犯,保甲连坐,地方有司照失察例参处。"③可见浙江已经设立了保甲。

雍正二年七月二十四日浙江按察使甘国奎奏称,为在浙省移风易俗,"遵旨严督各属力行保甲……其台、处、严、衢等府,山内种麻种靛流寓闽人,亦皆酌编保甲,按户可稽,逐渐而行,庶奸良易于区别"④。雍正帝在"力行保甲"旁朱批:"以实力奉行,庶几有益。"

雍正二年十月十六日,鸿胪寺少卿葛继孔因雍正帝"以太湖为盗贼出没之所,特颁谕旨,令江浙督、抚、提臣确议稽察防范之法"。上奏陈述己见,建议苏、松、常、镇"各该州县仍力行保甲,申严容隐匪类十家连坐之条,使各互相觉察,以靖盗源。其浙省之嘉、湖属亦一体照行"⑤。太湖流域的江浙地区试行保甲。

雍正二年十二月二十五日,署江宁巡抚何天培奏覆江苏保甲施行情形,他说:

> 查民间设立保甲,原以查匪类清盗源,法至善也。江苏各属

①鄂尔泰等编:《朱批谕旨》卷65,朱批张元怀奏折,《钦定四库全书荟要》第4册,第391—392页。

②鄂尔泰等编:《朱批谕旨》卷105,朱批杨鹏奏折,《钦定四库全书荟要》第5册,第409页上。

③鄂尔泰等编:《朱批谕旨》卷17,朱批黄叔琳奏折,《钦定四库全书荟要》第2册,第229页上。

④鄂尔泰等编:《朱批谕旨》卷72,朱批甘国奎奏折,《钦定四库全书荟要》第4册,第473页下—447页上。

⑤《鸿胪寺少卿葛继孔奏陈水乡添拨巡防管见折》,中国第一历史档案馆编:《雍正朝汉文朱批奏折汇编》第3册第633号,第833页。

前经编立保甲,而地方官不能实心奉行,亦臣等奖励教诲之不力。诚如上谕所云:"怠情偷安者将此善政皆忽之不问也。"臣能不悚惕感奋,思所以举行无弊乎?随经通饬,将从前原编保甲,再行清查,十家一甲,甲长逐月轮当,十甲一保,保长则拾甲中遴举有身家、公直晓事之人,俟一年满日更替,互相稽察。如有来历不明,形踪诡秘者,保甲长即禀官确查。果系穷民无告,该地方官量给盘费,立押出境。倘容隐不举,一经发觉,咎有攸归。至本处奸民,或窝贼窝赌,或积枭积盗,或结党略贩,打降凶恶之辈,密行报官驱逐,事破者审拟通详。其轮月,甲长每夜协同各甲鸣锣击柝,挨户巡查。该地方官不得滥委佐杂微员扰累,亦不许经承、地总借名需索。屡次行文各属,臣复不时察访,并察各属自理案牍,一年以来无良稍觉安辑,更因夜禁森严,凶徒亦渐敛迹,虽未至讼简刑清,已有一二成效可观,若不致勤始怠终,地方自然宁静,行之久远,庶无负圣天子更化善俗之盛心矣。理合奏明。[①]

由此可见,江苏推行保甲已经一年,有了"原编保甲",对于维护社会秩序发挥了作用。

(九)四川。明末张献忠占据四川,屠戮甚多,康熙时三藩叛乱,人民复有外逃,康熙十九年荡平四川后,土旷人稀,地方官"屡奉旨招徕民人,填实地方,川省遂大半皆秦、楚之民杂处,因而欺隐侵夺,纷争讦告,遂无已时"。编审户口,维护社会秩序也就成了川省的重要事情。雍正四年四月二十六日,法敏奏查明前抚臣王景灏条议川省垰形、号数、人丁户口各款情形,其中说:

至人户以籍为定,查川省成都等一百五州县俱以粮载丁,丁随粮转,威、茂等十一州县以人承丁,俱遵五年编审之例造册题达在案。今条奏内欲另行清查编定户口人丁,可以征繁庶,且易于行保甲,其说甚善。但臣入境以来,沿途留心查看,川民住居山陬江汜,星散不一。其流寓无业之民,或以雇佃资生,或以佣

①《署江宁巡抚何天培奏覆所奉密谕三道施行情形折》,中国第一历史档案馆编:《雍正朝汉文朱批奏折汇编》第4册第185号,第247页。

工谋食,往来不常,行踪无定。至栽种承粮者,亦不过于所种之地搭盖草房,仅容栖止。查其两邻或隔五里十里远,至二三十里不等,大率逾山越岭者居多,故保甲之法向亦止存奉行之名。臣今现在严饬各府、州、县、卫所,于城市关厢人烟凑集之处,以及可以联络之村庄乡镇,俱编设十家牌,务必实力奉行保甲之法。至于孤僻四散之处,檄令所在弁兵勤加游巡,不时稽查,以期弭盗安民。盖因地制宜,不得不稍为变通,以责实效。若照编定丁册以行保甲,则人民散处,势难联络,必仍有名无实,徒成纸上空言。①

据此,前抚臣王景灏建议清查编定户口后行保甲,法敏认为推行保甲很好,但是川省人民居住分散,不易执行,"保甲之法向亦止存奉行之名"。他则首先在"城市关厢人烟凑集之处,以及可以联络之村庄乡镇,俱编设十家牌,务必实力奉行保甲之法"。

如上所述,雍正初年各地都在试行保甲制度,我们已经看到福建、湖广、两广、山东、江西、云贵、河南、江浙、四川9省区遵守上谕,先后推行保甲。这在当时是一件大事,雍正二年闰四月二十五日,兵部右侍郎杨汝谷奏报奉命往楚沿途见闻五事,第五件的内容是:"闻直隶、河南、湖广各省保甲、社仓正在举行,略有成局。"②可见了解保甲推行情况,是此行目的之一。其中谈到直隶也在推行保甲的见闻,事实上,雍正二年,直隶巡抚李维钧折奏现行地方事宜各款,其中有"行保甲,以杜奸匪"③之条,受到皇帝的肯定。在雍正初年的中国,除了边疆民族地区外,各省区中只有陕甘、山西地区未见推行保甲的专门讨论。

棚民是跨省界,推行保甲涉及数省。雍正三年定例:"浙江、江西、福建等省棚民,在山种麻、种靛、开炉、扇铁、造纸、做菰等项,责成山地主并保甲长出具保结,造册送该州县官,照保甲之例,每年按户

---

① 《四川巡抚法敏奏遵查王景灏条议川省地形号数人丁户口各款情形折》,中国第一历史档案馆编:《雍正朝汉文朱批奏折汇编》第7册第133号,第185页。

② 《兵部右侍郎杨汝谷奏奉命往楚沿途见闻五事折》,中国第一历史档案馆编:《雍正朝汉文朱批奏折汇编》第2册第796号,第988页。

③ 《清世宗实录》第1册卷17,雍正二年三月丁酉,第294页上。

编查,并酌拨官弁防守。该州县官于农隙时,务会同该营汛逐棚查点,毋得懈弛。如有窝匪奸盗等事,山地主并保甲长不行首告,照连坐律治罪,该管官失察交部议处。"①

由于这时初行保甲,保甲尚未稳定扎根。雍正帝在前述三年九月湖北巡抚法敏奏折朱批中说:"保甲之法最善,各省奉行率皆有名无实,此一法若能实力行之,即可以弭盗也。严捕缉以靖盗贼,尤宜严查窝家,更为清盗源之良策也。勉为之。"②可知当时保甲已经有一定实行,但是"有名无实",并未深入基层社会。雍正君臣仍在努力之中。

三 雍正四年保甲令的出台及其影响

(一)雍正四年保甲令的出台问题

雍正元年八月开始推行的编立保甲活动,试行期计划为三年,到雍正四年八月期满。期满之前,理应对于推行保甲的实践活动加以总结,然后做出有关保甲制度的决定。雍正四年四月,雍正帝谕大学士等:

> 弭盗之法,莫良于保甲。朕自御极以来,屡颁谕旨,必期实力奉行。乃地方官惮其繁难,视为故套,奉行不实,稽查不严。又有借称村落畸零,难编排甲。至各边省,更借称土苗杂处不便比照内地者,此甚不然。村落虽小,即数家亦可编为一甲,熟苗、熟獞即可编入齐民,苟有实心,自有实效。嗣后督抚及州县以上各官不实力奉行者作何严加处分,保正、甲长及同甲之人能据实举首者作何奖赏,隐匿者作何分别治罪,其各省通行文到半年以内被举盗犯,可否照家长自首之例,暂治以轻罪,举首之盗倘有从前未经发觉之案,地方官可否从轻处分,以免瞻徇畏缩,着九卿详议具奏。③

①光绪《大清会典事例》第9册卷774,《刑部五二·兵律关津一·盘诘奸细》,第506页下。(总册数?)

②鄂尔泰等编:《朱批谕旨》卷51,朱批法敏奏折,《钦定四库全书荟要》第4册,第103页上。

③《清世宗实录》第1册卷43,雍正四年四月甲申,第636页下。

据雍正四年五月初十日直隶总督李绂奏折的说法:"臣伏见皇上爱民深切,安愈求安,特谕直省臣工力行保甲,现在九卿会议,俟命下之日一体钦遵。"[1]指的就是当时清廷正在讨论保甲事宜,李绂认为皇帝自然会继续力行保甲,公布正式的保甲令只是时间早晚而已。

雍正帝督促官员实行保甲。雍正四年六月山西巡抚伊都立陛辞,雍正帝面谕:"地方大吏,一切关系地方事件,务必实力行之,不可视为具文。即如严保甲,查私铸,断烧锅,禁赌博,皆朕令尔等奉行之事。傥接到谕旨,毫不经意,只发几张告示,行之州县,贴于通衢,即以为我已奉行矣,严禁矣,是将谁欺乎? 要必实心遵奉,细访密查,果有违犯,重治其罪,则惩一可以儆百,使法在必行,方为有益。并谕令属官,使皆知奋励,办理一切事件,悉出诚心。"[2]雍正帝告诫地方官"严保甲"不要"只发几张告示,行之州县,贴于通衢,即以为我已奉行",应"实心遵奉,细访密查"。

不过在正式公布保甲令之前,直隶总督李绂提出了用保甲制度代替编审制度的问题[3]。雍正元年,直隶总督李维钧奏请摊丁入粮,被皇帝批准从翌年开始施行。新任总督李绂发现,摊丁入粮后,政府了解人丁数字同征收钱粮没有关系,编审制度变得多余了,加上编审制度本身行政的人员、经费成本巨大难以有效实行,于是奏请力行保甲永停编审。他说:

> 臣窃查丁银一项,即古时力役之征。国家定例,每五年编审一次,稽查户口仍造具滋生册籍,进呈御览,所以重民生恤民力也。第直省户口殷繁,有司编审之时,不过添新补旧,取足成额,从未将实在人丁尽数开造。康熙五十二年,奉圣祖仁皇帝谕旨,续生人丁永不加赋。而愚民无知,尚多顾虑,仍未肯据实开报,是名为编审而实数究莫可稽查。且向逢编审之岁,民间派费甚多,有里书、里长之费,有州县造册之费,有院、司、道、府吏书纸

①《直隶总督李绂奏请力行保甲永停编审以杜派累折》,中国第一历史档案馆编:《雍正朝汉文朱批奏折汇编》第 7 册第 181 号,第 245 页。

②《清世宗实录》第 1 册卷 45,雍正四年六月乙丑,第 680 页下——681 页上。

③冯尔康教授对这一问题有深入讨论,见朱诚如、冯尔康主编:《清朝通史·雍正朝分卷》,第 373—375 页。

笔之费,有部册之费,有黄绫、纸张、夹板、绳索、解册诸费,悉向里户公派,迫索甚于丁粮,各省皆然,直隶尤甚,虽严加饬禁,莫能尽除。臣查直隶丁粮业已照粮均摊,是编丁之增损与一定之丁银全无关涉,而徒滋小民烦费,似宜斟酌变通。臣伏见皇上爱民深切,安愈求安,特谕直省臣工力行保甲,现在九卿会议,俟命下之日一体钦遵。臣因思编审之法,五年一举,虽意在清查户口,尚未能稽察游民,不如保甲之法更为详密,既可统率游民,且不必另查户口。自后请严饬奉行州县,于编排保甲时逐户清查实在人丁,自十五岁以上毋许一名遗漏,岁终造册申送布政司,汇齐另造总册,送臣具题,进呈御览。册内止开里户人丁实数,免列花名,则簿籍不烦而丁数大备,其向来编审之例在直隶永行停止,国民均利,一举两得。①

李绂指出,直隶编审户口"添新补旧,取足成额,从未将实在人丁尽数开造"。康熙五十二年试行续生人丁永不加赋后,百姓尚多顾虑,仍未肯据实开报。编审制度未能稽查人丁实数。编审派费甚多,"迫索甚于丁粮"。认为编审意在清查户口,却未能稽察游民,不如保甲更为详审,既可统率游民,且不必另查户口,建议"自后请严饬奉行"。从人口控制管理的角度看,由编审之法改为保甲之法,实属重大的制度变革,李绂自知责任重大,在奏折结尾处说:"缘事属创始,未敢冒昧条陈,谨先恭折请旨"。雍正帝在该折批示:"此奏朕览之似近情理,但不深悉。具题来,廷议再定。"不过当时清朝刚刚在直隶、山东、云南等省试行摊丁入亩,全国绝大多数省份尚未开展,编审制度很难立即终止,李绂的先见之明,到了乾隆三十七年正式取消编审才实现。

雍正四年七月,清廷正式公布了保甲条例。当时吏部遵旨议覆:"保甲之法,十户立一牌头,十牌立一甲长,十甲立一保正。其村落畸零及熟苗、熟獐,亦一体编排。地方官不实力奉行者,专管、兼辖、统辖各官分别议处。再,立民间劝惩之法以示鼓励。有据实首告者按名数奖赏,隐匿者加以杖责,应通行直省。以文到半年为限,有能举

---

①《直隶总督李绂奏请力行保甲永停编审以杜派累折》,中国第一历史档案馆编:《雍正朝汉文朱批奏折汇编》第7册第181号,第245页。

首盗犯者免罪。其从前未经发觉之案,地方官即行揭报者亦免议处。"①雍正帝批准该条例,要求各省通行,但认为半年的期限太紧迫,改以一年为限②。这一保甲令要点有四:一是十进制的牌、甲、保设置,逐级分别设置牌头、甲长、保正;二是畸零村落、熟苗、熟僮一体编排;三是督责地方官实力奉行;四是立民间劝惩之法。

其实上述《清世宗实录》的记载只是保甲令的梗概,还有一些具体的规定。乾隆《大清会典则例》更详细地记载了雍正四年保甲制度:

> 嗣后每户给印牌一张,书姓名丁数,偶有出入,必使注明,不许容留面生可疑之人。若村落奇零户不及数,即就数编立。至熟苗、熟僮已经向化,应一例编立保甲。如地方官不实力编排,以致盗贼窝藏,将州县及营汛专管官照不能察缉奸民例降二级调用,兼辖官系同城者降一级调用,不同城者降一级留任,能察出详揭者免议。保正、甲长、牌头及同甲之人果能实力察访,据实举首,照捕役获盗过半以上例,地方官按名数酌量奖赏。倘牌头于所管内瞻徇隐匿,事发之日,系强盗照不应重律折责,系窃贼分别轻重酌量惩警。若牌头曾于甲长、保正处首告,不据实转首者,一经发觉,甲长照牌头减一等发落,保正减二等发落,牌头免坐。若屯堡、村庄聚族百人以上,保甲不能遍察者,选择族中人品刚方者立为族长,如有匪类,令其报官究治,倘瞻徇隐匿,与保正一例治罪。③

上述记载可以分为四层意思:一是编立保甲的印牌制度;二是熟苗、熟僮一例编立保甲;三是地方官不实力编排保甲的惩处规定;四是保正、甲长、牌头及同甲之人的奖惩办法;五是聚族而居地区设立族长等同于保正,实为族正④。

---

①《清世宗实录》第 1 册卷 46,雍正四年七月乙卯,第 702 页上下。

②《清世宗实录》第 1 册卷 46,雍正四年七月乙卯,第 702 页下。

③乾隆《钦定大清会典则例》卷 115,《兵部职方清吏司·诘禁·保甲》,文渊阁《四库全书》本第 623 册,第 408 页。

④如《清朝文献通考》记载该事为:"如有堡子、村庄聚族满百人以上,保甲不能遍查者,拣选族中人品刚方,素为阖族敬惮之人,立为族正。如有匪类,报官究治,徇情隐匿者与保甲一体治罪。"见张廷玉等撰:《清朝文献通考》第 1 册卷 23,《职役考三》,考第 5055 页。

(二)雍正四年八月至雍正五年八月一年通行保甲

从雍正四年八月起的一年,是雍正帝要求各省建立保甲制度的期限,我们对这一期间有关保甲的奏折做一考察。

直隶。雍正四年十二月直隶总督李绂奏覆办理社仓、保甲事宜,说道:

> 至设立保甲,实为安民缉盗要务。直隶地方现在兴修水利,其挖河筑堤人夫多非本地民人,冬间停工之时或有游惰,难以养活,因而为匪,尤当防范。现在经臣通行各该州县,奉行保甲甚力。臣仍严加查察,毋许急迫,以致生事。又各属设立官兵,原以防奸捕盗,然该管官弁稍或约束不严,则酗酒赌博,生事作弊,往往而有。间有光棍刁民赌博游荡,因而行窃者,实皆平昔串通兵役,狼狈为奸。臣现在编行保甲,凡有此等事情,发觉拿获,即行按律究处,不致丝毫宽纵,庶几仰副我皇上一道德以同俗之至意。①

据此,当时李绂正在编行保甲,对于兴修水利的外地民工尤为着力,注意拿获赌博游荡以及行窃的官弁、光棍刁民。雍正五年七月起居注记载"直隶易州保甲长张文学犯罪"②,证明当地保甲组织的存在。

江苏。雍正五年二月初一日,苏州织造兼理浒墅关税务郎中高斌奏报,江苏巡抚陈时夏到任以来力行保甲③。十一月陈时夏奏报推行保甲事宜说:"至各属遵行保甲,已经通饬,无论绅衿百姓一体编入,互相稽查,在三冬更为严切。"皇帝朱批:"保甲之设,难不过头□耳。若不得有为、有守州县,不可迫令为之,徒滋于扰。"④可知江苏正在编查保甲,雍正帝也知道推行保甲不是一件容易之事。

---

① 《直隶总督李绂奏覆料理社仓保甲事宜情形折》,中国第一历史档案馆编:《雍正朝汉文朱批奏折汇编》第 8 册第 521 号,第 725 页。

② 中国第一历史档案馆编:《雍正朝起居注册》第 2 册,雍正五年七月二十三日,第 1098 页。

③ 鄂尔泰等编:《朱批谕旨》卷 205 上,朱批高斌奏折,《钦定四库全书荟要》第 11 册,第 88 页上。

④ 《江苏巡抚陈时夏奏报汇集刊刻印发上谕等事者》,中国第一历史档案馆编:《雍正朝汉文朱批奏折汇编》第 11 册第 72 号,第 101 页。

安徽。雍正五年闰三月,大学士覆翰林院等衙门议签掣江南石埭县知县林天木条陈,说道,"林天木称绅衿与齐民一体编次保甲"①,反映出当时编查保甲遇到的问题。

山西。雍正五年七月初八日,河南河北总兵官纪成斌奏称,山西泽州大箕等村有拳徒素日群聚,饮酒赌博,不事生业,该州牧借点保甲捉拿二名②。可见当地也在推行保甲。

河南。雍正五年正月初七日河南巡抚田文镜奏请皇帝将派遣的巡查官长元怀再延长一年,督察保甲的地方事宜,他说:"豫省地方幅员辽阔,臣驻扎省城,耳目难周,荷蒙皇上特设巡察官周流查察,所属府、州、县不敢不力行保甲,修葺墩铺,即营汛官兵,亦知警惕,协力防护。"③得到皇帝的允准。据此,则河南在巡查官的督察下,推行保甲是有成效的。闰三月二十日田文镜奏中说,河南在"访察奸宄查拿匪类","据中牟、临颍二县详称,借查保甲为名挨户稽查,不遗余力"④。四月二十八日田文镜奏遵旨密拿邪教,他"令各属明借查点保甲,暗则察访邪教"⑤。这两个奏折说明,地方上还在编查保甲。七月初四日田文镜称,山西泽州与豫省之河内、济源二县壤地相接,诚恐匪类越境潜藏,他知会河北镇臣纪成斌,怀庆等"河北三府各该地方官严查保甲"⑥。八月初四日河南总督田文镜继续奏报,有"令河内县知县梅枚借查保甲为名密觇形迹"⑦的记载。说明保甲的存在。

浙江。雍正五年初,浙江观风整俗使王国栋奏称:"至保甲一法,

①中国第一历史档案馆编:《雍正朝起居注册》第2册,雍正五年闰三月二十二日,第1099页。

②鄂尔泰等编:《朱批谕旨》卷124,朱批纪成斌奏折,《钦定四库全书荟要》第5册,第634页上。

③鄂尔泰等编:《朱批谕旨》卷126之9,朱批田文镜奏折,《钦定四库全书荟要》第7册,第115页上。

④鄂尔泰等编:《朱批谕旨》卷126之9,朱批田文镜奏折,《钦定四库全书荟要》第7册,第127页上。

⑤鄂尔泰等编:《朱批谕旨》卷126之10,朱批田文镜奏折,《钦定四库全书荟要》第7册,第130页上。

⑥鄂尔泰等编:《朱批谕旨》卷126之10,朱批田文镜奏折,《钦定四库全书荟要》第7册,第141页下。

⑦鄂尔泰等编:《朱批谕旨》卷126之10,朱批田文镜奏折,《钦定四库全书荟要》第7册,第150页下。

弭盗安民,最关紧要。乃浙省州县奉行不力,率多有名无实。臣现在
严谕各该府县实力奉行,勒限编查,毋得借端苛派,毋得粉饰具文,如
有仍前玩误及奉行不善反致扰民者,立即题参治罪。"①王国栋认为
以往浙江实行保甲有名无实,决心实力奉行。雍正帝在折中"率多有
名无实"旁批"亟宜严行督察"。雍正五年闰三月,浙江巡抚李卫奏报
推行保甲、社仓情形,说他上年正月到任至今,"而保甲、社仓二项虽
尽力行催,尚不能汇齐底绩渐有成效者,其保甲则如杭、嘉、湖三府,
实人烟稠密户口繁多,除绅衿有业,商民余多五方杂处,时复迁徙莫
定。宁、台、温、处四府则山海交错,居址零星,不能集成村落,且有闽
省流寓之人往来不一,又编查之所难定者。至于绍兴一府,虽原有保
甲,其中尚有未妥,每牌必有一二狡黠好事之徒,巧借保甲名色,遇事
科敛,联络公呈,即匪类犯出,亦必代辩称为良民,甚有搬移入甲者,
无论奸良,惟饱其欲,便可安插。此一府属颇有受保甲中棍徒之累
者,虽屡经查拿,尚难尽除其弊。惟金、衢、严三府较之,他郡尚属易
行,但知县一官,职司通邑钱谷刑名,多有不能亲身分往村镇稽查,未
免有假手于吏役,不无滋扰,而知府又所辖宽广,恐虚名无实,故各属
亦曾有申覆遵奉者,但以奉旨力行之事,臣何敢仅凭一纸空文遽为轻
信。"②他将浙省十一府分杭、嘉、湖,宁、台、温、处,绍兴,金、衢、严四
种情形,汇报编查保甲的难处,反映出保甲已经有了相当的推行,但
是处于不太稳定的状态。接着李卫提出,为了使保甲、社仓"二事必
期果有实绩,方不虚应故事",引用"近今河南抚臣田文镜以民壮、保
甲不无相为表里,请归巡察官顺道就近查考"事例,针对浙省跨亘千
有余里,其中山陬海澨,绵延曲折,正虑一身未能遍历,建议饬令观风
整俗使王国栋顺道就近查考。较之居于省会仅以案牍为凭者,自倍
加切时。李卫此话揭示出,考查保甲官府行政人员不足,只得借助
"巡察官"顺道就近查考。遗憾的是,我们尚不清楚皇帝对于这一建
议的批示。

雍正五年三月间,李卫在浙江"先行设立顺庄滚催之法,令通省

①《朱批奏折》卷 60 上,朱批王国栋奏折,文渊阁《四库全书》本第 4 册,第 268 页。
②《浙江巡抚李卫奏报保甲社仓情形折》,中国第一历史档案馆编:《雍正朝汉文朱批
奏折汇编》第 9 册第 264 号,第 363—364 页。

各县照依保甲烟户册内人户查其所有田地粮额,归入本户的名造册,于各里就近用滚单传催,限以年终完竣,并着杭嘉湖道徐鼎遵照办理"①。七月二十四日,浙江杭嘉湖道徐鼎奏报养廉银的使用,"惟请留济公务,如编造保甲、倡率社仓、劝赏捕盗等类,容臣按季预领,随时酌用"②。将编造保甲的经费在养廉银支付。同日就浙西民户丛杂田粮滋弊,又奏请就保甲以寓顺庄,靖地方以便征输。为防范河湖"贼船""匪类",主张"必得水陆一体俱立保甲,且不徒空造文册,务在挨户核实,按船编号,方可厘剔"。对于钱粮包揽、飞洒以致历年拖欠,认为"亦由户名不清,村庄不顺"造成,"若果按保甲之实户问田产之坐落,以田产之的名编行粮之图甲,挨庄顺叙,户户可稽,则钱粮何从,诡寄抗欠何难追比乎"。鉴于"浙西州县事务极繁,保甲顺庄以及船只编号等事,有司实无专功亲身查验,一惟虚应故事,终于无济","臣已禀请抚臣,于命往浙省试用人员内,派拨数员,酌量委办"③。请求皇帝增加人手。雍正帝将该折留中,后交廷议。十月初二日,徐鼎奏报说,其保甲顺庄等事,具折之后,即令派到试用知县徐元肃、葛大梁就近先于嘉兴、秀水二县试行。又有原任海盐县行取知县梁泽,因民欠调回清比,羁留无事,伊曾行过此法,亦令其协办④。同年十月初三日到十一月二十六日,徐鼎改任浙江护理观风整俗使印务,他巡视温、处二州后奏报,针对"分给灾民银两及摊派豁免之银诚恐易生弊端",表示竭蹶督办,"或就保甲顺庄之中假意稽查"⑤,是以推行保甲为前提的。由上可知,雍正四、五年正是浙江全力实行保甲之时。雍正九年李卫追述五年的顺庄保甲之事说:"臣查浙省地方从前以里书管册催粮,弊端百出,积欠累累。臣因此竭力访察,设法清厘,

①《朱批奏折》卷 174 之 5,朱批李卫奏折,文渊阁《四库全书》本第 423 册,第 128 页下。又《钦定四库全书荟要》无此折。

②鄂尔泰等编:《朱批谕旨》卷 96,朱批徐鼎奏折,《钦定四库全书荟要》第 5 册,第 292 页。

③鄂尔泰等编:《朱批谕旨》卷 96,朱批徐鼎奏折,《钦定四库全书荟要》第 5 册,第 293 页上。

④鄂尔泰等编:《朱批谕旨》卷 96,朱批徐鼎奏折,《钦定四库全书荟要》第 5 册,第 294 页上。

⑤《浙江护理观风整俗使印务徐鼎奏报巡视温处二州情形折》,中国第一历史档案馆编:《雍正朝汉文朱批奏折汇编》第 11 册第 141 号,第 202 页。

于雍正五年间题明饬造顺庄,一并交与清查官,会同有司,于保甲烟户的名住址册内,将本人产业在各图各甲瓜分办粮诡名寄户者,一并归入本户,挨顺造册,发单滚催,使同里熟识之人彼此传知,依限完纳,则户册了然,完欠分明。数年以来,各属亦有实力奉行者,钱粮于奏销前通完甚多。"①说明雍正五年以来浙江保甲制在配合顺庄法征收赋税方面发挥了作用。

湖广。雍正四年十一月初八日,署湖广总督傅敏奏陈整顿楚省吏治等六事,谈道缉盗问题时说:"再保甲最为良法,乃行之日久,变为当差。凡有官役差使,皆取资于保长、甲长,民力不给,因而每日一轮。答应差使,不暇稽查,或有失事,彼此推诿。臣亦通行严禁差扰,仍令十日一轮,务使清查地方,便安百姓。"②雍正帝朱批说是:"是极,当极。可谓探本寻源之治,弥盗唯一〔以〕治窝家为上策。"可见这时该省保甲已经确立,但是事务繁多,"凡有官役差使,皆取资于保长、甲长"。

四川。雍正五年四月十八日四川巡抚马会伯奏称:"查定例楚民入川落业者,令地方官俱给印照验放。近有自福建、江西、广东来者,既无执照可凭,而从湖广入蜀者亦并无照据。"于是"飞饬各属令其查明丁口,编入保甲,安插地方"③。六月,户部议覆:楚民入川落业者,定例令地方官给与印照验放。请四川巡抚转饬确查,"其应准入籍者即编入保甲,加意抚绥,毋使失所"④。雍正帝从之。

福建。台湾府,雍正四年十一月初八日,浙闽总督高其倬奏报台湾事务,谈道:"编立保甲,止是大概。"⑤说明台湾也在推行保甲。雍正五年四月初四日,高其倬要求台湾"该道府督率各县,细编保甲,严

①鄂尔泰等编:《朱批谕旨》卷174之13,朱批李卫奏折,《钦定四库全书荟要》第9册,第362页下。
②《署湖广总督傅敏奏陈整顿楚省吏治等六事情形恭请御批指示折》,中国第一历史档案馆:《雍正朝汉文朱批奏折汇编》第8册278号,第382页。
③鄂尔泰等编:《朱批谕旨》卷31上,马会伯奏折,《钦定四库全书荟要》第3册,第184页。
④《清世宗实录》第1册卷58,雍正五年六月戊子,第881页上。
⑤鄂尔泰等编:《朱批谕旨》卷176之1,朱批高其倬奏折,《钦定四库全书荟要》第10册,第95页上。

查奸匪"①。继续推行保甲。七月初八日高其倬奏报治台之策说："臣再四详思治番之法,最先宜查清民界番界,树立石碑,如有焚杀之事,即往勘查。若民人侵入番界耕种及抽藤吊鹿致被杀死,则惩处田主并纵令扰入番界之保甲、乡长、庄主。"②可知是以保甲组织已经建立为前提的。

广东。不仅民人编立了保甲,还推广到驻防八旗中。早在雍正四年四月初三日,广东巡抚杨文乾奏称："查广东省城盗贼甚多,皆系旗人兵役窝留,臣思非编查保甲不能清理,但广东驻防旗兵不比别处,另设一城,皆与民人接连而居。从前督抚亦有举行保甲,因旗兵不遵,随即中止。臣为地方起见,不肯因循,是以会同将军及在城文武,不论兵民旗汉,务必逐一编查,彻底清理。省会之奸匪既清,则各府、州、县亦可逐渐举行,盗风庶可少息矣。"朱批："此见甚好,石礼哈到时与伊同心竭力为之,务期实在通行弭盗之法,此为探本穷源之上策,所以朕近日复严饬尔等也。"③杨文乾在州县力行保甲,雍正四年十一月二十四日又奏称,为消弭盗贼,"其盗薮贼巢,臣责令州县印官力行保甲,设法巡防"④。同日,广州将军石礼哈继续在驻防旗兵中编查保甲,奏请在所辖四营"仿照民人编立保甲之法"⑤。雍正五年二月二十五日,石礼哈奏称："再编查旗营保甲一节,臣今现遵料理,务行实力以收实效。"⑥十一月初六日石礼哈再次上奏,讲道:"臣念海边要区,旗民杂处,曾请将八旗四营编行保甲,蒙圣恩俞允,已转行旗营编查……但十家门牌必得有关防钤盖,方为凭信……臣思京城八旗参领俱有部颁关防,今广州八旗协领可否仰请皇上准照京城八旗一例给与关防,以预防诈伪,抑或就左右四旗各分给关防一颗,俾臣于八旗协领中慎选老成质实者专掌,凡遇公事,四旗各就公所用

①鄂尔泰等编:《朱批谕旨》卷176之7,朱批高其倬奏折,《钦定四库全书荟要》第10册,第124页下。

②鄂尔泰等编:《朱批谕旨》卷176之7,朱批高其倬奏折,《钦定四库全书荟要》第10册,第130页上。

③《朱批奏折》卷9上,朱批杨文乾奏折,文渊阁《四库全书》本第1册,第477页下。

④《朱批奏折》卷9上,朱批杨文乾奏折,文渊阁《四库全书》本第1册,第492页下。

⑤《朱批奏折》卷8下,朱批石礼哈奏折,文渊阁《四库全书》本第1册,第435页下。

⑥《广州将军石礼哈遵旨斟酌料理旗丁通融候补印缺及编查旗营保甲事宜折》,中国第一历史档案馆编:《雍正朝汉文朱批奏折汇编》第9册第118号,第172页。

印,则案牍有凭,而文册不致朦混矣。"雍正帝朱批:"甚属合宜,已交该部议行矣。"①

广西。雍正五年四月,广西巡抚韩良辅奏报处置广东流民办法:"凡有东省被灾地方流来饥民,即便查明姓名、籍贯及男妇、大小、人口数目,其别无生计者,即设法安插,酌动仓谷分别赈济,并照保甲之例将各饥民每十家设一甲长,若数满百家再设一总甲,俾自相约束,毋许滋事扰害,亦不许地方棍徒视其为邻省之民恣意欺凌。"②广西巡抚将广东流民按照广西已经存在的保甲制度编排保甲,反映出广西地区保甲制的存在。

云贵。云南巡抚鄂尔泰对西南土司用兵以及进行改土归流,同时推行保甲制度。雍正四年八月初六日,云南巡抚管云贵总督事鄂尔泰上奏,言及保甲问题:

> 窃照流、土之分,原以地属边徼,入版图未久,蛮烟瘴雾,穷岭绝壑之区,人迹罕到……然所以清盗之源者,莫善于保甲之法。臣屡与督臣杨名时、抚臣何世璂熟商酌议,拟立规条行之两省。及阅邸抄,知荷蒙圣恩,着九卿详议具奏。臣等伏候奉旨,部行到日当即颁行,一体遵奉外,按保甲之法,旧以十户为率,云、贵土苗杂处,户多畸零,保甲之不行,多主此议。不知除生苗外,无论民彝,凡自三户起皆可编为一甲,其不及三户者,令迁附近地方,毋许独住,则逐村清理,逐户稽查,责在乡保甲长。一遇有事,罚先及之。一家被盗,一村干连。乡保甲长不能觉察,左邻右舍不能救护。各皆酌拟,无所逃罪。此法一行,则盗贼来时,合村百姓鸣锣呐喊,互相守望,互相救护。即有凶狠之盗,不可敌当,而看其来踪,尾其去路,尽在跟寻访缉,应亦无所逃。③

雍正帝批示兵部、刑部、都察院各议具奏。从鄂尔泰该奏看,由于云南距离京师路途遥远,他还没有接到清廷于七月二十五日新颁

---

①《朱批奏折》卷8下,朱批石礼哈奏折,文渊阁《四库全书》本第1册,第450页上下。

②《广西巡抚韩良辅奏报抚恤粤东流民折》,中国第一历史档案馆编:《雍正朝汉文朱批奏折汇编》第9册第451号,第599页。

③《管云贵总督事鄂尔泰奏陈宜重流官职守宜严土司考成以靖边地管见》,中国第一历史档案馆编:《雍正朝汉文朱批奏折汇编》第7册第603号,第851—852页。

布的保甲令,正在等待执行。不过鄂尔泰依据云、贵土苗杂处,户多畸零的情形,为推行保甲而建言献策,建议:"自三户起皆可编为一甲,其不及三户者,令迁附近地方,毋许独住,则逐村清理,逐户稽查。"其实就是与保甲令中畸零村落、熟苗、熟僮一体编排保甲是一致的,而且更具体化。同年底,内阁等衙门议覆云贵总督鄂尔泰疏言诸事,其中有:"清盗之源莫善于保甲,云、贵苗民杂处,户多畸零,将零户编甲,独户迁移附近以便稽查之处,行令该督悉心筹划,饬令该地方官善为奉行,安置得法。"①请求行令云南、贵州、四川、广西、湖南五省一并遵行,雍正帝从之。清廷要求在南方少数民族聚居区一体编查保甲,且鉴于少数民居居住分散的情况,采取缩小编甲规模的灵活措施。

在处置长寨苗人问题上,鄂尔泰的《长寨示稿》保留了有关保甲问题的记载。内容是:"现委员遍谕苗民,各照祖宗姓氏,贯以本名,造报户口清册,编立保甲。"②雍正四年九月十九日,鄂尔泰提出具体的措施:"既先之以重兵弹压,即继之以清册稽查,按其户口,照汉民以行保甲;清其田亩,借赋役以为羁縻。不独户与户环相连保,并寨与寨互相甘结,则容一凶苗,而群苗为之获罪;隐一凶寨,而各寨为之靡宁,势不能不互相举首,交为盘查。"③鄂尔泰对西南土司用兵以及进行改土归流时,推行了保甲制度。雍正五年正月二十五日,鄂尔泰覆奏治理"顽苗"问题时说道:"况保甲之法已行,则乡保、头人自应稽查,地方邻佑自应首告,使皆各有责成,违者并坐。"④三月,兵部议覆鄂尔泰疏奏经理长寨等仲苗事宜,其中有:"狆苗姓氏相同者多难于分别,应令各照祖姓造报户口清册。"雍正帝朱批说是:"是极,当极。可谓探本寻源之治,弥盗唯一〔以〕治窝家为上策。"建议编立保甲,其不知本姓者代为立姓,以便稽察⑤。帝从之。六月二十七日鄂尔泰

———————

①《清世宗实录》第1册卷51,雍正四年十二月戊寅,第773页上。

②《云贵总督鄂尔泰奏报审讯抗阻官兵建营仲苗暨川贩汉奸情由折》附件,中国第一历史档案馆编:《雍正朝汉文朱批奏折汇编》第8册第507号,第701页。

③《云南巡抚鄂尔泰奏遵旨剿办不法苗人折》,中国第一历史档案馆编:《雍正朝汉文朱批奏折汇编》第8册第84号,第112页。

④鄂尔泰等编:《朱批谕旨》卷125之3,朱批鄂尔泰折,《钦定四库全书荟要》第6册,第77页上。

⑤《清世宗实录》第1册卷54,雍正五年三月甲寅,第828页上。

说道:"查生苗来归,应示羁縻以计长久,科粮务须从轻,户口定应清造。夷民半无姓氏,名多雷同,日后难以稽查,现在恐有重复,复经札致提臣,并饬知刘成谟、官禄等,再加查明,更定姓名,编立保甲,汇造清册,以凭具题报部。"①这些记载表明实行保甲制度管理苗民的情形。

上述直隶、江苏、安徽、山西、河南、浙江、湖广、四川、福建、广东、广西、云贵十多个省区都在有效地推行保甲,此外其他省区的奏折资料虽然没有看到,从雍正元年起三年的保甲试行中曾经出现过推测,应当已经推行了保甲。

(三)雍正五年八月之后保甲的实行

雍正五年八月,一年通行保甲的期限到了,但并不意味着推行保甲工作的结束。八月初三日广西左江总兵官齐元辅鉴于皇帝励精图治、广开言路,建言弭盗六款,首条内容是:"除盗之源无如保甲。保甲之设,务使小民共知共晓,庶稽查严密,而盗风自然渐息矣。今直隶各省既经部行遵奉上谕,设立保甲矣。各该管地方有司只遵照部行内编排牌头、甲长、保正,不许容留面生可疑之人而已,其部议举首与隐匿者如何赏罚之处,虽腹郭住城之民得蒙出示而知,而穷乡僻壤目不识丁之氓未由见示而晓也。臣请通行各省督抚转饬该管州县,务将前项兴行保甲之文,凡于所辖境内边僻庄村处所,一乡之中令甲长每逢朔望,将赏罚之处,沿乡晓谕,俾目不识丁之辈亦知举首者如何有利,隐匿者如何有害,触目警心,自必互相查察,不特本地奸匪无处托足,而他方逃盗更难容隐矣。"雍正帝在该条"务使小民共知共晓"后旁批:"保甲之通行,全在州县良吏,非徒以法强迫而为者,若遇劣员,愈严愈滋纷扰,于事无益,只可看地方官之才力,何如徐徐责成耳。"又在"各该管地方有司只遵照部行内"后旁批:"不但为保甲一事之谕,凡朕所谕旨出一片苦心,该督抚接到,不过于省城张挂数纸告条,遂谓已经遵奉,岂但穷乡僻壤目不识字画愚民茫然未知,即州县

---

①鄂尔泰等编:《朱批谕旨》卷 125 之 4,朱批鄂尔泰奏折,《钦定四库全书荟要》第 6 册,第 130 页下。

读书人亦何尝得闻,朕正为此有谕颁发!"①按照齐元辅的说法,各省已经设立保甲,地方官遵照部行内编排牌头、甲长、保正,不许容留面生可疑之人,但是对于保甲运行中的赏罚之处,穷乡僻壤目不识字的百姓尚不了解,建议加强宣传。雍正帝也鉴于保甲的完善需要时日,而徐徐责成官员,强调进一步落实保甲职责,不只是张挂告示而已。雍正君臣的讨论表明,推行保甲进入了新的阶段。

雍正五年八月以后,各省区推行保甲更加深入。九月,雍正帝谕各省督抚藩臬等:"朕宵旰勤劳,时以教养万民为念,所颁谕旨,皆正德厚生之要务,实切于民生日用者。乃闻向来谕旨颁至各省,不过省会之地,一出告示,州县并未遍传,至于乡村庄堡偏僻之区,则更无从知之矣……他如清查保甲、积贮社仓之类,行之必以其渐,地方始无纷扰。若骤然举行,而迫之以官法,奸胥猾吏,将借端为非,转为小民之累。"②要求官员切实贯彻保甲等政令。

雍正五年出台了不少保甲条例,完善了保甲制度。乾隆《大清会典则例》记载了四条:

> 五年覆准:绅衿一例编入保甲,听候稽察。如抗不遵,依比照脱户律治罪。地方官徇情不详报者,照徇庇例议处。其保正、甲长、绅衿免充轮直,支更、看栅等役亦准免。至齐民内有衰老废疾及孤寡之家,子孙尚未成丁者,均准免支更、看栅及一应差徭。

> 又覆准:各处大小船易于藏奸,令地方官取具船户邻右保结,编列号数,于船两旁刊刻某处船户某人姓名,给以执照,该船户持照揽载,地方及营汛官弁不时稽察。其采捕渔船,奸良更难分辨。照陆路保甲之例,以十船编为一甲,一船有犯盗窃者,令九船公首。若隐匿不报,事发将同甲九船一并治罪。至渔船停泊之处,百十成群,多寡不等。十船一甲之外,如有余船,即以奇零之数编为一甲。地方及营汛官弁随时留心点验,不得虚应故事。

---

① 鄂尔泰等编:《朱批谕旨》卷86,朱批齐元辅奏折,《钦定四库全书荟要》第5册,第162页上。

② 《清世宗实录》第1册卷61,雍正五年九月丙子,第939页下。

又覆准：保正、甲长准免本身差徭，如有借名武断乡曲者，严察革究，一切户婚田土不许干与，专一稽察盗贼及人命、赌博等事。

又覆准：保甲之法，苗民谓之合桩，除隔省并生苗地方，或村寨相远不必合桩外，其村寨附近，令其合桩防守。①

上述四条内容分别为：绅衿编入保甲，保正、甲长、绅衿免差徭；船户编甲；保正、甲长职责；苗民编甲。

下面分别考察各地推行保甲的情形：

直隶。雍正六年八月二十四日，巡察顺天、永平、宣化三府监察御史苗寿、陶正中奏称："直属近畿州县，荷蒙皇上一视同仁，不论旗民均编保甲，各属钦遵奉行在案。"②十二月二十五日，直隶口北道王棠奏报分委前赴永平府查审盗案，兼查保甲③。雍正七年四月，署天津总兵杨谦奏陈禁止烧锅，"请凡有烧锅者，照行店之例，各请官帖一张，每烧锅一口，岁输课银八两，五年编审。如无管帖私烧者，加倍治罪。倘左右邻以及乡地保甲知而不举者，与本人同罪。"④是以直隶存在保甲为前提的。八月十七日，署直隶古北口提督魏经国奏请添设文员抚驭热河游民折，谈道，"严饬保甲训诫、稽查"⑤。雍正八年二月初四日，巡查保定等处监察御史章格等奏，谈道，"深州一州三县地方辽阔，向为雀〔崔〕苻之薮，近虽风俗转移，然剽窃之事仍难尽免，此固在州县之力行保甲，而尤恃营弁之严于巡查也"⑥。将推行保甲作为维护秩序的主要措施。雍正十年五月初九日赵州隆平县申称，

①乾隆《钦定大清会典则例》卷115，《兵部职方清吏司·诘禁·保甲》，文渊阁《四库全书》本第623册，第408—409页。

②鄂尔泰等编：《朱批谕旨》卷160，朱批苗寿折，《钦定四库全书荟要》第8册，第512页下。

③《直隶口北道王棠奏报分委前赴永平查审盗案兼查保甲折》，中国第一历史档案馆编：《雍正朝汉文朱批奏折汇编》第14册第194号，第279页。

④《署天津总兵杨谦奏陈调拨抽补无马营汛暨禁止烧锅营管见折》，中国第一历史档案馆编：《雍正朝汉文朱批奏折汇编》第15册第166号，第235页。

⑤《署直隶古北口提督魏经国奏请添设文员抚驭热河地届游民折》，中国第一历史档案馆编：《雍正朝汉文朱批奏折汇编》第16册第307号，第393页。

⑥《巡查保定等处监察御史章格等奏覆一年内与督臣商酌十件地方应行事宜情由折》，中国第一历史档案馆编：《雍正朝汉文朱批奏折汇编》第17册第661号，第855页。

"赴乡稽查保甲"①。

雍正七年八月,谕户部:"近畿各府,有八旗庄屯杂处其间,有司难于清查。虽有理事同知一员,亦相隔甚远。意欲于旗员及司官内遴选贤能者八员,派往各府有庄屯之地方,专办旗人之事,时加教诲,申明禁约,导其善念,革其邪心,小则分别惩戒,大则据实纠参。其有旗民互相争讼之事,仍听该管衙门审理。此差往之员以一年为期,更换一次。"寻议:"臣等酌量旗庄之多寡,复计地方之远近,约以三百里内外为一路,分作京东、京西、京北、京南、京北东、京北西、京南东、京南西,共八路。拣选各部院司官及八旗官八员,到彼专管庄屯旗人之事,建立衙署,铸给关防。莅任后彰善瘅恶,以化其浇凌之习。并仿保甲之例,设立屯目、乡长,分任防闲纠举。"②帝从之。于是直隶八旗庄屯仿保甲之例设立了屯目、乡长。

江苏。苏州巡抚陈时夏为了贯彻执行雍正帝的收铜令,于雍正五年十一月初六日、二十四日两次奏报,令保甲稽查③,可见已经建立起了保甲组织。雍正六年七月,户部议覆署两江总督范时绎等条奏两淮盐务七条,其中说:"凡州县场司,俱令设立,十家保甲,互相稽查,遇有私贩,据实首明,将本犯照例治罪。"④在盐场编查保甲。八月十五日,署理苏州巡抚印务张坦麟奏称,正"严饬沿海各州县实心奉行保甲,以清奸宄藏匿之源"⑤。继续推行保甲。雍正七年五月十二日,江宁织造隋赫德奏报江宁省城内外民间被盗情形,说:"城外龙江关附近江宁县地方居民于四五月内五家连值黑夜被贼偷窃,该县捕快、保甲总不缉追。"⑥说明江宁县存在着保甲。雍正九年三月,吏部议覆浙江总督李卫条奏苏州地方营制事宜,谈道:"各处青蓝布匹

①鄂尔泰等编:《朱批谕旨》卷183,朱批刘于义奏折,《钦定四库全书荟要》第10册,第362页上。

②《清世宗实录》第2册卷85,雍正七年八月癸丑,第135页。

③鄂尔泰等编:《朱批谕旨》卷11下,朱批陈时夏奏折,《钦定四库全书荟要》第1册,第661页上、667页下。

④《清世宗实录》第1册卷71,雍正六年七月己巳,第1068页上。

⑤鄂尔泰等编:《朱批谕旨》卷46,朱批张坦麟奏折,《钦定四库全书荟要》第4册,第27页上。

⑥《江宁织造隋赫德奏报江宁省城内外民间被盗情形折》,中国第一历史档案馆编:《雍正朝汉文朱批奏折汇编》第15册第239号,第316页。

俱于苏郡染造,踹坊多至四百余处,踹匠不下万有余人,多系单身乌合,防范宜严。请照保甲之法,设立甲长坊长,与原设坊总互相稽查。"①帝从之。

雍正九年,江南驿盐道陈弘谋奏陈在驿各船宜一体编设保甲。他说:"近来各省钦遵谕旨,编设保甲,前督臣高其倬于江南省城实力举行,甚有裨益。"可见江宁的保甲卓有成效。他建议:"臣思驿船亦应编联保甲,随令每十船联为一甲,每甲立一甲长。如零船五六只,仍另立一甲,如一二只则附编各甲之内。每帮船只俱令挨号衔尾停泊,不许离帮。每船给保甲牌一面,上开船丁姓名、年貌、籍贯,并在船头舵水手人等实在姓名、年貌、籍贯,悬挂船头。一甲之内互相稽察,彼此保结。如有容隐匪类及酗赌等事察出,十船并坐。凡遇出差添雇水手,务须选择土著良民,不许混招无籍匪徒。所招之人一并照开姓名、年貌、籍贯填给照票,以备沿途盘诘。船回时仍对验放行,不许沿途散去以致无可稽查。如此则船丁雇募水手自必小心根究,其来历不明之人不敢混收,则船丁、水手,各有稽查,不致生事作奸,于弭盗似有裨益。"他说:"臣现在详明督臣、抚臣实力编行。"他还建议:"因思江西、湖广等省俱有差船,亦俱系来往冲衢,积匪藏奸查察尤非易易。伏乞皇上敕令该省督抚,将在驿各船一体编设保甲,停泊互相稽查,出差填给印照,庶平时有所约束,事发易于按缉,奸匪无可藏身,亦绥靖地方之一道也。"雍正帝朱批:"该部议奏②。"于是,同年议准:

> 驿站差船,每十船编为一甲,每甲立一甲长。如不足十船,五六船者亦编为一甲,一二船者即附入各甲之内。均令挨号衔尾停泊,不许离帮。每船给保甲牌一面,将船丁、头舵水手实在姓名、年貌、籍贯注明,悬挂船首。一甲之内,互相稽察保结。如有容隐匪类及酗赌等事,不出首者并坐。若遇出差,加雇水手,务择土著良民,亦将姓名、年貌、籍贯注明,以备沿途盘诘。③

①《清世宗实录》第2册卷104,雍正九年三月己巳,第376页下。
②《江南驿盐道陈弘谋奏陈在驿各船宜一体编设保甲相互稽查约束折》,中国第一历史档案馆编:《雍正朝汉文朱批奏折汇编》第21册第32号,第34页。
③光绪《大清会典事例》第8册卷695,《兵部一五四·邮政四一·驿船》,第667页上下。

在全国的驿站差船也实行了保甲制。

直到雍正末期，推行保甲仍在进行。雍正十三年正月二十四日，江南总督赵弘恩奏称，江南地方生齿日繁，米粮最关紧要，他恐奸商、地棍、牙行因其米粮过贱闹事，刊示遍发严禁，并令苏州府等会督兵捕、保甲，在于米粮聚集之地严密察访①。也是以保甲的存在为基础的。三月十八日，赵弘恩奏编立保甲弭盗安民事，称到任后通饬三省严行稽察，务使实力奉行。指出：

> 惟是江宁为省会冲要之地，五方杂处，最易藏奸。保甲之法不严，则宵小得以潜纵，奸棍于焉窝顿；编查之法不密，则经胥假造册而科敛使费，借编户而骚扰居民，甚有奸猾之徒包充久恋，勾通蠹捕，豢养分肥，甲长、牌头亦渐滋弊。上元、江宁二县虽竭力遵奉，但地方辽阔，钱粮词讼又复纷繁，未能时时亲历，遍行查点，恐至保甲视为故事，编查仍属具文，所当亟为留心经划者也。查江宁府设有督捕、通判二员，分司捕务。臣为靖地安民起见，即檄委该员，各照该管境内，将各图保甲逐一清查，如有地棍钻充滋事者，立即驱逐，另选老成殷实之人充当；如有勾通蠹捕、豢贼殃民者，一并严拿究处。其牌头、甲长亦须竭力稽察，勿使甲内窝藏匪类及容留来历不明之人。务令境内肃清，地方宁谧，毋许滋事扰累。除檄饬道府严行督率该县照常遵行不得推诿外，臣复不时亲加督察，务期剔厘积弊，实力奉行。

雍正帝在折中写了大段朱批：

> 编立保甲，先应审度地方之可行与否，有司才力之能行与否，毋得一味严急，勉强从事。倘地方或不相宜，才力或有不逮，反滋纷扰，毫无裨益。前代论治术者，动称社仓、保甲二事。固云善政，然必须俯顺舆情，徐徐劝导，相机酌宜而为之，方能奏效。非如赌博、宰牛、私铸、盗匪，但当绳之以法，不容稍为姑息之可比也。据云省会五方杂处，最易藏奸，非借保甲稽查不能剔除，甚属有理。但从古有治人而无治法，即如赌博、盗匪等件，虽

---

①鄂尔泰等编：《朱批谕旨》卷 216 之 5，朱批赵弘恩奏折，《钦定四库全书荟要》第 12 册，第 393 页上。

资保甲之严密,尤赖牧令之精勤,是以百凡禁令,逐末莫如端本。且立法之初,严似胜宽,而不知过严之弊害亦随之。盖宽徐则奸宄虽暂得潜踪,而良善亦不致株连,严急则奸宄自无容足,而善良则不免扰累矣。总之,为政以得人为要用,得其人自能因地制宜,顺时敷教,奚必规规执定一法,以为步趋。若不得人,纵奇策神术,徒美听闻耳,于事何济? 汝其知之。①

君臣的讨论表明,江苏已经推行了保甲,但是也存在种种不尽如人意之处。

安徽。雍正八年,安徽巡抚程元章奏中称,霍邱县有一伙无赖光棍,纠合多人,将各保凡有田之家开列长单,以首告欺隐为名,沿门吓诈。建议"或经保甲告发,令该地方官亲行按册抽丈,多则计亩论罪,小民谅亦无敢隐匿矣"②。是以保甲的存在为前提的。

山西。雍正八年正月二十八日,山西布政使蒋洞接到皇帝密谕,访缉"不法奸匪",于是"借稽查保甲为名,广发告示,令印官佐贰不时亲行查点,察其声音踪迹,倘有愚顽被诱自必究出严拿,即有外来窜至之徒,亦必盘诘就获"③。可知山西是存在保甲组织的。雍正九年三月二十五日,励宗万受命巡察山西,稽查通省盗窃各案,他奏报说:"臣自受事以来,当即通饬各府、州、县平日力行保甲,稽查匪类,遇有盗窃案件发觉,务令实时通报,毋得隐匿。"④重申已经推行的保甲。

山东。雍正五年,山东巡察工科掌印给事中张鸣钧奏请桃源集于现行保甲,再为推广,刑部认为毋庸议,雍正帝认为"今经该巡察给事中会同巡抚塞楞额陈奏前来,想于保甲之中有应行推广之处,始于地方有益,或州同不足弹压,应改设品级稍之大员,或应添设兵丁以

---

①鄂尔泰等编:《朱批谕旨》卷216之5,朱批赵弘恩奏折,《钦定四库全书荟要》第12册,第402页上下。

②鄂尔泰等编:《朱批谕旨》卷211上,朱批程元章奏折,《钦定四库全书荟要》第11册,第335页下。

③鄂尔泰等编:《朱批谕旨》卷77,朱批蒋洞奏折,《钦定四库全书荟要》第5册,第77页上。

④鄂尔泰等编:《朱批谕旨》卷204,朱批励宗万奏折,《钦定四库全书荟要》第11册,第78页上下。

资查察,着山东巡抚、河南总督会议具奏"①。持慎重态度。反映出桃源集已经设立了保甲。

雍正七年正月,巡察山东御史蒋洽秀题参利津县知县李周、定陶县知县张钊奉行保甲不力,请交部议处。雍正帝阐述了对推行保甲的看法:"夫保甲、社仓二事本属善政,然行之必以其渐,令州县量力为之,始于地方有益而闾阎不扰,是以数年来朕未降旨督催,盖恐急遽之中奉行不善,转滋民间之累也。蒋洽秀以两县知县不力行保甲特疏纠参,伊所巡察之各州县,果尽能奉行保甲之法无遗憾乎?山东地方已在总督田文镜节制之内,属员优劣、地方事务,自能访察,亦可不必更设巡察御史。着将蒋洽秀撤回。"②巡察山东御史蒋洽秀催办保甲竟被撤回,说明雍正帝"行之必以其渐"的推行保甲政策,也透露出山东存在着保甲制的现实。四月,户部议覆钦差刑部左侍郎缪沅等条奏山东盐政事宜,其中要求永阜、永利、涛洛三场"编设保甲,互相稽察"③,雍正帝从之。雍正七年闰七月二十六日,署山东巡抚费金吾奏报东省公费养廉银两与豫省画一事宜,言及"各衙所亦有征粮册籍、串票、保甲、门牌、心红、纸笔等费,亦应分别大中小酌给"④。推行保甲的费用列入行政经费。

雍正九年,山东巡抚岳濬奏请在登州府出海六十里的沙门岛(一名庙岛)以及西面的黑山岛、东面的长山岛编立保甲。他说:"三岛居民,查沙门岛止二十四户,而黑山二岛则有一百五十二户,长山岛则有三百七十五户,统计三岛开垦完粮地一万二千四百亩有零,庐舍田园各成村落,应委该通判点验各岛居民编成保甲,分给门牌,设立乡总、保长等役。仍不时访察,遇有奸匪玩法作弊,立拿严讯按律重惩。似此委员稽察,奸贩既闻风敛迹,岛民亦守分安居。兼之文武官弁先后出海各有职司,武弁防御之不勤,难欺文职之耳目,文职稽察之不力,亦难掩武弁之见闻,彼此相制奋力办公,

---

①中国第一历史档案馆编:《雍正朝起居注册》第 2 册,雍正五年十月十三日,第1537—1538 页。

②《清世宗实录》第 2 册卷 77,雍正七年正月甲戌,第 10 页下。

③《清世宗实录》第 2 册卷 80,雍正七年四月乙未,第 54 页下。

④《署山东巡抚费金吾奏报东省公费养廉银两与豫省画一事宜折》,中国第一历史档案馆编:《雍正朝汉文朱批奏折汇编》第 16 册第 156 号,第 190 页。

实于海防大有裨益"①。雍正帝朱批:"与督抚商酌具奏。"面对这样的批示,地方官当是采取具体行动的。

同年,山东巡抚岳濬奏覆酌议严禁地方私售硝磺,采取利用保甲的措施。他建议:内地私贩硝磺,"乡地保甲邻佑知情不首者杖一百,受财者计赃以枉法从重论,不知情者杖八十,仍究问买自何处行家,将该行亦照窝藏私贩例治罪……乡地保甲邻佑首报拿获者,除免罪外,仍照硝磺价值赏给,将硝磺留充营伍之用。"②雍正帝朱批:"与田文镜详细商酌妥协,意见相同,再行题奏。"随后总督田文镜上奏,赞同岳濬的上述办法③。

十年二月初六日,河东总督王士俊奏报山东兖州等处民人离乡外游情由。他说:"今此种远出游民,佃户十居六七,似应责成田主,将所有佃人许令自行稽查,不得任其往来自如。或佃户不听约束,许禀地方官究治,毋使轻去其乡。仍严行保甲之法,地方官时勤查点。又无故远出者,责令地保招回安插。"④强化已有的保甲组织。受到雍正帝的赞许。

河南。雍正六年正月,河南总督田文镜为平钱价奏陈收禁铜器,他的收铜之法有:"臣查地方官编查保甲,势必亲至其地,挨门逐户查点。臣请行令地方官,携带银两、钱文,乘便就近交买。(朱批:自然应如是者。实心任事之属员,当如此行也。)不论两数、斤数,黄铜俱按照分两成色给价。铜少之处,银难分称,即用制钱作价,更为简便。"⑤透漏出当时河南正在推行保甲,所以地方官要"编查",收铜活动正好借助此项工作进行。二月初三日田文镜奏中说

---

①《山东巡抚岳濬奏陈宜委官员稽察沙门等岛以重海疆折》,中国第一历史档案馆编:《雍正朝汉文朱批奏折汇编》第21册第517号,第632页。

②《山东巡抚岳濬奏覆酌议严禁地方私售硝磺事宜折》,中国第一历史档案馆编:《雍正朝汉文朱批奏折汇编》第21册第518号,第635页。

③《河东总督田文镜奏覆会议岳濬条陈查禁硝磺事宜情由折》,中国第一历史档案馆编:《雍正朝汉文朱批奏折汇编》第21册第715号,第876页。

④《河东总督王士俊奏报山东兖州邓初民人离乡外游情由并拟亲往会商安插等事折》,中国第一历史档案馆编:《雍正朝汉文朱批奏折汇编》第23册第761号,第932页。

⑤《河南总督田文镜为钱价奏陈收禁铜器管见三条折》,中国第一历史档案馆编:《雍正朝汉文朱批奏折汇编》第11册第386号,第485页。

"县丞、吏目、典史等官分理水利粮捕,稽察地方保甲"①,差遣奔驰,十分忙碌。据此,稽察保甲成为地方上的事务。七月十一日河东总督田文镜奏称:"豫省之祥符县,山东之曹州、曹县与直隶之东明县、长垣县交界之处,中界黄河,地方辽阔,抑且犬牙相错,难以归并一处管辖。臣查直隶之开州、长垣县、东明县与夫山东之曹州、曹县,虽素称多盗,然不尽聚于临界之处,亦属四散于一州一之间。若各省之督抚稽查保甲甚严,各省之州县奉行保甲甚力,则本境尚不能容身,安能逃藏外省。若此省力行保甲而彼省徒事虚文,或并虚文而亦不设,则此省稽查之下所不能容者,有不尽向彼省而逃藏,盗将视不行保甲之处为乐土矣。"②田文镜所说旨在加强各省推行保甲的力度,杜绝盗贼之流窜,实际上是当时推行保甲背景下所发的议论。

雍正八年,礼部侍郎钱以垲条奏内称:"臣闻河南信阳一州界连湖广地方,州治三百余里,五方杂处,风俗刁恶,以致解饷失鞘,递犯脱逃,甚至山村孤庄失盗屡见,城中虽有道员、知州、千总驻扎,亦恐耳目未周。"建议:"如遇四乡盗案发觉,地方保甲一面报明州境文武,查勘踪缉,一面报明新设驻防,立即擒拿。"雍正帝将此条奏转示田文镜征求看法,田文镜奏报:"奸匪流寓,惟在力行保甲,稽查严密,至关口往来络驿,其面生可疑之人亦难猝辩。若责令盘诘,保无借端刁难滋事。"③雍正君臣的讨论,是以保甲已经推行还需要力行的背景下进行的。

陕甘。雍正六年六月陕西总督岳钟琪奏:"去岁自京回陕之后,访闻各属,盗贼颇多,因通饬捕盗员役,勒以严限,予以劝惩,逐一查拿,务期必获。臣复密差精细员弁四路访缉,并饬各属严查保甲,无致容奸。仍令将所获窃盗询明籍贯,于审拟之后,即用铁牌一面镌刻某州县贼犯姓名字样,键挂本犯项下,递回原籍,编管于保甲之中,责

①鄂尔泰等编:《朱批谕旨》卷126之12,朱批田文镜奏折,《钦定四库全书荟要》第7册,第203页下。
②鄂尔泰等编:《朱批谕旨》卷126之13,朱批田文镜奏折,《钦定四库全书荟要》第7册,第230页上下。
③《河东总督田文镜奏覆酌议钱以垲条陈河南信阳城守事宜折》,中国第一历史档案馆编:《雍正朝汉文朱批奏折汇编》第18册第551号,第744、747页。

令乡约、保长、邻右不时察查,无令他出。"①九月,岳钟琪奏报社会上流窜着杂技艺人卦子,"汉中府报称,盘获挈家游走男妇十余名,口询系江南寿州民人,在各处行走觅食,及察其行李情状,并非丐食之人。臣已行令确讯历来行走处所,有无同伙为盗,如无不法情事,臣即咨解回籍,收管稽查,不得纵令再出。臣复严饬各属,凡系本籍卦子,乃原有产业之人,俱令逐一查明,编入保甲,不许蓄养马骡,出外行走。仍饬该地方官,督率保甲诸人,不时稽查,毋致疏纵。其有外来卦子,俱盘查明确,递回原籍,照式编管。"②从以上六月、九月两篇奏折的语气看,陕西已经编立保甲,岳钟琪依靠保甲管理盗犯。岳钟琪又奏永寿县卦子数十人各持器械拒捕事,雍正帝指示,"又闻汉中府盘获挈家游荡之男妇数十口现在审讯,嗣后着各该地方官悉心稽查,倘有此等匪类潜匿境内,即着查出押解回籍,取具收管,编入保甲"③。与岳钟琪采取的办法相同。十月初四日,陕西粮盐道杜滨奏称"陕省贼盗甚多",每向臬司等提出:"务严保甲,实力奉行,庶可消患于将来,而听者未免视为迂腐之谈耳。"④可知陕西已经实行保甲,但是有些地方官不重视,保甲制的作用不太有效。

雍正七年五月二十二日,川陕总督岳钟琪上奏,说候选知县杨景运条奏陕西临巩"粮地未能清晰,以致贫富不均,请变通保甲之法,稽户口、辨生理,凡农业者令各注地亩、钱粮数目,自种何项之地,佃种何人之田,总催供明总数,各户供明种数,十家互结,不得容隐,则地亩不待丈量而自清,丁粮不烦考核而自晰,民屯交种而易辨,有无纳粮亦易明,因地额粮减重加轻则不均者自均。"岳钟琪指出:"查保甲之法,原有保正、甲长,俱系里闾同住之齐民,非有官役、吏胥之声势,应令其各就本村堡沿门逐户问明田地租粮,就其现挂之门牌,添注本

①《川陕总督岳钟琪奏报访查西安府终南山盗情折》,中国第一历史档案馆编:《雍正朝汉文朱批奏折汇编》第12册第635号,第742页。

②《川陕总督岳钟琪奏覆原有卦子省分及行走游荡情节折》,中国第一历史档案馆编:《雍正朝汉文朱批奏折汇编》第13册第398号,第482页。

③中国第一历史档案馆编:《雍正朝起居注册》第3册,雍正六年九月二十八日,第2297页下。

④鄂尔泰等编:《朱批谕旨》卷48,朱批杜滨奏折,《钦定四库全书荟要》第4册,第52页上。

户有无某等田地若干、每年完纳钱粮若干,或租典佃种某里甲某人名下某等田地若干、每年出租粮若干,或出典钱租价若干。一一填注,甚为简便。且于社仓之春借秋还,以及丰年劝输、欠年赈贷等事,俱可就门牌一目了然。此保甲与社仓可以相为表里者也。"①雍正帝朱批依议。这是陕西已经推行保甲制的有力证明。六月二十九日,吏部尚书署川陕总督印务查郎阿,任事甫及一月,奏称:严饬该管文武各官将保甲、汛防事宜加意整饬,复刊刻告示,遍发陕、甘、川三属,通行晓谕查禁外,鉴于川、陕相距既遥,甘属地方亦广,文武属员内奉职惟谨者固不乏人,怠惰自旷者亦所必有,虽密访查,诚恐玩忽成习,请求特降谕旨,严饬各抚、提诸臣,务将保甲、汛守之法实力经理,通饬所属各员不时稽查,如再有奸徒潜住境内,肆行不法,将该管各官分别参究,乡保、汛兵严加惩处。雍正帝朱批:"汝膺统辖之责,保甲、汛防各事宜且就汝意,严饬该属,并移咨抚、提诸臣,互相查禁。倘仍奉行不力,据实奏闻,再降谕旨。"②据此,查郎阿在陕甘地区推行过保甲,但是由于地方辽阔,官府人手不够,当时保甲尚未完善。查郎阿在八年二月二十七日接到朱笔谕旨一道,通报广东"匪类造言煽惑"事,要求其加强防范。查郎阿进折,称于署理督篆任事之初,业经通饬各属严行保甲,慎重汛防,禁缉妖谣,查拿地棍。他又提出:"预消弭患之法莫善于保甲,而保甲之法又在分定月日,分定地方,严立赏罚,以专责成,以昭惩劝。现在详议条目,分别赏罚数目,再为通饬三省,遍贴乡村城市,务使家喻户晓,法在必行。倘不肖官吏,仍敢阳奉阴违,始则记过,继则参革,以为玩忽者戒。如果查拿具报,轻则记功,重则保荐,以为勤慎者劝。其巡役、防汛以及保长、甲长人等之赏罚亦如之。"③然而雍正帝认为如此"则曷胜其纷扰耶!保甲、社仓二事固为古今致治良法,然必待有猷有为有守熟悉地方情形之人,且具有踊跃从事之心,方可举行,非可以势驱力迫而奏效者……如欲借严

①《川陕总督岳钟琪奏覆酌议候选知县杨景运条陈陕西临巩地土钱粮事宜折》,中国第一历史档案馆编:《雍正朝汉文朱批奏折汇编》第15册第288号,第377页。

②鄂尔泰等编:《朱批谕旨》卷203上,朱批查郎阿奏折,《钦定四库全书荟要》第11册,第3页上。

③鄂尔泰等编:《朱批谕旨》卷203下,朱批查郎阿奏折,《钦定四库全书荟要》第11册,第40页上下。

保甲以稽察匪类,只宜密谕属员,相机为之,不时留心体访,一有拿获,即示以奖劝,如斯而已。"①告诫查郎阿务实推行保甲,其实这是雍正帝的一贯主张。

浙江。雍正四年十一月二十日,浙江巡抚李卫、闽浙总督高其倬、署理浙江提督印务定海镇总兵官张溥奏称,台州府属太平县及温州府属乐清县之间海滨不远之处,有一玉环山,地方辽阔,无籍之人多潜其中,私垦田亩,刮土煎盐,及网船渔人搭蓁住居。此山周围约计七百余里,其中有杨岙、正岙、姚岙、三峡潭、渔岙塘、洋墩等处,皆宽平如砥,约田三万余亩,现在成田,即可耕种。若聚族开垦,尚可扩充五六万亩,总计垦田约可得十万余亩。"现在浙省生齿日繁,有人多地少之势。莫若以本省近地之民,或有家室而愿往者,或虽无家室而有亲族的保者,皆由该地方官召募,取结给照,方准往垦。到彼仍严行保甲,连环编牌,稽查窝隐,其他闽、广无藉之人,概不收录,则奸良不难分晰矣。"②雍正帝朱批试行。雍正六年三月,户部议覆浙江总督李卫等条奏经理玉环山事宜,有两条涉及保甲:其一:"招徕开垦。将玉环山中并附近玉环之山田地亩逐一丈明,给与太平、乐清两县人民,入籍管业。其本省附近玉环之郡邑有愿入籍耕种者,一体编入保甲。所有开垦田亩,即于本年起科,分上中下三则。嗣后每年将垦过数目,陆续报部查核。"其二,"筹划经费。玉环初经设汛置官,需用多端,势难尽出公帑。查玉环各岙,旧有采捕渔船,应照例刊号给牌,令赴玉环查验。其滨海煎盐之户,亦令编入保甲,并灶聚煎,官收官卖,毋许私贩出境"③。开发玉环山的过程中,将玉环附近郡邑有愿入籍耕种者、滨海煎盐之户均令编入保甲。四月二十八日,浙江观风整俗使许容奏称:"各属保甲,臣仰遵圣谕,不敢责其速效,每到一处,必饬令印官实力奉行,不得虚应故事,亦不得扰累里民。"④反映出许容实力推行保甲的情形。

①鄂尔泰等编:《朱批谕旨》卷203下,朱批查郎阿奏折,《钦定四库全书荟要》第11册,第40页下—41页上。

②《朱批奏折》卷174之2,朱批李卫奏折,文渊阁《四库全书》本第9册,第59页下。

③《清世宗实录》第1册卷67,雍正六年三月甲戌,第1026页下—1027页上。

④鄂尔泰等编:《朱批谕旨》卷212上,朱批许容奏折,《钦定四库全书荟要》第11册,第407页下。

江西。雍正七年二月二十四日,署江西巡抚张坦麟奏,到江西赴任,"留心各属情形,凡险要地方,概不可稍懈,行令各该地方官弁,力行保甲,不时稽查"①。是在当地已有保甲基础的继续推行。

湖北。雍正六年九月二十五日,新任湖北布政使徐鼎奏称:"臣前在浙省,曾经奏明就保甲以行顺庄,虽推行未竟,而嘉、秀二邑似觉试之有效。今以湖北情事言之,大约相类。拟亦于拖欠最甚之处,试行此法。"②徐鼎在湖北试行保甲顺庄之法。七年三月初八,徐鼎再次重申"就保甲以行顺庄",他指出:"包揽欺隐之弊,多是以赋役未清,缺额难复。惟就保甲以行顺庄,则法不迫促,而诸弊自露。其法先颁烟户门单册式,散给各保甲民户,令其各自开明本户的名、住址、人口、生理,共有田地、山塘顷亩若干,内有荒熟各若干,坐落某某村庄,在某图某甲,行粮附名某人额征各数银米若干,其有分坐各图完纳者一并附入内。有总户诡名,着将本人正实名号、应分完结若干之处,俱各照数填明。"③可见推行保甲制是改革赋役制度的基础。

雍正六年十月二十,湖广总督迈柱奏请楚省强窃贼盗众多亟宜整饬以安民生,提出具体措施:"营汛弁兵宜令其就近分查保甲也。查弭盗之法,莫善于遵旨力行保甲。楚省各属非概不奉行,即有行之者,亦皆有名无实。除臣严檄申饬,务令实力奉行外,查各州县驻札弁兵,不论城乡,每五里、十里,各有分防水陆塘汛,设兵五名、十名、十数名不等,内或拨有管队,或专汛千、把总带领防守,遇有失事,即令救护追缉。然与其救护追缉于失事之时,曷若令其分查保甲于未事之先。臣请嗣后州县保甲之法,一切编联稽查,仍照旧例,责成州县外,所有专汛弁兵管辖本汛十里、五里之内者,并令武弁督率管队兵丁,不时分拨一二人,就近会同保正、牌头,照编定牌甲实力稽查。如附近村庄有游手好闲、无生业之人及外来无故、面生可疑之人,即令报明武弁,移会文员,严加诘究。如牌头、保正不行稽查,被汛兵自

———————

①《署江西巡抚张坦麟奏钦遵批谕办理地方事务折》,中国第一历史档案馆编:《雍正朝汉文朱批奏折汇编》第 14 册第 502 号,第 662 页。

②鄂尔泰等编:《朱批谕旨》卷 96,朱批徐鼎奏折,《钦定四库全书荟要》第 5 册,第298 页。

③《湖北布政使徐鼎奏覆清查田粮以行顺庄之法折》,中国第一历史档案馆编:《雍正朝汉文朱批奏折汇编》第 14 册第 604 号,第 796 页。

行查出者,将牌头、保正照新例分别治罪。如弁兵怠惰及通同徇隐者,亦照牌头等例治罪。如此则互相稽察,似于靖理地方有益,而于保甲之一法不无小补矣。"雍正帝在折中的夹批指出:"保甲之法言之甚善,行之实难,人民杂处不一,地方冲僻各殊,惟在有为有猷之员,实力编查,勤慎不懈,方能有济。若责令兵弁协同稽查,必致扰民,且将来地方文武各顾处分,纷纷互相揭报,非良策也。"①雍正君臣的这一互动,实际上涉及如何评价保甲制的有效性问题。推行保甲首先是要制度上设立组织,其次是要实际发挥作用。然而,往往是保甲建立后,作用有限,甚至形同虚设,因此迈柱认为湖北遂行保甲,但是"有名无实"。于是迈柱建议"责令兵弁协同稽查",然而雍正帝以"必致扰民"否定了迈柱的建议,反映出落实保甲实际作用的难度。

雍正九年十二月初六日,新任湖北巡抚王士俊陈奏,说湖北八府一州民风剽悍,而武、汉、黄、安、荆、襄等府又素称多盗。到任伊始,见楚省有不得不急为整理者,"如弭盗莫先保甲,乃臣自入楚境,所过乡村市镇问以保甲,而门牌甲册多未举行,即州县民壮,止供差遣之役,操练竟为虚设,甚而汛防疏懈,千、把竟不带刀,兵丁亦无整束,是以缉捕不力,窃劫频闻。此保甲、民壮废弛之咎,所急当整理者一也"②。指出湖北的保甲制度,"门牌甲册多未举行",急当整顿保甲民壮。十年二月十三日,王士俊奏报整顿湖北情况,说"即如保甲之紧要规条"等次第通行,雍正帝旁批:"保甲一事不必严急,酌量属员之才具而督行之。"③五月十八日,王士俊奏折说:"查楚省江湖村镇每多窃劫,臣到任之后,即严行保甲,实力稽查。"④雍正九、十年王士俊任巡抚之初,整顿了保甲。十二年十月十八日,署湖北巡抚臣杨秘

---

①鄂尔泰等编:《朱批谕旨》卷 213 之 2,朱批迈柱奏折,《钦定四库全书荟要》第 11 册,第 523 页下—524 页上。

②鄂尔泰等编:《朱批谕旨》卷 73 之 4,朱批王士俊奏折,《钦定四库全书荟要》第 4 册,第 574 页下。

③鄂尔泰等编:《朱批谕旨》卷 73 之 5,朱批王士俊奏折,《钦定四库全书荟要》第 4 册,第 588 页下。

④鄂尔泰等编:《朱批谕旨》卷 73 之 5,朱批王士俊奏折,《钦定四库全书荟要》第 4 册,第 599 页下。

奏称："与督臣迈柱不时严饬文武各官,设法捕缉,并力行保甲,以靖盗源。"①仍在继续推行保甲。

四川。雍正五年十二月四川重庆总兵官任国荣奏报说,重庆地方辽阔,连归并有二十州县,他于本年八月十六日起身,将各路营汛及水陆各塘躬亲逐一勘明,于十月二十五日回重。他指出:"各州县民情风俗大都淳朴,且沐朝廷惠养有年,生齿日繁,田土日开,百姓率皆温饱,虽居处稀疏,不成村落,然地方官既编有保甲,而该巡塘又有兵目巡查。臣且饬令各该营将备每月游巡处出加严,时时在意,则匪类自无藏身之所矣。"②反映出重庆已经编立保甲。

六年正月,户部等衙门议覆四川巡抚宪德条奏安插入川人户事宜,定出:"入川人户众多,奸良不一,饬令该管官逐户挨查,取结编入保甲,有游手生事者即行驱逐,其实系匪类现有过犯者解回原籍,知情隐匿暨官员失察者并加处分。"③雍正帝从之。二月,兵部议覆川陕总督岳钟琪条奏川省苗疆善后事宜:"苗民既知向化,即与齐民无异,令该管流官一体编入保甲,互相稽查。"④雍正帝从之。八月,户部等衙门遵旨议覆奉差四川丈量刑科给事中高维新等条奏事宜四款,其中说:"从前川省差徭繁重,保甲人役或按月支应,或按里分派,数乡之人,夹杂一处,名为跳甲插花,其弊无穷。今杂办差徭,悉蒙恩免,岂可任其仍沿积习?违者参处,以息扰累。"⑤帝从之。可知四川保甲有支应差徭普遍存在,说明保甲已经普遍设立。七年三月,户部议覆四川巡抚宪德疏言各省入川民户问题,提出无照之人如在川各有生业,"准其编入保甲"⑥。

七年六月二十九日,吏部尚书署川陕总督印务查郎阿,任事甫及一月,奏称:四川省内,人命奸盗等案,具报累累,推原其故,因五方杂

①鄂尔泰等编:《朱批谕旨》卷210,朱批杨馝奏折,文渊阁《四库全书》本第424册,第715页。按:《钦定四库全书荟要》本无此条。

②《四川重庆总兵任国荣奏陈所属营汛地理情形暨填设塘汛兵丁缘由折》,中国第一历史档案馆编:《雍正朝汉文朱批奏折汇编》第11册第165号,第231页。

③《清世宗实录》第1册卷65,雍正六年正月乙亥,第997页下。

④《清世宗实录》第1册卷66,雍正六年二月朔,第1004页下—1005页上。

⑤《清世宗实录》第1册卷72,雍正六年八月壬寅,第1083页上。

⑥《清世宗实录》第2册卷79,雍正七年三月壬子,第36页上。

处,其中奸良混聚,致有不法之徒勾引藐法,"然若使保甲之稽查既严,营汛之巡察不懈,虽有奸民,岂能纵逞？此皆由文武各官漫无觉察,乡保汛兵悠忽偷安所致"①。于是当即严饬该管文武各官将保甲、汛防事宜加意整饬,复刊刻告示遍发陕、甘、川三属通行晓谕查禁,并请求特降谕旨,严饬各抚提诸臣,务将保甲、汛守之法实力经理,通饬所属各员不时稽查。得到雍正帝首肯。同日,查郎阿另折中称:"臣查凉山土族番民改土归流事宜,经督臣岳钟琪议以附近州、县、卫所者归地方官管辖,近营汛者令营汛管辖,止于土民番人内择其诚谨之人,照内地之例充任乡约、保长,稽查保甲,经催粮赋之类。"②可知,四川番民改土归流后照汉民一体编查保甲。

福建。雍正六年五月初六日,巡视台湾吏科给事中赫硕色等奏报采访所得,提出四条建议。其中就稽查移民指出:"请嗣后给照来台者,令海防同知并各地方官注明册内,其从前来台者亦于保甲牌内注明来台年月。遇有事故,先查从前来历,如牌册无名,即系偷渡,讯出情由,将该犯所经由各口汛官弁,照失察例处分,庶各知顾忌,自能实心查拿矣。"雍正帝旁批:"此条为理台第一要着,但若不实力奉行,徒以空文取悦朕目,于事仍属无济也。"③君臣都强调实力奉行保甲。同年又题准:"闽省产盐各场,令场官书役将盐票填明,巡查之地,务令截角,并严饬该管各官,增设图长、甲长,照保甲之例互相稽查。"④七年八月初二日,署福建总督史贻直奏报禁止抗粮争讼、结盟拜把等恶俗事,采取的应对措施包括"檄行各府、州、县,力行保甲稽查"⑤。八年二月初三日,福建巡抚刘世明进奏,治理福建无为、天主等教,令

①鄂尔泰等编:《朱批谕旨》卷203上,朱批查郎阿奏折,《钦定四库全书荟要》第11册,第3页上。
②鄂尔泰等编:《朱批谕旨》卷203上,朱批查郎阿奏折,《钦定四库全书荟要》第11册,第3页下。
③鄂尔泰等编:《朱批谕旨》卷70,朱批赫硕色奏折,《钦定四库全书荟要》第4册,第460页下。
④光绪《大清会典事例》第3册卷226,《户部七五·盐法六·福建》,第655页下。
⑤《署福建总督史贻直奏报禁止革抗粮争讼结盟拜把等恶俗折》,中国第一历史档案馆编:《雍正朝汉文朱批奏折汇编》第16册第200号,第248页。

按察使"通饬所属,着落保甲晓谕"①。漳浦县铜山税口有"澳甲许永忠、保长欧子祥敢敛费为首,欲驱逐守口办事之人,目无法纪"②。以上事例均是以现存保甲组织为基础的。

福建的保甲也存在奉行不力问题。雍正八年,福建布政使潘体丰奏报保甲之编查宜严,请专员办理以收实效。他说:"粮户、保甲皆地方最要之务,惟在查察周密,则包寄脱漏之弊自除。各州县既以簿书纷繁,难于分身,又以苟且因循者多,实力整理者少,所以屡经立法申饬,仍不免草率塞责。"③指出保甲需要更加严密推行。同时,潘体丰另奏请严保长之选举,立法劝惩。说"惟十家为甲,十甲为保,各州县乡村于保甲中设有保长一役,所以稽查匪盗、和睦乡里,以期保正一方。役虽微贱,有关于地方甚重。闽省习俗刁顽,从前所设保长,非奸棍谋充,即豪强占当,每多恣意武断,颠倒公评,因之讼端易起,风俗浇漓,若不严行选举,立法劝惩,积弊难清"④。指出保长选立过程中的弊端。他建议:

> 臣请敕下督抚严饬各州县确查,凡有从前谋充占当及有犯案者,概行清革。务选老成正直农民,取具约正族邻公结,该州县验明给照委充。仍将所属乡村,实需保长及选举名数造报司道备案。遇事故、革除、顶补等事,并报查核,每于月朔着传集耆民,同约正直月,齐至讲约处,所听讲《圣谕广训》《大义觉迷录》,责令协力,共相劝勉。遇有批查之事,无非本里中朝夕相习之人,是非自有灼见,务于五日内秉公查明,据实禀覆。倘敢借端滋事,或徇延不实,州县察出,立行责革,仍分别情事轻重,加凡人一等,书明事由,于本地方枷示儆众。如能竭力奉公,三年毫无过犯者,州县官量行奖赏。五年仍无过犯,并能排难解纷和息

①鄂尔泰等编:《朱批谕旨》卷43下,朱批刘世明奏折,《钦定四库全书荟要》第3册,第463页下。

②《福建观风整俗使刘师恕奏覆海关监督准泰杖责锁拿书吏情形折》,中国第一历史档案馆:《雍正朝汉文朱批奏折汇编》第18册第51号,第73页。

③鄂尔泰等编:《朱批谕旨》卷186,朱批潘体丰奏折,《钦定四库全书荟要》第10册,第382页下。

④鄂尔泰等编:《朱批谕旨》卷186,朱批潘体丰奏折,《钦定四库全书荟要》第10册,第384页上。

争端者,申详道府给匾鼓励。如至十年无过,且善于劝导稽查,
能使保甲中盗窃奸匪屏绝,地无旷土,民无游惰者,此种实力任
事之役,有功于地方不小,州县查明取结,开具事实,由府核确,
申报督抚,查实比照老农之例,题请给与八品顶戴荣身。如州县
不查实率报,察出照滥举匪人例参处。倘有徇私情弊,从重究
拟。如此庶源清流洁,保长之选可得正直之人,将见地方中劝导
观感,而浇漓之习自日归淳正矣。①

雍正帝朱批:"秉之督抚。"我们不知最终的结果如何,可以肯定
的是,保甲已在福建推行。当时福建观风整俗使刘师恕奏报查巡地
方情形,说:"向来洋盗多系连江人,近日保甲法行,现无犯案。"福宁
州"现在地方安静,棚民俱编入保甲,不敢多事"②。保甲发挥着维护
地方社会秩序的作用。

雍正十一年(1733)八月,兵部等衙门议覆福建总督郝玉麟条奏
台湾营制事宜,其中有:"台属田地丁口渐增,请将各处庄民编造保
甲。"③帝从之。同年议准:"台属多流寓之人,除立有产业兼有父母
妻子者,自有十家甲牌可稽,其并无家室产业,如佃户、佣工、贸易之
类,取具业主、房主、邻右保结,附于甲牌之末,汇报以备稽察。"④

广东。雍正六年正月初八日,广州将军署理巡抚印务石礼哈奏
称:查粤省高、雷、廉三郡尽有荒地可资耕种,与督臣孔毓珣商议,查
出三郡荒地内有不系沙砾可开垦者,"将勒回入川男妇,并各属有愿
去开垦者,取具各官印结,一概迁就落业,积至多户,联成保甲,以为
安置流民之所"⑤。得到皇帝的首肯。这是在新开垦地区实行保
甲制。

①《福建布政使潘体丰奏陈保长被奸棍豪强占充请严行选举立法劝惩折》,中国第一
历史档案馆编:《雍正朝汉文朱批奏折汇编》第19册第380号,第549页。
②《福建观风整俗使刘师恕奏报查巡三江口旗营水操等事折》,中国第一历史档案馆
编:《雍正朝汉文朱批奏折汇编》第19册第323号,第445、446页。
③《清世宗实录》第2册卷113,雍正十一年八月甲辰,第725页。
④乾隆《钦定大清会典则例》卷115,《兵部职方清吏司·诘禁·保甲》,文渊阁《四库全
书》本第623册,第409页。
⑤鄂尔泰等编:《朱批谕旨》卷8下,朱批石礼哈奏折,《钦定四库全书荟要》第1册,第
455页上。

雍正六年三月二十二日，两广总督孔毓珣奏报广东渔船编甲事宜："渔船报官印烙编甲一条。查渔船成造时，地方官先取保结，装成后验明印烙给照。每十船编为一甲，俱系定例……今抚臣杨文乾称，有私造无照之船在港行驶，深恐日久法弛，应照所奏，再严加申饬，编甲查点，并造册分报督、抚、司、道衙门，以备查核。"①加强了渔船编甲。

雍正六年九月十二日，广州将军蔡良奏称，到任之始即整顿八旗四营兵丁，他说："先经前任将军臣石礼哈于旗营汛地编查保甲，实为清查弊源之要。但既有民人杂处，则其来历根源，并眷口人数，悉应填注。更有如镶黄旗之兵壮住居正黄旗汛地者，或系租赁彼旗房屋，在住址原难画一，然稽查必须兼到。臣愚以为凡有此等错综居住之兵壮，既照住址编入保甲，自应听其查点，而本旗该管人员亦应赴彼稽查，不得以本旗之兵壮因住居于别旗之汛地，竟置之不查不问之列。臣已饬令八旗四营各官，将旗营街道所住兵壮民人、旗分籍贯、户口人数备细填注，造具清册，不惟按册得以一目了然，而稽查尤易为力矣。"②进一步在驻防八旗推行保甲，解决跨地居住八旗编查保甲问题。

雍正七年四月十五日广东肇庆城守副将李建功就广东开矿问题建议："应专责有司一官，令地方乡保开报本地殷实之人充为矿商，召募本地之民作为工人，报明注册，十人连保，取具保甲牌邻结状，方许赴厂做工，开挖煎运，禁绝外商及外地流民冒充混入。仍不时稽察。犯者，保甲牌邻一体治罪。并委武员拨兵守巡以防盗劫。"至于弭盗，再加以力行保甲，盗风自有渐息。特别是他认为"保甲之法，广东不曾实力奉行，地方有司皆视为故套，其苟且塞责者不过行一牌、出一示遂为了事，其有并此一牌一示而俱无、竟从未编立者，无怪乎奸民之易为盗也。臣仰恳皇上饬部行文广东督抚，严饬各属有司实力遵行，加以武弁不时带兵于所属汛内巡查，地方自得宁谧矣"③。批评

①《两广总督孔毓珣等奏覆会议广东渔船事宜折》，中国第一历史档案馆编：《雍正朝汉文朱批奏折汇编》第12册第5号，第6—7页。

②鄂尔泰等编：《朱批谕旨》卷109，朱批蔡良奏折，《钦定四库全书荟要》第5册，第447页下—448页上。

③《广东肇庆城守副将李建功奏陈钱法弭盗暨保甲事宜管见折》，中国第一历史档案馆编：《雍正朝汉文朱批奏折汇编》第15册第64号，第84—85页。

广东推行保甲不得力。雍正帝在奏折的夹批说:"保甲一事言之易,行之实难。州县有司如得□才兼优之员,方可施为。苟非其人,如或强之,徒滋纷扰。"强调地方官得力才可以推行好保甲。又说:"督抚若贤,何弊不除,何利不兴?汝一介武夫尚念及此,岂待朕谕部通饬,然后实力遵行耶?"认为关键之处在于督抚是否得力。

雍正八年是广东又一次强调保甲之年。署广东巡抚傅泰奏缴御批时谈道:"惟是保甲一项,从来徒有其名,难收实效,臣已行布政使王士俊、署按察使黄文炜,会同在省、道、府、厅、县,酌议实行保甲,不涉虚套,严杜需索之法,以便通饬实力举行矣。"①证诸以下资料,可知当时广东在不断完善保甲。

广东盗风甚烈。在广东任官十年的楼俨奏请:"乡村之盗,惟在善行保甲之法也。保甲何县不行,而尽属虚套,毫无实益。即如保正,充之者已非端人,而又日为县役勾摄人犯,赴县伺候,昼则不能稽察,夜则不能守望,纵以一村有警村村尾追之法,三令五申,其身不违长在村中,亦安能责其尽心办事也……以臣管见,保甲悉遵旧例,十家为一甲,十甲为一保,但每保设正副二人,副管勾摄人犯,正则训练乡勇,专司稽察守望,必须人材壮健、行止稍端者充之。果能督率甲长,日日稽察,一家五口多一人则察其何来,少一人则察其何去,外奸内宄,无由而生。于是仿村口更楼之制,一村有警,传锣为号,村村策应,会同尾追,追者势盛而盗势自衰,纵有大盗绝难免脱矣。倘或一村皆盗,则惟遵招抚之例,发遣外省安插。其县令必须实心办事,时时告诫,不可以保甲为具文,视保正如奴隶,俾国法尊而民气壮。一村同心,村村同心,所谓众志成城,则盗风自息,此乡村之盗可弭也。"②在他看来,广东的保甲已经在各县普遍推行,但是效果有限,因此建议深选保正副,则成甲长,提高效率。不过由于"保甲悉遵旧例",仍然依赖原来的保甲组织。他还建议:"内河之盗全凭船只,在家则责保甲之稽查,在路则责营汛之会追",具体来说:"所有农家种田如扁头船之类,亦应照保甲之法,注入十家牌内,出则诘其何往,入

①《署广东巡抚傅泰奏遵旨逐一登答汇缴朱批折》,中国第一历史档案馆编:《雍正朝汉文朱批奏折汇编》第18册第630号,第851页。

②《江西按察使楼俨奏陈山林之盗宜剿抚兼行等广东弭盗之方四条管见折》,中国第一历史档案馆编:《雍正朝汉文朱批奏折汇编》第18册第245号,第342页。

则诘其何来。"①楼俨的建议是在八年三月,同月,广东惠州副将缪弘赴省考验,见"保甲正议稽查"②。

八年三月署广东巡抚傅泰疏言,"琼州府属生黎诚心向化,愿附版图。请照例编入保甲,准其输纳丁粮"③。被允准。十一月十五日,广东布政使王士俊奏报,南澳岛为粤、闽两省要区,虽去内地不远,镇营统辖兵弁,"而民户仍为县属,一切编查保甲、送考生童、散饷监放,在在俱应文员经理。请于该处添设闽粤海防军民同知一员,与镇臣一同驻扎弹压,严查保甲,编烙渔船,监放兵饷"。并就广东省新旧二城地方管理事宜指出:"新城内外一切巡夜查奸,并民间偶有火灾等事,虽经遵奉谕旨制备救火器具,拨定人役预为防范,然无文员督率地保、甲长,武员呼应不灵。"④这是强调在已实行的保甲制度基础上,进一步加强管理、执行。

原署广东巡抚傅泰雍正八年四月二十七日奏请:"凡在城铁匠,取具五人互结,两邻及保甲长各甘结,不许私行制造。如有违犯,除铁匠本人按律治罪,并将互结铁匠两邻、保甲长一体坐罪。"⑤对于傅泰建议民间所用刀、枪、马铢,概令报官刊刻姓名、取具两邻保甲互结存案,雍正帝认为似属纷更,民间未免扰累,但他还是慎重地请地方官酌议。九年正月十二日,广东布政使王士俊进折,认为:"其刀、枪、马铢等械刊鏨姓名之处,似应停止。惟令各该地方,按照甲册,将某某户内实有刀、枪、马铢及合式刊字鸟枪等械,不拘何项,悉令自行开注门牌甲册之内,练保查明,汇册报官存案。如有遗失,亦即据实呈明,于门牌甲册之下分析开除,以凭察核。如此则民间捍御有资,有

①《江西按察使楼俨奏陈山林之盗宜剿抚兼行等广东弭盗之方四条管见折》,中国第一历史档案馆编:《雍正朝汉文朱批奏折汇编》第18册第245号,第343页。

②《广东惠州副将缪弘奏报督抚藩臬官箴并文武积怨等地方吏治民情折》,中国第一历史档案馆编:《雍正朝汉文朱批奏折汇编》第18册第438号,第596页。

③《清世宗实录》第2册卷92,雍正八年三月丙子,第233页上。

④鄂尔泰等编:《朱批谕旨》卷73之4,朱批王士俊奏折,《钦定四库全书荟要》第4册,第561页上、562页上。

⑤《署广东巡抚傅泰奏请严禁私行造用鸟枪火药折》,中国第一历史档案馆编:《雍正朝汉文朱批奏折汇编》第18册第425号,第569页。

司稽查有据,而无所纷更扰累矣。"①从中可以推测当时广东保甲制的"门牌甲册"应是相当完备的,便于"练保"查缉。三月初,大学士等议覆广东巡抚鄂弥达疏言,广省之琼州孤悬海岛,居民多借鸟枪以为防御之具。"请将民间现有鸟枪,令报明地方官注册,并令地方官严饬保甲于十家牌内开明数目。"②同样说明琼州存在着保甲组织。三月二十二日,广东巡抚鄂弥达奏请定保甲、练总功过以期盗息民安。他说:"窃照弭盗之法,保甲最善。臣到任后饬令各属印官亲身编点,有地方辽阔者,即于命往试用人员遴委办理,渐将告竣。"③这是新官又一次推行保甲。

雍正十年九月初三日,署理广东总督鄂弥达奏称:"臣经檄委粮驿道陶正中勘丈恩平之锦被萌等处荒地,令招民垦作田园,拟每名给田二十亩,另给牛种口粮银十两,编入保甲,令各保长管束。"④在新开垦地区试行保甲。十二月初一日又奏,将"匪犯"中"老弱朴愚情愿耕种者分发在垦田处安插,则有保甲业主约束,亦不能复流为匪"⑤。说明保甲组织的存在。

广东的保甲还是相当有成效的。雍正十三年三月十五日,两广总督臣鄂弥达、广东巡抚臣杨永斌奏称:"且查粤东一省,滨海环山,向称多盗之区,且米谷稀少,生齿日繁,贫民多无恒产。臣等职任封疆,缉盗安民,最为急务。自到任以来,即督饬各属力行保甲,一切商渔船只,俱编号稽查。并严饬文武官弁于沿海口岸以及内地所属地方,时刻密探查拿,有获必赏,稍纵即惩,不惟近今盗案不使漏网,即从前逸盗亦俱陆续就获,故每年献题者不下五六十案。现今奸匪已知敛迹,海疆稍获宁谧。"当然,他们上奏是为了请皇帝允准在广东开矿,为了达到目的,可能会夸大保甲的作用与地方的社会秩序。他们

①鄂尔泰等编:《朱批谕旨》卷73之4,朱批王士俊奏折,《钦定四库全书荟要》第4册,第568页上。

②《清世宗实录》第2册卷104,雍正九年三月乙丑,第376页下。

③鄂尔泰等编:《朱批谕旨》卷215之1,朱批鄂弥达奏折,《钦定四库全书荟要》第12册,第172页上。

④鄂尔泰等编:《朱批谕旨》卷215之2,朱批鄂弥达奏折,《钦定四库全书荟要》第12册,第206页下。

⑤鄂尔泰等编:《朱批谕旨》卷215之2,朱批鄂弥达奏折,《钦定四库全书荟要》第12册,第213页下。

还汇报了试行开矿地方推行保甲的情况:"臣等是以奏请开采,自蒙圣谕俞允,臣等即委能员会同各该地方官,将属内有矿山厂确勘煎试,示召本省殷实商人,取具地方官印结,令其自备资本,前往开采。其需用人夫工丁,敕令各州县查出徙实,贫民取具甲邻户首保结,开明住址,备造轻册,移送管理之员。十人编为一甲,三甲一保,五保立一夫总,各给腰牌,朝夕查点。夫总责之商人,商人则之委官,彼此联络查察,如有面生可疑之人潜匿在山者,即行拿究。矿山左右又设立汛防,于附近营汛抽拨弁兵,会同文员查缉看守。又于各厂添设巡丁,给以工食器械,令其巡逻防护。并于附近厂地之村庄,敕令各保甲严行稽查,如有外来之人歇宿,务须跟究作何生理,毋得容留匪人,潜行窥探。"①如此,则维护地方治安的措施相当完备。

广西。雍正六年十月十一日,广西巡抚郭𫓧奏称:"广西州县汉民地方则立团总、练总、保长、保甲,猺獞地方则立猺长、獞长,其余仍有乡老、村老、老人等称,盖因各村大小散处不一,从练总、保甲分出总之。汉民地方其责成悉归之于练总、保甲,今各州县遵照雍正四年上谕编设保甲,俱奉行在案外,此地方人役则莫善于练总,莫不善于土舍。"②可见广西当时已经编设保甲,汉民地方有团总、练总、保长、保甲等名目。

七年十一月初一日,广西布政使张元怀奏请:"今粤西州县现在议行开垦荒地,可否比照雍正二年定例,凡安插粤西携带妻子之流犯,有能种地者,令地方官动项买备牛种,量给荒地垦种,编入保甲,互相稽查。"朱批:"是否可行与督抚商酌"③。我们不知道结果如何,但是可以观察到,安排移民须建立保甲制。

云贵。改土归流地区继续推行保甲。雍正五年九月十六日,鄂尔泰奏称:"向经归顺各苗悉与汉民一体严立保甲并取具不敢容奸容

①《两广总督鄂弥达等奏覆酌议粤省开采鼓铸等情并请敕部暂停开采矿产折》,中国第一历史档案馆编:《雍正朝汉文朱批奏折汇编》第 27 册第 701 号,第 569 页。

②鄂尔泰等编:《朱批谕旨》卷 202 上,朱批郭𫓧奏折,《钦定四库全书荟要》第 10 册,第 613 页下。

③鄂尔泰等编:《朱批谕旨》卷 65,朱批张元怀奏折,《钦定四库全书荟要》第 4 册,第 401 页。

贼甘结"①,说明苗汉都实行保甲制。此后不断在新附苗民中间实行保甲,十二月十三日,鄂尔泰奏称安顺镇宁定番广顺等府州边界地方生苗皆愿内附,"已檄令文武各员附载版图,编入保甲,各加奖赏安插讫"②。六年十月二十日鄂尔泰又奏:"据镇远府知府方显呈报,分遣各土官、土舍以及效用人等分道前往招抚,随抚得清水江一带生苗共一十六寨,计一千五百九十户,男妇五千七百六十七名口,业经编立保甲,理合造册呈报。"③七年三月初三日,云贵乌蒙总兵刘起元奏陈地方改土归流,"请照边地充发流徙之例,遇有缘事充发之犯,仰请发乌安插,取其地方官收管,编入保甲,与民一例输差"④。雍正帝批示廷臣详议。七月,云贵广西总督鄂尔泰奏,贵州高耀等寨生苗侬仲等俱向化输诚,陆续投见提臣杨天纵。"今将认纳粮赋数目造具清册,各寨户口编入保甲,永为良民。"⑤鄂尔泰又疏报,"都匀各寨苗民输诚纳赋,编入保甲"⑥。帝命下部知之,并说:"都匀各寨苗民向化投诚,认纳粮赋,编入保甲,永为良民,甚属可嘉。"⑦闰七月,鄂尔泰奏报:"黔省边境生苗剿抚兼施,俱已向化投诚,认纳钱粮,听编保甲,愿为圣世良民。"⑧贵州少数民族编入保甲完毕。九月十九日,鄂尔泰针对御史龚健扬所奏设立乡官的建议,认为多此一举,举例说:"如遍行保甲,则原有户口门牌,细开名数,并记簿稽察之例。"⑨指出保甲

①鄂尔泰等编:《朱批谕旨》卷125之5,朱批鄂尔泰奏折,《钦定四库全书荟要》第6册,第149页下。

②鄂尔泰等编:《朱批谕旨》卷125之5,朱批鄂尔泰奏折,《钦定四库全书荟要》第6册,第173页下。

③鄂尔泰等编:《朱批谕旨》卷125之8,朱批鄂尔泰奏折,《钦定四库全书荟要》第6册,第286页上。

④《云贵乌蒙总兵刘起元奏陈地方政务管见九条折》,中国第一历史档案馆编:《雍正朝汉文朱批奏折汇编》第14册第592号,第780页。

⑤中国第一历史档案馆编:《雍正朝起居注册》第4册,雍正七年七月初三日,第2934页。

⑥《清世宗实录》第2册卷83,雍正七年七月戊午,第111页上。

⑦中国第一历史档案馆编:《雍正朝起居注册》第4册,雍正七年七月十五日,第2957页。

⑧中国第一历史档案馆编:《雍正朝起居注册》第4册,雍正七年闰七月初七日,第3001页。

⑨鄂尔泰等编:《朱批谕旨》卷125之12,朱批鄂尔泰奏折,《钦定四库全书荟要》第6册,第411页下。

制度实行以来的较为完善。八年五月二十六日，云南总督鄂尔泰奏请添设云南分巡迤东道管理地方事宜，说道："至于劝农课田，勘河查路，稽查保甲，严拿匪类，宣讲《圣谕广训》，晓谕《大义觉迷录》，俱令不时督察。"①口吻视稽查保甲为自然之事。

上述直隶、江苏、安徽、山西、河南、陕甘、浙江、江西、湖北、四川、福建、广东、广西、云贵等省区都在有效地推行保甲，特别是我们看到以前没有出现的有关陕甘地区推行保甲的资料，保甲制已经推行全国，普及社会。雍正十三年年中的一份奏折也可以佐证我们的这一判断，贵州道监察御史田懋奏请："近闻山东、河南、直隶等处通衢，盗贼甚多，小而窃盗，大而抢夺，甚而至有伤人者，深为居民行旅之害，闻多系赦出之人也。查各州县皆有保甲牌令，十家互结，详细填注人口年貌，悬挂门前，若有匪类潜藏，虽穷乡僻壤，无不可按籍而稽。且各处设立墩台，至为严密，防汛兵丁，专司缉盗，原可一呼即应，何至有通衢窃盗，白昼伤人之事也。是皆州县等官视同膜外，不行查察，以致魑魅公行。此时若不严禁，将来赦出者渐多，更急不能措手足矣。臣请敕下各督抚通行晓谕各属官弁，务令严查保甲，谨饬墩台，使宵小潜踪，居民乐业。其或怠玩不行查察，或经督抚参劾，或经科道纠弹，交部从重议处。"田懋告诉我们，当时"各州县皆有保甲牌令，十家互结"，他呼吁"务令严查保甲"，发挥保甲维护社会治安的作用。

四、结语

推行保甲的原因。雍正改元，政治一新，二月十四日，勤求治理国家的雍正帝要求科道诸臣凡有所见应竭诚入告，不少给事中、监察御史上奏陈言，其中一些人建议推行保甲制度，以维护地方社会秩序。最早的保甲建议，来自监察御史罗其昌三、四月间折奏京师设立保甲，紧接着，五月初二日兵科掌印给事中陈世倕建议在沿海推行保甲防止洋盗，还有七月十八日，监察御史何世璂建议将江西的闽、广寄籍棚民一体编入保甲。无论是江西棚民、东南沿海盗匪，还是京师流动人口，都是清朝维护社会治安面临的重要问题，科道官员不约而

① 《云南总督鄂尔泰奏请添设云南分巡迤东道管理地方事宜并以元江知府迟维玺补授折》，中国第一历史档案馆编：《雍正朝汉文朱批奏折汇编》第18册第573号，第774页。

同地建议推行保甲,对于追求秩序的雍正皇帝来说,会产生作用。雍正帝决心力行保甲,大约在雍正元年八月初五日至八月十四日之间,密谕督抚整饬营伍情弊、举行社仓备荒、设立保甲弭盗,提出用三年的时间推行保甲与社仓。反映了新皇帝教养治国的理念,即用社仓养民,用保甲(包含乡约)弭盗及管理人民。

雍正朝推行保甲分为三个阶段。元年八月至四年七月三年间是第一阶段,从雍正元年九月开始,各地督抚不断上折向皇帝汇报推行保甲与社仓的情况。元年有督抚专折报告执行情况,二年以后情况有些变化,因为雍正帝要求官员每年将所奉谕旨以及执行情况一起汇报,所以督抚等地方官在总的汇报中会谈到试行保甲的情况,保留下来相当全面的试行保甲的奏折资料。推行保甲是雍正初年的重要政务,我们看到福建、湖广、两广、山东、江西、云贵、河南、江浙、四川等省区雷厉风行,先后推行保甲。雍正四年八月至雍正五年八月一年间,是推行保甲的第二阶段。四年七月,清廷正式公布了保甲条例。从雍正四年八月起的一年,要求各省通行保甲制度,直隶、江苏、安徽、山西、河南、浙江、湖广、四川、福建、广东、广西、云贵等省区都有效地推行保甲。一年通行保甲的期限到了,雍正五年九月之后进入推行保甲的第三阶段。雍正帝鉴于保甲的完善需要时日,而徐徐责成官员,强调进一步落实保甲职责,直到雍正朝结束的十三年。直隶、江苏、安徽、山西、河南、陕甘、浙江、江西、湖北、四川、福建、广东、广西、云贵等省区都在有效地推行保甲,特别是我们看到以前没有出现的有关陕甘地区推行保甲的资料,保甲制已经推行全国,普及社会。

雍正朝的保甲制度主要形成于四年、五年,各地推行保甲因地制宜,具有自己的地方特色。

直隶是京畿之地,也是清朝最早控制的地区,格外重视安全问题。早在顺康时期就有较好的推行保甲的基础。雍正二年直隶巡抚李维钧折奏现行地方事宜各款,其中有"行保甲以杜奸匪"①之条。四年,直隶总督李绂提出了用保甲制度代替编审制度,并办理社仓、保甲事宜。七年,署天津总兵杨谦奏陈禁止烧锅,知而不报坐乡地保

---

① 《清世宗实录》第 1 册卷 17,雍正二年三月丁酉,第 294 页上。

甲,是以直隶存在保甲为前提的。同年还在直隶八旗庄屯仿保甲之例设立了屯目、乡长。

江苏,是经济发达、士大夫集中地区,由于清初的反清活动,清朝对这一地区十分敏感。太湖流域苏、松、常、镇与浙省之嘉、湖地区试行保甲。雍正二年江苏推行保甲已经一年,对于维护社会秩序发挥了作用。雍正五年江苏巡抚陈时夏到任以来力行保甲,六年署理苏州巡抚印务张坦麟继续推行保甲。雍正七年江宁县存在着保甲。九年在苏州丝织业的踹坊照保甲之法,设立甲长、坊长。同年,江南驿盐道陈弘谋奏陈在驿各船编设保甲议准,并被推广到全国。雍正十三年江南总督赵弘恩以保甲维护治安。

安徽。与江苏同属江南地区,清朝在江南推行保甲(如赵弘恩)包括安徽。雍正五年石埭县知县林天木条陈说到绅衿与齐民一体编次保甲,反映出当时编查保甲遇到的问题。八年安徽巡抚程元章奏折反映出安徽保甲的存在。

山西。雍正五年的资料表明该省一些地区已经存在保甲。八年山西布政使蒋洞借稽查保甲为名,广发告示,可知山西是存在保甲组织的。九年励宗万受命巡察山西,通饬各府、州、县平日力行保甲,稽查匪类,重申已经推行的保甲。山西的保甲资料较少,推测由于山西乡约、里甲承担着保甲的职能,或许与明代后期山西出于局势需要推行团练法有关,使得里甲、乡约兼顾了防御、靖盗、治安的职责。可能山西在清初并未在原来组织构架之外强力推行保甲制度①。

山东。地处沿海,战略地位重要。顺康时期已经较好地推行了保甲。雍正初年试行保甲的三年期间,持推行保甲。元年山东巡抚黄炳奏行保甲。山东曹州西南有桃园集地方,界连三省,三年在此编查保甲。同年在山东登、莱、青三府屯卫所在地区推行了保甲。三年山东登州总兵黄元骧提出了一整套的推行保甲方案,对付山东响马,巡抚陈世倌进一步落实试行保甲事宜。四年陈世倌奏报密奉谕旨所行卓有成效的八件事情中,首先就是推行社仓、保甲方面的,似乎保甲在山东已经陆续设立。七年正月,巡察山东御史蒋洽秀题参利津县知县李周、定陶县知县张钊奉行保甲不力,请交部议处,竟被撤回,

---

透露出山东存在着保甲制的现实。同年署山东巡抚费金吾奏报东省公费养廉银两与豫省画一事宜,言及推行保甲的费用列入行政经费。九年山东巡抚岳濬奏请在沙门等岛编立保甲。同年还强化保甲严禁地方私售硝磺。十年河东总督王士俊奏报山东兖州等处民人离乡外游,请求严行保甲之法。

河南。雍正年间田文镜长期在此为官,强力推行皇帝政令,实行保甲卓有成效。河南在雍正元年密谕后即"实心遍查"保甲,雍正二年再次接到皇帝严行保甲指示后,布政使田文镜、巡抚石文焯"实力奉行",二年底巡抚田文镜说河南有八府七州县推行了保甲。雍正三、四年之际,河南仍在强力推行保甲。四年河南在皇帝派遣的巡查官张元怀的督察下,推行保甲富有成效。五年田文镜奏请皇帝将巡查官张元怀再延长一年,督察保甲的地方事宜,得到皇帝的允准。六年正月,河南总督田文镜为平钱价奏陈收禁铜器,利用"编查"保甲进行。稽察保甲成为县丞、吏目、典史等地方官吏的事务。八年河南信阳因盗案严重,讨论加强保甲以维护治安。

陕甘。雍正六年陕西总督岳钟琪奏折表明,陕西已经编立保甲,岳钟琪依靠保甲管理盗犯,治理卦子。陕西粮盐道杜滨奏折反映出陕西已经实行保甲,但是有些地方官不重视,保甲制的作用不太有效。七年候选知县杨景运条奏陕西临巩请变通保甲之法,以及川陕总督岳钟琪就保甲现挂之门牌添注本户经济信息的奏折表明,陕西已经推行保甲。同年署川陕总督印务查郎阿在陕甘地区推行过保甲,但是由于地方辽阔,官府人手不够,当时保甲尚未完善。

浙江。顺康时期浙江沿海已经推行保甲。雍正初巡抚黄叔琳奏折法反映出浙江已经设立了保甲。雍正四年台州府属太平县及温州府属乐清县之间海外玉环山在垦荒移民中实行保甲。五年初浙江观风整俗使王国栋认为浙江保甲有名无实,决心实力奉行。同年闰三月,浙江巡抚李卫奏报推行保甲、社仓情形,说他上年正月到任至今,将浙省十一府分杭、嘉、湖,宁、台、温、处,绍兴,金、衢、严四种情形,汇报编查保甲的难处,反映出保甲已经有了相当的推行。三月间,李卫在浙江设立顺庄滚催之法,令通省各县照依保甲烟户册内人户查其所有田地粮额,归入本户的名造册,于各里就近用滚单传催,限以年终完竣,并令杭嘉湖道徐鼎遵照办理。徐鼎将编造保甲的经费在养廉银支付。同日就浙西民户丛杂田粮滋弊，又奏请就保甲以寓顺庄，靖地方以便征输。十月，徐鼎奏令派到试用知县徐元肃、葛大梁就近先于嘉兴、秀水二县试行保甲顺庄。雍正四、五年正是浙江全力实行保甲之时，五年以来浙江保甲制在配合顺庄法征收赋税方面发挥了作用。六年浙江观风整俗使许容继续推行保甲。

江西。雍正元年江西巡抚裴𫟪度饬行保甲，做法是先试验待取得经验后再推广。户部尚书张廷玉于二年正月就安辑棚民上奏，提出闽广到江西、浙江垦山种麻的棚民较多，主要分布在浙江的衢州府，江西的广信府、赣州府以及袁州、瑞州等府，由于棚民属于久住在山区的外地人。张廷玉建议，有麻棚之州县，保题补授才守兼优之员，而安插棚民之道，建议编入本县册籍，取具五家连环互结，严行保甲之法，不时稽查。雍正帝批示江西、浙江督抚讨论该折。雍正帝认为江西、浙江的闽、广流寓棚民已经成为严重的社会问题，而推行保甲是重要的应对措施。当时督、抚、总兵等地方官员合力调查棚民户数，编立保甲。大约同时，两江总督查弼纳也奏报上任十天推行保甲事宜，到了年底，查弼纳奏报江西推行保甲已初见成效。清廷做出了棚民编查保甲的决定。三年七月户部等衙门议覆：两江总督查弼纳、浙闽总督觉罗满保疏奏江西、福建、浙江三省安辑棚民事宜，在各县棚户请照保甲之例检查。雍正七年二月二十四日，署江西巡抚张坦麟奏，到江西赴任，行令各该地方官弁力行保甲，继续推行。

湖北。湖广总督辖有湖北、湖南。雍正元年湖广总督杨宗仁收到推行保甲密谕后，即将编查之法备叙六条，通饬挨编，在湖广推行保甲。湖北民间宗教与帮会问题比较突出，官府利用保甲加以遏制。雍正三年湖北巡抚法敏贯彻皇帝弭盗安民之意，严饬水陆各处文武力行保甲。雍正四年署湖广总督傅敏奏陈整顿楚省吏治等六事，反映出该省保甲已经确立，但是事务繁多，"凡有官役差使，皆取资于保长、甲长"。六年新任湖北布政使徐鼎在湖北试行保甲顺庄之法。湖广总督迈柱奏请楚省强窃贼盗众多亟宜整饬以安民生，提出营汛弁兵宜令其就近分查保甲，被皇帝否定，反映出落实保甲的难度。九、十年王士俊任巡抚之初，整顿了保甲。十二年署湖北巡抚杨秘仍在继续推行保甲。

湖南。湖南南部汉族与少数民族交界地方社会秩序较差，设立保甲被提上议事日程。雍正二年湖广总督杨宗仁建议在有瑶苗之各州县,即熟瑶熟苗地方,照民例编设保甲,每峒寨设练总、寨长。湖南巡抚王朝恩奏陈苗瑶州县推行保甲,二年底湖广巡抚纳齐喀奏覆历奉密谕遵办情形折,提及两湖比较广泛地推行了保甲制度。

四川。明末清初,受战争影响,四川土旷人稀,移民杂处,编审户口,维护社会秩序成为当务之急。雍正四年法敏奏折表明,前抚臣王景灏建议清查编定户口后行保甲,法敏认为推行保甲很好,但是川省人民居住分散,不易执行,他首先在城市关厢人烟凑集之处,以及可以联络之村庄乡镇,编设十家牌,奉行保甲之法。五年四川巡抚马会伯对自福建、江西、广东来者,飞饬各属令其查明丁口,编入保甲,安插地方。四川重庆总兵官任国荣奏报表明重庆已经编立保甲。七年署川陕总督印务查郎阿严饬该管文武各官将保甲、汛防事宜加意整饬,复刊刻告示遍发陕、甘、川三属通行晓谕查禁,并请求特降谕旨,严饬各抚提诸臣,务将保甲汛守之法实力经理,通饬所属各员不时稽查,得到雍正帝首肯。四川番民改土归流后照汉民一体编查保甲。

福建。是雍正朝最早也最尽力推行保甲的省份之一。雍正元年福建巡抚黄国材、闽浙总督满保奏称福建已经有所实行保甲,但是尚未完备,地方官准备力行保甲。二年福宁总兵颜光旿奏编查保甲,建议编设保甲区分城市与乡村,针对乡村散居的特点,提出在保甲中择立村长、总甲各一人,还将乡村区分为绅衿庄地、众姓伙住村庄、村庄户不及十几种类型,选设村长、总甲,并建议设立“指掌册”,登记“诸色为首姓名”,由各汛武职与地方官掌握。对于福建保甲推行的全面思考,是二年觉罗满保与黄国材的奏折,该折为治理山贼从宗族聚散不同提出保甲问题,雍正帝的朱批与之讨论。雍正帝强调严格推行保甲维护乡村治安。三年颜光旿又奏编查保甲开造指掌册,在措置举行,请宽两年之限,将编查举行效果题报。福建此前的保甲推行于城市乡村,满保曾在出海船只采取登记制度,接到雍正帝推行保甲的谕旨后,在内河船只上“令保邻公结”。同年满保在条陈闽、浙海疆事宜奏折中,讲到当时台湾已经实行保甲,为了发挥作用,满保建议设立练长,强化保甲,甚至主张以推行保甲是否得力考核知县。四年福建巡抚毛文铨奏报前任督抚设立社仓、保甲情形时说,尽管福建推行保甲较早,但是直到雍正三年底,“保甲尚不能大有裨益”,不过新任巡抚毛文铨“严加查劝,务令实力举行”,进一步推行保甲。给我们的印象是福建的保甲系统基本确立。六年巡视台湾吏科给事中赫硕色等的奏报，是以现存保甲组织为基础的。八年，福建布政使潘体丰奏报保甲之编查宜严，请专员办理以收实效。八年，福建观风整俗使刘师恕奏报查巡地方，保甲发挥着作用。

广东。两广总督辖有广东、广西。雍正元年两广总督臣杨琳奏折表明，广东一直比较重视实行保甲。杨宗仁奏称在原有的乡勇之外推行保甲。二年广东提督董象纬建议通过保甲与船主结保，杜绝船主犯法。两广总督孔毓珣接到正白旗汉军副督统金铎陈奏风俗必须变易一折，皇帝要求"细察议奏"。孔毓珣回奏证明，当时广东正力行保甲，乡村仍然有乡勇存在。广东巡抚年希尧汇报了试行保甲的情形，请求稳步推进，以收实效。不仅民人编立了保甲，还推广到驻防八旗中。四年广东巡抚杨文乾奏称在州县力行保甲，广州将军石礼哈继续在驻防旗兵中编查保甲。五年石礼哈奏称，编查旗营保甲。六年署理巡抚印务石礼哈奏称，查粤省高、雷、廉三郡尽有荒地可资耕种，与督臣孔毓珣商议，查出三郡荒地内有不系沙砾可开垦者，将勒回入川男妇，并各属有愿去开垦者迁去落业，联成保甲。同年广州将军蔡良奏称，到任之始即整顿八旗四营兵丁，进一步在驻防八旗推行保甲，解决跨地居住八旗编查保甲问题。八年广东布政使王士俊奏报，强调在已实行的保甲制度基础上，进一步加强管理、执行。原署广东巡抚傅泰奏请民间所用刀、枪、马铿概令报官刊刻姓名、取具两邻保甲互结存案。八年是广东又一次强调保甲之年，不断有官员奏请强化保甲。九年从王士俊进折中可以推测当时广东保甲制的"门牌甲册"应是相当完备的，便于"练保"查缉。同年广东巡抚鄂弥达奏请定保甲、练总功过以期盗息民安。这是新官又一次推行保甲。十年署理广东总督鄂弥达在新开垦地区试行保甲。终雍正一朝，广东的保甲还是相当有成效的。

广西。雍正元年孔毓珣奏称，广西推行保甲，区分城池、市镇，乡村，瑶僮杂处之地三种情况，孔毓珣先在城池、市镇查编保甲，乡村与瑶僮杂处之地因地广人稀，难以编立保甲，提出利用原有的团练、堡目、款头、乡勇人等治理乡村社会。五年，广西巡抚韩良辅奏报处置广东流民办法，将广东流民按照广西已经存在的保甲制度编排保甲，反映出广西地区保甲制的存在。六年广西巡抚郭铁奏折表明，广西当时已经编设保甲,汉民地方有团总、练总、保长、保甲等名目。七年广西布政使张元怀奏请安排移民须建立保甲制。

云贵。雍正元年底云南巡抚杨名时接到推行保甲谕旨,表示采取先试验的办法,得到雍正帝首肯,君臣都表现出谨慎从事的态度。二年杨名时奏覆两年内奉到密谕逐一办理情形,指出云南在十余州县编行保甲,省城营伍亦编保甲,有兵民杂居之处,一例编入互查。云贵总督高其倬奏报试行保甲,也受到皇帝的鼓励。三年高其倬奏陈雍正元、二两年历奉密谕暨折奏事件办理情形,讲到云南推行保甲的情况。四年云南布政使常德寿就治理云贵不法土司上奏,将"乡长保甲"作为已经存在的事物叙述,一定程度上说明保甲制度建立。云南巡抚鄂尔泰对西南土司用兵以及进行改土归流,同时推行保甲制度。四年鄂尔泰依据云贵土苗杂处、户多畸零的情形,为推行保甲而建言献策,建议自三户起皆可编为一甲,其不及三户者令迁附近地方,毋许独住,逐村清理,逐户稽查。在处置长寨苗人问题上,鄂尔泰令造报户口清册,编立保甲。五年鄂尔泰覆奏治理"顽苗"问题时提到保甲之法已行,以保甲制度管理苗民。

在东北地区,也实行了近似保甲的制度。雍正四年五月二十八日,镇守奉天等处地方将军噶尔弼奏称:"盛京地方,原在村庄虽有村领催、牌头,但年久懈怠。臣望再行整饬村领催、牌头,其驻各城所属村庄之八旗满洲、蒙古、汉军、包衣佐领下庄头及其所隶男丁,概不分旗、佐领,惟视住于一处,皆交付村领催、牌头,直至山谷僻处,挨家严查。闲散游民、来历不明之人,勿令栖身。饬令该地城守尉每月派员,向本地村领催、牌头取甘结,交付地方官员,付托各处地方、牌头等亦挨次严查。若两处彼此严察,则行恶乱者将不得栖存之地。"①雍正帝令议政王、大臣等议奏。此后,盛京刑部侍郎武格奏报拿获暗开烧锅之人,将开烧锅民人,贩酒民人,村领催、牌头等一并照例治罪②。上述资料表明,牌头与村领催是乡村组织,牌头类似保甲制度。九年底奉天府府尹杨超曾疏言,奉天各属从前一切公务皆取给里下,其中包括

①《盛京将军噶尔弼奏报整饬地方治安情形折》,中国第一历史档案馆译编:《雍正朝满文朱批奏折全译》下册第2409号,第1345页。
②《盛京刑部侍郎武格奏报审理盛京开烧锅买卖酒一案折》,中国第一历史档案馆译编:《雍正朝满文朱批奏折全译》下册第5152号,第2548页。

"查点保甲，换给门牌"①，摊派银两，可知奉天府也推行了保甲。

雍正帝采取扎实推行保甲的策略。他多次告诫地方官员实行保甲的难度，不要只是张贴告示，搞轰轰烈烈的形式主义，而是逐步落实，不断检查。雍正六年四月二十一日，山东登州总兵官革职留任万际瑞条奏，盗首住址州县宜分别议处，雍正帝在折中夹批："保甲、社仓二事最为难行，不得贤能有司，徒滋纷扰耳，于地方何益？此非强迫而为遂可冀收成效者。"②表达的是其一贯主张，即务实而灵活地推行保甲，不可搞形式主义的强力推行。七年雍正帝再次阐述了"行之必以其渐"的推行保甲政策。

由于雍正朝推行保甲，与其他制度建设产生了密切的关系。推行保甲是与设置社仓、塘汛同时进行的，可以说社仓与保甲同时进行，社仓与保甲互相促进；保甲也与塘汛的普及共同构成基层社会的治安网络，维护社会秩序。保甲的推行也促进了赋税征收顺庄法的改革与实行。上述资料表明在浙江、四川等地表现明显，并最终导致编审制度的废除。在聚族而居地区推行保甲，发生了保甲与宗族的结合，诞生了雍正四年开始实行的族正制度，这是以福建推行保甲为背景而出现的，以后在江西、广东等地区也有实行。保甲与乡约、乡约与宗族也有一定程度的结合，发生了宗族保甲乡约化③。此外，雍正朝还在驻防八旗中实行保甲，以广州四营为典型。

总而言之，雍正朝将保甲制推行全国，基本上普及社会，清朝的政治统治有效深入基层，改变了清代基层社会的政治社会结构，推动了相关的赋税征收、人口统计工作，当然最大的作用是维护了统治秩序，奠定了雍正以后保甲制度的基础，这不仅对于清代历史具有重要意义，在中国历史上也是首次将国家权力有效深入县级以下基层社会，的确具有划时代意义。

（原载《故宫学刊》总第 10 辑，故宫出版社 2013 年版）

---

①《清世宗实录》第 2 册卷 113，雍正九年十二月甲辰，第 508 页上。

②鄂尔泰等编：《朱批谕旨》卷 159，朱批万际瑞奏折，《钦定四库全书荟要》第 8 册，第 512 页下。

③常建华：《清代宗族"保甲乡约化"的开端——雍正朝族正制出现过程新考》，《河北学刊》2008 年第 6 期。

清乾嘉时期湖北保甲职役新探

——以刑科题本为基本资料

　　清代刑科题本往往记载有报案的地方社会职役名称。冯尔康先生指出:"地方社会有乡约、保正、牌头、甲长之类人员,在政府来讲是一种差役,不称职会被革役,他们管地方治安,出了人命案件,苦主首先报告他们,由他们报告县衙,是所谓'投保察究',他们要察看伤情、死因,负责保存现场,绑押凶犯,安置受伤的人。"①乾嘉时期刑科题本揭示的湖北地方社会职役主要是保甲系统,我们就此问题加以探讨。

一、乾隆朝湖北的地方社会职役

　　中国第一历史档案馆、中国社会科学院历史研究所编《清代地租剥削形态》《清代土地占有关系与佃农抗租斗争》两书中②,有 44 个湖北事例,从中找到 21 个地方社会职役名称。另在郑秦、赵雄主编《清代"服制"命案——刑科题本档案选编》③找到乾隆朝湖北地方职役的 3 个记载,《清嘉庆朝刑科题本社会史料辑刊》第 2 册收录 1 件乾隆朝湖北刑科题本记载了职役,南开大学中国社会史研究中心所

---

　　①冯尔康:《乾嘉之际小业主的经济状况和社会生活——兼述嘉庆朝刑科题本档案史料的价值》,《中国社会历史评论》第 7 卷,天津古籍出版社 2006 年版,第 28—29 页。

　　②两书由中华书局于 1982 年、1988 年分别出版,注释中,两书编者不再出注。

　　③该书由中国政法大学出版社 1999 年出版。

藏清内阁刑科题本抄件亦有 2 个事例,我们将这些记载合在一起,共
计 27 个事例,列表 3-1 如下(表中将上述前三书以及清内阁刑科题
本抄件分别简称"形态""斗争""命案""抄件"):

表 3-1　乾隆刑科题本中的湖北地方社会职役一览表

序号	时间	地点	名称与事由	出处
1	十九年	汉阳府黄陂县	经保正冯硕臣唤令张扬复雇人抬回	形态上,第 86 页
2	四十年	宜昌府东湖县	据楞演铺乡保王巨卿、郑南英报称	形态上,第 177 页
3	五十八年	郧阳府郧西县	投知保正黎嗣慷看明	形态上,第 231 页
4	二十二年	郧阳府房县	据高尖山甲长唐希文报称	形态上,第 285 页
5	五十七年	德安府应山县	据保正余宽报称	形态上,第 343 页
6	元年	汉阳府黄陂县	往投甲长徐护周	形态下,第 347 页
7	三十三年	黄州府蕲水县	据甲长雷芳起报	形态下,第 431 页
8	五十一年	郧阳府竹山县	据上保社乡保艾正常等具报	形态下,第 470 页
9	五十七年	郧阳府郧西县	据保正刘孔瑞报称	形态下,第 480 页
10	四年	荆州府监利县	保邻	斗争上,第 55 页
11	二十七年	宜昌府长阳县	保邻	斗争上,第 87 页
12	四十四年	宜昌府鹤峰州	据保正向世梅报	斗争上,第 106 页
13	三十四年	安陆府京山县	据保甲丁维相、丁方远报	斗争上,第 261 页
14	十三年	荆州府江陵县	投鸣保甲刘见可、毛三俊验明	斗争上,第 363 页
15	三十九年	德安府随州	并据保邻张文彩等报	斗争下,第 503 页
16	四十年	襄阳府襄阳县	据牌甲柴士魁报,去投乡约理论	斗争下,第 510、511 页
17	四十一年	宜昌府鹤峰州	据韭菜坝甲长李成名禀称	斗争下,第 519 页

（续）

序号	时间	地点	名称与事由	出处
18	四十一年	施南府宣恩县	据保正李辉兰报	斗争下，第526页
19	四十一年	荆门直隶州	据保正马学潜具报	斗争下，第557页
20	五十七年	安陆府京山县	投百甲姚全中	斗争下，第574页
21	三十六年	郧阳府房县	据东乡八道河乡总张百忍等报称	斗争下，第702页
22	元年	湖北	保邻报县	命案，第10页
23	四年	湖北	据原役牌邻房户人等签供	命案，第34页
24	十八年	湖北	往投保甲	命案，第77页
25	六十年	荆门直隶州当阳县	据保正张桂报	第2册，第1237页
26	三十年	郧阳府郧县	据保甲龚全幅、刘汉继报	抄件，第3050包
27	六十年	武昌府江夏县	据保正王各彦报	抄件，第3055包

我们对该表作一些统计分析，首先可反映的地方社会职役名称以及数量，其中保正9件、保甲4件、甲长4件、牌甲1件、百甲1件、保邻4件、牌邻1件、乡保2件、乡总1件、乡约1件。可见总计出现了10种职役名称，其中保正数量最多，且职役主要出自保甲系统，有7种之多，如保正、保甲、甲长、排甲、百甲、保邻、牌邻即是；其余属于的职役3种，属于乡约系统，即乡保、乡总、乡约。可知负责治安联保的保甲、承担教化的乡约两种系统，是乾隆时期湖北地方社会承担地方事务管理的基本职役。

乾隆初署湖广总督那苏图说："保甲定例，十户一牌头，十牌一甲长，十甲一保正。"①可知当时保甲制度有保、甲、牌三级，保设保正，甲设甲长，牌设牌头，十进制，亦称牌甲。"百甲"一词罕见，其意当同保甲。"保邻"，意为保甲、邻佑，上表序号3乾隆五十八年（1793）郧

---

① 《清高宗实录》第2册卷141，乾隆六年四月下，第1035页。

西县的案子,就记载"将保邻尸亲人等传唤到案"。案中又据赵张氏供:"投知保正黎嗣慷看明","保邻"中的"保"即"保正黎嗣慷",可证"保邻"即保甲、邻佑之意。同理可证,"牌邻"即牌甲、邻佑之意。"乡保"一词多见,意为乡约保甲,如宜昌府鹤峰州乾隆十四年(1749)所立《万人碑》,就出现"一保二甲""乡保"的用语①。乡保,亦可称"乡甲",如宜昌府宣恩县乾隆四十三年(1778)当地五保为打击流棍及违法行为,"五保合乡甲立碑同禁"②。该县道光四年(1824)的《永镇地方碑》出现的文字,又有"据木册里二甲约民人等禀称",知县批示说"尔乡保、粮民赴县指名具禀……该约民人亦不得挟嫌妄禀",③保甲、乡约同时存在,发挥着地方社会职役的作用,出现了乡甲、乡保的混称。"乡总"的来源与准确含义待考。

有的刑科题本中出现两种职役的记载。如乾隆四十年襄阳县的案件,报案者是牌甲柴士魁,据杜士俊供:"小的劝了几句,还叫他去投乡约理论。"④可见当地存在着乡约与排甲两种职役系统,有可能是乡约负责调处矛盾,排甲负责包括报案在内的治安事宜。

其次,表中也反映职役名称的地域分布以及数量:

武昌府,江夏县保正1件。

汉阳府,黄陂县2件,保正、甲长各1件。

黄州府,蕲水县甲长1件。

安陆府,京山县甲长1件。

德安府,应山县保正1件,随州保邻1件。

荆州府,监利县保邻1件,江陵县保甲1件。

襄阳府,襄阳县1件,记载牌甲、乡约。

郧阳府,郧西县保正2件,郧县保甲1件,房县保甲、乡总各1件,竹山县乡保1件,共计6件。

宜昌府,鹤峰州保正、甲长各1件,东湖县乡保1件,长阳县保邻1件,共计4件。

施南府,宣恩县保正1件。

---

①王晓宁编著:《恩施自治州碑刻大观》,新华出版社2004年版,第137页。

②王晓宁编著:《恩施自治州碑刻大观》,第127页。

③王晓宁编著:《恩施自治州碑刻大观》,第128页。

④《清代土地占有关系与佃农抗租斗争》下册,第511页。

荆门直隶州,保正 2 件。

在湖北省的 10 府 1 直隶州,全都出现了地方社会职役的名称,具有普遍性。各府、直隶州出现的地方社会职役刑科题本数量基本均衡,多者如郧阳府 6 件、宜昌府 4 件,其余多是一二件。郧阳府领县 6,有 4 个县出现职役。宜昌府领州 1、县 5,1 州 2 县出现职役。郧阳、宜昌二府中较多的州县出现了职役。我们推测,郧阳府、宜昌府是山区开发地区,移民较多,社会问题突出,清朝在这些地区加强地方社会治理,所以这二府出现较多刑事案件,我们也得以看到其中地方社会职役在发挥作用。

当案件发生后,当事人一般最先找到职役代请到州县报案。例如乾隆十三年江陵县的案件,据尸妻朱阿傅供,系"投鸣保甲刘见可、毛三俊验明丈夫伤痕"①。乾隆三十四年(1769)京山县的案件是"投保报县"的②。再如乾隆四十四年鹤峰州的一个案件,萧九占"又走去投保正报官,因保正向世梅不在家,转回来"③。乾隆五十一年竹山县的案子据石象云报称:他"投鸣乡保具报的"。④

地方社会职役的调处作用在刑科题本得到反映。如乾隆十九年(1754)黄陂县的案子,经保正冯硕臣唤令张扬复雇人抬回,供词说"保正冯硕臣到小的家说,公差脚被打断。小的才雇人抬回"⑤。乾隆二十二年房县的案子中,据刘惟然供:"王正启就投了甲长们调处,叫王正启给小的四两离山银子。"⑥乾隆五十八年郧西县的另一案件,据赵张氏供:"投知保正黎嗣慷看明,正要赴城具报,张作成赶来,再三央求,并托黎嗣慷劝处,许出棺殓钱六千文。"⑦保正在上述案件中进行了调处。

官府要求地方社会职役办理事务负责、公正。上述的两个事例中,请看清廷的审案结果:前一个事例,"保正冯硕臣救阻不及,俱毋

---

①《清代土地占有关系与佃农抗租斗争》上册,第 363 页。
②《清代土地占有关系与佃农抗租斗争》上册,第 262 页。
③《清代土地占有关系与佃农抗租斗争》上册,第 107 页。
④《清代地租剥削形态》下册,第 471 页。
⑤《清代地租剥削形态》上册,第 87 页。
⑥《清代地租剥削形态》上册,第 286 页。
⑦《清代地租剥削形态》上册,第 231 页。

庸议"①。后一个事例,"黎嗣慷除听许钱文并私和各轻罪不议外,合依地界内有死人不报官司,而辄埋葬者杖八十律,应杖八十,折责三十板,革役"②。

职役的调处未必一定有效。乾隆元年黄陂县的案件里,"斐章遂牵景三之牛,往投甲长徐护周并喻则成转索,仍不清还"③。据涂斐章供:"小的没法,把他一只牛牵了,送到甲长徐护周家投明,徐护周、喻则成两个向他说过几次,他仍然不理。徐护周把牛还了他,又劝小的缓些时吧。"④甲长只能在涉事双方左右劝解。

乡村是熟人社会,职役的调处伴随着人情。乾隆五十七年京山县案子的职役调处过程,反映出民间人情世故。当地有俗例:出卖产业许原业加找一次。据黄添福供:"小的投百甲姚全中,央他向张文盛讨契查看,想要找价。姚全中应允,多日没有回覆,小的心疑张文盛不肯找价。九月初七日,把他耕牛赶回,要他找了田价才还牛只。张文盛投鸣姚全中……理论。张文盛的母亲高氏说……托姚全中们找价了事。姚全中们议给小的钱六千文,叫小的还牛,另立加补字据,当各应允。初八日将晚时,张文盛在黄英庙请姚全中们吃酒,小的叫王世得代写加补字据,钱牛两交。"⑤经济行为的实现既靠制度,也由俗例支配,黄添福的找价依据俗例,但是他要请职役主持,职役姚全中发挥了调处作用,本是应尽义务,张文盛还是请客还情。乾隆朝刑科题本反映案件的发现过程,有比较固定的档案文书格式。一般是百姓投称在前,概述案件后,再佐证职役的报案。例如乾隆三十四年蕲水县的案子,"据北乡徐家冲烟民周泰占报称……并据甲长雷芳起报同前由"⑥。又如乾隆五十一年荆门直隶州的一个案件,"据州民马刚同词称:……并据保正马学潜具报前来"⑦。但是也有不多见的例外格式,职役报称在前,民人投称在后,如乾隆三十六年

①《清代地租剥削形态》上册,第88页。
②《清代地租剥削形态》上册,第231—232页。
③《清代地租剥削形态》下册,第347页。
④《清代地租剥削形态》下册,第348页。
⑤《清代土地占有关系与佃农抗租斗争》下册,第574页。
⑥《清代地租剥削形态》下册,第431页。
⑦《清代土地占有关系与佃农抗租斗争》下册,第557页。

(1771)房县的案件:"据东乡八道河乡总张百忍等报称……本月初二日有孙起陇投称……"①

二 嘉庆朝湖北的地方社会职役

南开大学中国社会史研究中心、中国第一历史档案馆编《清嘉庆朝刑科题本社会史料辑刊》②第1—3册收录78件有关嘉庆朝安徽刑科题本,该中心未刊嘉庆朝安徽刑科题本43件,这121件题本中,共计有107件刑科题本记载了报案的地方官役名称,我们制成下表:

表 3-2　嘉庆刑科题本中的湖北地方社会职役一览表

序号	时间	地点	名称	出处
1	嘉庆六年	襄阳府襄阳县	据甲长张士清报	第1册,第21页
2	嘉庆八年	襄阳府谷城县	据甲长王光楚报	第1册,第55页
3	嘉庆九年	安陆府潜江县	据保正张依文报	第1册,第66页
4	嘉庆十三年	汉阳府孝感县	据保正左金宁报	第1册,第138页
5	嘉庆十四年	安陆府京山县	据保甲黎超万、汪珠报	第1册,第140页
6	嘉庆十四年	安陆府钟祥县	据保正余谷报	第1册,第153页
7	嘉庆十五年	襄阳府南漳县	据保甲柳宗书报	第1册,第161页
8	嘉庆十六年	德安府随州	据保正刘士德报	第1册,第223页
9	嘉庆十八年	武昌府武昌县	据保正何广才报	第1册,第243页
10	嘉庆十八年	荆州府松滋县	据保甲杨远受、张正学报	第1册,第244页
11	嘉庆十八年	德安府随州	据保正王志具报	第1册,第245页
12	嘉庆十九年	黄州府黄冈县	据保正李志报	第1册,第251页

①《清代土地占有关系与佃农抗租斗争》下册,第702页。
②杜家骥主编,冯尔康、朱金甫、宋秀元副主编:《清嘉庆朝刑科题本社会史料辑刊》,天津古籍出版社2008年版(编者不再出注)。

(续)

序号	时间	地点	名称	出处
13	嘉庆十九年	襄阳府襄阳县	据保正李芳报	第1册,第267页
14	嘉庆二十年	施南府恩施县	投知保正王世才理论	第1册,第287页
15	嘉庆二十年	安陆府钟祥县	据保正傅起志报	第1册,第290页
16	嘉庆二十一年	宜昌府东湖县	据保正柳发第报	第1册,第304页
17	嘉庆二十四年	施南府恩施县	据保甲谭名正报	第1册,第406页
18	嘉庆十年	荆门直隶州	据保正袁盛祥报	第1册,第428页
19	嘉庆十四年	襄阳府南漳县	据保正孙陇报	第1册,第437页
20	嘉庆十五年	宜昌府东湖县	据保正覃茂添报	第1册,第440页
21	嘉庆十六年	武昌府蒲圻县	据保正程佑三报	第1册,第453页
22	嘉庆十六年	安陆府京山县	据保甲陈文魁、金明三报	第1册,第454页
23	嘉庆二十一年	武昌府江夏县	据保正王大勋报	第1册,第472页
24	嘉庆六年	汉阳府黄陂县	据保正童世泰报	第2册,第522页
25	嘉庆七年	郧阳府竹溪县	据乡保梁次青、杨文贵报	第2册,第530页
26	嘉庆十年	荆州府松滋县	据甲长熊宾三报	第2册,第582页
27	嘉庆十六年	安陆府京山县	据保正肖得章报称	第2册,第636页
28	嘉庆十六年	郧阳府郧县	据保甲彭习贤、彭如贵报	第2册,第676页
29	嘉庆二十年	郧阳府房县	据保正刘潮滔报	第2册,第691页
30	嘉庆二十一年	襄阳府襄阳县	据牌甲邹宗美报	第2册,第703页
31	嘉庆二十三年	襄阳府襄阳县	保正患病	第2册,第732页

(续)

序号	时间	地点	名称	出处
32	嘉庆二十三年	郧阳府房县	据保正张德报	第 2 册,第 735 页
33	嘉庆二十三年	荆门直隶州	据保正杨贤敏报	第 2 册,第 739 页
34	嘉庆四年	襄阳府均州	据甲长庞明成报	第 2 册,第 787 页
35	嘉庆九年	郧阳府竹山县	据保正饶春明报	第 2 册,第 835 页
36	嘉庆十四年	安陆府钟祥县	据保正梅万禄报	第 2 册,第 863 页
37	嘉庆十五年	荆州府监利县	据保正汤列文、缪其正报	第 2 册,第 925 页
38	嘉庆十九年	荆州府江陵县	据保正姚良绍报	第 2 册,第 979 页
39	嘉庆十九年	汉阳府汉阳县	据保正姚明义报	第 2 册,第 981 页
40	嘉庆四年	武昌府江夏县	据保正刘叙九报	第 2 册,第 1034 页
41	嘉庆七年	襄阳府襄阳县	据甲长刘尔环报	第 2 册,第 1043 页
42	嘉庆八年	黄州府黄梅县	据保正詹玉芳报	第 2 册,第 1045 页
43	嘉庆十五年	宜昌府东湖县	据保正郑应忠报	第 2 册,第 1068 页
44	嘉庆二十二年	武昌府大冶县	据保正周大有报称	第 2 册,第 1100 页
45	嘉庆二十二年	黄州府黄冈县	据保正周贤报	第 2 册,第 1101 页
46	嘉庆二十二年	荆州府宜都县	据保甲张宗尧、朱士鳌报	第 2 册,第 1112 页
47	嘉庆十三年	德安府应山县	据保正郑约报	第 3 册,第 1141 页
48	嘉庆十五年	安陆府京山县	据甲长饶日贵报	第 3 册,第 1147 页
49	嘉庆十六年	汉阳府黄陂县	据保正彭潮栋报	第 3 册,第 1158 页
50	嘉庆十九年	安陆府京山县	据正保郑尚恒报	第 3 册,第 1215 页
51	嘉庆十四年	襄阳府谷城县	据保甲盛义亨等报	第 3 册,第 1278 页
52	嘉庆七年	安陆府天门县	据保正徐有序报	第 3 册,第 1374 页

（续）

序号	时间	地点	名称	出处
53	嘉庆十四年	襄阳府宜城县	据保正胡尚见报	第3册，第1414页
54	嘉庆十五年	襄阳府襄阳县	据保正张东升报	第3册，第1420页
55	嘉庆十六年	施南府利川县	据保甲戴之灿、谭敦五报	第3册，第1423页
56	嘉庆十六年	汉阳府汉阳县	据保正徐大伦报	第3册，第1429页
57	嘉庆十八年	宜昌府兴山县	据保正陈大恕报	第3册，第1438页
58	嘉庆二十年	安陆府钟祥县	据保正薛文选报	第3册，第1455页
59	嘉庆二十一年	郧阳府竹溪县	据保正蓝凤彩报	第3册，第1461页
60	嘉庆二十一年	武昌府蒲圻县	据保正彭炳文报	第3册，第1462页
61	嘉庆四年	襄阳府襄阳县	投知甲长具报	第3册，第1670页
62	嘉庆六年	荆州府监利县	据甲长赖禹言报称	第3册，第1683页
63	嘉庆七年	郧阳府房县	据保甲张兴理报	第3册，第1690页
64	嘉庆八年	安陆京山县	据保正邓作实报	第3册，第1694页
65	嘉庆十三年	德安府应山县	据乌石会保正余友贵报称	第3册，第1712页
66	嘉庆十四年	安陆府天门县	据保正李则章报	第3册，第1741页
67	嘉庆十四年	郧阳府郧西县	据保正杨登陇报	第3册，第1752页
68	嘉庆十六年	宜昌府巴东县	随据保正向怡和禀称	第3册，第1801页
69	嘉庆十七年	安陆府钟祥县	据保正蒋清报	第3册，第1835页
70	嘉庆二十年	荆州府公安县	据保正魏文来报	第3册，第1855页
71	嘉庆二十一年	宜昌府东湖县	据保甲柳维纪、张在山报	第3册，第1869页
72	嘉庆元年	汉阳府黄陂县	据保正程楚行报	抄件，第3087包
73	嘉庆二年	襄阳府襄阳县	据甲长袁步先报	抄件，第3189包

（续）

序号	时间	地点	名称	出处
74	嘉庆三年	黄州府黄冈县	据保正徐之启报	抄件,第 3181 包
75	嘉庆五年	襄阳府谷城县	据保甲蔡卓、孙世举报	抄件,第 4545 包
76	嘉庆五年	汉阳府孝感县	据乡耆张谷才禀称,据保正冯友绅报	抄件,第 4616 包
77	嘉庆五年	汉阳府黄陂县	据保甲胡得于、祝蒙五报	抄件,第 4655 包
78	嘉庆五年	武昌府通山县	据保正汤建遂报	抄件,第 4621 包
79	嘉庆六年	荆门直隶州	据保正郭四升报	抄件,第 4630 包
80	嘉庆七年	荆州府公安县	据保正霍定有报	抄件,第 4610 包
81	嘉庆七年	汉阳府黄陂县	据保正陈甸邦报	抄件,第 4681 包
82	嘉庆七年	郧阳府竹溪县	据乡保梁次青、杨文贵报称	抄件,第 4678 包
83	嘉庆八年	荆门直隶州当阳县	据保正成谷运报	抄件,第 4674 包
84	嘉庆十年	宜昌府东湖县	据保正陈大元报	抄件,第 4932 包
85	嘉庆十一年	襄阳府枣阳县	据保正闵忠报	抄件,第 4939 包
86	嘉庆十一年	武昌府江夏县	投保欲控	抄件,第 5044 包
87	嘉庆十一年	襄阳府枣阳县	据保正黄奠勋报,据周美投称	抄件,第 4936 包
88	嘉庆十一年	德安府云梦县	据保正盛超海报,据潘赵氏投称	抄件,第 4944 包
89	嘉庆十一年	郧阳府郧西县	保正吴胜选失于觉察地方人命	抄件,第 5092 包
90	嘉庆十二年	宜昌府归州	据保正王元韶报	抄件,第 4935 包
91	嘉庆十二年	武昌府武昌县	据保正龚元全报	抄件,第 4960 包
92	嘉庆十二年	襄阳府南漳县	据乡保田尚起、祁申奉报	抄件,第 4976 包
93	嘉庆十二年	安陆府钟祥县	据保正陶添章报	抄件,第 5017 包

（续）

序号	时间	地点	名称	出处
94	嘉庆十二年	宜昌府归州	据保正杜万隆报,据周仁投称	抄件,第4981包
95	嘉庆十二年	襄阳府枣阳县	据保正熊士恺报	抄件,第4993包
96	嘉庆十二年	襄阳府南漳县	据保正胡尚品报	抄件,第5056包
97	嘉庆十二年	襄阳府枣阳县	据保正崔继伦报	抄件,第5120包
98	嘉庆十三年	德安府安陆县	据保正刘光辉报	抄件,第4996包
99	嘉庆十三年	襄阳府谷城县	据保甲郭希佩等报	抄件,第5036包
100	嘉庆十三年	荆州府松滋县	据保正孙培万报	抄件,第5108包
101	嘉庆十三年	武昌府当阳县	据保正柳第元报	抄件,第5124包
102	嘉庆十四年	施南府来凤县	据保正夏尚坤报	抄件,第5124包
103	嘉庆十四年	安陆府钟祥县	据保正彭光照报称	抄件,第4981包
104	嘉庆十五年	汉阳府汉阳县	据保正夏炳富报	抄件,第5300包
105	嘉庆十六年	襄阳府襄阳县	据保正余庭明报	抄件,第5310包
106	嘉庆十七年	武昌府当阳县	据保正马士聪报	抄件,第531包
107	嘉庆十七年	安陆府天门县	据保正戴大魁报	抄件,第5300包

统计以上107件有地方社会职役名称的档案,其中保正78件、保甲14件、甲长9件、乡保3件、牌甲1件、正保1件。此外,上表第83、86、101号3件名称不清楚的题本,但是可以断定属于保甲系统。可见嘉庆时期湖北报案主要由保正以及甲长代表的保甲系统执行,其次3件乡保的资料说明湖北仍存在着乡约系统,承担报案等事务,但是乡约系统已与保甲系统融合。乡保,亦可称"约保",如施南府建始县嘉庆十六年(1811)的《奉宪永禁碑》,公示该县"约保场豆客总以及军民人等知悉"①,强调"保甲稽查""十家连坐"追究保甲。该县道光十八年(1838)的《遵示永禁碑》则"据乡约黄永立禀称……仰示该

①王晓宁编著:《恩施自治州碑刻大观》,第130页。

总约黄永立知悉……许你协同牌甲扭禀送县……该约亦不得挟嫌妄禀"①。亦可证乡约、保甲的同时存在。

嘉庆朝地方社会职役第 50 号嘉庆十九年(1814)安陆府京山县的事例,出现"正保"一词,应作"保正"理解。

嘉庆朝湖北地方社会职役的地区分布以及数量如下:

武昌府 10 件,分布在 5 个县,其中武昌县保正 2 件,蒲圻县保正 2 件,江夏县保正 2 件、"投保"1 件,大冶保正 1 件,当阳保正 2 件。

汉阳府 10 件,分布在 3 个县,其中孝感县保正 2 件,黄陂县保正 4 件、保甲 1 件,汉阳县保正 3 件。

黄州府 4 件,分布在 2 个县,其中黄冈县保正 3 件,黄梅县保正 1 件。

安陆府 17 件,分布在 4 个县,其中潜江县保正 1 件,京山县保甲 2 件、保正 2 件、甲长 1 件、正保 1 件,钟祥县保正 7 件,天门县保正 3 件。

德安府 6 件,分布在 1 州 3 县,其中随州保正 2 件,应山县保正 2 件,云梦县保正 1 件,安陆县保正 1 件。

荆州府 9 件,分布在 5 个县,其中松滋县保甲、甲长、保正各 1 件,监利县保正、甲长各 1 件,江陵县保正 1 件,宜都县保正 1 件,公安县保正 2 件。

襄阳府 23 件,分布在 1 州 5 县,其中襄阳县甲长、保正各 4 件、牌甲 1 件,谷城县甲长 1 件、保甲 3 件,南漳县保甲 1 件、保正 2 件、乡保 1 件,均州甲长 1 件,宜城县保甲 1 件,枣阳县保正 4 件。

郧阳府 10 件,分布在 5 个县,其中竹溪县乡保 2 件、保正 1 件,郧西县保正 2 件,郧县保甲 2 件,房县保正 2 件、保甲 1 件,竹山县保正 1 件。

宜昌府 9 件,分布在 1 州 3 县,其中东湖县保正 4 件保甲 1 件,兴山县保正 1 件,巴东县保正 1 件,归州保正 2 件。

施南府 4 件,分布在 3 县,其中恩施县保正、保甲各 1 件,利川县保甲 1 件,来凤县保正 1 件。

荆门直隶州 4 件,保正 3 件,当阳县保正 1 件。

①王晓宁编著:《恩施自治州碑刻大观》,第 132 页。

　　在湖北省的 10 府 1 直隶州,均有地方社会职役,都出现了保正。各府、直隶州出现的地方社会职役刑科题本数量不太均衡,乾隆朝刑科题本记载职役名称郧阳、宜昌 2 府较多,嘉庆朝则变成襄阳、安陆 2 府。嘉庆朝记载职役题本在 90 件的有武昌、汉阳、荆州、郧阳、宜昌 5 府,其余的黄州、德安、施南、荆门直隶州,除了德安府 6 件外,另外 3 府都是 4 件。

　　报案是保甲的职责,民人作为当事人也报案,刑科题本将此称作"投称",有的刑科题本将投报民人称作"甲民"。如黄梅县民石添相因欠钱踢死陈徐氏案,"嘉庆八年五月二十六日,据保正詹玉芳报,据甲民徐国太投称……"①,再如襄阳县民王思哲因口角伤陈乃宗身死案,"嘉庆二十一年六月初六日,据牌甲邹宗美报,据甲民刘从儒投称……"②,这些事例说明,"甲"已经成为地方社会管理民众的单位,居民即"甲民"。"甲民"的用语不同于其他省区,如江苏有"图民"的用语,安徽等省则多用"保民"一词③。

　　刑科题本也反映了保甲办案的具体活动。如嘉庆十三年(1808)应山县差役董均奉命催欠殴伤韩殿常身死案,据董均供:"蒙本官签差小的协同保正余友贵催纳乌石会民欠钱粮,余友贵因值患病,叫他儿子余忠引小的向各花户催完。"④保正余友贵有催纳民欠钱粮的职责,因其患病便让其子完成。嘉庆十四年(1809)钟祥县民张连因私卖木料致伊母吴氏抱忿自缢身死案,张连是"被保正查报差拿到案"⑤。嘉庆二十四年(1819)宜都县客民钱维松因泄愤谋杀刘刘氏案,据刘正明供:"母亲查是钱维松冒名私借,当向钱维松不依,并邀保甲张宗尧、朱士鳌及同村王俸添、郭源来家,向钱维松理论。"⑥保甲进行了调节工作。

　　保正对于案件失察或匿报,官府对其惩治。如嘉庆五年(1800)

①《清嘉庆朝刑科题本社会史料辑刊》第 2 册,第 703 页。
②《清嘉庆朝刑科题本社会史料辑刊》第 2 册,第 1045 页。
③参见常建华:《清乾嘉时期的江苏地方社会职役》,《江南社会历史评论》第 11 期,商务印书馆 2017 年,第 156 页;常建华:《清乾嘉时期的安徽地方社会职役》,《徽学》第 12 辑,社会科学文献出版社 2019 年版。
④《清嘉庆朝刑科题本社会史料辑刊》第 2 册,第 1713 页。
⑤南开抄件,原藏中国第一历史档案馆刑科题本土地债务类,第 4981 包。
⑥《清嘉庆朝刑科题本社会史料辑刊》第 2 册,第 1112 页。

孝感县审解民人周文德踢伤杨玉正身死案,"保正冯友绅听从匪报得银二两八钱,应照枉法赃一两至五两杖八十,无禄人减一等律杖七十"①。嘉庆十一年(1806)郧县、郧西二县审解民人王有桂故杀堂弟王有才身死一案,"保正吴胜选于地方人命失于觉察,应照不应轻律,笞四十。事既到官在嘉庆十四年正月初一日恩诏以前,阮光彩等杖笞各罪均予援免,保正仍革役,无干省释"②。

三　顺治至嘉庆时期湖北保甲制的推行

为了更加深入认识乾嘉时期刑科题本呈现的湖北地方社会的保甲职役,我们有必要探讨清朝在湖北推行保甲的过程与情形。雍正十一年成书的《湖广通志》名宦志,记载了顺治、康熙时期湖北地方官推行保甲的事例。顺治时期,吕阳在蕲州一带力行保甲。康熙时期,宋荦于康熙三年授黄州通判,在黄州严行保甲;姜櫹康熙时在黄州府的麻城县定保甲法。蕲州、黄州在明清之季地方武装自保,清朝官员以保甲治理地方。

康熙时期在湖北不遗余力推行保甲的是于成龙。康熙十三年至十七年六月,于成龙为武昌知府。吴三桂叛清,鼓动湖北人民反清,麻城、大冶、黄冈、黄安各山寨响应,麻城东山曹家河起事,号称"东山"。湖广巡抚张朝珍急调武昌知府于成龙带兵前往镇压,于成龙对东山武装的平息以及善后措施,推行保甲发挥了重要作用,有关资料大量收录在《于清端公政书》卷1至卷3③。

于成龙上任知府便清查保甲。《到黄州任申饬谕》要求"清查保甲,如有面生歹人,声音互异,立刻驱逐境外"(卷2)。平息东山后,于成龙发布《东山就抚后饬行保甲谕》:"本府亲履田畛,编立保甲,稽查匪类,劝勉为善。惟恐游手好闲之徒,凶逆亡命之流,不遵本府劝谕……凡我士民严行保甲,协力擒解,或歼灭报功。本府申详院、道,厚加奖赏,以励忠义,以靖地方。"(卷1)可见推行保甲是为了"稽查匪类"。《清理保甲谕》(卷1)专门告诫藏匿山中的地方

①南开抄件,原藏中国第一历史档案馆刑科题本土地债务类,第4616包。
②南开抄件,原藏中国第一历史档案馆刑科题本土地债务类,第5092包。
③于成龙:《于清端公政书》。

武装陈恢恢,劝其投降,可知于成龙的保甲制,主要是"设立户长,编择甲长"。卷 1 还收录《保甲事竣再行申饬谕》《申饬区堡谕》《劝谕士民》3 个文件,这些文件反映出户首即是户长,其上是保甲。从总堡、堡长、堡甲等词汇推测堡等于或大于甲,总堡或是管理数堡即若干甲的建制。此外,卷 1 的《上张抚台善后事宜禀》谈到保甲之上还设立了区长。从《慎选乡约谕》(卷 2)可知,乡约与保甲同时推行,乡约所任事为朔望谕乡民听讲《十六条》,而"凡人命盗案,勾摄人犯,惟保甲保长地方是问"。分工明确,更突出了保甲的职责。

于成龙主张将保甲武装起来。《申饬保甲谕》认为:"编查保甲、团练乡勇之法,无事则稽察盗贼,以遏乱萌;有事则相机救援,防御堵剿。不动支粮饷而兵足,不调拨官兵而贼除。"他"前奉督、抚、司、道编查麻城三乡区保甲册籍,委用堡长、垣主,分派户首、烟甲,严取邻居互结,责以守堡禁夜,总期地方盗息民安,向化乐业,正寓兵于农,以人治人之微意也"。进一步希望:"尔堡长、垣主、户首、乡保、烟甲人等,宜自爱重,慎勿惊疑。"①

雍正朝是力行保甲的时期。雍正元年提出用三年的时间推行保甲,保甲制度主要形成于雍正四年、五年,湖北的保甲得到有效的推行。湖广包括湖北、湖南。雍正元年湖广总督杨宗仁收到推行保甲密谕后,即将编查之法备叙六条,通饬挨编,强调"十户共为一牌,一户稽查一日"。雍正二年湖广巡抚纳齐喀奏报试行保甲情况:"经臣通饬所属清编保甲,无论士庶统以十家为一牌,牌开各户姓名、人口数目于上,每日将牌挨次递交,每十日一户轮当甲长一次,周而复始,互相稽查。"②据此湖广比较广泛地推行了保甲制度。当时湖北民间宗教与帮会问题比较突出,官府利用保甲加以遏制。雍正三年湖北巡抚法敏贯彻皇帝弭盗安民之意,严饬水陆各处文武力行保甲。雍正四年署湖广总督傅敏奏陈整顿楚省吏治等六事,反映出该省保甲

①常建华:《清顺康时期保甲制的推行》,《明清论丛》第 12 辑,故宫出版社 2012 年版,第 344—345 页。

②《湖广巡抚纳齐喀奏覆历奉密谕遵办情形折》,中国第一历史档案馆编:《雍正朝汉文朱批奏折汇编》第 4 册第 166 号,第 217—218 页。

已经确立,但是事务繁多,"凡有官役差使,皆取资于保长、甲长"①。可见本来承担治安任务的保甲职能出现多样化。

雍正初年推行全面改革,赋役改革与推行保甲相伴相生,保甲承担了赋役方面的职能。特别是雍正六年新任湖北布政使徐鼎试行保甲顺庄之法,改变赋役征收中的"拖欠"问题,保甲促进了赋役改革。雍正七年三月初八,徐鼎再次强调:"包揽欺隐之弊,多是以赋役未清,缺额难复。惟就保甲以行顺庄,则法不迫促,而诸弊自露。其法先颁烟户门单册式,散给各保甲内民户,令其各自开明本户的名、住址、人口、生理,共有田地、山塘顷亩若干,内有荒熟各若干,坐落某某村庄,在某图某甲,行粮附名某人额征各数银米若干,其有分坐各图完纳者一并附入内。有总户诡名,着将本人正实名号、应分完结若干之处,俱各照数填明。"②如此行之,保甲势必承担起催征钱粮的责任。

雍正九、十年王士俊任湖北巡抚,针对"门牌甲册多未举行",对保甲加以整顿。雍正十二年(1734)署湖北巡抚杨秘仍在继续推行保甲。

杨国安依据了大量地方志资料探讨湖北、湖南两省的保甲,他指出:"就两湖地区而言,至迟到康熙年间平定三藩之乱后,保甲制的推行才有起色。至乾隆年间,各地的保甲制才逐渐普及。"③我们依据《清高宗实录》《清仁宗实录》考察乾隆、嘉庆时期湖北的保甲与地方社会职役问题。

乾隆初年在雍正朝基础上,仍在力行保甲。乾隆四年湖广总督宗室德沛奏请乡镇紧要隘口树立栅栏,"即派栅内居民轮流经管,设立循环二簿,将名姓详细编载。如有迁徙,责令地方保甲填注。其零星小村,饬各营兵丁游巡,并派标营弁兵在水陆两途访缉。又于支河岔港中建立水栅,令汛兵看守。无塘汛者,就近保甲

①《署湖广总督傅敏奏陈整顿楚省吏治等六事情形恭请御批指示折》,中国第一历史档案馆编:《雍正朝汉文朱批奏折汇编》第 8 册第 278 号,第382 页。

②《湖北布政使徐鼎奏覆清查田粮以行顺庄之法折》,中国第一历史档案馆编:《雍正朝汉文朱批奏折汇编》第 14 册第 604 号,第 796 页。

③杨国安:《明清两湖地区基层组织与乡村社会研究》,第58 页。

居民，严司启闭。得旨：如此办理亦妥”[①]。乾隆五年正月，鉴于“湖北襟江带汉，素称四达之区，且幅员辽阔，薮泽弥漫，盗贼易于藏匿”[②]，乾隆帝命该省原设有守道、巡道三员，应于每年冬月各出巡一次，遍历所辖州县，稽察保甲，着为定例。同年八月，为了进一步推行保甲，征求各地督抚意见，“刑部等部会议各省督抚遵旨议覆刑部侍郎钟保奏请清理词讼力行保甲一折，先经闽浙、湖广、川陕、两广等省总督，江苏、福建、湖北、河南、山东、山西、陕西、甘肃、四川、广东、广西等省巡抚陆续奏到，或申明定例实力奉行，或诫谕有司严加整饬。均奉旨允行”[③]。这其中包括了湖北。乾隆六年三月，鉴于外省饥民到楚，刑部尚书署湖广总督那苏图奏称：“武昌、汉阳二府乃五方杂处之地，若漫无稽查，则此等之民行踪莫定，或生事端。已饬各该县查明，如有情愿在楚营生者，即于烟户册尾，附编畸零户后，俾该地保甲就近稽查，以防滋事。”[④]这是以武昌、汉阳二府已经存在保甲制度为基础的。那苏图又奏请“再查保甲定例，十户一牌头，十牌一甲长，十甲一保正。其有崇山峻岭，居民散处之所，户口畸零，应酌加变通，不必按十户一牌之例，彼此牵搭编排，免致纷扰。得旨：此皆卿因地制宜之事”[⑤]。看来那苏图在编查保甲。同年十月，湖北巡抚范璨奏：“襄阳地方囤麦躧曲，耗费民食。请照河南省例，将躧户、贩户、经纪、牙行，以及徇隐之乡地保长、驮载之车船人户分别治罪。”[⑥]“乡地保长”指的是地方社会职役。乾隆八年六月，湖北巡抚晏斯盛奏称，楚北地当五达商旅云集，不逞之徒易于潜伏。“再弭盗之最善者，莫如保甲，现在遵条例极力整顿，务令各属实力奉行”[⑦]。讲的仍是在整顿保甲。乾隆十年(1745)二月，署湖广总督鄂弥达奏请举察保甲的新设想，虽然受

①《清高宗实录》第2册卷87，乾隆四年二月下，第360页。
②《清高宗实录》第2册卷109，乾隆五年正月下，第621页。
③《清高宗实录》第2册卷124，乾隆五年八月上，第821页。
④《清高宗实录》第2册卷139，乾隆六年三月下，第1009页。
⑤《清高宗实录》第2册卷141，乾隆六年四月下，第1035页。
⑥《清高宗实录》第2册卷152，乾隆六年十月上，第1176页。
⑦《清高宗实录》第3册卷195，乾隆八年六月下，第514页。

到皇帝的批评，也说明湖北地方官对于推行保甲的重视①。鄂弥达对于保甲的重视还体现在地方的具体事务上。宜昌府长乐县县丞原驻渔洋，在县之极东，改驻湾潭，在县之极西。"应请从长乐县城分划，自北门外仁育之西半乡霞口溪起，并礼教、智慧、信孚三乡，归县丞分管……凡清查保甲、缉拿逃盗匪类等事，均照调换界内管理。"②

值得注意的是，湖北督抚对于地方治理条例的建议涉及保甲等地方职役，应当是他们治理实践的经验。湖北巡抚晏斯盛对于地方治理条例的建议涉及地方社会职役。乾隆十年七月，晏斯盛奏称："各处在配军流人犯，向交地保收管。该犯与牌甲错处，每至诱惑善良，且挟制地保，苛求无状。请嗣后各省收到军犯，除老病废疾仍归原配各州县收入养济院外，其余即于通省府、厅、州、县佐杂各衙门匀派当差，日给口粮。"③这是基于地方上存在牌甲、地保遇到流放犯人骚扰的实际情况的应对措施。他还建议："至市村攫白之徒，又为窃贼之渐。而闯棍一种，霸占地方，亦与攫窃相为表里。应一并造册立案，交巡典、乡耆、保正约束稽查。如有违犯，即照本罪加倍处治。"④同样是基于保甲存在的事实。乾隆十三年闰七月，湖广总督塞楞额奏请，定民间失察宰牛之官员保甲处分⑤。刑部讨论后认为："查保甲牌头容隐盗宰，例有治罪之条，若邻佑本无相涉，所奏无庸议。至所称地方官不行查拿，照失察例，按只数多寡，分别罚俸降留。若能查拿究治者免。应如所请。"⑥乾隆帝从之。

乾隆时期湖北督抚以保甲治理地方的事例是丰富的。乾隆十四年十月，署湖广总督唐绥祖奏："沿江塘汛，向多坍损，勒限概行修葺。并于江省接界之汉、黄要地八吉堡、阳逻等处，以及汉口大镇，拨员梭巡，访获积匪二十余名。其江湖港汊，凡有渔船小艇，均令于船旁大书粉字，编列保甲……四川接界之归州新滩一带，为川江客货聚集之

①《清高宗实录》第 4 册卷 235，乾隆十年二月下，第 34—35 页。

②《清高宗实录》第 4 册卷 269，乾隆十一年六月下，第 491—492 页。

③《清高宗实录》第 4 册卷 245，乾隆十年七月下，第 163 页。

④《清高宗实录》第 4 册卷 249，乾隆十年九月下，第 217 页。

⑤《清高宗实录》第 5 册卷 320，乾隆十三年闰七月上，第 269 页。

⑥《清高宗实录》第 5 册卷 324，乾隆十三年九月上，第 344 页。

区,亦易藏奸,臣于新滩刊刻木榜,不许多索船价,编查保甲。"①乾隆十七年(1752)四月,鉴于黄州府罗田县的马朝柱起事,湖广总督永常奏称:"只因马朝柱等分布逆党于江、楚交界,巧指天堂、天马大寨名色,彼此煽惑。如地方官力行保甲,互相稽查,必早为发觉。现议举行,以杜后患。先将罗、英二界烟户连环具保,如有藏奸,十家连坐。"②督抚还针对黄州府属之罗田县与江南英、霍二邑山谷毗连,要求塘汛"每逢季底,前赴查点保甲一次"③。同年十二月,湖广总督永常奏"湖北施南一府,自雍正十三年改土归流以来,久成内地,附近川、黔、两楚人民,垦荒者接踵而往,近田土拐带案牍日见纷纭,必得另立章程,妥为安置。嗣后外省及各属人民入施者,请照入川给照之例,开造眷属清册,呈报本籍,给照前往,交与该地方官查验,收入保甲,一体编查。其现在落业民人,凡有夫妻子女者,无论流寓久暂,悉予编保。其单身游手之徒,限三月内查明,取具亲邻保结,方准编入。其老荒山场,概行封禁。得旨:览奏如所议行"④。乾隆三十三年(1768)九月,湖北巡抚程焘奏:"请清理郧阳山地,并咨照陕西、河南二省,转饬界连郧阳之各州县,查明所辖山地界址,设立保甲,稽查奸匪。其开垦地亩,照例升科。"⑤上述推行保甲的实践主要出现在汉阳府、黄州府、施南府、郧阳府。

《清高宗实录》记载的湖北地方社会职役出现了"地保"一词,如前述的资料中乾隆十年,湖北巡抚晏斯盛奏称:"各处在配军流人犯,向交地保收管。"还可补充一些资料,乾隆三十年湖北按察使雷畅奏称,沿江河州县或遇伤尸漂流过境,"若地保人等呈报,地方官讳匿不报,应照邻邑巧为诿卸不往相验例,降三级调用"⑥。乾隆三十五年(1770)湖北布政使闵鹗元奏:"湖北上年水灾,黄梅、广济、汉阳、汉川等县,奉旨于抚恤加赈外展赈。臣督同该管道、府、州、县,分厂开放,遴员严察吏胥、地保侵扣影射,酌量应借籽种口

①《清高宗实录》第5册卷351,乾隆十四年十月下,第855页。
②《清高宗实录》第6册卷413,乾隆十七年四月下,第411页。
③《清高宗实录》第6册卷414,乾隆十七年五月上,第414—416页。
④《清高宗实录》第6册卷429,乾隆十七年十二月下,第615页。
⑤《清高宗实录》第10册卷818,乾隆三十三年九月上,第1092页。
⑥《清高宗实录》第10册卷746,乾隆三十三年十月上,第214页。

粮,分别办理。"①乾隆五十六年(1791),湖北巡抚福宁奏筹议护送京铜事宜,说铜船由湖北巴东入境,黄梅出境。要求沿途"并令地保塘汛巡防"②。这些巡抚、布政使、按察使所用"地保"一词涉及的职责包括收管军流人犯、呈报漂流伤尸、经手抚恤赈济、巡防护送京铜沿途。这些"地保"包括保甲,但并未使用"保甲"一词,笔者认为大概是"地保"一词包含的职役更丰富,保甲一般承担地方治安,而地保承担各种差役。

嘉庆时期湖北的社会矛盾更为严重,清廷仍旧以力行保甲进行社会治理。嘉庆六年(1801)随州发生纠抢事件,"代办知州朱恂率据乡约人等呈报"③,证明当地乡约的存在。保甲对于治理民间传习天主教发挥了作用,嘉庆十八年(1813)的一份奏折说道:"湖北京山县民刘义等九名,呈明伊等自祖父相沿习天主教,今因编查保甲传诵示谕,俱投案自首,具结改悔。"④治理民间宗教也利用保甲,嘉庆十九年闰二月,清朝官员说:"今湖北省于编查保甲时,各州县亲历乡村,广行晓谕。即据民人余元滩等遵示自首,缴出各种经卷图像。该民人一闻示谕,不敢隐匿,实系洗心改悔。"⑤同年,署巴州试用知县顾尧峰于下乡稽查保甲时,访拿明灵教,嘉庆帝谕内阁:"此次访拿唐帼兴之试用知县顾尧峰实心稽查保甲,访出匪犯,甚属能事。着加恩尽先补用,以示奖励。"⑥嘉庆十八年冬,自京畿以及直省办理保甲,应直隶总督那彦成奏请酌定覆查保甲章程,嘉庆十九年皇帝再次要求各省通行照办:"州县官于秋收后先行晓谕各村庄保长人等,将本村户口自行逐细查明,造具草册呈送。"⑦嘉庆二十二年(1817)正月的上谕引用湖北巡抚张映汉奏"各属编查保甲完竣"⑧。

①《清高宗实录》第11册卷855,乾隆三十五年三月下,第457页。
②《清高宗实录》第18册1373,乾隆五十六年二月下,第425页。
③《清仁宗实录》第2册卷91,嘉庆六年十一月下,中华书局1986年版,第204页。
④《清仁宗实录》第4册卷269,嘉庆十八年五月,第645页。
⑤《清仁宗实录》第4册卷286,嘉庆十九年闰二月,第916页。
⑥《清仁宗实录》第4册卷299,嘉庆十九年十一月,第1114页。
⑦《清仁宗实录》第4册卷298,嘉庆十九年十月,第1100页。
⑧《清仁宗实录》第5册卷326,嘉庆二十二年正月,第295页。

上述嘉庆朝史料中随州出现了"乡约"职役呈报案件,《清仁宗实录》还有"乡保"的职役。嘉庆二十四年御史袁铣奏,湖北江夏、汉阳两县均设有班房,县役索诈传质人证,"遇有户婚田土细故,其族邻乡保之属,无论绅士平民,一经牵连传唤到省,即于此处押禁"[①]。"乡保"包含的乡约与保甲结合成为地方职役。

清前期清朝官员在湖北不断力行保甲,刑科题本呈现的保甲报案是保甲深入地方社会的反映。

四 结语

清朝在湖北推行了保甲制度,其基本形式为"十户一牌头,十牌一甲长,十甲一保正"。这一制度经过不断实践,深入到湖北的地方社会。在乾隆朝的 13 件刑科题本中,属于保甲系统的地方社会职役名称有保正、保甲、甲长、排甲、百甲、保邻、牌邻 7 种之多,其中保正出现在 9 件刑科题本中,保甲 4 件、甲长 4 件,反映出保甲制度的存在情形。

嘉庆朝的 107 件刑科题本中,属于保甲系统的地方社会职役名称有保正、保甲、甲长、乡保、牌甲、正保 6 种,说明地方社会职役更加保甲化与统一化。其中保正 78 件、保甲 14 件、甲长 9 件,保甲系统继续在地方社会普及。

乾嘉时期刑科题本中一直有数量不多的"乡保",不过宜昌府、施南府的碑刻资料进一步证明乡约的存在,乡约系统不仅发挥作用,还与保甲系统相融合。

清代前期湖北的保甲构成了地方社会职役的特色。我们将湖北与相邻的江西比较可知,江西在康雍乾时期也力行保甲,乾隆朝刑科题本中保正(保长)较"地保"为多,地方职役比较多样化,嘉庆朝刑科题本中"地保"绝对性地增多,说明地方行政职役统一化,以"地保"为标志的地方职役更加深入基层社会[②]。而湖北乾嘉时期保甲持续占据绝对数量,尽管雍正时期推行过顺庄法,但是并没有

---

① 《清仁宗实录》第 5 册卷 365,嘉庆二十四年十二月,第 827 页。
② 常建华:《清乾嘉时期的江西地方社会职役——以刑科题本为基本资料》,《历史教学》(下半月刊)2018 年第 1 期。

在刑科题本里发现湖北带有征收赋税职役的名称以及与保甲名称的混合，如"地保"，这与江西有明显的不同。湖北地方社会职役没有"地保化"，笔者的推测是由于保甲制的普及以及作用较为突出所致。湖北地方社会职役的研究也表明，清代设置职役与推行保甲有因地制宜的特点，分省分地区研究地方社会职役具有深入研究的意义，不能笼统对待。

（原载《中原文化研究》2020 年第 1 期）

第四章　民生与秩序：开矿政策的演变

康熙朝开矿问题新探

矿产作为重要资源，是清代国家、达官贵人以及平民百姓追逐的对象。平民百姓为了谋生，达官贵人为了谋利，而清代国家除了满足铸币等需要外，还有维护社会秩序的责任。

康熙朝的开矿政策，经历了自顺治以来的禁矿，到康熙二十三年"任民采取"，自康熙四十三年起向禁矿倒退，至康熙五十二年起又容许本地贫民开矿的缓禁政策，处在不断调控的状态。

康熙朝矿业政策的变化，受到人口数量急剧增加的压力，也与社会秩序状况密切相关，反映了清代国家与社会的互动关系。所以开矿不仅是经济问题，同时还是社会问题与政治问题。康熙朝的开矿问题在20世纪80年代已有论述，杨余练依据《实录》与《会典》论述了康熙朝矿业政策的确立与演变，提出了一些重要的看法[1]；韦庆远、鲁素有关清前期矿业政策的长文，重点探讨主禁派与主开派的争论，论述集中在乾隆时代，对康熙朝则较多论述云贵总督蔡毓荣的开矿主张，指出康熙帝开矿政策具有一定的灵活性[2]。此后在清代开

---

① 杨余练：《康雍时期矿业政策的演变》，《社会科学辑刊》1983年第2期。

② 韦庆远、鲁素：《清代前期矿业政策的演变》，《中国社会经济史研究》1983年第3、4期。此文后收入韦庆远《档房论史文编》（福建人民出版社1984年版），题名改为《有关清代前期矿业政策的一场大论战》。

矿问题的综合论述中,也有涉及康熙朝开矿政策者①。清代的开矿政策奠基于康熙时期,很值得研究。然而,以往研究使用的资料不完整,聚焦于开禁争论,未能呈现出康熙朝开矿政策的全貌与细节,特别是开矿政策与社会的关系。随着康熙朝满、汉文朱批奏折以及海峡两岸康熙朝《起居注》的出版,有必要使用新资料继续全面而深入地探讨。本文拟将康熙朝开矿政策的变化,依照时间先后分为康熙四十三年之前的早中期、四十三年之后的后期以及康熙五十二年后的晚期三个阶段展开论述。

一　从禁到开:康熙早中期"任民采取"的开矿政策

清初,由于统治未稳,忙于军事征服,清廷对全国矿山基本采取封禁政策,原则上禁止民间开采,但也有个别开矿事例。如金银矿,顺治元年令山东巡抚开采临朐、招远等处金、银矿,然而翌年即停。顺治八年覆准,禁止开采。再如铜、铁、锡、铅等矿,顺治十四年覆准,古北口、喜峰口、石匣等处产铁,各设旗员,拨丁淘取。康熙二年题准,四川黎汉、红卜苴二洞白铜旧厂,令民开采输税。又如水银矿,主要在贵州开采,康熙元年设开州斗甫厂,征水银九十五斤,遇闰月加十斤。又于普安县桥厂招民开采,征水银三百三十三斤②。

至康熙十四年封禁政策始有变化。其主要表现是,此年清廷定开采铜、铅之例,户部议准:

> 产铜及白黑铅处所,有民具呈愿采,该督抚选委能员,监管采取。若地方官不准,愿采之民赴部控告,查果采得铅、铜者,将不准采地方之官革职。③

因此有了由本地人呈请、官府审查的核可制度④。从当时的历

---

①王开玺:《清前期矿务政策述评》,《安徽史学》1992 年第 2 期;高王凌:《关于清代矿政的几个问题》,《清史研究》1993 年第 1 期;王凯旋:《清代矿政述论》,《辽宁大学学报》2000 年第 1 期。

②康熙《大清会典》卷 35,《户部·课程·金银诸课》,第 1705—1708 页。

③康熙《大清会典》卷 31,《户部·库藏二·钱法》,第 1487 页;张廷玉等撰:《清朝文献通考》第 1 册卷 30,《征榷五》,考第 5129 页。

④邱澎生:《十八世纪滇铜市场中的官商关系与利益观念》,《"中研院"史语所集刊》第 72 本第 1 分,2001 年 3 月。

史背景以及这一规定的语气来看,制度的导向是鼓励民人开采铜、铅矿。

清朝比较完整的铜、铅矿业政策,是在康熙十八年形成的①。当时平定三藩之乱的战事已取得决定性胜利,休养生息、恢复生产正当其时。三月二十日,康熙帝策试贡士的试题就关涉解决铸币用铜不足问题:"鼓铸之设,其来旧矣。迩以铜不足用,铸造未敷,有以开采议者,有以禁民耗铜议者,果行之可永利乎? 或二者之外另有良策与? 尔多士留心经济,其详切敷陈,勿泛勿隐。"②将解决铸币用铜不足问题以科举试题的方式来征求办法,可见康熙帝对此问题的重视。当时钱少而贵,九月,康熙帝要求部院衙门有废铜器皿、毁坏铜钟及废红衣铜炮,各省所存废红衣铜炮,解部鼓铸,以解燃眉之急。十月,户部等衙门会议的《钱法十二条》奏准,第八条即为"开采铜、铅"③。同年修改征课办法为:

> 各省采铜、铅处,令道员总理,府佐分管,州县官专司,任民采取。八分听民发卖,二分纳官,造册季报。近坟墓处,不许采取。事有未便,该督抚题明停止。道、厅官如得税铜、铅,每十万斤纪录一次,四十万斤加一级;州县官得税,每五万斤记录一次,二十万斤加一级。所得多者,照数议叙。上司诛求逼勒者,从重议处。其采取铜、铅,先听地主报名采取,如地主无力,听本州县人报采,许雇邻近州县匠役。如有越境采取,并衙役扰民,照光棍例治罪。④

该制度明确了"任民采取"的开矿政策,内容包括确定了分成比例、保护坟墓风水、地方官征税的加级议叙、采矿限于本地及其采矿权的顺序等方面,这是税后余矿由商人处分的自由发卖制度⑤。这一制度划分的比例,给予开采者较大优惠,可以调动开采者的积极

①杨余练:《康雍时期矿业政策的演变》,《社会科学辑刊》1983 年第 2 期。

②《清圣祖实录》第 1 册卷 80,康熙十八年三月乙卯,第 1020—1021 页。

③《清圣祖实录》第 1 册卷 85,康熙十八年十月丙寅,第 1078 页。

④康熙《大清会典》卷 31,《户部·库藏二·钱法》,第 1487—1488 页;张廷玉等撰:《清朝文献通考》第 1 册卷 30,《征榷五》,考 5129 页。

⑤邱澎生:《十八世纪滇铜市场中的官商关系与利益观念》,《"中研院"史语所集刊》第 72 本第 1 分。

性,也调动了管理者征税的积极性,是官民各得其所的规定。后来铁、锡等矿也基本上照此办理。只有金、银矿的办理有所不同,康熙十九年覆准,各省开采所得金银,四分解部,六分抵还工本,按月报核①。

三藩之乱戡定后,蔡毓荣于康熙二十一年被任命为云贵总督,向皇帝上《筹滇十疏》,报告治理滇、黔的主张。其中第四疏《议理财》,着重谈"广鼓铸,开矿藏",开采滇铜供应铸钱之需。他主张允许本地殷实有力之家或富商大贾自行开采,每十份抽税二份;地方官督促开矿,有功者予以奖赏②。此议为清廷采纳。

康熙二十三年九月,九卿议覆管理钱法侍郎陈廷敬等疏言:民间所不便者,莫甚于钱价昂贵。定例每钱一串,值银一两,而今仅得钱八九百文。钱日少而贵,不法之徒毁钱作铜。求制钱之多,莫若鼓铸,建议开采铅、铜,"此后停其收税,任民采取"。康熙帝依议,指示"开采铜斤,听民自便。地方官仍不时稽察,毋致争斗抢夺,藉端生事,致滋扰害"③。康熙君臣重申了开采铜、铅矿的"听民自便""任民采取"的政策,是当时清廷统治进入开放时代的一个侧面④。铜矿的开采,使得铜价下降,缓解了官府缺铜的压力。康熙三十六年十一月十一日,康熙帝与廷臣谈及"今铜价已贱"⑤,即是一个明证。

清朝"任民采取"的矿业政策,有利于调动商民投资矿业的积极性,有利于推动矿业的发展。从康熙中叶到乾隆中叶,中国矿业生产经历了一个空前的重大发展时期⑥。云南的矿业,包括铜、锡、铁、铅、金、银矿的开采,从凋敝转入繁荣。远近商民挟资合伙纷来,地方官府院、司、道、提、镇衙门差委亲信,拥资独办,官民获利。据估计,当时投入生产的矿厂,近二百处,从业人员达二三十万人。到康熙四十五年,云南各矿上缴到官的课税,即有白银 8.14 万余

①康熙《大清会典》卷 35,第 1705 页。
②蔡毓荣:《议理财》,《筹滇十疏》,贺长龄:《清经世文编》卷 26,中华书局 1992 年版;《清史列传》卷 7,《蔡毓荣传》,中华书局 1987 年版。
③《清圣祖实录》第 2 册卷 116,康熙二十三年九月丙寅,第 4077 页。
④参阅常建华:《新纪元:康熙帝首次南巡起因泰山巡狩说》,《文史哲》2010 年第 2 期。
⑤库勒纳等奉敕撰:《清代起居注册·康熙朝》第 11 册,第 6029 页。
⑥韦庆远:《清代前期的商办矿业及其资本主义萌芽》,《档房论史文编》。

两，比康熙二十四年增长了二十多倍①。但是，仍有不少漏税。如康熙四十五年三月十二日，大学士等与户部诸臣会议云南金、银等矿事时言：据该督抚所奏，开得金、银、铜、锡抽分既少，而矿厂数目又不相符，应行文该督抚，委贤能道官亲至各矿厂，严察有无隐瞒，矿厂一年实得银数几何，明白具奏，开折呈览②。继云南之后，广东、广西、四川、湖南、贵州等省矿业也发展起来。据不完全统计，全国大规模的矿场，康熙二十三年只有9个，次年增至29个，康熙四十六年增至55个，康熙五十一年达到66个③，清代矿场中的20%是在康熙时期开始开采的④。康熙朝采矿业的发展有力地刺激了经济的繁荣。

云贵地区的开矿业，各方面的积极性都很高。地方官就不甘落后，康熙三十年八月，康熙帝指出，"云南银、铜、锡矿皆地方官擅占"⑤。反映了地方官介入开矿业牟利的普遍性。还有私开者的事例，如康熙三十七年五月，云贵总督王继文题奏，光棍田成式等私开已闭银矿，开矿之地系四川、云南、贵州三省交界处⑥。康熙三十九年十月，云贵总督巴锡题参标下游击朱富擅遣家人私开银矿⑦。这些资料反映的只是云贵开矿潮中的冰山之一角。

云南试行招商办矿，实际上也成为各省管理民矿的办法，吸引了更多的人投资矿业。康熙中叶，时有请开矿者，甚至向权贵进行活动。满洲贵族即有介入开矿者。康熙三十七年五月清廷讨论案件，内府护军参领色尔金，其伯父是索额图，色尔金家人"周尚库、王二恃主势争夺煤窑，打死人命并挖人眼"⑧。可以看出此二人为了争夺煤窑猖狂之极。康熙四十二年据山西巡抚噶礼奏称，索额

①倪蜕：《滇云历年传》，康熙四十五年条，转引自韦庆远、鲁素：《有关清代前期矿业政策的一场大论战，韦庆远：《档房论史文编》，第82页。

②中国第一历史档案馆整理：《康熙起居注》第3册，第1953页。

③彭泽益：《清代前期手工业的发展》，《中国史研究》1981年第1期。

④高王凌：《关于清代矿政的几个问题》，《清史研究》1993年第1期。

⑤库勒纳等奉敕撰：《清代起居注册·康熙朝》第8册，第4424页。

⑥库勒纳等奉敕撰：《清代起居注册·康熙朝》第12册，第6418页；第16册，第8847页。

⑦库勒纳等奉敕撰：《清代起居注册·康熙朝》第15册，第8313页。

⑧库勒纳等奉敕撰：《清代起居注册·康熙朝》第12册，第6413页。

图、明珠的属下官员、商人"屡次来请奴才开银矿"①,可见开矿成为利薮,各色人等皆染指其间。上述两个事例都涉及索额图,他当时其权倾一时,下属唯利是图,在地方上利用其特权开矿者可能不在少数。

二 限开限卖:康熙后期的开矿政策

康熙四五十年代,随着经济的恢复发展,人口增长迅速,百姓纷纷外出开矿,谋生的矿民聚集,带来社会治安问题,围绕开矿的各种事件频繁发生,导致清廷逐步开始限制开矿。杨余练指出:康熙后期清政府连续三次讨论矿政问题,重新修定了矿业政策,康熙四十三年是第一次修改②。但是他并未阐述这次修改的起因与过程。我们认为,这是由于安徽开矿因破坏风水、农田引起争讼频发以及聚众多人影响社会秩序而造成的。具体情况是:康熙四十一年,有名薛嵩者向安徽巡抚喻成龙呈请在泾县地方开采铅矿。该县屡称,此事引起阖县百姓的群起争论。康熙四十三年正月,"又有裴永锡在户部具呈开采,咨行前来,约计土名二十余处,但称安徽所属,并不确指是何州县,现在通查各属回报,伊等未见矿砂有无多寡,即已在部预称可供课饷万计"③。安徽巡抚刘光美在奏报这些情况的同时,还谈到当时开采山场的一般情形:"山场出产铜、铅,为天地、自然之利,人所共晓。但利之所在,每有冒称山主,招引外来豪棍充商,募带丁徒,遍搭篷场,十百成群,分布山谷,借口矿砂,到处发掘。民间或因田舍坟墓所关,或因禾稼树木所系,讦讼争殴,无所不至。迨后矿尽商散,而所招厂丁矿徒,多系赤身游手无籍之辈,一时无所归着,易生事端。充商者则言其利,居民则陈其害,此从来开采山场之大略也。"他特别指出:"徽、宁一带人民最重风水,每因造一坟,开一穴,辄云妨碍地脉,讦告不休,甚至斗伤人命,何况开矿无处不挖者耶。"康熙帝览折后,果断做出批示:

①《山西巡抚噶礼奏明示照索额图指示行事折》,中国第一历史档案馆编:《康熙朝满文朱批奏折全译》第 537 号,第 293 页。
②杨余练:《康雍时期矿业政策的演变》,《社会科学辑刊》1983 年第 2 期。
③《安徽巡抚刘光美奏陈开采山场利弊事折》,中国第一历史档案馆编:《康熙朝汉文朱批奏折汇编》第 1 册第 75 号,第 114 页。

"开采山场多弊无益,断然行不得,不必多议。"①康熙帝发布谕旨:"闻开矿事情,甚无益于地方,嗣后有请开采者,俱着不准行。"②决定不再开新矿。

关于开矿与风水的关系。前引康熙十八年规定中,就有开矿时"近坟墓处不许采取"的内容。韦庆远、鲁素指出:从风水的角度考虑是可否允许开发矿藏的先决条件之一,"只有在勘查后认为是无碍风水龙脉的地区或山脉,才有可能为朝廷和主管官府所批准,并被地方缙绅人等所接受,在该处开矿才有可能"③。"有伤风水龙脉"是主禁开矿者的主要观点。韦先生列举了浙江省山阴县明末清初四五十年间为开放抑或禁闭矿山在龙脉问题上的反复斗争。

康熙四十三年之后,康熙君臣在开矿问题上趋向保守。康熙四十四年六月,御史景日胗奏,商民何锡在广东海阳县开矿,"聚众几至十余万,强梁争竞,时时有之",建议永为封闭。广东巡抚石文晟疏言:目前开矿 64 处,在厂之人 2 万有余,开矿日久,所得矿砂价银不敷工费,何锡具呈恳罢。朝廷商议的结果,是将这个商民兴办的规模最大的矿厂封闭了④。

康熙后期清廷不仅限制开矿,还限制销售。康熙四十四年云贵总督贝和诺废止原来余铜"听民自售"的旧制,改行"放本收铜"。除二分收税之外,其余八分余铜禁止私卖,由官设铜店低价收购,称为"官放余铜"。收购中,官府通过勒索"秤头",压低铜价,额外榨取,从中谋取暴利。矿民无利可图,纷纷另谋生路,很多矿厂陷入半开半闭状态,或被迫倒闭⑤。

民间也有不少盗挖矿藏者,政府对其实行严厉打击。康熙四十七年两广总督赵弘灿奏报:"今岁六月间,韶州府属之翁源县地方奸

①《安徽巡抚刘光美奏陈开采山场利弊事折》,中国第一历史档案馆编:《康熙朝汉文朱批奏折汇编》第 1 册第 75 号,第 113—115 页。
②雍正《大清会典》卷 53,《户部·矿课》,第 3196 页。
③韦庆远、鲁素:《有关清代前期矿业政策的一场大论战》,韦庆远:《档房论史文编》,第 85 页。
④《清圣祖实录》第 3 册卷 221,康熙四十四年六月庚戌,第 5173 页。
⑤杨余练:《康雍时期矿业政策的演变》,《社会科学辑刊》1983 年第 2 期。

徒盗矿。臣随饬官兵围捕,矿贼计穷,投抚净尽。"①康熙四十八年五月初六日,江宁织造曹寅奏称:"近探得浙江处州府松阳、云和二县石仓源、桑领根等处地方,有无籍开矿流民,洗沙失业,群聚为匪。当经督、抚、提、镇遣兵分头剿捕,贼首彭子英已于四月初七日就擒,余党亦陆续缉拿,地方宁谧如故。"②

由于民间盗采严重,也有官员建议准予开采矿山的。在四川,巡抚能泰奏请开矿,康熙帝以为此事不可行。能泰又奏称,江中有银,请派官监视捞取,以为兵饷。康熙帝认为此事也不可行,用朱笔批发道:"朕乃人君,岂有在江中捞取银两之理。"③康熙帝认为,观此二事,即知能泰必贪。能泰又说:"算开矿所用柴薪人工价值费用亦无大益。"康熙帝则说:以此观之,能泰"一面奏请,一面即行矣"④。此事反映出地方官与皇帝对于开矿的不同态度,巡抚能泰希望开矿,并且在向皇帝奏请的同时已经试着开矿。康熙帝不同意开矿,且推测能泰贪财。事实上,四川地方官一直在为继续开矿做着努力。康熙五十年,四川巡抚年羹尧就川省应行之事条陈七条,其中一条即是开矿方面的:

> 开采之宜奏明也。臣查建昌会川卫地方有分水矿一处,前抚臣能泰奏请开采,旋奉部文封禁。臣自到任以来,极力申饬,严行封禁,虽营卫各弁出有印结,而臣密访彼处,尚有千人偷挖。官兵驱逐,随散随聚,盖利之所在,性命为轻。即设兵弹压,而看守之人即行偷挖。银矿一开,势难禁止,必至洞老山空,不逐自散。臣既知此情形,若不奏明,则煌煌功令,竟敢掩饰,倘以知情之罪问臣,货利之所在,臣有百喙不能自明。且其地并无居民坟墓,亦无关于风水,五金八石,日用所需。滇省现有开采课税,与其偷挖难禁,不若抽取以充公用。若以此自然之利,陆续修理川

---

①《两广总督赵弘灿奏报续获海上李亚明等并雨水田禾折》,中国第一历史档案馆编:《康熙朝汉文朱批奏折汇编》第2册第411号,第214页。

②《江宁织造曹寅奏报粮价雨水及地方情形折》,中国第一历史档案馆:《康熙朝汉文朱批奏折汇编》第2册第497号,第442页。

③库勒纳等奉敕撰:《清代起居注册·康熙朝》第21册,第11707页。

④库勒纳等奉敕撰:《清代起居注册·康熙朝》第21册,第11727—11728页。

省紧要城垣,其为利益亦甚不小。臣不敢隐匿,据实奏明,伏候圣裁。①

由此看来,四川省私自开矿的情形相当严重,建昌会川卫地方有分水矿一处,即有千人偷挖,难以驱散,而且还难免有看守之人偷挖。年羹尧的说法反映出封禁难以奏效,地方上仍在私开。这种情况一旦被朝廷得知,他也摆脱不了干系。于是,他建议朝廷允许开采,且强调当地若允许开矿,无风水争议,而且还可以以云南为例上税,矿税可以作为地方上修理城墙的费用。康熙帝指示其再上题本。年羹尧所题的内容是:"成都府属茂州等处地动,城垣、衙舍、仓厫、兵民房屋尽行倒坏,若不修理,难以防守。川省开矿处有十余所,若照云南例抽分,将三年所得,尽可修茂州一带城垣及兵丁房屋。如以抽分之事迟久,请于捐纳例内酌行四、五款,限一年内捐纳,亦可完此公事。"②不过工部议覆不准行。康熙帝又让九卿议奏,但其结果不得而知。

山西巡抚苏克济也奏请开矿。根据康熙五十年十二月十九日晋抚苏克济奏折可知,山西省平阳府翼城县西坡障山有铅矿,在距县东南九十里外,已获准开采。苏克济采取了相关措施:采矿所需匠役,交付地方官征集,至防守兵,咨行该总兵官选派。还张贴告示,严谕地方文武各员、兵民人等,若有勒索商人者,必从重治罪。在闻喜县狮吓山发现铜矿,距县东南方八十里外。当时山西出产铅的地方,户部准商人王岗明等前往开采。王岗明等呈称:若准开闻喜县的铜矿,则获益比铅多,且可易完国帑。苏克济奏请皇帝裁决,康熙帝朱批:"并不可怕,民人情愿,则准开采。"③王岗明是户部、皇帝相信的商人,开采的是铅、铜矿,乃国家铸币所需,地方上有安全保障,还可增加政府的税收,获得康熙帝的准许。

广东民间盗矿事件接二连三发生,问题突出。康熙五十一年三月,广东提督施世骠奏报英德等地有矿徒出没。他说:缘广东山海丛

①《四川巡抚年羹尧奏为条陈川省应行七事折》,中国第一历史档案馆编:《康熙朝汉文朱批奏折汇编》第3册第927号,第707页。

②库勒纳等奉敕撰:《清代起居注册·康熙朝》第22册,第12469—12470页。

③《山西巡抚苏克济奏请开采铜矿折》,中国第一历史档案馆编:《康熙朝满文朱批奏折全译》第1836号,第761页。

杂,西北一带悉系绵山叠嶂,而矿坑甚多。向年开采之时,小民每借此佣工糊口,迨山矿封禁后,盗矿之徒不能尽绝。其间或无所得,因而就近抢夺衣食者有之。然此辈皆系穷民,倏聚倏散,非有成宗大伙盘踞处所,是以一遇官兵追捕则仍散为民,此历来所有之事。施世骠例举了康熙四十六七年间翁源县地方有矿徒行劫王子能家抗拒官兵,康熙四十七年自己到任即严檄行间官兵擒捕,俱经擒获投抚。迨康熙四十九年有矿徒出没于长宁、英德等处,即遣拨官兵各处搜捕。有练总李奇生前探贼踪,迷路被捉。矿徒被官兵杀获散逃至长宁之青峒蕉垒塘铁炉,勒索炉商,即被炉丁格杀数人。而官兵复四处搜捕,陆续擒获,发交有司尽法究处。施世骠担心:

> 重山密箐之中,路径丛杂,此追彼窜,恐奸徒复萌故智,因会同督抚委令文武踏勘,于长宁、英德、从化要隘处所,拨守备弁兵添设汛防,督抚捐造营房,以扼其咽喉,断其门路,今已宁谧。①

六月,两广总督赵弘灿奏报:英德、长宁等县多有矿坑,自封禁之后,穷民趋利,每于深山僻谷或七八人或十余人凑集偷挖。他屡饬文武各官不时查拿,或以追捕急迫,因而有拒捕者。康熙四十九年春间,据报矿徒潜聚,即发官兵前往擒拿,则皆逃窜四散。其就获者据司府审明,"止因被追乏食,抢得青峒铁炉米粮数石,因系偷矿之徒,已经尽法重惩"②。七月,赵弘灿奏报了亲赴韶州查勘到的情形:粤省韶州府所属英德、曲江等县界连广、惠,俱系重山叠岭,其中多有矿坑,因封禁之后,奸徒往往潜集盗挖,聚散靡常。他担心此辈为患地方,屡经移行提镇并饬地方官实力查拿,因康熙四十九年矿徒潜聚之后,又于各县交界紧要之地山名青峒捐盖营房,添设守备一员,带兵二百名驻守。此外,凡属要隘之处,在在添拨弁目领兵巡防。赵弘灿表示:"营汛虽经添设布置,必须该镇总兵官不时亲自巡历,庶各汛官

---

①《广东提督施世骠奏报海面安靖并英德等地有矿徒出没折》,中国第一历史档案馆编:《康熙朝汉文朱批奏折汇编》第 4 册第 1047 号,第 37 页。

②《两广总督赵弘灿奏报杨津叩阍事情形并营务情形折》,中国第一历史档案馆编:《康熙朝汉文朱批奏折汇编》第 4 册第 1142 号,第 289 页。

兵不敢懈怠。”[①]因而督促总兵官不时亲自巡查。广东提督施世骠也认为：“韶府地方以韶镇全军布防，而此等矿徒仍敢行劫乡村，必汛守官兵未善设法防备。”[②]广州将军管源忠的奏报，更反映出问题的严重性：

> 广东惠、潮、广、韶等府所属山场一带，俱系深箐岩险，且界连福建、江西、湖南、广西，向有奸徒潜匿盗矿，后因封禁既严，奸徒无以谋生，阴勾土人暗为窝线，渐出行劫，东流西没，并无巢穴。闻知官兵巡查，随即散匿，兵回复出，每以为常。今年六月十二、十六等日行劫曲江县乡民黄辰玉、壬生、赖上品等家，七月十一日又劫英德县之凤田村钟监生家。时适钦差大人查山，皆经访察，以致督臣赵弘灿、提臣施世骠、左翼镇臣金弘振、右翼镇臣白道隆先后俱各进山查勘巡捕。[③]

管源忠安慰说，此等劫盗不过仍系矿徒流劫之旧习，让皇帝不必过虑。提督施世骠亲身赴韶与督臣赵弘灿踏勘山场形势，共议布置汛防。施世骠复驻扎在曲江、英德交界地方，督率将弁遍搜山场，细查矿徒，了解到矿徒更具体的情形：

> 其种有二：一在外郡流入者，曰飘马；一在本地游手者，曰土马。飘马非土马无以知地方之通塞，土马因飘马更以添党羽而妄行。故每伺离汛，乡村辄行逞凶飘劫，及至官兵追捕，则飘马潜逸外境，而土马仍混良民。间有飘马被追急迫，不及远窜者，或窝藏土马之家，或逃匿林箐之内，非得熟晓贼线，难以物色盗踪。[④]

施世骠访知真确，饬令各将弁多方购线密访擒捕，陆续搜获“贼

①《两广总督赵弘灿奏报亲赴韶州查勘地方情形折》，中国第一历史档案馆编：《康熙朝汉文朱批奏折汇编》第4册第1150号，第318—319页。

②《广东提督施世骠奏报剿部英德等县劫伙情形折》，中国第一历史档案馆编：《康熙朝汉文朱批奏折汇编》第4册第1160号，第338页。

③《广州将军管源忠奏报曲口、英德等县矿徒流劫情形折》，中国第一历史档案馆编：《康熙朝汉文朱批奏折汇编》第1162号第4册，第343—345页。

④《广东提督施世骠奏为再奏地方情形事折》，中国第一历史档案馆编：《康熙朝汉文朱批奏折汇编》第1191号第4册，第436—437页。

徒"邹亚罗、陈士友等 30 人,即遣弁目押交按察司审讯系行劫何案。
次年正月,广州将军管源忠奏报,广东山场有矿徒出没肆劫一案,督
臣亲赴英德县查勘,遣兵追捕,盗或擒获或就招抚。后经督、抚、提、
镇诸臣遵奉部文,各调遣官兵进山搜巡,惠州、韶关、南雄等山闻稍安
靖①。这里广东地方官道出了矿徒问题出现的原因,在于朝廷封禁
矿山后,矿徒无以为生,结伙就近抢夺衣食者有之,偷挖盗采者有之。
由于矿徒出没于深山密箐,与当地人勾连,散聚无常,官府难以控制,
遂酿成社会问题。

对于上述广东地方官员的奏报,康熙帝都是以"知道了"答复。
这种不置可否的态度,反映出康熙帝还在考虑当中,摇摆于是否准许
开矿之间。康熙五十二年五月初三日,康熙帝指示大学士温达等:

> 开矿事大有关系。今浙江温、处等地方及广东、湖广、四川、
> 云南、贵州在在有之。封禁之后,往时开矿之人多聚而不散。若
> 官开,则费多无益。若听民间自开,则伊等尚有利益。即地方官
> 稍有所得,亦非坏法犯贼之比。朕意山泽所产,本天地自然之
> 利,与民共之,亦无不可,若利多拨济兵饷,利少归之民间,开矿
> 人虽聚而不散,亦何患之有。即如热河有金山,此山产金,朕曾
> 遣侍卫开采,所得不偿所费,其地居民每年或开得五六两或七八
> 两,间有来进者,朕皆加倍赏。即此以观,亦见开矿在官为无
> 益,而在民为有利也。尔等与九卿详悉定议。②

由此可见,南方许多省份封禁开矿后,开矿之人并不甘心,仍然
聚而不散。康熙帝认为不少贫矿,官开则费多无益,若听民间自开尚
有利益,即地方官稍有所得也无妨,希望将矿藏与民共之。不过,《清
圣祖实录》在同一天有关要求大学士与九卿商议的记载却是:

> 提督康泰奏称,蜀省一碗水地方,聚集万余人开矿,随逐随
> 聚,现在差官力行驱逐等语。朕念此等偷开矿厂之徒,皆系无室
> 可居、无田可耕乏产贫民,每日所得锱铢以为养生之计。若将此

①《广州将军管源忠奏覆粤省盗案情形并米贵缘由折》,中国第一历史档案馆编:《康熙朝汉文朱批奏折汇编》第 4 册第 1280 号,第 665 页。
②库勒纳等奉敕撰:《清代起居注册·康熙朝》第 22 册,第 12118—12120 页。

等乏产贫民尽行禁止,则伊等何以为生。果如滇省矿厂所出颇多,亦可资助兵饷。此处所出无多,该地方文武官员作何设法,使穷民获有微利,养赡生命,但不得聚众生事、妄行不法,似属可行。尔等与九卿会同速议具奏。①

比较《实录》与《起居注》的记载,我们推测当时的情形,当是四川提督康泰奏请驱逐蜀省一碗水地方的开矿民众,康熙帝表示同情贫民,同时又要维护地方社会秩序,所以要求大臣讨论办法。《实录》介绍了起因,概括了康熙帝的谕旨。《起居注》则重点介绍了康熙帝的谕旨,而《起居注》与《实录》的不同内容(如《实录》例举滇省矿厂,《起居注》则说热河金山,并强调贫民开矿"今浙江温、处等地方及广东、湖广、四川、云南、贵州在在有之"),可能出自不同的起居注官或大学士的记忆与记载。《实录》与《起居注》的记载各有其价值,应当综合利用。

初五日,大学士与九卿遵旨会议,《起居注》记载:

> 除前云南督抚请雇本地人开矿,湖广、山西等处,户部奏称商人王纲明雇本地之人开矿不议外,他省所有之矿,地方官员昔曾禁止民未曾聚未经偷开者,仍照旧严行禁止。今本处无产穷民相聚偷开者,则不必禁止,使贫民得图此微利度日为生。令各处该管地方官查明姓名记册,听其自开。若别省之人往开及本处殷实之民强立寨栅,霸占开矿,即行照例重处。此等情弊,如本处该管文武壅蔽,不严行查拿,该督抚、将军、提镇徇庇不行题参,或被科道题参,或被旁人出首,照例议处。

《实录》对该事的记载则是对这一内容的概括,文字简练,没有歧义,只是省略了最后一段文字"此等情弊……"

大学士与九卿初五日的议奏折子呈览。康熙帝补充说:

> 前旨不专指四川一省,如云南、贵州、湖广、广东、广西、福建在在有矿。初时即行禁采乃可,若一经开采,贫民勉办赀本,争趋觅利,借为衣食之计,其来已久。忽然禁止,则已聚之民便无所归,恐生事端。此辈将欲驱之归农,既无闲旷田地,而牛种亦

---

① 《清圣祖实录》第 3 册卷 255,康熙五十二年五月庚辰,第 5464—5465 页。

无从出,何以为生?①

《实录》对该事的记载则有所不同,将《起居注》开头的"前旨不专指四川一省,如云南、贵州、湖广、广东、广西、福建在在有矿",浓缩为"有矿地区",接着概括了《起居注》中间的内容,将《起居注》最后"此辈……"换成了"总之,天地间自然之利,当与民共之,不当以无用弃之,要在地方官吏处置得宜,不致生事耳"②。这一替换,将同情贫民变为与民共享资源,态度变得主动。廷议的结果:云南是特许地区,湖广、山西特许皇商王纲明在雇佣本地人的情况下继续开矿;其他省份未经开采者仍行严禁;各地贫民私开不禁,以便其谋生;到外省开矿以及富民开矿仍然不准。

值得注意的是雍正《大清会典》有关康熙五十二年开矿条例的资料来源与记载方式。雍正《大清会典》首先记载了事情的缘起,依据的是《清圣祖实录》五月初三日(庚辰)的内容,只是省略了"果如滇省矿厂所出颇多,亦可资助兵饷;此处所出无多"几句。接着,雍正《大清会典》又主要依据《起居注》五月初五日大学士与九卿会议的结果概括如下:

> 凡各省所有之矿,本处无业贫民私行采取者,各该地方官查明姓名注册,令其开采。仍令各该管官不时稽查,毋致生事,妄行不法。其外省之人不许开采。并严禁本处豪强富户设厂。如有此等情弊,该管文武官弁隐匿,不严行查拿,照溺职例革职。该督抚、将军、提镇徇庇不行揭参,照徇庇例降三级调用。

这一概括更加明确了康熙五十二年开矿条例的核心,是强调贫民可以在当地开矿谋生。需要指出的是,由于雍正《大清会典》的这一政策接续在四川提督康泰奏疏之后,造成了康熙五十二年开矿条例完全是针对四川开矿做出的感觉,其实《起居注》所载康熙帝谕旨中"前旨不专指四川一省"一语,强调当时贫民开矿的普遍性,雍正

---

① 库勒纳等奉敕撰:《清代起居注册·康熙朝》第 22 册,第 12130—12133 页。
② 《清圣祖实录》第 3 册卷 255,康熙五十二年五月辛巳,第 5465 页。

《大清会典》的记载方式会造成读者忽视这种普遍性①。

据说康熙五十二年的上述决定征询过大学士李光地。李光地认为:"今议开矿以苏民困,请着令止土著贫民无产业职事者,许人持一铫,而越境者有诛,则奸民不致聚徒山泽以生事端矣。"议遂定。"一时大豪辇金谋首事者皆啮指自悔"②。只许"土著贫民无产业职事者"开矿,这一结果令向权贵活动希冀允许越境投资开矿谋利的"大豪辇金谋首事者"失望。康熙帝的决定表达了他对于民间已经开采的矿山不必严禁的态度和对贫民开矿的同情。当然,康熙帝也考虑到了开矿与社会秩序的关系,但他更务实地看清了这一点:社会上乏地可耕,还不如令贫民开矿维生。

康熙五十四年十一月初八日直隶总督赵弘燮的奏报,反映了这一规定的执行情况。先看赵弘燮对康熙五十二年规定推出原委及内容的理解:因皇帝以开矿皆系贫民每日所得锱铢以为养生之计,若尽行禁止,何以为生?故谕大学士与九卿议定,各省所有之矿,先经地方官禁止,小民未聚偷刨者,仍照旧严禁外,现在无产穷民相聚偷刨者,停其禁止,毋致生事妄行不法。其外省之人,不许开采,本处豪富不许设厂。就此来看,赵氏的理解是准确的。这一规定出台后的效果如何,再来看看赵弘燮的奏报:直隶房山县之水洞坡产有矿土,而宛平县之鸡见台等处村民素常偷挖。该矿位于西山,附近有皇帝的居处,理宜安静,不便听其群聚开采,向系封禁。近有村民招集外棍偷刨,屡行饬禁,无奈愚民嗜利,恋恋不舍,虽经惩处,散而复聚。此矿在万山之中,他们登高瞭望,一见兵役往查,则皆敛迹深藏,一伺巡查人去,仍复肆行开采。必得设立汛防,发有兵弁专事巡查,庶可永杜,此事正在商议题请。赵弘燮后又报告了新的情况:十月二十四日,复有本地愚民董良宽等容留外棍安兰等聚集数十人,复行偷刨烧

①杨余练认为,康熙五十二年的条例是康熙后期第二次修改矿业政策。它是针对四川一碗水地方聚集万余人开矿难以驱逐而做出的(杨余练:《康雍时期矿业政策的演变》,《社会科学辑刊》1983 年第 2 期)。实际上,广东等省开矿聚众问题也很突出,《康熙朝起居注》与奏折的记载更为全面细致,揭示出当时康熙帝担心的聚众开矿是较为普遍的现象。

②方苞:《方望溪全集·集外文》卷 6,《安溪李相国逸事》,中国书店 1991 年版,第 341 页。韦庆远引用彭绍升《二林居集》卷 15 的资料,将此事定在"康熙中叶",即将叙事提前了,不确(韦庆远:《档房论史文编》,第 99、138 页)。

炼。"现在飞饬护霸昌道会同涿州营参将带该管专汛官弁等,前往封禁查拿,并拘董良宽等,发审定拟完结。"①赵的意见得到了康熙帝的首肯。该事例说明位于京师附近的矿山,出于安全考虑,禁止开采。赵弘燮在报告中陈述的理由是:不许宛平县人到房山县挖矿,不准安兰等开矿,因他们系外地人。当地人董良宽因容留外地人开采,也应受到惩处。

杨余练认为,康熙五十四年云南地方官奏请开掘银矿,廷议之前大学士李光地向康熙帝面奏说矿徒聚易散难,获得康熙帝首肯,于是特旨不准行。是为康熙后期第三次讨论矿政,是前一次矿政讨论的补充②。事实上,这只是云南开矿问题的一个个案,并非针对全国作出的制度性规定。上述同样发生在康熙五十四年的禁止直隶开矿的事例说明,当时在继续执行康熙五十二年的政策,并无补充性的规定作为参考。而下面所述的康熙晚期开矿活动的事例,也能说明并不存在所谓康熙后期第三次讨论矿政之事。

三 限中寻开:康熙晚期的开矿活动

由于开矿可以满足国家铸币需求、增加国课、解决民生,无论是康熙帝,还是清廷与地方官以及民间,总想通过开矿取得利益,为国家与社会带来好处,于是限中寻开成为康熙晚期开矿活动的一种基本情态,各地具体情形也因之有所不同。

广东继续治理矿徒带来的社会问题。康熙五十四年五月,广东巡抚杨琳奏陈广东地方情形:"陆路盗贼多系挖矿之徒聚集生事,又值前岁偶尔薄收,穷民不能安分,是以盗案甚多。奴才到任后,即邀提督王文雄同往肇庆面商总督赵弘灿,严饬水陆文武官员,陆路清查保甲,滨海编设澳甲,驱逐矿徒,添设塘汛,务使盗风渐息。"③六月,又奏报:"至于山海地方,亦无大伙盗贼,不过宵小匪类。奴才同督、

①《直隶总督赵弘燮等奏报有人偷刨山矿情形折》,中国第一历史档案馆编:《康熙朝汉文朱批奏折汇编》第 6 册第 1931 号,第 619—621 页。

②杨余练:《康雍时期矿业政策的演变》,《社会科学辑刊》1983 年第 2 期。

③《广东巡抚杨琳奏陈广东地方情形折》,中国第一历史档案馆编:《康熙朝汉文朱批奏折汇编》第 6 册第 1773 号,第 164 页。

提诸臣竭力查拿,兼驱逐矿徒之后,地方颇觉宁静。"①杨琳指出盗案与矿徒的聚集流散不无关系。广东的封禁作为事例还被列入《会典》:

> 康熙五十四年覆准:广州等府属有矿山场,聚集人多,严行封禁,如仍多人妄行开采,将不行查拿之文武官弁议处。②

清廷对于广东禁矿的态度明确而严厉。康熙五十六年六月,广东潮州总兵官王应龙奏闻:大埔蕉窝山内有奸徒挖矿,即"带分防该辖守备朱良祝徒步三十余里,就于山窝拿获私炼矿犯三名并矿一担及铁锤等件,将寮房、炉座立即焚毁"③。由此可以看出,广东地方官严禁私自开矿,以维护地方社会秩序。

京畿地区的矿藏是官府关注的,此期该地的情形与他处有所不同。康熙五十六年五月,直隶昌平州事北路捕盗同知张充国报称:有自称畅春苑监督二等侍卫马维翰带有王姓、崔姓两笔帖式,并领数十人在州属之黄罗院地方开采矿砂,口称奉旨前来,不容拦阻。总督赵弘燮奏报:"查黄罗院系久禁开采之处,今马维翰等既称奉旨开采,又无部文到臣,难以凭信,事关开采畿内禁地,臣不敢不据报奏闻。"④署理霸昌道陈鹏年称,有炭军王汉等佣雇四人,在昌平州之银山雌老峪开刨矿砂,差拘王二,宋国珍,讯据供:系营造司佛保、内务府董殿邦令其开矿,并云俟得有砂子再行启奏等语。但无部文,真伪难定。赵弘燮也因此奏报:"今又报有佛保等令人刨挖银山雌老峪之矿砂,亦无部文,臣不敢擅便,理合再行奏明,请旨。"康熙帝朱批:"近京各处察矿沙原是有的,马维翰一案察明白了。地方官该当如此,则恶人难行矣。"⑤这些开矿者涉及营造司、内务府,还有畅春苑监督二等

①《广东巡抚杨琳奏陈地方不便于民二事并报收成米价折》,中国第一历史档案馆编:《康熙朝汉文朱批奏折汇编》第6册第1819号,第309页。
②雍正《大清会典》卷53,《户部·矿课》,第3198页。
③《潮州总兵王应龙奏报拿获私自炼矿及海上人犯折》,中国第一历史档案馆编:《康熙朝汉文朱批奏折汇编》第8册第3036号,第1067—1068页。
④《直隶总督赵弘燮奏报昌平州有自称畅春苑监督马维翰者在开矿折》,中国第一历史档案馆编:《康熙朝汉文朱批奏折汇编》第7册第2425号,第924—925页。
⑤《直隶总督赵弘燮奏报有内务府佛保等派人在昌平开矿折》,中国第一历史档案馆编:《康熙朝汉文朱批奏折汇编》第7册第2442号,第964—965页。

侍卫及所带笔帖式等官府人员,虽然官府确认其事属于勘察矿藏,但最初只是称奉旨开采而无部文,故引起地方官员的怀疑。

民间仍有开采矿产的事例。云南的铜矿用来铸币,关系国课,为了扩大产量,官府鼓励民间开采,云南地方官也高度重视此事。康熙五十六年巡抚甘国璧分檄各属,令民访查开采。督臣蒋陈锡莅任,又复遍行晓谕,共图裕课。布政使金世扬申报,"商民王日兴等以曲靖府沾益州地方产有银矿,堪以开采"①。地方督抚为之奏请,得到皇帝的同意。在山东,据巡抚李树德奏:"东省地方向有煤井,出产烧煤,听民自行开采营生,并无禁例。"②这些事例皆表明,在矿禁政策下,普通商民的开矿活动并未停止。

康熙五十八、五十九年,山东发现银、铅矿脉,于是发生了全省开矿的热潮。康熙五十八年七月二十五日山东巡抚李树德奏报:采煤井人俞斌臣等称,济南府淄川县境槲木沟地方开掘煤井,忽得矿线,乃系铅砂。开煤井人刘商等称,青州府临朐县境略水地方开挖煤井,忽掘出银矿砂线。据济南府粮捕通判王朝选、青州府粮捕通判高维岩查复,淄川县槲木沟地方开掘煤井之处果有矿砂,一斤约可得铅三四两不等;临朐县略水地方开挖煤井之处果有银砂,每砂一两约可得银二钱七八分、三钱不等。从两处各取有铅砂并煎出之铅、银送验。李树德个人认为,银、铅等矿乃天地自然之利,如开采果有成效,则上可以充裕国课,下亦可以资赡商民。但他知道皇帝"或以聚集多人,恐于地方官堵塞封闭,不许民间偷掘",为此他缮折请旨,并将送验之银砂二两、护砂石二块、铅砂一块及煎出之银、铅各一块,一同进呈御览。康熙帝接奏后指示:"铅矿且停,银矿再酌看,果然十两砂内得三钱银,算得好矿。俗语云:一山有矿,千山有苗,真苗难遇。"③要求继续勘探银矿。由此也可以看出,康熙帝对于开矿的知识相当丰富。

山东官民开矿的积极性很高。十月二十六日李树德奏报:已令

①《云南巡抚甘国璧奏报曲靖府有银矿并滇省雨水田禾情形折》,中国第一历史档案馆编:《康熙朝汉文朱批奏折汇编》第7册第2440号,第960页。
②《山东巡抚李树德奏报淄川临朐发现银铅矿脉事折》,中国第一历史档案馆编:《康熙朝汉文朱批奏折汇编》第8册第2813号,第584页。
③《山东巡抚李树德奏报淄川临朐发现银铅矿脉事折》,中国第一历史档案馆编:《康熙朝汉文朱批奏折汇编》第8册第2813号,第585—586页。

将榼木沟铅矿立即堵塞，不许商民擅开。且遴委青州营参将杜长青、青州府博兴县知县李元伟前赴林区先略水地方，亲身督率夫役刨掘银砂。据参将杜长青、知县李元伟报称，八月二十五日已至临朐县略水地方，正在雇觅人夫开掘旧井。有本地民人苗之实情愿不领工价，自备器具、食用开采，俟得砂之后官收七分，民得三分，以作工价。随准其开采。九月初一日兴工，将堵塞井口之石块泥土掘出，淘干井内积水，按线一路凿下，直至九月二十八日复得矿砂。其砂线初系阔长三寸，后至寸许，两旁坚石夹护，时有时无。其余左近旧井十余处亦行开掘，并无砂线。李树德将所得矿砂分别装贮匣内，封固进呈，请示嗣后应否再行开采。康熙帝朱批："皆是好矿，但不知后来如何。选出好些能干有守之员多开掘几处再奏。"①看来康熙帝对山东开矿的兴趣在增长。

李树德谨慎地继续探矿。十二月十八日奏称，他家人山东济阳县生员门起蛟，能知东省出矿处所，且识矿线。据其开写，济、兖、青、登四府所属州县内共有矿场十余处，各出金、银、铜、铅不等。今时值岁暮，且天寒地冻，难以开掘，请俟明岁正月尽间委员同门起蛟挨次开采，俟得有矿砂，陆续奏闻。但矿有金、银、铜、铅四项，明岁应先开何项之矿，应停止何项之矿，请皇帝明示。奏中他还建议：莫若将所开之矿坐落某州县，即委本州县官经营料理，不特雇觅工匠、呼应甚便，而且夫役俱属子民，更易于稽察匪类，其地方一切公务亦无贻误。请于可以兼摄之官员内择其贤能者，文武各派出二员，令其分路监查。再派一贤能道员总理其事，仍不时选差标员密行稽查，庶彼此不至徇私欺隐，以绝采多报少之弊。还请求另传谕旨，令所开矿场，止许雇觅本州本县民人开采，其他州县以及外省之人一概不许混入。倘京城与外省有钻营充商包揽开矿者，准严行查拿，具折参奏，按法究治。如包揽之弊一除，则本地穷民仰沾皇恩，借此工食可以糊口度日，庶国课无侵渔之虑。即日后砂尽停工，而开矿穷民即可退归田亩，于地方亦无聚众之虞。康熙帝在奏折上肯定了李树德的做法：

---

①《山东巡抚李树德奏报派员试掘临朐银矿情形折》，中国第一历史档案馆编：《康熙朝汉文朱批奏折汇编》第 8 册第 2828 号，第 615 页。

"此议甚妥,再作几月看。"①

康熙五十九年春天,李树德加快了开矿步伐。三月二十六日,他向皇帝奏报了开矿进展:已差委济南府通判王朝璇、都司钮国玺会同看矿生员门起蛟先后赴沂州、费县二处招募本地民商,认工开采。沂州已于三月十三日动工,尚未掘得矿线。至于青州府临朐县略水地方所开之旧井,自去年十月十五日至今年三月十四日,除去十二月初旬至本年正月中旬因水冻停止开采外,其余时间一直都在进行,共采得各种矿砂石 133.12 斤,再将护砂石以及扫出砂土内凡有银气者一总煎试,共得银 311 两,俱已装载封固,一并进呈交纳。据土人说法,矿砂乃地中之宝,赖水土滋养,随得随煎,出银较多,若出土日久,风吹干燥,则得银减少。为此他请示皇帝,嗣后所得矿砂是随得随煎,将银陆续恭进,还是直接将矿砂恭进。康熙帝朱批:"朕即打发部院才能章京同尔商量开矿之事。"②

康熙帝特遣吏部员外郎德禄等 6 人前来,会同刨看济、兖、青、登四府矿场一年之所有。德禄、陈廷夔、陆师于六月二十日至青州府临朐县,查看商民认开之略水矿的情况,共有 6 洞;吴尔登、梁文燕、李卫于六月二十二日至兖州府沂州,查看商民认开之龙蟠山等处,共有 5 洞。时因盛夏,阴气下伏,洞内难以点灯,且有积水,不能刨挖。李树德奏报:因皇帝有多刨几处之圣谕,遂遍行招商。据各州县商民具呈,佥称从前本地矿洞止许本州县民人开采,是以未敢越属充商。临朐县苗之实一人自认官七民三之例,实属不敷工本,如蒙准令通省人民认商对半抽分,商等情愿自备工价,雇觅夫匠,前赴有矿州县,认洞开采。李树德等酌议,凡属本省民人取有各该州县印结者,俱准充商。其商人自备工本,开采得砂之后,准官民各半分砂。他说,今东路青、登两府之安丘、宁海等州县,共开矿场 31 处,西路济、兖两府之历城、沂州共开矿场 39 处,俱于七八月以来,陆续兴工。今东路各矿场刨见金砂线者 2 处,内有 1 处得金砂,后因线断停工。刨见银砂线

①《山东巡抚李树德奏为遵旨派员筹备开矿并预筹开采办法折》,中国第一历史档案馆编:《康熙朝汉文朱批奏折汇编》第 8 册第 2836 号,第630 页。
②《山东巡抚李树德奏报续在临朐县掘得银矿砂进呈事折》,中国第一历史档案馆编:《康熙朝汉文朱批奏折汇编》第 8 册第 2855 号,第 664 页。

石者 2 处,内有 1 处因刨砂见铅停工。西路各矿场刨见银砂线石者 2 处。两路见在刨挖有砂线者共计 4 处。今招募民商,东西两路刨看矿场已经半年,共刨过 70 处,得有线砂之洞仅 6 处,内又停工 2 处,且所得金、银较之工本尚不能敷。据目前而论,似属矿砂难得。鉴于上述情形,康熙五十九年底,康熙帝指示:"总是得数喜多,劳民生事,不必刨了。部官都回来罢。"①历时一年多的山东采矿事就此而终。

难得有众多的史料记载了上述山东采矿之事,使我们得以了解该案的来龙去脉,从中看到围绕资源各方所持的立场。山东巡抚李树德热衷此事的理由是,开矿可以上裕国课,下赡商民。一旦发现矿场,便令立即堵塞,不许商民擅开,便于掌握矿产以及控制社会秩序。本地百姓的积极性很高,有民人情愿不领工价,自备器具、食用开采,俟得砂之后官七民三抽分。官府遂准其开采。又获悉山东济、兖、青、登四府所属州县内共有矿场十余处,李树德立即奏报,准备依据康熙五十二年的矿令开采,其提议得到了康熙帝的认可。在李树德安排属下试采时,康熙帝特遣吏部员外郎德禄等 6 人前去帮助、商量开矿之事。为及时探得矿藏信息,李树德遍行招商,并请示皇帝准令通省人民认商且对半抽分,让商民自备工价,雇觅夫匠,前赴有矿州县认洞开采。此议获准,于是山东掀起了一场全省开矿的热潮,东、西两路竟有 70 处陆续兴工。但因矿场蕴藏贫乏,所得有线砂之洞仅 6 处,其中又停工 2 处,且所得金、银较之工本不能敷。鉴于矿贫的现实,康熙帝以"劳民生事"停止了山东省的寻矿运动。康熙末年山东的这场寻矿运动,表明地方官府与老百姓积极性很高,希望开矿发财,康熙帝并不打击地方上的积极性,但比较冷静,控制着事态。

康熙后期清廷也明令封禁了一部分矿厂。康熙四十九年到康熙五十七年间,云南澄江府路南州开太和羊脚迹两地的铜矿以及广西弥勒州红万铜矿,湖南的铅矿以及河南、四川等地的矿厂皆被关

---

① 《山东巡抚李树德奏报开采就济兖青登四府金银矿场情形折》,中国第一历史档案馆编:《康熙朝汉文朱批奏折汇编》第 8 册第 2913 号,第 753 页。

闭①。雍正元年,云南全省铜产量为一百余万斤,课银二万余两②。比康熙四十四年税课八万多两减少四分之三,铜产量无疑大幅度下降了。

四 结语

康熙皇帝有着比较开明的矿产观念。他认为"山泽所产本天地自然之利,与民共之,亦无不可",开矿可以利国利民,增加税收,有利民生,维护稳定。

康熙一二十年代,清代开采铜铅的政策基本形成。康熙十四年清廷定开采铜铅之例,有了由本地人呈请、官府审查的核可制度;至康熙十八年形成了比较完整的铜铅矿业政策,核心是任民采取,八分听民发卖,二分纳官,官员征税可观加级议叙。这一政策在康熙二十三年再次被强调。

清朝平定三藩之后,国家进入恢复经济的新时期,康熙帝为了发展经济,解决民生问题,许民开矿。开矿首先作为经济问题出现,为了维护币制稳定,大力开采铜、铅矿藏,实行任民开采的政策,出现了全民开矿的热潮。云贵地区由于矿产丰富,外地商民不断涌入,国有与民办争辉,开矿业生机勃勃。

发财致富的梦想鼓舞清朝举国上下寻矿开采,于是出现诸多社会问题。在人口急剧增长的压力下,大量贫民到矿场谋生,矿山聚集多人,一旦矿藏开发殆尽,矿徒聚而不散,威胁着社会治安。开矿带来的破坏风水龙脉的纷争,也是一个社会问题。为了控制社会秩序,治理社会问题,康熙帝采取了限制民间开矿的政策。康熙四十三年,清廷针对安徽等省开矿出现的问题做出重大决定,今后不再开设新矿,还限制销售。此后,全国仍然普遍存在着民间开矿,四川尤其是广东在康熙五十年代民间开矿问题尤为突出,官府增设塘汛,佐以保甲,加以控制。满洲贵族、汉族官宦也投资开矿,与民逐利,发生诸多案件。清廷通过内务府商人开采掌握矿产资源,如皇商王纲民的事

---

①雍正《大清会典》卷 53,《户部·矿课》,第 3202—3203 页。

②鄂尔泰等编:《朱批谕旨》卷 3,朱批杨名时奏折,《钦定四库全书荟要》第 1 册,第 167—168 页。

例尤为突出。然而禁矿不仅影响民生,还会带来失业贫民的社会问题,于是在康熙五十二年清廷采行允许本地贫民开矿谋生,控制外地人投资开采政策。从资料来看,康熙中后期民间开矿虽然受到限制,但是开采活动始终不断。由于康熙帝宽仁的性格,比较能容忍地方上的开矿谋利行为。

康熙帝制定开矿政策,始终从政治考量,维护社会秩序是其思考问题的出发点;但是他又能从地方政府与百姓利益考虑,故禁而不死,网开一面,较好地处理问题,使得康熙朝的开矿诸方面各得其所。

康熙朝开矿政策经历了从禁到开的任民采取之开放政策,中经限开限卖的限制政策,后来演变为许贫民开矿的限中寻开的求变政策,为清朝在开矿问题上的决策积累了丰富的经验。雍正帝继承了康熙帝的开矿政策,但更趋向于保守。到了乾隆朝终于开放矿禁,从一定程度上讲,这是光大了康熙帝限中寻开的探索精神,掀开了历史的新一页。

(原载《史学月刊》2012 年第 6 期)

雍正朝开矿问题新探

清雍正朝在是否允许商民开矿问题上,有过反复讨论。不少地方官请求开放矿禁,雍正皇帝虽有动摇,但仍继承了康熙后期的矿业政策,甚至更趋保守。雍正帝的立场是由其维护社会秩序稳定的态度决定的,而请求解禁商民开矿的地方官则作为解决民生问题提出。同时,针对开矿带来的聚众等社会问题,皇帝采取以禁求静的策略,地方官则认为开放矿禁才能释放问题,带来社会稳定。雍正朝关于开矿问题的讨论折射出那个时代皇帝与官员、官府与民众的关系以及国家与社会之间互动形态。

学术界探讨过清前期的矿业政策,但对雍正朝的开矿问题尚无专论。由于这场讨论主要在皇帝与高级官员之间进行,《雍正朝起居注》有大量记载,这是以往的研究没有使用过的资料;而《雍正朝汉文朱批奏折汇编》中也可发掘到大量的资料。兹以雍正朝《起居注》与新出版的雍正朝奏折为主要资料,继续就雍正朝开矿问题加以探讨。

一 重申旧例:雍正初年重申禁止招商开矿

雍正元年,停止贵州开采铜矿。其原因是获效甚微,加之汉苗杂处,用银已久,无使用钱文习惯①。然而黔省亦有私开铅厂归公事。

---

① 张廷玉等撰:《清朝文献通考》卷30,《征榷五》,考第5130页。

雍正二年五月二十九日,贵州巡抚毛文铨奏:查黔省如阿都、腻书、猴子等银厂已经题报外,尚有钉头山、齐家湾等处铅厂昔日俱属私开,即前折奏闻之滥木桥水银厂从前亦无分文归公之处。他逐一清查后,檄藩司议定抽权之数,俟详议到日,即会同云贵总督高其倬题报归公,总不许地方各官染指分文。雍正帝批示,司事之员若亦令分文不染,即畏是任,还须与他留点自利,踊跃从事方好①。根据清朝档案户科史书记载,雍正六年,贵州威宁府铜矿有腻书、猴子、阿都、白蜡、柞子等厂。雍正七年,威宁一带有铜厂十余处开采。雍正八年,正月十三日,云贵广西总督鄂尔泰奏称黔省钱文可以通行,十一月二十八日,贵州巡抚张广泗题请威宁州属果木果厂开采未旺,请照滇省汤丹厂之例,每百斤抽课十斤,予以优惠。雍正九年三月,得到内阁大学士兼户部尚书张廷玉的准许。雍正十年,威宁属格得、八地二厂亦照果木果厂例每百斤抽课十斤。至雍正十一年五月,果木果厂因出铜无几被关闭②。

广东的广州、韶州、惠州、潮州、肇庆五府俱有矿山,康熙三十八九年间曾经开采,康熙四十三年鉴于贼盗渐起,康熙帝将其封禁③。然而乏食穷民仍相聚偷挖,康熙五十二年,准令贫民采矿,名为矿徒实为山盗事遂增多④。雍正元年,皇帝在广东巡抚年希尧奏请驱逐盗矿徒的折子上批示,不开矿最好,在已开的情况下不便全行禁止,因可允许少数人在半公开半隐蔽状态下开采,如何掌握得好,就要看地方官相机而行。他倾向于禁采,也考虑矿徒开采的既成事实⑤。

雍正二年,约在五月,因通政司右通政梁文科条奏广东事务,雍正帝将其条陈发给两广总督孔毓珣评议。梁文科条奏内称:广东各处山内出产铅、锡,任民刨挖,以为糊口之计,请将康熙后期封禁的铅、锡矿解禁。六月二十四日,孔毓珣回旨说,广东田少人多,穷民无

①《贵州巡抚毛文铨奏清查私开矿厂酌议抽收款项归公折》,中国第一历史档案馆编:《雍正朝汉文朱批奏折汇编》第 3 册第 77 号,第 118 页—119 页。

②中国人民大学清史研究所、档案系中国政治制度史教研室合编:《清代的矿业》上册,中华书局 1983 年版,第 199 页—204 页(编者不再出注)。

③《清代的矿业》上册,第 24 页。

④《清代的矿业》上册,第 25 页。

⑤《清代的矿业》上册,第 22—23 页;冯尔康:《雍正传》,第 204 页。

以为生,矿利可资养穷民。认为选择无碍民间田地庐墓出产铅、锡的山场招商开采,养穷民而增国课,实系有益无损①。雍正帝将该疏交户部讨论,遭到反对②。七月二十二日,孔毓珣接到朱谕,这一谕旨反映了雍正帝的有关开矿政策,十分重要,全文录下:

> 谕两广总督孔毓珣:据奏请于广东开采以济穷民以靖地方。朕令廷议,知昔年广东开矿,聚集多人,督抚所奏名为四五万,其实不下二十万,以致盗贼渐起,邻近郡邑皆有戒严之意,是以永行封闭。夫养民之道在于劝农务本,若舍本逐末,小民希图目前之利,不肯尽力于畎亩,非经常之道也。且利之所在,众之所趋,人多则食用愈繁,食繁则米谷愈以不继。况远近各省一闻开采之信,游手无赖之徒望风而至,岂能辨别其良奸而去留之?势必至于不可容而止。且矿砂乃天地自然之利,多寡有无不能预定,亦不能常保。有利则聚之甚易,无利则散之甚难,不可不合始终而计其利害也。至于开厂,虽可增税,朕岂需此,朕以爱养穷黎为念。朕原谕尔酌量令民开采者,为一二实在无产之民,于深山穷谷觅微利以糊其口,断不至生事于地方,尔等揆情度势,不致聚众私采或可之意。今若招商开厂,设官征税,传闻于外则断不可行。特谕。③

该谕的开头与结尾部分讲的是康熙朝后期的矿业政策,即广东因开矿曾聚集二十万人,以致盗贼渐起,成为社会问题,于是封闭矿场。康熙五十二年经廷议,决定只允许本地贫民为谋生少量开采,雍正帝所谓"酌量令民开采者"即是沿用此令。该谕中间部分为雍正帝认为开矿不妥的理由,共四点:一是舍本逐末,不利于劝农务本;二是聚众食繁,导致米价上涨;三是游手无赖之徒而至,难辨良奸;四是矿藏有盛有衰,矿徒聚易散难。同时声明,并不以增加税收与否考虑开矿问题。雍正帝全面阐发了他对继续禁止商民开矿的主张,后来雍

---

①鄂尔泰等编:《朱批谕旨》卷7之1,朱批孔毓珣奏折,《钦定四库全书荟要》第1册,第273页。

②《清代的矿业》上册,第23—24页。

③《两广总督孔毓珣奏遵谕严禁聚众开矿折》附件,中国第一历史档案馆编:《雍正朝汉文朱批奏折汇编》第3册第425号,第581—582页。

正君臣讨论是否开矿基本上是围绕这几点进行的。

孔毓珣接到上述谕旨后解释道:广东人多田少,向来无产穷民借充洋船水手及挑贩私盐以为衣食。自南洋奉禁,现在查禁私盐又严,多事偷矿为生。一时愚见,以私偷不如明开,曾博采众论,是以冒昧奏请。又坚持说:"今奉圣谕,合始终而计则利小害大,实有不可轻举者,但广东穷民趋利若鹜,睹此天产之财,欲使断绝不偷,势所不能。臣谨仰体皇仁,如深山穷谷内有穷民暂时零星偷采糊口者,宽其禁捕,若访得聚集人多,地方文武即拨兵役驱逐解散,再若生事,地方则擒拿究治。如此分别立法,是远方无赖之徒不致闻风而至,本地乏食穷民聊得借砂易食。仍一面劝民守分力田,以副皇上重农务本德意。"雍正帝朱批:"此论甚妥得中,但要实力奉行。"①孔毓珣一面诉苦,陈说控制不住偷挖现象,一面强调按照谕旨允许"穷民暂时零星偷采糊口"。由于广西巡抚李绂折奏:现有外省无籍矿徒流入广西蕉木山,雍正帝特向两广总督孔毓珣颁发谕旨:

> 尔任广西巡抚时,与提督韩良辅具奏大金、蕉木等山无籍矿徒地方官不能驱逐,添调官兵防汛。今巡抚李绂折奏,现有外省无籍矿徒流入蕉木山,随饬贺县知县会同富贺营守备带领千总二员,三路并进,驱入广东。又称广东梅峒、宿塘等处矿徒梁老二聚集多人,汛兵子弟亦多附会,巡检不能防缉等语。若广东既有巢窟,则广西蕉木山矿徒虽暂驱出境,终难安靖。此关系地方利害,尔为两省总督,宜会同两省巡抚、提督设法驱逐散解,不可因尔前曾奏请开矿,少有回护,以致忽略。况前所请并未准行,乃今矿徒业已聚集至有头目姓名,将来如此等者为害匪小。如附近村庄一二穷民偷采,或可法外宽宥,至聚集多人,立有头目者,断宜速行严禁解散,无使滋蔓。督抚身为封疆大吏,职在戢暴安民,如应提调官兵处,悉心筹画而为之,不可因省事姑容而遗害,务期地方无事,以副朕意。特谕。②

---

①《两广总督孔毓珣奏遵谕严禁聚众开矿折》,中国第一历史档案馆编:《雍正朝汉文朱批奏折汇编》第 3 册第 425 号,第 581 页。

②《两广总督孔毓珣奏遵谕驱逐无籍矿徒折》附件,中国第一历史档案馆编:《雍正朝汉文朱批奏折汇编》第 3 册第 592 号,第 783 页。

雍正帝知道孔毓珣在禁矿问题上并不情愿,结合广西流入矿徒,警告孔毓珣不能掉以轻心,致使矿徒聚集,立有头目而组织化,养痈遗患。孔毓珣接到朱谕,立即解释:"蕉木山西系广西之贺县,东接广东之连山县,并与湖广之江华县相近。因蕉木山出产矿砂,广东附近穷民乘间偷采,驱则散回各家,每岁必有几次。即广西穷民,亦间有在内偷采,俱属附近之人,并非远来,亦非另有巢窟。其知有姓名者则系屡次偷矿之人,然畏查拿,姓名亦复更改不常。此臣采得历来之情形也。至臣初到广东时,因见人多田少,冒昧题请开矿,及奉皇上指出利害,明白晓谕,臣至今愧悔,倘地方有事,臣总督责任更重,断不敢回护忽略,自取罪戾。"①鉴于雍正帝对与广东开矿问题的担心,孔毓珣迅速明确态度,坚决贯彻皇帝旨意,检讨题请开矿的冒失,声明矿徒既未立头目,又无巢穴,布置防范事宜。

二 禁开之间:雍正中期开矿治理的实践

雍正三年初,雍正帝继续布置治理两广矿徒,强化省际交界处的管理。正月二十九日,谕两广总督孔毓珣:"广西蕉木山场屡有矿徒骚扰,虽屡经逐散,而巢窟尚在广东,终难安靖。闻蕉木山路共有四汛,在广西者三,在广东者一。两省汛兵各宜尽心防缉,不得坐视推诿。嗣后着该管文武,分地查核,以专责任,或矿徒从某地来不能稽察,或已至某地不能擒逐,或逃入某地不能截堵,各就本地官弁题参议处,庶两省同心协力,务期盗息民安。"②三月十五日,又谕:"从来两省交壤之地,其界址多有不清,云、贵、川、广为尤甚,间至一省之内各州县地界亦有不清者。每遇命盗等事则互相推诿,矿厂、盐、茶等有利之事则互相争竞,甚非息事宁民之意,朕深知此弊。今特降谕旨与各省督抚,其共矢公心,勿存私见,详细清查。如与邻省地界有不清者,则两省各委实在贤员公同勘定,若本省内地界有不清者,即委

---

①《两广总督孔毓珣奏遵谕驱逐无籍矿徒折》,中国第一历史档案馆编:《雍正朝汉文朱批奏折汇编》第 3 册第 592 号,第 782 页。

②中国第一历史档案馆编:《雍正朝起居注册》第 1 册,雍正三年正月二十九日,第417 页。

其本省贤员勘定。"①目的之一是管理交界处的矿厂。十二月初十日,广东巡抚杨文乾奏报开采事宜,言及:"再将臣前折所开大岐山等处,选择殷实之人取结承办,止用本处人佣工,不许异籍流棍搀杂在内,如此不特铜斤可裕鼓铸,而穷民亦得借以资生,且各山既有官商承管,流棍难于托足,更可免易聚难散之患矣。"雍正帝朱批:"虽云令本地人民开采,可免易聚难散之患,然官商二字,究非善政,亦不宜聚集多人,此事当与督臣孔毓珣详审商酌会奏,慎毋涉于轻率孟浪。"②杨文乾明知皇帝并不愿意商民自由开矿,仍然试着奏请开采,可见在地方上开矿的压力非常大。雍正帝认为即使可以避免易聚难散问题,但是"官商"究非善政,我们推测雍正帝的意思是不愿意让人议论说,官商控制资源与民争利。告诫杨文乾不要轻率行事。起居注官赞扬雍正三年皇帝的行政说:"禁矿徒、禁私铸、禁保留官府、禁欺压善良,群奸息而民俗醇也。"③将"禁矿徒"作为一项,可见此事是雍正政务中的重要内容。

两广交界处的开矿问题继续得到关注。雍正四年,芋荬山也出现偷挖矿砂事件,六月十六日,广西巡抚汪漋奏拿获矿徒事:"梧州府属苍梧县有芋荬山,其地东接广东之开建县;东南接广东之封川、开建两县;东北又为开建、贺县、苍梧三县分辖之地,峻岭穷崖,径路歧出。近有广东饥民同苍梧、贺县愚民潜往此山偷挖矿砂,臣随饬苍梧县协同武弁严拿驱逐。"④五年清查两广疆界,二月二十九日,雍正帝对两广交界地区的"矿贼"问题特谕:"矿贼盘踞于两广之间,而两省官员互相推诿,以致宵小肆行,良民时受其扰。着李绂、甘汝来会同阿克敦将两省疆界一一清查,如何分别防范管理,酌定规制,使汛地

---

①中国第一历史档案馆编:《雍正朝起居注册》第 1 册,雍正三年三月十五日,第 457 页。

②鄂尔泰等编:《朱批谕旨》卷 9 上,朱批杨文乾奏折,《钦定四库全书荟要》第 1 册,第 467 页下。

③中国第一历史档案馆编:《雍正朝起居注册》第 1 册,雍正三年十二月三十日,第 644 页。

④《广西巡抚汪漋奏拿获矿徒情形折》,中国第一历史档案馆编:《雍正朝汉文朱批奏折汇编》第 7 册第 342 号,第 465 页。

各有专责,匪类无计潜藏。"①总之,由两广总督孔毓珣奏请开矿引发的雍正帝对于两广矿徒问题的关注,集中体现出雍正初年民生问题的严重性以及清廷对于开矿的政策。

湖南郴州开采铅矿一事也反映了雍正帝继续康熙朝政策。据雍正五年闰三月初二日湖南巡抚布兰泰奏折,郴州九架夹向有铅垄,前于康熙五十一年九月抚臣潘宗洛题准,有商人王纲名开采,照例抽分,后因垄深砂尽,于康熙五十三年十二月停止开采。嗣于雍正三年三月准部文商人邱道正复采九架夹白铅,后据郴州知州佟国元详称,九架夹白铅矿内杂缠黑砂,请黑白兼采。他咨请部示,于雍正四年十月十九日准到部咨,令黑白兼采在案。黑铅即是银,毋除铅斤,照例二八抽分外,煎出白银除去商人工本之外,例与商人均分一半以充国课。据郴州赍送雍正五年正月分所抽黑铅税银册,总计一月内所获黑铅一万一千九百余斤,煎出白银 1919 两,内扣除商人工本,实存银959.9 两,应抽税银 479.9 两。恐其有煎多报少与官役侵分之弊,现在驳查。布兰泰请求委一道员专司其事,令与商人眼同开采,眼同煎炼,据实抽税,以杜煎多报少与地棍官役瓜分侵蚀之弊,保证国课可增。同时报告,访闻靖州属之会同县花空寨,山内沙石淘出金子,有土人杨莫章、杨占魁等一姓偷挖,正在调查。雍正帝朱批:"此事亦与傅敏详悉商酌,开采一事,虽目前有小利,人聚若众,为害甚巨。利在公利在私,向属小事,百姓足与不足到不必务小,谆谆在钱粮上着意为应开,无害百姓现成养生之利,亦难阻遏,若恐遗害,自然量其轻重而为也,朕不便悬谕。"②雍正帝采取因地制宜的方式,要求地方官自己权衡。从布兰泰所奏看,湖南铅矿是由皇商王纲明、邱道正开采的,但是地方官担心他们私分漏税,对于发现矿藏,地方官十分热心。接到皇帝的御旨,居官长沙的布兰泰,立即修函总督傅敏商酌。傅敏表示,访闻京商丘道正等所得铅斤与银不无以多报少情弊,已专檄衡永郴道不时稽查,务据实奏报。布兰泰继续奏报了解到的靖州会同

①中国第一历史档案馆编:《雍正朝起居注册》第 2 册,雍正五年二月二十九日,第1017 页。

②《湖南巡抚布兰泰奏请委员眼同开采郴州铅垄据实抽税等事折》,中国第一历史档案馆编:《雍正朝汉文朱批奏折汇编》第 9 册第 273 号,第 374 页。

县花窑寨即磨坪山产有金砂情况，说历经开采，继以矿柏封闭，目今金砂复出，土人私自偷挖。并说据当地州县官报告，洞口有二十余处，山厂宽二三十里，皆系金山，目前所开之洞甚狭。"现饬司道会查可否开采，果于国民两便，不至扰害地方，并不动钱粮，即令土人采取，定例抽分之处逐一妥议。"①雍正帝批示题到有旨，目前还没有发现该题本。

湖南地方官继续呼吁开矿。衡永郴道王柔奏陈地方情形五条建议，其中第五条是：

> 厂利之宜亟兴也。湖南边徼地方，重山复岭，金、银、铜、锡、铅、铁所产者不一其处。郴州、桂阳虽开采黑白两铅，而其余封闭者尚多。人迹罕到之区，率奸棍勾通蠹役强霸偷挖，微弱穷民反往滇厂佣工。臣闻天生五材，民并用之。山泽自有之利，取之无尽，用之不竭。矧楚地幅员辽阔，终年经制，除俸薪、兵粮数大项外，赈恤有费，堤工有费，与其取资于正供，何如兼采于土中。伏乞敕下楚省督抚，查境内产矿地方，令有司据实通报，遴委能员，按厂分管，尽收尽解，毋俾浮议掣肘，毋俾土豪强霸，毋俾奸民窃挖，虽未必处处有济，但得一二有成效者，则经费有济，数十万失业之民得有营生之处。至硫磺亦属楚产，封闭虽足杜盗贼之利器，然营伍制造火药，在所必需。本地产磺之乡及以重价购买于邻省。夫天下之人情一也，楚省有偷挖之弊，邻省现采磺之地，岂不虑及？臣以为处置得宜，唯明明开采，益可以杜盗取。祈示开采之，令官发工本募民采取，尽入官局，毋俾私相授受。营伍需用，行文官局支取，照本收价，省费良多。并以施及于不产磺之省，差员持工本领支，裨益者不止本省矣。②

对此，朱批说雍正帝"有面谕王柔之旨"。可惜我目前不知面谕

①《湖南巡抚布兰泰奏报郴州铅矿开采事宜及委员验看会同县金沙情形折》，中国第一历史档案馆编：《雍正朝汉文朱批奏折汇编》第 10 册第 210 号，第 291 页。

②《湖南衡永郴道王柔奏陈六里地方宜归保靖同知管辖及矿产开采等事管见折》，中国第一历史档案馆编：《雍正朝汉文朱批奏折汇编》第 31 册第 26 号，第 26—27 页。又据第 31 册第 27 号湖南衡永郴道王柔奏折记载，第 26 号奏折系雍正六年正月二十九日具折（第 27 页）。

的具体内容。

广西矿徒聚集一直是个难题。雍正君臣不断讨论解决之道。雍正五年闰三月,广州将军石礼哈阅邸抄见到两广矿徒盘踞,官员互相推诿,恐宵小肆行,良民受其扰害的上谕。便报告有关情况,说他前于署广东提督时,矿徒间开窃发,然为数无多,驱除亦易。闻广西南丹州地方内有矿厂积匪,矿徒甚多。后据威宁镇孙士魁云,自明季至今约有十余万人盘踞在内,地方文武无计解散。雍正帝认为这一消息未必确,此事全在地方官实力奉行①。

面对矿徒为谋生聚集偷挖的现实,地方官寻求解禁的办法。雍正五年九月初二日,广西提督田畯奏陈整理地方矿厂等事:臣到粤未久,查广西地方多产矿砂,如两广交界之芧荚山,近因防御严密,业已宁息,复有桂林府属临桂县之大小江源,并接壤之杨朔、义宁、恭城等县之莲花石等处出产铜铅,矿徒相聚私挖。已咨会督抚饬令地方文武,现在协拿究治。惟南丹土州地方,旧有锡矿,间出银砂,查自明时开采以至于今,系湖广、江西及本地人偷挖,近又于各山开有新山、水龙、北乡等厂。经前督抚、提督令广西近厂地方官严禁,油、米、铁器不许入厂,意在绝其日用,自必散矣。无如北厂与黔省之独山州、黄坭哨、狗塘寨土司连界,油、米等物俱在独山州搬运,由黄坭哨、蛮尾塘入厂,日用终未缺乏,矿徒仍未驱尽。但因广西汛广兵单,凡深山幽谷原未设防,即附近汛防兵丁亦寥寥无几,且矿徒出没无时,终非经久之策。臣细访矿厂之弊,富者出资本以图利,贫者赖佣工以度日。近者时时偷挖,远者源源而至,虽聚集多人,皆唯利是图,不敢扰民滋事,是以旋驱旋聚,无所底止。除一面严行驱逐外,"似不如明令开采,设立廉干文员驻扎厂地,定议作何抽收,并设弁兵弹压。如矿砂未绝,则照例抽收。至矿尽山空,则利徒不驱自散,而远近闻风者亦绝其妄想矣。缘两粤山场向无题请开采,以致相沿至今,但是否可行,出自于圣明乾断。"雍正帝在该折"似不如明令开采"后批注"此等大事岂可如此轻易孟浪乱言",又在"并设弁兵弹压"后批注"今日之不生事者为此,他日之滋事时(以下字迹不清楚)",表明心存忧虑,并

---

①《广州将军石礼哈奏请谕令督抚就便熟筹南丹矿徒事宜折》,中国第一历史档案馆编:《雍正朝汉文朱批奏折汇编》第9册第321号,第423页。

不看好的态度。并在折尾朱批:"此等事务须筹划万全而行,万不可多事而损国威,只论行之□□否,朕数千里之外难谕是与非也,此等事当与督臣详酌,为何折中不见道及。"①要地方官继续讨论。二十九日,两广总督孔毓珣奏,广西南丹锡厂共井矿四十余处,矿徒及住家开铺人等约有万余人,顺利散去②。

雍正六年八月二十四日,广西巡抚郭铄奏陈开矿以裕边民。他说:矿砂之生,虽不可与农事同语,而实可以济农事之不足。同一产于地中,亦不过资于人力,上而足以充国课,下而足以裕民生。弃之则等于泥土,取之则皆为财货。粤西一省田少山多,其山之可以布种者,杂粮、竹木罔不随地之宜以尽利,乃有一等不毛之山,独其下出有矿砂,分金、银、铜、铁、锡、铅数种,实为天地自然之利,不尽之藏。即如桂林府属临桂县之涝江、大小江源、义宁县之牛路山、大玉山等处,平乐府属恭城县之莲花石,贺县之蕉木山、癞头岭等处,以及庆远府之南丹州厂俱出产矿砂,其精美者间可得银,垄口旧址土人犹能识之。而严行封禁,不许开采者,其意盖以开采则必聚众,聚众则恐为匪,而且人多则需食,米谷、蔬菜之类必至腾贵,谓有利则必有害,是以封禁不开。他以为开采一事,若滥用远方辏集之人,则来历难稽,奸良莫辨,一旦封闭,驱散诚难。今为先出明示,止用本地穷民刨挖挑运□洗,概不用外省流民。其应雇者赴本籍地方官查取邻右族长甘结,仍令五名互保,地方官给以腰牌,填注年貌,交付各垄口商人,给赀工作。是本地之民已入保甲,易于稽查,开山则相率佣工,封闭则仍归村落,固不致有易聚难散之患。且本地之民食本地米谷、蔬菜,人口不加增,物价何由贵也? 建议开采之必需商人,不归官办理。而其中惟梧州府属苍梧县之芊荬山一处,独宜官办。因其地连数府,不无有盗运隐匿之弊,况为利视他处独重,商人承办,谁肯舍重而就轻? 则争竞在所不免。惟归官办理,遴选精明廉洁之员,专任其责,

---

①《广西提督田畯奏陈整理地方矿厂等事折》,中国第一历史档案馆编:《雍正朝汉文朱批奏折汇编》第 10 册第 369 号,第 516—517 页。又《朱批谕旨》该折节本,且文字有修改之处,可以互相参考。见鄂尔泰等编:《朱批谕旨》卷 115,《钦定四库全书荟要》第 5 册,第 3191 页下—3193 页上。

②鄂尔泰等编:《朱批谕旨》卷 7 之 3,朱批孔毓珣奏折,《钦定四库全书荟要》第 1 册,第 322 页下。

则诸弊可除。其余府州凡有矿山者，俱令商人承办举可，即桂、平二郡与南丹类推也。查粤西全省东西相去近三千里，南北相去一千余里，幅员不可谓不广，而赋税所入不及江楚十分之二，一郡邑中千金之子不能数家，总以地僻而土瘠，农与商均无所蓄也。如蒙皇上天恩，允臣所请，将见数载之中，民饶物阜，既富而教，礼义以生，边末小民益沾乐利于无穷矣。"总之，开采一事，为利至溥，其在粤西尤宜。自来为民聚难散一语，格而不行，臣不知地方督、抚、提、镇诸大臣职司何事，而顾为此不必然之虑也。臣为国计民生起见，不揣愚陋，谬献刍荛，是否可行，伏乞皇上睿断。"①雍正帝指示该部议奏。

从雍正帝奖惩官员处置开矿、矿徒的事例看，有关开矿的问题很突出。清廷利用官僚制度，督促官员控制开矿。雍正四年三月初七日，刑部议驳广西巡抚李绂审拟偷开矿场之聂惟宽等一疏，雍正帝令照李绂所题改正具奏②。如雍正五年七月二十三日，准署广东总督阿克敦奏，高要知县姜弘焯拿获邻境盗挖矿砂首犯李亚展应照例议叙，准加一级③。雍正六年六月初三日，降调守备许全武引见，谕："许全武失察矿徒，乃因公挂误，非己身获罪，人材尚属可用，着补授山永协左营守备。"④七月初一日，梅州协右营都司张守凤因失察偷矿案内已降三级调用，补授广东都标左营参将员缺⑤。八月十四日，吏部等议广东总督孔毓珣奏，矿徒李凤等聚党在永安县偷挖矿砂一案，其原署永安县事，今补英德县知县刘庶、惠州协副将鄂蕲例应降调⑥。雍正七年二月初三日，吏部议，直隶迁安县知县王孔彰、典史

　　①《广西巡抚郭铽奏陈开采地方矿砂管见折》，中国第一历史档案馆编：《雍正朝汉文朱批奏折汇编》第 13 册第 204 号，第 251—253 页。

　　②中国第一历史档案馆编：《雍正朝起居注册》第 1 册，雍正四年三月初七日，第 687 页。

　　③中国第一历史档案馆编：《雍正朝起居注册》第 2 册，雍正五年七月二十三日，第 1379 页。

　　④中国第一历史档案馆编：《雍正朝起居注册》第 3 册，雍正六年六月初三日，第 2032 页。

　　⑤中国第一历史档案馆编：《雍正朝起居注册》第 3 册，雍正六年七月初一日，第 2092—2093 页。

　　⑥中国第一历史档案馆编：《雍正朝起居注册》第 3 册，雍正六年八月十四日，第 2188 页。

刘然失察矿徒,均应降一级留任,限一年缉拿,典史无级可降,应革职留任,限一年严缉。雍正帝以文武微员过愆本不至于革职,因无级可降遽行革职似属太过,况远省微员罢斥回籍,路费艰难,更觉可悯,其微员罪止降调,无级可降者作何酌量,仍留原任,定以年限开复之处,着吏、兵二部详悉定议具奏①。雍正七年七月三十日,署广东巡抚傅泰审奏,参革广东粮驿道何师俭侵蚀铜价违禁开矿一案,据供承办铜斤循照历年成规委令商人采买,铜价尽给并无侵蚀。用商采买与开采无涉,严诘商人矢供不爽,相应免议②。雍正十二年十月十二日,署湖南巡抚钟保奏,署湘乡县试用知县杨永忠丁父忧,请留在任守制一疏。雍正帝以杨永忠惩奸敛迹,征粮清完,奉禁私矿,巡查得法,准予所请③。

　　康熙帝不听从科道官假公济私的开矿建言,雍正帝对此肯定,作为不听大臣请求开矿的历史依据。雍正三年六月初二日,谕:"昔圣祖皇帝明目达聪,无征不照,而关系国计民生之事,犹殷殷采访,屡颁谕旨,令内外臣工各抒所见,不时条奏,无非欲洞悉下情,兴利剔弊,以期治臻上理也。在廷诸臣不能仰体圣怀,往往挟私自利,未见有剀切敷陈裨益政事者。如科道等官之章奏,或请开例捐纳,或请开设矿厂,或请节省钱粮,种种假公济私之处,不可枚举,皆在圣祖洞鉴之中。"④康熙帝洞悉到科道等官奏请开设矿厂,实乃假公济私。雍正四年十二月初七日又谕大学士、九卿:"从前圣祖皇帝见科道官员朋比作奸,互结党羽,潜通声气,网利徇私,私卖本章,嚇诈财贿,荐举悉出于请求,参劾多由于嘱托,至于请开捐纳,请开矿厂,种种情弊不可枚举。"⑤再次举出康熙帝杜绝了科道官员朋比作奸,请开矿厂的情

　　①中国第一历史档案馆编:《雍正朝起居注册》第4册,雍正七年二月初三日,第2576页。

　　②中国第一历史档案馆编:《雍正朝起居注册》第4册,雍正七年七月三十日,第3046—3047页。

　　③中国第一历史档案馆编:《雍正朝起居注册》第5册,雍正十二年十月十二日,第4066页。

　　④中国第一历史档案馆编:《雍正朝起居注册》第1册,雍正三年六月初二日,第505页。

　　⑤中国第一历史档案馆编:《雍正朝起居注册》第1册,雍正四年十二月初七日,第873页。

弊。雍正帝的说法在为自己的开矿政策做辩护。

雍正帝注意清理矿弊。雍正五年三月初六日,他说:"贵州矿厂各处开闭不常,所收赋税多有隐此补彼者,曾经毛文铨奏出改正。"① 六月十五日,批评云南巡抚杨名时对滇省盐政、铜厂弊端缺乏整顿:"杨名时自任云南巡抚以来,于地方事务苟且因循,全不经理,一味沽取虚名,求悦于众。滇省盐政、铜厂弊端种种,皆系李卫到任之后极力整顿者,而沈元佐一案亦系李卫查出。凡滇省盐务、铜矿、钱粮等项,杨名时在任多年未曾实心办理一件,逐事难辞责罚,众所共知。"② 十二月二十日再次肯定李卫、鄂尔泰清理云南银厂税规、盐法、铜矿等项积弊:"云南之银厂、税规、盐法、铜矿等项向来积弊甚多,皆系李卫清查经画于前,而鄂尔泰悉心办理于后。"③ 雍正六年七月初五日,因刑部议奉天民吴德贵等偷刨铁矿一案,分别拟罪。奉天副都统觉罗福格纵令家人四十儿违禁开矿,代为行贿。雍正帝非常气愤,令将福格交于宗人府永远锁禁④。雍正七年十一月,川抚宪德题请开采会川、宁番之黎溪、紫古咧等8处矿厂,户部准行。雍正九年秋冬开采,所获矿砂旺与不旺多寡不齐。由于紫古咧地近熟彝,雍正十年二月紫古咧商民由于开采以来矿砂不多,于是越山背挖铜矿,随抵水墨岩地方,逼近儿斯堡生番处,致番彝殴伤多命。于是川抚宪德、建昌镇总兵赵儒建议矿砂旺者应请开采,以资鼓铸,不旺处应请封闭,以杜衅端。四月十七日大学士奉旨议奏,认为户部准行川抚宪德题请开矿,"至今两年有余,并未将矿砂兴旺报部,其无成效明矣。而徒聚集各省无籍之人充冒商名,越挖滋衅,甚属无益,应令巡抚宪德将从前题请会川之迤北、兴隆、公母、黎溪、沙沟等五厂,宁番之紫

---

①中国第一历史档案馆编:《雍正朝起居注册》第 2 册,雍正五年三月初六日,第 1040 页。

②中国第一历史档案馆编:《雍正朝起居注册》第 2 册,雍正五年六月十五日,第 1314 页。

③中国第一历史档案馆编:《雍正朝起居注册》第 2 册,雍正五年十二月二十日,第 1703 页。

④中国第一历史档案馆编:《雍正朝起居注册》第 3 册,雍正六年七月初五日,第 2102 页。

古啕、九龙、沙基等三厂一概即行封闭,所有开采商民各令散回本籍。"①雍正帝的夹注朱批说:"彼时朕即不然此举,详问该抚,极言甚有利无害",又说:"将原请开采人员该部察议具奏",要求"妥协办理",依照大学士会议的意见处置。

雍正中期,北方存在私人开矿的事例,但不似南方聚众严重。如雍正五年三月十二日,盛京刑部侍郎武格奏报,将军噶尔弼家人 12人,从上一年八月始,在辽阳属地山朝阳寺地方开采铁矿,分取银两②。这不免仗仗官方背景私开的嫌疑。还有山西阳城县民高子锐与高耀同做矿石③,或许属于平民的事例。

三 开矿再议:雍正末年广东开矿提议的否定

广东的矿徒问题严重,雍正君臣一直在讨论应对办法。雍正六年五月二十四日,两广总督孔毓珣奏闻驱捕广东惠州归善、永安二县矿徒事,雍正帝朱批:"必应驱逐解散,毋因循,毋惮烦。"④六月二十四日,广东提督王绍绪奏报拿获归善县高仕登率众二千余人开挖铜砂,又起获店户谢飞万家藏红铜 1.146 万斤⑤。可见私挖盗采的严重程度。十二月初十日,广东布政使王士俊奏称:粤省田少人稠,民无常业,自铜矿封禁以来,附近居民仍复群聚偷挖。请求"照云南、湖广之例,一体开矿采铜,并历年收买之铜器,设局鼓铸"。雍正帝朱批说,"粤东开采一事,言之者甚众,朕殊不以为然",认为"聚集数十万不耕之人于荒山穷谷之中,其害不独有误农业而已也。纵云穷黎糊口资籍,终非养民上策"。不过雍正帝还是留有活话:"现据金铁亦

---

①《大学士鄂尔泰等奏议覆封闭会川宁番各铜矿矿场事宜折》,中国第一历史档案馆编:《雍正朝汉文朱批奏折汇编》第 32 册第 898 号,第 886 页。又该书第 32 册收录"无具文时间奏折",依据第 898 号奏折内证,判断该折具折时间为雍正十年四月十七日之后不久。

②《盛京刑部侍郎武格奏报将军噶尔弼家人开铁矿折》,中国第一历史档案馆编:《雍正朝满文朱批奏折全译》下册第 2590 号,第 1447 页。

③中国第一历史档案馆编:《雍正朝起居注册》第 3 册,雍正六年八月初六日,第2175 页。

④鄂尔泰等编:《朱批谕旨》卷 7 之 3,朱批孔毓珣奏折,《钦定四库全书荟要》第 1 册,第 344 页下。

⑤朱批奏折,《清代的矿业》上册,第 26—27 页。

有开矿之请,尚未议定,俟试行后再降谕旨。"①然而雍正七年四月二十日,王士俊接到谕旨,则是指责他开矿之请的②。八月初六日,广东提督王绍绪奏,六月间访闻归善、博罗、永安各处山场,有矿徒聚众偷挖③。

雍正六七年间广东的开矿问题在署潮州总兵李万仓雍正八年的奏折里也有描述。他说雍六年七月内:"惠州海丰县属矿徒各裹红巾,攻劫梅垄墟市伍拾余家,屠戮之惨,更掳人口,押挑劫赃归山。地方之责,但以招安,冀免参罚。"雍正七年九月内:"矿徒曾乾浪、邹百里等在惠州永安县属凤凰峰聚众挖矿,蔓害地方,迄今未有尽获。"李万仓引用总督郝玉麟密札所说:"此辈相率结伴,由邻省江西之上犹、崇义等处前往楚南之桂东、桂阳开采,经有江西巡抚公文称系广东砂夫,经过甚多,或每日伍陆拾人为一起,或贰叁拾人为一起不等,皆包头跣足,贸然前往湖广开采,俱系广东之和平、龙川、长宁、兴宁、河源、永安等县之人,相连四通,皆可取道上犹、龙泉,径至楚南桂东、桂阳。"④郝玉麟已有移会交界禁阻,李万仓则张示晓谕,引导各回安业,他判断这些矿徒必惠州属县矿徒。李万仓当时接到了雍正帝对于矿徒问题的上谕:

> 广东旧有矿徒,因惠州等处严禁偷挖,此辈蚁聚无业,一闻湖广桂东、桂阳刨试矿砂之信,蜂聚蚁行,接踵而往。桂东一县约有贰叁千人,散住于寨前大塘等处,守候日久,至于典衣糊口,

---

①鄂尔泰等编:《朱批谕旨》卷73之1,朱批王士俊奏折,《钦定四库全书荟要》第4册,第2528页下—2529页下。

②鄂尔泰等编:《朱批谕旨》卷73之2,朱批王士俊奏折,《钦定四库全书荟要》第4册,第2536页下。

③鄂尔泰等编:《朱批谕旨》卷129,朱批王绍绪奏折,《钦定四库全书荟要》第7册,第4686页下。

④《署广东潮州总兵李万仓奏陈矿徒流患情弊请敕法穷治折》,中国第一历史档案馆编:《雍正朝汉文朱批奏折汇编》第31册第960号,第906页。该书第31册为"无具文时间奏折",另据该册第962号《广东广州左翼总兵李万仓奏请准赴西陲军前效力并赴阙陛见聆授方略折》记载,李万仓自称于"雍正八年间由韶州右翼总兵至调任广州左翼重镇,未几于钦奉上谕事,督臣郝玉麟委臣署理潮州镇务"(第909页),则第960号奏折当是李万仓于雍正八年所上。又因第960号奏折引述雍正八年七月内接受的郝玉麟密札,则第960号奏折当是李万仓于雍正八年七月之后所上。

或有偷窃度日者。今桂东已不准开采,恐此种无赖之人不能复归故土,流散楚地,衣食缺乏,以致别生事端,加意防范,善为遣发,其经由江西南赣等处,亦令地方官留心稽查,并广东督抚将此矿徒令该州县晓谕引导,各就生业安居,勿事游荡,毋使滋蔓邻省。①

由此可见,广东的矿徒到湖南开矿,受到官府的禁止,雍正帝对于矿徒的跨省流动非常敏感,寻求治理的办法。李万仓向皇帝奏报了对广东开矿与矿徒所了解的情况以及自己的看法,他说:

> 广东产矿山场,惟潮州之海阳县属仲坑山止一处也。若惠州属县居多,如永安县之凤凰山,海丰县之罗峰山,归善县之白马山,长宁县之锅底山,长乐县之睦贤山,河源县之密坑山,皆左右相邻,岭路四通,蹊径易逢。余山远隔,身非经历,未能悉举。但查矿山所产银、铜、铅、锡不一,虽曰天地自然之利,然利所在,人必趋之,禁之不严,患渐随之。故凡矿徒盗挖,上极颠崖,下穷深谷,尽是奸匪行径。其中多有依山村落人家之豪强,专一窝匿,外方游手始焉募为砂夫,继则同而窃据,于是起盖草房,罗列枪械,几有盈千累百。得资苟安,宝山失利,乘机窃发,大则啸聚掳掠,小则鸡犬靡宁。官兵追捕,此辈长于穿林截径,一见队伍,扳藤裹石,悬崖以待,虽有劲旅雄师,无可施展之地,将欲荷戈封垒,势之难也。②

据此,则惠州矿产丰富,聚集矿徒,官府禁矿,矿徒易滋事端。李万仓还说流动到湖广的矿徒回到广东,为了防患于未然,应当力行保甲。他建议:

> 凡保甲之设,十家一保,甚见成效。一家窝匿,此九家者谁敢共相徇隐,罹于连坐之条。故欲清革矿徒,必先严行保甲,亦必督抚饬行府县出示,家喻户晓,穷治以法,绝其机端。至有该

---

① 《署广东潮州总兵李万仓奏陈矿徒流患情弊请敕法穷治折》,中国第一历史档案馆编:《雍正朝汉文朱批奏折汇编》第31册第960号,第907页。

② 《署广东潮州总兵李万仓奏陈矿徒流患情弊请敕法穷治折》,中国第一历史档案馆编:《雍正朝汉文朱批奏折汇编》第31册第960号,第906页。

地强丁巨族以及绅衿豪棍接济粮食,仍纵偷挖,同而朋比。州县遣委佐贰等官,实力查察,逐月务取近山乡村并无窝容前项矿徒盗挖矿砂甘结,呈报该地方官,加具印结,转檄督抚察验。如有扶同徇庇,事觉一并法究。庶矿徒无托足之地,良民获安堵,而居山无伏蟒之虞也。①

李万仓多年在广东,所反映的广东开矿、矿徒问题具体,提出的办法有针对性,甚合皇帝心思,受到雍正帝的朱批表扬:"此奏甚属可嘉,另有旨谕。"

雍正九年六月二十九日,广东观风整俗使焦祈年奏称广东正在查禁越境矿徒,雍正帝朱批说该省米价昂贵,盗案频繁,故采矿疏于湖广、广西而独严于广东,以目前粤省土俗民情而欲开矿谋食,断不允行②。十月二十五日,广东布政使杨永斌奏报,王士俊仍有可开矿之意,并表达自己赞同皇帝的看法,开矿一事,粤东断不可行。雍正帝朱批重申已有的看法③。雍正十年闰五月二十六日,礼科给事中徐杞奉旨差往广东,颁发告示,晓谕乡民,以广东逐末者多,务本者少,米粮不敷,不宜聚众开矿之故,并查看各处山场情况,说自雍正八年擒获鲁乾浪等一案后,更无聚众刨挖之事④。

不过到了雍正末年,广东开矿的呼声再起,引起一场新的讨论。雍正十二年五月初二日,广东总督鄂弥达、巡抚杨永斌接到上谕:"嗣后采办滇铜之省,即令滇省就近鼓铸。"督抚二人认为如此可"公帑省无穷之费,官员免购办之烦,国计民生裨益弘多"。他们想到:"粤东开采之议屡蒙谕旨严禁,自雍正七年以后奉法稽察,矿口悉封。"然而他们莅粤数载,遍查熟思,可保开采有益无害。具体来说:

---

①《署广东潮州总兵李万仓奏陈矿徒流患情弊请救法穷治折》,中国第一历史档案馆编:《雍正朝汉文朱批奏折汇编》第31册第960号,第907页。

②鄂尔泰等编:《朱批谕旨》卷134,朱批焦祈年奏折,《钦定四库全书荟要》第8册,第4841页下。

③鄂尔泰等编:《朱批谕旨》卷209上,朱批杨永斌奏折,《钦定四库全书荟要》第11册,第7140页下。

④朱批奏折,《清代的矿业》上册,第31—32页。又中国第一历史档案馆编《雍正朝汉文朱批奏折汇编》第31册第960号《署广东潮州总兵李万仓奏陈矿徒流患情弊请救法穷治折》中有"矿徒曾乾浪"(第906页)之语,与上述《清代的矿业》所说的"鲁乾浪"不同姓,疑《清代的矿业》引文有误。

粤东山多田少,生齿日庶,生计倍艰。查惠、潮、韶、肇等府矿产甚多,原系天生之宝,以资民之生,以地方百万金钱之所出息,沿海百万民人衣食之所借资,固宜因时通变,以疏泉货之源,若以人众堪虞,易聚难散,恐他日滋生事端。查粤省铁炉不下五六十座,煤山、木山开挖亦多,佣工者不下数万人,俱各相安无事。粤东向称多盗,迩来仰赖天威,前此窠巢已成乐土,民情虽愚,亦俱渐知畏法。苟得开矿营生,方且踊跃思赴,各立室家,实无他异虑。查滇南开采多年,并无厂患。湖南郴、桂等处从前俱历年开采,粤西亦现在开采,并无异说。且铜、铅、金、锡皆地气凝成,此衰彼旺,彼衰此旺,年年开之,实可不匮不竭。若以人工多,则谷价易昂,伏思以本地之利养本地之人,即以本地之人食本地之谷,未开采之前,人不少而谷不加多,既开采之后,人不多而谷不加少。现在连年丰收,谷价平减,惟不令外省游手冒入充工,固万无人满之患。况本地居民各爱其生,岂肯利归他境? 更可不禁而自杜。

臣等请酌量仿照各省开厂事宜,定为官亦监商,商亦率民之法,就本省地方,召殷实商人,取具该地方官家道殷实印结,令其自备资本,赴出产地方开采。专委廉正之员董理巡查。其招募人夫,令各州县官查出朴实穷民,取具户邻保结,备造清册,移送管理之员,编立保甲,填明户口住址,连名互结,并可查匪弭奸,实有利而无弊。如蒙圣恩俯准,就近开设铸局,敕部颁发体式,则上裕国课,下养穷黎,流布钱文,通济邻省,莫有便于此者。

又粤滨大海,洋舶纷来,开铸之日,将来外国出产铜斤,必且闻风而至,并可广集洋铜。臣等仰体宸衷,熟细筹酌,为此缮折请旨。其一应开采开铸事宜,统候允行之日檄行司道确查妥议,另行具题。①

这一“上裕国课,下养穷黎,流布钱文,通济邻省”的开矿建议,很吸引人。雍正帝令九卿确议,议覆准行,后复有数人条陈不应举行。

①《广东总督鄂弥达等奏陈惠潮韶肇等府宜就近开厂鼓铸折》,中国第一历史档案馆编:《雍正朝汉文朱批奏折汇编》第30册第461号,第744—746页。又《皇朝经世文补编》卷52《户政》载有鄂弥达《请开矿采铸疏》。

雍正十三年正月二十三日,雍正帝命将一大臣所上禁止粤东开矿条陈寄给广东督抚。该条陈称:

> 粤东地方,山海交错,四通八达,最易藏奸,非同楚、滇、粤西等省一水一路可比。前于康熙叁拾柒捌年间,督抚奏请开采,非不详慎筹划,而各处道路村庄因受劫掠之害。督抚始悔开采之误,又不敢以矿徒为患奏闻,至令民不安席。后假称矿竭封禁,严逐矿徒,无如此辈易聚难散,或藏匿深山穷谷之中,或潜踪海岛澳屿之内,肆行劫掠,月无宁处。各官兵逾山履险,追捕搜擒,经历多次。至康熙伍拾壹年,余孽仍复猖獗,劫掠英德、翁源、曲江等处,又遣拨官兵入山擒捕。此等劫盗名为山贼,实系矿徒。幸我皇上御极以来,矿徒始获全消,地方幸借宁谧。今为鼓铸起见,于惠、潮、韶、肇等府,招募本省殷实商人,自备资本开采,选择朴实穷民,赴山佣工,殊不知当日矿工猖獗何,莫非本省之人且朴实穷民,值此升平之日,何事不可营生,岂肯深入山谷佣工矿峒?可见入峒佣工者即无赖之穷民也,虽有户邻甘结,亦不过虚应故事。况粤东山多田少,一年所收之谷,不足供本省半年之食,全赖广西运贩接济,岂得谓以本地之谷足养本地之人?即部文有矿旺则开,矿竭则闭之议,似属周详,但恐矿旺而商人资本宽裕,尚可稍安于目前,倘矿竭资乏,将来之为患匪浅。若谓粤东各山开采木植等项,俱各相安,殊不知木植等项系有主之业,无赖奸徒不起觊觎之心?今矿山一开,则无赖奸徒号召云集,诚恐开采鼓铸之事小,而易聚难散之事大。与其临事而悔,莫若未事而防。且现今粤东自封矿以后,地方肃清,四民安业,并未见有生计艰难之事。可见不开采无碍于民生,而开采实恐将来滋事。现今事在始行,无赖穷民未聚之时,犹可停止。①

条陈的要点是开矿所用矿徒易聚难散,广东的劫盗名为山贼实系矿徒,开矿聚众容易滋事,不开矿亦无碍于民生。特别是雍正帝被该条陈所打动,他说:

---

① 《两广总督鄂弥达等奏覆酌议粤省开采鼓铸等情并请敕部暂停开采矿产折》,中国第一历史档案馆编:《雍正朝汉文朱批奏折汇编》第 27 册第 701 号,第 873 页。

粤东开采一事，朕深知于地方未便，是以十数年来，内外臣工以此陈奏者甚多，朕不但未曾准行，且严加呵责，以拒其请。从前广东总督鄂弥达曾具折奏请，朕当即批驳，未曾准行。及至上年，鄂弥达、杨永斌复公同具折奏请开采，以资鼓铸，将有利无害之处言之甚力，朕因鄂弥达、杨永斌皆实心任事、明达廉洁之大臣，况在粤数年，于地方事务自然确有所见，将伊等奏折发交廷议，而廷臣亦因鄂弥达、杨永斌所奏谆确，自属有益地方之举，是以议覆准行。今据所奏之言，于粤省情形甚为明晰，而于开采不便之处，言之恳切。朕思开采鼓铸，原以便民，今若勉强从事，将来或致滋生事端，扰累民生，则利小而害大，不可不虑。况此事关系甚重，若稍有不妥，则鄂弥达、杨永斌二人之罪不止于身家性命已也。

尔等可密寄信鄂弥达、杨永斌，令其悉心筹议，再加斟酌，无得固执前见，亦不必以己身陈奏之事，回护瞻顾，如有丝毫不妥，及些微不能自信处，即行陈明停止开采，便与前奏不服，亦无妨碍。况数年以来，广东年谷顺成，米价平减，盗贼渐少，地方宁谧，为大吏者当以静镇处之，不当引之于动。思之，思之。①

鄂弥达、杨永斌接到上谕后，于三月十五日回奏。先是驳斥条陈中种种老调重弹的指责，然而还是后退了一步，顺着皇帝的意思妥协，停止开矿。二人说：

自到任以来，即督饬各属力行保甲，海疆稍获宁谧，惟无业贫民尚多，不得不急为安插。臣等于莅任后，即督率各属，实心劝垦，然而无业贫民，不能遍为安插。因查惠、潮、韶、肇等府，矿产甚多，原系天生自然之利，与其封禁，使无知贫民偷挖而罹于法，毋宁竟行开采，明予以资生之路。且工商俱用本地，可无易聚难散之虞，食口并不加增，又无人满粮贵之患，实于地方有利无害。臣等是以奏请开采。

自蒙圣谕俞允，臣等即遴委能员，会同各该地方官，将属内

①《两广总督鄂弥达等奏覆酌议粤省开采鼓铸等情并请敕部暂停开采矿产折》，中国第一历史档案馆编：《雍正朝汉文朱批奏折汇编》第27册第701号，第873—874页。

有矿山厂确勘煎试,示召本省殷实商人,取具地方官印结,令其自备资本,前往开采。其需用人夫工丁,敕令各州县查出,朴实穷民,取具甲邻户首保结,开明住址,备造清册,移送管理之员。十人编为一甲,三甲一保,五保立一夫总,各给腰牌,朝夕查点。夫总责之商人,商人责之委官,彼此联络查察,如有面生可疑之人潜匿在山者,即行拿究。矿山左右又设立汛防,于附近营汛抽拨弁兵,会同文员查缉看守。又于各厂添设巡丁,给以工食器械,令其巡逻防护。并于附近厂地之村庄,饬令各保甲严行稽查。如有外来之人歇宿,务须跟究作何生理,毋得容留匪人,潜行窥探。地方文武以及委理之员,稍有疏忽,即行参处。如此立法严密,将来矿旺人多,故不虞其滋事。即矿竭之时,此项人夫工丁原有姓名地址可稽,并非号召无籍之徒,不难按册移回,令地方官着令原保之甲邻户首领回,照旧安插。

臣等于未经陈奏之先,已遍查情形,再三筹划,实无难散之虞。①

同时指出,条陈所说康熙三十七八年间、五十一年事不符合实际情况,矿徒亦不过数十余人,而且开矿者中佣工受值者多,游手好闲者少;粤省虽属山多田少,若无旱涝,所产米粮亦可敷一年之食;使官铸流通于各省,而山场所出皆成有用之金、银,粤东百姓增出金、银无数,自然家给人足,于国计民生均有裨益。但是“再三筹议,停止开采,实属安静”。朱批“是,凡百只以稳当经久处办理为是,有旨谕部矣”②。四月十七日,谕内阁:“广东近来年谷顺成,米价平减,盗贼渐少,地方宁谧,与从前风景迥异。今若举行开采之事,聚集多人,其中良顽不一,难于稽查管束,恐为闾阎之扰累。况本地有司,现在劝民开垦,彼谋生务本之良民,正可用力于南亩,何必为此侥幸贪得之计,

----

① 《两广总督鄂弥达等奏覆酌议粤省开采鼓铸等情并请敕部暂停开采矿产折》,中国第一历史档案馆编:《雍正朝汉文朱批奏折汇编》第 27 册第 701 号,第 874—875 页。

② 《两广总督鄂弥达等奏覆酌议粤省开采鼓铸等情并请敕部暂停开采矿产折》,中国第一历史档案馆编:《雍正朝汉文朱批奏折汇编》第 27 册第 701 号,第 877 页。又《朱批谕旨》亦载此奏折,为压缩稿,文字有异,朱批则改为“停止开采甚是,地方一切事务自当以久远宁帖永无后患始为尽善,有旨谕部矣”。文字经过润色更加完善。见鄂尔泰等编:《朱批谕旨》卷 215 之 4,《钦定四库全书荟要》第 12 册,第 7802 页下。

以长喧嚣争竞之风?"①命该部行文该省督抚,令其遵谕停止。鄂弥达、杨永斌接到谕旨后表示理解:"皇上绥靖海疆务本宁民之至意",于是"示谕所属有矿山场垄口严加封禁,停止开采,工丁概归本籍,安分营生,共享升平之福,现在各山并无采挖之人,地方俱各相安宁谧"②。

广东提督张溥在七月初一日接到雍正帝询问:"矿山开采与停止孰当?"九月十五日张溥回奏:"上冬复开铜矿,即有逐末之人,嗜利如饴,闻风趋赴。人既聚积,需米浩繁,殷实富户,图获厚利,相率闭仓不粜,米价随长,军民惶惧。开采数月,又系银、铅、锡矿居多,仅得净铜千有余斤,不敷工本,将有易聚难散之患,幸荷圣明洞见,旋即奉旨停止,人心始定,米亦不致日昂,实与地方大有裨益。"这时雍正帝逝世,乾隆帝嗣位,朱批:"开矿乃扰累地方之事,断不可行者,已蒙皇考圣鉴停止。"③为雍正朝广东开矿的讨论做出了最后的结论。

鄂弥达的建议虽然没有立即为雍正帝接受,但是他坚持己见,在乾隆初年继续呼吁开矿,终于在乾隆八年,九卿会议赞成其说,乾隆帝批准了重新开放矿禁的政策,清朝的矿业又进入了一个新的发展时期④。

四 余论

雍正君臣讨论开矿问题,涉及的地区主要有云贵、湖广、两广,尤其集中在两广特别是广东省,反映出当地问题的较为复杂与严重。当时在广东及其相邻省区边界处,多属山区,矿藏丰富。众多流民聚于当地,开挖矿场为生。按照康熙后期的规定,只许本地贫民为谋生有少量开挖。雍正朝两广地区矿徒的所谓"偷挖",反映出他们许多

---

①《清世宗实录》第 2 册卷 154,雍正十三年四月丁巳,第 889—890 页。

②《两广总督鄂弥达等奏覆停止开采粤东各矿工丁概归本籍折》,中国第一历史档案馆编:《雍正朝汉文朱批奏折汇编》第 28 册第 626 号,第 795 页。又该折转述了同年四月十七日关于停止广东开矿的上谕。

③《广东提督鄂张溥奏覆矿山应行封禁不宜开采折》,中国第一历史档案馆编:《雍正朝汉文朱批奏折汇编》第 29 册第 187 号,第 207 页。又《清代的矿业》上册第 35—36 页引过该折资料。

④韦庆远、鲁素《有关清代前期矿业政策的一场大论战》,韦庆远:《档房论史文编》,第 110—124 页。

人不是当地人,属于"外省无籍矿徒",特别是形成聚众集体开挖的局面,不符合国家政令。

　　雍正时期的矿徒聚众偷挖,具体情形究竟如何呢? 地方官的奏报中有一些具体的揭示。雍正三年十二月初十日,广东巡抚杨文乾奏折说:"广州府龙门县上坪山右矿徒三百余人,带有风箱器械,潜来偷挖,又惠州府长宁县米筛山有矿徒数十人偷挖锡矿,河源县凤凰山桃子科各山场有矿徒二百人,永安县猫公坑有矿徒千余人,偷挖铜砂,俱无扰害地方。"①文中的矿徒集中于广州、惠州的山区,其规模少者数十人,多者千余人,居于中间的有二三百人。这些矿徒自带工具,俱无扰害地方。雍正五年九月二十九日,两广总督孔毓珣奏报广西南丹锡厂解散矿徒事,说该地有锡厂共井矿四十余处,矿徒及住家开铺人等有万余人,内中有单身佣工者,有带室家居住者②。四十余处有矿徒及住家开铺人等万余人,平均下来,每处约有 250 人。大约同时期,广西提督田畯奏称南丹矿厂有"矿徒及买卖人并妇女约有二万人"③,若据此则平均每处约有 500 人。矿徒聚集之处,还有住下来开设店铺为其服务的小商人。前面提到雍正六年六月二十四日,广东提督王绍绪奏报拿获归善县高仕登率众二千余人开挖铜砂。雍正八年,江西巡抚公文称广东砂夫,或每日五六十人为一起,或二三十人为一起不等,前往湖广开采,雍正九年六月二十九日,广东观风整俗使焦祈年奏报广东各处山场历有矿徒聚族私挖,说本年春访闻,惠州府和平县有矿徒八十余人,欲往湖广桂东县刨矿;广西梧州府怀集县地方矿场,现在开采,聚集人众,至于数千④。梧州府怀集县的矿场有数千人,规模较大。在矿场,"富者出资本以图利,贫者赖佣工以度日",结成了劳资关系。从地方官的相关论述来看,这些偷挖者一般行为平和,并无破坏社会秩序、扰乱社会治安的

　　①鄂尔泰等编:《朱批谕旨》卷 9 上,朱批杨文乾奏折,《钦定四库全书荟要》第 1 册,第 467 页下。

　　②鄂尔泰等编:《朱批谕旨》卷 7 之 3,朱批孔毓珣奏折,《钦定四库全书荟要》第 1 册,第 322 页下。

　　③鄂尔泰等编:《朱批谕旨》卷 115,朱批田畯奏折,《钦定四库全书荟要》第 5 册,第 3194 页上。

　　④鄂尔泰等编:《朱批谕旨》卷 134,朱批焦祈年奏折,《钦定四库全书荟要》第 8 册,第 4841 页下。

问题,也是地方官主张开矿解决民食的主要理由,以私偷不如明开更有利于社会稳定,明开的治安维护或许比防范偷挖更容易做到。地方官请求开矿也不无增税的理由,说明地方财政的压力以及潜在可以得到好处。当然也有官员说矿徒失业滋事的情形,如署潮州总兵李万仓即是如此。

雍正帝对于矿产信息十分关注,一直希望更够开发利用好矿产资源。雍正十年派人调查安徽凤阳县鲁山矿砂,署两江总督魏廷珍奏报凤阳县鲁山采无矿砂仍照旧封填①。雍正十一年,云南巡抚张允随奏明开化府属马腊底银厂开采旺盛,他说:"该厂自上年十二月起至本年五月底止,半年之内,共收过课银九千四百余两,采获矿砂甚多,实称旺盛,不特该厂缺课全补,且可抵补各银厂之缺额。"②同年,广西巡抚金𫓧奏报动支公项于产硝州县委员试采情形:"数月以来,各属办获硝斤,除卖与两省标营外,现在尚存牙硝约有十万斤。通计一年可办获硝三十余万斤,以备两省营伍采买之用。其赴厂采买者,本省令该营报臣衙门,檄行知照,方准发给。东省照例督抚给咨委官采买,亦经臣衙门行知发给,并沿途查验,以免影射夹带之弊。至于民间倾销银两及花炮等项需用硝斤,令铺户照本省定价赴局领买,仍将卖出硝斤数目、姓名,造报备查,以严私贩。如此办理,穷民所得工价与向日私卖之家相同,则自不犯法,营伍随到随买,无守候时日之费,官硝既行,而私硝易于稽察矣。"雍正帝朱批提示说:"严慎办理,倘有疏漏,借此渔利,非细过也。"③这些雍正晚年的事例表明,一方面雍正帝重视寻求矿产资源,一方面强调维护社会稳定。

在雍正帝看来,聚众就是社会稳定的隐患,维护社会秩序的重要性高于开矿课税带来的经济效益,即使是开矿解决民生,也要从长远看问题,好的社会秩序才有利于解决民生,否则从眼前利益考虑,将来矿徒闹事,则无法保障民生问题。为此雍正帝将解决矿徒聚众作为社会治理看待,强调增设塘汛即军事力量来控制矿场与山区的安全。如前面提到雍正三年初,雍正帝布置治理两广矿徒,谕两广总督

①中国第一历史档案馆编:《雍正朝汉文朱批奏折汇编》第 23 册第 523 号,第 637 页。
②中国第一历史档案馆编:《雍正朝汉文朱批奏折汇编》第 24 册第 621 号,第 757 页。
③中国第一历史档案馆编:《雍正朝汉文朱批奏折汇编》第 25 册第 346 号,第 442 页。

孔毓珣:强化省际交界处的管理,两省汛兵各宜尽心防缉,事有专责,使矿徒不得流动。雍正五年清查两广疆界,雍正帝特谕:两省官员不得互相推诿,酌定规制,使汛地各有专责。雍正六年二月广西提督田畯因在南丹矿场添设一汛,到厂驻防①。对于矿徒的管理也纳入保甲体系中去。同年八月二十四日,广西巡抚郭锐奏陈开矿以裕边民。他以为开采止用本地穷民,是本地之民已入保甲,易于稽查。再如广东总督鄂弥达、巡抚杨永斌试行开矿期间,力行保甲。尽管如此,终雍正一朝,始终没有开放外地招商开矿。除了雍正帝对于社会秩序的高度关切外,其实他对于地方官并不十分放心。比起雍正帝进行的诸多改革来说,他在矿业方面则是保守的,继承了康熙末年的矿业政策而又较其父严厉。

(原载《中国传统社会与明清时代——祝贺冯尔康先生八十华诞论文集》,天津人民出版社2013年版)

---

①鄂尔泰等编:《朱批谕旨》卷115,朱批田畯奏折,《钦定四库全书荟要》第5册,第3196页上。

乾隆初年开放矿禁问题新探

清前期的开矿政策有过较大的变化,康熙朝由禁到开再到限制,中经雍正朝的坚持矿禁,乾隆初年终于开放矿禁,清代的矿产开发进入一个新的阶段。关于乾隆时期开放矿禁问题已有韦庆远等先生的深入研究,然而时代不同人们对问题的理解有异,资料也有不同的使用方法,该问题仍有研究的余地,笔者略述己见,或许可有拾遗补阙之效。

一 雍乾之际围绕两广总督鄂弥达开矿主张的争论

乾隆初年的开放矿禁是以广东开矿的争论与实践为基础的。康熙四五十年代,随着经济的恢复发展,人口增长迅速,百姓纷纷外出开矿,谋生的矿民聚集,带来社会治安问题,围绕开矿的各种事件频发,导致清廷开始逐步限制开矿。广东民间盗矿事件接二连三发生,问题突出。康熙五十一、五十二年,广东地方官员不断奏报矿徒带来的社会问题。康熙五十二年五月初,康熙帝指示大学士温达等讨论,廷议的结果:云南是特许地区,湖广、山西特许皇商王纲明在雇佣本地人的情况下继续开矿;其他省份未经开采者仍行严禁;各地贫民私开不禁,以便其谋生;到外省开矿以及富民开矿仍然不准。

广东的广州、韶州、惠州、潮州、肇庆五府俱有矿山,康熙三十九年间曾经开采,四十三年鉴于贼盗渐起,康熙帝将其封禁。然而乏食穷民仍相聚偷挖,康熙五十二年,准令贫民采矿,名为矿徒实为山盗事遂增多。雍正元年,广东巡抚年希尧奏请驱逐盗矿徒,雍正帝批示,不开矿最好,在已开的情况下不便全行禁止,因可允许少数人在半公开半隐蔽状态下开采,如何掌握得好,就要看地方官相机而行。他倾向于禁采,也考虑矿徒开采的既成事实①。雍正二年,约在五月,因通政司右通政梁文科条奏广东事务,雍正帝将其条陈发给两广总督孔毓珣评议,梁文科条奏内称:广东各处山内出产铅、锡,任民刨挖,以为糊口之计,请将康熙后期封禁的铅锡矿解禁。六月二十四日,孔毓珣回旨说,广东田少人多,穷民无以为生,矿利可资养穷民。认为选择无碍民间田地庐墓出产铅、锡的山场招商开采,养穷民而增国课,实系有益无损②。雍正帝将该疏交户部讨论,遭到反对。③ 七月二十二日,孔毓珣接到有关开矿政策的朱谕,雍正帝认为开矿不妥:一是舍本逐末,不利于劝农务本;二是聚众食繁,导致米价上涨;三是游手无赖之徒而至,难辨良奸;四是矿藏有盛有衰,矿徒聚易散难。同时声明,并不以增加税收与否考虑开矿问题④。孔毓珣贯彻皇帝旨意,检讨了题请开矿的冒失。由两广总督孔毓珣奏请开矿引发的雍正帝对于两广矿徒问题的关注,集中体现出雍正初年民生问题的严重性以及清廷对于开矿的政策。

广东的矿徒问题严重,雍正君臣一直在讨论应对办法。到了雍正末年,广东开矿的呼声再起,引起一场新的讨论。雍正十二年五月初二日,广东总督鄂弥达、巡抚杨永斌接到上谕:"嗣后采办滇铜之省,即令滇省就近鼓铸。"督抚二人认为如此可"公帑省无穷之费,官员免购办之烦,国计民生裨益弘多"。他们认为:粤东开采之议屡蒙谕旨严禁,自雍正七年以后奉法稽察,矿口悉封。然而他们莅粤数载,遍查熟思,可保开采有益无害。是为韦庆远先生所说"鄂弥达所

---

①《清代的矿业》上册,第22—25页。

②鄂尔泰等编:《朱批谕旨》卷7之1,朱批孔毓珣奏折,《钦定四库全书荟要》第1册,第273页。

③《清代的矿业》上册,第23—24页。

①《两广总督孔毓珣奏遵谕严禁聚众开矿折》附件,中国第一历史档案馆编:《雍正朝汉文朱批奏折汇编》第3册第425号,雍正二年九月初八日,第581—582页。

上论矿务第一疏"，①这一"上裕国课，下养穷黎，流布钱文，通济邻省"的开矿建议，很吸引人。雍正帝令九卿确议，议覆准行，后复有数人条陈不应举行。雍正十三年正月二十三日，雍正帝命将一大臣所上禁止粤东开矿条陈寄给广东督抚②。条陈的要点是开矿所用矿徒易聚难散，广东的劫盗名为山贼实系矿徒，开矿聚众容易滋事，不开矿亦无碍于民生。于是雍正帝被该条陈所打动，重申禁矿立场③。鄂弥达、杨永斌接到上谕后，于三月十五日回奏，先是驳斥条陈中种种老调重弹的指责，然而还是后退了一步，顺着皇帝的意思妥协，停止开矿④。同时指出，条陈所说康熙三十七八年间、五十一年事不符合实际情况，矿徒亦不过数十余人；而且开矿者中佣工受值者多，游手好闲者少；粤省虽属山多田少，若无旱涝，所产米粮亦可敷一年之食；使官铸流通于各省，而山场所出皆成有用之金、银，粤东百姓增出金银无数，自然家给人足，于国计民生均有裨益。但是"再三筹议，停止开采，实属安静"。朱批："以稳当经久处办理为是。"⑤四月十七日，谕内阁行文该省督抚，令其遵谕停止⑥。鄂弥达、杨永斌接到谕旨后，"示谕所属有矿山场垄口严加封禁，停止开采"⑦。广东提督张溥在七月初一日接到雍正帝询问："矿山开采与停止孰当？"九月十五日张溥回奏："奉旨停止，人心始定，米亦不致日昂，实与地方大有裨益。"这时雍正帝逝世，乾隆帝嗣位，朱批："开矿乃扰累地方之事，断

① 《广东总督鄂弥达等奏陈惠潮韶肇等府宜就近开厂鼓铸折》，中国第一历史档案馆编：《雍正朝汉文朱批奏折汇编》第 30 册第 461 号，第 744—746 页。

② 《两广总督鄂弥达等奏覆酌议粤省开采鼓铸等情并请敕部暂停开采矿产折》，中国第一历史档案馆编：《雍正朝汉文朱批奏折汇编》第 27 册第 701 号，第 873 页。

③ 《两广总督鄂弥达等奏覆酌议粤省开采鼓铸等情并请敕部暂停开采矿产折》，中国第一历史档案馆编：《雍正朝汉文朱批奏折汇编》第 27 册第 701 号，第 873—874 页。

④ 《两广总督鄂弥达等奏覆酌议粤省开采鼓铸等情并请敕部暂停开采矿产折》，中国第一历史档案馆编：《雍正朝汉文朱批奏折汇编》第 27 册第 701 号，第 874—875 页。

⑤ 《两广总督鄂弥达等奏覆酌议粤省开采鼓铸等情并请敕部暂停开采矿产折》，中国第一历史档案馆编：《雍正朝汉文朱批奏折汇编》第 27 册第 701 号，第 877 页。

⑥ 《清世宗实录》第 2 册卷 154，雍正十三年四月丁巳，第 889—890 页。

⑦ 《两广总督鄂弥达等奏停止开采粤东各矿工丁概归本籍折》，中国第一历史档案馆编：《雍正朝汉文朱批奏折汇编》第 28 册第 626 号，第 795 页。又该折中转述了同年四月十七日关于停止广东开矿的上谕。

不可行者,已蒙皇考圣鉴停止。"①为雍正朝广东开矿的讨论做出了最后的结论。

乾隆二年三月,两江总督庆复上奏,欲除采办洋铜流弊,请开粤省矿厂之禁,支持广东督抚鄂弥达、杨永斌于雍正十二年所上开矿主张,驳斥开矿导致矿徒"易聚难散"的说辞,乾隆帝朱批:"总理事务王大臣密议具奏。"②总理事务和硕庄亲王等议覆,要求广东督抚确查议奏,五月初二日户部下达咨文,询问开矿是否有利无弊,于是开启了乾隆朝开放矿禁的讨论。

乾隆三年二月,两广总督鄂弥达上题本重申:"若将惠、潮、韶、肇等矿厂,准令招募本地殷实商民自备资本陆续开采,遴委廉能之员董理查察,毋使无籍流民、奸徒匪类混杂滋扰,商民各自爱其身家,各自谋其性命,谅必踊跃安贴,不致滋生事端。"③并批驳了开矿聚散堪虞、人多粮贵的说法。三月,接替张溥的新任广东提督张天骏上奏,认为矿山弛禁将导致群起争夺,提出广东铜矿实少,多系锡、铁、黑铅,开矿"无补于铜政,徒致滋事地方,实属无益"④。

张天骏反对弛禁有其特殊的背景,当时受到博罗县横山地方矿徒偷挖锡沙、争占斗殴案的牵连,具体情况是:当两广总督鄂弥达奏报此事后,乾隆帝非常不满,批评说:"奸徒聚众至八九百人之多,为日有半年之久始行发露。拿获到案,汝等地方大吏竟恬不为怪,亦可笑之事也。"并要求署广东巡抚王谟:"粤东现今又有开矿之议,此风断不可长,所当时时留心访察者也。"⑤三月初一日,乾隆帝因此案表达了对张天骏的不满:"朕访闻得广东提督张天骏,莅事以来惟事姑息,以致汛防懈弛,弁丁无所忌惮。上年十月内有奸匪董老大等,窥伺博罗县出产锡矿易于偷取,贿买把总林士英、典史姜明德,纵容盗

---

①《广东提督鄂张溥奏覆矿山应行封禁不宜开采折》,中国第一历史档案馆编:《雍正朝汉文朱批奏折汇编》第 29 册第 187 号,第 207 页。

②《清代的矿业》上册,第 39 页。又乾隆二年二月,贵州提督王无党上奏,主张准开铜、铅两矿种,而禁开银、锡等矿,受到乾隆帝"此奏虽是而未通权"的评价,见韦庆远:《档房论史文编》,第 144 页。

③《清代的矿业》上册,第 36 页。

④韦庆远:《档房论史文编》,第 115 页。

⑤《清高宗实录》第 2 册卷 63,乾隆三年二月,第 36 页。

挖。又有奸匪黄肇等入山争占,互相格斗,致伤多命。此处离提督衙门不过百里,而张天骏平时漫无觉察,及至事发难掩,又欲曲为遮盖,草率完结。似此怠玩养奸,重负朕委任封疆之意,特降此旨,严行申饬,令其悔过自新。倘不知悛改,仍蹈前辙,朕必从重处分。"①四月,两广总督鄂弥达奏报:"横山矿匪范亚四等与矿匪黄肇等争占杀伤多命案内,混名武状元邓清侯、郭华、周亚晚等十八名现已拿获,其在山余党,即委把总何九星赍臣令箭,直入巢穴,晓以利害,各自解散,免其究治,山场肃清,地方并无惊扰。"乾隆皇帝称赞:"此案办理殊属可嘉。"②

七月,鄂弥达上长奏,遵旨议覆张天骏的质疑,乾隆帝对此传旨批示:

> 开采铜矿,为鼓铸之所必需。且试采之时,原系召募附近民人,分别勘验,无虑有聚众滋事及朦蔽冒开等弊。今提督张天骏因横山矿徒一案奉旨申饬,遂欲借海疆安靖之名,禁止开采粤东矿山,以为将来卸责自全之计,应请饬令协力办理。得旨:这所奏甚是,地方大吏原以地方整理、人民乐业为安靖,岂可以图便偷安,置朝廷重务于膜外,而谓之安靖耶?横山矿徒一案,张天骏即应处分,而此复借安靖之名为卸责自全之计,甚属推诿因循,罔顾公事。张天骏着议处具奏。该部知道。③

十月,兵部议覆,调任两广总督鄂弥达疏言:"广东提督张天骏有意偷安,假名滋事,奏止开矿。查张天骏身为封疆大吏,应与督抚会商,期济公事乃事未举行,辄借安静之名为卸责之计,请照溺职例革职。"乾隆帝指示:"张天骏着来京引见,再降谕旨。"④

在讨论广东是否开矿弛禁过程中披露的博罗县横山挖矿斗殴案,反对弛禁的张天骏于治安不利受到皇帝的批评,主张弛禁的鄂弥达则破案有功,这样的结果,相信会对乾隆帝对于是否开放矿禁产生

---

①《清高宗实录》第 2 册卷 64,乾隆三年三月癸丑朔,第 37—38 页。

②《清高宗实录》第 2 册卷 67,乾隆三年四月,第 91 页。

③《清高宗实录》第 2 册卷 74,乾隆三年八月癸巳,第 186 页。又鄂弥达所上长奏,见《清代的矿业》上册,第 39—40 页。

④《清高宗实录》第 2 册卷 78,乾隆三年十月戊子,第 234 页。

一定的影响,有利于弛禁的主张,即官府可以控制开矿局面。

在上述乾隆三年广东是否开矿问题的讨论中,湖广镇箄镇总兵谭行义于十月上奏,他以自己曾任职广东的经历,主张:"除金、银之矿原本无多,或令封禁外,至铜、锡两矿,实有益于国计,有裨于民生,理应概令开采。"①这些主张都会影响到乾隆帝在开矿问题上的判断。

二 乾隆初年开放矿禁政策的继续讨论与确立

从乾隆四年起,广东铜矿已经弛禁。乾隆四年三月军机大臣议覆铸钱事中谈道:"前经户部议令今年宽解铜一二百万斤,加以粤东奏准开采铜矿,官商承办采买洋铜,多方筹画,铜斤自可充裕。"②指出"粤东奏准开采铜矿",同月,《清高宗实录》记载:"署广东巡抚王谟奏闻采铜矿事宜。得旨:所奏俱悉。实力查察、悉心调度八字甚为中要,时刻勉之可也。"③说明广东已经开采铜矿乾隆帝要求切实做好"实力查察、悉心调度"。

乾隆帝不仅支持广东采铜,还支持广东地方官不排除其他矿种尝试。乾隆四年六月,两广总督马尔泰奏:"英德县长岗岭开矿炼铜,内有炼出银两,请归该商工费之用。又河源县铜矿贴近银山,及英德县之洪砌矿出银过多,恐谋利滋事,应请封禁。"乾隆帝指示:"所奏俱悉,惟在实力行之。但所谓银矿应闭之说,朕尚不能深悉,或者为开银获利多,则开铜者少乎?不然,银亦系天地间自然之利,可以便民,何必封禁乎!"④要求廷议此事。乾隆帝对于开采银矿的愿望显露出来。

乾隆四年,在皇帝支持广东开采铜矿的背景下,各地有一些开矿的尝试,得到了乾隆帝的首肯。四月,甘肃巡抚元展成奏请开凉州等处山矿铅砂,以资操演标营火器之用。乾隆帝指示:"行此等事须有才识之人,恐汝中材不能妥办也。试为之。"⑤六月,贵州总督张广泗

①《清代的矿业》上册,第41页。
②《清高宗实录》第2册卷88,乾隆四年三月辛酉,第373页。
③《清高宗实录》第2册卷89,乾隆四年三月,第385页。
④《清高宗实录》第2册卷95,乾隆四年六月,第456页。
⑤《清高宗实录》第2册卷91,乾隆四年四月,第408页。

奏："遵义府属绥阳县月亮岩地方产有铅矿,铁星坪版坪产有煤块,并无干碍田园庐墓,应请开采,照例纳课。"①下部议行。八月,湖南巡抚冯光裕奏："湖南商人何兴旺等九起,情愿自备工本,赴桂阳等州县之马家岭等处试采矿砂,现已准其开采。但此次开采原为鼓铸便民,首重在铜,湖南铅多铜少,若一准并开,必致尽赴采铅而开铜无人,现饬开得铅矿,即行封闭。如果已费工本,许其另寻有铜引苗,报采成厂,以补所费。"得旨："所奏俱悉。若能多得铜实属美事,不可畏难而止。若滋事而纷扰,则好事不如无也,再与督臣详商。"②上述事例中,清廷鼓励地方尝试开矿。

乾隆五年,发生了一场督抚就是否普开煤矿的讨论。起因是二月大学士兼礼部尚书赵国麟奏请："敕下直省督抚,行令地方官查勘,凡产煤之处……悉令民间自行开采,以供炊爨。"③乾隆帝将该奏发交各省,命督抚详议覆奏。历时一年多,多数督抚主张开采煤矿。讨论中,乾隆帝也表现出开明的态度。④

乾隆五年各地尝试开矿继续进行。四月,议准贵州总督兼管巡抚事张广泗疏请："开采绥阳县属月亮岩铅矿,并遵部前议,令民间自备工本前往开采,所出铅斤官商分买。如出铅一万斤,照例抽课二千斤,其余八千斤官商各买一半。核算每年收买,连抽课约可收铅百万余斤,即由月亮岩分路解运,其不敷办解京局之铅,仍于莲花、朱砂二厂收存铅内拨运。"⑤但是,当时开矿的尝试很有限,还有各种控制开矿的情形。关外龙兴之地不许采矿,四月因兵部左侍郎舒赫德所奏："奉天地方关系甚重,旗人生齿日繁,又兼各省商民辐辏,良莠不齐,旗人为流俗所染,生计风俗不如从前,若不亟为整饬,日久人烟益众,风俗日下,则愈难挽回。"舒赫德提出八条建议,其中有关开矿的是:"严禁凿山以余地利。查奉天所属各地方山内,因出铅斤、硫磺等物曾经严禁偷凿,但谋利之徒总以出煤为辞,就中偷取铅斤、硫磺,希图获利。雍正十二年间,有民人田秀等率众私挖矿磺,曾经拿获治罪。

---

① 《清高宗实录》第 2 册卷 95,乾隆四年六月辛丑,第 453 页。
② 《清高宗实录》第 2 册卷 99,乾隆四年八月下,第 508 页。
③ 转引自韦庆远:《档房论史文编》,第 145 页。
④ 见韦庆远:《档房论史文编》,第 145 页。
⑤ 《清高宗实录》第 2 册卷 114,乾隆五年四月己卯,第 674 页。

今请将奉天城东南白西湖地方供应陵寝煤斤,从前开过煤窑不干例禁外,其余虽有煤斤,永行严禁,不许挖取。"①王大臣议覆从之。乾隆君臣对已开的矿也很慎重。九月,云南总督公庆覆奏:"蒙自县金钗厂铜矿最为盛旺,今湖北采买滇铜二十余万,应将此项铜斤令其委员运楚,以充鼓铸。再滇省各厂惟汤丹最旺,岁产高铜八九百万及千万斤不等。接近汤丹之多那厂产铜亦旺,但两厂相连,工匠云集,油米腾贵,现酌将多那一厂,暂为封闭,俟汤丹硐老,再行议开。"得旨:"所奏俱悉,卿自能办理合宜,可免朕南顾之忧也。"②

反对广东开矿的也有,御史沈世枫奏称:"近年以来之督抚,每以寻常政务不足以结主知而动众听,于是逞臆见以变法,矜一得以邀功,其说以为利民,而其实利未见而害随之。"并举例说,如"鄂弥达勒令盐商领帑开矿之类"③。吏部左侍郎蒋溥密奏,认为广东开采铜矿,协铸钱文,势必"铜矿之产未必日增,矿徒之聚必将日盛",应加防范,建议"皇上于新任广东巡抚王安国陛辞时,特降谕旨,令其到粤相度机宜,悉心斟酌"④。

乾隆六、七年间,新任广东巡抚王安国对开矿采取了慎重态度。乾隆六年三月,左都御史管广东巡抚事王安国、两广总督马尔泰奏:"粤东开采铜山实属无益,矿砂出产甚微,砂斤甚薄,得铜无几,所得不偿所费,应急停止。"得旨:"该部知道"。⑤ 乾隆七年四月,因广东巡抚王安国参奏开采铜矿中的弊端,乾隆帝要求军机大臣核实,军机大臣寻奏:"查铜矿一事,系前督臣鄂弥达、马尔泰题准动项垫给,马尔泰任内接办发银,因办理不妥,以致官商视为畏途,经王安国奏请停止。臣以事因督抚迁延所致,请将各厂支过银两,即于原给发之督抚名下追赔。"⑥如此可见,前述乾隆五年御史沈世枫奏称"鄂弥达勒令盐商领帑开矿之类",并不是空穴来风,由于广东巡抚王安国奏请,及时得以纠正。王安国在开矿问题上并不是止步不前,四月,王安国

①《清高宗实录》第2册卷115,乾隆五年四月甲午,第690页。
②《清高宗实录》第2册卷127,乾隆五年九月,第868—869页。
③《清高宗实录》第2册卷123,乾隆五年七月庚寅,第805页。
④《清代的矿业》上册,第42页。
⑤《清高宗实录》第2册卷139,乾隆六年三月,第1015页。
⑥《清高宗实录》第3册卷165,乾隆七年四月丁巳,第89页。

疏请"将该省锡矿于原奏开采一二处外,再开一二处,并将广、韶、肇三府勘有产锡山场即令采试,以备将来惠属各县锡山采遍之后,另移旺处开采。"①被廷议获准。

各地区尝试开矿继续进行。内蒙古归化地区的采煤业颇能说明问题,据学者研究:"清初康熙年间,这一地区曾进行过小规模试采,因各种原因,不久被禁。但燃料需求的压力迫使当地政府于雍正初年再次提请开矿。这一请求被中央政府批准后,归化城地区的煤矿业便进入了正式开采阶段。最初只开有六窑。乾隆初年,因增加驻军、修筑新城的需要,煤窑数猛增至一百数十座。乾隆三年至六年间,因一度采取限制措施,煤窑数锐减至二十余座。乾隆六年底取消限制后,煤窑数逐渐恢复到一百余座,多时达二百余座。"②反映出清廷政策对于开矿的影响。

在云贵,乾隆六年九月,署贵州总督云南巡抚张允随奏称:"黔省威宁州属致化里产有铜矿,砂引颇旺,现开礦硐七十二口,内有十四口已获百余万斤,招厂民二千余名,设炉二十座,采试有效,应准其开采课,税照例二八抽收,余铜归官收买,每百斤给价银七两。"③户部准行。十二月,张允随奏称:"省城临安二局鼓铸所用倭铅,向在曲靖府属之阜浙、块泽二厂收买,嗣因外省铅价日贱,变价之铅久不销售,存厂铅足供二局二年之用,经臣题明封闭。今二局共添炉十五座,又开东川局二十座,应用之铅,已属加倍,存厂运局不敷所需,请将阜浙、块泽二厂仍行开采,所获铅斤按例抽课,余铅收买供铸。又东川府属之者海地方亦产铅矿,距东局尤近,现今开采,如能旺盛,另疏具题,请即将阜浙、块泽二厂仍旧开采。"④户部等部准行。不过,张允随的开矿实践似乎不理想。乾隆七年四月,贵州总督兼管巡抚张广泗覆奏"署督臣张允随原奏,威宁州属铜川河铜厂可期旺发,今开采一载,总因矿砂淡薄,报获无多。又原奏大定府属乐贡里、勺底地方产有水银,可期旺发,今开采九月,苗引全无,厂民星散。其遵义府属抵水厂虽有矿砂,亦甚微细,数月不效。惟婺川县属之大岩山试采有

①《清高宗实录》第3册卷165,乾隆七年四月戊午,第90页。
②江桥:《清代归化城地区的煤炭开采及其特点》,《内蒙古大学学报》1989年第3期。
③《清高宗实录》第2册卷150,乾隆六年九月己巳,第1154页
④《清高宗实录》第2册卷157,乾隆六年十二月辛亥,第1246页

效,现亦照引鉴取,并修文县属红白二厂较前产稍多,均可望有旺机。臣复查威宁州之兄姑地方,出有水银朱砂,现在饬令试采。"乾隆帝批示:"无益之事不可为,有益之事不可止,酌中为之。若分彼此之见,则非矣。"①告诫云贵地方官注意团结,酌中行事。矿铜保持旺盛不易,五月,贵州总督兼管巡抚张广泗疏称:"铜厂之旺衰视民力之多寡,现据铜川河铜矿各户,因工本不敷停炉甚众,请暂照格得、八地二厂例,一九抽课,俟将来矿砂大旺,再照二八抽收。"②户部准行。

其他地区。乾隆七年正月,湖广总督孙嘉淦奏:"查桂阳、郴州属旧开铜矿,不碍田庐,又无苗猺杂处,可以复开。其余试采之处,有名无实,俱应封禁。"③此奏于翌年二月经户部商议准行。④乾隆七年三月,四川巡抚硕色奏称:"建昌、永宁二道所辖铜铅厂,矿苗甚盛,不碍田园庐舍,除例给厂费外,现议委员专司抽课,取具商匠结册,查核铜数汇报,其长宁、云阳等处产黑白铅矿,应准一体开采。"⑤户部议准。五月,湖广总督孙嘉淦疏称:"先是兴宁县民需用铁斤,须自粤东贩运,跋涉维艰。近勘该县属夏里、江口、东安、流坡等处产有铁矿,请就近开采,以济民用。"⑥户部准行。又据乾隆八年二月户部说,"湖南铅矿开采多寡尚难豫定"⑦,说明湖南正在开采铅矿。

广西的开矿铸币受到重视。乾隆七年四月,署两广总督庆复奏称:"粤西向未开炉鼓铸,惟恃滇省解运,今西省厂铜照配试铸,与滇钱无异,如开厂添配,搭放兵饷各项,实于民用有济。请将粤西矿铜留充鼓铸,俟流通后再停解滇钱,以省运费。"⑧户部议准。十月,广西巡抚杨锡绂条奏鼓铸事宜,谈道:"今临桂、永福、恭城等处报有铜

①《清高宗实录》第3册卷165,乾隆七年四月,第94页。
②《清高宗实录》第3册卷167,乾隆七年五月庚辰,第118页。
③《清高宗实录》第3册卷159,乾隆七年正月,第15页。
④《清高宗实录》载"户部议准,前任湖广总督孙嘉淦疏称,郴州、桂阳州矿厂铜、铅夹杂,地非苗猺,尚可开烧,抽得税额并收买商铜,于鼓铸国帑均有裨益。从之。"《清高宗实录》第3册卷185,乾隆八年二月丁未,第385页。
⑤《清高宗实录》第3册卷162,乾隆七年三月丁卯,第40—41页。
⑥《清高宗实录》第3册卷166,乾隆七年五月甲子,第98页。
⑦《清高宗实录》第3册卷185,乾隆八年二月辛亥,第387页。
⑧《清高宗实录》第3册卷164,乾隆七年四月己亥,第71页。

矿,俟试采有效,即题报抽课,停买客铜。"①户部议覆如所请行。又据乾隆八年二月户部说"查广西产铅,已题定留供本省鼓铸"②,可知广西正在开采铅矿。三月,广西巡抚杨锡绂疏请开采恭城县大有朋山铅矿,被户部准行③。

乾隆八年,经过几年的开矿实践,开放矿禁被正式肯定下来。首先,广东布政使托庸再次正式疏请开矿,他说:"粤东铜、铅矿厂请招商开采,核计商费工本,酌量抽收,余铜照时价每斤一钱七分五厘交官收买,其铜、铅矿内间杂金、银各砂,应照滇、黔例分别抽课充饷。"④得到户部准行。广西、贵州、云南的开采继续进行,如广西巡抚杨锡绂奏称:"现开铅垄三口,铜垄一口,共设炉房二座。"⑤并奏请山斗冈铜、铅矿厂酌定抽取支销事宜,户部议覆准行。广西布政使唐绥祖疏称:"粤西恭城县回头山铜矿,向例于二八抽课外,余铜官为收买,每百斤给价八两三钱,现在礦口日深,取砂工费,已加数倍。商人以不敷工本,观望不前,砂课日绌,请照收买客铜渣铜之数,每百斤给价十三两四钱。又怀集县将军山、河池州响水厂向止给价六两八钱,亦属不敷该处开采,较回头山稍易,请照回头山旧例以八两三钱收买。查回头山采矿商本不敷自应量加,惟十三两四钱未免浮多,应照滇省厂价每百斤九两二钱,其将军山厂、响水厂准照回头山旧例支给。"⑥户部议覆从之。贵州总督兼管巡抚事张广泗疏称:"天柱县相公塘、东海洞等处出产金砂,地系旷野,并无干碍民田庐墓,前令商民试采,已有成效,请准开采,照例抽课。暂令天柱县就近督采,俟旺盛再议委员兼管,添设书役。所抽课金,估照成色,变银充饷。"户部议覆:"应如所请,惟每金一两抽课三钱,及于抽课之中支给厂费,俱与成例不符,应令该督另行妥议办理。"⑦得到皇帝首肯。云南总督张允随疏称:"滇省大理府自雍正五年停止鼓铸,十余年来,迤西一带钱

①《清高宗实录》第3册卷176,乾隆七年十月庚子,第271页。
②《清高宗实录》第3册卷185,乾隆八年二月辛亥,第388页。
③《清高宗实录》第3册卷187,乾隆八年三月辛巳,第412页。
④《清高宗实录》第3册卷195,乾隆八年六月己巳,第502页。
⑤《清高宗实录》第3册卷197,乾隆八年七月庚戌,第536页。
⑥《清高宗实录》第3册卷206,乾隆八年十二月上辛亥,第650—651页。
⑦《清高宗实录》第3册卷207,乾隆八年十二月丁卯,第665—666页。

少,兵民零星交易不便。该地产有铜矿,应请设法开采,设炉十五座,每年需铜二十八万余斤,即以所出之铜供铸,不敷再将迤东各厂铜斤添拨,铅、锡等项于各厂运往。统计每清钱一千文,约需工本六钱有零,每年可铸出钱六万余串,照例搭放兵饷。所需局房旧地已改考棚,并择地建盖。"①户部议覆从之。乾隆帝还谕军机大臣等:"制钱乃民间日用必需之物,近来各处钱文短少,价值昂贵,民间甚为不便。有言江、广等省现在鼓铸,若山东、山西等数省亦开局鼓铸,则钱文充裕,价值可平。此说不知可行与否,该省若开鼓铸,铜斤取于何处,尔等可寄信与各省督抚,令其酌量本地情形悉心筹划,定议具奏。"②

值得注意的是乾隆八年皇帝命大学士张廷玉等召集九卿对矿政的廷议,达成一致意见,正式确定了开放矿禁的政策。张廷玉等奏报说当时:"是各省凡有可采之山厂,俱经该地方官查明保题,先后开采,以济民用。"于是"臣请凡各省有可开采之山场,除金、银之矿封固不准开采外,其余俱听百姓于地方官给照开采。铅、锡之类,听民自便,铜则官为照时价收买以资鼓铸,其余转散民间,制造器皿,是亦足民之一端也"③。不久乾隆帝批准此议,韦庆远先生认为,"可以视为代表官方的正式的关于矿业政策的规定。"④

事实上,乾隆九年仍在讨论开放矿禁问题。该年四月,署广东巡抚广州将军策楞奏、前护抚托庸奏:

> 粤省番禺等三十州县俱有产矿山场,大概铅砂多于铜砂,微有金、银夹杂。粤东地处滨海,民间生计窘迫,非无小补,又可供本地鼓铸。惟查从前矿厂规条委员经理,定以二八抽课,另收余铜,以供养廉。诚恐未开厂以前先已挪动帑项,既开以后所收不敷公用,而抽收太多,有亏商本,仍前随采随停,转致与民无济。计惟令本地有司督同商人,先行试采。其作何抽课,应否设立厂员,俟办理就绪,酌量题奏。⑤

①《清高宗实录》第3册卷207,乾隆八年十二月下辛未,第670页。
②《清高宗实录》第3册卷204,乾隆八年十一月上戊子,第631页。
③转引自韦庆远:《档房论史文编》,第122页。
④韦庆远:《档房论史文编》,第122页。
⑤《清高宗实录》第3册卷215,乾隆九年四月下,第771页。

乾隆帝以"所奏俱悉"对此未置可否。此奏受到大臣的质疑,六月,江西道监察御史卫廷璞奏:

> 臣见两广总督马尔泰等议覆布政使托庸奏请粤东开矿一折,查明广州等府报出铜、铅及夹杂金、银砂等矿共二百余处。又称山场在丛山迭嶂人迹罕到之区,现在招商试采等语。夫以二百余处之山场一时并采,臣窃以为未尽善也。盖开采必视乎商力,粤东僻处天末,土著之殷富者,通省不过数家,至外来流寓,如洋行、盐行虽有数千家①,而殷富者亦不过数家,余皆挪移补苴,虚张声势,非如两淮、山右之拥巨赀者,虽经小亏折而无损也。更有一种无藉之徒,典卖现在之产,希图未然之益,合什伯小分为一大股,官验则有银,兴工则有银,一或失利,坑陷多人,荡产破家,势所必有。请饬下督抚,将各府州属矿山,各择一二处②先行试采,果有成效,方渐次举行,是有利则异时之利甚长,无益则目前之害尚小也。且粤东山海交错,形势异于他省,米价亦复腾贵,虽据称以本地之土人应本地之力作,米价似不致贵,然现在山场二百余处,将来续开者又不知数十百处,安得如许无业之人以供其用?其附近邻省者势必潜入山场,商方借其力,谁肯驱之使去?则米价未必不因此致贵也。诚莫如先行试采数处,徐观后效,使各矿聚集之人亦可以少分其势。③

奏入,乾隆帝谕军机大臣等,将此折抄录寄与马尔泰、策楞,令其议奏。反对开矿者还有江南道监察御史欧堪善,他奏称:

> 臣见两广总督马尔泰等议覆前任藩司托庸奏请粤东开矿一折,凡开采条项以及防范事宜,胪列详明,似属可行。顾臣生长粤东,知此事断不可行。粤省环山距海,黎猺杂处,数十年来安堵,皆由勤耕力穑,民有常业,故虽有宵小,无由起衅。若深山巨谷大兴厂役,商人获利,尚难相安,倘各商亏本,工丁良顽不齐,人众难散,或乘此暗通海寇,勾引黎猺,骚扰百姓,

---

①韦庆远先生据奏折指出,"数千家"应是"数十家"。见韦庆远:《档房论史文编》,第43页。
②原折为"二三处"。见韦庆远:《档房论史文编》,第43页。
③《清高宗实录》第3册卷219,乾隆九年六月己巳,第817—818页。

防范难周。且承商既多，或因山场、陇口争讼斗殴，嚣凌莫纪。至于开矿之处，虽云无碍田舍，而其中或经胥役捏报，有司查访难周，以致被累居民，争竞肆起，亦未可知。此未然之情形，不可不虑。至托庸奏称，以本地之土人，应本地之力作，不致人多粮贵。窃思粤省田亩虽少，而山河海滨种植杂粮蔬果，皆可为糊口之资，是以频年米贵，小民得勤本计，借以谋生。今大兴力役，愚民贪图佣值较耕作稍优，势必抛荒本业。贾谊云：一人耕之，十人聚而食之，欲天下无饥不可得也。至称潮、韶、肇等府矿山不下数百处，则所需工丁不下数十万人矣。夫此数十万人者，平日皆勤耕力种，非尽游手好闲者也。开矿多此数十万工丁，则南亩少此数十万农夫，以数十万之众日勤本计，尚恐民食艰难，乃尽驱之工役，欲米粮不贵岂可得乎？雍正十三年，广东总督鄂弥达、巡抚杨永斌奏请开矿，九卿议覆准行，世宗宪皇帝以有妨本务特谕停止。夫当日年谷顺成，尚虑开采累民，况迩来米价腾踊，去岁截漕十万石运粤接济，米价每石尚至二三两不等，今岁元气未复，复使营营工作，致荒本计，其何以堪？伏乞乾断，饬令停止。[①]

奏入，乾隆帝同样谕军机大臣等，将欧堪善奏折抄寄与广东督抚马尔泰、策楞悉心定议，要求"务期妥协无弊，不可拘执前见"。七月，户部议覆两广总督马尔泰、署广东巡抚策楞条陈粤东开采矿厂召商抽课各事宜。具体内容如下：

一、据广州府属番禺等县，报铜矿十二、铅矿二十二、铜铅矿砂三，韶州府属曲江等县，报铜矿五、铅矿二十七、铜铅矿砂三，惠州府属博罗等县，报铜矿十六、铅矿十、铅矿兼有银砂者五，潮州府属海阳等县，报铜矿六、铅矿七、铜铅矿砂十五，又铜铅矿砂杂有金、银砂者十四，肇庆府属鹤山等县，报铜矿二、铅矿五、又铜铅矿砂九、金矿九，罗定州属西宁县，报铜铅矿砂五，连州及连山县，报铜铅矿十七、铜矿一，嘉应州及长乐等县，报铜矿四、铅矿六，现勘明于田庐无碍，即召商试采。第每铜百斤，实需工本

①《清高宗实录》第 3 册卷 219，乾隆九年六月辛未，第 820—821 页。

十二两有奇,若照洋铜每斤一钱四分五厘交官收买,除百斤内抽课二十斤外,工费不敷。应如所请,饬该督定议报部。

一、铜矿原本无银,间杂银屑,为数甚微。现酌议何等以上抽课,何等以下免抽,应如所请。俟确查定议,其余铜、铅仍照例二八抽课。

一、定例每县召一总商,承充开采,听其自召副商协助。一县中有矿山数十处,远隔不相连者,每山许召一商。倘资本无多,听其伙充承办,应如所请。如矿少砂微,并令居民开采抽课,一并按季按月汇报。

一、每山设一山总,每陇设一陇长,约束稽查。每工丁十人设一甲长管领,应募者取保互结,亦应如所请,饬该管官严行防范。[1]

此议得到了乾隆帝的肯定。

但是,事情并未了结。乾隆九年九月,两广总督那苏图奏报到粤日期并请训谕,乾隆帝指示他:"至两粤开采一事,颇为目下急务,盖不开采铜斤何由得裕,而办理少有不妥,诸弊丛生,有利什而害百者,不可不加之意也。"[2]

广东地方官批驳了卫廷璞、欧堪善两位御史的观点,两广总督那苏图等奏:

> 承准廷寄御史卫廷璞、欧堪善条奏二件,请停缓开采矿山,奉旨交臣等定议。臣抵任后,即与臣策楞详查案卷,并备询属员,博采舆论。窃惟粤东矿厂,自康熙三十八九年以来,议开、议停已非一次。臣等身膺重寄,何敢好大喜功,创此无益之举。第敷政有体,当衡其轻重缓急,补偏救弊,而归于至当。若两御史所奏,虽因息事宁人起见,而臣等仰承下问,不敢不据实上陈。查粤省山海交错,五方杂处,兵民商贾,在在需用钱文,鼓铸一事万难缓待。而铜斤之产于东洋者,江、浙等省纷纷购买,尚虑亏缺。其产于滇南者,额解京局及供应本

---

①《清高宗实录》第 3 册卷 220,乾隆九年七月乙酉,第 834—835 页。
②《清高宗实录》第 3 册卷 225,乾隆九年九月下,第 917 页。

处与川、黔等省鼓铸,岂能源源接济?今粤东现有矿厂,弃而不取,非计之得也。议者谓矿厂一开,奸良莫辨,海寇黎猛,劫垄踞山,事属可虑。伏惟久道化成,数十年来,鲸鲵绝迹,必无意外之虑。即如云南夷猓杂处,粤西苗獞交错,频年开矿,并未滋事。惟在司事文武弹压有方,便可杜绝。况粤东山多田少,民人虽有胼胝之能,苦无耕作之地,与其飘流海外,作奸为盗,何如入山佣趁,使俯仰无忧。是开采非特为鼓铸计,兼可为抚养贫民计也。若云本省米谷有限,丁众食指浩繁,查产米地方远则江楚,近则粤西,皆一帆可达。购邻省之米,养本省之人,有何食贵之虑?臣等随时调剂,断不使粤民向隅,如台臣所云因开矿而米价即贵也。似宜将现在报出铜铅各矿先行试采,自广州、肇庆二府起,由近至远,以少及多,砂旺即开,砂弱即止。其衰旺缘由及应开、应停作何抽课之处,容试采之后,陆续奏闻。至金、银二矿,民多竞趋,恐其先金、银而后铜、铅,转于鼓铸有碍,应请停止,照旧封闭。其余各项事宜,悉照户部议定章程办理,毋庸更改。①

乾隆帝要求大学士会同该部议奏。署广东巡抚广州将军策楞也奏称:"粤省人稠境窄,赖此产矿山场,乃天地自然之利,如果经理得宜,于民生殊非小补。且现议开炉鼓铸,铜斤不敷,与其远购邻封,何如近取本地。惟是金、银并采,或启纷争之渐,自应将铜、铅等矿先为试行,将来拣选砂旺山场开采,其金、银矿仍概行停止。督臣那苏图到任后,与之详加商酌,意见相同。"②十二月,大学士等议覆两广总督那苏图等奏请,从其所请:"粤东开采铜、铅,以裨鼓铸,先于广、肇二府近处矿厂试采,俟有成效再行定议,渐次举行。至金、银二矿,原与鼓铸无涉,仍旧封闭。"③得到了皇帝的同意。至此,有关是否开矿的争论,算是落下帷幕。

当时,各个地区正在开采铜矿。如云贵,乾隆九年七月,据云南总督张允随奏:"滇省每年运京正耗铜六百三十余万斤,本省临东以

①《清高宗实录》第3册卷227,乾隆九年十月下,第941—942页。
②《清高宗实录》第3册卷227,乾隆九年十月下,第943页。
③《清高宗实录》第3册卷231,乾隆九年十二月下癸亥,第979页。

及黔省鼓铸，共需铜八百余万斤，惟赖各厂旺盛，始能无误。近年汤
丹等厂产铜较少，因思于附近金江地方豫觅旺厂，先行试采。嗣据
东、昭二府报称，金江北岸大山顶、阿坝租地方产有矿苗，当饬煎样，
与汤丹厂成色无异，随给工本银三千两，煎揭蟹壳铜，除抽课外，余铜
每斤给价六分收买。自乾隆八年十二月十五日起至九年正月十三日
止，共收过四万五千余斤，兹又发工本银一万两，以便接续开采。查
阿坝租甫经开厂一月，即获四万余斤。且离金沙江小江口铜房不远，
较汤丹水运尤便。再大理府地方，前经奏请设炉开铸，需铜二十余万
斤，因滇省旺厂，皆在迤东，若由迤东运往，未免多糜脚价。兹得迤西
丽江府产有旺矿，试采颇多。又查顺宁府打盹山厂，前因知府张珠经
理不善，未能旺盛，今另委员设法调剂，较前大旺。二厂铜斤，尽可敷
大理鼓铸之用。"乾隆帝称之为"甚善之举"①。八月，湖南巡抚蒋溥
等奏："靖州属之绥宁县地方，出产矿砂颇旺，请开采鼓铸。"得旨："若
在他处又何不可之有，绥宁相近苗地，何不为久远之图，而但顾目前
之小利耶？不准行。"②九月，陕西巡抚陈宏谋等奏："查陕省河山四
塞，舟楫鲜通，钱文流通甚少，价日昂贵，惟当开采铜斤，鼓铸接济。
兹有宝玉堂、王家梁、竹林洞、铜洞坡、青子沟五处验有铜信，现有商
民等情愿自出工本，先行采试，并闻华阴县属之华阳川产有铅矿，应
请一并开采，以供搭配鼓铸。"得旨："若不滋扰而可多得铜斤，自是好
事，总须妥协为之。"③总而言之，乾隆帝对于开矿持开明态度，但也
很注意不能因开矿造成事端，影响社会秩序。

乾隆十年正月，命直省筹鼓铸④。这一决定应当是建立在开放
矿禁的基础之上，为解决经济繁荣带来的货币流通创造了条件。

三　结语

乾隆时期开放矿禁的讨论，接续雍正末年进行，解决铸币的铜来
源是当务之急。雍正十二年五月，广东总督鄂弥达、巡抚杨永斌因上
谕："嗣后采办滇铜之省，即令滇省就近鼓铸"，于是建议开放屡蒙谕

①《清高宗实录》第3册卷215，乾隆九年四月下，第772页。
②《清高宗实录》第3册卷223，乾隆九年八月下，第884页。
③《清高宗实录》第3册卷225，乾隆九年九月下，第917页。
④《清高宗实录》第4册卷232，乾隆十年正月辛巳，第3页。

旨的矿禁。督抚二人以"公帑省无穷之费，官员免购办之烦，国计民生裨益弘多"为由，主要是出自就地取材。经过讨论，终因矿徒易聚难散而被否定。乾隆帝嗣位遵守既定方针，仍然认为"开矿乃扰累地方之事，断不可行者"。

乾隆二年三月，由于两江总督庆复上奏，欲除采办洋铜流弊，请开粤省矿厂之禁，支持鄂弥达、杨永斌雍正十二年的开矿主张，重启乾隆朝开放矿禁的讨论。乾隆三年二月，鄂弥达上题本重申惠、潮、韶、肇等矿厂准令招募本地殷实商民自备资本陆续开采，并批驳了开矿聚散堪虞、人多粮贵的说法。虽然受到新任广东提督张天骏等人的反对，但在乾隆帝倾向开矿的态度下，鄂弥达又上长奏，驳斥张天骏的质疑。从乾隆四年起，广东铜矿已经弛禁。

乾隆帝不仅支持广东采铜，还支持广东地方官不排除其他矿种尝试。乾隆五年，发生了一场督抚就是否普开煤矿的讨论。各地尝试开矿继续进行，乾隆六、七年间，新任广东巡抚王安国对开矿采取了慎重态度。乾隆八年，经过几年的开矿实践，开放矿禁被正式肯定下来。广东布政使托庸再次正式疏请开矿，皇帝命大学士张廷玉等召集九卿廷议矿政，达成一致意见，正式确定了开放矿禁的政策。事实上，乾隆九年仍在讨论开放矿禁问题，御史卫廷璞、欧堪善反对开矿，两广总督马尔泰、署广东巡抚策楞条陈粤东开采矿厂召商抽课各事宜，以为回应。新任两广总督那苏图到粤后，批驳了卫廷璞、欧堪善两位御史的观点，坚持开矿，最终廷议支持广东地方官"开采铜铅，以裨鼓铸"，是否开矿的争论落下帷幕。

反对开矿的理由主要有两条：一是矿徒易聚难散，二是导致粮价上涨。在一定程度上二者呈现的是人口持续增长带来的社会经济压力。不可否认，当时有大量脱离土地的流动人口。其中不乏以开矿谋生者，人口的聚集，使得地方官对社会治安感到不安；流动人口的增多加重了人们对广东粮价上涨的担忧，但事实上开矿不会导致粮价上涨，流动人口开矿就业反而有利于社会秩序的稳定。乾隆十年之后，广东稳定的社会秩序与经济繁荣说明了问题，其实也反映了其他开矿地区的基本情形。

乾隆帝在开矿问题上很慎重，反复讨论，不断实践，在他开明的态度下终于开放矿禁，如果从康熙五十二年限制开矿起，到乾隆九年,历时三十多年,最终基本上回到了康熙二十年代任民采取的矿业政策,清廷积累几十年的开矿政策讨论与开矿实践,足以提供未来开矿的历史经验。乾隆时代矿业表现出的繁荣,是乾隆初年开放矿禁带来的。

（原载《明清论丛》第 14 辑,故宫出版社 2014 年版）

第五章　粮食安全：社仓实践及漕盐维护

清顺治朝的长芦盐政

清承明制,以派遣钦差大臣的形式,命监察御史巡视盐政,故该职又称作巡盐御史、盐政,尊称盐院。顺治朝的长芦巡盐御史衙署设于京师宣武门外,巡盐御史每岁巡视直隶、河南、山东,天津、沧州、山东皆有行馆。长芦盐运使司衙署设在沧州,下设天津、沧州、蓟永三个分司,天津分司衙署位于天津东门外。清将明代长芦所辖盐场裁为十六,芦盐行销直隶、河南两省。

清顺治朝的长芦盐政问题虽有所研究①,但未能充分利用有关资料进行全面深入探讨②,仍有着较大研究余地。笔者利用档案并结合《长芦盐法志》《清世祖实录》等文献尝试做些讨论,以就教于方家。

一 王国佐条奏与顺治初年盐政

清入主中原后,首先控制了畿辅与部分北方地区,为了增加国课解决食盐,主要行盐畿辅、河南的长芦运司的盐政成为首要的目标。

①林永匡:《清初的长芦运司盐政》,《河北学刊》1993 年第 3 期。该文利用了顺治朝的7 件档案以及王守基《盐法议略》、徐世昌等《清盐法志》、《清史稿·食货四·盐法》等文献,主要讨论了清朝恢复和建立长芦盐政正常经济秩序的 5 项措施。

②中国第一历史档案馆编选:《顺治年间长芦盐政题本》(上、下),《历史档案》1988 年第 1、2 期。该选编公布了 17 件档案,本篇所引《历史档案》中的题本、奏折,均出自此。

顺治元年八月,詹事府通事舍人王国佐条奏长芦盐法十四事,反映了当时亟待解决的盐政问题。《清世祖实录》记载其具体的条目:

> 一、复额引以疏壅滞,一、改引部以速引利,一、便引价以壮京圉,一、革防销以省商费,一、除滥赎以伸商冤,一、除变价以止奸欺,一、清焚溺以杜虚冒,一、止改告以一引盐,一、疏关禁以通引楗,一、杜扰害以清私贩,一、核场灶以清窝囤,一、复两坨以备稽察,一、免徭助以济孤商,一、设赏例以鼓富商。①

这一建议"部覆允行",应当对当时恢复、整顿盐政起到了作用。《长芦盐法志》也收录了这一重要奏疏的具体内容,不过题名《盐政十疏弊》,而条目数量则是十一条②,缺少的是《清世祖实录》记载的条奏前三条。概括起来,王国佐条奏的内容主要是两方面:一是《清世祖实录》记载的前三条条奏,即恢复额引转运制度,使得产盐、行销正常化,满足京畿的需求;二是其余十一条的内容,即查禁私盐,保证官盐的行销。对于条奏前三条的理解,我们将结合本文的第二、三部分论述在此做出推测;后十一条则利用《盐政十疏弊》的具体记载加以分析。以下是逐条说明:

复额引以疏壅滞。《长芦盐法志》记载了引地引额制度,写道:

> 顺治元年议定,明制每引支盐二百零五斤,外加包索、余盐、割没等名,重至六百五十斤,征银八钱五分七厘零。斤数重则秤掣难,款目繁则蒙混易。今尽销各项名目,以一引分三引,计七十一万九千五百五十引,每引定二百二十五斤,按原包斤两折算,每引该纳银二钱六分五厘七毫五丝。今各项赋税已免三分之一,商民一例,每引只纳银二钱,以示优恤。③

显然这种"复额引"可以调动盐商的积极性,促进盐的流通,可以"疏壅滞"。

---

① 《清世祖实录》卷7,顺治元年八月己巳,第80页。又该十四事,《皇朝通典》亦有记载,可见其重要性。见《皇朝通典》卷12,《盐法》,文渊阁《四库全书》本第642册,台北商务印书馆1986年版,第144页

② 黄掌纶等撰、刘洪升点校:《长芦盐法志》卷15,《奏疏上》,科学出版社2009年版,第298—299页。又该奏疏系于顺治元年七月,与《清世祖实录》所记八月不同。

③ 黄掌纶等撰、刘洪升点校:《长芦盐法志》卷9,《转运上》,第142页。

改引部以速引利。《长芦盐法志》记载了顺治元年议定的上述制度后，接着说："铸造引版，刷印引目，令各商赴部完纳，随给盐引，赴场支盐赴卖。"该书又记载："顺治二年，议准停止边商纳粟，令运司招商纳银，依额解部。"①盐引是盐专卖的许可证，清朝以运司招商赴户部完纳盐税，即领盐引，不同于明代开中法，所以是"改引部"，手续简便，提高效率，因此可"速引利"。

便引价以壮京圉。顺治元年清刚定鼎京师，百废待兴，食盐为当务之急，由于清廷所定引价每引纳银二钱，优恤商人。所以商人有积极性，组织盐场生产，首先保证京师的盐供应。这可能是"便引价以壮京圉"之意吧。

革防销以省商费。"查盐斤掣销，自有定额，无容私自增减。今据称每引新增防销盐数斤，每斤纳盐五厘，殊属非法。嗣后每引连包索二百二十五斤外多带者，即系私盐，查出，官、商一体治罪。"即每引行盐 225 斤一包，不许多带，时新增防销盐，每斤纳盐 5 厘，建议革掉，以保证盐斤掣销定额。

除滥赎以伸商冤。"查罚赎所以警奸，今据称无故诛求，按引加赎，厉商为甚，应令盐臣严加厘剔。如有正额外私派私征者，必置重典不宥。"②即禁止正额外私派私征。

除变价以止奸欺。"查私盐变价，系明朝旧制。今据称变价之盐，比引倍重，价卖更轻，是以奸徒俱以运到之盐，串通书吏，假充私盐变价名色，告运货卖不由掣放，故夹带不可究诘。正引壅滞，且借贡盐、脚价、助饷名色，上下蒙奸而无归。着议令所获私盐，必报明臣部，盐院积堆总数给商纳价领引运卖，一如正额盐斤。但所纳变价课银，不许溷入正额之内，每年汇算清楚，除贡盐、脚价外，仍行解部充饷。"③即禁止变价之盐，所纳变价课银，解部充饷。

清焚溺以杜虚冒。"查行盐遭水沉溺，或火焚毁者，准令买补。奈法久弊生，以无报有，以寡冒多，莫可究诘。以后遇有商盐焚溺，必

---

①黄掌纶等撰、刘洪升点校：《长芦盐法志》卷 11，《赋课上·商课》，第 194 页。

②《长芦盐法志》点校本第 298 页将"除滥赎"作"除淫赎"，语意不通，"淫"字似误，笔者从《清世祖实录》改之。

③《长芦盐法志》点校本第 298 页将"除变价"作"止变价"，与后文"止奸欺"用字重复，似误，笔者从《清世祖实录》改之。

取地方官印结申报部院,运司察有实据,方准买补。查出捏报,罪坐出结官,官商各知警惕。"即禁止以行盐遭水沉溺或火焚毁为借口买补。

止改告以一引盐。"查行盐立有水程,所以定境界,杜挽越也。今据称商通奸吏,盐到发完,买回水程,不书注销,假捏地方壅滞,另注地方告运货买,是一引而行两盐,诚为亏课滋弊。以后运司先将水程填注明白,销完仍同引日缴部,不许改告。"即禁止盐到运司领引并不注销,改注地方运销,造成一引而行两盐。

疏关禁以通引楫:"查设关讥察,原为扼私贩通官运也。今据称天津海口一关,私盐重贿巡役,公行无忌,官盐反行借端阻塞,请行革除,以免商害。至于自造盐船,不得强拿运粮,合行严加申饬。"即禁止私盐行贿巡役,优先通过税关。可见天津私盐猖獗,影响了官盐的转运。

杜扰害以清私贩。"查官盐壅多,故设番缉捕私裕公。今据称私盐横行,捕役不敢与撄,反为羽翼,惟挟私仇而搜抢富室,善良畏惧,为害滋多,是防奸者反为丛奸矣。嗣后如有通同挟仇妄报等弊,重法究处。"即禁止捕役放任私盐以及挟仇搜抢富室等。

核场灶以清窝囤。"查场灶出盐,原有定额,惟私盐窝屯贩卖,以致官盐数少。今责成各场大使,每月将场灶出盐数目据实开报,运司见行查察,如有隐匿,即治大使以通同之罪。"即不许场灶隐匿产量作为私盐窝屯贩卖,责成各盐场大使,每月将场灶出盐数目据实开报。

复两坨以备稽察。"查私盐夹带,惟借已掣之官盐混行堆坨。今议已掣之盐归之旧坨,未掣之盐归之新坨,庶夹带可杜。"所谓"两坨",长芦盐运司"定制:商人自场运盐至坨堆垛,赴司告掣,运司发批验所查验引目相同,具结申司呈院听掣。南所有内外坨之分,北所有新旧坨之分。"[①]南、北所即长芦运司的批验二所,北所在天津,南所在沧州。南所有南场坨,在沧州西门外西北隅;北所有北场坨,在天津海河东岸[②]。"复两坨"是指北所的新旧坨,该条强调的是将已掣、未掣之盐区分为新、旧坨,防止借已掣之官盐混行堆坨而夹带私盐。

[①]黄掌纶等撰、刘洪升点校:《长芦盐法志》卷10,《转运下·掣配》,第166页。

[②]黄掌纶等撰、刘洪升点校:《长芦盐法志》卷12,《赋课下一》,第214页。

免徭助以济孤商。"查盐商为国办课急公,焉得再派杂役,以重商困,今宜一概免除。"即强调免除盐商杂役,以保证盐商为国办课。

设赏例以鼓富商。"查商人自备资本,输课济饷,必须量为鼓舞以服其心。今议使老成行高者为纲首,年次者为副纲,责令查私盐搜隐弊,三年之内果有成效,给以冠带,副纲复为纲首,则商不招而自至矣。"可见纲首、副纲属于富有盐商,令其三年为期查私盐搜隐弊,保证输课济饷,如果有成效,赏以冠带,以此招商。关于纲首,有学者指出:"总商又称纲头、纲首,为一纲商人的领袖,负责领导全纲商人进行业务经营,并对封建国家承担包税任务,所以须由资财最为雄厚的运商组成。"①还认为顺治时纲首由富商轮流充任,举出顺治十四年资料,山东已有纲头的记载。根据"设赏例以鼓富商"的内容,则该条或许是清代纲首制的最初记载。

总之,王国佐条奏意在长芦盐政的恢复中限制官吏、保护盐商、严厉打击私盐,保证朝廷的盐税收入。

就清入关之初的盐政来说,首先确定了取消晚明加派按照万历税额征收的政策。顺治元年恩诏规定:"盐课,前代天启、崇祯年间,加派名色甚多,深为简厉。今着尽行蠲免,止按万历年间旧额按引征课。"②《清世祖实录》记载每年的年终统计数字,顺治元年为:"是岁,盐七十一万九千五百五十引,盐课银一十五万八千九百七十三两有奇,铸钱七千一百六十六万三千九百有奇。"③据此,清朝户部得到的税收只有盐税一项,从盐引数量看,正好与长芦盐引数一致,说明清朝顺治元年能控制的税收也只有长芦盐税,换言之,清朝顺治元年得到的税收盐课银158973两,都是长芦盐政提供的。

顺治二年六月,清廷以南京平定,颁赦河南、江北、江南等处,其中规定:"河南、江北、江南等处人丁、地亩、钱粮及关津税银、各运司盐课,自顺治二年六月初一日起,俱照前朝会计录原额征解,官吏加耗重收或分外科敛者治以重罪。凡各派辽饷、剿饷、练饷、

---

①薛宗正:《清代前期的盐商》,《清史论丛》第4辑,中华书局1982年版,第51页。

②黄掌纶等撰、刘洪升点校:《长芦盐法志》卷1,《谕旨一》,第2页。

③《清世祖实录》卷12,顺治元年十二月,第118页。

召买等项永行蠲免,即正项钱粮以前拖欠在民者亦尽行蠲免。"①
清廷废除晚明的三饷加派,正式税收按照万历会计录原额征解,其
中包括了盐课,从此各运司逐渐恢复盐政。闰六月,凤阳巡抚赵福
星疏言:"盐课为军需所关,今各商所行皆前朝旧引,其中不无混
冒,请速给新引,以裕国课。"②顺治帝要户部即与给发。清廷正式
为盐商更换新朝盐引。顺治二年行盐 1716625 引,征课银 563310.6
两有奇③,数量有了大幅度提高,大约 100 万盐引来自长芦以外的
运司。

二 顺治十二年之前的额引与盐政

"复额引以疏壅滞"是顺治初年恢复盐政的首要事情,进展顺利
但也有波折。根据顺治四年(1647)八月十二日《长芦盐政王守履请
将山东二三两年未领额引蠲免题本》,可知清初恢复盐政征收盐税的
具体情形。盐商李正芳、李同等人向山东运司运使张君赐反映,明末
加派叠增,遂至商逃课缺,清朝定鼎,"敕命抚按出示招商,许以见盐
上课。又蒙总、抚、盐三院会题部复行盐若干,即征课若干,钦奉明
旨,仍着该地方官极力疏通,荷蒙为国恤商,不以故额为厉。未及两
月,新商鳞集百家,因无敌比,称贷攒资,新旧输课五万余两,元二两
年,较之明末多征两三倍矣。"足以说明顺治元年、二年清廷招商有
方,收入山东盐税五万余两,比明末多征两三倍。然而"不意部札频
催关领二三两年未行引目,众商惊惶",认为这些"过季之引是仍行加
增虚额"。顺治四年,正值山东"抚按会题东省民间疾苦,地亩抛荒,
已奉谕旨,将二三两年尽行蠲免"。他们请张君赐"恳乞亟清州县户
口,照数行盐,速赐题请恩蠲二、三两年未领引目"。张君赐于是向长
芦盐政王守履提出:"盐利为军国之需,而户口实为盐利之本,以户
口存亡,关盐利多寡,理势必然也。自我清朝定鼎,蒙总、抚、盐三院
具疏题请,不以故额为厉,许以见盐征课,遂尔二年行盐九万有奇,
三年行盐一十三万有奇,四年关引二十七万有奇,即此权宜办课,日

①《清世祖实录》卷 17,顺治二年六月己卯,第 154 页。
②《清世祖实录》卷 18,顺治二年闰六月癸巳,第 163 页。
③《清世祖实录》卷 22,顺治二年十二月,第 198 页。

增月盛,愈运愈多,何意部札屡催二三两年未敷额引照数关领,各商带纳不前,恐蹈覆辙,欲比民间抛荒蠲免之例,免旧疏新,亦情理之至平也……值此户口逃亡,土寇充斥之日,见在引目尚难如数疏销,倘以从前未敷之旧额再加追呼,各商力尽骨枯,又蹈明季逃窜之辙,则求裕国反匮国,求多者日益少也。合无请乞俯念商民无异,将二三两年未领额引一例请蠲。"王守履继续题请蠲免旧额,他说:"盐务之疏壅,实由户口之多寡,而商力办课一年止完一年,即属足国经久之计,若责以带办逃旧额,反有滞碍亏课之虞……况臣巡历东省,目击各商告困及地方户口凋残之状,真有万难措办者。"①皇帝对于此题本的批红是"户部知道"。

据后来的记载,顺治二、三两年未领额引得到了蠲免。但是顺治四到八年正常的盐课并未完成,造成积压欠课。顺治八年户部说:"山东运司每年额该行引四十六万三千七百三十七引,该课九万五千一百三两一钱八分零。元、二、三年未领引课业已奉旨蠲免外,其四年分引已全领,课尚欠一万五千二百八十二两四钱三分零;五年分引已全领,课尚欠四万四千八百三十九两八分零;六、七、八年引全未领,课全未解。"巡盐御史杨义题称:东省贼寇披猖,户口凋耗,食盐之人不及昔年之半,请求或接销五年之引,或截行八年额数。不过户部坚持照额引课税:"至于四五两年引已全领而课纳因何未完,应一并着落该差御史运司,严督各商竭力转输,务期积通清,而额课不致亏欠矣。"②其实,此前也有盐税带征的情况,如顺治二年正月壬辰户部议覆:"长芦巡盐御史吴邦臣疏言:山东地方荒残,商人星散,其额税应先征一半,余缓至来岁带征。从之。"③清廷在盐课问题上坚持一贯做法,但对于战后的盐民来说,按照正常税额收税,其负担很重。

巡盐御史杨义在顺治八年任期内的题本反映了当时盐课征税的艰难。针对户部的要求,杨义摘参违玩盐课州县官员,他"除销引缺

---

①以上均见《历史档案》1988 年第 1 期。

②《户部多罗端重郡王波洛等为严查山东盐引壅坠事题本》,《历史档案》1988 年第 1 期。

③《清世祖实录》卷 13,第 120 页。

额州县一面严督速完嗣定考成外"①,先将病瘥之尤的州县官四员
参劾,使得这些官员受到了处分。为了完成盐课,杨义提出查照山
东户口更定引额并定考成的建议,从中反映出清初盐课较重的
现实:

> 窃照盐法规则,原以户口之多寡,定引目之盈缩。山东运司
> 年额小引四十六万三千七百三十七引,此据明全盛时十五万余
> 引之额三分之,遂为定制。其实查明初年生聚未繁,原额不过二
> 万引,查明末年荒残已极,岁行三四万引不等,是十五万已属虚
> 额。我清定鼎即因旧额行之,然而户口已非全盛之旧矣。前抚
> 臣方大猷、盐臣吴邦臣,目击行盐无地,食盐无人,引额虚
> 悬,故有见盐征课之请。但见盐征课,漫无纪极,何以督率商人,何以
> 考成州县。今八年于兹,每岁领引犹半,而销引十无三四。元、
> 二、三年积通,前盐臣王世功疏请恩蠲二三,残商稍解涸辙之困
> 矣。乃近日情形更有甚难者,土寇窃发,洪水横流,村落悉成丘
> 墟,田畴尽为薮泽,孳生抚集者少,死丧逃亡者多,抚、按诸臣报
> 闻在案,部、科诸臣议覆在案……臣愚特请查照户口,更定引额,
> 乃可以督责商人,考成州县。②

由此可见,顺治初年的"见盐征课"之举,实在是万不得已,所以
"八年于兹,每岁领引犹半,而销引十无三四"。因此,希望"查照户
口,更定引额",使得商人与州县都有切实依据,减轻压力与负担,进
而有效保证朝廷的盐税收入。

清廷强化盐税征收,同满足兵饷需求有密切关系。顺治七年
(1650)四月,户部等衙门会议兵饷缺额事宜,涉及"盐课内水乡等项
应解者着户部作速催解"③。不过顺治皇帝强调征收正额,反对额外
征收,他说:

> 朕又亲览巡盐御史崔允弘章奏,因思及各处所报盐课,每报

---

①《长芦盐政杨义为摘参违玩盐课州县官员事题本》,《历史档案》1988年第1期。
②《长芦盐政杨义为查照山东户口更定引额并定考成事题本》,《历史档案》1988年第
1期。
③《清世祖实录》卷48,顺治七年四月壬子,第389页。

余银若干,细思盐课正额自应征解,若课外余银,非多取诸商人,即系侵克百姓,大属弊政。户部、都察院通行各盐差御史及各盐运司,止许征解额课,不许分外勒索余银,有御史及运司各官贪纵者,许商民指实赴部院首告,审问确实奏请治罪,用布朝廷恤商裕民至意。该部院各刊刻告示,通发京城内外及各督、抚、巡按,遍传道、府、州、县、盐运等官,实力遵行。①

从中也反映出各处盐运司存在着盐课多征的情形。顺治十二年,顺治帝特别告诫巡按不得受贿:"但得银一两一钱,定行处死……以后各巡方御史及巡盐、巡漕、巡仓、巡视茶马各御史但有这等违法受贿犯脏,即行处斩,定不宽宥。"②

实际上盐课难完还有私盐盛行的原因。顺治三年,巡盐御史柯士芳题奏:"私盐盛行,则官引壅塞。豪棍勾引东兵,非称王府买用,则倚强抢夺,道、司、州、县秉法难施,商灶无控,乞敕颁发清字禁止。"③这种投充满洲贩卖私盐、影响官引的情况猖獗,以致从顺治三年到五年,皇帝不断颁谕禁止。《长芦盐法志》记载了这些上谕:

顺治三年正月,奉上谕:盐课关系军需,岂容私贩亏课,着严示禁约,违者依律治罪。钦此。

顺治四年正月,奉上谕:灶户若有投充王、贝勒以下,俱不许投充。若有先投充者,悉一概退出。钦此。

顺治四年六月十七日,户部奉上谕:兴贩私盐,屡经违约。近闻各处奸民,指称投充满洲,率领东兵,车载驴驮,公然开店发卖,以致官盐壅滞,殊可痛恨。尔部即出示严禁,如有仍前私贩者,被获挞八十鞭,其盐斤、银钱、牲口、车辆等物俱入官。巡缉员役纵容不行缉拿者,事发一体治罪。特谕。钦此。

顺治五年六月十六日,户部奉上谕……近闻近京地方土棍,串通满兵,车牛成群,携带弓矢,公然贩卖私盐,以致官盐壅滞,殊可痛恨。除已传谕各固山、牛录严行禁止外,尔部即刊刻告

---

① 《清世祖实录》卷 55,顺治八年闰二月乙酉,第 436 页。
② 黄掌纶等撰、刘洪升点校:《长芦盐法志》卷 1,《谕旨一》,第 3 页。
③ 黄掌纶等撰、刘洪升点校:《长芦盐法志》卷 13,《奏疏上》,第 299 页。

示,再加申饬,如有仍前违旨贩卖私盐者,不论满汉,地方巡缉员
役擒拿解部,依律治罪,盐斤等项入官。尔部仍差人密访,如地
方官员并巡盐人役容隐不举,事发一体连坐。特谕。钦此。①

可见投充是贩卖私盐的保障,这是清初特有的现象。直至顺治
十年,这种现象仍然存在。长芦盐政张中元题本称:

> 山东盐课屡年违欠,虽系户口荒残,实由私贩盛行,为害不
> 小。惟是奉差官座各船,由津门而往者,每借满洲名色,夹带私
> 盐,装载德州以南,沿途公然贩卖,以致巡缉几于束手,有司不敢
> 过而问焉,非奉天语严加申饬,则奉差之私贩孰得而禁止哉。伏
> 乞饬下户部再加查议。

顺治帝朱批:"着给满汉字告示,严行禁饬,有不遵的,指名参
奏。"②可见,私盐盛行是顺治年间长期存在的问题。

张中元虽然极力完成盐课,但也不满朝廷的加码。长芦运司独
办进贡御盐,又连年遭罹洪水,田禾淹没不登,朝廷为了保证清廷用
盐,增加盐耗,盐民苦不堪言。顺治十年,皇帝恩诏,一应钱粮除正项
之外,凡有浮加尽行开豁。于是在灶籍生员以及长芦都转运盐使司
的请求下,长芦盐政张中元题请免除盐耗③。另据张中元所报题本
举劾官员,有裨国计者 29 人,溺职销引不足者 3 人④,可见基本完成
了销引任务。未完盐课的官员会受到处分,也有被冤枉的事例,后来
得到更正。户部尚书车克等题称:"江南萧县知县祖永勋、山东观城
县知县吴之俊、莘县知县刘誊誉,均于顺治七年一引未销,盐臣王世
功具题参罚,吏部复请各降职二级,奉有俞旨遵行在案。今据盐臣张
中元题称,肖〔萧〕县等县知县祖永勋、吴之俊、刘誊誉,七年引目销缴
如额,臣等复查无异,相应请敕吏部查照开复可也。"⑤

---

① 黄掌纶等撰、刘洪升点校:《长芦盐法志》卷 1,《谕旨一》,第 2 页。
②《长芦盐政张中元为严禁官船夹带私盐以裕国课事题本》,《历史档案》1988 年第 1
期。
③《长芦盐政张中元请开豁耗盐以保进解贡盐事题本》,《历史档案》1988 年第 1 期。
④《长芦盐政张中元为循例荐劾府州县官员以肃盐政事题本》,《历史档案》1988 年第
1 期。
⑤《户部尚书车克等为遵例开复因盐引未完而降革官员事题本》,《历史档案》1988 年
第 1 期。

长芦盐场还存在着派民纳课现象。顺治十二年,连皇帝都说:"其河东、长芦等处,各运司盐课,原应商人办纳,中有每年派民纳课而民不见升合之盐者。"①而民甚至吃不到盐。

三　顺治十三年的清理漏课、欠课问题

顺治十二年,王秉乾任长芦盐政,翌年三月初五日,题请征收长芦漏课银两,实为长芦盐政的一件大事。王秉乾题本开宗明义,指出长芦经制未清,漏课太甚,乞敕部查,以佐军需。即为了解决军需,想通过征收漏课盐税增加国家的财政收入,以弥补军兴饷匮。所谓"漏课"其实基本上是恢复晚明盐税旧制,不过是换了一种好听的说法,避免加派的恶名,使得用助军需取得合情合理的解释。

王秉乾说他上任后,就查出山东灶课每年隐漏银七千八百九十余两,长芦灶课每年隐漏银6554.25两,又宁饷带盐银5097两,均具题下部追补。这时又查得长芦运司课额与户部盐法不符,共有四项漏课,并逐项胪列。

一是酬商银的隐漏。王秉乾首先列出户部盐法制度:

> 长芦明季额行大引二十三万九千八百五十引,每引盐重六百五十斤,今我朝以二百斤为一引,则当以一引分三引,合应行盐七十一万九千五百五十引。每引照旧额科算,该征银二钱六分五厘七毫五丝,不分正课、余课,共银一十九万一千二百二十两四钱二厘五毫。又云明季旧制每引引价二钱,支盐二百五斤,加包索二十斤。追后所用不敷,增有余盐、割没等名,每引遂重六百五十斤,连课价共征银八钱五分零。今将各项名目尽行削去,每引止定二百二十五斤。运司责令各商赴部完纳,引价按旧例原包斤两折算,每引纳银二钱六分五厘七毫五丝。

接着指出,明朝每引650斤之中,有60斤为酬商赴边劳苦者。"今我朝引从部发,盐不边中,有何边商劳苦可酬。夫此六十斤之盐,自二年迄今,俱于六百五十斤之内带行至今,应照加盐旧例,每十斤征银二分五厘,合大引每引该补征银一钱五分,计二十三万九千八百

五十引,每年隐漏课银三万五千九百七十七两五钱。"清廷废除明朝开中法,故将酬商银征税。

二是清朝小引与明朝大引折算引价存在的隐漏。即按原包斤数科算,每小引该银 0.26575 两,今合三小引而计一大引,止得银 0.79725 两,此照旧例 0.85 两,每大引反少征银 0.05275 两,每年隐漏课银 12652 两。顺治初年改明大引为清小引,清小引的折算大致按照大引三分之一,表示新朝优恤盐商,此时则放弃恤商,以征税为重。

三是清朝小引与明朝大引折算引盐存在的隐漏。明朝长芦大引原额 650 斤,清朝以一分三,每一小引行 225 斤,是则大引为 675 斤。每引多行 25 斤,照例该科银 0.0625 两,每年隐漏课银 14998.862 两。与上述第二条相似,这也是放弃优恤以征税为重的做法。

四是开封引引价存在的隐漏。开封引 39000 引,自万历以至明末,每引征银 0.4 两,清止征银 0.2 两,每年隐漏课银 7800 两。

合计以上四款,每年隐漏课银 71428.3 两,自顺治二年起至十三年止,共计八十五万七千一百四十余两。王秉乾认为这些都是"每年实行之盐斤,每年少纳之引价、余没隐漏国课,原非苛求厉商"。该题本的批红:"据奏长芦盐课每年隐漏至七万一千有奇,此项银两向来曾否征纳,作何开销,俱着严察明白具奏,各处盐课并着通饬清察。户部知道。"①从后来的情形看王秉乾题请被采用,如长芦运司李兆乾说"王秉乾又题增各项钱粮一十一万一千五百余两"②,又如户部"议得长芦酬商、包索盐斤已经复请追征矣"③。王秉乾题本中说隐漏的课银是"明白而易见者",造成原因却"不知何故"。笔者觉得顺治初的"隐漏"实际上体现清朝一反晚明加赋的新政,既是恤商的表现,也是在动乱之际恢复经济较为现实的做法。即如顺治元年所定:"今各项赋税已免三分之一,商民一例,每引只纳银二钱,以示优恤。"④随着清朝对全国局势的控制与财政军需的需求,于是转变为清理漏课以增加税收。

---

①《长芦盐政王秉乾为开列长芦漏课银两事题本》,《历史档案》1988 年第 2 期。

②《长芦盐政牟云龙为题参过限不完盐课官员事题本》,《历史档案》1988 年第 2 期。

③《管户部尚书事车克为长芦引课三年内照数带征全完事题本》,《历史档案》1988 年第 2 期。

④黄掌纶等撰、刘洪升点校:《长芦盐法志》卷 9,《转运上》,第 142 页。

王秉乾的题请加增长芦盐税,必定加重盐商的经济负担。

顺治十三年,新任巡盐御史牟云龙还着力清查欠课。牟云龙接到户部催征长芦、山东二运司自顺治六年起至十一年未完盐课的要求,于是向此二运司布置工作。据长芦运司李兆乾呈称,该司顺治六年起至十一年未完钱粮共 33919.650269 两,系前任各运司任内遗欠。李兆乾于顺治十二年三月内莅任以来,备查积通,不意前院臣王秉乾又题增各项钱粮 111500 余两,他竭力督催,新旧盐课相继解完。至于顺治十一年前及六年之拖欠,商灶无兼输之力,亦苦无并征之术。"今蒙檄取历年运使职名,并催宿欠正杂盐课……请俯原下吏艰难,怜恤商灶疲困,恩开一面,陆续带征。"①牟云龙根据长芦运司册报自顺治六年至十一年之欠数及经征接署之职名。有关前任各运使所欠银两,责令现任运使严催带征。

户部还发现长芦盐运司未交会计册上的火耗滴珠银税,要求长芦盐政补交。据运司李兆乾称:

> 备查明季旧制,运司征收余投钱粮解纳太仓旧课银一十四万三千两,又宁饷带盐银四千七百九十七两,又经解宣镇抵充河东课银三万二百三十九两六钱七分二厘四毫,又附征宁饷带盐银三百两,以上四项,俱系旧课,共银一十七万八千三百三十六两六钱七分二厘四毫。每两加征滴珠一分,即是火耗别名,共计原该滴珠银一千七百八十三两三钱六分六厘零,是从前项银内加征者也。清制余没银两俱在引内,各商赴部交纳,本司未征此四项银两,自应无此四项滴珠,若宁饷一项共银五千零九十七两,在司征解应有滴珠,故照例呈报。②

最终户部决定:"今长芦引课既在部库上纳,仍照旧算入引课之内,责令运司自元年起,三年之内照数带征全完可也。"③

长芦盐政王秉乾的加增盐税,给盐商、盐官带来巨大负担,而官

---

①《长芦盐政牟云龙为题参过限不完盐课官员事题本》,《历史档案》1988 年第 2 期。

②《管户部尚书事车克为长芦引课三年内照数带征全完事题本》,《历史档案》1988 年第 2 期。

③《管户部尚书事车克为长芦引课三年内照数带征全完事题本》,《历史档案》1988 年第 2 期。

府则强调加增的盐税不得迟延。盐商杨元�的事例放映了当时长芦加增盐税带来的实际困难,据杨元禩称:

> 切〔窃〕照长芦盐课银两原系国家重赋,凡有各项钱粮,自应随解随纳,此定例也。只因前任王盐院题加宁饷、滴珠、酬商、浮课、割没、新增等项,年来迫商惨形,有如集贤李登科、温如玉等变产卖女,走死逃亡,不堪枚举者。即现在之商,血资告罄,皆勉强支持。凡有本身应纳银两,前运司严比敲扑不前。目击时艰,乃按商欠数设立给批自解之法,使运盐州县变银完纳,此亦为国恤商,转输国课之长策。于十五年内,自解本身割没银三百一十二两,非干正课,原未领解库银,奈起批之后,不期州县盐壅,称贷无门。挨至秋暮,恐误畏法,不得已而回籍变卖祖产,往返五千余里,一时实难求售。至今春三月内归芦,使伙计王荣带银交部,领有库收凭验,有投户科批文,因王荣偶病,延期未讨,致蒙具题,敕部查究,部复行院饬司确查,痛思携万千血本,屡赔已空,讵借此有限之银,获利几何,势穷时迫,弃产急公,即迟情有可原。①

王秉乾加宁饷、滴珠、酬商、浮课、割没、新增等项,造成盐商变产等种种悲惨情形。好在户部认定杨元禩延迟补税情有可原,但是认为杨元禩所补起解已迟,前任运司涂应泰难辞疏忽之咎。可见清廷对于征税的刻不容缓态度。

顺治末年长芦上交的盐税,的确带征了加增的税项。我们以长芦盐政田六善报解顺治十六年长芦正杂盐课钱粮为例,其内容是:

> 顺治十六年分引课银三万九千一百五十七两八钱九分三厘四毫三丝二忽九微,边布银一千四百两;十六年分带征引课银四千五百九十四两四钱七分六厘九毫三丝六忽四微四纤,带征酬商银八十五两九钱四分二厘二毫,带征浮课银四十五两六钱五分四厘,带征开封引价银六两五钱六分二厘,通共解银四万

---

①《长芦盐政田六善为盐课起解宜速奸商沉捺当究事揭帖》,《历史档案》1988年第2期。

五千二百九十两五钱二分八厘五毫六丝九忽三微四纤。[①]

长芦正杂盐课有引课银、边布银[②]、酬商银、浮课银、开封引价银5种。

长芦盐运司供应宫廷贡盐，发生过改实物为折银的变化。《长芦盐法志》记载：

> 顺治元年，部定贡盐数目，计供用库白盐二十四万一千六百六十六斤，内官监青、白盐十三万四千五百斤，光禄寺青、白盐十二万斤，内盐砖二百七十六块，每块重十五斤，白盐三万二千斤，卤水两千四百斤，神乐观食盐六千五百二斤，于九月中旬解纳。又办解户部官吏食盐四万九千九百一十六斤、都察院堂道官吏食盐一十五万六千九百四十斤、盐院官吏食盐三千二百五十斤，交纳户部收贮给散。
>
> 顺治五年，添造砖盐三百九十一块，共六百六十七块，共重一万斤。[③]

文中的长芦贡盐包括青盐、白盐、盐砖、卤水四种。据研究，青盐即颜色呈青色之盐，由日晒而成；白盐由煎煮而成，较为精细；盐砖以白盐为原料，经拣选、淘洗、研磨、制坯、风干、焙烧等步骤制成，工艺精良，其形状为上窄下宽的长方体，每块均重 15 斤；盐卤，即灶户通过刮土、晒灰等方法，提取出的用以制盐的卤水[④]。《长芦盐法志》还记载了贡盐的实物改折："自顺治二年起至十六年照解本色，十七年，光禄寺题定，盐砖每块折价二钱八分，共银一百八十六两七钱六分。"[⑤]这一变动，涉及光禄寺，顺治十五年五月礼部议覆可以补充说明：

---

①《长芦盐政田六善为报解十六年长芦正杂盐课钱粮事题本》，《历史档案》1988 年第2 期。

②《清史稿》谓："边布者，明时灶户按丁征盐，商人纳粟于边，给银报支，是谓边盐。其有场远盐无商支，令八百斤折交布三丈二尺。后改征银三钱，是谓布盐。"赵尔巽等撰：《清史稿》卷 123，《食货四·盐法》，第 3606 页。

③黄掌纶等撰、刘洪升点校：《长芦盐法志》卷 12，《赋课下·贡盐》，第 222 页。

④张毅：《试述明清时期的长芦贡盐》，《历史教学》2009 年第 6 期。

⑤黄掌纶等撰、刘洪升点校：《长芦盐法志》卷 12，《赋课下·贡盐》，第 222 页。

> 光禄寺条奏：长芦运司所解青、白盐，盐砖，历年存剩六十万斤有零，现在足用。应暂停解本色，自十五年以后该地方官照时价改折，将折银并脚价银一并解送光禄寺。俟库内现存之盐用完日具题，仍解本色。[1]

顺治帝从其所议。

四　结语

清定鼎北京，戎马倥偬，控制的地方有限，面临财政困难，筹饷以备军需紧迫。财政是国家机器运转的经济基础，清朝当时可以征收的只有位于京畿的长芦盐税，因此清廷十分重视长芦盐政的恢复，詹事府通事舍人王国佐条奏长芦盐法十四事在清初长芦盐政恢复中占有重要地位。顺治初年长芦盐政恢复卓有成效，行盐征课银成为清朝第一笔财政收入，长芦盐政与盐税为巩固清朝统治发挥了作用，其重要性显而易见。

顺治初年清廷为了恢复长芦盐政，废除了晚明的加派，引额、引价的折算体现出恤商的特色，特别是采取"见盐征课"的务实之举，有利于盐政的恢复与盐税的征收。清朝虽然承继明朝的盐政制度，但是改革与变通之处甚多，特别是停止明朝边商纳粟的开中法，令运司招商纳银，依额解部，形成了"引从部发、盐不边中"的特色。

顺治初年私盐泛滥，除了社会秩序混乱、盐政有待复兴的原因之外，满洲人嗜利、贩私者投充仗势贩盐是特定时期的特定原因，此种情况顺治五年之前十分严重，为了保证官盐，清廷严厉打击私盐，满汉勾结贩私的情况得到了控制。

兵饷之需使得清廷格外重视盐税征收，清廷很快将恤商让位于裕课。不仅停止了"见盐征课"，而且按照万历时期的旧额征收，带征免去的盐税项目，加强官员征税的考核，强力征收盐课。特别是顺治十二年，王秉乾任长芦巡盐御史后，厘清长芦经制，将顺治初年优恤盐商的盐课作为漏课征收，给盐商带来沉重负担，而清朝税收则有大幅度提高。我们不得不说，这是清廷政治上的出尔反尔，废除加派的

---

[1]《清世祖实录》卷 117，顺治十五年五月壬子，第 914 页。

政策大打折扣。与此同时,征收盐税欠课加紧进行,严催带征,也保证了清朝增加盐税收入。

清廷享受长芦的贡盐,从实物改折的事例来看,清廷贡盐充足,食不乏味。

顺治时代,长芦盐政与盐税为清朝的政治稳定、生活享受以及军事征伐提供了保障,长芦盐政的历史地位十分重要。

(原载《盐业史研究》2012 年第 3 期)

清顺康时期对运河及漕运的治理

明清鼎革,运河遭受破坏,顺治时期漕政不振,康熙帝幼年登基,亲政后重视漕政,清中叶康熙帝回忆说:"朕听政以来,以三藩及河务、漕运为三大事,夙夜廑念,曾书而悬之宫中柱上,至今尚存。"①清代的漕运确实是在康熙朝由于治理运河而得到保证的,不过学者多从治理黄淮的角度论述到运河,缺乏治理运河的专门论述,笔者依据《清实录》与朱批奏折等资料,试就顺治、康熙时期君臣治理运河及漕运问题探讨,以就教于方家。

一 顺治时期的运河与漕运

顺治元年十月甲子,清帝福临登基,纪元顺治,颁即位诏于天下,诏书宣布:"各直省运粮官役,有因漂流挂欠并侵没漕运钱粮,见在收粮衙门及原籍追比未完者,自本年五月初一日以前尽行免追释放。"②减轻因征收漕粮受到惩罚者,示好官民。

顺治初年,清军征战不已,清廷财政窘迫,迫切需要得到漕粮。我们从大臣的一些奏议就可以看到此种情形,顺治二年六月巡漕御史刘明侯奏言:"兵民急需莫如漕运,江南旧额四百万石,今或因灾变

---

①《清圣祖实录》第2册卷154,康熙三十一年二月朔,第701页。
②《清世祖实录》卷9,顺治元年十月甲子,第97页。

蠲免,则额数宜清;运法原用军旗,今运户改为编氓,则运法宜定;修船每岁一举,迩来逃毁殆尽,则修造宜急;运道旱浅溢冲,则捞沙筑堤宜豫。"①疏入,下所司详议。除了漕粮额数、运法修船之外,运道捞沙筑堤也提到议事日程之上。同年闰六月,兵部右侍郎金之俊条陈漕务八事:

> 一、卫所旗军既裁宜另设运官漕卒。一、明季旧艘残毁宜改用投顺兵船。一、江南漕船抵济,应于济宁另造剥船,运至津、通以便新运。一、漕米加耗,应仿明初旧例,正米一石止加五升,余耗悉除。一、征收宜责正印,勿委县丞,催押宜责刑厅,勿委通判,领运既有专官,则运总名色不应复设。一、漕道宜驻济宁,专管剥运,各粮道至济,督运过剥,即押回空,其有无足额,仍听漕道验报。一、漕额除蠲饷外,计每岁入数若干,除裁减冗员、冗兵、冗役外,计每岁出数若干,较旧额赢余若干,余数应径行改折,随漕征解。一、运粮官军除加兑外,仍支给坐、行二粮,其轻赍余耗,应照地里远近为折数多寡以济造剥工料。章下户部。②

在改造前明漕粮旧制基础上,复兴漕运。顺治四年八月,从总河杨方兴请,"复设临河州县墩堡铺夫快壮以护漕运"③。

为了保证漕运的正常进行,清廷不断派遣官员巡视漕运。顺治四年七月,遣贵州道试监察御史匡兰兆巡视漕运④。顺治八年三月,遣监察御史张中元巡视漕运⑤。同年十月,遣浙江道监察御史朱绂巡视漕运⑥。顺治十二年六月,遣大理寺副理事官周卜世巡视漕运⑦。顺治十三年七月,遣贵州道监察御史侯于唐巡视漕运⑧。顺治十四年九月,遣户部郎中窦遴奇巡视漕运⑨。

---

①《清世祖实录》卷17,顺治二年六月戊午,第150页。
②《清世祖实录》卷18,顺治二年闰六月辛巳朔,第158页。
③《清世祖实录》卷33,顺治四年八月丙戌,第276页。
④《清世祖实录》卷33,顺治四年七月壬戌,第272页。
⑤《清世祖实录》卷55,顺治八年三月壬辰,第438页。
⑥《清世祖实录》卷61,顺治八年十月壬戌,第479页。
⑦《清世祖实录》卷92,顺治十二年六月朔,第722页。
⑧《清世祖实录》卷102,顺治十三年七月甲子,第795页。
⑨《清世祖实录》卷111,顺治十四年九月丙午,第872页。

　　清廷对于漕运官员的任用考核也很重视。顺治六年四月,户部奏言:"故明漕运官员皆系世职,今世职已裁,各卫虽设有卫守备千总,然迁转不常,无相统之义,且多属委用,故不自爱,致挂欠数多。兹应就漕运各卫中择素有才干者,加以千总之职,责其押运,量功升转,如有挂欠,治罪追赔。庶责成专而劝惩明。"①任用明朝卫所中管理漕务有才干者为千总,以保证漕粮的押运顺利进行。此议得到认可。

　　清廷要求吏部稽查好漕运官员,以保证漕粮的完纳。顺治八年闰二月谕吏部:"朕临御以来,深悉运粮之苦。交兑之处,收粮官吏勒掯需索,满其欲壑方准交纳。若稍不遂,必多方延挨,刁难日久,以致河水冻阻,船不能行,耽误运期,所携有限盘费,何以支持,一路怨声沸腾。朕思运粮官涉河渡江已不胜劳苦,又经收粮官吏多方需索,必至盗卖官粮。盗卖既多,必至亏欠。总督仓场奉有专敕,曾否巡行清刷。节年拖欠,多至数百万石,总督曾否题参。仓场徒有其名,竟无实政,是何情弊。收粮需索的系何人,拖欠若干经管何人,曾否查明具报。漕运重务,上下通同作弊一至于此。"②　十四年九月,谕吏部:"漕运总督关系重大,督臣今以病请,料理漕务不可无人,亢得时着升兵部尚书兼都察院右副都御史、总督漕运、巡抚凤阳等处地方海防军务兼理粮饷。"③

　　对于不能尽责的官员进行降职惩罚。顺治十一年九月,以督催漕运稽迟,降总督漕运兵部尚书沈文奎三级调用④。顺治十四年正月,以漕粮壅积河干有误漕运,革总督仓场户部侍郎范达礼、李呈祥职仍带罪办事⑤。

　　清廷对于漕运总督、有漕省份督抚的职责甚为关注。顺治十二年十月,谕户部:"漕运至为重务,年来拖欠稽迟,弊非一端,深可痛恨。漕运总督固应尽心料理,即各省督抚亦当分任责成。除湖广漕粮暂留充饷外,江南、江北、浙江、江西等处,着该督抚督率所

　　①《清世祖实录》卷43,顺治六年四月戊戌,第346页。
　　②《清世祖实录》卷54,顺治八年闰二月丙辰,第427页。
　　③《清世祖实录》卷111,顺治十四年九月辛丑,第871页。
　　④《清世祖实录》卷86,顺治十一年九月辛亥,第678页。
　　⑤《清世祖实录》卷106,顺治十四年正月壬子,第826页。

属各粮道、州、县、卫所等官,恪奉漕规,冬兑春开,务依限到淮。其到淮以后,漕运总督察验催趱,抵通交纳。河南、山东,着该督抚督率所属各官征兑开行,知照漕运总督,察催北上。系何地方迟误者,自督抚以下至州、县、卫所等官应拟何罪,属何省分者应限若干月日,尔部详确议奏。"①

为了漕粮顺利运抵京师,清廷重视祈求神灵保佑。顺治二年十二月,封黄河神为显佑通济金龙四大王之神,运河神为延休显应分水龙王之神。仍命总河臣致祭②。顺治十一年六月,以上皇太后徽号礼成,诸王、文武群臣上表行庆贺礼。颁诏天下,诏书中有:"黄河神金龙四大王、运河神分水龙王应遣官致祭"之语③。七月,遣太常寺少卿高景祭黄河之神,鸿胪寺少卿李时秀祭运河之神④。

清朝也注意保护运河。顺治六年二月,"兵部议覆:漕运总督吴惟华奏,防护运河各有专汛,应令梁成珠梅以南漕督任之,以北山东督抚任之,各照管辖饬防,不得诿卸,以重封守。从之"⑤。绿营分防运河。

清朝也谋求治理运河。当时黄河东出徐州经云梯关入海,洪泽湖以东的清口,黄、淮交汇,为运河出入咽喉。顺治九年七月,户部左侍郎王永吉条陈治河事宜。大意是:"谨按黄水自邳、宿而下至清河口,淮、泗之水聚于洪泽湖,亦出清河口。淮、黄交会,东入于海。然黄强淮弱,势不相敌。淮、泗逼而南趋,直走四百余里,出瓜州、仪真〔征〕方能达江。一线运河,收束甚紧,即有大小闸洞沿途宣泄,而海口不开,下流壅塞。所以河堤溃决,修筑岁费金钱。九载以来,八年昏垫。海口之当开,固刻不容缓者也。查海口之在兴化、泰州、盐城境内者,俱被附近愚民将闸门填塞,滴水不通。咽喉重地,岁岁陆沉,关系匪轻。乞敕河漕重臣,遴委才能,属员亲往相度,勿听一偏之词,务收两全之利,开凿深通,复其故道。淮、泗之水消,则黄河之势减,

---

①《清世祖实录》卷94,顺治十二年十月戊辰,第740页。

②《清世祖实录》卷22,顺治二年十二月甲辰,第196页。

③《清世祖实录》卷84,顺治十一年六月庚辰,第665页。

④《清世祖实录》卷85,顺治十一年七月庚子,第669页。

⑤《清世祖实录》卷42,顺治六年二月乙卯,第342页。

平成之绩亿万年永赖之矣。"①可见由于黄强淮弱,淮不敌黄,淮、泗南趋,"而海口不开,下流壅塞,所以河堤溃决",建议疏浚海口。于是下所司议。顺治十二年八月,工部会同户、礼、兵三部覆奏,修筑运河决口。议将直隶八府、州、县节年所欠各部寺钱粮,速行催解,以济修河急用。顺治帝指示将修筑决口应另用何项钱粮,悉心筹画,确议速奏②。不过,终顺治一朝,并未见治理运河有较大起色。

二　康熙帝对运河的治理

康熙初年运河与漕运的问题更加突出,山东运河段负担较重。康熙三年十二月,山东巡抚周有德疏言,山东为南北孔道、十省通津,"运河直贯其中,兵差解运船只悉由此路往来,沿河居民尽为纤夫,其或不足则取之他州县,经费有限,民力几何"③。寻求减轻之法。平定三藩之乱期间,康熙帝担心运河遭到破坏,告诫兵部;遣发大兵,要防止兵丁厮役损坏运河闸板桩木④。

清廷对于河道总督朱之锡的工作不太满意。康熙四年四月,河道总督朱之锡题运河水涸、粮艘难行,请申明漕禁以全挽输一疏。清廷认为:"朱之锡专管运粮河道大臣,理应督率各属挑浅疏通,乃虚张具奏,殊负倚任之意,着吏部议处。又所称十八浅处有石,自有明以来从未挑浚。如此,则每年费如许钱粮、挑修者何处? 此皆沿故明陋习。着该督亲率各官力行疏浚,勿得仍委官塞责。"⑤五年正月,朱之锡奏销康熙三年岁修钱粮,得旨受到警告:"运河关系国家漕粮,水浅则疏浚,水大则预为堵筑,始称尽职。今据奏修理河工,所用钱粮以数万计,乃于去年旱时以水浅船不能行具奏,后又以水溢堤决船不能行具奏,则前此修理者何处? 原以朱之锡才堪任用畀此重任,今并未躬亲严察,但草率委之属官,殊负简任之意。如果亲到工所,率领属员,力加坚修,岂至于浅阻冲决。本应从重议处,念系已往之事,姑从

①《清世祖实录》卷66,顺治九年七月戊戌,第520页。
②《清世祖实录》卷93,顺治十二年八月癸酉,第731页。
③《清圣祖实录》第1册卷13,康熙三年十二月己巳,第204页。
④《清圣祖实录》第1册卷44,康熙十二年十二月癸亥,第589页。
⑤《清圣祖实录》第1册卷15,康熙四年四月癸亥,第224页

宽免。"①

康熙初年运河出现的问题,康熙六年八月山东道御史徐越疏言有较详细的说明。徐越指出:

> 漕河以天妃闸为咽喉,而天妃闸口受黄、淮二流,黄水不分,淮水万不能导。考故明万历年间,曾于清河县黄家嘴地方挑开支河,以分黄水之势,由清河县娘子庄五港口入海,淮水遂得顺流入闸。自支河故道废而不讲,运河屡淤,下流屡决。今更有可虑者,清河北岸陡起沙洲,将黄流之正冲逼住,直射清口,使淮水不得东,而黄流直灌闸门,水势高运河丈余,重运过闸,总督亲督人夫千余牵挽出口,日不过十数船。且黄水沙浊全入运河,则河身日淤,两岸增高,水行地上,城郭庐舍如在深谷中,建义、苏嘴等五大险工,岁费帑金,其山阳之王家营、安东之毛家口、桃源之龙窝口见在冲决。此皆黄水不分之害也。黄水阻遏淮水不能东流入海,以致高家堰将倾,而周家桥、翟家坝、处处告危,横溢高宝等湖,水势弥漫,致失漕船牵挽之路。此黄水不分、淮水不导而淮水又为害之甚也。至清江浦,夹于两水之间,漕粮岁经此地,关税盐课均有赖焉。臣察此地形势,自奶奶庙至天妃闸,内为运河,外为黄河,相距不足二三丈,其南岸名为遥湾,即文华寺,内为运河,外为淮河,相距亦仅数里,稍有疏虞,黄、淮合一,即不能保有淮郡。自康熙二年至今,或守包家围,或叠三城坝,或救杨家庙,或护文华寺,或防高家堰,或议闭周家桥,或议筑翟家坝,或议覆减水坝,此皆补救之方,而非挈领之道也。请敕河漕诸臣,速将黄家嘴地方旧有形势之支河挑浚成渠,使分黄河之势以下海。更于桃源宿迁等县而上,多开支河,以分上流之汕涌。于安东云梯关而下,宣泄下海水道,以接黄流之湍溜。其清河口沙洲速行挑去,天妃闸内河底及时挑浚,使淮水刷沙入江,而天妃坝及遥湾、增筑石工,自是一劳永逸,有济通漕者也。②

此疏下部详议,未见有大的决定。

---

①《清圣祖实录》第1册卷18,康熙五年正月癸巳,第258页。
②《清圣祖实录》第1册卷23,康熙六年八月戊戌,第326页。

特别是康熙十五年大水后，运河的问题进一步严重，治理运河保正漕运更加紧迫。康熙帝升任安徽巡抚靳辅为河道总督，决心整治河道。靳辅于康熙十六年三月受命，上任数月后，鉴于河道敝坏已极、修治刻不容缓，提出经理河工的八疏，即

一、挑清江浦以下、历云梯关至海口一带河身之土，以筑两岸之堤；

一、挑洪泽湖下流高家堰以西至清口引水河一道；

一、加高帮阔七里墩、武家墩、高家堰、高良涧至周桥闸残缺单薄堤工；

一、筑古沟、翟家坝一带堤工，并堵塞黄淮各处决口；

一、闭通济闸坝，深挑运河堵塞清水潭等处决口，以通漕艘；

一、钱粮浩繁，须预为筹画，以济工需；

一、请裁并河工冗员，以调贤员赴工襄事；

一、请设巡河官兵。[1]

其中第五条是直接说运河的。康熙帝命议政王、大臣、九卿、詹事、科道掌印不掌印各官会同详确议奏，商议的结果是："黄河关系运道民生，固应急为修理，但目今需饷维殷，且挑浚役夫每日需十二万有余，若召募山东河南等处，不惟贫民远役、途食无资，抑恐不肖官役借端扰民。应先将紧要之处酌量修筑，俟事平之日再照该督所题大为修治。"康熙帝则认为："河道关系重大，应否缓修并会议各本内事情，着总河靳辅再行确议具奏。"[2]

于是靳辅再议题覆，康熙十七年正月康熙帝命议政王等重新讨论。靳辅再议内容是：

一、用驴驮土可以节费。前拟每日用夫十二万有奇，今改用夫三万余名、驴三万余头。前限二百日完工者，今改限四百日完工。再于两岸遥堤内，筑缕堤以束水，筑格堤以防决，庶可不致溃决矣。

①《清圣祖实录》第1册卷68，康熙十六年七月甲午，第869页。
②《清圣祖实录》第1册卷68，康熙十六年七月甲午，第869—870页。

一、洪泽湖下流高家堰西北一带,即烂泥浅等处,臣前疏因正河浅阻,请于河身两旁各挑引河一道。今因正河全淤,臣已兴工挑浚通流,今止须挑引河一道,庶伏秋水涨,准行有路,可无他虞。

一、运河既议挑深,若不束淮入河济运,而仍容黄流内灌,则不久复淤。臣见在于高家堰临湖一带决口上紧筑塞,而堤工单薄之处,惟帮修坦坡一法,为久远卫堤之计。若不及早帮修,伏秋水涨,势必冲溃,祈敕部照前估费,即行兴工。

一、运河以西临湖一带,自武家墩至周家闸,大小决口三十四处。自周家闸至翟家坝,其中成河九道之处,若不乘时并行堵塞,则清水潭万难修治。不特高宝等七州县常被水患,即重运经过决口亦危险非常。急宜堵筑,断难议缓。

一、挑浚运河并堵清水潭等决口,于立春后兴工,限一百日完工。请将康熙十七年漕运过淮之期略为宽限,俟挑河完工、开坝放船。

一、开捐纳事例以助河帑。愿捐银者照例款上纳,愿筑堤者自行认地修筑,完工日咨部注册,统俟大工完日停止。

一、中河分司向驻宿迁,今缺裁归并淮徐道,应令该道驻扎宿迁,以统辖漕运咽喉。又山盱同知已归并山清同知,应改名山清盱眙同知,以兼职掌。至一切工程,凡用监理官一员,必用分管佐杂官六员。查江南佐贰杂职闲员甚少,臣请于东、豫二省内,择其职闲才干者调用。

一、前疏请设兵丁驻堤防守。今思不若设立兵丁协同筑堤,每兵一名管堤四十五丈,保固三年,从优拔补。且令每兵自募帮丁四名,将黄河两岸近堤荒地令帮丁耕种。或有纳粮之田,即令业主为帮丁。庶人力益众,而防护更密。①

廷议并如所请。康熙帝传旨:"治河大事当动正项钱粮,捐纳事例候旨行。其所称沿河地亩拨给兵丁,又令地主作为帮丁是否相合,着再议,余如议。"②关于运河的第五疏得到通过。

①《清圣祖实录》第1册卷71,康熙十七年正月乙酉,第908—909页。
②《清圣祖实录》第1册卷71,康熙十七年正月乙酉,第909页。

　　除了挑浚运河外,靳辅疏请挑新河以七里闸为运口,保证运河不为黄水所灌。康熙十七年十月,靳辅疏言:"淮扬运河出口之处是为清口,离淮、黄交会之处甚近。黄涨即灌进运河,以致河底垫高,岁须挑浅。今臣往来相度,必须将清口闭断,从文华寺挑新河至七里闸,以七里闸为运口,由武家墩、烂泥浅转入黄河,如此则运口与黄、淮交会之处隔远,运河不为黄水所灌,自无垫高之患矣。"①下部议行。这一工程于年底完成,效果很好。黄水不能内灌运河,运艘扬帆直上,如历坦途②。

　　然而,靳辅的一些建议也受到质疑。靳辅疏请于节省河工钱粮内动支银十四万余两,另开运河于骆马湖之旁,以便挽运。康熙帝命九卿、詹事、科道会议,虽得到同意。但是左都御史魏象枢奏称:"河臣动用钱粮二百余万,为一劳永逸之计。前奏堤霸〔坝〕已修筑七分,今又欲复开河道,所为一劳永逸者安在?臣等恐将来漕运有阻,故议从其请耳。"③说出心中的保留意见。康熙帝亦表赞同:"以朕揆之,宪臣之言为是。漕运关系,自应从其所请。但河道虽开,必上流浩瀚,方免淤滞。今岁雨少水涸,恐未必有济。即目前河工告竣,亦因天旱易修,岂得遽恃为永固耶?"④不过当康熙二十二年七月大工次第告竣,康熙帝为河流得归故道而喜,满意漕运无阻。

　　康熙时期制定了保证治河的条例。早在康熙元年九月,工部题:运河"修筑堤岸,三年之内冲决者参处修筑之官,过三年冲决者参处防守之官,如限年之内修筑官已去、防守官不行料理致有冲决者,一并参处。"⑤得到首肯。康熙二十三年十二月,工部遵旨议奏:"黄河、运河堤岸冲决、河流迁徙者,照旧例处分。止于漫决、河流不移者,若在限年之内令经修官赔修,如过年限令防守官赔修,永为定例。"⑥得到通过。

　　为保证漕运顺利进行,还有一些措施。如漕运沿途地方官皆有

　　①《清圣祖实录》第1册卷77,康熙十七年十月己丑,第989页。
　　②参见孟昭信《康熙大帝全传》,吉林人民出版社1987年版,第362页。
　　③《清圣祖实录》第1册卷85,康熙十八年十月己丑,第1086—1087页。
　　④《清圣祖实录》第1册卷85,康熙十八年十月己丑,第1087页。
　　⑤《清圣祖实录》第1册卷7,康熙元年七月甲午,第122页。
　　⑥《清圣祖实录》第2册卷118,康熙二十三年十二月庚戌,第242页。

督同催运责任,谓之趱重催空,省称催趱。《清会典事例·户部·漕运》记载:"康熙元年题准,淮北淮南沿河镇道将领等官,均有趱重催空之责。漕船入境,各按汛地,立即驱行,毋使停滞。如催趱不严,以致粮船停泊及纵军登岸生事,听所在督抚题参。"①还差遣官员催趱,如康熙二十一年七月十六日派遣户部司官色克、鄂齐尔催趱漕船,十一月十二日康熙帝询问二人漕船所到地方,并另外派人验证②。再如漕船回空问题,康熙二十二年四月十六日,户部等官员会议,"一应过淮回空船只,应具着总漕亲身催督,有违限者,该部题参处分"③。

康熙中叶,直隶、山东境内运河出现一些问题,康熙帝尤为关注。山东汶上南旺是运河补充水源之地,建有分水龙王庙,康熙二十九年(1690)清廷讨论漕运,漕运总督董讷疏言:"运河沿北一带水浅,漕艘不能速行,请放南旺湖水以裨漕运。"工部议覆同意。康熙帝谕大学士等:"南旺湖之水自来流入运河,朕去岁南巡回銮时,沿堤而行,细阅河势,知南旺湖之水至分水龙王庙分流,俱入南北运河。当日始建堤岸之人经营甚善,今若使南旺湖之水尽入北流,则南运河将至水浅矣。可传从前勘河诸臣及靳辅问明回奏。"④大学士等奏,因仓场侍郎凯音布等以运河水浅、漕船难行请交总漕、总河速加挑浚,遵旨问原任总河靳辅:若将运河水从两旁下埽,筑堤夹堵,令水流归漕,则水必深,庶可行舟。靳辅认为,若从两旁夹堵修筑,则舟可行。康熙帝指示:"此事若行文总河修筑,则迟延日久。即令凯音布同靳辅速往。从分水龙王庙以北,速动正项钱粮,率地方官酌量挑浚,下埽束水,以济漕运。"⑤康熙帝又谕仓场侍郎凯音布、原任河道总督靳辅:"山东河道自分水龙王庙以南流入运河之水不一而足,舟行无阻。分水龙王庙以北汇入运河者,惟河南卫水而已,并无别渠相济,南旺所蓄之水又不能多,常致淤浅阻滞。今将骆马湖之水,不令其自禹王台流入沭河,俾骆马湖之水蓄贮无泄,于运道有无裨益。至骆马湖与南旺等湖相距地势高低如何,山东东阿县之盐河及别河有可通入运河者否,

---

① 《清会典事例》第3册,《户部·漕运》,中华书局2013年版,第352页。
② 中国第一历史档案馆整理:《康熙起居注》第2册,第867、919页。
③ 中国第一历史档案馆整理:《康熙起居注》第2册,第990页。
④ 《清圣祖实录》第2册卷145,康熙二十九年三月丁巳,第597页
⑤ 《清圣祖实录》第2册卷145,康熙二十九年四月乙亥,第600页。

河南卫河之外有别河可资以疏入运河者否,尔等访其地谙练之人,委曲咨询。若有可措施之处,亲加详阅,绘图来奏。"①

直隶运河因雨水冲决,导致康熙帝的治理活动。康熙三十三年二月,康熙帝巡视所至,见运河及浑河决口,民田淹没,命直隶巡抚郭世隆、天津总兵官李镇鼎会同仓场侍郎常书,自通州至西沽两边堤岸,再自西沽至霸州决口宜修之处,"阅视明白,速行修筑"②。

仓场侍郎常书等阅视后报告:"臣等遵旨会看运河堤工,自通州至西沽地方共冲决李家口等五处,应加修筑;白驹厂等五处堤势危险,亦应修理;其上桃花口、北龙潭口工程似属可缓。"康熙帝指示:"此所奏李家口等冲决五处、白驹厂等险堤五处及上桃花口等缓工二处,俱于运道民生关系紧要,当速加修筑。其需用钱粮常书等已估计具奏,若另差官料理,必至逾期。即着直隶巡抚郭世隆亟行修筑,俾运道民生速有裨益。"③后工部确定通州至天津运河、耍儿渡等处堤岸冲决者八处、坍塌者二处,交巡抚郭世隆速行修筑,务于明年夏季完工④。

康熙三十六年五月,清朝平定噶尔丹的战争取得胜利,康熙帝治国的注意力再次转移到治河上。七月,策试贡士的试题中包括了黄、运两河怎样悉免泛溢的问题。康熙三十七年漕运总督桑额等会勘开浚下河条奏,其中涉及"运河之水势宜分"⑤。同年十二月,重新被委任河道总督的于成龙陛辞。康熙帝指示他:"闻淮、扬河水泛涨,清江浦百姓所居之地皆已被水。夫洪泽湖实黄河之障,洪水强盛力可敌黄,则黄水不得灌入运河。今淮水势弱,不能制黄全注运河,黄水又复灌入。且两河相距甚近,清江浦地处其中。其一带地方受泛溢之水势所必然,惟淮水三分入运、七分归黄,运道始安。"复顾大学士等谕:"朕昔年巡视河工曾至大墩堤,步行十五里,详加阅看。今寰宇升平,海内宁谧,惟河工关系运道民生,朕数十年来夙夜萦怀,留心研

①《清圣祖实录》第2册卷145,康熙二十九年四月戊寅,第601—602页。
②《清圣祖实录》第2册卷162,康熙三十三年二月甲申,第774页。
③《清圣祖实录》第2册卷162,康熙三十三年二月戊戌,第775页。
④《清圣祖实录》第2册卷165,康熙三十三年九月乙巳,第799页。
⑤《清圣祖实录》第2册卷187,康熙三十七年二月辛未,第994页。

究,故河道情形熟悉已久。总之上流既理,则下流自治矣。桑额所奏开浚下河一事朕不即允行,正是有益于彼。"①康熙帝主张治河关键在于上流,因此否定漕运总督桑额等开浚下河的主张。

康熙三十八年二月至五月,康熙帝第三次南巡,对于治理黄运多有探讨与指示。康熙帝阅视高家堰、归仁堤等工,谕大学士等:"朕留心河务,体访已久。此来沿途坐于船外,审视黄河之水,见河身渐高,登堤用水平测量,见河较高于田。行视清口、高家堰,则洪泽湖水低、黄河水高,以致河水逆流入湖,湖水无从出,泛溢于兴化、盐城等七州县,此灾所由生也。治河上策,惟以深浚河身为要。"②深浚河身则需要河直刷深。康熙帝观察到:由运河一带以至徐州迤南,"见黄河底高湾多,以致各处受险。至归仁堤、高家堰、运口等处,见各堤岸愈高而水愈大,此非水大之故,皆因黄河淤垫甚高,以致节年漫溢。若治河仅筑堤防,不将黄河刷深,终属无益。且运口太直,黄河倒灌。兼之湖口淤垫,以致清水不能畅流,各河与洪泽湖之水如何能敌黄水。若将清河至惠济祠埽湾,由北岸挑引,从惠济祠后入河,而运河再向东斜流入惠济祠交汇,黄水自然不倒灌。朕欲将黄河各险工、顶溜湾处开直,使水直行刷沙。若黄河刷深一尺,则各河之水浅一尺;深一丈,则各河之水浅一丈。如此刷去,则水由地中而行,各坝亦可不用,不但运河无漫溢之虞,而下河淹没之患,似可永除矣。"③

康熙帝还指示大臣裁直运河增筑运河堤岸。康熙三十八年四月,康熙帝先是谕河道总督于成龙等:"运河东岸石工残缺者仍令照旧补修,其土工堤内积水之处下埽帮筑,减水坝俱堵塞坚固,用心防护。越坝更属紧要,亦着加帮防护。淮安府泾、涧两河必须挑浚深通,毋任淤垫。至于人字河,若有窄狭处亦当相机挑挖。凡有泄水旧口、修砌涵洞,令民灌田。堤岸单薄处,亦酌量加帮,河身戗堤,务行修筑。朕业已指示,止高五尺、底宽二丈、顶宽七八尺,以遏水势足矣。至河员不留心防范者,须严加惩处,切不可姑容,致误河工。"④当康熙帝渡黄河御小舟阅视新埽,又谕河道总督于成龙:"黄河湾曲之处,俱应挑挖引河,乘势取直。高邮等处运河越堤湾曲,亦着取直。"①

康熙三十九年三月于成龙病故,康熙帝调任张鹏翮为河道总督,河工也发生新的变化。张鹏翮疏言:"清口为淮、黄交会之处,目今粮艘北上最为紧要,河身淤垫竟成平陆,独有黄水入运河。臣相度形势,博采舆论,佥谓黄河比裴家场引河身高,澜泥浅系流沙,裴家场与帅家庄相隔不远,即开浚深通,当黄水大长之时,清水不能相敌。应于张福口挑引河一道,身长一千五十丈、面宽十丈、深一丈余,或八九尺不等,引清水于黄河口相近处入运河,使之畅达,庶可敌黄,并建闸一座以时启闭。"②得到清廷首肯。除了挖引河,张鹏翮还建议疏浚等,七月,张鹏翮题:"臣恭奉圣训指授方略,堵塞邵伯决口,粮船即便通行,此时运河各决口尽堵,清水又引出,乘时将运河淤垫处再加疏浚,来岁粮船自可通行,不致迟误。"③张鹏翮率河员亲往沂河查勘,认为沂河水势直趋卢口,面宽溜急,且系沙底,不便建闸。建议"应于卢口两旁堤岸残缺之处概为修补,束水入徐塘口运河,既可济运,又使民生得所。"④得到允准。年底,张鹏翮汇报治河取得成功。他说:"臣凛遵圣授方略次第举行。先疏海口,水有归路,今黄水不出岸矣。继挑芒稻河,引湖水入江,高邮、宝应一带水由地中行。再辟清口,开张福口、裴家场等引河,淮水有出路矣。加修高家堰,堵塞六坝,逼清水复归故道。引张福口等河会入裴家引河,开放清水流入运河。又将湖头加浚深阔,以迎洪泽湖大溜。将张福口引水入裴家场。再挑宽深水,大势旺直,敌黄水畅流入黄河矣。运河之中,纯系清水,已无灌入。臣自下河回至清口,见水大半入黄,少半入运,一水两分,若有神助。官民快睹淮、黄交会,欢声如雷,皆我皇上宵旰忧勤,精诚上格天心,河神效灵之所致也。"⑤

张鹏翮提出治理运河的新措施。康熙四十年二月,张鹏翮疏言:"臣按《南河志》,清口至淮安,建有五闸,递相启闭,以防黄河之淤。

①《清圣祖实录》第2册卷193,康熙三十八年四月丙寅,第1043—1044页。
②《清圣祖实录》第3册卷199,康熙三十九年五月壬寅,第21页。
③《清圣祖实录》第3册卷200,康熙三十九年七月壬寅,第35页。
④《清圣祖实录》第3册卷200,康熙三十九年八月己丑,第41页。
⑤《清圣祖实录》第3册卷202,康熙三十九年十二月朔,第63页。

又虑水发湍急,难于启闭,则筑坝以遏之。每岁粮艘过尽,即于闸外筑坝,以遏横流。一应船只俱暂行盘坝。则是伏秋水发,黄水倒灌,自古已然。故建闸筑坝,以防淤垫之患。今运河初浚,俟清水冲刷使深河底尺寸既定,方可建闸。兹清水虽已出黄,转盼桃伏秋汛继至,节宣之道、豫防之法,不可不急为筹也。今于张福口、裴家场中间开大引河一道,并力敌黄,但黄水会合众流,来自万里,频年河身垫高,势大而力强,淮水止发源桐柏,迄今方出清口,一半敌黄又一半济运,终虑力分而势弱,故蓄高家堰之水以助其势。幸而黄水不大发,尚足以敌之。若遇黄水大发,在粮船正行之际,将裴家场引河口门暂闭,引清水由三汊河至文华寺,入运河以济漕运。倘运河水大,山阳一带由泾、涧二河泄水,宝应一带由子婴沟泄水,俱归射阳湖入海。高邮一带仍由城南柏家墩二大坝泄水,江都一带由人字河凤凰桥等河泄水入江。若遇黄、淮并涨,清水由翟家坝、天然滚水坝泄水,黄水由王家营、减水坝泄入盐河,至平旺河入海。若粮艘过完,黄水大发,则闭拦黄坝,使不得倒灌,且可以刷深黄河。若黄水不大发,将运河头坝堵塞,令清水全入黄河,以资冲刷。一切官民船只,照例盘坝,俟回空粮船到日方启。止留三汊河清水,仍由文华寺入运河,即古人设天妃闸,于粮船过后闭闸筑坝之意也。"①康熙帝认为所奏已得河工秘要,命九卿、詹事、科道会同速议具奏。九卿等遵旨议覆,以为节宣运河水势,应于张福口、裴家场中间开引河一道并力敌黄,再蓄高家堰之水以助冲刷,若黄水大发在粮艘正行之时,将裴家场引河口门暂闭,引清水由三汊河至文华寺入运河以济运,若在粮艘过完之后即堵塞拦黄坝,使不得倒灌。应如所请。康熙帝则说他"曾以此事谕于成龙,于成龙并未遵旨挑浚。今观张鹏翮所奏甚是,悉与前旨相符。"②命照所请行。

康熙四十二年正月中旬至三月中旬,康熙帝第四次南巡,视察河工。康熙帝考察后对大学士说:"朕此番南巡,遍阅河工,大约已成功矣。曩者河道总督于成龙未曾遵朕指授修筑,故未能底绩,今张鹏翮一一遵谕而行,向来黄河水高六尺、淮河水低六尺,不能敌黄,所以常

①《清圣祖实录》第 3 册卷 203,康熙四十年二月丁卯,第 72 页。
②《清圣祖实录》第 3 册卷 203,康熙四十年二月庚辰,第 73 页。

患淤垫。今将六坝堵闭,洪泽湖水高,力能敌黄,则运河不致有倒灌之患,此河工所以能告成也。"①

康熙四十四年二月到闰四月间,康熙帝第五次南巡,也很关注运河。闰四月,御舟泊故城县之娘娘庙,康熙帝谕河道总督张鹏翮:"山东运河转漕入京师,关系紧要,不可忽略。朕来时,阅视堤岸不堪,今回銮时计期两三月,而堤工修理甚属坚固。嗣后当照此加谨修理,不可因朕已经阅过致有懈怠,尔宜识之。运河各闸照依漕规启闭,有官员经过,不许徇情擅自开放泄水,以致漕船稽迟,违者朕决不宥。"②

康熙四十六年正月至五月间的第六次南巡,对于"清水敌黄水有余,运河清水甚大,反流入高邮湖,设高邮湖水长溢入运河,则运河东堤受险",康熙帝主张:"今应将大墩分水处西岸草坝再加宽大,使清水多出黄河一分,少入运河一分,则运河东堤不致受险;又于蒋家坝开河建闸,引水由人字河、芒稻河,下江由下河及庙湾等处入海,不惟洪泽湖之水可以宣泄,而盱眙、泗州积水田地,亦渐次涸出。水小,则下板蓄水敌黄;水大,则启板泄水,且便于商民舟楫往来。其祥符闸口门甚窄,趁此黄水不甚高之时,委干员将归仁、安仁、利仁三闸改宽泄水,则徐州一带民田可无淹没之虞矣。"③

此后,运河仍得到维护。康熙五十二年八月,河道总督赵世显疏言:淮安府城外南角楼一带埽工及宝应县之运河东堤朱马湾埽工,又张家直、卢家直、五里浅、龙王庙等处工程,俱应钉埽加帮,以保运道。工部议覆,应如所题,速行修筑。得到康熙帝的同意。④

康熙时期的运河工程质量很高,采取追责制。康熙五十三年至五十四年,修建扬州邵伯运堤东岸石工,大堤底部为石块垒叠护坡,上部以城砖砌筑,顶部压一层条石,古堤保存至今(图5-1)。古堤上的砖面刻有两行字:上刻"镇江府丹阳县□记",下刻"堤工总局"⑤(图5-2)。

①《清圣祖实录》第3册卷211,康熙四十二年三月辛酉,第145页。
②《清圣祖实录》第3册卷220,康熙四十四年闰四月甲寅,第224页。
③《清圣祖实录》第3册卷229,康熙四十六年五月癸丑,第296页。
④《清圣祖实录》第3册卷256,康熙五十二年八月戊子,第530页。
⑤《大运河邵伯古堤建于清康熙时 建材有追责制度》,《扬子晚报》2014年7月2日。

图 5-1 邵伯古堤

图 5-2 古堤上的砖石

三 康熙朝奏折所见的运河及漕运

以上依据《清实录》的记载,呈现出顺治康熙时期清廷有关运河、漕运的一些活动,特别是康熙帝对于运河的关注。下面我们再以清朝督抚大臣有关运河、漕运的奏折,了解地方上治理措施,同时反映出不同区域运河的情况。保留下来的奏折中,以先后担任直隶巡抚与总督的赵弘燮、漕运总督郎廷极以及江宁织造曹寅等人的为多,我们分为两个部分探讨。

(一)赵弘燮与直隶运河治理

海河是直隶地区最大的水系,上游有南运河、子牙河、清河、永定河、北运河五大支流。永定河原名无定河、浑河,尤以水患突出,影响到运河。康熙帝对于京畿地区的水患十分关心,主持治理浑河,多次视察堤防。

康熙帝一直有以视察治水的巡幸畿甸活动,关心运河与漕运。如康熙三十三年二三月间主要巡幸天津一带,在西沽谕大学士等:"朕巡视所至,见运河及浑河决口,民田淹没,甚为可悯。着直隶巡抚郭世隆、天津总兵官李镇鼎会同仓场侍郎常书,自通州至西沽两边堤岸,再自西沽至霸州决口宜修之处,阅视明白速行修筑。"①驻跸蔡家营,仓场侍郎常书等疏言:"臣等遵旨会看运河堤工,自通州至西沽地方共冲决李家口等五处应加修筑,白驹厂等五处堤势危险,亦应修理,其上桃花口、北龙潭口工程似属可缓。"康熙帝指示:"此所奏李家口等冲决五处、白驹厂等险堤五处及上桃花口等缓工二处,俱于运道民生关系紧要,当速加修筑。其需用钱粮,常书等已估计具奏。若另差官料理,必至逾期。即着直隶巡抚郭世隆亟行修筑,俾运道民生速有裨益。"②康熙三十四年底起居注官评论康熙帝:"念畿南水利关系重大,于所筑运河决口堤岸,命地方官增卑培薄,务令完固,复命抚臣相视下流地形,疏道堙塞,拽积潦于天津海口,挑浚新河,以通蓟州水路,俾挽输便利,工竣车驾临阅,百姓欢呼载道。"③

赵弘燮长期在直隶为官,康熙皇帝对他十分器重。早在康熙三十八年,康熙皇帝于二月初三日离京南巡视阅河工,翌日驻跸新河长乐营地方,便赐时为直隶巡道的赵弘燮御书"清惠不群"四大字,并传谕:"尔父赵良栋矢志报国,克殚勤劳,历事戎行,茂著勋绩,朕迄今犹追念之。以尔兄弟系功臣之子,未必玷辱先人,故皆擢用,授以文武

①《清圣祖实录》第 2 册卷 162,康熙三十三年二月甲申,第 774 页。
②《清圣祖实录》第 2 册卷 162,康熙三十三年二月戊戌,第 775 页上。
③库勒纳等奉敕撰:《清代起居注册·康熙朝》第 7 册,第 3640 页。

要职,今复以此四字赐汝,此后益当砥砺廉洁,广宣惠爱,以副朕视民如子之至意。"①赵弘燮回奏表示要肝脑涂地仰答皇恩。

应注意的是,赵弘燮于康熙四十五年任直隶巡抚,颇为重视运河。康熙四十五年五月,永定河漫决堤岸,武清县运河出现水漫过堤、冲决险情,赵弘燮向皇帝奏报有关情况:"亲往永定河查勘堤岸,适保定营参将胡琨自宝坻县补〔捕〕蝗回来,臣因运河关系重大,恐碍漕运,即差委胡琨亲往查勘。今据回称武清县属闫家湾三处漫开堤口俱系东岸,尚有西岸可通漕等语,除漫决堤口若干丈尺,果否无碍漕运,臣见在确查,并饬各该地方官协同监修,主事牛钮等速行加紧防护,俟守道金世杨覆到,另行题报外,事关漫决运河堤口,理合先行奏明。"②

武清县运河在康熙四十八年又因大水开口,赵弘燮奏报险情:"窃照运河堤工,漕运攸关,最为綦重。臣于三四月内未发水之先,已经屡次申饬地方各官,上紧看守防修在案。于六月二十三日,据臣所差查蝗差役,路过通州、武清地方,见有运堤开口数处,即时禀报到臣,臣即飞檄守道李毓柱、通永道白为玑确查堤岸开口数目丈尺并有无干碍漕运。复又委新城县星往确查。"③当了解武清运河涨漫的具体情况后,赵弘燮又"飞查漫口确数丈尺果否无碍漕运,并严饬地方官协同部员速行堵筑修补"④。后据负责直隶运河工程的工部主事牛钮说:此漫决堤岸,系康熙四十四年加高培厚之堤,于四十五年四月十七日在口外奏准,奉旨交于地方官看守,应令地方官赔修。运河工程转交地方官管理后,通武堤岸岁修银两裁汰,年年派出富户经修看守,牛主事指示修筑,四十五年系阿锡太经修,四十六年系拉穆章经修,四十七年阿哈善经修,四十八年岳赖经修。本年度因未完工即被漫溢。依据四十五年间,颜家湾等处衡溃,部议阿锡太系修理之

①库勒纳等奉敕撰:《清代起居注册·康熙朝》第13册,第6909—6970页。

②《直隶巡抚赵弘燮奏报永定河口漫决现正修筑折》,中国第一历史档案馆编:《康熙朝汉文朱批奏折汇编》第1册第173号,第375—376页。

③《直隶巡抚赵弘燮奏报武清县运河堤工开口情形折》,中国第一历史档案馆编:《康熙朝汉文朱批奏折汇编》第2册531号,第525页。

④《直隶巡抚赵弘燮奏报武清县运河堤工开口情形折》,中国第一历史档案馆编:《康熙朝汉文朱批奏折汇编》第2册531号,第525页。

员,不能防守,革去佐领,勒限赔修,并未议及地方官之处。守道李毓柱建议,今岁漫溢堤工事同一例,自应于本年派出之富户岳赖修理完工。赵弘燮奏请:"因臣查通武两岸堤工,因每年派出富户经修,是以停止动币岁修,四十五年主事牛钮口奏,荷蒙谕旨着交与地方官看守者,诚恐车马践踏,交与看守似非,即令保守经修。但运道最关紧要,难容推委贻误,臣已飞饬通武二州县,将张家湾子等处漫口,先行修筑外,其应否着落何员赔修之处,臣未敢擅专,理合圣裁。"①用翌年赵弘燮另一奏折的话说:"臣查通武一带堤岸,较别处更为紧要。荷蒙皇上每年派出富户承修,又令工部主事牛钮留工指示监督,何等慎重。"②这些说明直隶运河工程的管理方法,富户出资修护并问责,还有专人监理,以保证运河工程质量和安全使用。

如此,赵弘燮对于运河管理也不敢怠慢,他在折中还说:"直属运河堤岸漕糈民田攸关,甚属綦重。仰体皇上轸念河工至意,刻刻留心,不敢忽视。于今年正二月内,春融冰泮时候,预饬地方印河各官及时修筑补苴,又于三四月间未发水之前,复再三严饬上紧看守修垫。及今伏秋,二汛踵至,又值大雨时行,诚恐河水泛溢,随即委官前往各处查勘督修防护。据报自景州起至天津止一带,运河堤工均平稳坚好。又自天津起至通州止,查看得武清县属之汉口小街,因目下天雨连绵,山水陡发,于七月初七日,漫堤三十一丈。查此汉口虽属运河,皆为民居,即以村基作堤,向系街民自行看守。今监督派有富户硕邑等,已经修筑将完,粮舟通行无碍。又于是日,筐儿港减水坝桥被船撞击,伍降马家庄漫水二十余丈,韦家庄满水三十余丈,梁家庄漫水二十余丈。此三处系减水坝内新河南堤,并非运河被减水坝内之水所漫,俱系富户承修。今马家庄漫口已干,韦家庄、梁家庄漫口水深三四尺不等,其水同汉口漫水均归塌河淀内。又本月初十日,小淀庄新堤漫水二处,约共二十丈余。刘安儿庄新堤漫水二处,共有二十丈余,归并天津卫所辖之。宜庆府新堤漫水十余丈,各漫口水深三四尺不等。查小淀庄、刘安儿庄、宜庆府各坐落塌河淀中,被汉口

①《直隶巡抚赵弘燮为请修通州等地运河堤工漫口折》,中国第一历史档案馆编:《康熙朝汉文朱批奏折汇编》第2册第555号,第582—583页。
②《直隶巡抚赵弘燮奏报运河水势并武清等处漫口情形折》,中国第一历史档案馆编:《康熙朝汉文朱批奏折汇编》第2册第703号,第964页。

及减水坝雨路之水聚注一处,以致漫堤,均无碍漕。又通州娘娘庙后身新筑之堤,并以下一带堤岸,虽经水淹,因各官俱昼夜加帮防护,并无充溢坍卸等情。旋据地方各官承报,与委官所查无异。"①赵弘燮可谓兢兢业业。

康熙五十四年,"谕奖弘燮抚直十年,任事勤劳,旗民辑睦,盗案稀少,加总督衔。"②担任直隶总督的赵弘燮多有奏报运河的折子,反映出运河的情况。康熙五十四年自六月至七月初旬,大雨时行,在在发水,赵弘燮奏报:"运河西岸之沙河口、闫家口等处,东岸之四百户朱家码头等处各堤岸,俱被水漫。又耍儿渡口迎水坝被刷,将新筑月堤漫坍,筐儿港滚水坝木桥卫坏三洞,亦据武清县申报,并报监督部员会同派修之人,星飞加帮堵护。"③由于灾情严重而使运河受损,赵弘燮除了肯定康熙帝的治河主张,恳请免于对有关官员的处罚,他说:"武清县属之李家口等处运河堤岸漫溢十有余处,臣已具折奏闻,其应作何修理之处,业经监督部员牛钮等查明启奏,见在估计候旨定夺。自武邑运河堤岸,自蒙皇上设立监督,交与富户经修之后,遇有冲决,地方官俱蒙圣恩,未经议处。今年发水汹涌,实为异常,非人力可施,所有地方官疏防,应否仍遵例免其参处。"④

康熙五十五年直隶仍面临因大水保护运河的艰巨任务。"五月终旬,汶、卫两河发水,以致运河水势陡长,将东光县之无名堤口于五月二十四日漫溢叁丈。"⑤赵弘燮随即飞饬委印河各官加谨修筑,并向皇帝奏报:"今臣差查此口,因水深溜大,所雇本地土夫不谙打桩下埽,其堤日渐增坍,今已宽至叁拾余丈。虽目下漕船北上俱各平稳,但此堤有关运道难容延缓。臣又飞饬天津署事同知马兆辰前往督修,并臣发银檄饬永清县,将向在永定河做工之谙练埽手雇觅贰拾余

①《直隶巡抚赵弘燮奏报运河水势并武清等处漫口情形折》,中国第一历史档案馆编:《康熙朝汉文朱批奏折汇编》第 2 册第 703 号,第 961—964 页。

②赵尔巽等撰:《清史稿》卷 255,《赵良栋传附传》,第 9777—9778 页。

③《直隶总督赵弘燮奏报清运两河堤岸被漫情形折》,中国第一历史档案馆编:《康熙朝汉文朱批奏折汇编》第 6 册第 1837 号,第 356 页。

④《直隶总督赵弘燮奏报委员赈抚被水灾民情形折》,中国第一历史档案馆编:《康熙朝汉文朱批奏折汇编》第 6 册第 1864 号,第 430—431 页。

⑤《直隶总督赵弘燮奏为续得雨泽并东光县运河堤口漫溢折》,中国第一历史档案馆编:《康熙朝汉文朱批奏折汇编》第 7 册第 2136 号,第 200 页。

人,押赴东光县工所,按日给与工价,令其率领土夫打桩下埽,上紧堵筑,勒限完工。臣又恐银两不敷,复饬守道借发银壹千两,令印河各官作速办料雇夫,星夜修筑,事竣之日,于该管各官名下追赔还项。所有疏防之员,臣现在会同河臣,照例依限另疏题参。"①

康熙五十六年七月中旬大雨连绵,汛水骤发,东光县运河决口。赵弘燮得知油坊口堤岸漫开二十余丈等情,立即委派天津道朱纲、紫荆关参将吴如译"前往严督印河各官上紧堵筑,并借道库银五百两发给,作速雇夫办料,勒令依限完工,追银还项"②。堵筑工程"于八月十一日已经合龙,一月之内即能告竣"③。

此外,江宁织造曹寅是康熙帝的亲信,肩负为皇帝搜集江南动向的任务,他的奏折也报告运河与米价问题。康熙四十八年三四月雨水过多,米价仍照常不涨。曹寅奏报说:"长江南百姓蒙皇上弘恩,留漕蠲赋,无不感沐皇仁。目下淮、扬,臣与运道劝谕众商,各出己资,推崇圣教,买米平粜,湖广早稻指日可得,客船陆续搬运接济,而地方督抚复设法赈济,穷民亦不致乏食。惟淮、扬运河水大,减水坝全开,下河一带,如水不退,恐艰于耘种。"④康熙五十二年曹寅奏报黄河与运河的水势,他说:"闰五月十二日巳刻扬州府宝应县之南首十里卢家直地方忽冲决堤工一段,约十五丈有余。而运河之水从冲决口奔入下河之莲花舍、九沟溪、河望、直港等处。凡当冲地方民田多坏,再卢家直南北往来船只必由之路,今有决口各船皆阻滞不行,总河臣赵世显现在决口督率赶紧堵塞,大约数日之内可以堵筑完工。"⑤

(二)郎廷极、施世纶经管的漕运

郎廷极,康熙二年生人,卒于康熙五十四年正月,他于康熙五十

①《直隶总督赵弘燮奏报东光县运河堤岸漫坍并督工修补情形折》,中国第一历史档案馆编:《康熙朝汉文朱批奏折汇编》第7册第2147号,第224—225页。
②《直隶总督赵弘燮奏报东光县运河堤岸漫口折》,中国第一历史档案馆编:《康熙朝汉文朱批奏折汇编》第7册第2485号,第1091页。
③《直隶总督赵弘燮奏报东光县运河漫口工程在限内完工折》,中国第一历史档案馆编:《康熙朝汉文朱批奏折汇编》第7册第2503号,第1140页。
④《宁织造曹寅奏报粮价雨水及地方情形折》,中国第一历史档案馆编:《康熙朝汉文朱批奏折汇编》第2册497号,第442页。
⑤《苏州织造李煦奏报宝应县堤工冲决总河现在督堵折》,中国第一历史档案馆编:《康熙朝汉文朱批奏折汇编》第4册第1345号,第903页。

一年十一月十七日到任漕运总督,直到康熙五十三年。他的奏折保留下来,内容主要是奏报漕运及运河的。

康熙五十一年十一月十七日郎廷极到任漕运总督,上任之初,郎廷极奏报对履任的看法:"所辖七省地方辽远,事务殷繁,必得贤能粮道相与佐理,庶几漕务整饬,弊窦肃清,征兑如期抵通,依限赶迟为速,以实天庾,方克尽职。"①漕运总督衙署在江苏淮安,郎廷极的奏报除了有漕七省的全面负责之外,特别关注淮安及江苏。到任半年后的一次上奏,反映了郎廷极的主要工作,康熙五十二年五月初六日他奏报淮安收成、粮价并过淮船只数目,关于后者,他说:"再今岁重运漕船。奴才钦遵圣谕,委员在三叉河排帮前进,不许拥挤阻压,又严檄沿河文武官弁上紧催攒,并委标员分地督催。过淮粮船奴才逐一亲行盘验,自正月至二月因上年回空迟延,过淮船止四百一十五只,已将初次过淮船数题报在案。今自三月至五月初五日又过淮船三千一百二十二只,共已过淮船三千五百三十七只,比上年二次过淮船数多一千零九只。此皆皇上睿虑周详,洞烛漕运迟误之由,特颁上谕,奴才得以祗遵圣训,使在后全齐之帮,漫越前进,不被前帮阻压,将来即可赶迟为速。其未过淮江浙之船目,今俱已渡江,进瓜州闸,衔尾直接山阳县境,江西、湖广之船亦俱陆续收进仪真口闸。奴才每日自朝至暮盘验粮船,可一百数十余只,若不阻风守候,五月内可以全漕过完,较上年可早半月。除二次过淮船数,现在另疏题报,谨先缮折奏闻,伏祈皇上睿鉴。"②这次漕船过淮比上年早半月有余,郎廷极启行督催,一路尾押催攒,于六月初四日抵济宁,在城闸及天井闸上多加纤夫,昼夜挽拽过闸,于六月二十六日,将全漕尽数催过济宁③。于是他回淮料理新漕。郎廷极同时办理督查回漕空船,他上奏说:"今岁漕船,奴才于一半过淮之时,即差委标下右营游击戴良佐,前往山东德州驻宿桑园地方,催攒重运,兼催回空,并查验回空船

①《漕运总督郎廷极奏请以王希舜升补江安粮道折》,中国第一历史档案馆编:《康熙朝汉文朱批奏折汇编》第 4 册第 1239 号,第 558 页。

②《漕运总督郎廷极奏报淮安收成粮价并过淮船只数目折》,中国第一历史档案馆编:《康熙朝汉文朱批奏折汇编》第 4 册第 1310 号,第 784—785 页。

③《漕运总督郎廷极奏报全漕过济并山东雨水年成折》,中国第一历史档案馆编:《康熙朝汉文朱批奏折汇编》第 5 册第 1378 号,第 25—27 页。

只不许夹带私盐去后。今据游击戴良佐日逐禀报,催至七月十六日,共催过回空南下船一千七百六十只。奴才现在给发告示,檄行沿河道员营将,督率兵役,昼夜飞催抵次,以副冬兑冬开之限。"①十一月,郎廷极继续奏报回空漕船等事:"今岁回空漕船于十月二十六日尾帮至临清等地方,适逢大风骤寒,河道冻阻,敲压冰凌,日行迟滞。奴才以时届仲冬,恐冰凌坚结,人力难施,有误兑开期限,随即移咨江浙、江广各省抚臣,捐雇民船,受兑沿途,迎船复载,并将回空过淮船数一并题明在案。奴才又差委标员,并咨山东抚臣,严饬沿河文武各官多带兵夫昼夜敲通催攒。乃我皇上洪福齐天,自十一月初十日以后,风息气和,河冰渐解,敲击冰凌人力可施。于十一月十二至二十四等日,现有江广等省之吉安等帮共船五百八十五只过淮南下,自此敲通冰解之后,奴才竭力催攒。若不复结冻,回空船只衔尾过淮,尚可赶副冬兑冬开之限,则民船不必捐雇。"②

康熙五十三年郎廷极的奏折较为完整,呈现出他工作的全貌。二月二十八日奏报漕粮过淮船数:"切照今运漕粮,奴才严饬各省属员剔除征兑诸弊,上紧兑开。又檄沿途文武官弁,星飞催攒。自上年十二月十七日起,至今年二月初九日止,奴才盘验过淮粮船一千一百三十五只。又山东、河南、徐属,例不过淮船一千二百五十五只,通共船二千三百九十只,已经具疏题报在案。今自二月初十日起,至二十六日止,又盘验过淮船一千四百三十八只。其未到淮粮船,奴才现在差员严加催攒过淮北上。今岁船粮以过淮日期计算,自可抵通无误,早登天庾,无廑圣怀。"③不久继续奏报:"再过淮粮船,自二月二十八日至三月二十三日止,又过船一千一百三十二只,江南粮船俱已过完。目今所过之船,系浙江、江西、湖广等省粮船。"④五月十六日奏报一批漕船过淮情况:"今自四月初二日起至五月十四日止,又盘验

①《漕运总督郎廷极奏报淮城雨水并米麦价格折》,中国第一历史档案馆编:《康熙朝汉文朱批奏折汇编》第 5 册第 1414 号,第 128—129 页。

②《漕运总督郎廷极奏报河冰渐解情形折》,中国第一历史档案馆编:《康熙朝汉文朱批奏折汇编》第 5 册第 1473 号,第 280—281 页。

③《漕运总督郎廷极奏报漕船过淮数目并淮城雨水米价折》,中国第一历史档案馆编:《康熙朝汉文朱批奏折汇编》第 5 册第 1533 号,第 445—446 页。

④《漕运总督郎廷极奏覆米价稍涨缘由并再报过淮船数折》,中国第一历史档案馆编:《康熙朝汉文朱批奏折汇编》第 5 册第 1542 号,第 477 页。

过粮船一千一百四十五只,全漕尽数过淮。除现在缮疏题报外,合先具折奏闻。再今岁江浙漕船过淮甚早,奴才诚恐山东河道水小,耽延时日。于四月内即委标下右营游击戴良佐,前往德州桑园等处,严催重运北上攒押空船回南,并令稽查各船不许夹带私监,有亏课饷。"①七月十一日,奏报漕船通过济宁情况:"奴才于五月二十九日起行,亲攒漕船过济,于六月初十日抵济宁。因今年春间少雨,闸河下板、打闸需时。奴才委令道员并标下千把等官,逐处严加催攒,于七月十一日全漕尽数攒过济宁。又准部文令委能员催过津关。奴才随遴委中军守备赵斌,押尾催过天津。奴才即于十一日回淮,料理下运新漕外,谨将漕船尽数过济日期,具折奏报。"②十一月十六日,奏报回空漕船尽数过淮:"窃照漕粮冬兑冬开,全赖回空如期,始能克副定限。奴才仰体皇上速漕至意,预先差委标下右营游击戴良佐,在于德州地方攒重催空,并令查验回空帮船,不许夹带私盐,有妨引课。奴才今岁钦奉上谕,亲往临清截留漕粮三十万石,沿途面谕弁丁速行挽运,以副期限。又差委标下千把等官往来催攒,不许片刻留停。今于十一月十五日回空各帮船只,尽数过淮,比上年回空过淮早一月有余。奴才现在严催星飞,赴次修舱受兑,是今岁回空如期,已符冬兑冬开之限,则明岁新漕自无迟误。"③清人李绂为郎廷极所作墓志铭赞其称职:"过淮抵通,万艘无后期,亦无亏耗者。"④从奏折来看,李绂的评价是恰如其分的。

此外,施世纶总督漕运时的奏折也有存留。施世纶于康熙五十四年任漕运总督,史家评论:"世纶察运漕积弊,革羡金,劾贪弁,除蠹役,以严明为治。岁督漕船,应限全完,无稍愆误。"⑤其督漕事迹如康熙五十六年十月初六日,施世纶奏报:"查今岁漕船,除山东、河南俱回空赴次外,其江浙、江广共应回空船五千四百一只,于九月二十

①《漕运总督郎廷极奏报全漕过淮日期折》,中国第一历史档案馆编:《康熙朝汉文朱批奏折汇编》第 5 册第 1574 号,第 575 页。

②《漕运总督郎廷极奏报全漕过济日期折》,中国第一历史档案馆编:《康熙朝汉文朱批奏折汇编》第 5 册第 1615 号,第 687—688 页。

③《漕运总督郎廷极奏报回空漕船尽数过淮折》,中国第一历史档案馆编:《康熙朝汉文朱批奏折汇编》第 5 册第 1683 号,第 860—861 页。

④钱仪吉纂:《碑传集》第 6 册卷 68,《郎廷极》,中华书局 1993 年版,第 1934 页。

⑤赵尔巽等撰:《清史稿》卷 277,《施世纶传》,第 10096 页。

五日据报,过德州境三千九百余只,现今过淮一千六百余只,似与上
年回空较迟。臣现严檄沿河文武官弁加紧催攒,务期依限抵次。"①
康熙帝对此朱批:"每年回空多迟,其中必有原故。"十一月初五日回
奏解释:"臣谨查每年粮船回空,多因自坝转天津卫至德州境,沿途挨
让重运,以及临济上下各闸守板开放,是以稽迟违限。臣逐帮查验其
回空抵淮限单,自坝至卫有迟至二十日及十余日不等者,而沿途地方
官亦有填注,水大难行,亦有填注,因风顶阻各原由,但此限单例俟通
漕过完,臣咨送各省抚臣核实查参报部。再据臣标员在德州桑园盘
查私盐报称,十月二十一日,湖南二帮头舵水手倚借装有部发制钱不
服盘查,复抢盐店等语。"②由上可见,施世纶颇为称职。

四 结语

顺治初年,清军征战不已,清廷财政窘迫,迫切需要得到漕粮。
为了保证漕运的正常进行,清廷不断派遣官员巡视漕运,要求吏部稽
查好漕运官员,以保证漕粮的完纳。清廷对于漕运总督、有漕省份督
抚的职责甚为关注,要求督抚督率所属各粮道、州县卫所等官,恪奉
漕规,冬兑春开,务依限到淮;其到淮以后,漕运总督察验催趱,抵通
交纳。河南、山东,督抚督率所属各官征兑开行,知照漕运总督,察催
北上。为了漕粮顺利运抵京师,清廷重视祈求神灵保佑。顺治二年
十二月,封运河神为延休显应分水龙王之神,仍命总河臣致祭。清朝
注意保护运河,绿营分防运河。清朝也谋求治理运河,当时黄河东出
徐州经云梯关入海,洪泽湖以东的清口黄淮交汇,为运河出入咽喉。
顺治九年七月,户部左侍郎王永吉条陈治河事宜。大意是由于黄强
淮弱,淮不敌黄,淮泗南趋,建议疏浚海口。然而终顺治一朝,并未见
治理运河有较大起色。

康熙初年运河与漕运仍得不到保障。特别是康熙十五年大水
后,运河的问题进一步严重,治理运河保证漕运更加紧迫。康熙帝升
任安徽巡抚靳辅为河道总督,决心整治河道。靳辅于康熙十六年三

月受命后,鉴于河道敝坏已极、修治刻不容缓,提出经理河工的八疏,关于运河的第五疏得到通过。除了挑浚运河外,靳辅疏请挑新河以七里闸为运口,保证运河不为黄水所灌。康熙时期制定了保证治河的条例。康熙中叶,直隶、山东境内运河出现一些问题,康熙帝尤为关注。康熙帝主张治河关键在于上流,因此否定漕运总督桑额等开浚下河的主张。康熙帝六次南巡,特别是后三次南巡对于治理黄河、运河多有探讨与指示。康熙帝还指示大臣裁直运河增筑运河堤岸。康熙三十九年三月于成龙病故,康熙帝调任张鹏翮为河道总督,河工也发生新的变化,张鹏翮提出治理运河的新措施。

先后担任直隶巡抚与总督的赵弘燮、漕运总督郎廷极与施世纶以及江宁织造曹寅等人的奏折,多有关于运河、漕运的内容。赵弘燮于康熙四十五年任直隶巡抚,他深得康熙帝信任,对于运河颇为重视。赵弘燮奏折记载了他对于通州到武清一带运河堤岸的维护,康熙帝对于直隶运河"每年派出富户承修,又令工部主事牛钮留工指示监督"。郎廷极康熙五十一年至五十三年奏折,保留了他奏报的漕运及运河情况。

总之,康熙帝的运河治理不分满汉,还重用满人,自视责无旁贷。由于康熙帝统筹安排治理黄淮与运河,使得运河河堤得到保护,运河河水得到保障,最终保证了漕粮按时按量经运河运至北京。换言之,运河在康熙时期得到了有效治理,发挥了应有的功效。

(原载李泉主编:《"运河与区域社会"国际学术研讨会论文集》,中国社会科学出版社 2015 年版)

清康雍时期试行社仓新考

　　中国的社仓一般认为最早出现于隋代,特别是南宋大儒朱熹倡导设立社仓,影响历史深远。清代作为社仓普及的时代,已经引起学者的关注①。著名历史学家萧公权主要讨论了社仓的组织、运行、存粮、监督、社长任命等问题②。清史专家冯尔康注意到雍正帝提倡社仓问题③。还有学者陈桦等专文探讨了康熙朝、雍正朝的社仓④。至于通论清代社仓或论述某一地区社仓的论文更多,此处不赘引。就康雍时期的社仓研究而言,已有的成果各有侧重,颇多可取之处。但是这些研究在档案、《实录》、《起居注》、《会典》等资料的综合利用方面还有空间,在社仓推行的时间、过程、程度以及属性等问题上尚不清晰。笔者意在综合使用资料,重新探讨康雍时期社仓上述不太为

①有关社仓的研究,见穆崟臣:《近百年来社仓研究的回顾与展望》,《中国农史》2011年第3期。又较早的重要研究成果为冯柳堂:《中国历代民食政策史》,商务印书馆1934年版。

②[美]萧公权著,张皓、张升译:《中国乡村——论十九世纪的帝国控制》,台北联经出版事业有限公司2014年版,第171—215页。

③冯尔康:《雍正传》,第202—203页。

④陈桦:《雍正帝与社仓》,《清史研究通讯》1986年第4期;赵新安:《雍正朝的社仓建设》,《史学集刊》1999年第3期;杜玲:《雍正时期社仓的设立:皇帝、官僚与民间》,《北方论丛》2006年第6期;白丽萍:《康熙帝与社仓建设———以直隶为中心的考察》,《北京社会科学》2013年第5期。

人注意的方面,并提出一些自己的看法。文章虽非新题目,读之或有所收获。

一 康熙朝试行社仓

社仓之设始于隋开皇五年(585),度支尚书长孙平奏请令民间于收获之际按等出粮,储存在乡间,以备灾荒,名为义仓。义仓之名常与社仓互用,并无实质区别①。唐、宋不断有实行者,南宋朱熹在福建试行社仓之法,借官米 600 石作社本,春荒贷米给民,收获还仓取息,建造了专门的社仓用以存贮,还订出管理、出纳制度,以使一乡四五十里间遇歉年民不缺食。完善社仓制度,使其适合基层社会。元朝于至元六年(1340)始立义仓,令"社置一仓,以社长主之,丰年每亲丁纳粟五斗,驱丁二斗,无粟听纳杂色,歉年就给社民"②。显然此义仓实为社仓。到明朝中后期,官方预备仓衰落,社仓受到重视,渐次在不少地区推广③。

清承明包括社仓在内的仓储制度。顺治十一年六月,以加上皇太一徽号礼成,诸王、文武大臣上表行庆贺礼,于是颁诏天下。诏书中涉及仓储制度,规定:

> 《会典》旧制,各府州县俱有豫备四仓及义仓、社仓等法。每处积贮,多者万余石,少者数千石,各省仓储俱数百万计。故民有所恃,荒歉无虞。今责成各地方该道专管,稽察旧积,料理新储。应行事宜听呈督抚具奏,每年二次造册报部。该部察积谷多寡,分别议奏,以定该道功罪。④

不过从当时清朝对于基层社会的控制程度来看,很难切实实行。恐怕只具有"诏告中外,咸使闻知"的意义,主要是象征性的。

康熙时期较为关注民间社仓,以往学者注意到李光地、张伯行

①故清代"至奉行社仓,各省乃误以隋义仓之积为社仓法",见《福建陆路提督武进升为推广社仓之法以重积贮事奏折》,哈恩忠编选:《乾隆朝整饬社仓档案(中)》,《历史档案》2014 年第 4 期。

②宋濂等撰:《元史》卷 96,《食货志四·常平义仓》,中华书局 1976 年版,第 2467 页。

③段自成:《明中后期社仓探析》,《中国史研究》1998 年第 2 期;冯柳堂:《中国历代民食政策史》,商务印书馆 1993 年版,第 135—140 页。

④《清世祖实录》卷 84,顺治十一年六月庚辰,第 663 页。

的社仓实践,但对于康熙君臣的社仓讨论认识并不完整,我们依据《实录》等文献做一系统梳理。康熙十八年户部题准:"乡村立社仓,市镇立义仓,公举本乡之人,出陈易新,春日借贷,秋收偿还,每石取息一斗,岁底州县将数目呈详上司报部。"①康熙十九年二月丁卯谕户部:"积谷原备境内凶荒,若拨解外郡,则未获赈济之利,反受转运之累,人将惮于从事,必致捐助寥寥。嗣后常平积谷留本州县备赈,义仓、社仓积谷留本村镇备赈,永免协济外郡,以为乐输者劝。"②康熙帝的仓储立意是用常平仓作为州县地方官备赈的办法,而义仓、社仓积谷则留本村镇备赈,属于民间自救。无论官府还是民间仓储的谷物,只做当地之用,不用做协济外郡之用。根据河南的事例,为了鼓励垦荒,有地方官提出可以借谷给垦荒人民,并要求其建仓。如康熙二十二年,河南巡抚王日藻条奏开垦豫省荒地事宜,提出"宜借给牛种,请将义社仓积谷借与垦荒之民,免其生息,令秋成完仓"③。户部议覆同意,康熙帝从之。康熙二十九年正月谕户部,重申仓储备荒的重要性,其中说:"曾经特颁谕旨,着各地方大吏督率有司,晓谕小民,务令多积米粮,俾俯仰有资,凶荒可备,已经通行。其各省遍设常平及义仓、社仓,劝谕捐输米谷,亦有旨允行。后复有旨:常平等仓积谷,关系最为紧要,见今某省实心奉行,某省奉行不力,着再行各该督抚,确察具奏……嗣后直省总督、巡抚及司、道、府、州、县官员,务宜恪遵屡次谕旨,切实举行,俾家有余粮,仓庾充牣,以副朕爱养生民至意。如有仍前玩愒,苟图塞责,漫无积贮者,将该管官员及总督、巡抚一并从重治罪。尔部

---

① 赵尔巽等撰:《清史稿》卷121,《食货二·仓库》,第3559页;张廷玉等撰:《清朝文献通考》,考第5169页。又都察院左都御史魏象枢于康熙十八年七月二十八日题《君心仁爱无尽督抚实政当修等事疏》,谈及:"近者捧读上谕,令'各该地方大吏,督率有司,晓谕小民,务令力田节用,多积米粮'。仰见我皇上爱养斯民至意,此根本之计也。户部诸臣,又请修举常平仓,兼令乡里自行义仓、社仓,以备凶歉,此补救之方也。"八月初四日奉旨:"该部确议具奏。"(魏象枢:《寒松堂全集》卷4,《奏疏》,中华书局1996年版,第122页)可见康熙帝"多积米粮"的谕旨影响到户部令乡里自行社仓备荒,被魏象枢视为"实政"而响应。

② 《清圣祖实录》第1册卷88,康熙十九年二月丁卯,第1115页。

③ 《清圣祖实录》第2册卷108,康熙二十二年三月己未,第100页。

即遵谕通行。"①这样清廷要求从总督、巡抚及各地方官员都要关心包括社仓在内的仓储建设。

康熙四十二年十月初十日,康熙帝曾命清廷讨论直隶设立社仓的可能性,以利于民生。康熙帝谕大学士:

> 直隶各省州县虽设有常平仓收贮米谷,遇有饥荒之年,不敷赈济,亦未可定。应于各村庄亦设立社仓,收贮米石。此所设社仓,若交与有司官则民仍受累。直隶地方有满洲屯庄,可会合数村立一社仓。其管理社仓事宜,有满洲屯庄公设社仓者,令于庄头内酌量选择可以付托之人,交与收贮。若系民人村庄公设社仓者,令于民人内酌量选择可以付托之人,交与收贮,庶可备荒,于民生大有裨益。朕将此事传谕李光地,如设立社仓果有益于民生,着各省亦照例于各村庄设立社仓,收贮谷石,尔等可会同九卿酌议。②

此条的压缩内容收入乾隆《大清会典则例》,并且记载了大学士会同九卿商议结果:"遵旨议准:设立社仓,于本乡捐出即贮本乡,令本乡诚实之人经管,上岁加谨收贮,中岁粜借易新,下岁量口振济。"③可见,此谕要求直隶设立社仓还是生效了。检《清史稿·疆臣年表五》各省巡抚年表可知,李光地于康熙三十七年代于成龙任直隶巡抚,直至康熙四十四年由赵弘燮接任。以下论述的事实表明,李光地任直隶巡抚期间确实尝试过设立社仓。

乾隆《大清会典则例》在上述直隶康熙四十二年试行社仓之后,还有康熙四十五、五十四年两条则例。康熙四十五年覆准:"直属社仓四十一二三等年劝捐米谷共七万四千九百七十石有奇,出借穷民,得息米千有五十一石。又四十四年永、保二府陆续捐谷四百三十五石有奇,皆贮各属社仓。系本乡捐出者即贮本乡,令本乡诚实之人经

①《清圣祖实录》第 2 册卷 144,康熙二十九年正月癸卯,第 583—584 页。
②库勒纳等奉敕撰:《清代起居注册·康熙朝》第 18 册,第 10246—10247 页。
③乾隆《大清会典则例》卷 40,《户部·积贮》,文渊阁《四库全书》本第 621 册,第 248 页。

理。"①可知,李光地任直隶巡抚期间,于康熙四十一至四十四年当中,尝试推行社仓,永平、保定二府就是具体的事例。康熙五十四年议准:"直省社仓劝输之例,富民能捐谷五石者,免本身一年杂项差徭;有多捐一倍二倍者,照数按年递免。至绅衿捐谷四十石,令州县给匾;捐谷六十石,令知府给匾;捐谷八十石,令本管道给匾;捐谷二百石,督抚给匾。其富民好义比绅衿多捐二十石者,亦照绅衿例次第给匾;捐至二百五十石者,咨吏部给与义民顶带,照未入流冠带荣身。凡给匾民家永免差役。"②这是直隶奖励捐输社谷的条例。

不过直隶的社仓实验并不顺利,康熙帝晚年对于地方官推行社仓颇不以为然。康熙五十五年闰三月针对直隶巡抚赵弘燮因顺天、永平两府所属地方米价腾贵民多乏食采取平抑粮价措施,谕大学士等:"至于社仓一事,李光地任直隶巡抚时曾以此为有益,卒不能行。"③同年十月因张伯行条奏宜立社仓,清廷讨论,最终予以否定。康熙帝针对张伯行建议,再次提及李光地,他说:"前李光地为直隶巡抚时亦曾请立社仓。朕谕此事言之甚易,行之甚难,尔姑试行。后试行之果无成效,仓粮库帑设官专理,尚且亏空。社仓所收谷石,交百姓收贮寺庙,亏空又何待言耶。"④不过康熙帝还是要大学士会同九卿,就社仓是否可行详议具奏。

大学士、九卿等议覆的结果是,张伯行疏请直隶等地方建立社仓应不准行。康熙帝就此又发一番议论:"此议甚是。设立社仓,殊无裨益,丰年犹可,若遇饥馑之年,开仓赈济,所司奉行不善,往往生变。即如浙江赈济,百姓几至殴官。明代李自成之乱,亦由赈济而起。为督抚者,遇地方有此等事,须善为消弭。张伯行任江苏巡抚时,地方有一二小贼恐为所害,甚至不敢赴常州会审。如此仓皇失措,平日学问安在哉?"⑤由此看来,康熙帝不支持设立社仓,原因在于担心地方

①乾隆《大清会典则例》卷40,《户部·积贮》,文渊阁《四库全书》本第621册,第248页。
②乾隆《大清会典则例》卷40,《户部·积贮》,文渊阁《四库全书》本第621册,第248—249页。
③《清圣祖实录》第3册卷268,康熙五十五年闰三月壬午,第629页。
④《清圣祖实录》第3册卷270,康熙五十五年十月丁亥,第645页。
⑤《清圣祖实录》第3册卷270,康熙五十五年十月戊戌,第647页。

上奉行不善，惹是生非①。第二年，康熙帝就"近来米价必不能如往年之贱"谕大学士、九卿等，再次谈到张伯行设立社仓事："张伯行曾奏于永平府设立社仓，永平知府近日行之甚苦。社仓之法既属难行，通仓米石有余不如运送各州县为便。"②可见实行社仓困难重重。康熙帝认为："设立社仓原属良法，但从前李光地、张伯行曾经举行，终无成效。"③尽管康熙帝不看好社仓，可是还有地方官愿意尝试。康熙六十年，奉差山西赈济都察院左都御史朱轼疏言：请于晋省建立社仓以备荒歉，引泉溉田以兴水利。康熙帝为此发表长篇谕旨，谈他对于社仓的看法：

> 建立社仓之事，李光地任巡抚时曾经具奏。朕谕以言易而行难，尔可姑试。李光地行之数年并无成效，民多怨言。张伯行亦奏称社仓颇有裨益，朕令伊行于永平地方，其果有成效裨民之处至今未奏。且社仓之有益无益，朕久已留心采访。凡建立社仓，务须选择地方殷实之人董率其事，此人并非官吏，无权无役，所借出之米欲还补时，遣何人催纳？即丰收之年不肯还补亦无可如何，若遇歉收，更谁还补耶？其初将众人米谷扣出收贮，无人看守。及米石缺空之时，势必令司其事者赔偿。是空将众人之米弃于无用，而司事者无故为人破产赔偿矣。社仓之设始于朱子，其言具载文集。此法仅可行于小邑乡村，若奏为定例，属于官吏施行，于民无益。前朕巡幸西省山、陕地方，山川形势皆悉知之。其地山多水少间有水泉，亦不能畅引溉田。设果有灌注之水，前人岂不知乎？今朱轼以建立社仓引水入田具奏，此事不必令他人办理，即令伊久住山西，鼓励试行。若所言有效甚

善。该部知道。①

得知皇帝如此旨意,朱轼立即知难而退,他说自己一时冒昧陈言,细加筹划,实属难行。祈求皇帝免令试行。但是康熙帝认为:"朱轼亲至山西,深知地方情形,既请立社仓、兴水利,着仍留山西,鼓励试行。"②看来康熙帝对于是否实行社仓,还是有些犹豫③。

二 雍正初密谕试行社仓

雍正帝继位后,积极推行社仓。已有的研究虽然注意到社仓推行于雍正元年,但是忽略了具体时间与起因,我们略作考察。雍正元年八月初五日,詹事府詹事鄂尔奇鉴于皇帝使在廷诸臣各抒其欲言,于是建言:"请谕抚臣择州县中之稍通经术者,仿古常平社仓之制,稍加便通而行之,则非有奇灾,百姓未有至于流亡者也。"④鄂尔奇在奏中说他过山西平定等州县当地粮食充足,可以赈灾自救,透露出朱轼建议在山西推行社仓是可行的。雍正皇帝可能对于该折十分留意,于是交发各督抚朱书密谕一道:"谕督抚:社仓一事,甚属美政,但可行之于私,不可行之于公,可起之于丰年,不可作于歉岁。此非上谕之事,亦不宜报部举行,即尔督抚亦不便勒令属员奉行,只可暗暗劝谕好府、州、县徐徐行之。若能行通,妙不可言……特谕!"⑤郭成康先生注意到此条上谕恭楷朱书,词气虽酷似雍正朱批,但已着润饰痕迹,显然有承旨书谕者。这道关于社仓的谕旨,本可以由户部咨行各督抚而不用密谕,但雍正帝考虑到"此非上谕之事,亦不宜报部举行",故用"密谕密奏",不经"明路"。惟其并非紧急机密事件,且同一

①《清圣祖实录》第3册卷294,康熙六十年九月丙申,第855页。案:[美]萧公权著,张皓、张升译:《中国乡村——论十九世纪的帝国控制》第202页注释149中说:"《大清历朝实录》中没有记载这一问题",误。
②《清圣祖实录》第3册卷294,康熙六十年九月癸丑,第858页。
③萧公权先生认为康熙帝对推行社仓持悲观论调,相信"社仓管理人不可避免地处于最为难的处境"。[美]萧公权著,张皓、张升译:《中国乡村——论十九世纪的帝国控制》,第203页。
④鄂尔奇奏,见中国第一历史档案馆编:《雍正朝汉文朱批奏折汇编》第1册629号,第760—761页。又见《詹事府詹事鄂尔奇为仿古制设立社仓事奏折》,哈恩忠编选:《雍正朝设立社仓史料(上)》,《历史档案》2004年第2期。
⑤中国第一历史档案馆编:《雍正朝汉文朱批奏折汇编》第2册第71号,第82页。

内容的密谕要誊写多份，所以令他人恭楷代书谕旨①。

我想强调的是，这一密谕的内容正是试行社仓。使用密谕有探路的意思，雍正帝要地方官自己徐徐实践，以观后效。我们推测，有可能雍正帝的这一决定是采纳了鄂尔奇的建议。关于雍正帝密谕的时间，或认为在雍正元年秋冬之际②，不过湖广总督杨宗仁奏折说，他是在雍正元年九月初三日钦奉密谕督抚社仓一事，原奉密谕于九月十五日具折缴讫③。詹事府詹事鄂尔奇建言是在雍正元年八月初五日，雍正帝的社仓密谕不可能早于这一时间，因此推测社仓密谕的时间在雍正元年八月初五日至九月初三日之间，又由于从京城到湖北的密谕不大可能在三天到达，因此社仓密谕应当是在八月写成并发交各地督抚的。不过雍正帝并不只试行社仓，而是与保甲一起试行的。表明雍正帝教养治国的理念，即用社仓养民，用保甲管理人民④。

各省陆续回应雍正帝的社仓密谕。福建巡抚黄国材奏折说，闽省自前任抚臣觉罗满保通行社仓以来，倡率官民捐贮谷石。除节次散给穷民外，各府、州、县现收存谷共计四万余石，但福建地方负山滨海，时有不足之虞。今年闽省收成可望，米价平贱。当率领各官各自竭力捐贮，颗粒不派于民，以备济用。雍正帝批示"再劝谕绅衿士民，听其情愿，随力捐收。"⑤福建在康熙末年即已通行社仓。湖广总督杨宗仁雍正元年九月十五日上奏，表示赞成社仓，与抚臣商确万全实行⑥。两广总督杨琳九月十四日奉到朱谕，也表示与抚臣商酌劝谕

①郭成康：《雍正密谕浅析——兼及军机处设立的时间》，《清史研究》1998 年第 1 期。
②郭成康：《雍正密谕浅析——兼及军机处设立的时间》，《清史研究》1998 年第 1 期。
③《湖广总督杨宗仁奏覆历奉密谕遵办情形折》，中国第一历史档案馆编：《雍正朝汉文朱批奏折汇编》第 4 册第 121 号，第 159 页。
④参见常建华：《清代宗族"保甲乡约化"的开端——雍正朝族正制出现过程新考》，《河北学刊》2008 年第 6 期。
⑤《福建巡抚黄国材奏缴谕旨折》，中国第一历史档案馆编：《雍正朝汉文朱批奏折汇编》第 1 册第 760 号，第 927 页。
⑥《湖广总督杨宗仁陈力行保甲恭缴密谕折》，中国第一历史档案馆编：《雍正朝汉文朱批奏折汇编》第 1 册第 780 号，第 946 页。

好府、州、县徐徐行之,务在不令生事扰民,俟有成效①。广西总督孔毓珣于雍正元年九月二十八日上折,主张"请先行常平借贷之事,而渐通乎社仓之法"②。山东也劝勉各府、州、县实力举行社仓③。闽浙总督觉罗满保、福建巡抚黄国材也于雍正元年十月初六日上奏,说已经转传司、道各官熟为筹画社仓,并劝谕府、州、县官乘此秋收丰熟之时随力捐贮,不许派累小民。为了发挥倡导作用,他二人还有福建布政使、按察使以及粮驿道、兴泉道、汀漳道、延建邵道、台厦道五员,知府、同知、通判12员,州、县官61员,通共捐谷2万石,分别州、县大小,交与地方、社长公同收贮,以备不时。也就是说福建通省各级官员都捐谷在地方上建立社仓。不过这与密谕暗暗、徐徐实行的精神不大符合,所以雍正帝朱批道:"尔等捐助又不是朕意了,总之尔等不必如此揣摩迎合。朕原有谕旨,此非官举之事,原着尔等密密缓缓相机劝导百姓自为,今又如此一大作,恐此事未必能妥,又添出一常平仓来了。"④雍正帝担心的事将民间自治的社仓变为官员操纵的工具,免不了贪污失控的局面。江西巡抚裴幰度也准备实行社仓。十二月十六日直隶巡抚李维钧奏,直隶首先倡捐,各官踊跃,自乐捐输,士民亦陆续急公,俱出情愿,"今据各属详报,已捐足十万石矣"⑤。

实际上最早推行社仓的地区是湖广。雍正二年正月十九日湖广总督杨宗仁奏称:他与各官加意讲求社仓,特立条约六条,先为择地建仓,然后劝捐谷本,出纳听民自主,不许官吏会计侵肥,遍示晓谕,并立掖奖尚义之典。他还说在地方官的劝化下,士民共捐谷本,据江夏、武昌、蒲圻、咸宁、崇阳、兴国、大冶、通山、汉阳、汉川、黄冈、麻城、

①《两广总督杨琳奏缴上谕折》,中国第一历史档案馆编:《雍正朝汉文朱批奏折汇编》第1册第782号,雍正元年九月十五日,第946页。
②《广西总督孔毓珣奏陈社仓保甲管见折》,中国第一历史档案馆编:《雍正朝汉文朱批奏折汇编》第2册第40号,雍正元年九月二十八日,第42页。
③《山东巡抚黄炳奏覆接奉朱谕四条折》,中国第一历史档案馆编:《雍正朝汉文朱批奏折汇编》第2册第261号,雍正元年十二月初一日,第326页。
④《闽浙总督满保等为报闽省官员捐输社仓事奏折》,哈恩忠编选:《雍正朝设立社仓史料(上)》,《历史档案》2004年第2期。
⑤《直隶巡抚李维钧奏明口北道范弘偲等操守并报地方建仓事宜折》,中国第一历史档案馆编:《雍正朝汉文朱批奏折汇编》第2册第327号,雍正元年十二月十六日,第403页。

蕲水、黄安、罗田、随州、孝感、江陵、枝江、谷城等州县各报建仓,每州
县三五十所不等,约共劝捐谷本将及 30 万石。看此民情喜悦,效验
已著。又传湖南各官,面令循照湖北已成之法施行。再稽数月,统俟
所属报齐之日另行奏闻。雍正帝阅后朱批:"览奏,朕深为喜悦。社
仓之事,各省中尔成初创之功也。勉之。第一严束属员不管,任百姓
自为方好。①"称赞湖广有初创之功。

但是雍正帝很快发现立见成效的湖广社仓问题严重。他说该督
抚欲速不达,令各州县应输正赋 1 两者,加纳社仓谷 1 石。且以贮谷
之多少,定牧令之殿最。近闻楚省谷石,现价四五钱不等,是何异于
1 两正赋外加收四五钱火耗。要求该督抚速会同司、道、府等官确商
妥议,务得安民经久之法。同时雍正帝对湖广总督杨宗仁、湖北巡抚
纳齐喀、湖南巡抚魏廷珍讲了他设立社仓的初意:常平诸仓救灾详报
踏勘,往返察验,未免后时。古人云:"备荒之仓,莫便于近民,而近民
则莫便于社仓。"地方官"自应转谕属员,体访各邑士民中有急公尚义
之心者,使主其事。果掌管得人,出纳无弊,行之日久,谷数自增。至
于劝捐之时,须俟年岁丰熟,输将之数宜随民力多寡,利息之入务从
乎轻,取偿之期务从乎缓。如值连年歉收,即予展限,令至丰岁完纳。
一切条约,有司毋得干预。至行有成效,积谷渐多,该督抚亦止可具
折奏闻。不宜造册题报,使社仓顿成官仓,贻后日官民之累"②。就
在雍正帝发布这一谕旨的同一天,即雍正二年四月十三日,湖广总督
杨宗仁奏称,今年秋收之后,社仓皆可告成,从此民间各有预备。该
折到达北京后,雍正帝的朱批:"社仓一事,朕谆谆告尔听民自为,严
束属员,不可逼迫。近日闻得百姓因此事甚怨畏,尔虽欲速成邀前番
之奖,奈今日水落石出何? 前已有谕发来,尔可协同两抚严查不肖逢
迎欺隐属员,再速安百姓之疑,皆令知原为百姓,并非为仓谷。即丰
年出旧入新之勤,公行一两年,百姓知其力而乐为方好。总有些须缺
少,只可向侵食官役土豪免去有罪,再不可限定数目,令百姓必照数
补足使不得,此事作的近日声〈名〉着实不好。时总听民自便,不为官

①《湖广总督杨宗仁为报湖北举行社仓情形事奏折》,哈恩忠编选:《雍正朝设立社仓
史料(上)》,《历史档案》2004 年第 2 期。

②《清世宗实录》第 1 册卷 18,雍正二年四月丙辰,第 304 页。

吏土豪之所侵食,又苦累百姓之所赔补,则不但非善政久远之计,抑且为宁民数平亦行不得之事也。"重申谕旨的内容①。

有了湖广推行社仓的经验教训,雍正帝决心继续实行,但是要求尽量避免扰民。雍正帝"特谕"直省总督巡抚:

> 社仓之设,原以备荒歉不时之需,用意良厚,然往往行之不善,致滋烦扰,官民俱受其累。朕意以为,奉行之道,宜缓不宜急,宜劝谕百姓,听民便自为之,而不当以官法绳之也。近闻各省渐行社仓之法,贮蓄于丰年,取之于俭岁,俾民食有赖而荒歉无忧,朕心深为嘉悦。但因地制宜,须从民便,是在有司善为倡导于前,留心照应于后,使地方有社仓之益而无社仓之扰,此则尔督抚所当加意体察者也。②

值得注意,该条被收入乾隆《大清会典则例》,作为推行社仓的条例保列下来③,可见其重要性。

湖广总督杨宗仁很快上奏解释:经营创始,必须为之立成规模,令百姓知为伊等身家之计,所以踊跃报捐,而所捐谷本均称秋收贮仓。因见本年北、南各属二麦丰收,原欲趁此机会劝捐,以成根基。接到谕旨,决定晓谕宽缓,并严查奉行违背逢迎不肖各官,徐图经久良法④。同时杨宗仁向雍正帝保证:有尚义多捐谷本之人,分别奖励,实无勒派按照完粮一两者务贮社仓谷一石之事⑤。

雍正二年七月贵州巡抚毛文铨奏称设立社仓,广西巡抚李绂请

①《湖广总督杨宗仁为报湖广地方秋后全部建成社仓等事奏折》,哈恩忠编选:《雍正朝设立社仓史料(上)》,《历史档案》,2004年第2期。

②《著各省督抚留心体察社仓事上谕》,《雍正朝设立社仓史料(上)》,《历史档案》2004年第2期,第9页。又该谕旨亦载中国第一历史档案馆编:《雍正朝起居注册》第1册,第221—222页;该谕旨又载《清世宗实录》第1册卷19,雍正二年闰四月丁丑,第308—309页。

③乾隆《大清会典则例》卷40,《户部·积贮》,文渊阁《四库全书》本第621册,第249页。

④《湖广总督杨宗仁为遵旨宽缓劝捐社仓谷石事奏折》,哈恩忠编选:《雍正朝设立社仓史料(上)》,《历史档案》2004年第2期。

⑤《湖广总督杨宗仁为报并无勒派劝捐社仓谷石事奏折》,哈恩忠编选:《雍正朝设立社仓史料(上)》,《历史档案》2004年第2期。

将捐谷借民取息为社仓之本①。江西巡抚裴𫗧度奏报:先于省城建立社仓,然后通行各属,因地制宜,从容设法捐输②。

各地上报实行社仓的办法不一,雍正二年十一月户部等衙门遵旨议覆积贮备荒事,将河南巡抚石文焯、山东巡抚陈世倌条奏内酌议六条推广:

> 一、民间积贮,莫善于社仓。积贮之法,务须旌劝有方,不得苛派滋扰。其收贮米石,暂于公所、寺院收存。俟息米已多,建廒收贮。设簿记明,以便稽考。有捐至三四百石者,请给八品顶带。一、社长有正有副,务择端方立品、家道殷实之人以司出纳。著有成效,按年给奖。十年无过,亦请给以八品顶带。一、支给后,每石将息二斗,遇小歉之年减息一半,大歉全免其息。十年后息倍于本,只收加一之息。一、出入斗斛,官颁定式。每年四月上旬依例给贷,十月下旬收纳,两平交量,不得抑勒。一、收支米石,社长逐日登记簿册,转上本县,县具总数申府。一、凡州县官止许稽查,不许干预出纳。再,各方风土不同,更当随宜立约,为永远可行之计。③

户部还建议:应令各督抚于一省之中先行数州县,俟二三年后,著有成效,然后广行其法。得到皇帝首肯。

在上述雍正二年社仓六条基础上更详细的规定,可见乾隆《大清会典则例》记载:

> 又覆准:社仓之法,原以劝善兴仁,该地方官务须开诚劝谕,不得苛敛,以滋烦扰。至收贮米谷先于公所、寺院收存,俟息米已多,建造仓廒收贮,设立簿籍,逐一登明其所捐之数,不拘升斗,积少成多。若有奉公乐善,捐至十石以上给以花红;三十石以上奖以匾额;五十石以上递加奖劝。其有好善不倦、年久数多捐至三四百石者,该督抚奏闻给以八品顶带。其每社设正副社长,择端方立品、家道殷实者二人,果能出纳有法,乡里推服,令

---

①哈恩忠编选:《雍正朝设立社仓史料(上)》,《历史档案》2004年第2期。
②中国第一历史档案馆编:《雍正朝汉文朱批奏折汇编》第3册,第717页。
③《清世宗实录》第1册卷26,雍正二年十一月戊申,第400页。

按年给奖。如果十年无过,该督抚题请给以八品顶带。徇私者即行革惩,侵蚀者按律治罪。其收息之多寡,每石收息二斗,小歉减息之半,大歉全免其息,止收本谷,至十年后息已二倍于本,止以加一行息。其出入之斗斛,均照部颁斗斛公平较量。社长豫于四月上旬申报,地方官依例给贷,定日支散。十月上旬申报依例收纳,两平较量,不得抑勒多收。临时愿借者,先报社长,州县计口给发。交纳时社长先行示期,依限完纳。其簿籍之登记,每社设立用印官簿一样二本,一本社长收执,一本缴州县存察。登记数目,毋得互异其存数。一本夏则五月申缴,至秋领出,冬则十月申缴,至来春领出,不许迟延,以滋弊窦。每次事毕后,社长、州、县各将总数申报上司。如有地方官抑勒那借,强行粜卖侵蚀等事,社长呈告,上司据实题参。①

这个社仓条例奠定了清朝社仓的基本制度,影响深远。如乾隆二年九月初六日,四川巡抚硕色奏称该省"自雍正二年奉旨设立社仓以来,迄今十有余年"②。乾隆十二年五月初七日,吏部尚书刘于义等奏称,"奉天自雍正二年设立社仓以来,迄今二十余年"③。乾隆四年十一月二十五日,署理福建巡抚、布政使王士任谨奏请通行社仓奖励之例,王士任查考了旧制:

> 雍正二年内阁交出条奏一件,积贮原以备荒等事,行令各省督抚议覆。嗣据山东抚臣陈世倌、河南抚臣石文焯奏覆,随经九卿择定六条,内有劝输之法,地方官每乡立印簿一本,听愿捐者自登姓名于上,其数目不拘升斗。若捐十石以上,给以花红;三十石以上,奖以匾额;五十石以上,申报上司递加奖励。果有好善不倦、年久数多至三四百石者,该督抚奏闻,给以八品顶戴。等语。行文直省,按款酌行。时因浙江、福建、山西、江宁、甘肃、

①乾隆《大清会典则例》卷40,《户部·积贮》,文渊阁《四库全书》本第621册,第249—250页。

②《四川巡抚硕色为应将川省盈余仓粮买入社仓以重民依事奏折》,哈恩忠编选:《乾隆朝整饬社仓档案(上)》,《历史档案》2014年第3期。

③《盛京将军达尔当阿等为议覆奉天社仓效法旧例积贮谷石等事奏折》,哈恩忠编选:《乾隆朝整饬社仓档案(中)》,《历史档案》2014年第4期。

广东、江西等省尚未覆到,是以部议俟浙江等省所覆之议如更加详细,再行会同九卿议覆。如大概相同,户部汇行奏闻。等因。雍正二年十一月初八日奉旨:依议。在案。①

于是引发了督抚地方官就社仓捐输奖励之条的讨论,事实表明各地多依雍正二年而略有调整。乾隆五年三月二十二日,户部讨论的《川陕总督鄂弥达等为遵旨详议〈社仓事目〉陕省系动用官项采买谷石事奏折》,其依据是:"查社仓一事,于雍正二年即经九卿议覆条奏,奉旨行令各省督抚访察民情土俗,妥议具题。嗣据各省议覆,复经九卿查照朱子《社仓事目》,参以各省督抚臣条议,共同斟酌,定为六款:曰善劝输、择社长、酌收息、公斗斛、严簿籍、禁那借。每款之中,附缀事目,条分缕晰,著为条例,于雍正二年十一月初八日奉旨:依议。钦遵通行各省在案。"②乾隆五年八月二十八日,闽浙总督德沛等奏称:"臣等查雍正二年九卿议覆各省社仓条奏六款,通行各省酌古斟今,已属详明周备。"③乾隆八年六月十一日,福建陆路提督武进升奏请推广社仓之法以重积贮,谈道:"世宗宪皇帝尤不忍焉。雍正五〔二〕年,特定息为加一"④。乾隆十二年五月初七日,吏部尚书刘于义等为议覆严定州县疏管社仓处分事奏中,引用"雍正二年九卿议覆豫抚石文焯案内,每社设立正、副社长经管出纳,如有徇纵诸弊,一经发觉随即革惩。"⑤乾隆二十三年(1758)十月初六日,浙江巡抚杨廷璋奏称:"窃照各省社仓之设,原与常平相表里,实属济民善政。溯自雍正三年以来,所定一切条规,凡指摘利弊纤悉无遗。"⑥乾隆三

---

①《署理福建巡抚王士任为原议未及社仓捐输奖励之条请旨定例各省通行事奏折》,哈恩忠编选:《乾隆朝整饬社仓档案(上)》,《历史档案》2014 年第 3 期。

②《川陕总督鄂弥达等为遵旨详议〈社仓事目〉陕省系动用官项采买谷石事奏折》,哈恩忠编选:《乾隆朝整饬社仓档案(上)》,《历史档案》2014 年第 3 期。

③《闽浙总督德沛等为遵旨详议〈社仓事目〉事奏折》,哈恩忠编选:《乾隆朝整饬社仓档案(上)》,《历史档案》2014 年第 3 期。

④《福建陆路提督武进升为推广社仓之法以重积贮事奏折》,哈恩忠编选:《乾隆朝整饬社仓档案(中)》,《历史档案》2014 年第 4 期。

⑤《吏部尚书兼管户部尚书事务刘于义等为议覆严定州县疏管社仓处分事奏折》,哈恩忠编选:《乾隆朝整饬社仓档案(中)》,《历史档案》2014 年第 4 期。

⑥《浙江巡抚杨廷璋为陈酌筹修举社仓管见事奏折》,哈恩忠编选:《乾隆朝整饬社仓档案(下)》,《历史档案》2015 年第 1 期。

十年六月二十七日,广西巡抚宋邦绥说,该省社仓系"雍正二年经前任抚臣李绂题明动拨常平谷石借民收息,立为社仓谷本,嗣后酌定大、中、小州县分贮。"①翌年河南巡抚也说"豫省社谷始自雍正二年"②。以上事例说明,乾隆朝的社仓实践是在沿用雍正二年社仓条例基础上寻求完善。

雍正二年施行的社仓条例较有成效。兵部右侍郎杨汝谷奏奉命往楚,雍正二年闰四月二十五日奏报沿途见闻,他说"闻直隶、河南、湖广各省保甲社仓正在举行,略有成局"③。或许反映了当时各地设立社仓的情形。不过广东巡抚年希尧说他遍发手札,嘱令州县劝输士民随便自为捐积,并无官役经手,又刊捐积条规,令各因地制宜,无不家喻户晓,捐多者给匾奖励,群情鼓舞,合计通省报捐谷已有15万余石,现在查其实贮,将来递年劝捐,春夏出贷贮,见贫民无不给之④。

雍正三年三月,署理山西巡抚伊都立奏报山西设立社仓。他于各乡各里劝设社仓。现今大州县有捐至三五千石者,其余州县亦皆有数百石至百十石不等。惟最小州县并大同一府地亩硗薄,尚未设立,已谕州县,令其从容劝谕,务有成效。雍正帝朱批:"甚好。社仓之举少强,亦不可总劝导,听民自便方妥,万万强不得。若严谕州县,州县一逢迎取媚,则百弊丛生矣,万不可强。"⑤

河南的社仓实践很制度化,进入了《大清会典则例》。雍正三年题准:

> 河南社仓豫造排门细册,将姓名、年貌、住址以及官绅士庶商贾逐一注明,送官用印存案,日后借贷,悉以此为准。其游手

---

①《广西巡抚宋邦绥为办理常平社仓仓粮事奏折》,哈恩忠编选:《乾隆朝整饬社仓档案(下)》,《历史档案》2015年第1期,第34页。

②《降级留任河南巡抚阿思哈为遵旨议覆豫省各属社谷照例捐补划一事奏折》,哈恩忠编选:《乾隆朝整饬社仓档案(下)》,《历史档案》2015年第1期。

③《兵部右侍郎杨汝谷奏奉命往楚沿途见闻五事折》,中国第一历史档案馆编:《雍正朝汉文朱批奏折汇编》第2册第796号,第988页。

④《广东巡抚年希尧奉奏传谕饬禁盗风折》,中国第一历史档案馆编:《雍正朝汉文朱批奏折汇编》第4册168号,第221页。

⑤《署理山西巡抚伊都立为报山西设立社仓事奏折》,哈恩忠编选:《雍正朝设立社仓史料(上)》,《历史档案》2004年第2期。

好闲者不许借贷。于正副社长外,再公举身家殷实者一人,总司其事,令其不时稽察。如有欺隐,令其赔偿。果能使仓储充切,题请加恩以示激劝。此项积贮,无论官员不得拨用,即同邑之社,亦不得以此应彼。如有官员抑勒那借,许社长呈告,上司据实题参。其所需纸张笔墨以及人工饭食,或行劝谕,或拨罚项,以充其用,不得滥行科敛致滋扰。累至积米既多,于夏秋之交平粜,秋成照时价采买还仓。①

设置排门细册,公举专人管理,还有奖惩措施,是河南社仓制度的特色。

雍正三年九月二十四日的特谕督促社仓储粮。雍正帝谕:

> 兹据江南、浙江、江西、湖广、福建、河南、山西、陕西、广东、广西、云南、贵州等省督抚报称,今岁秋成八九十分不等。朕览奏不胜慰悦,又重为吾民计及长久,宜及此时讲求储蓄之道,以备将来。该督抚等可转饬有司遍行晓谕,务须撙节爱惜,各留余地,预为他时缓急之需。社仓之法亦宜赶此丰年努力为之,勿但视为虚文故事。②

同年有数省的社仓在制度化。云南社仓捐输谷石,自雍正二年为始,其贮谷实数,请于次年岁终具题,嗣后永为定例。以此稽核每年捐输谷数并里民借支谷数,以及有无发赈等项③。准予江苏社仓事宜五款:一、社仓借贷散赈,宜豫造排门细册存案,凡不务农业、游手好闲之人,不许借给。一、正副社长外,再公举一身家殷实之人,总司其事。一、州县官不许干预出纳,如有抑勒那借,许社长据实呈告。一、所需纸张笔墨,须劝募乐输,或官拨罚项充用,不得科敛扰累。一、积谷既多,恐滋浥烂,应于夏秋之交,减价平粜,秋

---

①乾隆《大清会典则例》卷 40,《户部·积贮》,文渊阁《四库全书》本第 261 册,第 250 页。

②中国第一历史档案馆编:《雍正朝起居注册》第 1 册,第 581 页;该谕旨亦载《清世宗实录》第 1 册卷 37,雍正三年九月丁巳。又该谕旨收入哈恩忠编选:《雍正朝设立社仓史料(上)》,《历史档案》2004 年第 2 期。

③《清世宗实录》第 1 册卷 37,雍正三年十月戊辰,第 547 页。

收后照时价买补①。陕西有些特殊,川陕总督臣岳钟琪等奏,各州县报到捐贮之谷,陕属通共止一万余石,纵有陆续报捐者,料亦无多。因此,建议动用归公的耗羡银两买谷积贮社仓,实行 3 年,积谷后停止②。雍正四年二月岳钟琪等奏,用上一年度耗羡银内借动 5 万两,先发发州县陆续采买③。不过当年求成失望,仓储无从购买。而殷实商贩将地方上的粮食囤积外运,于是岳钟琪拟将采买社仓谷石之银,照依时价尽数收买④。雍正四、五两年约买粮 40 万石,应建仓四百余处,仓粮多寄囤寺庙或借贮民房,雍正七年拟 1000 石为 1 社建仓 1 所,秋冬办造齐全,将粮食分贮各社交与民间管理⑤。岳钟琪还制定了社仓条约十六条,规定很详细⑥。雍正帝特颁谕旨强调社仓实百姓自为敛散之资用,社谷不得交官,也不得借口侵挪,批准岳钟琪所拟社仓条约,分发该省各州县刊刻木榜,于各乡社仓树立⑦。

三 社仓盘查与社仓建设

雍正四年盘查地方上的社仓仓谷与实效,谨慎推行社仓。江西巡抚裴𫓧度奏称通省设法劝输,陆续报捐,其中鄱阳县李汝霖、宁都县李治国劝输较多⑧。河南巡抚田文镜奏称,从他雍正二年任河南

①《清世宗实录》第 1 册卷 39,雍正三年十二月丁丑,第 574 页。
②《川陕总督岳钟琪为请留火耗买谷积贮社仓等事奏折》,哈恩忠编选:《雍正朝设立社仓史料(上)》,《历史档案》2004 年第 2 期。
③《川陕总督岳钟琪等为遵旨买贮社仓谷石事奏折》,哈恩忠编选:《雍正朝设立社仓史料(上)》,《历史档案》2004 年第 2 期。
④《川陕总督岳钟琪为禁止囤贩米石商船及买贮社仓谷石事奏折》,哈恩忠编选:《雍正朝设立社仓史料(上)》,《历史档案》2004 年第 3 期。
⑤《宁远大将军岳钟琪为酌议社仓收放稽查条约事奏折》,哈恩忠编选:《雍正朝设立社仓史料(中)》,《历史档案》2004 年第 3 期。
⑥《宁远大将军岳钟琪所拟社仓收放稽查条约》,哈恩忠编选:《雍正朝设立社仓史料(中)》,《历史档案》2004 年第 3 期。
⑦《著陕省官员稽查收放社仓谷石等事上谕》,哈恩忠编选:《雍正朝设立社仓史料(中)》,《历史档案》2004 年第 3 期。按:谕旨又见《清世宗实录》第 2 册卷 82,雍正七年六月己亥,第 92—93 页。
⑧《江西巡抚裴𫓧度为访察江西劝输杜仓谷石较多官员事奏折》,哈恩忠编选:《雍正朝设立社仓史料(上)》,《历史档案》2004 年第 2 期。

布政使时,就劝谕所属各州县设立社仓,劝民量力捐输,并公举社长,以司出入。目前社仓自行捐输,并无扰害强勒之处①。雍正三年以前本息劝捐米谷十万九千七百多石,建立社仓798座,雍正四年新手捐谷一万九千八百多石②。六、七两年捐谷共二十一万五千二百多石,田文镜也因此交部议叙③。直隶因雍正三年涝灾歉收,雍正帝特简廷臣赈济。未受灾州县特允总督所请,粜借仓粮派廷臣核实监粜。当时工部郎中林逢春奏遵旨盘查直隶永年等6县粜借仓粮存贮实数,发现一些问题④。吏部郎中孙常盘查正定府赞皇等5县,结果各县都有实储仓粮,实借于民⑤。翰林院编修金以成则到顺天府三河、顺义、怀柔、密云4县以及古北厅,检查各地都借给了民间谷物,多有册籍及老人保结存案。不过他也报告:"大约借放一道,育田土有保人者方与,无业穷民无人肯保,何以仰给升斗?"⑥社仓对于无业者仍无救济。兵部郎中邵一衍奏报盘查直隶阜平等3县米谷粜借存仓实数,记载与实际相符⑦。

不过据直隶总督李绂奏报,直隶的社仓在前任总督李维钧时,"通行州县劝捐,视州县大小,限令捐谷,共至十余万石,然皆有名无实",李绂说自己正斟酌劝输,务求实益,无扰民、强勒情形⑧。似乎从总体上看,直隶社仓成效并不突出。

湖广的社仓也发现问题。据署理湖广总督傅敏奏报,杨宗仁举行社仓,湖南和湖北各州县通报共积谷80万石。杨宗仁之后督抚并

①《河南巡抚田文镜为报各属捐贮社仓谷石并设立社仓数目等事奏折》,哈恩忠编选:《雍正朝设立社仓史料(上)》,《历史档案》2004年第2期。

②《河南总督田文镜为报雍正四年社仓谷石数目事奏折》,哈恩忠编选:《雍正朝设立社仓史料(中)》,《历史档案》2004年第3期。

③《著将善于劝导积谷社仓之田文镜交部议叙上谕》,哈恩忠编选:《雍正朝设立社仓史料(中)》,《历史档案》2004年第3期。

④中国第一历史档案馆:《雍正朝汉文朱批奏折汇编》第7册第473号,第663—669页。

⑤《吏部郎中孙常为遵旨盘查直隶赞皇等县社仓等项实贮数目事奏折》,哈恩忠编选:《雍正朝设立社仓史料(上)》,《历史档案》2004年第2期。

⑥《翰林院编修金以成为遵旨盘查顺义等厅县社仓等项实贮数目事奏折》,哈恩忠编选:《雍正朝设立社仓史料(上)》,《历史档案》2004年第2期。

⑦中国第一历史档案馆编:《雍正朝汉文朱批奏折汇编》第7册第484号,第692—696页。

⑧《直隶总督李绂为遵旨条奏直省举行社仓保甲事奏折》,哈恩忠编选:《雍正朝设立社仓史料(中)》,《历史档案》2004年第3期。

不留心州县官遂致怠玩,雍正四年十二月仅报实贮谷 17.6 万石。当时被水乏食,各州县俱无存贮。特请用 3 年补足仓贮①。问题出在曾任湖北巡抚郑仁钥,雍正帝认为:"湖广社仓一项,杨宗仁殚心经理,劝导百姓勉力公捐,以裕积贮。而郑仁钥身为巡抚,徇庇属员,听其侵渔,置之不问,以致民间辛苦蓄积之物皆化为乌有。但知取悦于属官,不顾民生之缓急,尚得谓之爱养斯民者乎?"②雍正帝指示傅敏查参,傅敏请皇帝派人进行③。郑任钥则说,杨宗仁设立社仓督责颇急,其谷多未实贮④。雍正帝认定郑任钥纵属侵蚀社仓米石,其"回奏俱系巧饰推诿,并未据实陈奏"⑤。又因其违例私卖硝磺,于别案革职。

雍正皇帝针对福敏参奏亏空社仓谷石各员请分别议处,于五年六月初一日发布长篇谕旨:

> 社仓之设,所以预积贮而备缓急,原属有益民生之事。朕御极以来,令各省举行,曾屡颁训谕,俾民间踊跃乐输,量力储蓄,不可绳之以官法。诚以此事,若非地方官效率照看,则势有所难行,若以官法相绳,则又恐勉强催迫,转滋烦扰。是以再三训饬,惟期设法开导,使众乐从,不致一毫扰累,乃为尽善也。数年之内,各省督抚中奉行最力者,则湖广总督杨宗仁。今据傅敏陆续盘查具奏前来,始知湖广所属州县社仓一案,原报甚多,而现贮无几,此中情弊,想因不肖有司侵蚀入己,或挪移以掩其亏空,又或因杨宗仁始初料理此事之时,意在锐于举行而所属各官迎合其意,遂虚报谷石之数,以少为多,均未可定。总之,举行社仓之法,其中实有甚难者。我圣祖仁皇帝深知其难行之处,是以李光

①《署理湖广总督傅敏为请以三年为限令州县补足仓贮事奏折》,哈恩忠编选:《雍正朝设立社仓史料(中)》,《历史档案》2004 年第 3 期。
②中国第一历史档案馆编:《雍正朝起居注册》第 2 册,雍正五年正月十七日,第 938 页。
③《署理湖广总督傅敏为拣发候补楚省亏空社仓员缺事奏折》,哈恩忠编选:《雍正朝设立社仓史料(中)》,《历史档案》2004 年第 3 期。
④《都察院左都御史郑任钥为遵旨复奏徇庇属员侵渔社仓等事奏折》,哈恩忠编选:《雍正朝设立社仓史料(中)》,《历史档案》2004 年第 3 期。
⑤中国第一历史档案馆编:《雍正朝起居注册》第 2 册,雍正五年闰三月初四日,第 1096 页。

地奏请而未允,张伯行暂行而即罢,此实事势使然也。盖以民间积贮言之,在富饶之家,自有蓄积,虽遇歉收而无须乎社仓之谷以为食,则当输纳之时,往往退缩不前,而贫乏之家,其仰给社仓固为殷切,而每岁所收,仅供生计,又无余粟可纳社仓以备缓急,此责诸民者之难也。至于州县官员,实心视百姓为一体者,岂可多得? 今以常平之谷为国家之公储,关系已身之考成,尚且侵欺挪用,亏空累累,至于民间之社仓,安能望其尽心经理,使之实贮而济用乎? 朕之举行社仓,实因民生起见,又诸臣条奏者多言之凿凿,是以令各省酌量试行,以观其成效何如,并非责令一概施行也。今湖广社仓亏空之谷即交与傅敏悉心查清,分别核实,倘谷已如数交仓而州县侵蚀挪移,忍以百姓预备只需充一己之私用者,着即于原侵挪之州县名下严追赔补,断不容短少颗粒。如或民间原未交仓,或交仓之数与原报之数多寡不符者,若必欲令民间照数完纳,恐小民力有未敷,未免竭蹶,非朕曲体民隐之意。傅敏办理此事,必须至公至当,方于吏治民生两有裨益也。自古有治人无治法,必有忠信乐善之良吏方可以任社仓之稽查。各省官民果能实力奉行,而善全无弊,朕实嘉之。至于绳之以官法,而好尚虚名,则有司奉行之不善,负朕本意矣。①

该谕旨说令各省举行社仓是俾民间踊跃乐输,量力储蓄,不可绳以官法。还以湖广为例说明官员设立社仓的种种弊端,并以康熙朝"李光地奏请而未允,张伯行暂行而即罢"的事例,指出康熙帝的谨慎态度。重申了雍正帝的主张是令各省酌量试行,以观其成效何如,并非责令一概施行,要求官民理解。

雍正帝的这一社仓主张,影响了以后清朝官员对待社仓的态度。如乾隆四年四月初一日,大学士密议西安巡抚张楷奏陈陕省社仓事宜,依据雍正五年六月的上述谕旨,认为:"设立社仓多属百姓之所乐输,是以奉行之法原与常平不同……仰见世宗宪皇帝睿虑周详,圣谕

---

① 中国第一历史档案馆编:《雍正朝起居注册》第 2 册,雍正五年六月初一日,第 1278—1279 页。该谕旨又载《清世宗实录》第 1 册卷 58,雍正五年六月丙戌,第 878—879 页,文字略有删减凝练。

已极明晰。是社仓之设,全在各省督抚地方有司因地制宜,斟酌办理。"①

雍正帝也在强调他的设立社仓主张。他对大学士、九卿等说:"即如社仓一事,朕数年以来屡屡降旨,但可劝民自为,不可绳以官法。"②强调设立社仓的民间性,反对官员染指。一再告诫社仓之事"行之必以其渐"③,地方上才可避免纷扰。

不久雍正帝再次告诫官员实行社仓要尽心尽力:

> 自古有治人无治法,朕所降谕旨,叮咛往复,无非念切民生,然必奉行尽善,方收实效。即如社仓一事,朕数年以来,屡屡降旨,但可劝民自为,不可绳以官法,前杨宗仁在湖广锐于举行,而州县官遂迎合其意,勉强行之,近日竟有官吏将此项米谷侵挪者,此即奉行社仓之弊,非朕之意也。④

湖广的社仓实践,为雍正帝防微杜渐提供了借鉴。

山东在雍正五年也兴办社仓。首先在省会济南拟建仓厫12座,每座10间,共计120间,用济南知府所捐3000两规礼银用于造仓之用⑤。针对济南社仓工竣,署山东巡抚塞楞额奏请交与盐驿道管理,雍正帝再次强调:"社仓之设,应听民间自便,若以官法绳之,必致滋扰。朕屡降谕旨,甚为明晰。"⑥否定塞楞额的请求。同年,浙江虽也已报有捐输者,然寥寥无几⑦。雍正帝的试行社仓并不急于求成,他

---

①《为议覆西安巡抚张楷办理社仓条款事奏折》,哈恩忠编选:《乾隆朝整饬社仓档案(上)》,《历史档案》2014年第3期。

②《清世宗实录》第1册卷59,雍正五年七月甲子,第903页。

③《清世宗实录》第1册卷61,雍正五年九月丙子,第939页;第1册卷77,雍正七年正月甲戌,第10页。

④中国第一历史档案馆编:《雍正朝起居注册》第2册,雍正五年七月初八日,第1359页。

⑤《署理山东巡抚塞楞额为在衙署内择地建立社仓等事奏折》《署理山东巡抚塞楞额为遵旨择地建立社仓等事奏折》,均见哈恩忠编选:《雍正朝设立社仓史料(中)》,《历史档案》2004年第3期。

⑥中国第一历史档案馆编:《雍正朝起居注册》第2册,雍正五年六月十五日,第1312页。

⑦《浙江巡抚李卫为奏明浙省社仓等情形事奏折》,哈恩忠编选:《雍正朝设立社仓史料(中)》,《历史档案》2004年第3期。

说："清查保甲、积贮社仓之类，行之必有其渐，而地方始无纷扰，若骤然举行而迫之以官法，奸胥滑吏将借端为非，转为小民之累。"①

雍正帝强调社仓的民办性质。雍正六年二月廷臣覆请湖北巡抚马会伯察审解任天门县知县吴文煊亏空社仓劝输谷石，虽实欠在民而该县催交不力，应行议处，其民欠谷石，应饬地方官于来年秋收时劝催里民交纳一疏。雍正帝指出："社仓捐谷，听民自便，不可绳以官法，朕颁发谕旨至再至三。各省督抚办理此事，但当将已交在官而官吏侵蚀者查令追赔，若民间一时虚报数目，而力量实不能完者，悉令催交，小民必致扰累。此处朕已屡行晓谕。今据马会伯奏称，天门县劝输谷石实欠在民，应饬地方官于来年秋收时催里民交纳等语，所奏甚属错误，此项谷石不必催追，听从民便输纳。吴文煊亦从宽免议，并将此晓谕各省督抚知之。"②对于刑部议署直隶总督宜兆熊等察审参革清苑县知县王游未捐社仓谷石应于各欠户名下照数追完还项，雍正帝指示："前湖北巡抚马会伯缺少社仓案内已降谕旨，社仓劝输谷石，民间原未交官者不必催追，听从民便输纳。今此项社仓谷石，着该督将果否实系民间未捐之处确查具题请旨。"③该年起居注官特别观察到雍正帝令"各省社仓输粟，则听民自便"④。

上述事例主要是雍正七年之前的，这一时期的社仓以湖广、河南以及直隶较为突出，川、陕有积极的特色，有关社仓的制度建立并不断完善，如雍正七年接受监察御史晏斯盛建议，贫民不遇荒歉借领仓谷者，请准其给发，每石止收息谷10升。遇小歉免取其息，仍如本数还仓⑤。此条被收入《大清会典则例》，"通行直隶各省遵行"⑥，对于贫民有所救济。雍正十一年，谕户部："各省州县设立社仓，原以便民

①中国第一历史档案馆编：《雍正朝起居注册》第 2 册，雍正五年九月二十三日，第 1501 页。

②中国第一历史档案馆编：《雍正朝起居注册》第 3 册，雍正六年二月十三日，第 1788 页。

③中国第一历史档案馆编：《雍正朝起居注册》第 3 册，雍正六年三月二十二日，第 1878 页。

④中国第一历史档案馆编：《雍正朝起居注册》第 3 册，雍正六年十二月，第 2535 页。

⑤《清世宗实录》第 2 册卷 86，雍正七年九月戊寅，第 145 页。

⑥乾隆《大清会典则例》卷 40，《户部·积贮》，文渊阁《四库全书》本第 621 册，第 250 页。

济用,若遇应行借给之时,该州县一面申详上司,一面即速举行,方可以济闾阎之缓急。倘其中有假捏虚冒等弊,自难逃督抚之耳目。闻直隶百姓借领社谷,必待该督咨请部示而后准行,往返动经数月,小民悬待孔殷,仍不免重利告贷之苦。嗣后着该督李卫酌量定例,变通办理,咨报存案。"①即受灾时地方上可以一面救灾一面向上级申请赈济,以免误事。

雍正后期,社仓建设有序进行。福建早在康熙二三十年代就有官捐、民捐积谷,但是雍正朝推行社仓却停滞不前,直到雍正九年六月,通省官民积谷并愿捐入社仓谷石,约计 1.2 万石。不过雍正帝指示福建布政使潘体丰不可强为之②。雍正十一年福州将军阿尔赛上奏,说军标旗营经皇帝准社社仓之后,大有裨益,提标六营也想仿照设立,以济民食。受到雍正帝"极好!"的评价③。因福州提标六营额兵 4627 名,应每年按名借给 1 石,又于实存银内拨买谷 727 石,以足数④。

河南的社仓卓有成效。河东总督田文镜折奏社仓积谷实数,雍正六、七两年捐助共二十一万五千二百余石,仍饬地方官不时稽查加谨收贮,雍正八年秋收后劝捐谷石。雍正帝告诫总督田文镜吸取湖广总督杨宗仁的教训,"意非不善而弊端已丛积"。不过还是予以表彰:"田文镜善于劝导董率,俾官民等实力奉行,今豫省社仓之谷积至数十万之多,储蓄有资而地方不扰,深属可嘉。田文镜着交部议叙,并将此通行各直省知之。"⑤雍正十一年署河南巡抚孙国玺奏报,豫省社仓存贮谷麦等项,共计 28 万石⑥。雍正十二年,河南 10 府 3 州

①《清世宗实录》第 2 册卷 131,雍正十一年五月庚寅,第 700 页。

②《福建布政使潘体丰为报闽省官民捐积社仓谷石事奏折》,哈恩忠编选:《雍正朝设立社仓史料(下)》,《历史档案》2004 年第 4 期。

③《福州将军阿尔赛为恕息营运充裕酌设社仓事奏折》,哈恩忠编选:《雍正朝设立社仓史料(下)》,《历史档案》2004 年第 4 期。

④《福州将军阿尔赛为恕息营运充裕酌设社仓事奏折》,哈恩忠编选:《雍正朝设立社仓史料(下)》,《历史档案》2004 年第 4 期。

⑤中国第一历史档案馆编:《雍正朝起居注册》第 5 册,雍正八年四月二十七日,第3611 页。

⑥《清世宗实录》第 2 册卷 132,雍正十一年六月己未,第 708 页。

报捐社谷 3 倍于前,雍正帝称赞说:"实乃各省未能之美政。"①

　　陕甘地区的社仓发挥着救灾的作用。雍正七年六月,陕西总督岳钟琪奏称,陕属设立社仓一事,于雍正四、五两年司库耗羡银内发各州县十四万五千八百余两,共采买谷麦 39.8755 万石,计州县小者二三千石,大者七八千石,立社仓。每年借放之本尚存银八万八千七百余两分发各处,盖造社仓,约以京斗 1000 石为 1 社,每社仓 1 所,不拘房屋间数,总以足贮 2000 京石为率,请敕下署督臣查郎阿、抚臣武格于各州县四乡分社建仓,令同社各村堡之老民举仓正仓副经管本社仓粮。合计陕属州县约买粮 40 万石,共应建社仓四百余处,务于今岁秋冬办造齐全,将粮食分贮。他请求皇帝特颁社仓谕旨交督抚恭录镌石,每个社仓颁发,张挂晓谕。他又拟社仓条约,亦请发各社仓刊刻木榜,竖立仓门,使乡民共晓,则每年收放皆有程序,庶可久而勿替。岳钟琪的奏请得到了皇帝的批准②。陕省形成"动五分耗羡采买粮石存贮社仓之例"③。正如冯柳堂先生所说:"社本应由民间自行经管,但亦有社本出于官,而不交于民办,如陕西之社仓是也。"④

　　甘肃社仓的情况。雍正八年四月,甘肃巡抚许容奏,清水县民赵大勋公举社长,首先倡率捐料 100 石,续捐 200 石,又独建社仓 1 座,好义急公,请加奖励。雍正帝以"赵大勋尚义急公甚属可嘉,着给与七品顶带以示恩奖。"⑤雍正十年凉州府平番县秋成歉薄,该县无仓贮粮食,只有社仓减粜存剩粮借给贫民,又动用邻近州县仓贮接济⑥。雍正十二年甘肃兰州、平番以及西宁等处去冬得雪较少,不甚寒冷,牛羊微有时症,西宁所属两县传染较多,于是动用社仓粮食,按

---

　　①《河东总督王士俊为报雍正十二年各属社仓积贮数目事奏折》,哈恩忠编选:《雍正朝设立社仓史料(下)》,《历史档案》2004 年第 4 期。

　　②中国第一历史档案馆编:《雍正朝起居注册》第 4 册,雍正七年六月二十六日,第2902—2922 页。

　　③中国第一历史档案馆编:《雍正朝起居注册》第 4 册,雍正七年七月二十八日,第2981 页。

　　④冯柳堂:《中国历代民食政策史》,第 208 页。

　　⑤中国第一历史档案馆编:《雍正朝起居注册》第 5 册,雍正八年四月初六日,第3572 页。

　　⑥《署理陕西总督刘于义为平番县借动减粜银两及社仓粮石事奏折》,《雍正朝设立社仓史料(下)》,《历史档案》,2004 年第 4 期。

牛只倒毙多寡,酌给易买驴只①。

　　湖广的社仓也成效显著,雍正十二年湖北、湖南共捐社谷十万三千八百余石。总督迈柱还建议将每年所收社仓息谷酌量均给残疾鳏寡、赤贫无依之人。②

　　云南的社仓较为滞后,雍正十三年通计全省积谷麦等项七万余石,其中 1000 石以上者仅二十余处。布政使陈宏谋建议用常平仓、官庄谷作为社本,使社谷渐长③。此条题准,被收入《大清会典则例》④。

四　结语

　　康熙、雍正两位皇帝都是具有儒家治国理念的君主。他们关注民生⑤,康熙帝于六年七月亲政,该年五月谕吏部等衙门:"民为邦本,必使家给人足,安生乐业,方可称太平之治……一切民生利病、应行应革,尔内外各衙门大小文武等官,念切民依,其各抒所见。"⑥他又谕吏部等大小各衙门:"朕亲政以来,孜孜图治,期于民生乂安,聿臻上理。"⑦康熙八年六月谕吏部:"朕夙夜图治,念切民生艰难,加意抚绥,俾各安居乐业,乃成久安长治之道。"⑧可以说康熙帝在儒家民本思想的指导下,将民生作为为政中心,以求统治长治久安。这种政治愿望在康熙十七年三月谕吏部、户部、兵部中得到体现:"朕统御寰区,孜孜图治,期于朝野安恬,民生乐业,共享升平。"⑨"民生乐业"是

---

　　①《兰州巡抚许容为借社仓粮石易买驴头事奏折》,哈恩忠编选:《雍正朝设立社仓史料(下)》,《历史档案》2004 年第 4 期。

　　②《湖广总督迈柱为请奖励倡捐社仓谷石事奏折》,哈恩忠编选:《雍正朝设立社仓史料(下)》,《历史档案》2004 年第 4 期。

　　③《云南布政使陈宏谋为酌通社仓借本以资接济事奏折》,哈恩忠编选:《雍正朝设立社仓史料(下)》,《历史档案》2004 年第 4 期。

　　④乾隆《大清会典则例》卷 40,《户部·积贮》,文渊阁《四库全书》本第 261 册,第 250 页。

　　⑤有关历史上的民生观,见常建华:《明代士大夫的民生思想及其政治实践——以〈明经世文编〉为中心》,《古代文明》2015 年第 2 期。

　　⑥《清圣祖实录》第 1 册卷 22,康熙六年五月丙午,第 305 页。

　　⑦《清圣祖实录》第 1 册卷 26,康熙七年五月壬子,第 359 页。

　　⑧《清圣祖实录》第 1 册卷 30,康熙八年六月丁卯,第 405 页。

　　⑨《清圣祖实录》第 1 册卷 72,康熙十七年三月壬午,第 921 页。

升平之世的标志。康熙帝将民食纳入民生问题,康熙十八年六月谕户部:"民生以食为天,必盖藏素裕,而后水旱无虞。自古耕九余三,重农贵粟,所以藏富于民,经久不匮,洵国家之要务也。比以连年丰稔,粒米充盈,小民不知积蓄,恣其狼戾。故去年山东、河南一逢岁歉,即以饥馑流移见告,虽议蠲议赈,加意抚绥,而被灾之民生计难遂,良由地方有司各官平日不以民食为重,未行申明劝谕之故。近据四方奏报雨泽沾足,可望有年,恐丰熟之后百姓仍前不加撙节,妄行耗费。着各该地方大吏督率有司,晓谕小民,务令力田节用,多积米粮,俾俯仰有资,凶荒可备,以副朕爱养斯民至意。"①康熙帝提出了积粮备荒的思想。还将仓储纳入民生问题,鼓励仓储积粮,康熙二十一年七月谕:"各省常平等仓积贮米数,甚属要务。有此积贮,偶遇年谷不丰,彼地人民即大有裨益。虽先经奉旨通行,恐有名鲜实,一遇水旱议赈之时未能接济,致民生艰困。今将某省实心奉行,某省奉行不力,其逐一察议具奏。"②于是户部定出奖励条例:"州县卫所官员设法劝捐,一年内劝输米二千石以上者纪录一次,四千石以上者纪录二次,六千石以上者纪录三次,八千石以上者纪录四次,一万石以上者准加一级。如定有处分之例,恐有不肖官员畏罪过派,苦累小民,是以难定处分之例。"③常平等仓积贮可以用来水旱赈济,保证民生,作为国家爱民、养民的具体措施。诚如康熙帝所说:"设立常平,原以备济饥荒,应速行赈济。"④康熙四十二年清廷讨论直隶设立社仓,也是考虑到以益于民生。康熙五十二年起居注官说:"臣等仰见帝德广运,圣学高深,无一念不与民生休戚相关,无一事不以致治保邦为计。"⑤赞扬康熙帝关心民生。

雍正帝更把社仓作为民生政策的重要组成部分。本文前引雍正五年六月初一日发布关于社仓的长篇谕旨明确指出:"社仓之设,所以预积贮而备缓急,原属有益民生之事。""朕之举行社仓,实因民生起见",要求"傅敏办理此事,必须至公至当,方于吏治民生两有裨益

①《清圣祖实录》第 1 册卷 81,康熙十八年六月辛未,第 1037 页。
②《清圣祖实录》第 2 册卷 103,康熙二十一年七月甲寅,第 41 页。
③《清圣祖实录》第 2 册卷 103,康熙二十一年七月甲寅,第 41 页。
④中国第一历史档案馆整理:《康熙起居注》第 2 册,第 1153 页。
⑤库勒纳等奉敕撰:《清代起居注册·康熙朝》第 22 册,12577—12578 页。

也"。可见举行社仓是保障民生的实事。不久雍正帝再次告诫官员：
"自古有治人无治法，朕所降谕旨，叮咛往复，无非念切民生。"湖北巡
抚郑仁钥纵属侵蚀社仓米石，雍正帝指责他不顾民生缓急，不配为爱
养斯民者。凡此种种，说雍正帝试行社仓是为了民生并不为过。

　　清代社仓经过康熙朝试点实践，再经雍正朝全面试行而普及全
国，并在乾隆朝得以延续。雍正朝试行社仓承前启后，将康熙帝犹豫
再三的设立社仓想法变为成功实践，并为乾隆朝更加完善和普及奠
定了坚实的基础。如文中所述，雍正二年的社仓条例、雍正五年的社
仓谕是乾隆朝推行社仓的基本依据。甚至可以说，有清一代的社仓
制度奠基于雍正朝。

　　萧公权先生阐述清朝的粮食体系时曾指出："在整套乡村统治体
系中，饥荒控制所占地位非常重要，因而清政府对它的重视并不亚于
保甲或里甲制度。"①通过我们对于雍正初社仓与保甲同时推行的考
察，可以说，在这个意义上，清政府对社仓与保甲同样重视。

　　雍正朝实行社仓的成功，很大程度上得益于雍正帝的改革政策，
一方面徐徐为之，因地制宜，符合各地具体情况；另一方面，整饬吏
治，盘查社仓，及时纠正不适宜的政策，使得社仓建设正常进行。由
于雍正帝勇于承认、纠正试行社仓过程中出现的问题，人们可以明显
看到社仓建设中存在的问题，以往的研究中，不少学者批评社仓建设
的弊端，其实盘查社仓是在整顿，促进了社仓建设，为乾隆朝社仓建
设打下基础。我们不宜过低评价雍正朝的试行社仓进行民生改革的
实践。

　　　　　　　　　　　　　（原载《史学集刊》2018 年第 1 期）

----

① [美]萧公权著，张皓、张升译：《中国乡村——论十九世纪的帝国控制》，第 171 页。

乾隆朝整饬社仓研究

关于清代社仓的研究,有些成果涉及对乾隆朝社仓的总体评价。较早的看法比较持保留态度,如美国学者罗威廉指出:"我们看到乾隆自己虽然一直在思考常平仓制度的运行,但他对社仓问题却漠不关心。我从来没有发现由他颁布的任何有关社仓问题的旨意,而且他对陈宏谋有关奏折的朱批显示出厌烦之意。有学者认为,既然乾隆皇帝对社仓如此冷漠,大多数的雍正时期的社仓可能在乾隆年间消失了,或者被吸收进国家的常平仓体系。乾隆对此漠不关心也可能是由于越来越多的省级官员认为社仓是一个难以为继的负担。王国斌发现,湖南从 18 世纪 30 年代到 50 年代的历任巡抚在他们的奏折中经常抱怨社仓引起的行政困难,只有陈宏谋是一个例外。而他一直同下属官员就此问题发生冲突,如他所说,他们中的许多人'早不乐有此举'。与此同时,由于一些仍然坚信社仓制度价值的地方官员的坚持,社仓在某些地方仍然实行。最出名的是晏斯盛,他在江苏、陕西、湖北和其他地方发起建立社仓的工作。"[1]这反映了西方学者王国斌、罗威廉等人的看法。近年来国内也有学者探讨乾隆朝社仓,并给予较高评价。如白丽萍认为雍乾时期社仓大规模展开,乾隆

---

[1][美]罗威廉著、陈乃宜等译:《救世——陈宏谋与十八世纪中国的精英意识》,中国人民大学出版社 2013 年,第 395 页。

年间对社仓建设一方而持鼓励态度,另一方面对雍正时期的政策作了一些调整,根据各省实际情况,就仓谷来源、奖励条例、社长任免、社谷分配和用途诸方面给予不同政策,不再要求一致,以使社仓之法更便于在乡村推行。经过这一调整,各地社仓的发展渐入佳境,在管理制度上更加完善,很多地方制定了内容周详的社仓条规①。特别是穆臣对乾隆时期社仓进行专门研究,探讨了乾隆朝社仓的管理与运行制度,具体内容是社长的选任、社谷收支登记制度、社仓稽查制度。他认为:"清朝的社仓建设取得成效最为显著、体制更为完备、制度建设更为周详是在乾隆时期,更为确切地说是乾隆中前期。"②

应该说,以往有关乾隆朝社仓的研究并不多见,且侧重于社仓制度方面,对于乾隆朝社仓的具体推行过程、社仓的状态还缺乏深入探讨,造成这种局面的原因与档案资料使用不充分有密切关系。新公布的《乾隆朝整饬社仓档案》十余万字③,内容丰富,展示出以往没有或不详细的乾隆社仓情形,我们结合《清高宗实录》《大清会典》等文献,可以了解到乾隆前期乾隆君臣进行的多次有关社仓讨论,推行社仓的实践,乾隆后期社仓的存在状况,可以就乾隆朝社仓问题重新作出评估。笔者已就康雍时期的社仓有所探讨,兹成续篇,继续认识清代的社仓问题。

一 乾隆元年关于社仓与赈济救荒关系的讨论

乾隆皇帝正式即位不久,继续推行社仓,旨在将社仓作为救荒之法。元年五月,谕各省督抚:

> 据右通政李世倬奏称:社仓一法,固以济民间之缺乏,而救荒之法,即于是而可通。臣在湖北布政使之任,查社仓之春借秋还,立有社长,主其出入,盖一乡一堡之中,其人之贫富,业之有无,皆社长所深知。诚使为有司者,于春借之时,社长具报之日,即备询其家业名口,而自注之于册。或虑家业之消长不时,人口

---

①白丽萍:《试论清代社仓制度的演变》,《中南民族大学》2007 年第 1 期。
②穆臣:《试论乾隆朝社仓的管理与运行制度》,《满族研究》2008 年第 4 期。
③哈恩忠编选:《乾隆朝整饬社仓档案(上、中、下)》,《历史档案》2014 年第 3、4 期,2015 年第 1 期。

之添退无定,则再于秋还之候,社长具报之日,复询其故而改注之。此不过有司一举笔之劳,不必假手胥吏。一旦遇有水旱赈济之事,举前所自注之册,计其男妇大小名口共有若干,按多寡之数而赈给之,视贫富之等而酌量之,自无舛错遗漏浮冒之弊。臣愚欲请定例颁行,第恐有司未能留心于平日,一朝奉命,势必责令社长另造户口册籍,责令百姓开报花名,彼此相传,惊疑易起。请饬督抚转饬有司,于社长册报之时,专心查记,善为奉行,则不动声色,不事烦扰。等语。所奏似属有理,但必有司善于奉行,方为有益,否则纷扰。闾阎,未见其益,先受其累矣。着传谕各该督抚,酌量地方情形,密饬有司,留心酌办。倘该地方有难行处,亦不必勉强。①

右通政李世倬曾担任湖北布政使,湖北的社仓设有社长,于春借、秋还之时注册具报,由于立册管理乡堡户口,遇有水旱赈济,视贫富赈给。这一办法的好处是利用社长平时立册登记掌握民众情况,救荒有针对性,可收实效。避免另造户口册籍,烦扰民众。所谓社仓一法与救荒之法可通。李世倬奏请定例颁行推广全国。乾隆帝觉得所奏有理,命各督抚酌量地方情形,密饬有司酌办。特别强调倘该地方有难行处不必勉强。

李世倬原折与总理事务王大臣字寄各省督抚的原谕俱存世,分别为《通政司右通政李世倬为预为筹划注册家业革除社仓弊端事奏折》《着各省督抚预造册籍酌量赈给事上谕》。后者基本上是上述《清高宗实录》所载内容,前者则很长,内容较多,其中说道:"社仓一法,屡代遵行,迄于本朝,益加详备,此固以济民间之缺乏,而实可以御岁时之饥馑。臣愚以为,救荒之政即于是而可通,赈济之法亦于是而可寓。"②将社仓法与救荒的关系说得更加明白,即社仓平时济民间缺乏,灾荒则御饥馑,通救荒之政,寓赈济之法。

不过讨论仍在继续。乾隆元年六月,河南巡抚富德奏请利用保甲系统掌握户口,以便救荒。他说:

①《清高宗实录》第1册卷18,乾隆元年五月壬寅,第461—462页。
②哈恩忠编选:《乾隆朝整饬社仓档案(上)》,《历史档案》2014年第3期。

救荒之策,止凭社仓册籍,尚未尽善。请令各该地方官,每于冬间春初点查保甲时,即将逐户男妇大小名口填注册内。则无事之日,贫富已按籍而了如指掌,设遇赈济,自无脱漏。而胥役之浮冒侵渔,均无所容其伎俩。得旨:此事已遍密谕各省督抚,原各令其因地制宜,以期有利而无弊也。可照汝此议,先行于豫省。一二年后,俟有成效,他省若不如此,则朕再降谕旨耳。①

乾隆帝认为要求各地平时登记户口以便救荒本来就是因地制宜,利用保甲自无不妥,可先试行河南,有成效再推广。富德原折《河南巡抚富德为社仓赈济谷石可据保甲册籍事奏折》存世,其中有关利用保甲的理由值得关注,他说:"查各州县所属村庄大小不一,远近不同,其间大者设有社仓,而其小者不尽建设。附近城郭者,或所在间有。而离城窎远,僻壤穷乡,居民稀少,更何社仓之设?是社仓之法,原非随村庄而概有之也……伏念编查保甲之法,乃各州县现在之所奉行,不论偏僻村庄,亦无问年岁丰歉,地方有司例应逐户挨查,非如社仓之在各村庄本或有而或无也。"②可见社仓设于大村与城郭附近,小村与离城远的村庄则没有。当时正推行保甲,而保甲不论偏僻村庄皆有,故利用保甲掌握户口家业更为有效。正是基于此点,富德提出自己的看法。

山西巡抚觉罗石麟奏报了遵谕酌议社仓出借仓谷登记家业名口事。他说:"臣查社仓粮石,原为小民缓急之需,春借秋还,久有定例。今于出借交还之时,即查询其家业名口,登记于册,以备查赈之用,诚为简便。第查晋省各属,今岁出借谷石将已告竣,臣随密饬各州县,各就本地方情形预为筹画,至秋间还谷时即留心酌办,务各钦遵上谕,善于奉行,俾闾阎有益无累。仍将举行缘由缕晰妥议覆夺,如有难行之处,亦即据实申覆,不必勉强,俟各属议覆到日汇核另奏。"③山西计划当年秋间社仓还谷时留心酌办。

江南地方官如同河南巡抚富德一般,提出看法。江南总督赵弘

①《清高宗实录》第1册卷21,乾隆元年六月壬辰,第515—516页。
②哈恩忠编选:《乾隆朝整饬社仓档案(上)》,《历史档案》2014年第3期。
③哈恩忠编选:《乾隆朝整饬社仓档案(上)》,《历史档案》2014年第3期。

恩、安庆巡抚赵国麟、苏州巡抚顾琮奏请酌议社仓出借仓谷核对保甲底册事，说他们与"上下两江藩司查议，均以为酌量地方情形，无益于民，徒滋纷扰"。下面我们分段分析他们的长折。首先社仓制度本身担负不起此任：

> 窃思建立社仓，每县不过数处，或建于市集村镇之区，或建于居民稠密之地，其远乡僻壤村舍寥落者不能遍设。每年借给社谷亦不过邻近地方素为社长熟识之人，而远处穷民未获遍及者亦多。且春借必计其秋还，贫苦乏力之家秋成无谷偿补，即附近仓所，而社长未必肯于轻借，经营糊口之户又可无需借给，春借社谷自无多人。社长纵即诚实，焉能保其毫无弊窦？或浮开户口，或假捏花名，那〔挪〕移出纳，事或有之。地方官止能核其还仓之亏足，不能于出借之日逐户稽察，其实在穷民未必均为借户，册报借户未必名实有其人，社长开报不实，州县亦难确注无遗。偶遇旱涝，以社仓登注之册，即为赈济之据，穷黎必多向隅之泣，是欲防遗漏恐遗漏尤多，欲杜浮冒而浮冒益甚，更可滋社长、蠹役之弊。

其次，假手社长有权重舞弊之虞：

> 若各乡各堡概令开报，而人之贫富、业之有无、户口之多寡，悉出自社长之口。倘授权若重，持柄益专，若辈公正者几人？自必擅作威福，随其喜怒，恣意颠倒去留，更复从中渔利，民何以堪？若值岁登大有之年，无需赈恤，而普天率土，社长借名纷纷查造，扰民滋事，似非善举。况小民迁徙靡常，事难预定。或报灾之时，此处穷民移去，彼处穷黎迁来，户册不对，挠挠控诉，查核不清，愈至迟误。有司奉行不善，不徒有关政体，实有累于闾阎。此万难踵行之事也。诚如上谕，未见其益，先受其累矣。

于是提出利用保甲的办法：

> 臣等伏查，水旱灾伤间所或有，一县之中不过或区或图，查赈之法，贵在因地制宜，惟有酌量被灾之轻重、区图之大小，遴委贤员，会同地方印官，随带平时清厘保甲户口底册，挨户稽查核对，区别贫富，随查随给印票，遇有迁徙穷民临时变通办理，似无

遗漏、浮冒之虞,而被灾黎元立得均沾实惠矣。①

乾隆帝认可江南地方官的上述分析,朱批:"此议甚是。原奏本不甚妥,故未明降谕旨。"②

二 乾隆二年至四年的社仓实践

乾隆帝即位重视社仓,地方督抚在雍正社仓实践的基础上继续推行。

四川的社仓实践值得注意。乾隆二年九月初六日,四川巡抚硕色奏请将川省盈余仓粮买入社仓。他说:"川省自雍正二年奉旨设立社仓以来,通省惟达州、内江等三十余州县,共捐贮谷二万一千余石,此外百余州县俱一无存贮。"请盈余州县社粮拨买粮少州县社仓,通融办理。乾隆帝朱批:"既经周详筹画,其次第实力行之,以观后效。"③三年四月二十五日,硕色奏报办理社仓情况,"据署布政司事驿盐道张嗣昌详称,乾隆元年旧管社谷二万一千八百五十三石零,自乾隆二年秋后,以买粮余银买贮谷二千九百七十二石九斗三升零。又,士民乐捐谷二万五千六百四石八斗零。以上川省新旧社粮,共实在仓斗谷五万四百三十石八斗九升零"。鉴于社粮渐多,建议以每谷四百石建廒一间,其应需工料银两,准其在于耗羡公用内确估咨部报销。乾隆帝朱批指出:"积贮社谷甚属美政,但行之必须妥协耳。"④

上述四川省推行社仓的实践,经整理后作为乾隆三年题准的则例收入《大清会典则例》。具体内容是:

> 四川粜卖仓粮,除买补正项外,所剩余价均买作社粮,以为民倡,而士民等随各相率乐捐,自乾隆二年秋后买贮谷二千九百七十余石,捐贮谷二万五千六百余石。又达州、内江等三十余处旧存贮谷二万一千石。以上川省新旧社谷共五万四百三十石有奇,令加谨收贮,按年题报。社谷既多,必需仓廒,照前建常平仓

---

①哈恩忠编选:《乾隆朝整饬社仓档案(上)》,《历史档案》2014年第3期。
②哈恩忠编选:《乾隆朝整饬社仓档案(上)》,《历史档案》2014年第3期。
③哈恩忠编选:《乾隆朝整饬社仓档案(上)》,《历史档案》2014年第3期。
④哈恩忠编选:《乾隆朝整饬社仓档案(上)》,《历史档案》2014年第3期。

例,每谷四百石建廒一间,其工料银咨部于存公银内动支。①

可知川省的社仓实践是可以向全国推广的。

需要指出的是,乾隆《大清会典则例》的"社仓积贮"条下,乾隆朝的则例始于乾隆三年。首条是:

> 乾隆三年覆准:社仓积谷,将息谷十升以七升归仓,以三升给社长作修仓折耗。如有逃亡故绝之户无可著追者,准令社长报明地方官察明确实,取结通详,于七升息谷项下开销。②

即关于社仓息谷的用途与比例。第二条则是前述有关川省的则例。

乾隆三年还有逢歉岁常平社仓免收贫民息谷的谕例。二月二十三日内阁奉上谕:

> 乾隆元年六月朕曾降旨,各省出借仓谷与民者,旧有加息还仓之例,此在春月青黄不接之时,民间循例借领,则应如是办理。若值歉收之年,岂平时贷谷可比? 至秋收后只应照数还仓,不应令其加息,此乃兼常平、社仓而言也。今闻外省奉行不一,凡借社仓谷石者照此办理,而借常平仓谷者,遇歉收之年仍循加息之成例。似此,则非朕降旨之本意矣。嗣后无论常平、社仓,若值歉收之岁,贫民借领者秋后还仓,一概免其加息,俾蔀屋均沾恩泽。将此永著为例。钦此。③

社仓比照常平仓免收贫民息谷,无疑是对百姓有利的规定。

川省以外其他省份的社仓实践,有湖北省。乾隆二年十月二十日,湖北按察使阎尧熙奏请于有社仓处以息谷创设乡学。阎尧熙说:"现今各州县虽俱设有义学,然止及于坊隅,乡曲不得而与也。若令其广设乡学,则力有不能。前见邸抄,山西升任臬司元展成请停社谷收息一折,已奉部议,行令各省督抚议覆在案。臣愚,窃以为社谷生

---

①乾隆《大清会典则例》卷 40,《户部·积贮》,文渊阁《四库全书》本第 621 册,第 251 页。

②乾隆《大清会典则例》卷 40,《户部·积贮》,文渊阁《四库全书》本第 621 册,第 250 页。

③哈恩忠编选:《乾隆朝整饬社仓档案(上)》,《历史档案》2014 年第 3。

放,其息本轻,加息偿还,情理通顺,不如照旧收息,于凡有社仓之处,俱创设乡学,即延近乡儒士为学师,以所收息谷为薪俸膏火之资。如社谷无多,所收息谷不能敷用之处,则合左近数处而共设一学。"①皇帝对此奏未置可否,只是让户部知道而已。崔纪于乾隆三年七月由陕西巡抚调任湖北巡抚,乾隆四年四月二十四日,崔纪奏报查核常平社仓积贮并咨部展限。崔纪说,湖北社仓粮石向由仓正、仓副经管,从无造册报部之例,乾隆三年接准部咨,令其于每年岁底造具四柱清册送部备查,事当创始,他即令委查常平仓谷之员乘便查验,咨明户部。据查:"社仓原贮本息谷及大麦、粟谷、包谷等项,共四十八万二百七十石零,内除节年民借未还谷三万四千三百四十二石零,又汉阳县折价未买谷三千一百四十九石,实在现存谷麦、粟谷、包谷共四十四万二千七百七十九石零,亦皆实贮无亏。"②皇帝指示:"一省之大,且素称鱼米之乡,所储不过五十余万,亦不为多,尚当留意积贮为要。"③可见湖北社仓建设不断进展。

　　陕西省的社仓似乎较有成效。乾隆三年二月二十四日,陕西巡抚崔纪奏报陕省乾隆二年社仓粮石数目。崔纪先回顾了前任山西巡抚硕色统计的乾隆元年各属社粮,"共该京斗谷六十七万六千六百四十七石一斗零,内民借谷一十三万九千三百八十五石九斗零,实存谷五十三万七千二百六十一石二斗零"。接着奏报"乾隆二年分共收过生息谷五千四百四十六石三斗零,社粮旧欠未完共谷三十八万四百十三石零,各属新借未完共谷二万一千四百石零","现存京斗谷二十七万七千八十八石七斗零。因时值青黄不接,恐贫民乏食,臣已饬令照例出借,以资接济"④。乾隆四年三月初四日,西安巡抚张楷奏陈陕省社仓事宜,建议于社仓定例内增添五条,即社长宜定年限更换,社粮宜责成地方官稽查结报,社仓春借之时宜酌留一半备用,社粮宜令每年清还并兼收麦石,社粮宜均匀借给并将借户姓名晓示。乾隆帝要求大学士密议。大学士议覆认为:

①哈恩忠编选:《乾隆朝整饬社仓档案(上)》,《历史档案》2014年第3期。
②哈恩忠编选:《乾隆朝整饬社仓档案(上)》,《历史档案》2014年第3期。
③哈恩忠编选:《乾隆朝整饬社仓档案(上)》,《历史档案》2014年第3期。
④哈恩忠编选:《乾隆朝整饬社仓档案(上)》,《历史档案》2014年第3期。

今张楷所奏社长限以三年更换一条。查旧例内载,社长经管社粮,定以五年更换交代。今该抚限以三年亦属可行。又,奏春借酌留一半备用一条。查例载,春借食粮只动一半,仍留一半,以防秋歉。该抚所奏与原例相符。又,奏社粮宜每年清还麦谷兼收一条。查例载,春借之家秋收后至立冬不还者勒限还仓,是每年清还原属定例。至麦谷兼收,亦变通宜民之法,应令该抚酌量办理。又,奏社粮借户粘贴晓示一条。查例载,借贷之户造排门细册,注明姓名,用印存案。该抚奏称粘贴晓示,亦地方官应行之事。以上所奏四条,于原定条例稍为变通,应令该抚分别办理,咨部存查。至所奏陕省社粮系官为采买,请专责成地方官交代分赔。等语。查陕省谷石于雍正七年经陕督岳钟琪奏明,于本省加二耗羡银内留银五分,买备社仓谷石,是陕省社谷实与他省本地方绅士捐输者不同,该抚请专责成地方官之处,就陕言陕,亦属因地制宜之法,但交代分赔事关考成,应令该抚具题到日交部定议。至所称陕省社谷民借未完二十九万九千余石,现饬立限催完。等语。查直省正项钱粮,其历年实欠在民者,俱蒙皇上浩荡之恩,概予豁免,今陕省社粮应令该抚查明,或系民欠未完,或系社长侵蚀,分别酌办可也。[1]

帝命依议。后据署西安布政使帅念祖称:“乾隆四年分原应存本息谷六十八万六千五百二十四石一斗零,新收息谷二万八千三百四十五石八斗四升零,二共本息谷七十一万四千八百六十九石九斗四升零。内除长安、米脂等县赈恤灾民谷、又除各州县给发仓正、副口食及修廒并基粮等杂费,尚应存谷六十九万三千六百五十二石三斗四升零。内现贮谷收还谷六十六万三千五十二石八斗二升零,俱实贮在仓”[2]。

广西着手推行社仓。乾隆四年二月十八日,广西巡抚杨超曾奏请节省广西矿厂抽收充赏银两添买社仓谷石。杨超指出:

> 惟社仓一项,各属有向未建设者,亦有社仓虽设而储积仅数

---

①哈恩忠编选:《乾隆朝整饬社仓档案(上)》,《历史档案》2014年第3期。
②哈恩忠编选:《乾隆朝整饬社仓档案(上)》,《历史档案》2014年第3期。

十石不敷借给者,臣时切筹维,因本省并无闲款银两,一时未及举行。查粤西开采银、铅等项矿厂完纳正课之外,例有抽收撒散银两,以供厂内盘费工食、各衙门经管书吏灯、油、纸、笔及奏销饭食之费,尚有余剩,以七分解督臣衙门,三分解臣衙门,为犒赏之用。此历来相沿之旧规。各厂开闭不常,抽收银两亦时有赢缩,约计每年解督臣衙门一千三百六十七两,解臣衙门五百七八十两。①

杨超建议将此项银两买谷存贮,建造仓廒之用。

此外,乾隆四年题准:"江西社仓谷每石收息一斗,仍循旧例。"②

值得注意的是,乾隆四年,御史朱续晫奏请将朱熹《社仓事目》发交各省督抚悉心讲究,同年十二月初一日上谕要求:"着各省督抚悉心详议具奏"。十二月初六日内阁该折与朱批,乾隆五年正月后户部咨文发给各省督抚,于是督抚上折奏覆③。乾隆五年形成各省督抚探讨朱熹《社仓事目》十一条之事。从陕西、甘肃、山东、云南、福建、浙江、江西7省地方督抚奏折来看,社仓已经设立,制度较为完备,与朱熹《社仓事目》比较,往往名异实同,督抚认为因地制宜适当调整即可,而不必拘泥,乾隆帝则认可地方官的实践。有关此事的详情,笔者将另文论述。

三 奖励捐输社谷的讨论与实践

乾隆四年十一月二十五日,署理福建巡抚、布政使王士任奏请通行社仓奖励之例,引发了督抚地方官就社仓捐输奖励之条的讨论。

王士任说乾隆四年闽省丰收,他通行劝谕,听民乐捐,多积社谷,属县申报踊跃捐输,于是他详请作何奖励之法。王士任查考了旧制:

> 雍正二年内阁交出条奏一件,积贮原以备荒等事,行令各省督抚议覆。嗣据山东抚臣陈世倌、河南抚臣石文焯奏覆,随经九卿择定六条,内有劝输之法,地方官每乡立印簿一本,听愿捐者

①哈恩忠编选:《乾隆朝整饬社仓档案(上)》,《历史档案》2014年第3期。
②哈恩忠编选:乾隆《大清会典则例》卷40,《户部·积贮》,文渊阁《四库全书》本第621册,第251页。
③哈恩忠编选:《乾隆朝整饬社仓档案(上)》,《历史档案》2014年第3期。

自登姓名于上,其数目不拘升斗。若捐十石以上,给以花红;三十石以上,奖以匾额;五十石以上,申报上司递加奖励。果有好善不倦,年久数至三四百石者,该督抚奏闻,给以八品顶戴。等语。行文直省,按款酌行。时因浙江、福建、山西、江宁、甘肃、广东、江西等省尚未覆到,是以部议俟浙江等省所覆之议如更加详细,再行会同九卿议覆。如大概相同,户部汇行奏闻。等因。雍正二年十一月初八日奉旨:依议。在案。

他接着说福建并未定出有关条例,要求各省也一起重新订立:

兹臣查闽省前抚臣黄国材于雍正二年十二月内,仅议设社长社副之法、收谷出谷之事,未经议及奖励之条,以致九卿议定前项社仓奖劝定例未准,行文到闽,至今无所式遵。其余别省未复者,亦未行文可知。事关积贮鼓劝,伏乞皇上敕部查照雍正二年九卿原议条款,奉旨定例,再赐通行直省遵循办理,以昭画一。

他又建议捐谷与丰岁收息事情:

抑臣更有请者。原议捐谷不拘升斗,而奖励起自十石以上,倘有所捐不及十石者,亦应并请以好义记名,年久汇奖。其丰岁收息,九卿原议每石定以加二,今应钦遵乾隆二年六月恩旨,每石加息谷一斗,若值歉收免息之例,俾人知鼓舞,法更周详。如此,以民之有余济民之不足,似亦补常平仓所不及,实于劝善兴义、积贮备荒之政均有裨益。①

皇帝朱批:"该部知道。"从现存有关乾隆朝社仓奏折来看,清廷还是要求各省制定社仓捐输奖励条例的。

如江西巡抚岳濬乾隆五年七月初八日奏中谈道:

至于各属士民捐输社谷,原以本地之有余,备本地之不足,应如该御史所奏,钦遵圣祖仁皇帝谕旨,免其拨协外郡,庶同里之人共相踊跃,盖藏得以有备无患。至其如何奉行可使广为储蓄之处,惟在严饬地方官善于劝导。仍照九卿原议劝输之法,每乡设立印簿,听愿捐各户自登姓名,捐至十石以上者给以花红,三十石以上者奖以匾额,五十石以上者申报上司,递加奖励,果有好善不倦捐数甚多者奏请给以顶戴,以示鼓励。再,正、副社长果能出纳有法,乡里推服,一年无过者赏给花红,三年无过者奖以匾额,十年无过者申报上司奖励,如有徇纵侵蚀等情,即行惩革,按律治罪,均应仍照定例遵行,庶于国计民生均有裨益。①

岳濬所说属于"仍照定例遵行"。

乾隆六年各省奖劝社仓捐输的讨论最多。江苏巡抚徐士林二月二十八日详议社仓捐输不善奏折,分析了社仓条目大备而未闻收社仓实效之故在于劝捐实难,具体原因有五,第五条是:"社仓奖励之法,分别捐数多寡,给以花红匾额;其乐善不仅年久、数多积至三四百石者督抚奏闻,给以八品顶戴;社长十年无过,题请给以八品顶戴。定例煌煌,通行已久,而曾无一二禀报。是地方官并不实力奉行,无取信于民之官,亦遂指为具文,此其不乐捐者五也。"②该折朱批:"览。奏俱悉。"不过《清高宗实录》在此之外还有:"此则仍宜酌量。若属员皆务多捐为最,保无勒派之事乎。"③这一更为完整的记载,当是乾隆帝追加的内容,强调不宜鼓励属员多捐,以免勒派之事发生。

乾隆六年七月,户部议准陕西巡抚张楷所奏:"雍正二年原议社仓条内,有绅庶人等捐谷十石以上赏给花红,三十石以上奖以扁额,五十石以上报明上司,递加奖励。年久数多,至三四百石者转请奏闻,给以八品顶带。今陕省杂粮与谷价相仿,其奖励请照原议条例遵行。"④帝命从之。

八月,户部议准原任浙江巡抚卢焯奏陈:"社仓捐谷奖励之法,请于前例稍为变通。士民捐谷至十石以上者,州县给花红,鼓乐导送;三十石以上,州县给扁;五十石以上,详报知府给扁;八十石以上,详报巡道给扁;一百石以上,详报布政使给扁;一百五十石以上,详请督抚二院给扁;年久乐输多至三四百石者,照例题请,给八品顶带荣身;如捐至千石以上又系有职之员,奏闻,分别职衔大小,酌量议叙。捐

---

① 哈恩忠编选:《乾隆朝整饬社仓档案(上)》,《历史档案》2014 年第 3 期。
② 哈恩忠编选:《乾隆朝整饬社仓档案(上)》,《历史档案》2014 年第 3 期。
③ 《清高宗实录》第 2 册卷 137,乾隆六年二月,第 979 页。
④ 《清高宗实录》第 2 册卷 146,乾隆六年七月庚午,第 1104—1105 页。

输杂粮，亦照谷石之数，画一奖励。"①帝命从之。

八月，户部还议准署江西巡抚包括所奏："社仓捐谷，自应各随力量，不拘石斛升斗，积少成多。嗣后每乡设立印簿一本，听愿捐之户，不拘米谷杂粮、数目多寡，自登姓名捐数于簿，缴官存查。若一人节年报捐，先后并算。数至十石，亦准照例给以花红。递年加捐，积至三十石五十石以上者，照例递加奖励。其捐输杂粮，亦照谷一例计算。"②帝命从之。

九月，户部议准原任江苏巡抚徐士林奏称："社仓捐输奖励之处，康熙五十四年定例已极分明，惟八十石至二百石差等稍觉相悬，而藩司为通省钱谷总汇，不行给扁，亦似遗漏。应将绅衿捐谷一百五十石及富民比多二十石者，令藩司给扁。至雍正二年定例，捐谷三四百石者并无定数，今应酌定如捐谷四百石者给以八品顶带。凡捐小麦、粟米、大米，算作二谷，诸色杂粮，俱作谷数计算。"③帝命从之。

十一月，户部议准四川巡抚硕色所奏："遵议川省捐输社仓奖励之法，请照雍正三年条例奉行。"④帝命从之。

《大清会典则例》收录乾隆六年三条有关奖励方法的则例，包括山西做法、印簿登记、给以顶戴。具体内容是：

> 六年题准：山西社仓奖劝之法，捐十石以上至三十石者照例听地方官给与花红，三十石以上至五十石者地方官给匾，捐至百石者府州给匾，二百石者本管道给匾，三百石者布政使给匾，四百石者巡抚给匾，捐至五百石以上者具题给以八品顶带荣身。其连年捐输者仍许积算捐数，照见定等次分别奖劝。地方官劝输有方，大州县每年劝输至千五百石以上，中州县至千石以上，小州县五百石以上者，均于计典内据实开明，分别考核。

> 又覆准：地方官劝输社仓，每乡设立印簿一本，听愿捐之户不拘米、麦、杂粮及数之多寡，自登姓名捐数于簿，缴官以备稽察。并将一人连年报捐先后积算至十五石以上，亦准递加奖劝。

①《清高宗实录》第 2 册卷 148，乾隆六年八月己亥，第 1133—1134 页。
②《清高宗实录》第 2 册卷 149，乾隆六年八月丙辰，第 1143 页。
③《清高宗实录》第 2 册卷 150，乾隆六年九月己巳，第 1153—1154 页。
④《清高宗实录》第 2 册卷 154，乾隆六年十一月癸亥，第 1195 页。

又题准:社仓捐至三百石者给以八品顶带,四百石以上者给以七品顶带。①

这些规定是经过讨论认定的,应当更具指导性。

乾隆六年之后仍有关注通过奖励捐输积累社谷的。如乾隆七年题准:"江南安徽社仓能捐谷五石者免本身一年杂项差徭,十石以上者照例给奖,捐小麦、粟米、大米算作二谷,诸杂粮均作谷数计算。"②此条收录《大清会典则例》。

再如乾隆九年六月,福建巡抚周学健奏:

> 民间积贮,固不可绳以官法,未始不可加以奖励。请令州县于丰收后,令城乡力农殷民及有田富户,将收获米谷,除本家食用外,余粟自百石以上至数千万石,使本家同保邻,呈明积储数目。其中或愿贮备本乡需用时出粜,或愿俟别府、州、县需米时运往发粜,于具呈时,询明存贮实数,劳以酒醴。呈明后,除本家或有急用,仍听随时粜卖报明销除外,该州县于岁底将各户呈报实数,造册通报。俟次年青黄不接时,听本家呈明,或在本乡,或往他处,其粜价或照市值,或量为平减,均听自行呈明,不必官为限定,但不得增长市价。粜毕,查明实数,仿照社仓之法分别奖励。能减价平粜一百石至三百石以上者,给以花红扁额;能至三千石以上者,给以八品顶带荣身。③

得旨:"有司虚应故事固不可,但亦须听民之便,不必绳之以法也。至官吏之劝惩,尤应慎重妥为之。"④

奖励捐输社谷给予顶戴规定后来有变化。乾隆十五年八月吏部议覆陕西巡抚陈宏谋奏请给社仓正副议叙一案:

> 查雍正七年间,该省奏准:经管社仓五年期满,经臣部议叙给与九品顶带。今该抚所奏请给顶者,遂至九十五名之多,行

---

① 乾隆《大清会典则例》卷 40,《户部·积贮》,文渊阁《四库全书》本第 621 册,第 251 页。

② 乾隆《大清会典则例》卷 40,《户部·积贮》,文渊阁《四库全书》本第 621 册,第 251 页。

③《清高宗实录》第 3 册卷 219,乾隆九年六月,第 823 页。

④《清高宗实录》第 3 册卷 219,乾隆九年六月,第 823 页。

之既久难免冒滥。应请将各省给与顶带之例,停止其有实在掌管无过者,令该地方官遵照递年奖赏之例办理。该省现在咨送之姚宗善等,毋庸给与顶带。①

帝命从之。

除了奖励捐输社谷的条例,乾隆十年所定关于社长任期、社谷清查的两条则例,值得注意:

> 十年议准:各省社长三年更换一次,选择殷实良民充补,令经手社谷,同乡保互相交代取结,报官存案。如有亏阙,责令赔补。经管三年,毫无弊窦,同社公保,再留三年。

> 又议准:社谷行令彻底清厘,如有实属逃亡故绝,取具里邻甲保结状,地方官加具印结,题请豁免;实有着落者催还。至丰年不能全行借出者,转饬各属,即以实借实还按谷收息,勿得虚捏,以致开报不实。其息谷充赢者,有贫无依倚之人,准其量借升斗以资接济。②

收入《大清会典则例》的以上两条特别是第一条规定,经过多年实践,终于作出全国性的统一要求。

四 乾隆初中期若干省份社仓考

福建。在泉州,乾隆八年四月初四日福建陆路提督武进升奏报:"经福州将军、署提督臣阿尔赛于雍正十一年奏请设立社仓,计算提标五营暨泉州城守营,实兵四千五百七十六名,每名一石,就于营运盈余息银内,动支二千三百四十三两九钱零,采买稻谷四千五百七十六石,存贮社仓,接济兵食。又,乾隆四年总督臣郝玉麟奏请通省匀算,每兵给谷两石,提标各营每兵再给谷一石,计发在台采买谷五千石,内船户失水谷一百五十石,实谷四千八百五十石,合算总共谷九千四百二十六石,业于逐年四五月内青黄不接之时,按名借给。"③武进升还说,乾隆八年分应行贮仓谷石,经前任提督苏明良招商,船户

---

①《清高宗实录》第 5 册卷 370,乾隆十五年八月甲申,第 1095 页。

②乾隆《大清会典则例》卷 40,《户部·积贮》,文渊阁《四库全书》本第 621 册,第 251—252 页。

③哈恩忠编选:《乾隆朝整饬社仓档案(中)》,《历史档案》2014 年第 4 期。

陈长源赴台采买 4552 石。又,除拨兵 24 名前往福协屏南汛防应谷 24 石毋庸买补,尚少谷 4850 石,需要继续办理。

在福州,乾隆十四年正月二十二日,福州将军马尔拜奏请福州驻防旗营积欠社谷酌议扣补还项,谈到福州旗营社仓的情况:"福州驻防有存贮社仓谷一万四千七十四石,原议每年出陈入新,以一分借兵,二分存仓例,于青黄不接之时出借,按月坐扣谷价,至秋收后采买还仓。"他到任之后清查社仓,仅"实贮谷四千六百八十三石四斗"。乾隆十三年分于旗营各兵名下共有"扣存谷价银三千二百八十八两一钱一分,每石七钱计算,合谷四千六百九十七石三斗,仍有未还仓谷四千六百九十三石三斗。查系各兵名下拖欠,究其所欠之由,缘雍正十一年于青黄不接之时借出一分谷四千六百九十余石,是年冬季因年歉米贵,复借领一分谷四千六百九十余石,次年不能两分并扣,因而还旧欠新,递年压欠致此。四千六百九十余石之仓粮有名无实,延经一十六载,因循不补,未便再任虚悬"。于是他提出扣补还项的具体措施①。

直到乾隆二十年代初,福建省的社仓建设不太理想。乾隆二十一年(1756)六月初九日,福建巡抚钟音奏请闽省社仓设法整理酌议条规事,他说:"兹查闽省社谷仅止二十一万石有零,以通省六十四州县零星散贮,为数本属无多。且此盈彼缩,参差不齐,在饶裕之邑间有三四千石及七八千石不等,其余各州县或仅千余石,或止数百石,虚存其名,并无实际。向来地方各官惟恐农民通欠、社长亏蚀〔挪〕,往往留贮城仓,闭不发借,近年设法整理,虽已分贮各乡,择地立社,总缘积谷未广,民惠难敷。如借绅士乐输,合计通省续捐之数每年不过一二千石,涓滴细流,缓不能济。"②于是他酌筹添拨数目,汰除繁琐并勒定限制,责成盘查。

甘肃。乾隆九年三月二十五日,甘肃巡抚黄廷桂奏报甘省连岁丰登劝捐社仓谷石事,谈道:"通省新旧捐贮社粮共二万九千余石,内惟西宁道杨应琚所属捐贮为最,虽目前统计无多,而年复一年,捐输

①哈恩忠编选:《乾隆朝整饬社仓档案(中)》,《历史档案》2014年第4期。
②哈恩忠编选:《乾隆朝整饬社仓档案(中)》,《历史档案》2014年第4期。

日积,经理有方,自可补官粟之不逮,备荒政之一助。"①

河南。乾隆九年十一月二十七日,河南巡抚硕色奏请酌定社仓正、副社长杂费,谈道:"豫省自雍正二年奉文劝捐起,至今止本息共谷计有四十六万余石,内有乾隆元、二、三、四、五、六、七、八等年民借未完谷二十一万五千余石,虽系积欠之项,不能即令全完。豫省社粮实贮既有三十余万石,其历年积欠现在陆续清还,将来加以逐年捐贮,为数益多。若经理不得其人,而收贮又不加谨,难免征变侵蚀有名无实。"于是提出:"查豫省社粮每年春借秋还,俱按本谷一石加息十升,可否于十升息谷内酌留一升给与正、副社长,以为杂项之用。"②得到皇帝首肯。翌年二月二十五日,护理河南巡抚赵城奏请酌动社息营建社仓,说道:"豫省上年麦秋两季收获颇丰,民间粮食充裕,又劝捐社仓本息共谷四十六万有奇,积贮充盈。唯是社谷一项,向系社长经管,多在附近村庄,其有官仓存贮者甚少,大概寄放公所、寺院及社长之家,门户墙壁多不能如式坚固,鼠雀之耗、风雨之侵,每多霉变损折之虞。查社息一项,自雍正三年起至乾隆八年止,共计十五万有零,俱已同本谷一并入奏造册报部。请将已经报部之社息准酌动,建盖社仓。"③由上可见,河南社仓储备充盈,息谷用于社长费用等。

江西。乾隆十年三月初三日,江西巡抚塞楞额奏请社仓原借之本谷业经酌令归还以清款项。指出"江省社谷经前抚臣陈弘谋于乾隆七年二月内以社谷不敷出借,奏准增拨常平仓谷六万四千七百四十八石零作为社本,分交各社仓出借,并声明俟生息渐多再行归还本款在案。查前拨借之时,江省社仓止有谷一十四万二千七百余石,嗣因年年生息,加以捐输渐多,至上年冬间已共有谷二十八万余石,较前多至一倍"。他乘此丰年易收之际,"转饬南昌等五十九县,将原拨借的六万四千七百四十八石零一一照数归还"。据各属报称,均已归还原款④。

_____

①哈恩忠编选:《乾隆朝整饬社仓档案(中)》,《历史档案》2014年第4期。
②哈恩忠编选:《乾隆朝整饬社仓档案(中)》,《历史档案》2014年第4期。
③哈恩忠编选:《乾隆朝整饬社仓档案(中)》,《历史档案》2014年第4期。
④哈恩忠编选:《乾隆朝整饬社仓档案(中)》,《历史档案》2014年第4期。

　　湖北。乾隆十年七月二十二日,湖北巡抚晏斯盛奏请楚北丰稔乘时清理社仓积欠,他说楚北社谷自雍正元年至今已二十余载,生息倍于原捐,查各州县额贮谷数盈三五千石至二三万石不等,但其间年岁丰歉不一,钱粮漕米蠲免赈济已非一次。而民捐民借社谷,有久经逃亡故绝者未议豁除之条,致社谷有不实之数,州县责之社长,社长牵连具报,比追敲扑不免,此亦良法之未周者。请令各府督令各州县,将各社仓谷石彻底清查。其各社中借出久欠之户,如有实在逃亡故绝,取具邻里甲保结状,并无虚捏者免其追还;其实在借出现有着落者,毋许牵混①。乾隆帝要求户部议奏,结果尚不可知。汉口属于大的商镇,也尝试设立社仓。乾隆十年八月三十日,署理湖广总督鄂弥达等议覆汉镇置设社仓以裨商民事,奏中指出:汉镇为九省通衢,商贾云集,日销米粮不下数千石,皆赖四川、湖南及本省产米州县源源贩运,以资本镇日食及江湖商贩之需,是汉镇虽非产米之区,实为米粮聚集之都会。"查现在商当等六行共七百余家,佥称捐贮米谷有益商民,各行店久有同心,无不踊跃乐输,情愿捐谷二万四千石,将来尚可陆续报捐。"九月二十日奉朱批:"果属可行,汝等妥协为之可也。"②乾隆十一年六月二十四日,湖北巡抚开泰奏请饬道府巡查抽验社仓谷石。开泰指出:"湖北通省社仓谷石,除民欠等项尚未催还外,其现在册报谷麦共五十二万余石,俱系实在应存之数,将来计其息之所入,尚可逐渐加增。今若不及时设法整顿,诚恐懈弛相沿,久之复多亏缺。但各属社仓散在村庄,又未便特行委员遍查,致滋扰累。查乾隆九年吏部等衙门议覆条奏内州县应兴应禁事件,令该管道府按季巡查。等因。通行遵照在案。臣之愚见,应饬各道府即于巡查所至,遇有存贮社谷之处,就便抽验。"朱批:"此见甚好,所为不动声色之办理也。"③乾隆十三年十一月二十六日,湖北巡抚彭树葵奏酌请归并社仓期收实效事。谈到该省社谷多贮社长之家,每一州县动至数十处、百余处不等,地方有司耳目难周,惟以取结为凭。他说此种情形类似湖南,请求"准照南省成例,除现有公所及庙寺宽厂

①哈恩忠编选:《乾隆朝整饬社仓档案(中)》,《历史档案》2014年第4期。
②哈恩忠编选:《乾隆朝整饬社仓档案(中)》,《历史档案》2014年第4期。
③哈恩忠编选:《乾隆朝整饬社仓档案(中)》,《历史档案》2014年第4期。

之地仍令照旧收贮无庸另建滋费外,其有零星处所必须归并者,即于七升息谷内动支变价建仓收贮,以便查考"①。乾隆十五年三月十二日,湖北巡抚唐绥祖奏请劝捐社谷及将江陵县存银添建仓房,说道:"湖北自积年劝输以来,社仓存贮谷石共计五十四万二千余石。臣于上年秋收时,即刊示晓谕,并通饬州县好为劝勉,令民间不拘多寡量力捐输。今自开春以后,据各州县陆续详报,已据报捐社谷一万二千八十余石,合计原贮谷石,共有五十五万四千余石。"②

奉天。乾隆十年十二月初一日,奉天府府丞陈治滋奏陈奉天筹划备荒置设社仓事,他说:"臣查奉天地方于雍正十三年,经前府尹臣宋筠复题为额贮之数案内,大州县贮米五万石,中州县四万石,通计十三州县共贮米五十万石。而每年出旧易新平粜买补需时,现今尚有不能足额者。臣思水旱灾荒虽属偶遇,若不早筹千万年经久之计,何能为民间定亿万世之恒丰?"③陈治参照朱熹社仓法提出十二条建议。乾隆十二年十月十七日,盛京将军达尔当阿等议覆奉天社仓效法旧例积贮谷石等事奏折,提及"奉天自雍正二年设立社仓以来,迄今二十余年,仅存捐谷二万四千一百九十九石八斗有零,捐米一千五百二十石"。于是提出:"照京都捐银一百零八两之例,赴盛京户部交纳,遇丰收之年分发各属建设仓房,陆续采买,以充积贮。"④

安徽。乾隆十一年二月二十一日,两江总督尹继善议覆民修塘窟准动社仓谷石等事奏折,谈道:"安省现有社仓积谷二十九万余石,原系民力输纳,以备春秋补助、水旱借资等用。"⑤三月十九日,安徽巡抚魏定国奏请定州县稽查社仓章程事。魏定国说:"安省社仓乃系乾隆元年前升任安徽布政使晏斯盛奏请,经前督臣赵弘恩议覆,以江宁省仓常贮米一十万四千八百余石内,分拨米七万六千余石,按州县之大小,酌量多寡数目,拨运存贮,以为社本,与他省民间捐输者更属不同。旧例惟有州县经理之虚名,而无盘察之实济,州县官视若不关己事,各乡社长既不慎选于先,又漫无觉察于后,一任社长操纵其权,

<hr />

① 哈恩忠编选:《乾隆朝整饬社仓档案(中)》,《历史档案》2014 年第 4 期。
② 哈恩忠编选:《乾隆朝整饬社仓档案(中)》,《历史档案》2014 年第 4 期。
③ 哈恩忠编选:《乾隆朝整饬社仓档案(中)》,《历史档案》2014 年第 4 期。
④ 哈恩忠编选:《乾隆朝整饬社仓档案(中)》,《历史档案》2014 年第 4 期。
⑤ 哈恩忠编选:《乾隆朝整饬社仓档案(中)》,《历史档案》2014 年第 4 期。

或徇情滥借，或掯勒多收，或借户抗不清还，或折价侵收肥己。"①魏定国的社仓章程是防止社长侵那，加强州县实心查察。

陕西。乾隆十一年(1746)二月二十四日，陕西巡抚陈弘谋奏请秋收丰稔办理常平社仓旧欠及新捐谷石事，讲述了陕西省社仓的源流：

> 惟陕西一省从前社本原少，自雍正七年，荷蒙世宗宪皇帝隆恩，将应减之五分耗羡暂收两年，代民买谷，以作社本，通省乃共有七十余万石之多。但因社正、副多所掣肘，出借不能及时，民间不得社仓之益，故捐输者绝无其人。上年臣等酌定条例，及时出借，接济农民，慎选社正、副，分别劝惩信赏必罚，远乡村庄皆得就近借谷，取携甚便，民间始知社仓之有益。适值秋收丰稔，劝民节省耗费随力捐输，民情踊跃，共计报捐社谷得一万余石，较之他省所捐虽不为多，但陕省从无捐输社本之事，今始有之，即此见民间以社谷为便于借还，故尔各图捐积，以为接济之公物也。除捐至三百石以上者遵例咨部议叙外，其余数十石及数石者，地方官分别给奖，仍将所捐姓名榜示通衢，以彰义举。②

乾隆帝朱批说："惟在得人办理而已。"予以鼓励。乾隆十六年四月初七日，陈弘谋奏请将常平无用仓廒拨充社仓，他说陕省各属俱有社仓，"原议每社谷一千石上下建仓一处，数年以来督率所属清理旧欠、劝谕捐输，社本渐多于前，社仓亦多分建，民咸称便。现在有每社贮谷自千石以上至二千石，或旧仓不敷盛贮，或村庄离社窎远借还艰难，必须因地再分新社，乃可广行接济"。而欲分新社，每苦建仓多费。他督饬各属，"视社本之多寡，按村庄之远近，逐处筹画，计已估未建及尚未估报之新社有二十余处"。所需工料约计自数十两至一二百两不等，虽有建仓准动息谷之例，然合计需粜息谷过多，则社本必致减少。他提出常平、社仓均为接济民生而设，莫若即以常平多余之空廒通融移建，无用化为有用，似属酌剂之一法。朱批："如所奏行。"③

①哈恩忠编选：《乾隆朝整饬社仓档案(中)》，《历史档案》2014年第4期。
②哈恩忠编选：《乾隆朝整饬社仓档案(中)》，《历史档案》2014年第4期。
③哈恩忠编选：《乾隆朝整饬社仓档案(中)》，《历史档案》2014年第4期。

湖南。乾隆十二年三月十七日,湖南巡抚杨锡绂奏请严定州县疏管社仓处分事。杨锡绂指出:"窃查定例社仓捐谷听民自便,不得绳以官法,原杜胥役滋扰起见,但社仓规条仍令每岁将出入数目报官查考,诚防社长侵亏之弊也。湖南社谷共计四十余万,不为不多,从前零星散贮,亏足难查,经前任抚臣蒋溥将息谷变价建设总仓,归并收贮,以便稽察,奏准饬遵。"①杨锡绂到任后,严催各属勘定处所,估计工料,由布政司汇详,勒限兴建。杨锡绂请定查出社长侵亏,分别州县失察、徇隐,予以降罚、追赔之例。吏部尚书兼管户部尚书事务刘于义等的议覆,首先援引了有关成例:

> 查定例社仓捐谷听民自便,不得绳以官法,违者以违制论。又,雍正二年九卿议覆豫抚石文焯案内,每社设立正、副社长经管出纳,如有徇纵诸弊,一经发觉随即革惩。至于自己侵蚀,以监守自盗律治罪。等因。又,于乾隆十年臣部议覆前任湖广总督鄂弥达条奏案内,嗣后社长三年更换一次,选择殷实良民充当,仍令将经手社谷眼同乡保,互相交代,取结报官存查。如有亏缺,责令赔补。如下手扶隐,即着接收之人赔补。倘三年无弊,许同社公保再留三年。等因。各在案。②

认为所奏酌定州县处分追赔之处毋庸议。乾隆二十年十二月十六日,湖南巡抚陈弘谋奏请筹办社仓接济等事,他说:"湖南现在社谷四十三万二千石零,分贮各乡,一届明春应先尽社谷出借,后将常平仓谷碾粜亦可以源源接济。"其社谷贮于各乡恐有亏欠,他主张乘此尽核社谷本息还仓之时,责成道府委员分头盘查,有侵欠者乘此追完,一俟来春农事方兴,即令出借。乾隆二十一年正月初五日乾隆帝朱批:"甚妥。可嘉之外,无可批谕。"③予以赞扬。乾隆二十二年三月二十二日,署理湖南巡抚蒋炳奏报各属出借社仓谷石及查催买补谷石事,他谈道:近因湖北、江浙等省买米商贩渐多,沿河各属米价亦渐增长,已行令各属出借社仓谷石,以济民食。上年各属买补仓谷,经前抚臣陈弘谋奏明在本地方采买,即于上年八九月间发给价值,而

---

①哈恩忠编选:《乾隆朝整饬社仓档案(中)》,《历史档案》2014 年第 4 期。
②哈恩忠编选:《乾隆朝整饬社仓档案(中)》,《历史档案》2014 年第 4 期。
③哈恩忠编选:《乾隆朝整饬社仓档案(中)》,《历史档案》2014 年第 4 期。

谷石尚未全数交仓实贮。他到任后饬查,已交仓者仅十之六七,随即勒限严催。今据报各属未完谷石,月内俱可全数交仓。可见湖南社仓的管理、运行正常,发挥着救济的作用。

广西。乾隆十六年三月二十日,护理广西巡抚李锡泰奏请添建仓廒酌筹归补垫项。李锡泰谈到广西社仓的基本情况:"粤西收捐监生一案,于乾隆三年经前抚臣杨超曾题定,以九分收本色一分收折色为建仓之费,每州县先建五间,所需工料于司库贮存湖北协饷银内先行垫发,俟收捐折色归补还项。嗣因湖北协饷拨济义宁军需,又经前抚臣安图咨部改于司库七分备公银内垫支归还湖北协饷,俱经部臣覆准在案。兹查本案先后共垫支银六千七百八两零,内除各属解回建仓余剩,及自乾隆四年四月收捐起至乾隆十四年岁底停捐,止所收一分折色银两,尽数归补造入奏销外,现在尚未归补银三千七百七两六钱二分零。"①他说粤西社仓谷石每年出借收息岁有增添,共存社仓本息谷十四万余石,将来年增一年,愈积愈多,其增添息谷必需仓廒收贮。他建议"所有原垫七分备公不敷归补银两,应请自乾隆十六年为始,将每年所收社仓息谷,照依时价变卖解司,渐次归还,不过一二年内即可归补清楚,俟补足之后再照旧存贮"②。

山西。乾隆二十三年二月十四日,乾隆帝颁谕,着山西交城等州县秋歉缓征社仓、义仓谷石。鉴于山西交城等 40 州县上年秋收稍歉,其借出社仓、义仓谷石,虽系民捐,例亦官为催纳。该处商贩稀少,本地产谷仅供民食,若依限责令还仓,小民仍未免拮据。于是"将该四十州县社、义二仓借出乾隆二十一年分谷石缓至今岁麦熟后征收,二十二年分谷石缓至今岁秋成后征收,以纾民力。再,此四十州县外,尚有阳曲、太原、汾阳、浑源、应州、沁川、代州、崞县等八州县去秋亦属歉收,所有二十一年、二十二年借出社、义二仓谷石,亦照此一体分别缓征"。③ 由此可见,当时山西普遍设立了社仓。

五 乾隆二十年代的充实仓谷

乾隆二十三年,清廷整饬民欠仓谷各令依限还仓。该年三月,山

①哈恩忠编选:《乾隆朝整饬社仓档案(中)》,《历史档案》2014 年第 4 期。
②哈恩忠编选:《乾隆朝整饬社仓档案(中)》,《历史档案》2014 年第 4 期。
③哈恩忠编选:《乾隆朝整饬社仓档案(中)》,《历史档案》2014 年第 4 期。

西布政使刘慥奏州县出借仓谷多不上紧催还一折,乾隆帝颁谕:

> 据刘慥奏,州县出借仓谷,每年秋收后多不上紧催完,至春辄捏报还仓,旋即详请出借,不过令旧借之户,换一新领等语。各省仓储,向例春借秋还,青黄不接之时,贫民既得资其接济,而秋收后即照数征收谷石,可以出陈易新,兼不致侵蚀悬欠。至次年,又可查核待借贫户,再行借给。若不如期催令完纳,而以旧欠作新领,则出借之项,年复一年。不肖胥役,得从中影射侵蚀,更有欠户逃亡事故,日久遂致无著者。且旧时领借之户尚欠,而现在待借之户甚殷,仓贮既虚,势不能另为筹给。是名虽设仓备借,仍属有名无实,大非慎重储积,赈恤困乏之意。晋省既有此弊,他省谅亦皆然。嗣后各督抚,务当严饬所属,实力奉行。除缓征州县外,所有民欠仓谷,各令依限还仓,勿得仍前玩视。其有捏欠作完,以欠作领,即查明参处,庶俾借欠不致久悬,蠹弊可清,而缓急有备。可通行传谕知之。[1]

要求各省催还州县出借仓谷。

乾隆二十三年,围绕保证社仓的社谷充实,各省采取了一些措施。该年四月初六日,署理广州将军李侍尧为酌筹社仓谷石励民捐输事奏称,广东社谷通计二十余万石,分贮各乡,为数甚少。请求"敕下督抚,转行各州县,于秋收后将现在社仓逐一清厘,务期如数实贮外……敕下定议,分别捐数多寡酌予从优奖叙,令各州县出示晓谕,善为劝导"[2]。

四川布政使徐垣于乾隆二十三年八月二十五日,上为捐输社仓谷石日增酌建仓廒事奏折。他说:

> 臣每见州县,询问建有仓廒者十无二三,或暂存于寺庙,或寄贮于民家,或听社长自行收管,仓廒既无一定,则捐者犹怀观望。而且出纳敛散保无稍有偏私,亏缺那〔挪〕移更得易于掩饰。是社仓一日不建,无以杜弊端而收实效。伏查川省成例,每仓一间可贮谷三四百石。一乡之中不过数社,每社约存谷数百石至

---

①《清高宗实录》第 8 册卷 559,乾隆二十三年三月辛亥,第 84—85 页。
②哈恩忠编选:《乾隆朝整饬社仓档案(下)》,《历史档案》2015 年第 1 期。

千余石不等。臣详明督臣,通饬各州县,务于秋收之后董率各社长,量其社谷之多寡,陆续建造仓廒,少者二三间,多者五六间,仓廒一定,则劝捐更易,将来源源增收,随时添建,不许社长散贮他处,致滋弊混,违者按律究治。所需价值,准其于息谷内核实开除。如该处士民有情愿将房屋捐出改为社仓者,每屋一间准作捐谷三十石,照例奖赏,多者积算,请予议叙,以示奖励。①

可见当时社仓虽然建立,但是社仓却很少,多是临时存放,四川官员打算改变这一状况,所以徐垣接着建议:"他省社仓恐亦有似此者,合无仰请敕下直省督抚一体办理,以收实效。是否有当,伏乞皇上睿鉴训示。"②

乾隆二十三年十月初六日,浙江巡抚杨廷璋为陈酌筹修举社仓管见事奏称,"浙省奉行三十余年,各属劝捐社谷仅存三万石有零,尚非全行实贮,亦未建有仓廒,不但不足供水旱接济,即丰年循例请借亦无以应闻。"③于是提出六条建议:劝捐先期得人;定地方官功过,以示劝惩;捐户之奖劝,宜少为变通;敛散社谷,期于根查切实;社仓一切需用,不使累及社长;谷石之盖藏宜慎。希望使社仓一事渐臻实效。乾隆帝朱批要求他"实力妥为之"。

充实社谷之事持续到乾隆二十四年。四月十三日,掌山西道监察御史吴龙见上折,奏请确核常平社仓实贮谷石以备缓急事。吴龙见说"山西社仓二十二年底实存谷四十三万七千二百石零,有民欠谷六万一千三百石零,谷石实贮者固多,而借欠未完又粜卖未买者亦复不少"。提出:

> 伏乞皇上敕下各督抚实力稽察,各州县所有常平、社仓谷石,除奉文缓征各项外,应征、应买者至秋成粮价平减时,务令上紧催还,及时买补。倘有经征接征不力之员,即行题参交部议处。其应买未买及买不及数者,亦于奏销册内声明缘由,听部查议。至虚报存仓数目,该道府因其借欠在民及谷价尚在而因循出结者,尤当严行查察,一并严参示儆。庶原定额数实贮无亏,

①哈恩忠编选:《乾隆朝整饬社仓档案(下)》,《历史档案》2015年第1期。
②哈恩忠编选:《乾隆朝整饬社仓档案(下)》,《历史档案》2015年第1期。
③哈恩忠编选:《乾隆朝整饬社仓档案(下)》,《历史档案》2015年第1期。

遇有荒歉可收储备之效矣。①

吴龙见要求核查社仓实贮情况。御史吴龙光又疏称："出借仓谷，例有征收不及处分，其买补足额，定于秋成后及时办理。州县官或避采买之烦，借口于原价不敷，或虑经手后难于交代，值道府盘查，只呈验谷价，致虚实贮，殊非设仓本意。请敕下各督抚，严饬所属，勒限弥补。于一年内将已买未买数目报部查核，道府为专司盘核大员，若并未买足，遽行出结，即照例指参。社仓谷石虽系民间义捐之项，亦宜交地方官查察。"②户部议覆应如所奏，帝命从之。

乾隆二十四年江苏整顿了社仓。总督管江苏巡抚陈宏谋奏清理社谷事宜，《清高宗实录》记载：

> 一、社谷无官仓公所，多寄贮社长之家，请于每县城乡适中之地建立社仓。每社谷少则二百，多者亦只以五百为率，编定应借村庄，各社不得互借。一、社长多有赔累，其殷实公正者多不乐充，每为渔利之徒久充侵亏，请定以一年一换选充。一、社仓费用颇繁，前抚臣徐士林请销息谷三升，格于部议，用实不敷，请每息谷一石，仍以七升归仓，三升支用。一、社谷为民备贮，接济一社缓急，凡一切公事及隆冬煮赈，不准如前动支社息。一、社谷责州县稽查，向有入交代之例，近来不入交代，亦不报部，请嗣后令州县于正项钱粮外，另出社谷一结，本息一并申报，由藩司造册达部。得旨：览奏俱悉，实力妥为之。③

陈宏谋的社仓建设表现在建仓、社长一年一换、息谷一石七升归仓三升支用、不准动支社息、州县稽查社谷本息申报造册。

两广的几份奏折，反映了两省的社仓情况。乾隆二十四年闰六月十二日，广西巡抚鄂宝奏请将社仓息谷拨入添贮项按数减除应买谷石。他说：

> 查乾隆二十三年桂、平、梧、浔四府属出借过社仓谷石，已收有息谷九千八百四十余石；又本年出借过社仓谷石，秋收还仓亦

①哈恩忠编选：《乾隆朝整饬社仓档案(下)》，《历史档案》2015年第1期。
②《清高宗实录》第8册卷586，乾隆二十四年五月辛卯，第507页。
③《清高宗实录》第8册卷585，乾隆二十四年四月，第496页。

有息谷七千三百余石。前项谷石均系例应减价平粜,将价银解贮司库,以备赈恤之用。惟是现届采买添贮谷石之时,与其将现有息谷减价粜卖,而又照依时价另为采买,未免事涉周折,似不若将此项息谷即拨入添贮项下,于应买谷内按数减除,庶免一粜一买之烦,而于地方民食亦大有裨益矣。

再,查社仓项下每年皆有收息谷石,将来添贮谷数动拨缺额应行买补时,亦请照此先尽息谷拨补,如有不敷再为采买。合并陈明。①

朱批:"所奏朕未深悉,另有旨谕汝,其明白登参。"于是乾隆帝谕军机大臣等:"鄂宝奏请将桂、平、梧、浔四府属应粜社仓息谷拨补应买添贮谷石一折,所奏殊未明晰,仓储关系民食,粜陈易新,期于缓急有济,立法本为尽善。乃地方有司,于仓储平粜买补事宜,每不肯悉心整顿,随时粜买,遂创为通融拨补之说,恐惠上官。为督抚者亦往往迁就从事,以致积贮善政有名无实,殊失常平、社仓本意。如近日御史吴龙见等条奏,有以仓谷数多难于交代,将借出之项不行催还而平粜者,亦不即及时买补等语,其明验也。今鄂宝此奏,亦似为筹办仓储起见,但于积贮本意究未能深悉。"②命传谕询问鄂宝,将该省所属各处仓储实在情形,并应作何实力妥办之处,据实详悉奏覆。最终如所议行。

广西的社仓确有特殊之处。乾隆三十年六月二十七日,广西巡抚宋邦绥为办理常平社仓仓粮事奏称:"查粤西通省常平仓额贮并留备谷共一百四十一万余石,又社谷一项共额贮二十五万八千余石,系□雍正二年经前任抚臣李绂题明动拨常平谷石借民收息,立为社仓谷本,嗣后酌定大、中、小州县分贮,自四千石以至三千石不等,名为社谷,实与常平无异,非如他省民自捐输者可比。"③因社本出自动拨常平谷石,所以官员对于社谷借民收息具有支配力。宋邦绥请求:"其社仓谷石亦应酌定以存半出半为率,仍于每岁春间察看各处年岁

---

①哈恩忠编选:《乾隆朝整饬社仓档案(下)》,《历史档案》2015 年第 1 期。
②哈恩忠编选:《清高宗实录》第 8 册卷 593,乾隆二十四年七月乙丑,第 594 页。
③哈恩忠编选:《乾隆朝整饬社仓档案(下)》,《历史档案》2015 年第 1 期。

丰歉情形,临时妥办,不得拘泥成例。"①

七月初九日,广东布政使宋邦绥奏请酌变社谷出借之法以济民食。他说:

> 查通省常平仓谷共有二百九十余万石,尚足备平粜接济之用。独社谷一项,原捐谷数通省合计仅有二十余万石,散贮九十州县中,为数甚微,且出借之后交还未能如期,各凭社长开报,不免有名无实。上年督臣李侍尧经将酌筹社仓期于丰裕等事奏明,檄饬臣等彻底清查,并多方设法劝捐,现在遵办在案。

> 臣伏思社仓一法,春借秋还,设立社正、社副经管出纳,穷民赖以接济,官吏无从侵渔,法良意美,莫过于斯。然行之日久,不能无弊。查社正、社副例应本村殷实良民充当,一切出入皆经其手,但借谷之民未必皆有田产,大概赤贫无籍者居多,择人而借,必仇怨丛生,若概行借给,不独匪徒贫民无从催楚,即有微艺营生亦仅堪朝夕糊口,焉有余资买谷还仓? 而谷石亏缺,则惟社正、社副是问,是以真实良民不愿承充。即不得已承当,虑及赔补,每当出借,多方推诿,借出者十不及一。更有奸顽之辈,串通地棍,捏报承充,则将仓谷恣意瓜分。或虑官长盘查,又向有谷之家豫为那〔挪〕借掩饰,至出借之时,捏造花名,虚填借领,日复一日,消归乌有。此粤东社仓有名无实者十之七八。若执守成法,不为变通,弊端百出,于民何益?

> 以臣愚见,请照常平仓例,改借为粜,当青黄不接谷价稍昂之时,社正、社副等核算仓谷多寡,约计每日每人应粜若干为止,呈明地方官,出示晓谕,照时价酌减,将该村社谷出粜,止许粜给附近乡村熟识之实在贫民,不许有力之家混粜。该社正、社副粜毕,将谷价呈该州县验明贮库,俟秋成后复呈领采买完仓。盖青黄不接之候,所苦者谷少而价昂,若以社谷出粜乡村市镇,处处有减价之谷,在贫民日觅数十文即可买食,自不乐借贷而赔累于后;在社正、社副谷粜价存,既无赔累,自必秉公办理。即奸贪之辈,亦无从弊侵蚀。且春夏之间谷价多昂,秋成谷贱,则买补谅

①哈恩忠编选:《乾隆朝整饬社仓档案(下)》,《历史档案》2015年第1期。

必稍有盈余。以盈余之价添谷存贮,不言息而息自在其中。递年层累,谷不断岁,积弊得以尽除,穷黎广沾实惠,似与设立社仓本意亦不相悖。①

该折主旨是将粤东社仓谷石改借为粜。宋邦绥"乞皇上睿鉴,敕部议覆施行",奉朱批:"该部议奏。"

十二月十三日,两广总督李侍尧、广东巡抚托恩多为遵旨议覆酌变社谷出借之法事上奏。折中首先指出该省仓廒的缺乏制约了仓谷的增加:"粤东各属额贮社仓谷石,向因地方各官相率因循稽查懈怠,任凭各社长开报成数出借,既多冒领,交还并不如期。而设立仓廒者少,大半借贮社长之家及附近庙宇,尤易滋弊,以致社谷虽有虚额,而实贮在仓者甚属寥寥。"接着以广西省为例,就社仓谷石改借为粜表示反对:

> 今布政使宋邦绥奏请改借为粜,亦因向来办理不善,有名无实,酌筹调剂之意。第查社仓谷石,原系里民捐积,自相周急,故向来出纳,俱系衿耆公举诚实之人充当社正、副经理其事,地方牧令不过随时稽察,董帅大纲,剔除弊窦,俾收实效,非同常平积谷储备公家借粜出入凭官经理者比。即向来各省社谷,亦止春借秋还,并无平粜出易之例。惟广西一省向无民间捐积社谷,先经前任广西抚臣李绂题准,每年民间春耕乏食之时,将常平仓谷分别大、中、小州县酌量借给,秋收每石收息一斗,以作社仓之本。嗣因逐年收息,日渐繁多,积至乾隆二十一年已有三十万石有零,经广西抚臣鄂宝以储备充盈,将来息谷日多,各州县不能概建仓廒,若零星散贮,照料难周,酌定地方大小,议请大州县贮谷四千石,中州县贮谷三千五百石,小州县贮谷三千石,通省共贮谷二十三万七千石作为定额。其溢额谷石以及此后所收息谷,按照时价尽数粜售,解贮司库,以为赈恤之用。经部覆准在案。是粤西社谷原系常平仓谷所出之余息,向系官为经理,故得均匀定额,其粜卖溢谷即将价银贮备赈恤,亦非平粜出易秋成尚须买补还仓也。况广西一省仅止六十五州县,地多僻小,烟户亦

①哈恩忠编选:《乾隆朝整饬社仓档案(下)》,《历史档案》2015年第1期。

不甚繁，额贮社谷已定二十三万七千石。东省所属九十州县，其间幅员广阔，户口繁庶，统而计之，实倍于西省。且民食向多不敷，仰借西省接济。今通省原额社谷，连续报收捐之项，仅足与西省相垺，现在尚虞不足，而实无余溢。至以各州县分析计之，存贮社谷多则自四五千石以至七八千石，少则一千余石及四五六百石，或二三百石不等，大约人稠殷富之区则捐积自多，地窄民贫之处则捐输自少。既系士民自捐余粟以济桑梓缓急之项，与广西社谷出自常平余息者情形不同，势未便裒多益寡，匀拨定额，致开争竞之端。而历年春借秋还相沿已久，若一旦停止出借改为平粜，不惟于民情未惬，且时价长落靡定，更恐不肖社长贵粜贱买，虚捏妄报，查察稍疏，易滋弊窦。如逐处委员监同平粜买补，竟同官仓积谷一例办理，似又与原设社仓本意未符。所有该布政使议请将社仓谷石改借为粜之处，毋庸置议。①

李侍尧等认为粤东社谷的问题在于经理不善、耗费无资所致，提出恢复加收息谷。该折说：

> 惟臣等细查粤东社谷，从前经理不善有名无实，虽缘牧令稽查不力，亦由耗费无资所致。查借领社仓谷石，雍正七年经部议准通行定例，每石收息谷一斗，如遇歉收免取其息，现如广西以及江苏、福建等省俱各照例加收息谷。惟广东省因乾隆二年前任山西按察使元展成条奏社仓谷石免息加耗，经部通行查议，前署抚臣王谟等未经筹酌妥协，遽行题请停止加息，丰收之年每石收耗谷三升，如遇稍歉即将耗谷一并免其交仓，又未分别收成分数，以定丰歉应收应免之条，以致借领各户咸皆借口收成歉薄概无耗谷交收，而经管之社长畏惧出入盘量以及收仓、鼠雀亏折并铺垫、册报等费各项赔累，每多任听借户悬欠不还，更换次年借领，虚报出纳。甚有不肖社长私将社谷粜卖营运渔利，诡捏虚名借领、蒙混搪塞种种积弊，难以枚举。今虽责成州县务选殷实醇谨之人承充社正、社副经管出入，并于因公下乡不时盘察，务除锢弊，第经管之人既令尽心办公，复使赔补耗费，实有未协。即

今议建仓廒，将来遇有损坏，随时粘补修葺势所不免，而经费无资办理，亦属掣肘。伏思各省出借社谷俱有加息之例，而陕西省之社正、社副每年给饭谷十二石之外，更有按其承充年限分别赏给息谷以示奖励之条。惟粤东则因免收息谷转致社长赔累，不能实心经理，若不酌筹调剂，终难责有实效。况社谷原系绅耆共相捐积济民缓急之项，如民间自相称贷，春借秋还，计月加息，每石不啻加二三之多，而借取社谷加一纳息，闾阎本所乐从，今概行免息，徒令诡诈之徒影射冒领，借为渔利，转不能使实在贫民共沾惠泽。臣等再四筹酌，似不若仍循旧例之为妥协，所有广东省社谷应请自乾隆庚辰年为始，春间出借，至秋成还仓，仍照旧例每石加息一斗，并查明早晚两造收成俱在七分以上者照例收息，如收成不及七分者免其加息，其从前有名无实之耗谷三升应请停止。所收息谷责成州县稽查确实，按其存仓谷数每年每石准销耗谷一升。其铺仓垫笪、造册纸笔等费以及看守晾晒之人应需工食，均准于息谷内酌量支给。如遇仓廒损坏，亦准动支息谷变价修理，分别报销。所余息谷，查明该州县捐积数目，如在五千石以上者即照西省之例变价解缴存贮，以为本地赈恤之用。倘额贮社谷不及五千石之数，即将余息并入额谷之内，以充储备。仍分别列入奏销册内详题。①

上述引文中提到当时广西以及江苏、福建等省俱各照雍正七年部议定例，社仓每石收息谷一斗例加收息谷，广东省因乾隆二年部议社仓谷石免息加耗经，前署抚臣王谟等遽行题请停止加息，鉴于各省出借社谷俱有加息之例，而陕西省之社正、社副更有按其承充年限分别赏给息谷以示奖励之条，提议广东省社谷应请仍照旧例每石加息一斗。此外，还就社仓的其他事宜提出主张：

至布政使宋邦绥原奏内称，借谷之民赤贫无籍者居多，不独逃徒贫民无从催楚，即有微艺营生亦仅堪朝夕糊口，焉有余赀买谷还仓等语。查借领社谷，虽不必尽有田产之家，即佃田力作亦必实系耕农，庶秋成得有谷石偿还。其技艺佣工、商贾贸易以及

---

①哈恩忠编选：《乾隆朝整饬社仓档案(下)》，《历史档案》2015年第1期。

游手无藉之徒，自不便一概滥行借给，以致无从催补。并请通行晓谕永远遵守。如此区别查办，庶社长耗费有资不致复虞赔累，出借章程既定，并可实力经理，似于民食储蓄均有裨益矣。①

即借谷给有谷石偿还能力的耕农，不可滥行借给。朱批"该部议奏"。

乾隆二十六年（1761）的数份奏折反映了当时社仓的情况。六月十一日，湖北按察使沈作朋奏请将各省布按等所属首领闲曹专司稽核保甲社仓②，他指出各省布、按二司及府、州、县有查核保甲、稽察社仓之责，但是他们难以做到，原因在于"事皆责成于州县，而州县势不能专司其事"。建议布、按二司，各府的经历、照磨等散闲之员以辅主管所不及，按季查核保甲，盘查社谷。并制定了考核方式，要点是核查后向上司汇册申报，隔年后上司在派属员分季核查。值得注意的是，引文中披露出乾隆二十二年部议，"令各州县定有额设之项，令专司之众原以分牧令之劳，其应拨役食工费自各照地方章程办理"。即有专项经费实行专司分牧令之劳。据此推测，很有可能作为按察使的沈作朋受此启发，建议将此分劳之举与经费用于稽核保甲社仓事务。奉朱批："该部议奏"。

七月十三日，江南安徽巡抚托庸为请动社谷变价修建常平仓廒事上奏，反映出安徽省社仓仓谷充裕。托庸指出：

> 伏查安省社仓谷石自乾隆二年动支江宁省仓监米，分拨各州县，以为社本，连原存民捐谷石，统计一十八万六千三十余石，议定章程，春借秋还，每斗收息谷一升，历年届期出借，耕作农民咸资接济，所收息谷自数倍以至十余倍不等。唯凤、颖、泗三府州属为积歉之区，收息较少，然以通省各属计之，截止乾隆二十五年岁底止，除修建社仓等项动用外，实存息谷四十六万四千百四十余石有零。是社息现已充盈，可以通融变价，拨济修建，工完照例取造册结核实报销。以通省修建常平仓计之，约变息谷十之二三，足敷办理。③

①哈恩忠编选：《乾隆朝整饬社仓档案（下）》，《历史档案》2015 年第 1 期。
②哈恩忠编选：《乾隆朝整饬社仓档案（下）》，《历史档案》2015 年第 1 期。
③哈恩忠编选：《乾隆朝整饬社仓档案（下）》，《历史档案》2015 年第 1 期。

安省社仓谷石自乾隆二年社本一十八万六千三十余石,到二十五年底实存息谷四十六万四千三百四十余石,社息充盈。

九月初七日,江苏布政使安宁为查明各州县社谷事上奏,也可见江苏省的社仓情况。

> 查苏、松等属社仓共应贮谷二十一万一千余石,因各州县经理未善,致有亏缺谷三万二千八百余石。奴才到任后,即督饬各属彻底查核,今已完谷二万六百余石,尚有未完谷一万二千二百余石。内除有着可追谷七千二百余石外,社长侵亏无追谷三千四十余石,民欠无追谷一千九百六十余石。伏查社长有监守之责,今既侵亏,自应照例问拟追补。如追补无完,应着原点社长之州县赔补。至于实在民借无完之谷,查社仓与常平有间,原系丰年民捐之项,若实在贫民力不能完及逃亡故绝者,似得邀恩豁免。①

据此,江苏布政使安宁查核苏、松等府社仓,追补未完、侵亏社谷,颇为得力。

陕西的社仓建设也算不错的。乾隆二十八年(1763)三月,陕西巡抚鄂弼奏:"西省社仓,较常平更易缺额,所缺亦较多。州县视为民间之仓借责之社正、副,催责之乡保,官不认真稽查。臣现在与常平仓核实亏数多寡,缺额处暂缓参处,于写领保领人着追,一月不完,责成交代州县。"②得到皇帝的赞扬。七月初七日,暂署陕西巡抚阿里衮为清查通省常平社仓粮石及兴修城工等事上奏,说他"于六月二十七日驰赴西安省城,二十八日接印任事,检查案牍,前抚臣鄂弼有奏明清查通省常、社仓粮一案,头绪纷繁。前抚臣鄂弼奏明委员清查社仓积欠最多之咸宁等五十四州县,四月内业已清查全竣,经鄂弼将社仓侵亏最多之长安、永寿二县前任知县参奏革职,务令赔补在案。除将侵蚀社正、副家产变抵外,不敷粮石现在着落前任知县张可禧、王□宸买补足额,亦俱押令陆续买交。社仓粮石项下查出社正、副侵亏及乡保里民冒领与无着应行着赔者,五十余州县共二万七千三百八

①哈恩忠编选:《乾隆朝整饬社仓档案(下)》,《历史档案》2015年第1期。
②《清高宗实录》第9册卷683,乾隆二十八年三月癸未,第647页。

石有零,已报追完一万三千五百余石。其尚未追完社粮石,一面将本犯家产变抵,其余不足之数与无着粮石均着落已接交代之现任州县赔补"。阿里衮表示,他"现在勒限严行追完,以实积储。至侵亏冒领之社正、副,乡保人等,均系侵蚀官粮之积蠹,亟应按律从重治罪"①。看来陕西巡抚追赔社仓积欠也比较严格。

六 乾隆后期的各省社仓

四川。乾隆三十一年六月十三日,总督阿尔泰为请奖叙西昌县民王左捐社谷 400 石事上奏,请给以顶带之例,"敕部照例议叙"②。乾隆三十九年(1774)六月,由于用兵金川,清军借动成都所属社仓谷 6 万石,碾米由灌、汶一路,滚运西北两路军营。又于嘉、眉二属动碾常平监谷 4 万石,由雅州转运打箭炉,以资接济③。乾隆四十一年三月,四川总督文绶奏:"查成都、雅州等属额贮常社仓谷,节年都已碾运,应将前项军米及时出借,秋后照一米二谷例,如数还仓,免其加息。"④受到皇帝嘉奖。十一月二十一日,四川总督文绶为酌情买补两年所借动社谷以备民食事上奏,他说川省自军兴以来,"节年碾动常监社谷九十余万石,应于军务竣后买补"。经他奏请于川省捐纳贡盐监职衔核收本色以实仓储,遭部驳,令按地方情形酌量妥办。于是提出:"应将三十八九两年借动社谷一十二万余石,先即照数买补,现在谷价每石需银八九钱不等,但社谷原系散贮各乡就近买交,即以此乡所入供此乡之用,无须盘运脚费,每谷一石酌给价银六钱,谷多之户既省脚费,亦可踊跃买交。倘碾动数多之处一时难以买足,仍准俟来秋续买补清。如此,则农民接济有资,而于帑项亦无多糜,似为妥便。"⑤得到皇帝认可。

河南。乾隆三十一年七月十八日,降级留任河南巡抚阿思哈为遵旨议覆豫省各属社谷照例捐补划一事上奏,当时布政使佛德赍送具奏各属社仓存谷多寡不一酌请劝捐积贮等因一折,朱批交抚臣酌

①哈恩忠编选:《乾隆朝整饬社仓档案(下)》,《历史档案》2015 年第 1 期。
②哈恩忠编选:《乾隆朝整饬社仓档案(下)》,《历史档案》2015 年第 1 期。
③《清高宗实录》第 12 册卷 961,乾隆三十九年六月甲辰,第 1029 页。
④《清高宗实录》第 13 册卷 1004,乾隆四十一年三月丙戌,第 480 页。
⑤哈恩忠编选:《乾隆朝整饬社仓档案(下)》,《历史档案》2015 年第 1 期。

议。阿思哈故有是奏。佛德奏称,"河南通省社谷截至乾隆三十年岁底,本息共存六十五万六千八百六十石零,细查各属册报,每属所贮自二三百石至四万一千余石不等,甚至有颗粒无存者,更属悬殊。"建议"除现贮四千石以上者毋庸置议外,其有不足四千石以及并无存贮各属,恳照雍正二年劝捐旧例,行令地方印官再为开诚劝谕,如有愿捐绅士商民,无拘多寡,听其乐输。其有捐至十石以上以及数十石、数百石不等,应请仍照雍正二年劝捐定例,分别加奖议叙,以示鼓励,总以捐至四千石为率。"阿思哈认为"该司奏请令地方官劝谕,量力捐输,实系有备无患之意,事属可行,应如该布政使佛德所请……多寡应听其自愿……应将该布政使佛德所请以捐至四千石为率之处,毋庸议"。朱批:"如所议行。"① 乾隆皇帝注意社仓的民间性,乾隆三十二年(1767)迈拉逊盘查舞阳县社谷谷石,乾隆帝十月十三日谕旨认为他"所办殊属过当。社谷一项,本系民间捐贮,自备缓急,非官项仓库可比。若一一过事吹求,非朕令盘查实在保题侵亏本意"②。乾隆三十三年正月二十四日,因大兵征缅,军行所过动用民力,乾隆帝命于直隶、河南、湖北、湖南、贵州等省,各给银 10 万两酌量分赏,大学士陈宏谋奏请将此次赏给直隶 5 省银两作为各该处社仓谷本,大学士傅恒等遵旨议覆,否定此议,其中谈到河南上一年的社仓盘查,他说:"至于社仓一事,在朱子创设之初诚为良法,及后积久弊生,或至有名无实。即如近日河南社仓,一经查核,即不无侵亏之弊,特以法自古传,事从民便,是以听其自为捐输,一切支放征收社长实司其事,并不官为督责,与此次因兵差加惠群黎之意本无干涉。"③ 傅恒秉承皇帝的社仓看法,相信民间管理社仓的能力与效果。社谷在救灾济困上发挥着作用,乾隆四十三年三月谕,前因河南省开封、彰德、卫辉、怀庆、河南五府春雨愆期,麦田被旱,常平、社仓、民欠谷石缓至麦收后征收,并令将存仓社谷随时借粜,俾市粮充裕,民力宽纾。考虑到该五府属极贫下户口食更为拮据,于社谷内酌给月粮,以资糊口。至本年社谷出借较多,如属不敷,着于漕谷项下借动拨给。④ 五月,

---

① 哈恩忠编选:《乾隆朝整饬社仓档案(下)》,《历史档案》2015 年第 1 期。
② 哈恩忠编选:《乾隆朝整饬社仓档案(下)》,《历史档案》2015 年第 1 期。
③ 哈恩忠编选:《乾隆朝整饬社仓档案(下)》,《历史档案》2015 年第 1 期。
④《清高宗实录》第 14 册卷 1053,乾隆四十三年三月戊子,第 73—74 页。

又念归德、陈州二府许、汝二州待泽情形略与开封府相同,一体抚恤。"凡无力贫民酌借一月口粮,每亩借给籽种银两以资力作。并将陈州府属之扶沟、沈邱、项城三县社仓民欠米石,均缓至来年麦后征还。"①乾隆四十四年九月,豁免河南考城县乾隆四十三年分被水冲失常社仓谷3.16万石有奇②。

云南。乾隆三十二年三月初五日,大学士管云贵总督杨应琚等为请将滇省常平社仓谷石归藩司管理事上奏,他说常、平社仓两项,"各直省均系藩司经管,惟云南一省向系粮道管理,每遇奏销,藩司谨列衔名,不但动存确数漫无稽核,出纳事亦无从经理,且于藩司职掌亦觉未协。况查云南地居边远,财赋无多,通省所需兵饷均借外省拨给,藩司经管征收正杂库项仅止三十余万两,是藩司虽有总理钱谷之名,事务颇为简少,而粮道一官专管通省铜厂及征收秋粮、支放兵米,并经理常、社仓谷,甚属殷繁"③。建议"应将通省常平、社仓改归藩司经理,庶几繁简适均,名实相副,料理更当周妥。除秋粮兵米额数无多仍归粮道管理外,相应请旨将云南省现贮常平仓谷八十九万五千余石、社仓谷五十六万九千余石,均改归布政司衙门管理"④。乾隆三十四年四月十三日,云南巡抚喀宁阿为请将滇省常平、社仓仍归粮道专管事上奏,他说杨应琚之奏经部臣议如所请,自乾隆三十三年为始,改归经管,以专责成。不过当时常、社二仓虽经奏准改归藩司经管,而藩司尚未曾接收管理。鉴于粮道今既不管铜厂事务,而常、社仓谷又归藩司经理,是粮道应办之事较前已减十之八九,而藩司衙门经管通省正杂钱粮及职制工程一切杂件,今既以最关紧要之厂务归之藩司总理,事已加倍,若又经管常平、社仓,更见殷繁,实难兼顾。请"将滇省常平、社仓谷石仍照旧例归于粮道专管稽查,会同藩司造册报销。"⑤七月,从调任巡抚喀宁阿之请,添建云南和曲、姚州、云州、马龙、定远、五州县社仓⑥。社仓监管方面,乾隆四十四年六月,

①《清高宗实录》第14册卷1056,乾隆四十三年五月辛西,第109页。
②《清高宗实录》第14册卷1091,乾隆四十四年九月丁西,第650页。
③哈恩忠编选:《乾隆朝整饬社仓档案(下)》,《历史档案》2015年第1期。
④哈恩忠编选:《乾隆朝整饬社仓档案(下)》,《历史档案》2015年第1期。
⑤哈恩忠编选:《乾隆朝整饬社仓档案(下)》,《历史档案》2015年第1期。
⑥《清高宗实录》第11册卷839,乾隆三十四年七月己西,第216页。

吏部题:云南东川府经历陈受奎盘查社仓,令书役需索银两,该管上司不能豫行查参,均应照例降调。乾隆帝强调汤雄业、白玠系专管府道,任听劣员两次婪索,毫无觉察,直至控告饬查后始行揭报,罪无可辞,俱着照部议实降。道府等察核属员于吏治甚有关系①。翌年,社仓管理又出现问题。"保山县知县李伟烈、典史汤继业下乡催追采买谷石,复将社仓锁封,不容出借,并欲查访民间藏谷,丈量记号,以致百姓齐至县署,硬求缓比,逐散书役,殴辱亲友,复求该县亲立笔据。经提督海禄亲诣郡城,弹压晓示,谕令散去。"②乾隆帝降旨将该县李伟烈、典史汤继业革职严审。

江西。乾隆三十二年三月二十九日,江西巡抚吴绍诗奏请动社仓息谷建设仓廒,他说:"江西社谷向系捐自民间,现在每州县本息社谷,查据各属册报,自二三万石至六七千石,最少亦二三千石不等,通省共计七十五万八千七百六十余石,不为不多。但历来设有仓廒之处甚少,多系散贮社长正、副及原捐之家,间或借贮官仓及寺庙等处,不无影射侵渔之弊。虽每年报有借还之数,数目零星,难免扶同捏混,稽查为难,若不急为清厘建设仓廒,归并收贮,势必日就侵亏,良法美意渐致废弛。查乾隆二十四年前抚臣阿思哈曾有饬议建仓之行,各属均以士民情愿捐建详覆。历今已逾八年,止据武宁县具报捐建,此外均无报建兴工,更有数属自奉檄至今未将劝捐缘由具覆者,是捐建之说徒属纸上空谈,且易滋勒派扰累之弊。"并说自己"现在责成府州亲赴各属,将各村社逐一清查,如有亏缺,彻底究追,其实系借欠未完者,设法善为催缴。如有侵渔影射、抽换领结等弊,姑宽其已往,暂免治罪,勒追完报。一面勘明各村适中之地,以相去三四十里为度,统计各村社谷数目,酌定间数,建设总仓收贮,其远者另为择地建贮,俾小民借还一日可以往返。俟查明勘定后,将应建各仓一切工料,令各该地方官督同乡保、社长等据实确估。"③请酌动息谷变价兴建。翌年四月二十九日,江西巡抚吴绍诗奏报建造社仓酌动息谷数目事:"嗣据南昌等十四府州,转据所属各厅、州、县酌定应建总仓地

①《清高宗实录》第14册卷1085,乾隆四十四年六月己巳,第572页。
②《清高宗实录》第14册卷1106,乾隆四十五年五月辛巳,第798页。
③哈恩忠编选:《乾隆朝整饬社仓档案(下)》,《历史档案》2015年第1期。

方、估计工费陆续详报,由藩司覆核,辗转驳查,逐一确勘,核实详报。共计九百五十三处,仓厫二千四百三十八间,板柜一百二十四口,内除士民旧置仓柜并余剩木材估变抵用外,实共需银六万五千六十七两零。查通省社谷现存与□完、出借未还共八十六万六千二百五十二石零,内息谷三十五万四千三百九十九石零。以息谷变价建仓,每谷一石照依冬属时值自五钱至八钱零不等,除去盘出□额及市民愿捐食谷抵用外,实应动支息谷九万七千九百五十三石零,由司汇册详送到臣。”他“随饬各属督令选定殷实公正之社长,领谷变价,勒限半月兴工,工竣委验坚固,将散贮社谷归并收贮。现在报竣者临川等县八十五处,未竣者南昌等县八百六十八处,均约于六月内可以完竣”①。他认为此案工程系动用民捐社谷历年所增之息,实与民自为修建无异,似应免其造册报部核销。朱批,“知道了”,认可此奏。

乾隆四十四年九月初九日,江西巡抚郝硕奏请循福建等省成例酌变社仓息谷以充地方公用,他说“江西省各属社仓额贮本谷四十一万一千九百二十一石零,又节年借放所收息谷三十二万三千八百五十六石零,共实贮谷七十三万五千七百七十八石零”。自乾隆四年以来积而渐充,以之备缓急而济盈虚,洵足为地方之利赖。由于江西连岁丰收,户有盖藏,乡民愿借社谷者甚少,“核计每年通省出借之谷,总在十万石内外,不及十分之二”。其谷少放多存,不无霉变耗折,而为数愈多,经理愈难,社长、副不得其人,即滋挪移、侵冒诸弊。他依据乾隆三十九年、四十年(1775)间安徽、福建二省奏请,将社仓息谷变价解司,以充地方公用,俱经部议准行。提出“应请将现贮本谷四十一万一千九百二十一石零留备将来出借之用,其节年积存息谷三十二万三千八百五十六石零,饬令各州县于来岁青黄不接之时,按其所存息谷数目,照依时价出粜,将价解司贮库。遇有农田、水利等务为民间必需工作势不可缓者,奏明动用,报部核销。嗣后借放所收息谷,并循福建省奏准之例,每积至五万石以上,照此查办一次。庶积谷借以流通,公事得以兴举,且以民捐之项仍为民用,正所以推广社仓之良法,似亦因时调剂之一端也”。朱批:“该部议奏。”②乾隆五十

年四月二十二日，江西巡抚伊星阿为茅泗玲石闸坍坏动支社息银两修理事上奏，茅泗玲位于新建县大有圩地方，该闸梁墩摆石、底板牙墙均皆坍坏，估需工料银 956 两。伊星阿说："茅泗玲石闸，既关农田水利，勘明实系坍坏，自应准其修理。江西省有社仓息谷变价一项，原经奏准遇有地方农田、水利必需工作者奏明动用。应请即于存库社息价银内先行动支给领，饬令乘时赶紧妥办，工竣委员勘验，照例保固造册具结送部核销。事关动支社息价银，理合循例恭折奏明。"①得到皇帝认可。从伊星阿说"江西省有社仓息谷变价一项"，可知乾隆四十四年九月初九日江西巡抚郝硕的前引奏折是被批准了的。由上可知江西社仓经营有方，仓谷充裕，既满足赈济需要，还将息谷收入经费用于地方农田水利事业②。

安徽。宁国府的旌德县向未建立社仓，积年社粮俱借贮公祠。乾隆三十四年据该府县详请委员确勘，于该县东、西、南三区适中之赵村街、三溪镇二处各建社仓 10 间，南路村心建仓五间，共仓 25 间；又三处各建官厅门房 2 间，共 6 间。估需工料银 1749 两，照例在于社仓息粮内动拨兴建。布政使陈辉祖咨明户部，覆准添建。安徽巡抚富尼汉为宁国府属旌德县循例动支息谷建盖仓廒事上奏，他说"旌德县社粮除本谷外，递年子母相生，计现存息米折谷一万四千石有奇，为数较多，未便仍贮公祠，致有侵亏。既据藩司行据该府县先后勘覆实需兴建，似应循例动支息谷建盖，以重积储。"③得到皇帝的认可。乾隆四十年代安徽的社仓经营较好，仓息用于农田水利工程。乾隆五十三年二月，两江总督书麟奏："安徽藩库原存社仓息谷价银，经前抚臣奏准，留为各属农田水利工程之用。十余年来，节次开销，存贮渐少，工程岁所常有，仍应豫为筹备。请将现存银十万两拨给典

①哈恩忠编选：《乾隆朝整饬社仓档案（下）》，《历史档案》2015 年第 1 期。

②刘翠溶《清代仓储制度稳定功能之检讨》指出：社仓"其息谷在乾隆年间曾作为地方水利建设之资金。例如，安徽、山西、福建、江西和湖南等省的社仓息谷已积得相当多（如山西 458700 石，江西 323856 石），因此分别在乾隆三十九年（1774），四十年（1775），四十四年和四十六年（1781）奏准，以大部分的息谷粜卖，变价所得之银两存布政司，以作为地方民田水利之用。一省之息谷能够积至三四十万石，可见那时社仓办理得相当有成效。"陈国栋、罗彤华主编：《经济脉动》，中国大百科全书出版社 2005 年版，第 335 页。笔者在下文还会提到安徽、福建、湖南社息谷用于水利的档案资料。

③哈恩忠编选：《乾隆朝整饬社仓档案（下）》，《历史档案》2015 年第 1 期。

商等,以一分行息,俟十年后掣回原本,仍以息银给商营运。并请嗣后工程,如系借项,即用掣回本款,系动项应于息银内放给。"得到皇帝认可①。

江苏。乾隆三十五年十二月十四日,护理江苏巡抚李湖奏请查办社仓斟酌调剂添改三条成规事,他说:江苏一省社仓,自乾隆二十四年经前抚臣陈宏谋彻底清厘,防其流弊,酌定成规5条。他"于本年五月内到苏州藩司之任,即经查核苏州、松江、常州、镇江、太仓五府州属各社仓,应储之额虽有二十六万九千余石,严饬核实清厘。内中存价未买者有六万数千石,社长侵亏者六百余石,历年出借在民者一十六万三千余石,稽其实存在仓仅四万余石。臣于秋成之前,严饬府州督率州县逐社清查,应着追者严追,应买补者买补,应征还者征还,复责成巡道严行督催稽查,务令悉归实储。臣奉命护理巡抚印务,复查核江宁藩司所辖江宁、淮安、扬州、徐州、海州、通州六府州属社仓,积储额共一十万六千九百余石,折价未买者五千六百余石,社长侵亏者四百四十余石,历年出借未还者三万三千八百余石,稽其实存在仓亦止六万六千八百余石。臣亦一体严饬府州乘此秋收之后,上紧买补征还,并严追社长侵亏之项。近据八府三州陆续具报,现俱实力催追买补,按额实储。应于岁底委员盘查以验其亏足外,臣合计江苏通省额共社谷三十七万六千余石,果能处处皆归实储,春秋敛散以时,亿万贫农受益,原非浅鲜。"②基于对于察核各属社仓亏足情形与办理社仓之流弊的了解,以前抚臣乾隆二十四年奏定成规后,行之日久,胥役、乡保与社正、副联为一气,就除弊之科条转而为滋弊之涂境。于是就前抚臣陈宏谋原奏定五条内,与现在江苏省社仓实在情形悉心体察,现在行之无弊应仍其旧者三条,另缮清单恭呈御览;其有应酌量更改者二条,有应增添者一条,即社长年限宜酌更,州县稽查之法宜更重其责成,苟累社长事宜应增定禁革。朱批:"已用汝贵州巡抚,此所奏似可行,交萨载妥办。"③乾隆三十六年二月二十六日,署理江苏巡抚萨载遵旨议覆社仓应改应添成规,他说:"伏查李湖

---

①《清高宗实录》第17册卷1299,乾隆五十三年二月壬子,第462页。
②哈恩忠编选:《乾隆朝整饬社仓档案(下)》,《历史档案》2015年第1期。
③哈恩忠编选:《乾隆朝整饬社仓档案(下)》,《历史档案》2015年第1期。

于陈宏谋原奏社仓条规内斟酌三条,如所称社长一年一换,视同传舍,彼此巧避虚交,弊难枚举,请嗣后不许乡保举报,应令该州县于本社各村内遴选不应试之殷实监生、乡民举充,司事三年有效给匾奖励,再接管三年,如能始终无弊,详充乡饮,以示优异,或办理不善,即行随时更换。又,春借秋敛之时,令各社长报明州县官核明,委佐杂、教官查验,如有强借抗欠等弊,官为究追。又,近日乡民畏避社长一役,不惟虑招怨,尤及抗欠赔累,其交代盘查、造册送结、奔走乡城每多浮费,最为苛累,亟应严行禁革,如仍有此等陋弊,官参役处……臣愚以为,社仓之制虽当因时制宜,而经久之道必先使储备充实,则乡区有品之人乐司其事,原不至有亏累、巧避等弊。江苏通省各属应贮社谷,从前陈宏谋具奏之时,数止二十九万七千余石,今截至三十五年止,所有本息谷数已增至三十七万六千余石,比二十四年应贮社谷已多七万九千余石。但其中或有节年拖欠未清,或有亏缺着赔存价未买即已报清完买补之处,保无以借作还、那〔挪〕新掩旧等弊。即陈宏谋原奏息谷充裕建立社仓之议,各州县亦尚未建造齐全,若非逐一彻底查明,通盘筹办,先使仓贮充实,纵使屡定章程,亦难遽收实效……惟所称选充社长三年有效,再接管三年之处,原因前此一年一换,不免逐岁纷更,但迟至六年更替,又恐为期太远,保无旧弊萌生,似应遵照乾隆十年户部议覆湖广总督鄂弥达条奏各省社长三年更换之定例,酌中办理,果能出纳公平,著有成效,详报上司给匾,足昭奖劝。统俟彻底查竣后,督饬州县实力奉行,随宜酌办,务使民间得沾实惠,良法毋致废弛。"①萨载清查办理的想法得到皇帝认可。

湖北。乾隆三十九年四月二十八日,暂署湖广总督陈辉祖为酌筹借还社谷据情豁免事上奏,他说:"嗣准部臣覆准山东抚臣条议通行,令新旧州县将社谷盘量交代,其有民欠力不能完及逃亡无着者,准于报销案内豁免,原于慎稽出纳之中,寓加惠黎元之意。惟是楚省地方辽阔,社谷散贮各乡,社长贤愚不等。向有限制,尚知慎重散敛,不敢妄希邀免,今恃有附案请豁之常例,未免群怀观望,渐至轻视积储。如湖北咸宁、大冶、黄陂等县,有因灾出借民力难还社谷,业经臣查明具题请豁。此外大冶县另有三十四五两年借谷未还一万一千四

---

①哈恩忠编选:《乾隆朝整饬社仓档案(下)》,《历史档案》2015年第1期。

十余石,该社又恳请援例豁免。虽此项谷石系被水复续借领,原与常年民力不同,第继此屡丰告庆,何至无着如许……应请嗣后出借社谷催收时,如人产现存,不过一时无力,或先令还半,或展期清还,不得遽作无着请豁。若果有失业逃亡,查明并非滥借,不应责之社长、保户分赔者,如亦令其催比返还,以便民之举转致需泽逾时,诚宜遵例请豁,以体民情。"奉朱批:"如所议行。"①十一月十八日,湖北巡抚陈辉祖为请豁民欠难完社谷事上奏,他说:"兹据藩司吴虎炳详称,委据崇阳、通山二知县梅云官、张作翰,会同该署县王乾刚,逐户挨查,内乾隆三十五年春借社谷一万六千九百一石二斗四升,除节年已完过一千一十石,并查明力可能完者六千九百八十五石已饬照数完纳外,下欠谷八千九百六石二斗四升,同三十四年因被水续借未完谷二千一百四十石五斗,委因各借户逃亡及鳏寡茕独赤贫力不能完,并无役保人等侵冒情弊,造具花名、欠数细册具结,由府道加结移司请豁前来。臣查前项社谷,既系实欠在民,因逃故、赤贫不能纳,委查并无捏冒,兹当造报民数、谷数之期,用敢直陈民隐,仰恳圣慈准予豁免……再,查请豁之谷,系该社四乡各社之数,其现存分贮者尚有二万七千数百石,频年出借生息,仍可逐渐增盈,足备接济。"奉朱批:"该部议奏。"②

福建。乾隆四十年四月十三日,福建布政使钱琦为酌存社谷溢出易银存库事上奏。他说:"闽省社谷,原额二十一万石有零。乾隆二十一年经督臣钟音前于巡抚任内仿照常平之例奏准,加捐监谷齐全统归入社仓之后,截至乾隆三十九年底,通省共存原额加捐社谷三十五万七千石,加以各案拨充春借秋还已溢存谷二十二万四百七十二石一斗二升零,统计共实存谷五十七万七千四百七十二石一斗二升零。"他认为社仓谷石存积,滞则弊累易生,每遇青黄不接不得不详请平粜,以出陈易新,而民众考虑与其借社谷仍须加息以偿,还不如就平粜先得减价之便,以致社谷近年出借不过十余万石,存贮者尚多至数倍。若再年增岁积,陈陈相因,霉变已在意中,追赔必滋事后,是以有用之谷置之无用,而转以利民之政渐致累民,殊非设立社仓之本

①哈恩忠编选:《乾隆朝整饬社仓档案(下)》,《历史档案》2015 年第 1 期。
②哈恩忠编选:《乾隆朝整饬社仓档案(下)》,《历史档案》2015 年第 1 期。

意。于是提出："查乾隆三十九年安徽社谷曾经该省抚臣裴宗锡奏准酌存四十万石，余谷易银存库，留备地方公用在案。闽省事同一例，应请将原额续增社谷三十五万七千石照额留备出借之用，造入交代。其溢存谷二十二万四百七十二石一斗二升零，行令各属于青黄不接之时粜价解司。遇有农田水利等事为民间必需工作势不可缓者，奏明动用报部核销。嗣后息谷每积至五万石以上，照例查办一次。似此酌量减存，通融办理，仓储无不足之虞，民间无滋扰之累，于社务似有裨益。"[1]该奏于本年六月内奉部议准："将息谷粜价解司银两，遇有地方农田水利必须速办公事，由抚臣奏明动用，报部核销。其嗣后息谷亦照积至五十万石以上，再行酌勘情形奏明核办。"[2]

山西。社谷积存亦多，借鉴福建布政使钱琦将息谷粜价解司之举。乾隆四十年八月二十五日，山西布政使黄检为变通社仓、义仓息谷变价解贮司库事上奏。黄检于当年五月内升任藩司，即查晋省各州县存贮谷石，"除常平仓实贮谷米二百七万五千八百余石外，又实贮社仓原捐本谷二十九万八千九百余石，并义仓原捐高粱、穈谷等项共一十八万九千六百余石，或系各州县贮仓经管，或分贮乡村，选择诚敬殷实之人立为社长、义长，责成经管，每年春借秋还加息还仓"。截至乾隆三十九年底止，"共增息谷三十八万八十余石，计连原本社谷共六十七万九千余石；义仓项下共增息谷七万八千六百余石，计连原捐高粱等项共二十六万八千余石。以上谷石存贮已久，既逐年加增不免积滞，如每年出陈易新，常平仓谷项下已出借谷三十余万石，足敷小民春耕之资。社仓、义仓项下出借谷总不过十余万石，其余存仓者尚有若倍"。他认为与其拘于成例，于每年春初多方出借，何如随时变通，于粮价稍昂酌价平粜，仓无壅滞。"晋省各州县实贮社仓、义仓，共本谷四十八万八千五百余石，应请仍行存贮，以备每年出借之用。其现贮社仓、义仓，共息谷四十五万八千七百余石，内再酌存十万石，其余息谷三十五万八千七百余石，请令各州县于粮价稍昂之时详请价值，酌量售粜，事竣即将谷价解贮司库……如此变通办理，于仓储既无陈积之虞，民食亦资及时平减之益，并于要事公费均有预

①哈恩忠编选：《乾隆朝整饬社仓档案（下）》，《历史档案》2015年第1期。
②哈恩忠编选：《乾隆朝整饬社仓档案（下）》，《历史档案》2015年第1期。

备动用之项。"奉朱批:"交巡抚议奏。"①

湖南。据说该省"各州县经管常平、社仓谷石需用斛斗,向系解赴藩司衙门用部颁铁斛较验,印烙发用,不许私制参差,以防出纳扣减浮收之弊。立法本属周详,惟是所烙之斛不过木板以铁皮包钉,经用数年,或木质宽松包钉脱落不堪适用,即需另制"。②乾隆四十一年十月二十二日,署湖南布政司永庆为陈请道员就近校验常平、社仓斛斗等事上奏。乾隆四十二年三月十三日,暂署湖南巡抚敦福为乾州等8厅县社仓拨还原借常平仓谷以清额贮事上奏,他说,"乾隆二十一年九月前抚臣陈宏谋以湖南省乾州、永绥二厅,华容、永定、慈利、永顺、保靖、桑植六县原存社谷太少,出借不敷,共拨该厅县常平仓谷五千二百石,分贮四乡,作为社本,同原存社谷一体出借,接济民食,秋成加息还仓,俟数年后社本渐充,仍即归还"。"自乾隆二十一年奏明借拨常平仓谷五千二百石,以作乾州等八厅县社本,迄今二十余年,积存息谷较之原借本谷数已倍增,足敷出借之用,所有借拨常平谷石自应照数归还。除批令将归还谷数造入本年常平仓额贮报部,并于社仓项下开除。"③得到皇帝认可。可见自乾隆二十一年九月巡抚陈宏谋推进社仓建设后,至四十二年,湖南乾州等8厅县社仓得到了长足发展,发挥了重要作用。乾隆四十六年二月,湖南巡抚刘墉奏:"湖南社仓本息谷,共存五十九万一千一百余石。自乾隆二十二年以后,未经捐增。上年通省丰收,当令长沙、善化等二十州县,循例劝输。随经各属报捐至十六万石,现已另立仓房社长分别收贮。至旧存谷,除本谷留贮备借,其历年收存息谷,请照安徽、江西等省例变价存司,以为民田水利及随时抚恤之用。"④湖南持续丰收,社仓劝输收贮,社谷充裕。

山东。乾隆三十七年二月,山东巡抚徐绩奏称:"东省社仓粮石,虽经设立社长,专司管钥,而经理出纳仍赖地方官总持,名为民捐,实同公项。查各州县新旧交代及年底报销,仅册报府、司,巡抚并不咨

---

①哈恩忠编选:《乾隆朝整饬社仓档案(下)》,《历史档案》2015年第1期。

②哈恩忠编选:《乾隆朝整饬社仓档案(下)》,《历史档案》2015年第1期。

③哈恩忠编选:《乾隆朝整饬社仓档案(下)》,《历史档案》2015年第1期。

④《清高宗实录》第15册卷1125,乾隆四十六年二月,第47—48页。

部,恐日久弊生。请交代时,盘清结报,咨部察核。如积年民欠,实系逃亡无着及力不能完者,取结年底题豁。"①户部议覆应如所请,并令各省一律办理,得到皇帝同意。冯柳堂先生就此指出:"至此社仓不论官本民本,俱由地方官经理,社长亦由州县选充,已悉数收回官办矣。"②不过从以下乾隆君臣就该文的讨论来看,冯柳堂的观点似乎高估了社仓的官办性质。请看:乾隆四十三年正月十九日,山东巡抚国泰为请将社仓归地方官经理以杜侵短事上奏,他说社仓谷石因系民间自行捐积之项,向来听民出纳,地方官不加稽查。自乾隆三十七年前抚臣徐绩奏准将各属社仓动存数目每年造册报部,地方官始有责成。但查社谷每年出借征收,俱系社长经管,民间多不愿充膺。他认为:"社谷既定有报部之例,则经理须归有司之手,拟请嗣后社仓谷石各州县存贮四乡者,请仍贮各乡,以遵古制,惟应选择殷实公正之社长专司典守。每年春间出借,必种地贫农方准借给,由地保开单报县,地方官查对,与烟户册相符,即批社长支发谷石。遇秋后征收,亦由地方官将借谷之户开单,交地保按户催还,令交社长归仓。所有地保开单催征之时,即动支社仓息谷,酌给饭食、纸张之费,不得丝毫需索民间。州县官仍于每年冬底亲赴四乡盘查一次,即总核完欠,造册详请报部……使社长仅令典守而不司出纳,既□嫌怨并免赔累,自不以社长为畏途,而地方官经理社仓同于常平□,可杜民间侵亏捏报之弊。"③不过,此奏未能通过,皇帝命社仓毋庸官为经理仍遵旧制,二月十九日谕旨指出:"国泰此奏似是而非,若如国泰所言收支、出纳俱归有司经理,是在官又添一常平仓矣。从来有治人无治法,即如朱子立法之始,因所居崇安有社仓,与本乡士人司其敛发,由朱子人本公正,且行之一乡,故有利无弊。使朱子为郡守,未必能令各县悉皆实力奉行,况推行之天下乎?如国泰所陈,社长瞻徇、侵渔诸弊原不能免,然因此而官为经管,则胥役、地保之借端勒索,烦扰更甚,是欲除一弊而又滋一弊也。惟当仍照旧定章程,各督抚饬属实心稽核,勿使里社侵亏中饱,期得实济,何必轻事更张耶?"④乾隆帝坚持社仓民办

①《清高宗实录》第 12 册卷 903,乾隆三十七年二月癸未,第 49—50 页。
②冯柳堂:《中国历代民食政策史》,第 209 页。
③哈恩忠编选:《乾隆朝整饬社仓档案(下)》,《历史档案》2015 年第 1 期。
④哈恩忠编选:《乾隆朝整饬社仓档案(下)》,《历史档案》2015 年第 1 期。

的宗旨,禁止地方官插手管理。社仓在救荒方面发挥着作用,乾隆四十三年十二月,山东巡抚国泰奏:"东省麦收歉薄,现在谷价每石七钱至一两不等,明春青黄不接,恐市价渐昂,应行减粜。酌议市价一两以上者减银五分,一两一钱者减一钱,一两二三钱者减二钱,至一两三钱以上者,概以一两一钱出粜。照例先动社仓,次及常平仓杂粮谷石。"①四十四年八月,山东巡抚国泰奏:"东省六月间因直隶河南漳、卫二河水涨,倒漾入运,并本省洸、泗、汶各河骤涨,以致临清、济宁、德州、馆陶、邱县、夏津、武城等七州县被淹。现各按田禾所损之多寡,民力需用之缓急,酌借籽种,俾得及时种麦。其应还本年常社仓谷,请俟来秋征收。"②

陕西。乾隆四十四年十月谕,将陕西省延安、榆林、绥德等3府州属乾隆二十年起至三十七年止民欠社仓京斗粮13125石豁免③。乾隆四十七年(1782)七月,豁免陕西泾阳县积年民欠社仓粮2099石④。十月,毕沅奏延安、榆林、绥德州3府州属之肤施等19州县秋禾受旱被霜,收成歉薄。乾隆帝以该处地近边隅,秋收歉薄,征输未免竭蹶,将肤施等19州县应征银粮草束并新旧借欠常平社仓粮石,俱缓至四十八年秋后征收⑤。乾隆四十八年十月,毕沅奏陕省清涧、靖边2县秋收俱止五分以上,乾隆帝认为"虽例不成灾,秋收究属歉薄,所有本年额征各项银两并上年缓征未完及新旧借欠、常社仓粮,俱着缓至来年秋后征收,并于冬春酌量借粜仓粮,用资接济。"⑥十一月,乾隆帝鉴于"定边等六县秋收歉薄,民食不无拮据,所有本年额征各项新旧银粮草束及各年借欠常、社仓粮,俱缓至来年秋后征收,以纾民力。仍于冬春酌量借粜仓粮,用资接济。"⑦

以上各省的社仓事例出自乾隆三四十年代,进入五十年代的乾隆晚期,有关社仓的资料记载减少。从不多的文献记载来看,伴随吏

---

①《清高宗实录》第14册卷1073,乾隆四十三年十二月乙亥,第406页。

②《清高宗实录》第14册卷1089,乾隆四十四年八月,第637页。

③《清高宗实录》第14册卷1092,乾隆四十四年十月壬戌,第664页。

④《清高宗实录》第15册卷1161,乾隆四十七年七月庚申,第556页。

⑤《清高宗实录》第15册卷1167,乾隆四十七年十月庚辰,第643页。

⑥《清高宗实录》第15册卷1190,乾隆四十八年十月壬戌,第912页。

⑦《清高宗实录》第15册卷1192,乾隆四十八年十一月庚寅,第940页。

治与社会风气败坏,社仓管理弱化,社谷减少,社仓建设逐渐走下坡路。如乾隆五十一年五月十九日就核办嘉兴等县社仓存谷等事谕协办大学士、尚书和字寄钦差、大学士阿:

> 据窦光鼐奏,盘查过嘉兴、桐乡、海盐等六县仓谷,有缺谷数百石及百余石者,随饬该府转令各该县按数补足。惟桐乡县仓内实无储谷,所有之谷乃借自社仓,又借米三千石开报平粜,掩饰一时。嘉兴县社仓空虚,呈控纷纷。是该二县社仓办理皆不妥协。并据曹文植等奏,前赴绍兴、杭州所属各县,指出一二廒盘斛,其余按廒签探,丈量折算,惟山阴、兴县多谷十三石,此外各县廒口俱有短少,自一二石至五六石不等。各等语。着将原折抄寄阿阅看,到浙后即将窦光鼐所奏各条款,与曹文植等逐一核办,如各该县果查有侵挪、捏报情弊,自应据实严参办理。①

由此可知,浙江多地社仓缺谷,社仓办理不善。

特别是乾隆五十七年十一月十九日内阁奉上谕,命各省督抚毋因循玩忽,实力稽查社仓谷石:

> 各省常平、社仓系仿照周官荒政而设,原以备水旱偏灾粜借放赈之用,乃各省督抚每年俱汇奏仓库无亏,而遇有偏裉歉收并未具奏闻动拨仓谷,以济饥民。即如本年直隶畿南一带因旱歉收,经朕降旨询问梁肯堂,何不将仓贮谷石就近先行动拨。据该督奏,各该处额贮谷石,除连年出借籽种及本年平粜外,所存无多,不敷散赈。等语。可见各省仓储并不能足数收贮,此皆由不肖官吏平日任意侵挪亏缺,甚或借出陈易新为名勒卖勒买,短价克扣,其弊不一而足。以古人之良法,转供贪墨之侵渔,而该督抚等并不实力稽察,惟以盘查无亏一奏了事,以致各省仓储俱不免有名无实,备荒之义安在乎?该督抚等向来因循怠玩,此后务当认真整饬,实力稽查,使仓谷丰盈,以期有备无患。若再仍前玩忽,任令州县侵挪短缺,将来朕出其不意,特派大臣,前往抽盘,一经查出参奏,恐督抚不能当此重庆。若因有此旨复任地方官借词采买,有勒派短价情弊,必将该上司及州县一并从重治

---

① 哈恩忠编选:《乾隆朝整饬社仓档案(下)》,《历史档案》2015 年第 1 期。

罪,决不宽贷,毋谓教之不早也。钦此。①

可见乾隆末期各省社仓俱不免有名无实,如直隶社谷就所存无多,不敷散赈。乾隆帝不得不告诫督抚毋因循玩忽,命其实力稽查社仓谷石。

乾隆六十年的两道谕旨也披露出社仓出现的问题。五月,山东巡抚玉德奏二麦收成分数称,合计通省约收六分有余。东省上年雨雪优渥,播种二麦较广,虽雨泽稍愆而所种既广,于民食足资接济。乾隆帝谕军机大臣:"朕思山东与直隶接壤,本年直隶麦收已及九分,而山东仅六分有余,自因该省春间雨雪本未普沾,入夏以来雨泽又复短少,是以麦收分数较为歉薄。玉德身任巡抚,于地方民事漫不经心,并不将缺雨之处豫行奏闻,酌筹接济,甚属非是。现据该抚将各社仓谷石出借,以济民食,若再不尽心经理,任听属员浮冒,实惠不能及民,则是该抚自取重戾,恐不能仰邀宽宥也。"②可见皇帝对玉德出借社仓谷石不放心,警告他尽心经理。十二月,户部奏安徽旌德县监生鲍铣呈控署县短发社仓谷价,认为"此案鲍铣于四十九年充当社长,应领谷价银六百余两,仅领出二百余两。五十年因灾出借后,仍俱陆续缴县,是从前未领谷价该县始终未经给发。何以事隔十年转向该社长名下催迫,是否历任知县侵那〔挪〕亏短,抑竟系该社长自行侵那〔挪〕,畏罪潜逃,捏词具控,均须彻底根究,以成信谳。"③乾隆帝即派人速往安省,提集案内人证,秉公严审定拟具奏。遗憾的是《清实录》并未交待此案结局,不过无论社谷被侵挪在社长鲍铣还是知县,均表明社仓亏短问题的存在。

七 结语

综上所述,乾隆朝的社仓有一个阶段性的演进过程。可以划分为四个阶段:以乾隆初为主至十几年的推广、探讨时期;二十年代的整顿社仓;三四十年代社仓的有效运转;五十年代社仓趋向衰败。

乾隆皇帝即位后继续在全国推行雍正朝制定的社仓救荒政策,

---

① 哈恩忠编选:《乾隆朝整饬社仓档案(下)》,《历史档案》2015 年第 1 期。
②《清高宗实录》第 19 册卷 1478,乾隆六十年五月丙辰,第 749 页。
③《清高宗实录》第 19 册卷 1493,乾隆六十年十二月癸巳,第 973—974 页。

还探索更有效的措施。右通政李世倬曾担任湖北布政使,湖北的社仓设有社长,于春借秋还之时注册具报,由于立册管理乡堡户口,遇有水旱赈济,视贫富赈给。这一办法利用社长平时立册登记掌握民众情况,救荒有针对性,可收实效。避免另造户口册籍,烦扰民众。李世倬奏请定例颁行推广全国,乾隆帝命各督抚酌量地方情形,密饬有司酌办。河南巡抚富德、山西巡抚觉罗石麟、江南总督赵弘恩等都上折讨论。这是乾隆朝第一次较大规模整饬社仓。乾隆二年至四年间,地方督抚在雍正朝社仓实践的基础上继续推行。四川省推行社仓的实践,经整理后作为乾隆三年题准的则例收入《大清会典》。湖北、陕西、广西、江西等省也有社仓实践。集中于乾隆五年有关朱熹《社仓事目》十一条的讨论,可以视为乾隆朝第二次较大规模的整饬社仓。

乾隆朝第三次较大规模的整饬社仓,是在乾隆六年。乾隆四年十一月二十五日,署理福建巡抚、布政使王士任奏请通行社仓奖励之例,引发了督抚地方官就社仓捐输奖励之条的讨论,清廷还是要求各省制定社仓捐输奖励条例的。乾隆六年各省奖劝社仓捐输的讨论最多,《大清会典则例》收录乾隆六年三条有关奖励方法的则例,包括山西做法、印簿登记、给以顶戴。乾隆六年之后仍有关注通过奖励捐输积累社谷的,如乾隆十年所定关于社长任期、社谷清查的两条则例。

在乾隆二十年之前的乾隆初中期,诸多省份致力于社仓建设,包括福建、甘肃、河南、江西、湖北、奉天、安徽、陕西、湖南、广西、山西的十余省与地区的社仓,证明社仓的运行。

第四次较大规模的整饬社仓,是在乾隆二十三四年。乾隆二十三年,清廷整饬民欠仓谷各令依限还仓。该年三月,山西布政使刘慥奏州县出借仓谷多不上紧催还一折,乾隆帝颁谕:要求各省催还州县出借仓谷。围绕保证社仓的社谷充实,各省采取了一些措施,充实社谷之事持续到乾隆二十四年。乾隆二十六年的数份奏折反映了当时社仓的情况。

乾隆后期的各省社仓资料集中在三四十年代,主要有四川、河南、云南、江西、安徽、江苏、湖北、福建、山西、湖南、山东、陕西12省。这时的社仓达到了乾隆朝也是有清一代的鼎盛时期。主要标志是社仓建设普遍化,社仓运转有效,社谷充裕,不仅发挥救荒作用,多余的社谷经费还用作农田水利等方面。从社仓这一侧面,我们看到了盛清人民的安定生活与稳定的社会。

进入五十年代的乾隆晚期,有关社仓的资料记载减少。从不多的文献记载来看,伴随吏治与社会风气败坏,社仓管理弱化,社谷减少,社仓建设逐渐走下坡路。

总而言之,清代社仓实践始于康熙朝,推行与雍正朝,与康雍时期的试行相比,乾隆朝虽然较少出台各种社仓条例与推行之举,但在社仓基本制度建立后,更重要的是保证制度的实行与完善,在这方面恰好是乾隆朝的整饬社仓实践。乾隆朝不是被动继承社仓制度,而是积极完善创新,四次较大规模的讨论与整饬社仓就是有力的证明。而且乾隆帝重视对于朱熹社仓法的借鉴,不仅继承父祖的社仓实践,而且光大朱熹的社仓主张,更加明确地将自己的社仓实践列入儒家社会建设的系谱之中。乾隆朝社仓建设较之雍正朝没有衰落,而是在全国进一步普及与完善,非个别身份的局部实践,证实了清代社仓建设的成功。乾隆朝的社仓建设除了陈宏谋、晏斯盛的实践、社仓条例的制定之外,还有许多内容,我们有理由说,社仓建设的成功是乾隆盛世的重要组成部分。

(原载《明清论丛》第 15 辑,故宫出版社 2015 年版)

第六章 康雍交替:雍正帝继位研究

雍正帝打击太监魏珠原因新探

——魏珠其人其事考

　　雍正帝上台后即对康熙帝信任的太监魏珠严惩,引起人们的注意,也产生了不同的看法。清史专家冯尔康先生指出:雍正继位篡夺说研究者指责雍正对康熙不忠,迫害其家奴,以此反证雍正的篡位。太监魏珠受到康熙信任,奉命转传谕旨,雍正元年,将魏珠禁锢于景陵,几乎凌迟处死。雍正这样处分康熙亲信太监,篡位论者认为太监了解康熙传位意向,不利于篡位的雍正。其实"允禩集团与太监交好,以至贿赂收买,允禟令其子管太监魏珠叫伯父,可见关系密切,允禟的无耻行为,也是图位心切的表现;雍正继位要起用自己的太监,收拾几个与允禩集团有重大关系的太监也就不足为怪了。康熙晚年不立太子,意向绝对保密,当时的官僚谁也没有猜出来,可是后世研究者总以为玉牒中有暗示,或者太监能探知,这是想象之词,太监又何能知晓,因此雍正惩治太监,又何必非因篡位之故"①。我服膺此说,不过由于冯先生的上述看法出自普及性著作,并未出示史料,而学术界尚无有关魏珠的专门研究,因此笔者想就雍正帝打击魏珠的原因以及魏珠的生平事迹考索,以推动相关问题的研究。

---

①冯尔康:《雍正继位新探》,天津人民出版社 2008 年版,第 122—123 页。

一　为康熙帝传旨的亲信近侍魏珠

目前所知有关魏珠最早的史料，是清宫懋勤殿藏"清圣祖谕旨"。1928年2月出版的

故宫博物院掌故部所编《掌故丛编》第2辑《清圣祖谕旨二》，有一条谕旨涉及魏珠：

> 魏珠传旨：尔等向之所司者昆、弋竹丝各有职掌，岂可一日少闲？况食厚赐，家给人足，非掌天恩无以可报。昆山腔当勉声依咏，律和声察，板眼明出，调分南北，宫商不相混乱。丝竹与曲律相合而为一家，手足与举止睛转而成，自然可称，梨园之美何如也。又，弋阳佳传，其来久矣，自唐霓裳失传之后，惟元人百种世所共喜，渐至有明，有院本北调不下数十种，今皆废弃不问，只剩弋腔而已，近来弋阳亦被外边俗曲乱道，所存十中无一二矣，独大内因旧教习口传心授，故未失真，尔等益加温习，朝夕诵读，细察平上去入，因字而得腔，因腔而得理。[1]

编者为《清圣祖谕旨二》所作按语称："此谕旨亦藏洪字八〇八号箱内，为《实录》《圣训》《东华录》所不载者，年月皆无考，略以类排比之。"因该谕旨谈论清宫演戏情况，为清代戏曲研究者重视，将该谕旨的时间推测为康熙二十三年首次南巡之后[2]。该谕旨表明，魏珠在为康熙帝向在宫中从事演出的人员传旨，表达对于昆山腔、弋阳腔的看法，要求他们勤于练习。

《康熙起居注》也记载了一些魏珠传旨的资料。如康熙五十四年四月，准噶尔策妄阿拉布坦骚扰哈密，康熙帝命吏部尚书富宁安率兵讨伐。废太子胤礽使用矾水写信，请为其福晋看病的医生交给正红旗满洲都统公普奇，希望他保举自己为大将军，结果此事被人告发，是为"矾书案"。康熙五十七年正月二十一日，康熙帝因一些大臣企图复立胤礽，重提"矾书案"加以否定，他说曾派魏珠传旨于胤礽："朕

---

①该谕旨已为一些学人引用，断句、标点不尽相同，文字或有错误，笔者引用从上海书店出版社（2010年版）《清代档案史料选编》第2册第675页所作断句、标点。

②王政尧：《清代南府考》，《清史论丛》2011年号，中国广播电视出版社2011年版，第7页。

遣魏珠等将矾水之书与伊阅看。"①再如五十五年六月初二日,时值康熙帝避暑驻跸热河行宫,《康熙起居注》记载:"是日太监魏珠出,传谕领侍卫内大臣、侯巴浑德、公峨伦岱,大学士马齐,署理内务府总管事务、散秩大臣关保,郎中海章等曰:此时甚热,有现成之冰。热河周围行人稠密之地,看有可安冰水桶处酌量安置,早凉时安置亦无用,巳时以后置之。"②又如康熙五十六年十二月初六日皇太后病亡前后,康熙帝亦患重病,《康熙起居注》记载初五日"近侍魏珠传旨,谕诸大臣"带病谒见皇太后的情形,十五日"近侍魏珠传谕"③齐集宫中致祭皇太后的诸王、贝勒、贝子、公以下文武大小官员,外藩王、贝勒、贝子、公、台吉、塔布囊等,王妃、公主、郡主以下,八旗二品以上官员之妻,告诉大家向皇太后奠酒举哀以及自己的身体状况。这些资料说明,魏珠属于康熙帝信任的"近侍",可能直接负责照顾皇帝的生活。

《康熙朝汉文朱批奏折汇编》保存了有关魏珠在康熙朝活动的更多资料,都是有关魏珠传旨的相关记载。康熙五十五年七月初六日,苏州织造李煦奏称:"奴才赍折子的家人回苏说,总管太监魏珠传万岁旨意:教习姚天进有坟地一块,被人盗卖,将此情由替他查问明白,可具一折子交给与我,以便启奏。钦此。钦遵。"④以下是李煦报告他办理坟地归还姚姓,仍交姚天进之侄姚在明管业的结果。奏折中出现的教习姚天进,当是在宫中教授演戏的师傅,可能隶属于内廷演戏机构南府。姚天进在家乡苏州有坟地被盗卖之事,请求皇帝干预,康熙帝竟让魏珠传达给地方上过问。这时魏珠的职位是总管太监。

翌年,山东巡抚李树德奏称:"康熙五十六年七月二十一日于热河行在,太监魏珠向奴才差去赍奏雨水折子家人王礼下旨意:叫山东巡抚进信玻璃,作坊内使的,先得二三十斤进来也好。钦此。奴才差人购觅得洁白信三十斤装匣封固,特差家人梁栋恭进。"康熙帝在该

---

①中国第一历史档案馆整理:《康熙起居注》第3册,第2486页。

②中国第一历史档案馆整理:《康熙起居注》第3册,第2288—2289页。

③中国第一历史档案馆整理:《康熙起居注》第3册,第2468、2471页。

④《苏州织造李煦奏报遵旨查明教习姚天进坟地房屋事宜折》,中国第一历史档案馆编:《康熙朝汉文朱批奏折汇编》第7册第2175号,第298页。

折上朱批:"此折奏的是,原为烧玻璃处用。"①魏珠向山东巡抚传达了购买制造玻璃原料的旨意。

康熙朝奏折中有一个附件《奉旨宽免普陀钱粮碑记》,开头部分交代事情经过时说:"康熙五十七年十一月二十五日准内务府移咨,内开康熙五十七年十月二十日,侍卫魏珠将南海普陀洛迦山普济寺僧心明,法雨寺僧空怀、空明等所奏汉字黄折子发出,交与十二阿哥转。传旨:将此着阿哥亲自会同包衣昂邦询明,将御书之处议奏。钦此。钦遵。"②魏珠承担的是将皇帝阅后奏折发还阿哥以及传旨的任务,文中出现魏珠的身份属于"侍卫",当是"内侍"的意思。

康熙五十九年五月初二日,苏州织造李煦奏:"窃奴才家人曹三赍折南回,于四月十八日到苏州,云:四月初一日魏珠传万岁旨意:着奴才儿子李鼎送丹桂二十盆至热河,六月中要到。钦此。钦遵。奴才即督同李鼎挑选桂花,现在雇觅船只装载,即日从水路北行。李鼎遵旨押送热河,理合奏闻,伏乞圣鉴。"③是为魏珠传达皇帝要李煦贡献桂花的记载。

上述奏折的记载,涉及魏珠的 4 次传旨活动,特别是魏珠在康熙五十五年已经是"总管太监",表明他深得康熙帝的信任。

魏珠在《清圣祖实录》中出现过一次。康熙五十五年十月辛卯日记载:"允䄉患伤寒病愈后,嘱内侍魏珠奏闻,上命将所停允䄉之俸银、俸米俱照前支给。"④借助这一中性的记载,可知皇八子允䄉与太监魏珠关系较好,允䄉通过魏珠恢复了因病所停的俸银、俸米。事实上,这一事情,埋下了魏珠在康熙帝去世雍正帝继位后遭受打击的种子。

魏珠在康熙时的权势,还反映在两起官员向其行贿事件上。一起是吴存礼赠送案,吴为汉军正红旗人,康熙四十九年十月由四川布政使升任云南巡抚,五十四年十二月,改授江苏巡抚,于雍正元年三

①《山东巡抚李树德奏进白信三十斤折》,中国第一历史档案馆编:《康熙朝汉文朱批奏折汇编》第 8 册第 2581 号,第 64 页。
②中国第一历史档案馆编:《康熙朝汉文朱批奏折汇编》第 8 册第 2737 号,第 391 页。
③《苏州织造李煦奏为遵旨送丹桂至热河折》,中国第一历史档案馆编:《康熙朝汉文朱批奏折汇编》第 8 册第 2866 号,第 681 页。
④《清圣祖实录》第 3 册卷 270,康熙五十五年十月辛卯,第 645 页。

月革职,后来吴存礼赠送案被揭开。接受吴存礼馈赠者达二百余人,银四十多万两,人数众多,数目惊人。其中魏珠收礼银 20770 两,属于位列前几位数目较大者。① 另一起是康熙时期山东巡抚李树德馈送案,其中馈送魏珠银 25000 两②,数目也不小,当然雍正帝知道这些已是元年处置完魏珠以后的事了。耐人寻味的是,在这两起案件的清单(或供单)上,雍正帝在魏珠的名字旁都用朱笔做了勾画。

二 雍正帝打击魏珠的情形与原因

雍正帝即位后并没有马上拿魏珠,魏珠同以前一样仍在内廷服务。雍正元年正月十九日,太监魏珠奏:"为六十一年照例做成景忠山施舍漆娃娃一百个,今仍派管理皇会官员送去等因,将包衣达多尔济等四人各写一绿头牌请旨。奉旨:着怡亲王派一人送去吧。钦此。"③数月之后魏珠才被治罪,若魏珠目睹了所谓的雍正帝继位真相,雍正帝能如此待之以宽吗?

雍正朝的朱批奏折留下了处置魏珠的珍贵史料。据《直隶马兰口总兵范时绎奏陈太监魏珠妄行不法折》记载:

> 臣今将魏珠之凿山砍路、遮桥塞门种种妄行,有碍风水情形另公同具折奏闻外,所有事涉私匿动人疑虑者,又不敢不上达天听。五月内,魏珠私将兽医黄□□名单一纸嘱臣补放兵粮。臣念陵寝重地,不敢妄守面生之人,恐招匪类。后复令其密友董殿邦屡次催促,声色戾厉。董殿邦既收结太监于□、党人噶□□等,密为羽翼,(朱批:等是何人,择其尤者,指名奏数人来。)而复与魏珠亲密朋比,通同之处,臣前已面为奏闻。今又于臣入觐回署之次日晚,密遣家人来臣署,探问禁内消息,令臣家人传言,令臣拨兵为其私宅值宿,以防贼窃。似此种种,虽曰荐人,而禁地兵粮,岂可为伊养人资用? 虽曰防御盗贼,而以防汛陵寝之兵,

---

① 吴存礼家人王国玺开出馈送清单,见中国第一历史档案馆编:《雍正朝汉文朱批奏折汇编》第 31 册,第 433—437 页,魏珠名在 437 页。

② 山东巡抚陈世倌折,见中国第一历史档案馆编:《雍正朝汉文朱批奏折汇编》第 3 册,第 494 页。

③ 香港中文大学、中国第一历史档案馆:《清宫内务府造办处档案总汇》第 1 册,人民出版社 2007 年版,第 6 页。

岂可为其防守私宅？如以上事皆臣重拂其心，久已酿成众怨，臣亦知中外之人出其旧日门下者、与为党人者，必致返手复仇，以臣之一介孤立，势难支持，非不逆略及此。

雍正帝在该折尾端朱批：

你，朕是信得及的，丝毫不必疑畏，有言只管放胆奏。魏珠是个疯狗相似，骄纵管〔惯〕的人，此人自然前业，何能得了，必遭天谴的人。但闻得魏珠盖房之地，在众人丛住之中，即此事处分他，恐人议论朕搜寻不容他。况此人断断不肯享福安静的，只将他一一不法之事留心记着，候朕到来。山陵大事告竣，朕见你问了，自有道理，着实密之。①

该折无具文时间，折中说道"五月"的事情，朱批又说待"山陵大事告竣"再处置魏珠。我们知道，康熙六十一年（1722）十一月十三日康熙帝突然去世，同年十二月清廷加紧督造陵寝，至雍正元年九月初一日，雍正帝恭谒景陵，"山陵大事告竣"。因此，该折写于雍正元年五月至九月之间。该奏折与朱批证实，康熙帝去世后，其亲近太监魏珠被派参与康熙帝陵寝（今河北遵化马兰峪景陵）事宜，守卫陵寝的直隶马兰口总兵范时绎受雍正帝密令，负有监视魏珠的使命。不过派太监并不限于魏珠，雍正帝说："太监系朕特遣随皇考梓宫前去之人"②，除了魏珠可能还有太监李风、李广福、李成义、李坤、赵太监等。魏珠在马兰峪以自己的特殊身份，不仅兴办土木，还向地方官推荐人、要求派兵保护私宅，可以想见其自以为是的态度。范时绎担心出于魏珠旧日门下者与党人的报复，说明魏珠在官场有较强的势力，如范时绎所说魏珠"密友董殿邦"担任总理陵寝事务内务府总管③，职务显要。而雍正帝说"魏珠是个疯狗"，或许魏珠还显示出趾高气扬、不可一世的态度，也是其有一定势力的表现。范时绎奏陈魏珠的

①中国第一历史档案馆编：《雍正朝汉文朱批奏折汇编》第32册第146号，第137—138页。
②《刑部尚书佛格等奏请偷割陵区青草人犯拟罪折》，中国第一历史档案馆译编：《雍正朝满文朱批奏折全译》上册第631号，第337页。
③《刑部尚书佛格等奏请偷割陵区青草人犯拟罪折》，中国第一历史档案馆译编：《雍正朝满文朱批奏折全译》上册第631号，第342页。

奏折透露出君臣处置太监魏珠的决心与办法,只是雍正帝有些犹豫,认为以魏珠在众人丛住之中盖房之地处分他,恐人议论找茬儿不能容人。

不过雍正帝还是以魏珠盖房不当惩罚了他。保留下来的一份未具时间的雍正帝上谕记载:

> 谕总理事务王大臣等:魏珠于风水之地,动土建房,甚属大逆不道,可恶至极。除将魏珠即刻拿审外,其在京城之庄子、地方家产俱予封之,勿使得暇。至其家奴,凡重要者,不得放逃一人。尔等之内,若有图报魏珠之恩者,走漏点消息,事稍有牵连,则尔等知耳。特谕。①

因雍正帝在谒陵后的九月二十六日正式处置魏珠,所以这一上谕当是颁发于雍正元年九月初一日之后,二十六日之前。从该谕可知,魏珠大逆不道、可恶至极的罪过,是"于风水之地动土建房",即犯有破坏皇家陵寝风水之罪。雍正帝命令拿审魏珠,封存其在京庄园与地方家产,关押其家奴。警告经办大臣不得为报答魏珠之恩走漏消息。

满文奏折保留了九月十三日捉拿审讯魏珠的更详细记载。据刑部官员报告,雍正元年二月,魏珠派家人王福、斗巴尔到东陵买姓穆之人草房 28 间,四月下旬刨山铲平砌墙,后为挡门外之桥,又砌墙。官员调查魏珠刨陵寝外与风水有关之山砌墙一案,获知:

> 魏柱〔珠〕将家院外山脚东侧向里刨六尺余,向下刨二尺余,使长八丈,宽六丈,铲平,砌墙圈入院内。在其大门外街上,陵寝院墙口对面,有一座旧破损石桥,为挡此桥,砌墙一道。然陵寝院墙口却被此墙遮住。

刑部官员说上述行为是违反法律的,应重判其罪:

> 故魏柱〔珠〕本应照建陵寝处以外,墙院二十里以内,刨山取石、修坟、建台、湖者,杖一百。遣边卫充军之律例,枷号三个月,

---

①《雍正帝上谕一纸》,中国第一历史档案馆译编:《雍正朝满文朱批奏折全译》下册第 5060 号,第 2512 页。

鞭百。惟魏柱〔珠〕荷蒙圣祖仁皇帝重恩，圣主又施重恩，然并未思竭诚报效，于梓官附近，并不恭敬小心，于梓官安放地官前，即维修住房、院落，任意刨禁地之山，铲平修院，又挡路砌墙，以致遮住关系陵寝风水之院墙口，殊属不敬违法，不可照一般律例拟罪，将魏柱〔珠〕照大不敬律例立即斩首，其房屋、家产、人口俱抄没入官，挡陵寝院墙口所砌之墙毁之。①

雍正帝朱批三法司会议具奏。九月二十一日，清廷缉拿了魏珠的管家②。由上可知，魏珠刨山砌墙之事确凿，魏珠不知自家院外之山与风水有关，于是刨山砌墙招致罪戾。

萧奭《永宪录》卷2下记载了这一事件，雍正元年九月初四日（庚辰）：

> 逮护守景陵前总管太监魏珠监禁，籍没其家。珠与梁九公等幼侍圣祖，甚蒙宠眷。令护守景陵时，私使人在陵上割草，致与兵卒厮打。总兵范时绎启奏，拿付三法司会议具奏：魏珠在陵寝墙外砍山砌墙，关系风水，大不敬，应立决。得旨：魏珠侍奉圣祖多年，朕不忍加诛，仍看守，另有发落，内务府封锁家产人口。③

据此可知，魏珠被逮的导火线是总兵范时绎揭发魏珠所派的割草人与看守兵卒打架，被处置的原因是魏珠在陵寝墙外砍山砌墙影响风水的大不敬罪过，即上面引述上谕的"于风水之地动土建房"。联想到，早在范时绎的奏报中说魏珠"凿山斫路、遮桥塞门"有碍风水，可见因割草的斗殴事件，只是范时绎寻找到的一个借口而已。

所谓割草人与看守兵卒打架事件，其原委是：七月二十九日，东陵驻兵该班巡山、巡查中路马兵管队章保等巡查到景陵前新东沟南，

---

①中国第一历史档案馆译编：《雍正朝满文朱批奏折全译》上册，第336页。

②《护军统领衮泰等奏报缉拿太监魏柱管家等情折》，中国第一历史档案馆译编：《雍正朝满文朱批奏折全译》上册第672号，第363—364页。

③萧奭：《永宪录》，中华书局1959年版，第143页。按：文中的梁九功先于魏珠遭受雍正帝打击。《永宪录》卷2上，雍正元年二月戊午记载："九公幼侍圣祖，与魏珠俱加信用，朝臣多相交结，后以犯法，年老宽恩，拘系景山，畏罪自尽。上念其勤劳，特加轸恤，给银发丧。"（第91页）如此魏珠被打击与梁九功一样，是雍正帝打击康熙帝亲信太监的一环。

遇偷割青草二人。他们追击拿获一人,逃脱者一人,二人都是太监的家人。不料由东沟出来三四十人,强行将拿获之人抢走。章保等前去质问这群人的太监主子,却被太监手下家人打伤。打人者之中有魏珠的家人王三等,被法办。太监主子也被惩罚,只是魏珠"因刨山案另完"①,进行更重的惩处,未直接列入此案。

《雍正朝起居注册》雍正元年九月二十六日记载了一条处分魏珠的史料:

> 又覆请刑部议奏太监魏珠应即处斩一疏。上曰:魏珠之罪甚大,即凌迟处死,不足以蔽厥辜,但朕不忍加诛,行文萧永藻交与总兵官总管严加看守,不许接见一人,朕另有发落处,余依议。②

文中的萧永藻是大学士,时总理陵寝事务,而总兵官为范时绎。雍正帝所说"魏珠之罪甚大",是指魏珠"凿山斫路、遮桥塞门""砍山砌墙""于风水之地动土建房",由于是破坏皇家陵寝风水之罪,所以刑部建议将魏珠处斩,雍正帝说魏珠是罪至凌迟处死也不为过。由于魏珠是康熙帝信任的老臣,魏珠的破坏风水之罪有罗致之嫌,连雍正帝自己都担心别人认为他"搜寻""不容"魏珠,为了显示宽大,雍正帝还是将魏珠从轻发落了。

《清世宗实录》中,也有一条有关魏珠的记载。雍正四年六月甲子日,在雍正帝的授意下,康亲王崇安及诸王、贝勒、贝子、公、满汉文武大臣等公同议奏允禩、允禟、允䄉的罪行,其中允禩(阿其那)罪状40款,有一款涉及魏珠:"康熙五十五年秋,阿其那偶患伤寒,正值圣祖仁皇帝自热河回銮,冀以病症幸邀宽宥,故托大病,恳求魏珠谎奏,将所停俸米赏给,病愈仍称病重,魏珠往看,乃下炕迎接,在地叩谢,奸伪无耻。"③这是本文第一部分所引《清圣祖实录》记载之事。不过,这时增加了指责允禩病愈仍称病重,不顾身份,恳求魏珠谎奏的

①《刑部尚书佛格等奏请偷割陵区青草人犯拟罪折》,中国第一历史档案馆译编:《雍正朝满文朱批奏折全译》上册第 631 号,第 342 页。

②中国第一历史档案馆编:《雍正朝起居注册》第 1 册,雍正元年九月二十六日,第 108 页。

③《清世宗实录》第 1 册卷 45,雍正四年六月甲子,第 671 页。

内容。允禵(塞思黑)罪状 28 款,也有一款涉及魏珠:"将伊子弘晟认内侍魏珠等为伯叔,窥探宫禁信息,行事卑污。"①说的是允禵不顾身份、违反礼制巴结魏珠的情形。而允䄉的交代,更可证明魏珠与允禩、允禵为一党:

> 据允䄉供称:私结阿其那、塞思黑等以图大事是实,原系护卫二海雅图劝我入阿其那、塞思黑之党,以为后日之地,我以阿其那、塞思黑、允䄉等之党援甚多,威势强盛,且与太监魏珠、李坤等相结甚深,而外人又皆保荐阿其那,欲为后日之地,是以忘死入于伊等之党。②

允禩、允禵与太监魏珠等相结甚深应当是事实。由于雍正帝继位后打击政敌是首要任务,魏珠与允禩、允禵有比较密切的关系,所以被列入打击对象,有碍风水的大不敬罪不过是在允禩集团未被正式清除之前巧立的名目,以掩盖打击允禩集团的深谋。

三　乾隆朝的老太监魏珠

乾隆帝即位后,多次以魏珠为例,申诫太监不得违反宫中规矩,《清高宗实录》有四条记载。雍正十三年十月乙亥日,乾隆帝诣雍和宫梓宫前供奠,谕内务府总管太监等:

> 尊卑有一定之体统,上下有不易之礼仪。自宜循分遵行,岂容稍有僭越!太监等乃乡野愚民,至微极贱,得入宫闱,叨赐品秩,已属非分隆恩。况朕八旗满汉旧人甚多,岂尽得如太监等日觐天颜、出入内廷乎?尔等当自揣分量,敬谨小心,常怀畏惧,庶几永受皇恩,得免罪戾。凡诸王大臣,皆国家屏藩辅翊之人,尔等寻常接见,自应恭谨尽礼,岂得与奉旨宣谕时一样举止乎?至内廷阿哥等,我朝旧制,无论王公、大臣,俱行跪见请安之礼,惟有亲伯叔行乃免跪见,至尊重也。何况尔等微末太监。谚云:"一岁主,百岁奴。"上下之分秩然,岂得以阿哥等年尚冲幼,遂尔怠忽邪?即如苏培盛,乃一愚昧无知人耳,得蒙皇考加恩授为官

①《清世宗实录》第 1 册卷 45,雍正四年六月甲子,第 674 页。
②《上谕旗务议覆》卷 5,文渊阁《四库全书》本,第 7—9 页。

殿监督领侍，赏赐四品官职，非分已极。乃伊不知惶愧感恩，竟敢肆行狂妄，向日于朕弟兄前或半跪请安，或执手问询，甚至庄亲王并坐接谈，毫无礼节。庄亲王总管内务府事务，凡内廷大小太监均属统辖，而苏培盛即目无内务府，独不思庄亲王乃圣祖仁皇帝之子、大行皇帝之弟乎？昔者塞思黑之子弘晸呼魏珠为伯父，皇考曾严切教训，此风不可长也。①

该谕旨重申允裪违反太监与阿哥交往礼仪巴结魏珠之事，在乾隆帝即位伊始就告诫太监以魏珠为戒。

乾隆帝即位后魏珠的境遇有些变化，《国朝宫史》保留了一条重要史料：

> 乾隆元年十二月初四日，上谕：从前魏珠在世宗皇帝时身获重罪，因将伊祖母、生母，发回原籍。近将魏珠宽宥，着在寿皇殿当差，曾降旨不许出门。今魏珠竟在王大臣前妄行递呈，求伊祖母、生母来京居住。魏珠系不许出门之人，如何擅递呈词？王大臣等从何处接受？魏珠在何处投递？着问明具奏。随即传问庄亲王及内务府总管，据称：系纪文替魏珠递呈。奉旨将纪文、魏珠交与总管议罪具奏。总管李英、谢成议：将纪文官职革退，仍罚月银三年，重责三十板。魏珠罚月银二年，重责二十板。等因。具奏。奉旨：纪文着革职，魏珠罚月银三年。②

由此可知，本文第二部分中雍正帝对魏珠"从轻发落"的具体内容，是将其祖母、生母发回原籍，魏珠的处理则未记载，有可能后一直在马兰峪被当地总兵看守。乾隆帝即位后，在元年竟将魏珠宽宥，命其在寿皇殿当差，但不许出门。魏珠则利用这一机会，提出将在老家的祖母、生母接回京城。由于是"擅递呈词"，乾隆帝表示不满，乾隆帝将递呈者革退，对于魏珠从轻只罚月银三年。

乾隆六年七月丙子，乾隆帝谕总管太监："着总管李英、谢成严谕跟随出外各处太监，不许肆行跑马。若似从前魏珠、于锦跑马射箭，

---

①《清高宗实录》第1册卷4，雍正十三年十月丙子，第222—223页。
②鄂尔泰、张廷玉等编纂：《国朝宫史》卷4，《训谕四》，第39—40页。又前引王政尧先生文，已经注意到《国朝宫史》中的魏珠资料。

断乎不可。如有此等事,惟汝二人是问。"①可见魏珠有过出外跑马射箭的"肆行",被引以为戒。

同年十二月朔,谕总管太监:"昨颁赏太监等折内书写御前小太监,甚属错误。从前魏珠、陈福服勤日久,各有身分,称为御前太监。再,侍卫大臣称为御前侍卫。至新进小太监等,如何写御前字样? 伊等要称御前,即是狂妄。嗣后若有人如此称谓,即着伊等参奏,尔等严传禁止。如再有故意违犯者,定行究治。"②从中获知,魏珠因服勤日久而有身份,称为"御前太监"。

乾隆二十六年八月丁卯日谕旨谈道:"据总管内务府大臣等奏,寿安宫正殿前檐遮阳席片失火延烧缘由。阅折内火班参领既称是夜三更后见宫内火亮等语,此时一府工匠久已散出,若果系工匠所遗火种,断不应迟至三更,明系该班太监不能小心火烛,或吃烟所致,其为掉谎推卸无疑。内务府大臣何不就此诘问? 且魏珠奏内所称,首领九十三说是同太监李世福无点引灯,黑影巡查之语。其为心虚回护,已属显然。着内务府大臣等,将是夜如何失火之处逐一研究,令其明白供吐。如敢谎供狡赖,即加以刑讯,务得实情。再内廷首领等,彼时既尽行酣睡。及已闻叫门,复托言慎重,不肯开视。"③这一记载表明,时至乾隆二十六年八月丁卯日,魏珠尚在世,应当是在寿安宫当差。距魏珠首次有明确时间记载的康熙五十五年,已经四十五年。如果加上康熙二十三年后魏珠出现与之到五十五年大约三十年的时间,则乾隆二十六年,魏珠当是七十多岁的老人。

四 关于清末太监信修明写的魏珠故事

清末太监信修明回忆所见所闻的清朝宫廷旧事,写了《老太监的回忆》,其中有"太监魏珠得一城"一条。内容如下:

> 太监魏珠是圣祖皇帝的宫殿太监。圣祖驾崩,写了立储之遗诏。太监魏珠探听到消息,告诉了雍亲王。亲王说:你立了这么大功劳,我得怎样酬谢你呢? 魏珠说,奴才不敢有奢望,但赏

①《清高宗实录》第2册卷146,乾隆六年七月丙子,第1109页。
②《清高宗实录》第2册卷156,乾隆六年十二月朔,第1223页。
③《清高宗实录》第9册卷642,乾隆二十六年八月甲戌,第177页。

我一城就满足了。雍正皇帝即位,让魏珠当了北海团城的总管,以履行当年要赏他一城之诺言,实际上是要把他软禁起来。

太监魏珠在团城里因为无事可管,就以种葫芦做为消遣。还制造了不少葫芦器物,如弦子、琵琶、匙箸、盘碗、算盘珠子、各种瓶、罐、鼎、炉、陈设等。这些器物工艺精巧,上面又刻制了书画。后来慈禧太后看中了这些东西,放到了内库,陈设在西苑仪鸾殿内,以供玩赏。庚子年间八国联军侵入北京,德国兵驻中南海,把这些葫芦掠走,运往德国了。珍贵文物虽失,但团城却仍巍然立于北海金鳌玉蝀桥头。①

这个故事说太监魏珠探听到康熙帝立储之遗诏,还告诉了雍亲王,雍正帝即位,寓监视于报答,让魏珠当了北海团城的总管。魏珠在团城里无事可管,以种葫芦消遣,制造了不少葫芦器物。

文物研究家王世襄先生,研究过中国葫芦,著有《说葫芦》。该书附录了有关的文献资料,其附录九,收录了"太监魏珠得一城"这条史料②。显然,王世襄先生关心的是清代葫芦器与魏珠关系的说法,用于佐证葫芦器在清代的兴盛。

王世襄先生请他的朋友、同事也是文物研究专家的朱家溍先生为《说葫芦》作序,朱家溍先生的序以《读〈说葫芦〉说葫芦》发表,文中认为信修明说他居功向雍正讨封,求赏一个城,结果将他软禁在团城,纯属无稽之谈。值得注意的是朱家溍先生对于魏珠的事迹有所论述,他根据所见懋勤殿旧藏"圣祖谕旨"魏珠传旨的档案史料:

> 魏珠传旨,尔等向之所司者,昆弋丝竹,各有职掌……(从略)
>
> 《西游记》原有两三本,甚是俗气……(从略)
>
> 问南府教习朱四美,琵琶内共有几调,每调名色原是怎么起的,大石调、小石调、般涉调,这样名色知道不知道?还有沉堕、黄鹂等调,都问明白。将朱的回话叫个明白些的着一写来,他是

---

① 信修明遗著、亚伦整理:《老太监的回忆》,北京燕山出版社 1987 年版,第 3 页。

② 王世襄:《说葫芦》,香港壹周刊出版社 1993 年版。1998 年 11 月,上海文化出版社易名《中国葫芦》再出新版,我所见到的《中国葫芦》2004 年第 2 次印刷本,"太监魏珠得一城"收录在该书的第 309 页。

八十余岁的老人不要问紧了,细细的多问两日。倘你们问不上来,叫四阿哥问了写来(四阿哥即雍正),乐书有用处。

提出了如下看法:

> 以上三条都是针对南府讲的,从内容和语气都可以看出魏珠是南府的总管,并且也懂乐器,可以联系到传说中魏珠范制葫芦音箱的设想。不过信修明的话本质上也和其他太监无知信口开河是一样的,他们每一个人只知道自己小范围内的一点事,此外的话就不可信了。有的是听别的太监胡说,他也没有鉴别能力,也有的是他对事物的误解,就自造出一段故事。所以访问太监或宫女时,必须先从官书和档案中完全了解宫殿监都领侍管辖下全部太监的职掌和服务地点,才可以向他们提出范围内的具体问题。以信修明为例,他说魏珠当了北海团城的总管,可是根据《国朝宫史》卷二十一至二十二《官制》中开列太监职掌和分配的处所,在西苑只是瀛台、永安寺、春雨林塘、阐福寺、万善殿五处,每处设首领太监一名、太监若干名。这部书是乾隆年编纂的,其内容包括自顺治至乾隆,在这期间,团城未设过太监。我认为魏珠做过范匏是有可能的,因为南府的院落很多,树木又少,有条件种葫芦,所以当作佳话在太监中流传,在流传中逐渐产生许多以讹传讹。根据清代惯例,即使是一个太监立了功,也绝对不敢向皇帝提条件,至于要一个城的话,如果真提出来只能说明本人是疯子,也就是他的死期至矣。况且太监被处理只是皇帝一句话,用不着客气还给个总管软禁起来,按照惯例可以发到打牲乌拉,严加管束,或是交内务府所属某个庄头处铡草。至于团城承光殿,岂是软禁太监的地方?[1]

朱先生否定信修明说魏珠当了北海团城总管的论证很有说服力,赏赐团城总管之说子虚,魏珠告诉雍亲王康熙帝立储遗诏之事亦属乌有。不过,朱先生从魏珠传旨南书房事,判断魏珠是南府的总管,则似乎显得证据不足。

---

[1]朱家溍:《读〈说葫芦〉说葫芦》,《故宫退食录》上册,紫禁城出版社 2009 年版,第172 页。

五　结语

综上所述,我们可以对魏珠的生平作一概述。魏珠大约生活于康熙中期到乾隆中叶,目前所知文献中,魏珠是在康熙五十四五年以后大量出现的,推测魏珠有可能是在这时担任总管太监的,所以才有五十四年康熙帝派魏珠等将矾水之书与胤礽阅看,五十五年六月传谕热河甚热于行人稠密之地安置冰水桶,七月魏珠传皇帝的旨意办理私事,十月允裪祈求魏珠转奏的事情。魏珠受到康熙帝的信任,奉命为康熙帝转传谕旨,早先有向公众演戏者传旨勤习戏曲表演,后来传达苏州织造李煦过问宫中教习姚天进家族坟地被盗卖之事;向山东巡抚李树德传达了购买制造玻璃原料的旨意;转达为普陀山寺院宽免钱粮的僧人奏折与皇帝旨意;皇太后病亡前后康熙帝亦患重病,向大臣等传谕办理皇太后之事与告诉自己健康状况;传达给李煦贡献丹桂于在热河的康熙帝。由于魏珠的特殊地位,连皇子都讨好魏珠,托他转奏事情。地方大员吴存礼、李树德向魏珠馈送大额礼银。魏珠与太监董殿邦等相结,并与皇子允裪、允禑结为一党。魏珠也因皇帝信任以及宫中总管太监的要职,行为有失约束。

康熙帝逝世后,新登基的雍正帝并没有马上拿魏珠,魏珠同以前一样仍在内廷服务。不过不久后雍正帝特遣太监魏珠等随圣祖梓宫前去东陵。雍正帝并不喜欢魏珠,也在寻找借口打击他,魏珠在康熙帝景陵受到看管。刨山砌墙案件发生后,由于魏珠脱离政治旋涡,作用降低,雍正帝将其从轻发落,未加深究。乾隆帝再次宽宥,魏珠曾在寿皇殿、寿安宫当差,乾隆二十六年尚在世,乾隆皇帝每以魏珠为例告诫宫中太监循规蹈矩。

经过考证,我们也得出雍正帝打击魏珠的原因。表面看,魏珠是因在皇家陵寝重地刨山砌墙破坏风水而在雍正元年获罪,实际上是雍正帝对魏珠在康熙晚年与储位争夺对手允裪、允禑关系较好而仇视他。雍正帝即位后,对于有一定势力且与允裪集团有密切关系的魏珠等太监保持警觉,为了切断允裪集团与公众的联系,维护自身的安全,立即将魏珠等调离皇宫,命在远离京城的外地参与康熙帝陵寝事务。安顿好康熙帝陵寝之后,雍正帝便刻不容缓地打击魏珠等太监,使其在宫廷不能发挥作用,当然也是在报复魏珠。当时雍正帝与允禩、允禟维持着表面上的关系,打击魏珠就事论事,未涉及康熙朝魏珠与允禩、允禟的关系。到了雍正四年,当雍正帝正式收拾允禩、允禟时,则公开了魏珠与允禩、允禟的过往密切关系。魏珠牵连允禩、允禟的罪状,显然是同罪的,只是时过境迁,雍正帝不再纠缠政治上已经失去地位的太监魏珠了。

由于雍正帝打击魏珠在先而收拾允禩、允禟在后,而且收拾允禩、允禟时并未谈到打击魏珠之事,容易使人们误认为打击魏珠另有原因。雍正帝办理完康熙帝的丧事就打击皇父的旧人,本身就会使人联想到太监魏珠或许与康熙帝之死、雍正帝继位有关。加上《雍正朝起居注册》记载打击魏珠的史料说"魏珠之罪甚大"可以处死,并未指出所犯何种死罪,更加强了人们的联想与猜想。有关魏珠获罪问题的马兰峪总兵范时绎奏折、刑部尚书佛格奏折、雍正帝上谕等没有得到学人的重视,人们不知魏珠因于风水之地刨山砌墙这一直接而表面化的获罪原因,也导致人们朝着魏珠得知康雍之际皇位传授秘密联想。

我们的上述研究表明,雍正帝打击魏珠并非因为魏珠目击康熙帝临终情景、得知雍正帝得位不正或者说是篡位的秘密。

(原载《清史研究》2013 年第 3 期)

从西方文献看雍正帝继位的合法性

关于雍正帝的继位,学术界大致存在着三种看法,即篡位说,合法继位说,自立说。由于研究这一问题的资料比较欠缺且存在歧义,加上继位之际的历史扑朔迷离,诸家观点目前处于僵持状态。

雍正史研究的专家冯尔康先生认为,发掘史料、扩大研究范围是雍正帝嗣位疑案的研究方法之一,在回顾了雍正嗣位史料发掘经历的拓宽过程后,冯先生提出:

> 西方传教士的文献,我们现在利用得还很不够,白晋、马国贤的资料为研究者注意了,其他的还很多,只是我们还不知道。康熙得立的原因,最关键的材料是在有关汤若望的传记中。因此我更认为有发掘传教士文献资料的必要。历史疑案,没有新资料的发现,很难解决,疑案终究是个谜。解释分析要进行,而发掘史料尤宜倾注力量。①

利用西方传教士的文献,对于一般研究者来说,存在的最大障碍是语言文字问题。幸运的是,通晓多种外文的吴志良、金国平两位先生,对罗马耶稣会档案馆中涉及康熙帝传位的手稿进行了梳理,而且

①冯尔康:《雍正继位新探》,第 231 页。

写成《西方文献对雍正继位的记载》一文进行翻译和介绍①。笔者十分钦佩他们挖掘"以外文撰写的中国史料",为我们提供了一种"非传统"的史源,感到这些资料确实在清史研究方面具有极高的价值。笔者也体会他们对于所披露史料内容的态度,觉得他们以介绍解释史料为主,在雍正帝继位问题上,对合法继位说持怀疑的态度。

不过,笔者在拜读了这篇论文后,却认为文中介绍的这些文献,恰是证明雍正帝继位合法性的资料。因此,笔者不揣谫陋,借花献佛,以小文表达对于外文中国史料的重视。

一 新发现的西方传教士文献都认为康熙帝传位胤禛

吴志良、金国平两位先生披露的罗马耶稣会档案馆中涉及康熙帝传位的手稿,主要是耶稣会高尚德的报告、德国传教士戴进贤的两封信和《马国贤日记》。这些资料内容的共同点是,均认为康熙帝传位给皇四子雍亲王胤禛。

担任耶稣会中国副省长的葡萄牙耶稣会士高尚德,于 1723 年 10 月 31 日(雍正元年十月初三日)致函耶稣会总会长,他报告说:

> 临终前三四个小时,他(康熙帝)召来了皇四子,任命他为其权力继承人,撇开了两个被囚禁多年的年纪较大的儿子。同时,排除了至其时一直在宫内可自由行走的皇三子。

如何看待这一作为耶稣会在华最高领导人给罗马总会长的正式报告呢? 吴、金二先生认为其说与雍正帝即位后发表的官方口径完全一样,原因是"为了整个教会的安全与利益,最稳妥的办法是遵循官方的口径"。然而我倒觉得,这一报告或许也代表着高尚德的立场,他本来就认为这是事实,并不相信当时朝野内外对雍正帝继位的各种说法。作为"正式报告",应当是慎重、可靠而准确的,也会保证其安全送达的。

德国传教士戴进贤任职钦天监,他于 1723 年和 1724 年从北京发往欧洲的两封信件,讲到了雍正继位问题。其一,1723 年 10 月 17 日(雍正元年九月十九日)函。该函是致耶稣会总会长函件,讲述"关

---

① 吴志良、金国平:《西方文献对雍正继位的记载》,《澳门研究》2007 年第 41 期。

于中国、东京及交趾支那的最新消息",其中谈道:

> 最主要和可能对在中国的差会产生损坏的新闻,是康熙皇
> 帝于 1722 年 12 月驾崩及其四子雍正皇帝的继位。老皇帝狩猎
> 回来,在其北京附近的园子里染上了重病,不久驾崩。在宾天前
> 几个小时,他在遗嘱中将其四子任命为帝国的继承人,告诫他要
> 远离已被囚禁多年的皇长子和皇二子,要起用皇八子和皇十三
> 子为尚书并封他们为亲王。后来情况的确如此⋯⋯12 月 27
> 日,各部拥戴皇四子雍正登基。广大的帝国也接受了。

在对待西方传教士的态度上,当时康熙帝与皇四子雍亲王胤禛
有所不同,比较而言,康熙帝对传教士有好感,态度较为温和,而胤禛
与传教士很少接触,对传教士态度冷淡。因此,西方传教士对于胤禛
也不太喜欢,将胤禛继位作为可能对在中国的教会产生损坏的新闻,
按说这样的报告更喜欢一些不利于雍正继位的传说、消息,而报告最
核心的内容却是康熙皇帝临终前几个小时,他在遗嘱中传位四子,并
赢得"各部拥戴"与帝国接受。

其二,1724 年 11 月 14 日(雍正二年十月二十九日)函。该函也
是致耶稣会总会长的,是这样说康熙帝传位的:

> 在其晏驾的当天,当着所有来聆听王位继承问题的皇子的
> 面,指定其四子为帝国继承人。皇帝的第四个儿子已经 40 多岁
> 了。他得到消息之后,便让人改正了皇帝后期诏令开始的国家
> 行政工作中的一些缺陷。他提升了皇八子和皇十三子的爵位和
> 地位。另外一些享有二等爵位的皇子以前也是康熙皇帝的继承
> 人,但是现在他们失去了继承权。这些皇子被授予二等爵位。

对于这一记载,吴、金二先生认为其说"显然是官方的口径",这
种略显不屑一顾的口吻,或许有些雍正帝得位不正先入为主的观念
在起作用。

意大利传教士马国贤的日记鲜为人知,《马国贤日记》提供的雍
正继位信息更为珍贵。自从王锺翰先生引用马国贤在华回忆录之
后,《清廷十三年——马国贤在华回忆录》受到研究者的关注。吴、金
两位先生指出,该书的英语版删节了关于"康熙遗诏"的重要内容,而
《马国贤日记》则有。该日记说:

后来我才明确地得知，皇帝对医生完全失去了希望，他把帝国托付给了他的第四个儿子；然后他手握着那已经写好，而且保存在一个小抽屉里的遗嘱，下令说照此办理。在他大行后，遗嘱开读了，确实了第四子被任命为他的继承人，号雍正。对此，在场的兄弟们无一表示反对，因此他开始发号施令，君临天下，大家一致俯首臣服。

这里记载了康熙帝已准备好遗嘱，传位给皇四子，遗嘱开读时在场的兄弟无一表示反对。吴、金二先生认为"马国贤的日记也可能不完全真实"，猜测遗嘱一事"不排除有雍正通过十三王爷幕后操纵的可能性"，遗嘱不可能是后来颁布中外的康熙遗诏，应该是康熙五十六年的上谕。也指出在康熙帝遗嘱传位四子问题上，雍正帝的兄弟们不反对并表示臣服，"这与后来官方的口径如出一辙"。然而，与官方口径一致的资料就不能相信吗？不见于其他文献的记载就可能被操纵而不真实吗？当然，吴、金两位先生的说法是相当留有余地的，他们使用了"不排除有……可能性""可能不完全真实"这样的语气，不过立场却是明确的，首先从文献记载的反面理解资料。如果破除先入为主的成见，从正面认识这一文献的记载，资料反映的是康熙帝写好一个遗嘱传位给第四子，父命如天，宣布遗诏时在场的兄弟们只得面对现实，表示接受。

以上三位不同国籍的传教士的四则资料，都记载了康熙帝传位给皇四子雍亲王胤禛，并认同这一说法，为我们提供了关于雍正帝合法继位的重要资料。其中高尚德的资料说康熙帝临终之际召见了皇四子，戴进贤、马国贤则说向皇子们宣读的遗嘱中公布（原意为任命、指定）传位四子的。这些传教士的记载，难道都是为了安全起见而写的违心之语吗？在我看来，传教士给在罗马耶稣会总会长的信件，是最郑重其事的，自然也会采取防止清朝截获的措施，况且这些信函中的确也有不利于雍正皇帝的内容，如德国传教士戴进贤就把雍正帝继位的消息称作"可能对在中国的差会产生损坏的新闻"，信中还讲了不少雍正帝打击政敌的事情，相信雍正帝是不喜欢传播这些消息的。因此，这些信件说得是传教士的实话，在报告了解到的真实情况。至于《马国贤日记》是写给自己看的，在于保存记忆，更无必要记载不真实的情况。当然，传教士的上述记载或许有些得自传闻，并不准确,需要辨伪存真,但基本立场不应当是预设传教士在雍正帝不合法继位后不得不写同官方口径一致的继位消息的。

二、传教士有关雍正帝继位消息的来源

上述西方传教士的消息是如何得到的,关系到资料的可靠性。戴进贤在 1723 年 10 月 17 日的信中说道:

> 在其临终前几个钟头下令招来了几个欧洲人。其中三人赶来时,皇帝已经奄奄一息。

戴进贤 1724 年 11 月 14 日的信里则记载为:

> 住在北京的欧洲人已经得到通知,要他们中的几个人随时应召,尤其是我们亲爱的罗怀忠(Jose Costa)①和安泰(Stefano Rosse-ti)②这两位高超的外科医生做好了准备。然而,他们俩中任何人都没有机会在那几天里走到无上皇帝的身边,也没有人来请他们开什么药。

> 只有在最后一天,即 12 月 20 日(农历十二月十三日)夜幕降临时,约在 6 点钟,他们应召迅速前往,等候在病人躺着的大殿不远的地方。他们在前殿等待时,突然大殿内一个房间里的人发出了一片震天动地的嚎哭,同时传出消息说皇帝驾崩了。

第二封信晚出,应当更准确,据此则康熙帝病重期间,他要求传教士中的两位外科医生罗怀忠、安泰随时应召,到了康熙帝病情恶化的临终前,这两位传教士外科医生到达了康熙帝所在畅春园寝殿(吴、金二先生文中指出,该殿可能是康熙常年居住的澹宁宫)外等候

---

① 亦作"罗怀中"。其生平,见[法]宋振著、耿昇译:《在华耶稣会士列传及书目补编》上卷,中华书局 1995 年版,第 156 页;[法]费赖之著、冯承钧译:《在华耶稣会士列传书目》下卷,第 650—652 页。较新的英语著作论述,见 Linda L. Barnes, *Needles*, *Herbs*, *Gods*, *and Ghosts*: *China*, *Healing*, *and the West to* 1848, Cambridge, Mass.: Harvard University Press, 2005, pp. 108—109, 179.

② 此处 Stefano 可能是 Etinne 之误解或其复名。其生平,见[法]宋振著、耿昇译:《在华耶稣会士列传及书目补编》下卷,第 578 页;[法]费赖之著、冯承钧译:《在华耶稣会士列传书目》下卷,第 677—678 页。较新的英语著作,见 Linda L. Barnes, *Needles*, *Herbs*, *Gods*, *and Ghosts*: *China*, *Healing*, *and the West to* 1848, pp. 104, 109, 160, 179.

召唤,不久就听到从殿内一个房间里的人发出了一片震天动地的嚎哭,同时得到皇帝驾崩的消息。

至于马国贤,1722 年 12 月 20 日康熙帝去世当天,他说:"在所住的佟国舅的房子里吃完晚饭后,我正在和安吉洛神父聊天。当时我们听到了一种不寻常的低沉的嘈杂声,好像还有一些其他的声音从宫中渐渐响起。"于是他马上把门锁上,爬到居处的墙头上瞭望,"我终于听到一些步行的人说:康熙皇帝死了。我随后就被告知,御医们断定皇帝不治后,陛下指定了第四子雍正为继承人。雍正即刻继位,人人都服从了他"①。马国贤是康熙帝死后不久"被告知"康熙帝指定了第四子继位的。

综上所述,传教士得到有关康熙帝驾崩以及传位皇四子胤禛的消息,最早应当是作为外科医生的两名传教士以及在京的马国贤等人,消息来源很早且较为直接。虽然他们得到的消息是"被告知"的,具有官方口径,但既不是官方邸报的简单重复,也不是后来社会上传来传去的消息,反映的是康熙帝驾崩不久耳闻目睹的信息。

传教士还记载了当时雍正帝即位的情形。马国贤说:

> 新皇帝关心的第一件事情,就是装殓好他父亲的遗体,在当天晚上,由他自己骑着马,还有他的兄弟、孩子和皇亲国戚们随从者,更有无数手持利剑的士兵们与他们一起,护送灵柩回到北京宫里。②

戴进贤在 1724 年 11 月 14 日的信里记载:

> 皇帝驾崩后不久,按照此地的习惯,他的遗体被装进了梓宫。半夜,在送丧队伍的簇拥下,运回京城的宫殿。送葬队伍卫兵如云,皇位继承人尾随其后。当天晚上,所有有权决定皇室血统和宗室的人被召入宫内,其势头如同宣誓拥戴其合法的皇帝。12 月 27 日,非常隆重地召集了宫中其他要人及各部尚书(因为这是新皇帝登上中国皇位的第一天),他在廷训中决定第二年改

---

① [意]马国贤著、李天纲译:《清廷十三年:马国贤在华回忆录》,上海古籍出版社 2004 年版,第 105 页。

② [意]马国贤著、李天纲译:《清廷十三年:马国贤在华回忆录》,第 105 页。

元雍正,意即"和谐与端正"。这一切,在人口这样众多的人民中顺利进行……那天,如同平常一样,在傍晚时,他们非常耐心地打开了所有的城门。但在太阳还没有完全落山之前,他们又迅速关闭了城门。同时,以年轻王爷,即皇帝兄弟们的名义下令,将城门关闭数天。

皇帝的灵柩停放在乾清宫的院内,准备进行连续 27 天的大丧仪。在此期间,全体宫内人士及大臣根据他们的职务和社会等级,每天早中晚必须三次入宫哭祭。哭祭时,他们必须站在门内(就在那个著名的乾清宫)和乾清宫外面的紧挨着的那个大庭院里。最后,终于允许欧洲人进入最后一批致祭者的队伍,让他们对恩重如山的先皇一洒感谢之泪,以各种公开和私下的方式来表示深切的悼念。

戴进贤与马国贤的上述记载表明,当时宫中和社会上并没有因为康熙帝的去世与雍正帝的继位发生骚乱,可以说是秩序井然。说明无论是官员贵族还是平民,接受了上述事实。

需要指出的是,吴、金两位先生对于马国贤记载的真实性的怀疑,还有另外原因。他们提出:"在康熙规定领了票的外国传教士要宣誓永远留在中国。但领了票的马国贤为何竟然得到了雍正皇帝的破例恩准返回故乡,而且携带了多名华人同行?"认为马国贤"奔丧"的托词固然起到了一定的作用,雍正帝放其归国可能有更深远的计谋,推测"会不会有利用他为雍正合法继承在欧洲'辟谣'和见证的企图?"是在策划欧洲外交攻势。他们还论述了雍正帝即位后,通过一系列打压天主教及教徒的举措和对澳门的一系列经济封锁和军事弹压,迫使澳门葡萄牙人通过葡属印度总督向葡萄牙国王陈情,请求遣使中国,随后麦德乐使团来华,对于雍正帝来说,首要的是其政治意义,巧妙地以国际社会的正式承认来缓解国内对其登位合法性的质疑。

我想《马国贤日记》应当是记载在前,雍正帝不知道有该日记的存在,也无法要求马国贤在欧洲出版在华回忆录,马国贤一旦离华,他要说什么更是鞭长莫及,无法控制。如果马国贤有此外交重任,雍正帝应当接见他,以示重视,博得好感,而我们未发现这样的记载。如果真的要马国贤在欧洲辟谣和见证,恐怕只有心中无鬼的坦荡之人,才敢"放虎归山"吧?况且我们何以见得当时欧洲已经流传了雍正帝篡位上台的消息呢?流传至今的传教士文献恰恰多在说康熙帝传位给雍正帝!标榜孝道的雍正帝在守丧期间准予传教士回国奔丧,不也很自然吗?人同此情,事同此理。事实上,雍正帝虽然比起康熙帝来说对于西方传教士态度强硬,采取禁教政策,但这一政策实际上是康熙后期禁止西方传教政策的继续,不过是进一步强硬罢了。此外,雍正帝既然禁教,就不惧怕西方教会,欧洲使团来华是在摆脱自己的困境,未必是雍正帝所要求的,雍正帝无须通过西方教会来证明自己继位的合法性。

传教士有关康熙帝传位皇四子的资料不是在宫中目睹事实的最为原始的记载,然而属于最接近宫中的差不多是第一时间获得的消息,尽管是外国人的雾里看花,未必准确,但是也有一定的可靠性。结合当时康熙帝驾崩与雍正帝即位局面平稳的情形来看,似乎较为合乎情理。我们不能轻易否定传教士记载雍正帝继位问题资料的真实性。

三 传教士文献有关雍正帝继位的若干问题

首先是关于康熙帝去世前的病情。戴进贤 1723 年 10 月 17 日信里说:"老皇帝狩猎回来,在其北京附近的园子里染上了重病,不久驾崩。"1724 年 11 月 14 日的信里记载:

> 11 月,康熙皇帝离开京郊的畅春园(冬季他常住那里),前往南苑一个叫海子的地方。这个地方地势高,朝着南风。他在那里期间,一直围猎。本来想轻松轻松精神,却损害了健康,染上了严重的伤风,原来是吹冷风吹得太厉害了。起初他并未在意,但是后来当感到十分疲劳时,返回了畅春园。他下令清除路上的大量积雪(12 月 13 日整整下了一天的雪)。在准备返回畅春园的第二天,他起来时便很暴躁,迎着北风吹(那些地区经常刮北风),气疯了头,如同个斗士。他穿过雪原,慢慢回到了畅春园。不久麻烦来了,比浑身出血还糟糕。或是因为他已近 70 岁,严重得不能动弹了。尽管有宫内仆人和太监伺候,他蹒跚而行,极力掩饰,不让风声外传。这种态度还反映在其他几个方面。实际上,12 月 22 日将出现月食,月亮被遮盖、变形。在皇

帝回来前,无人愿意向百姓通报情况。或者人们仍然挺着是为了迎接皇帝。这实际上是因为惧怕的缘故,而不是因为有什么征兆。危险越大,害怕越大。或许是一个小恙,通过什么办法掩盖一下。

该信说康熙帝南苑围猎和准备返回畅春园时,两度被冷风吹着,"染上了严重的伤风",不能动弹了。由于"染上了重病""伤风",导致医治无效。这与萧奭《永宪录》中记载康熙帝传旨说自己"偶患风寒"是一致的,即康熙帝得了重感冒不治身死。

其次是雍正帝继位时有关皇子们的信息。高尚德的报告说,康熙帝传位"撇开了两个被囚禁多年的年纪较大的儿子。同时,排除了至其时一直在宫内可自由行走的皇三子"。强调了对于康熙帝未按照皇子的年龄传位,越过"可自由行走的皇三子"而传位给年龄较小的皇四子。

戴进贤 1723 年 10 月 17 日信里说,康熙帝告诫皇四子"要远离已被囚禁多年的皇长子和皇二子,要起用皇八子和皇十三子为尚书并封他们为亲王"。我们已知,康熙帝死后的第二天,就任命皇八子允禩和皇十三子允祥以及大学士马奇、尚书隆科多 4 人为总理事务大臣,并封允禩和允祥为亲王,根据戴进贤的说法,起用皇八子允禩和皇十三子允祥是出自康熙帝的遗嘱,同时康熙帝还告诫四子"要远离已被囚禁多年的皇长子和皇二子",值得注意的是,类似的记载还见于严嘉乐从南昌寄给布拉格尤利乌斯·兹维克尔的信函,该信写于 1723 年 10 月 14 日,比戴进贤的信早三天,严嘉乐的信函说:

> 他在临终之前宣布他的第四个皇子继承皇位,并且命令新皇帝封他的第八和第十三皇子为和硕亲王;相反,对关在监牢的第一和第二个皇子(皇二子很早以前就已定为皇位继承人)则更应严加监管。①

看来这两封信或许有共同的消息来源,但是目前并不见于中文资料的记载。

---

① [捷]严嘉乐著,丛林、李梅译:《中国来信(1716—1735)》,大象出版社 2002 年版,第41 页。

戴进贤的这封信还记载:

> 雍正下令让心腹的皇三子控制两个被其父皇康熙下狱多年的皇兄。完成这个任务后,为了他本人的安全,雍正也下令让狱卒看守他。

> 这时,在康熙朝担任大将军的皇十四子回到了朝廷。他是被新皇帝召回来的。他欲对其父遗诏的有效性提出质疑。大家都知道,遗诏作者是那位老臣张鹏翮。他被新皇任命为宰相。皇十四子这样做有掉脑袋的危险,由于皇太后的求情才得以保命,但被革除了一切职务,遭到流放。痛苦的皇太后因皇十四子的支持者遭到处决而忧忧以殁。

文中有关皇三子协助雍正帝控制皇兄并因此被下狱的记载也不见于其他记载,遗诏作者出自老臣张鹏翮之手,同样闻所未闻。而皇十四子质疑其父遗诏的有效性,由于皇太后的求情才得以保命,痛苦的皇太后因皇十四子的支持者遭到处决而忧忧以殁,则有别于《清世宗实录》中记载雍正帝生母"仁寿皇太后"(原封号为"德妃")病死的可疑说法。

戴进贤在 1724 年 11 月 14 日的信里也记载了雍正帝即位后对兄弟的处置,包括有更不利于雍正帝的记载:

> 他提升了皇八子和皇十三子的爵位和地位。另外一些享有二等爵位的皇子位以前也是康熙皇帝的继承人,但是现在他们失去了继承权。这些皇子被授予二等爵位。此外,他已毫无犹豫地将数个皇子下狱,自封为"受嘱托之子(filio committatus)"。然而,针对这两个被囚禁的皇子,他选择了能严密控制他们的人来严格限制这两个年青人的自由。

这段文字前后的记载不稀奇,中间的"自封为'受嘱托之子(filio committatus)'"记录了雍正帝继位"受嘱托"出自"自封"的看法,这应当是采用了遭受下狱的"数个皇子"的说法,即出自政敌的看法。

再次,关于雍正帝流放传教士穆敬远。戴进贤 1723 年 10 月 17 日信里说:

> 被流放者中还有耶稣会的传教士穆敬远神父。他刚刚从广

州回到北京。他受先皇之遣去那里安葬艾逊爵神父的遗体。他
向新皇帝呈交了一些那个省的官员原本送给先皇的礼物。新皇
帝收下了礼品,但同时将他和追随的皇九子驱逐出北京,流放到
中国西部的一个边塞。据说,原因在于他是遭到新皇帝怀疑的
那位皇九子的亲信,还因为有一次康熙皇帝询问他对皇四子的
看法时,他直陈了自己的看法。①

这条资料指出了传教士穆敬远被流放的原因,是他由于追随的
皇九子,是遭到新皇帝怀疑的皇九子的亲信。特别是还披露了一件
事,即"有一次康熙皇帝询问他对皇四子的看法时,他直陈了自己的
看法"。

最后是雍正帝将康熙帝信任的赵昌下狱之事。戴进贤在 1724
年 11 月 14 日的信里透露:

自从大丧仪以来,又陆续发生了许多其他令人难过的事情。
第一件事情便是一个名叫赵昌的大臣遭到不幸。他是我们的老
朋友,长期以来是我们坚定(甚至可以说是在先皇身边得力)的
助手。他经常主动而有效地在先皇处办理我们圣教的事情。然
而,在先皇宾天仅仅 9 天后,新皇帝突然发怒,下令将赵昌锁拿
下狱。他的脖子上被戴上颈索,被囚禁于城东一城门处。此为
先皇税收机构的一个地方。

1751 年 10 月 10 日《耶稣会士冯秉正神父致同一耶稣会的法国
传教区会长赫苍璧神父的信》记载了赵昌被关押的地方在东直门:

在康熙皇帝晏驾时,其第四子和皇位的继承人雍正刚刚登
基,在整个帝国获得承认,尚未等到其守丧大礼的结束,出于人
们不知道的原因而逮捕了赵老爷,判处他戴枷到东直门,那里距
我们的教堂有近 1 法里之远。②

冯秉正说雍正帝逮捕赵昌"出于人们不知道的原因",可见其感

①参见罗马耶稣会档案馆(ARSI),和/汉档(*Jap.—Sin.*)22,f.456r—456v,转引自
吴志良、金国平:《西方文献对雍正继位的记载》,《澳门研究》2007 年第 41 期。
②[法]杜赫德编、郑德弟译:《耶稣会士中国书简集——中国回忆录》卷 4,大象出版社
2005 年版,第 67 页。

到有点吃惊。

关于赵昌被捕,还有一些传教士有所记载,如 1723 年 10 月 14 日严嘉乐从南昌寄给布拉格尤利乌斯·兹维克尔的信函,记载了赵昌被捕与受刑情况:

> 据我所知,老皇帝逝世后第一位被撤职的是大臣赵。他在欧洲等地颇有名气。他对欧洲人挺支持,从青年时代起就对老皇帝忠心耿耿。新帝登基后让他戴上枷在皇城的城门口示众;让他的儿子戴上铁链服侍示众的父亲。
>
> "枷"这种刑具是两块连在一起的木板,当中有一个圆洞,套在犯人的脖子上。因为枷很重很宽,可怜的戴枷的犯人只能一直躺在地上。他的手够不着嘴巴,所以吃饭得让别人喂。很少有戴枷的犯人能活过三个月,可这位忠心耿耿的人却熬过了这一关——皇帝后来赦免了他,只没收了他的田产。①

文中的一些信息,如赵昌对欧洲人挺支持,对老皇帝忠心耿耿,容易使人将这些与赵昌被捕联想在一起。此外,与严嘉乐、戴进贤将赵昌作为老朋友,猜测赵昌被捕出于雍正帝某种目的不同,《清廷十三年:马国贤在华回忆录》中记载:

> 康熙皇帝死后不几天,上述的葬礼还在进行的时候,继位皇帝雍正颁布了一条谕令,以一种让整个帝国感到吃惊的方式显示了他的掌权。在他的命令下,官员赵昌被抓了起来,戴上了重重的铁镣,宣判以枷刑处死。木枷是一种戴着走的板子,有 200 磅重。这位傲慢朝臣的财产被没收充公,家人受罚为奴,妻妾被分配给他人。陛下在他的一份谕旨中宣布,他之所以要如此地惩罚赵昌,是因为他太傲慢,还滥用职权迫害欧洲人。所有这些,我只能把它归结为全能的天主的判决。这就是著名的赵昌的下场,他是绎罗枢机主教和所有天主教的公敌。②

马国贤对于赵昌充满恶感,说他是位"傲慢朝臣",雍正帝惩罚赵昌的原因,"是因为他太傲慢,还滥用职权迫害欧洲人"。强调赵

---

① [捷]严嘉乐著,丛林、李梅译《中国来信(1716—1735)》,第 41 页。
② [意]马国贤著、李天纲译:《清廷十三年:马国贤在华回忆录》,第 106 页。

昌"他是绎罗枢机主教和所有天主教的公敌"。似乎在说赵昌罪有
应得。

中文资料中鲜见有关赵昌的记载，《雍正朝满文朱批奏折全译》
刊载了一件《内务府奏查抄赵昌家产事折》①，雍正元年正月初六日
署理内务府总管允禄等具折，披露赵昌家产计有包衣奴才 219 人，房
505 余间、田地 5676 余亩及大批金银物件，相当富有。由于雍正帝
即位不久就查抄赵昌家产，令人生疑，很容易联想到此事与继位是否
合法有关。有学者指出："合理的解释是赵昌知道的事太多，而且不
肯附和雍正，雍正必须立即把他解决掉。"②

近来陈青松根据汉文资料，初步揭示出赵昌的生平③，可知赵昌
一生长期陪侍康熙皇帝左右，长时任职于养心殿，身为御前侍卫与
耶稣会士打交道。赵昌在康熙朝与西洋传教士的交往密切，他参
与了康熙朝大量与西洋人交往的事务，努力促成 1692 年"容教令"
的施行，还接待以及交涉有关教廷两次来华使团的事宜。此外，赵
昌在康熙朝还从事过很多种活动，如日常宣谕及管理养心殿的人
事，管理火器等事务，参与修书工作。关于雍正帝逮捕赵昌的原
因，陈青松否定了赵昌因信仰西方宗教致祸的说法，推测赵昌首先
是借用内库银，拖欠了一笔库银未还；其次，他利用职务之便，安插
人手。不过陈文也说："凭赵昌的家财，补还一千五百多两的欠款
也不是难事。何以会因此落得个银铛入狱的下场？这个原因也有
它的不足之处。"总之，尚未得出赵昌被捕入狱的使人信服的原因。

吴志良、金国平两位先生对于穆敬远、赵昌两位"宠臣"的遭遇感
慨颇多，认为"他们知道的事情太多了！如果雍正系合法继位，这一
中一外两个宠臣，不是最好的证人？"显然这是将疑案作为雍正帝非
合法继位证据加以推测的。不过，最近金国平、吴志良两位先生依据
西方文献研究了赵昌，他们认为："对他的指控便是与穆敬远神父合
谋，企图拥戴九王子为帝。因此，雍正皇帝绝对不能原谅穆、赵二人。

①《内务府奏查抄赵昌家产事折》，中国第一历史档案馆译编：《雍正朝满文朱批奏折
全译》上册第 5 号，第 2—3 页。

②戴逸主编：《简明清史》第 2 册，人民出版社 1984 年版，第 75 页。

③陈青松：《赵昌家世及其与传教士的往来——兼述其在康雍时期的际遇》，《亚洲研
究》第 6 期，韩国庆北大学亚细亚研究所 2009 年版，第 57—79 页。

首先,毒杀了穆敬远神父①。其次,很快拘执了赵昌。"②我也赞同这种说法,赵昌获罪在于他属于皇九子允禟之党,介入了皇子之间的争斗,雍正帝打击允禟,将允禟之党的穆敬远与赵昌关押。这为我们提供了另一种赵昌获罪原因的解释,因此,赵昌获罪未必是因为他知道雍正帝继位的机密所致。

结　语

关于雍正帝的继位,我们并不排除康熙帝属意于皇十四子允禵,但是传教士文献透露出的信息,是康熙帝临终之际选择了皇四子继位。另有 1736 年 10 月 22 日耶稣会传教士巴多明神父于北京致本会杜赫德神父的信,记载了这样的看法:

> 康熙皇帝去世时,第十四子还在鞑靼腹地,正领着中国军队和准噶尔打仗。因为他功勋卓著,他的十八岁的儿子宝基(Poki)特别出众,深得(康熙)皇帝的喜爱,大家都毫不怀疑皇上会让他(十四子)继承皇位。但是死神比预期的早降临了,当时十四子离北京很远,康熙皇帝担心如果让十四子继承皇位,在他从远方赶回来即位期间,帝国内部会有动乱。他把目光投向了与第十四子同母所生的第四子。他们的母亲还活着,她更喜欢十四子,而不是刚刚被任命的雍正。这就更加速了十四亲王及其儿子宝基的受贬。③

据此,则康熙帝本打算传位十四子,"担心如果让十四子继承皇

①研究这一问题最权威的西文著作是 Pasquale M. D'Elia S. I. , *Il Lontano Confino e La Tragica Morte del P. João Mourão S. I. Missionario in Cina 1681—1726*: Nella Storia e Nella Leggenda Secondo Documenti in Gran Parte Inediti(德礼贤:《耶稣会传教士穆敬远的囚禁与惨死:在华传教士的历史与传说(1681—1726)——基于原始文献的考察》), *Lisboa*: *Agência Geral do Ultramar*, 1963.

②金国平、吴志良:《西方史料所记载的赵昌》,刘凤云、董建中、刘文鹏编:《清代政治与国家认同》下册,社会科学出版社 2012 年版,第 865 页。又关于赵昌的研究,最新成果有台湾学者陈国栋:《康熙小臣养心殿总监造赵昌生平小考》,冯明珠主编:《盛清社会与扬州研究》,台北远流出版事业股份有限公司 2011 年版,第 269—309 页。

③[法]杜赫德编、朱静译:《耶稣会士中国书简集——中国回忆录》第 3 卷,大象出版社 2001 年版,第 256—257 页。

位,在他从远方赶回来即位期间,帝国内部会有动乱",才把目光投向了与第十四子同母所生的第四子,或许真如同杨启樵先生所说,康熙帝也希望皇四子与十四子伯仲搭档①,共襄国家大业之盛举。

（原载《天津师范大学学报》2017 年第 2 期,发表时有压缩,现恢复原稿）

---

① 杨启樵:《雍正帝缵承帝位新探》,《揭开雍正皇帝隐秘的面纱》,香港商务印书馆有限公司 2000 年版,第 48 页。

康熙帝不可能死于喝人参汤新证

　　康熙皇帝是否正常死亡,是清史疑案之一。认为康熙帝死于非命的主要说法,是康熙帝喝了人参汤致死的。《清代起居注册·康熙朝》提供了台北故宫博物院所藏的《康熙朝起居注》,其中记载有关康熙帝关于人参治病的看法,结合康熙朝朱批奏折等资料综合分析,可以进一步增进我们对于康熙帝是否死于喝人参汤问题的认识。

一　康熙帝死于喝人参汤之说的来源

　　康熙六十一年十一月十三日,康熙皇帝逝世于畅春园,终年六十九岁。据《清圣祖实录》记载,康熙帝于十月二十一日往南苑打猎,十一月初七日身体欠安,回到畅春园,初九日因身体有病,命皇四子雍亲王胤禛代行南郊冬至祀天大礼。初十到十二日,胤禛每天派遣护卫、太监到畅春园问安,都传谕:"朕体稍愈。"十三日病情加重,急招胤禛于斋所,戌刻(19—21 时)死于寝宫。据萧奭《永宪录》说康熙帝在初八日"偶冒风寒,本日即透汗"①。冯尔康教授在《雍正传》中推测康熙帝患的是感冒,因其高龄体虚而且久病缠身,可能引起并发症,较快死亡,属于寿终正寝②。

---

①萧奭:《永宪录》,第 49 页。
②冯尔康:《雍正传》,第 58—60 页。

雍正六年,具有反清意识的湖南人曾静,派弟子张熙到西安策反川陕总督岳钟琪,不料想被这位抗金英雄岳飞的后人逮捕。事发后,清廷又从被捕的曾静口中审问出社会上的不少传言,其中有关于康熙帝死于喝人参汤之说。雍正帝决定利用此案对于各种传言反驳,维护自己继位的合法性,并阐明清朝入主中原的正统性。于是刊布御制的《大义觉迷录》,阐明自己的看法,宣传曾静的改悔过程。

《大义觉迷录》卷3记载,清廷从曾静口内讯问出:因雍正帝打击诸弟允䄉、允禟、允䄇、允䄉,其门下受牵连的太监,在被流放的途中和流放地,这些太监们散布各种不利于雍正帝的说法,其中有:

> 圣祖皇帝在畅春园病重,皇上就进了一碗人参汤,不知何如,圣祖皇帝就崩了驾,皇上就登了位。①

即怀疑康熙帝是胤禛进参汤致死的。对于这种说法,雍正帝反驳说:

> 前康熙四十七年,圣祖皇考圣躬违豫,朕与诸医同诚亲王等,昼夜检点医药,而阿其那置若罔闻。至圣体大安,朕与之互相庆幸,而阿其那攒眉向朕言:"目前何尝不好,虽然如此,但将来之事奈何?"是阿其那残忍不孝之心,不觉出诸口矣。朕曾将伊不是处,对众宣扬羞辱之,而伊深为愧恨。今乃以六十一年之进奉汤药,加恶名于朕,可谓丧尽天理之报复,无怪乎遭神明之诛殛也。②

据此,雍正帝指责皇八子允禩(阿其那)曾因受到他批评不孝父皇,故以进奉人参汤加恶名于他,进行报复。文中的"今乃以六十一年之进奉汤药,加恶名于朕",是指允禩给雍正帝编造罪名,未必是雍正帝承认进了一碗人参汤。究竟雍正帝是否向康熙帝进了人参汤,因为再无当时的历史资料记载,很难得出定论。探讨这一问题,只能采取旁证的办法,来分析事情的可能性。

---

① 《大义觉迷录》,中国社会科学院历史研究所清史研究室编:《清史资料》第4辑,中华书局1983年版,第121页(编者不再出注)。

② 《大义觉迷录》,《清史资料》第4辑,第124页。

二 "决意不用人参"的康熙帝

新出版的《清代起居注册·康熙朝》记载了康熙帝对于服用人参治病的两条看法。

其一是康熙三十二年六月十八日的记载：

> 又三法司题：太医孙斯百等误用人参，以致皇上烦燥甚病，又妄言当用附子、肉桂等语。查律：合和御药误，不依对症本方，将医人杖一百。今孙斯百等罪甚重大，难以比律拟罪，应将孙斯百、孙徽百、郑起鹍、罗性涵俱拟斩。上曰：孙斯百等误诊朕病，强用人参，致朕烦燥甚病，又将他人所立之方，伊等阻隔不使前进，其后朕决意不用人参，病遂得痊。今朕体痊愈，孙徽百后复进内调治，着从宽免死，孙斯百、郑起鹍、罗性涵俱从宽免死，各责二十板，永不许行医。①

可知当时康熙帝生病，太医孙斯百等误诊并误用人参，以致康熙帝烦躁不安，病情加重，后康熙帝决意不用人参，病遂痊愈。对于这起重大的医疗事故，三法司将有关四名御医拟斩，康熙帝将这些御医从宽免死，仍将其中三名各责二十板，永不许行医。这样的事情对于康熙帝的影响深刻而久远，自此他慎用人参。

其二为康熙三十八年九月十九日的记载，与康熙帝误用人参时隔六年，康熙帝谈到南方人因服人参补药而加重病情的情形：

> 南人一病不支者，俱系动服人参之故。凡肚腹作泻，皆饮食不调所致，更服补剂，误人多矣。看来人因水土，信然。②

在康熙帝看来，南方人动用人参补药，误人甚多，应当慎重。

这些资料足以表明，在康熙三十年代，康熙帝因为自己的亲身经历，不仅自己不会轻易服用人参，而且认为南方人使用人参补药也不适宜。

《清代起居注册·康熙朝》还记载了康熙帝对于服用补药的两条看法，事情发生在康熙五十年代初：

---

① 库勒纳等奉敕撰：《清代起居注册·康熙朝》第4册，第1984—1985页。
② 库勒纳等奉敕撰：《清代起居注册·康熙朝》第13册，第7410页。

一是康熙五十年由于大学士李光地生病引起的议论，该年四月初五日，康熙帝问大学士等："李光地病已平复否？"张玉书回奏："足肿微消，手尚掀肿。"康熙帝于是说：

> 此疾大抵皆湿热所成，温补之药所致。朕前岁大病之后，乃知温补之药大非平人所宜。且温补亦非一法，如补肝者即不利于脾，治心者即不宜于肾，必深明乎此，然后可服其药，不然徒增益其疾耳。每见村野农人终身未尝服药，然皆老而强健，富贵人动辄服温补之药，究竟为药所误，而且不自知。①

皇帝现身说法，以自己的经历告诫大臣慎服温补之药，用药应注意脏腑之间的相生相克关系，否则顾此失彼，可伤身体。不仅如此，据《康熙朝汉文朱批奏折汇编》记载，同年九月康熙帝特别在大学士李光地奏折上朱批：

> 坐汤好，须日子多些才是。尔汉人最喜吃人参，人参害人处就死难觉。②

可见康熙帝不仅反对服用补药，尤其反对服用人参。这种认为服参近似服毒的看法，足见他对人参的谨慎态度。

二是康熙五十二年六月二十九日就学士舒兰生病说到补药问题。当时康熙帝问舒兰疾病若何？舒兰说稍愈。康熙帝又问："气色尚不好，尔岂服补药乎？"舒兰回奏："服之。"于是康熙帝指出：

> 服补药无益，如服下药即下，服吐药即吐，服补药总不知觉。医者之言不可信，病愈则曰药之功，不愈则曰平和之药缓乃有效。③

左都御史揆叙也说道："皇上所见甚是，医者多不知配药之理，服之无益，臣昔曾服补药，自蒙皇上训示，因不服药，今气色好矣。"舒兰表示："臣自今不服药矣。"康熙帝补充道："服补药如闻誉言，总无利

①库勒纳等奉敕撰：《清代起居注册·康熙朝》第19册，第10634—10635页。
②《大学士李光地奏陈病情并乞再赐坐汤折》，中国第一历史档案馆编：《康熙朝汉文朱批奏折汇编》第3册第951号，第781页。
③库勒纳等奉敕撰：《清代起居注册·康熙朝》第22册，第12280—12281页。

益。"①康熙帝认为服补药无益,谆谆告诫近臣不要轻易服补药,即使医生劝也不要轻信。

此外,《康熙朝汉文朱批奏折汇编》保留了一些康熙帝反对臣下服用人参的主张。如康熙四十九年十一月初三日,江宁织造曹寅奏报患疥已愈的奏折中谈道:"臣今岁偶感风寒,因误服人参得解,后旋复患疥,卧病两月有余,幸蒙圣恩,命服地黄汤得以痊愈。"②康熙帝得知曹寅服用人参,康熙五十一年七月,当曹寅去扬州监刻《佩文韵府》患了恶性疟疾,请苏州织造李煦转奏康熙帝赐药,康熙帝派人送去专治疟疾的西药"金鸡拿",还在李煦奏折的朱批中写道:

> 尔奏得好。今欲赐治疟疾的药,恐迟延,所以赐驿马星夜赶去。但疟疾若未转泄痢还无妨,若转了病,此药用不得。南方庸医每每用补剂,而伤人者不计其数,须要小心。曹寅原肯吃人参,今得此病,亦是人参中来的。③

康熙认为曹寅因吃人参患了疟疾,对于南方医生喜用补剂很不以为然。

再如中国第一历史档案馆所藏《康熙朝起居注》记载,康熙五十七年正月二十一日,江南太仓人、大学士王掞劝康熙帝吃些补血气的药,康熙帝回答说:

> 南人最好服药、服参,北人于参不合。朕从前不轻用药,恐与病不投,无益有损。④

康熙帝声明自己不轻易服用人参,担心对身体无益有损。应当说,这是康熙帝二十多年身体保健医疗经验的体会。

---

①库勒纳等奉敕撰:《清代起居注册·康熙朝》第22册,第12281页。
②《江宁织造曹寅奏报患疥已愈并江南米价如常折》,中国第一历史档案馆编:《康熙朝汉文朱批奏折汇编》第3册762号,第138页。
③《苏州织造李煦奏为曹寅病重代请赐药折》,中国第一历史档案馆编:《康熙朝汉文朱批奏折汇编》第4册1154号,第325—326页。
④库勒纳等奉敕撰:《清代起居注册·康熙朝》第3册,第2485页。

三 欲使康熙帝服用人参难上加难

清代人参作为补药流行,价格较为昂贵,成为珍贵的滋补品礼物。康熙帝也将人参作为一般性礼物赐予臣下,然而或是数量较小,或是赠送药性柔和的高丽参,不会有损于服用者的身体健康。《康熙朝满文朱批奏折全译》所载川陕总督觉罗华显奏谢医赏物折,康熙四十二年十一月二十五日上奏,感谢康熙帝西巡西安期间赐给他"眼镜、鼻烟壶、高丽奇参"①。当时华显生疮,康熙帝还派御医为其看病。《康熙朝汉文朱批奏折汇编》载有这样的一些事例,如康熙四十四年十一月,入冬以来患病的老臣江宁巡抚宋荦在奏折中说:皇帝遣御医黄运赍赐药、高丽人参,本月十七日到扬州看望了他②。再如,康熙五十四年十月十九日,直隶总督赵弘燮奏谢垂询病情的奏折里谈到他患了中风,御医"章文到时,初亦不敢遽用补剂,近因臣身体发软,伊云气血两虚,不能复原,今始加用人参。臣亦未敢多服,每日止用三钱。前又得尝御赐鹿肉,远胜丹粒"③。御医对于给赵弘燮服用人参很谨慎,赵弘燮本人服用人参严格控制药量,而且认为吃鹿肉胜于吃药有补于身体。康熙五十六年二月十五日,赵弘燮奏折又说:"皇上怜臣之病,以他参有火,特赐高丽人参一斤。"④赵弘燮得到了没"火"的高丽参。这些事例说明,康熙帝认为中国人参有"火",送人时选择无"火"的高丽参。

康熙帝也将人参作为滋补品送人。康熙五十四年十二月二十日,大学士王掞《奏请解去阁务折》中记载,本月十一日,以入朝冒寒,卧病十三日,康熙帝特遣御前侍卫佛伦等到其邸舍看望病势,"并赐

①《川陕总督华显奏谢赐医赏物折》,中国第一历史档案馆编:《康熙朝满文朱批奏折全译》第 559 号,第 302 页。

②《江宁巡抚宋荦奏谢遣御医赐药并遵旨调养折》,中国第一历史档案馆编:《康熙朝汉文朱批奏折汇编》第 1 册第 136 号,第 261—262 页。

③《直隶总督赵弘燮奏谢垂询病情并陈得病始末折》,中国第一历史档案馆编:《康熙朝汉文朱批奏折汇编》第 6 册第 1914 号,第 572 页。

④《直隶总督赵弘燮奏谢准允乘船赴召屡赐书籍物品并报回署日期折》,中国第一历史档案馆编:《康熙朝汉文朱批奏折汇编》第 7 册第 2341 号,第 718 页。

人参、珍米、鹿尾、野鸡等物"①,这里的人参是作为米、肉一般性补品赠送的。康熙五十七年七月二十七日,镇绥将军潘育龙的谢恩折说,他得到了皇帝赐予的人参、荷包、眼镜、火镰、蜜煎山楂、洋制苹果、樱桃、鲜桃、遮鲁鱼,人参被作为特色食物赐给了臣下②。

因此,尽管康熙帝有赏赐臣下人参之举,但是他很有节制,不会有伤于他人身体健康。从总的方面来说,康熙帝对于服用人参的态度十分谨慎。

特别由于康熙帝自己"决意不用人参",也劝臣下慎用人参进补。康熙帝在三十二年因服用人参病笃惩罚御医的故事以及他一向反对人参进补的态度,在当时很可能为宫中与大臣有所耳闻,他人欲使康熙帝服用人参难上加难。正如冯尔康先生在《雍正传》中所说:康熙帝"认为用参有害而北方人尤不适宜的人,会肯饮参汤吗? 毒他也难"③。所以,康熙帝不大可能死于喝人参汤,说胤禛进人参汤致死康熙帝恐怕是误传或谣言。

（原载《紫禁城》2011 年第 1 期）

---

① 《大学士王掞奏请解去阁务折》,中国第一历史档案馆编:《康熙朝汉文朱批奏折汇编》第 6 册第 1964 号,第 715 页。

② 《镇绥将军潘育龙奏谢赐人参水果等食品折》,中国第一历史档案馆编:《康熙朝汉文朱批奏折汇编》第 8 册第 2668 号,第 266 页。

③ 冯尔康:《雍正传》,第 60 页。

后 记

　　我曾将 2004 年之前自己发表的清史论文都为一集,于 2006 年由人民出版社梓行《清代的国家与社会研究》一书。2005 年我承担了国家清史编委会的项目——《清史·通纪》第 3 卷,约定五年完成。该卷撰写康熙二十三年(1684)南巡到雍正朝结束(1735)约 51 年的历史,于是开始了新的清史研究。研究康雍时期的历史,较以往具有更好的资料条件,特别是康雍两朝的满汉文奏折的整理出版,提供了更加深入研究的可能性。我以此为基础,编纂资料长编,撰写专题论文,进而写作书稿。本书内容,绝大部分是为完成清史项目撰写的专题论文,于结项后陆续发表。为了更好地把握所要论述的康雍时期历史,我也在一些专题对于顺治至乾隆时期的相关问题加以探讨,因而比较全面、系统地呈现了清前期特别是康雍乾时期的历史。

　　本书所收论文最早发表于 2008 年,最晚则是 2020 年初,多数集中在 2010 年《清史·通纪》第 3 卷结项之后的十年间。加上此前完成项目的五年,近十年是自己出版《明代宗族研究》后将较多精力投入清史研究并不断取得成果的时段。

　　书中有 5 篇论文发表于《中国史研究》《史学月刊》《史学集刊》《史林》《清史研究》这些有广泛影响的学术杂志上,有 5 篇发表在《明清论丛》《清史论丛》《故宫学刊》的明清史集刊,这些集刊可以发表三四万字的长文,在明清史学界被看重,我关于雍正时期推行保甲的论文,近七万字,也得以顺利发表。还有 4 篇论文发表在其他学报或专门刊物,有《天津师范大学学报》《盐业史研究》《中原文化研究》《紫禁城》。特别是有 4 篇论文是在会议论文集上发表的,即《明太祖的治国理念及其实践》《中国传统社会与明清时代——祝贺冯尔康先生八十华诞论文集》《明清宫廷史学术研讨会论文集》《"运河与区域社会"

国际学术研讨会论文集》,这些论文集专业性强,且不太容易找寻。我相信收入本书的学术论文对于推进相关问题研究的进展,会起到一定的作用。

衷心感谢上述学术刊物！编辑与外审专家的辛勤工作,不仅使论文得以发表,而且使得文章完善。论文发表过程中,得到一些清史专家的学术教益,如中国社会科学院清史研究室李世愉先生、中国人民大学清史研究所董建中先生。在此向他们表示诚挚的谢意！

我的有关雍正继位以及雍正研究的几篇文章发表后,得到了恩师冯尔康先生的首肯,能在先生雍正研究基础上有所前行,对我来说是莫大的鼓舞,在此特向恩师表示敬意！

本书编辑过程中,研究生李尔岑核对了部分论文的注释,向他表示谢意！

本书忝列《南开史学家论丛》,甚感荣幸！希望不辱先辈,能为南开史学贡献绵薄之力。更希望与学界同好进行学术交流,开展学术讨论,共同推进学术进步。

常建华

2019 年 11 月 8 日于津南校区

2020 年 6 月 19 日修订于家中